Der Vergleich der Invaliditätsrenten in Deutschland und den Niederlanden

SCHRIFTEN ZUM DEUTSCHEN UND EUROPÄISCHEN ARBEITS- UND SOZIALRECHT

Herausgegeben von Ulrich Preis

Band 6

PETER LANG
Frankfurt am Main · Berlin · Bern · Bruxelles · New York · Oxford · Wien

Petra M. Knorr

Der Vergleich der Invaliditätsrenten in Deutschland und den Niederlanden

PETER LANG
Europäischer Verlag der Wissenschaften

Bibliografische Information Der Deutschen Bibliothek
Die Deutsche Bibliothek verzeichnet diese Publikation in der Deutschen Nationalbibliografie; detaillierte bibliografische Daten sind im Internet über <http://dnb.ddb.de> abrufbar.

Zugl.: Köln, Univ., Diss., 2005

D 38
ISSN 1861-4582
ISBN 3-631-55651-9

www.peterlang.de

Meinem Sohn

Vorwort

Die Analyse basiert auf den am 1. Juli 2003 geltenden Regelungen. In den untersuchten Ländern sind teilweise erst kurz vor diesem Zeitpunkt gravierende Neuordnungen der institutionellen Regelungen vorgenommen worden. Soweit hier Sonder- und oder Übergangsbestimmungen gelten werden diese berücksichtigt. Da jedoch die Systeme im Grundsatz im „steady state" dargestellt werden, werden nach dem 1. Juli 2003 in Kraft getretene Änderungen nur dann berücksichtigt, wenn sie für die Leistungsgestaltung und damit für die Analyse der Systeme von Bedeutung sind.

Mein Dank gilt Herrn Professor Dr. Preis für die Betreuung der Arbeit und Herrn Professor Dr. Muckel, für die Erstellung des Zweitgutachtens. Danken möchte ich im Stillen auch denen, die mich in vielfältiger Weise fördernd begleitet haben.

Ratingen im Februar 2006 *Petra M. Knorr*

Inhaltsübersicht

Gliederung

Abkürzungsverzeichnis

a.A.	anderer Ansicht
aaO	am angegebenen Ort
Abs.	Absatz
a.F.	alte Fassung
AFG	Arbeitsförderungsgesetz
Alg	Arbeitslosengesetz
ALG	Gesetz über die Sicherung der Landwirte
Anm.	Anmerkung
Art.	Artikel
Aufl.	Auflage
AVmG	Altersvermögensergänzungsgesetz
BA	Bundesanstalt für Arbeit
BBG	Bundesbeamtengesetz
BEG	Bundesentschädigungsgesetz
BerzGG	Bundeserziehungsgeldgesetz
BFA	Bundesversicherungsanstalt
BG	Berufsgenossenschaft
BGBl.	Bundesgesetzblatt
BK	Berufskrankheit
BKGG	Bundeskindergeldgesetz
BKV	Berufskrankheitenverordnung
BMA	Bundesministerium für Arbeit und Sozialordnung
Bl.	Blatt
BR-Drucks.	Bundesratsdrucksache
Breith.	Breithaupt, Entscheidungssammlung
BSG	Bundessozialgericht
BSGE	Entscheidungen des Bundessozialgericht
BT-Drucks.	Bundestagsdrucksache
BVerfG	Bundesverfassungsgericht
BVerfGE	Entscheidungen des Bundesverfassungsgerichts
BVerwG	Bundesverwaltungsgericht
BVG	Bundesversorgungsgesetz
bzw.	beziehungsweise
DAngVers	Deutsche Angestellten Versicherung
d.h.	das heißt
DRV	Die Rentenversicherung

EFZG	Entgeltfortzahlungsgesetz
EG	Europäische Gemeinschaft
EMRK	Europäische Konvention zum Schutz der Menschrechte und Grundfreiheiten (Sart. II Nr. 130)
EStG	Einkommensteuergesetz
EU	Europäische Union
EuGH	Europäischer Gerichtshof
EWG	Europäische Wirtschaftsgemeinschaft
f.	folgend
ff.	folgende
FRG	Fremdrentengesetz
FS	Festschrift
GG	Grundgesetz
GKG	Gerichtskostengesetz
GS	GroßerSenat
HaushaltsbegleitG	Gesetz über Maßnahmen zur Entlastung der öffentlichen Haushalte und zur Stabilisierung der Finanzentwicklung in der Rentenversicherung
h. M.	herrschende Meinung
HS	Halbsatz
HwVG	Handwerkerversicherungsgesetz
i.d.F.	in der Fassung
i.d.R.	in der Regel
ILO	Internationale Arbeitsorganisation
i.S.	im Sinne
i.ü.	im übrigen
IRSS	Internationale Revue Soziale Sicherheit
IVSS	Internationale Vereinigung Soziale Sicherheit
KassKomm	Kasseler Kommentar
KSVG	Gesetz über die Sozialversicherung der selbstständigen Künstler und Publizisten
LSG	Landessozialgericht
LVA	Landesversicherungsanstalt
MdE	Minderung der Erwerbsfähigkeit

MedSach	Der medizinische Sachverständige
MDK	Medizinischer Dienst der Krankenkassen
MuSchG	Mutterschutzgesetz
m.w.N.	mit weiteren Nachweisen
n.F.	neue Fassung
NJW	Neue Juristische Wochenschrift
Nr.	Nummer
NZS	Neue Zeitschrift für Sozialrecht
OEG	Opferentschädigungsgesetz
Rdschr.	Rundschreiben
RehaAnglG	Gesetz über die Angleichung der Leistungen zur Rehabilitation
RKG	Reichsknappschaftsgesetz
Rn.	Randnummer
RRG	Rentenreformgesetz
RVO	Reichversicherungsordnung
Rspr.	Rechtsprechung
S.	Seite
s.o.	siehe oben
SG	Sozialgericht
SchwbG	Gesetz zur Sicherung der Eingliederung Schwerbehinderter in Arbeit, Beruf und Gesellschaft
SGb	Die Sozialgerichtsbarkeit
SGB I, II, IV, V, VI, VII, IX, X, XI	Sozialgesetzbuch erstes, zweites, viertes, fünftes, sechstes, siebtes, neuntes, zehntes, elftes
SGG	Sozialgerichtsgesetz
Slg.	Sammlung der Entscheidungen des EuGH
SozR	Sozialrecht (Entscheidungssammlung)
SozSich	Soziale Sicherheit
St. Rspr.	Ständige Rechtsprechung
SVA	Sozialversicherungsabkommen
Vgl.	Vergleiche
VO	Verordnung

Vo 1408/71	VO (EWG) Nr. 1408/71 über die Anwendung der Systeme der sozialen Sicherheit auf Arbeitnehmer und Selbstständige sowie deren Familienangehörige, die innerhalb der Gemeinschaft zu und abwandern (Sart. II Nr. 185)
z.B.	zum Beispiel
ZESAR	Zeitschrift für europäisches Sozial und Arbeitsrecht
ZIAS	Zeitschrift für ausländisches und internationales Arbeits- und Sozialrecht
Ziff.	Ziffer
ZfSH/SGB	Zeitschrift für Sozialhilfe und Sozialgesetzbuch
ZPO	Zivilprozessordnung

Lijst of afkorting

AAW	Algeme Arbeidsongeschikheidswet
ABW	Algeme Bijstandswet
AKW	Algeme Kinderbijslagswet
AMvB	Algeme maatregel van bestuur
ANW	Algmene nabestaandenwet
AOW	Algeme Ouderdomswet
Arbowet	Arbiedsonstandighedenwet
Art.	Artike(len)
AW	Ambtenarenwet
Awb	Algeme wet bestuursrecht
AWBZ	Algeme wet bijzodere ziektekosten
AWW	Algeme Weduwen- en Wezenwet
BW	Burgerlijk Wetboek
CRvB	Centrale Raad van Beroep
CSV	Coördinatiewet Sociale Verzekering
Ctsv	College van toezicht sociale verzekeringen
CWI	Centrale organisatie werk en inkomen/Centrum voor werk en inkomen
EEG	Europese Economische Gemeenschap
GW	Grondwet
HR	Hoge Raad der Nederlanden
IOAW	Wet inkomensvoorziening oudere en gedeeltelijk arbeidsongeschikte werkloze werknemers
IOAZ	Wet inkommensvoorziening oudere en gedeeltelijk arbeidsongeschikte gewezen zelfstandigen
IW	Invaliditeitswet
KB	Koninklijk besluit
Lisv	Landelijk institut sociale verzekeringen
OSV	Organisatiewet sociale verzekeringen 1997

OW	Ongevallenwet
Par.	Paragraaf
PS	Periodiek voor sociale verzekering
RB	Rechtbank
RSV	Rechtspraak sociale Verzekering
RWI	Raad voor Werk en Inkomen
SER	Sociaal-economische Raad
Stb.	Staatsblad
Stcrt.	Staatscourant
SVb	Sociale verzekringsbank
TW	Toeslagenwet
UWV	Uitvoeringsinstitut werknemersverzekering
VO	Verordening
WAJONG	Wet arbeidsongeschiktheidsvoorziening jonggehandicapten
Wamil	Wet arbeidsongeschiktheidsvoorziening militairen
WAO	Wet op de arbeidsongeschiktheidsverzekering
WAZ	Wet arbeidsongeschiktehiedsverzekering zelfstandigen
Wet Bia	Tijdelijke wet beperking inkomengevolgen arbeidsongeschiktheidscriteria
Wet Pemba	Wet premiedifferentiatie en marktwerking bij arbeidsongeschiktheidsverezkeringen
Wet REA	Wet op de (re)integratie arbeidsgehandicapten
Wet SUWI	Wet structuur uitvoeringsorganisatie werk en inkomen
Wet TBA	Wet terugdringing beroep op de arbeidsongeschiktheidsregelingen
WMK	Wet op de medische Keuringen
WMM	Wet minimuloon en minimumvakantiebijslag
WSW	Wet Sociale Wekvoorziening
Wulbz	Wet uitbreiding loondoorbetaalingsplicht bij ziekte
WVG	Wet voorziening gehandicapten

WVP	Wet verbetering pootwachter
ZFW	Ziekenfondswet
ZW	Ziektewet

A. 1. Teil:

I. Einleitung

1. Situation

Dem Jahrtausendwechsel gingen zwei Jahrzehnte der Massenarbeitslosigkeit und Krisen des Wohlfahrtsstaates voraus, von denen nicht nur die europäischen Länder betroffen waren. Als Folge kommt auf die am meisten entwickelten Industrieländer eine ganze Reihe von Herausforderungen zu, um die Entwicklung von wirtschaftlichen und sozialen Ungleichheiten zu verhindern.

Die Sicherung gegen das Risiko einer Minderung der Erwerbsfähigkeit hat eine enorme sozialpolitische Bedeutung. Jährlich müssen etwa 200.000 Versicherte ihre Tätigkeit vor Erreichen der Altersgrenze für eine Altersrente aus gesundheitlichen Gründen aufgeben. Daraus resultiert, dass die Rentenneuzugänge der Renten wegen verminderter Erwerbsfähigkeit seit Jahren bei etwa 25% der Rentenzugänge liegt. Dies bedeutet für die Finanzierung der einheitlichen gesetzlichen Rentenversicherung, dass etwa auch ein Viertel der Versicherten keine oder nur noch reduzierte Beiträge erbringt.

In Anbetracht der Lage des Arbeitsmarktes und der Lage der Rentenversicherung sind es die Invaliditätsrenten,[1] die zu drastischen Anstiegen der Zahl der Rentner geführt hat. Unter dem Druck hoher Arbeitslosigkeitsquoten flüchteten viele Versicherte in die Invaliditätsrenten. Gerade zu Beginn der 1980er Jahre wurde es vielen älteren Arbeitnehmern mit gesundheitlichen Einschränkungen des Leistungsvermögens leicht gemacht, den Arbeitsmarkt zu verlassen und eine Invaliditätsrente zu erhalten. Diese Tendenz konnte in allen OECD-Ländern beobachtet werden. Auch schien diese Frühverrentungspraxis von allen Beteiligten akzeptiert. Die Arbeitnehmer begehrten ihren vorzeitigen Ruhestand, die Arbeitgeber betrieben in dieser Form Personalpolitik, und die Regierungen verkündeten lieber gestiegene Rentenzahlen als gestiegene Arbeitslosigkeitszahlen. Die weiterhin zunehmende Arbeitslosigkeit führte durch eine progressive Zunahme der Antragstellung und Gewährung von Invaliditätsrenten dazu, dass sich das Arbeitsmarktrisiko von der Arbeitslosenversicherung auf die Rentenversicherung verschob. Zudem wurde die demografische Entwicklung evident. Die schrittweise Erhöhung der Altersgrenzen zur Erlangung von Altersrente wird tendenziell dazu führen, dass die Zahl der

[1] Der Begriff der Invaliditätsrente wird als Oberbegriff für jegliche Leistungen wegen Invalidität oder Erwerbsminderung aus der Rentenversicherung des jeweiligen Landes verwendet.

Invaliditätsrenten absolut und relativ im Verhältnis zu den Altersrenten zunimmt.[2] Beide Entwicklungen stehen in einem Kontext. Es wird von der gesamtwirtschaftlichen Lage und insbesondere von der Arbeitslosenzahl abhängen, ob beide Faktoren sich in Zukunft sogar kumulativ auswirken. Dadurch kommt es zu einer wesentlichen Belastung für die Finanzsituation der Rentenversicherungsträger. Diese Situation wird sowohl bei Rentensystemen im Umlageverfahren als auch bei Kapitaldeckungs-Systemen als nicht verkraftbar empfunden.

In Deutschland, dem Land, in dem seit Jahrzehnten der Slogan die „Renten sind sicher“ geprägt wurde, zweifeln mehr als 75% der stimmberechtigten Einwohner daran, dass sie einen ausreichenden Anspruch auf Rente im Alter und insbesondere nach den letzten gesetzlichen Änderungen für den Fall einer Invalidität haben werden.[3] Die Gründe hierfür liegen auf der Hand. Gekennzeichnet von Leistungskürzungen, Unübersichtlichkeit und sich überstürzenden Änderungen schwindet das Vertrauen in die Rentenversicherung.

Zur Lösung der Probleme wurde vorwiegend mit Leistungseinschränkungen operiert. Dies hat bisher nicht geholfen und wird vermutlich bei ansonsten gleichbleibender Situation auch zukünftig nicht helfen. Insbesondere bei den Invaliditätsrenten konnte keine klare Trennung bei der Risikoverteilung zwischen der Arbeitslosenversicherung und der Rentenversicherung geschaffen werden.

Dies bedeutet, dass die schlechte Arbeitsmarktsituation auch weiterhin durch die Möglichkeit der Gewährung einer Invaliditätsrente aufgefangen werden wird. Die Anhebung der Altersgrenzen für vorgezogene Altersrenten, mit der Folge von evidenten Kürzungen bei vorzeitiger Inanspruchnahme, bedeutet für viele Versicherte einen empfindlichen Eingriff in ihre auch verfassungsrechtlich geschützte Rentenanwartschaftsposition. Gleichzeitig führt dies dazu, dass immer mehr der Weg in eine Invaliditätsrente gesucht wurde, da die Leistungen höher sind und einen Vertrauensschutztatbestand für die Nichtanhebung der Altersgrenzen bedeuten können.

Bereits Ende der 1980er Jahre bestand in politischen Parteien und Fachkreisen[4] Einigkeit darüber, dass die Renten wegen verminderter Erwerbsfähigkeit

---

[2] Vgl. *Heidel*, Altergrenzen im europäischen Vergleich, DAngVers 2003, S. 119, 122.

[3] Www.heute.t-online Artikel 08.01.2003.

[4] *Gagel*, Erwerbsminderungsrenten: Entwicklung in Politik, Gesetzgebung und Rechtsprechung, SozSich 1997, S. 339, 340.

reformiert werden müssten.[5] Dies hatte nicht nur seine Gründe in den Problemen der Verschiebung der Last der Arbeitslosenversicherung auf die Rentenversicherung und die sehr aufwendige und problemträchtige sozioökonomische Seite der Berufsunfähigkeitsrente, sondern auch in Konsolidierungsgedanken. Denn der Zuwachs der Versicherten, die vorzeitig das Berufsleben über eine Invaliditätsrente verließen, nahm immer weiter zu.

Die Koalition aus CDU/CSU und FDP hatte am Ende ihrer Wahlperiode das Rentenreformgesetz 1999 -RRG 1999-[6] vorgesehen, welches zum 01.01.2000 in Kraft treten sollte. Dies sah gravierende Veränderungen der Renten wegen verminderten Erwerbsfähigkeit vor. Danach sollte ab dem 01.01.2000 bei der Bewilligung von Renten wegen verminderter Erwerbsfähigkeit nur noch auf den Gesundheitszustand des Versicherten abgestellt werden, auf die jeweilige Situation auf dem Arbeitsmarkt sollte es nicht mehr ankommen. Nach dem Regierungswechsel im Herbst 1998 setzte die Regierungskoalition von SPD und Bündnis 90/Die Grünen das RRG 1999 mit dem Rentenkorrekturgesetz[7] bis zum 31.12.2000 aus. Grund für die Aussetzung war vor allem die politische Diskussion über die Abschaffung der Berufsunfähigkeitsrente. Es sollte Zeit gewonnen werden, um für den Bereich der Renten wegen verminderter Erwerbsfähigkeit eine eigene Regelung zu erarbeiten. Nunmehr sollte die Berufsunfähigkeitsrente entgegen der ursprünglichen Vorstellungen aus Vertrauensschutzgedanken mit einer großzügigen Übergangsregelungen versehen werden. Dies ist mit dem Gesetz zur Reform der Renten wegen verminderter Erwerbsfähigkeit -EM-ReformG-[8] vom 20.12.2000 geschehen. Das Gesetz ist im Wesentlichen am 01.01.2001 in Kraft getreten.

Mit dem EM-ReformG ist der Gesetzgeber trotz eingreifender Veränderungen in alten Bahnen geblieben. So handelt es sich bei dem Schutz gegen das Risiko der Invalidität weiterhin um eine im sozialversicherungsrechtlichen System integrierte Leistung deren Grundvoraussetzungen: Leistungseinbuße durch Krankheit oder Behinderung und auch die Berechungsmethode nicht geändert worden sind. Geändert hat sich für einen bestimmten Kreis der Versicherten das sozialpolitische Sicherungsziel. Nun wird nicht mehr auf den Beruf abgestellt, sondern auf eine Zeitgrenze. Mit dieser wird fiktiv unterstellt, dass bei Einschränkungen im Hinblick auf diese Zeitgrenze eine Erwerbsminderung vorliegt. Fraglich ist aber, ob eine solche Fiktion tatsächlich zu Recht erfolgt oder nur zu einer Vereinfachung der Handhabung führen soll.

[5] Beispielhaft genannt sei die Aufforderung des Bundesrates 1992 an die Bundesregeierung und den Bundestag sowie das Drängen des Bundesrechnungshofes ab 1991.
[6] Vom 16.12.1997, BGBl. I S. 2998.
[7] Vom 19.12.1998, BGBl. I S. 3843.
[8] Vom 20.12.2000, BGBl. I S. 1827.

Müsste nicht beim Risiko der Invalidität die konkrete Erwerbseinbusse ermittelt werden und dann unter völliger Außerachtlassung des Arbeitsmarktes der Lohnausfall bestimmt werden, der durch die körperliche und geistige Leistungseinbusse dem Versicherten widerfährt?

Zudem hat sich an den als herausragend erkannten Problemen, nämlich der Prüfung des Berufsschutzes und der Problematik der Berücksichtigung des Arbeitsmarktes für lange Zeit keine Änderung ergeben. Letztlich dient die Reform dann nur noch der Leistungskürzung.

2. Gründe für einen Rechtsvergleich

Die Geschichte zeigt, dass nötige Reformen der sozialen Sicherheit sich aus wandelnden Wirtschafts- und Sozialstrukturen bilden und die politische Mobilisierung antwortet. Bei den Entwicklungsphasen spielt das Lernen des Anderen, des Neuen die wichtigste Rolle. Nur das Hinschauen auf andere Länder kann daher für Deutschland die Verarbeitung von Ideen und Modellen bedeuten.[9] Dabei versteht sich Rechtsvergleichung nicht nur als rein formale Methode der Gegenüberstellung von Normen, sondern sie stellt in der ersten Phase Rechte und Rechtsordnungen in Raum und Zeit gegenüber, um ihren Inhalt und ihre Methode zu vergleichen. In der zweiten Phase folgt das Verständnis der zu vergleichenden Elemente und als dritte Phase soll der Vergleich die Quelle neuer Erkenntnisse sein.[10] Zu unterscheiden bei der Rechtsverglei-

---

[9] Alle Staaten der Europäischen Union stehen vor Herausforderungen der Sicherung der Renten für Alter und Invalidität. Die Auffassung, dass dies nur durch Vergleiche der anderen Länder möglich ist, hat sich seit Mitte der 1990 Jahre auf EU-Ebene verstärkt. Der gegenseitige Erfahrungsaustausch der Mitgliedstaaten zu Strategien und Lösungsansätzen soll zu einem zügigen Handeln bei Veränderungen der wirtschaftlichen und gesellschaftlichen Strukturen führen. Vor diesem Hintergrund haben sich die EU-Staaten auf der Tagung des europäischen Rates in Lissabon im März 2000 auf die Anwendung eines neuen Koordinierungsinstrumentes geeinigt, nämlich auf die „Offenen Methode der Koordinierung" (OMK). Ziel der OMK ist die Verbreitung von bewährten Praktiken bei der Bewältigung der Herausforderungen und die Entwicklung in den Mitgliedstaaten in Bezug auf die wichtigsten Ziele der EU. Das Vorgehen bei dieser Methode erfasst vier Schritte: die Festlegung von Leitlinien und Zielen der nationalen Politik der Mitgliedstaaten, die Festlegung von Indikatoren und Benchmarks als Mittel für den Vergleich bewährter Praktiken, die Umsetzung der Leitlinien in nationale Politik und die regelmäßige Überwachung, Bewertung und Prüfung dieses Prozesses. Vgl. dazu *Heidel*, Die offenen Methode der Koordinierung, DAngVers 2003, S. 370 ff.

[10] *Fikentscher*, Methoden des Rechts, Bd. III, S. 781; *Rheinstein*, Einführung in die Rechtsvergleichung, S. 11; allerdings besteht über Begriff, Gegenstand und Methode der Rechtsvergleichung erheblicher Streit. Ausführlicher Überblick über den Meinungsstand zur Frage, ob Rechtsvergleichung bloß eine Methode oder auch eine autonome Wissenschaft ist, bei *Constantinesco*, Rechtsvergleichung Bd. II, S. 27.

chung ist die Mikro- und die Makrovergleichung.[11] Während die Mikrovergleichung sich auf einen bestimmten eng umgrenzten Teil eines Rechtssystem bezieht, beschäftigt sich die Makrovergleichung mit den Rechtskreisen und Rechtssystemen. Die Absicherung bei Invalidität ist ein spezielles einzelnes Rechtsinstitut einer Rechtsordnung. Durch die Gegenüberstellung der Regelungen in den zu untersuchenden Ländern, handelt es sich dabei einerseits um Mikrovergleichung. Da aber der Gesamtzusammenhang des Rechtssystems des jeweiligen Landes nicht außer Betracht gelassen werden kann, um eine folgerichtige Einordnung der jeweiligen Regelungen zur Invalidität zu gewährleisten, wird und muss auch eine Makrovergleichung erfolgen.

Maßgeblich für die Auswahl des Vergleichslandes ist der zu erwartende Ertrag für die eigene Systematik. Dabei wurde nicht aus dem Blickwinkel, den man so oft bei sozialpolitischen Lektüren liest „das neidische Abschauen auf die Niederlande" dieses Vergleichsland ausgewählt, sondern die Auswahl wurde anhand grundsätzlicher sozialpolitischer, sozialwissenschaftlicher und rechtlicher Unterscheidungskriterien getroffen.

Eine Strategie zur Identifizierung von Gemeinsamkeiten ist die Untersuchung möglichst ähnlicher Länder, um dann die Unterschiede losgelöst voneinander herauszustellen (most similar systems design).[12] Eine andere Alternative besteht darin, bei einer großen Heterogenität der Untersuchungsfälle die Übereinstimmungen zwischen ihnen herauszufinden (most different system design).[13] Für die Niederlande greift beides, so ähnlich das Land in vielerlei Hinsicht ist, so anders sind seine Rechtsinstitutionen und seine Vorgehensweisen.

Die Niederlande gelten als Modellfall eines entwickelten Sozialsystems. Ein eng verknüpftes Netz sozialer Sicherheit gewährt soziale Harmonie. Aber auch die Niederlande waren und sind einer insgesamt schwierigen ökonomischen Gesamtsituation und einer Kostenexplosion der Sozialleistungen ausgesetzt. Die Grenzen des Sozialstaates wurden auch dort deutlich. Ein Umdenken war angezeigt. Überraschenderweise erfolgten Anpassungen an die ver-

---

[11] Vgl. zu dieser Terminologie *Constantinesco*, Rechtsvergleichung, Bd. I S. 262 ff und Bd. III S. 241 ff.

[12] Der most-similar-cases Ansatz fordert, dass zu vergleichende Systeme sich in Rahmenbedingungen möglichst wenig unterscheiden sollen. Dadurch soll die Konzentration auf die zu abweichenden Ergebnissen führenden Bestimmungsfaktoren erleichtert bzw. die Anzahl potentieller Einflussfaktoren begrenzt werden.

[13] Vgl. *Fenge, Gebauer u.a.* Alterssicherungssysteme im internationalen Vergleich: Finanzierung, Leistungen, Besteuerung, vergleichende Studie des Institutes für Wirtschaftsordnung im Auftrag des Finanzministeriums, 2002, S. XXIX.

änderten ökonomischen Rahmenbedingungen bislang ohne erhebliche gesellschaftliche Brüche.

Der niederländische Gesetzgeber ist als Erster in Europa mit dem Ziel tätig geworden, die Zahl der Invaliditätsrenten zu verringern. Grund dafür war, dass schon zu Beginn der 1980er Jahre die Wettbewerbsfähigkeit der niederländischen Wirtschaft durch fast eine Million Empfänger einer Invaliditätsrente gefährdet war. Die Niederländer hatten mit 13,5% aller Arbeitnehmer in der ersten Hälfte der 1980er Jahre den international höchsten Anteil von Erwerbsunfähigkeitsrentnern zu verzeichnen. Die Invaliditätsrente hatte zunehmend die Funktion der Arbeitslosenversicherung übernommen. Zumal vorgezogene Altersrenten z.B. wegen Schwerbehinderung oder Arbeitslosigkeit, die im deutschen Recht zu finden ist, im niederländischen Recht fehlen. Es setzte eine Reformwelle ein, die, über die klassischen Mittel der Leistungskürzung hinaus, den Leistungsschutz völlig neu gestaltete und auch eine Berücksichtigung des Berufsstatus bei der Rentengewährung entfallen ließ. Doch diese Instrumente zur Eindämmung von Zahlungsansprüchen aus der Invaliditätsrente blieben ohne dauerhaften Erfolg.

Unter dem Motto „weniger Staat mehr Markt“ kehrten die Niederlande 1998 für die Invaliditätsversicherung von ihrem früheren Prinzip der Volksversicherung ab. Dieser sozialpolitische Paradigmawechsel führt als Kernstück zu einer teilweisen Privatisierung der Sicherung des Invaliditätsrisikos. Die Beiträge für die Invaliditätsversicherung zahlt nun allein der Arbeitgeber. Bei der Bemessung des Beitrages spielen das Erwerbsunfähigkeitsrisiko im jeweiligen Unternehmen und dessen Größe eine Rolle. Zudem legt die niederländische Politik den Schwerpunkt auf die Reintegration. Diese wird vor allem in die Hände von Arbeitgeber und auch Arbeitnehmer selber gelegt. Nach den letzten richtungsweisenden Änderungen kann es bei mangelnden Bemühungen des Arbeitgebers, seinen Arbeitnehmer im ersten Jahr des gesundheitsbedingten Krankheitsausfalls bei sich oder bei einem anderen Arbeitgeber zu reintegrieren, zur Auflage der weiteren Krankengeldzahlung um maximal ein weiteres Jahr kommen.

Überprüft man die sozialstaatlichen Basisindikatoren der Länder Deutschland und Niederlande, so stellt man fest, dass bezüglich der Einführung des jeweiligen Sozialversicherungssystems, gemessen an den Ländern der OECD, Deutschland der Pionier war und die Niederlande zeitlich gesehen erst relativ spät ein gesetzliches Regelwerk geschaffen haben.[14]

---

[14] Vgl. *Börsch-Supan, Miegel,* Reformerfahrungen im Ausland, Studie im Auftrag des deutschen Institutes für Altersforschung, 1999 S.66, 67.

Ein weiterer gravierender Unterscheidungsansatz ist die Sozialleistungsquote (Sozialausgaben im Verhältnis zum Bruttoinlandsprodukt -BIP-). Das einzige OECD-Land, welches seine Sozialleistungsquote im Zeitraum von 1950 bis in die Gegenwart verringert hat, sind die Niederlande.

Dagegen war Deutschland in Bezug auf eine Rangfolge der Sozialleistungsquote über Jahrzehnte hinweg unterdurchschnittlich war und hat erst etwa im letzten Jahrzehnt eine stark steigende Sozialleistungsquote zu verzeichnen.[15]

Durch die Bildung von sogenannten Wohlfahrtsstaatstypen kann der Überblick über die heterogene Ausgestaltung der Sozialsysteme der einzelnen Industriestaaten erleichtert werden.[16] Unterschieden wird nach dem universalistischen Sozialstaatsmodell sozialdemokratischer Prägung, dem konservativen auf Statusreproduktion abzielenden Modell sowie dem liberalen Wohlfahrtsstaatsregime mit hohem Anteil bedarfsgeprüfter Sozialleistungen.[17] Auch diesbezüglich unterscheiden sich die zu untersuchenden Länder grundlegend. Während Deutschland dem konservativen Regimetyp zuzuordnen ist, gehören die Niederlande zur Gruppe der sozialdemokratischen Wohlfahrtsstaaten.

Neben diesen sozialpolitischen Unterscheidungen können die zu untersuchenden Systeme der Invalidensicherung zwei grundlegenden Sicherungsprinzipien[18] zugeordnet werden: der Sozialversicherung oder der Volksversicherung. Deutschland ist der Idealtyp der Sozialversicherung.[19] Dagegen liegt in den Niederlanden aufgrund historischer Gründe eine nur dort anzutreffende Mischung zwischen Volksversicherung und Arbeitnehmerversicherung i.S. einer Sozialversicherung vor. Zudem ergibt sich die Besonderheit, dass die Niederlande, die Volksverssicherung bei der Invaliditätsversicherung aufgaben. Trotz dieser gravierenden Unterschiede spricht man bei beiden Ländern

---

[15] *Wagschal,* Der gezügelte Wohlfahrtsstaat, Sozialpolitik in reichen Industrienationen, 2000, S. 37, 39; vgl. Statistiken Allgemein, Tabelle Nr. 6.

[16] Sozialwissenschaftliche Unterscheidung und Typolisierung nach *Esping-Andersen,* The three worlds of welfare capitalism, 1990, S. 81, 89ff.

[17] In der OECD gibt es nur zwei Länder dieses Wohlfahrtstaatstypes: Dänemark und Australien.

[18] Bekannt ist auch noch eine dritter Sicherungstyp, die Staatsbürgerversorgung. Eine solche kennen nur die Länder Dänemark und Australien.

[19] Auch wenn es durch die Änderungen der letzen zwei Jahre z. B. durch die Riesterrente Tendenzen zu einem Kapitaldeckungsverfahren und durch die Einführung der Grundrente im Alter und bei Erwerbsunfähigkeit Ansätze zu einer staatlich finanzierten Grundrente gibt.

für den Rentenaufbau vom sogenannten Drei-Säulen-Modell. Dieser Begriff hat als Synonym für den Rentenaufbau Erfolg erfahren.[20]

Auch lohnt sich ein Blick auf die Volkswirtschaft und die Wirtschaftsfaktoren beider Länder. Deutschland ist in den letzten Jahren von seinem Platz als eine der führenden Industrienationen gefallen. Die führenden Branchen in Deutschland, verarbeitende Industrie mit einem stark ausgeprägten Maschinen- und Automobilbau, chemische Industrie, Baugewerbe und Energiewirtschaft, aber auch Handel, Verkehr und sonstige Dienstleistungen weisen starke Verluste auf. Die Folge ist eine Arbeitslosigkeit von weit über 4 Millionen mit einem beängstigendem Anteil von Langzeitarbeitslosen. Die Resonanz ist scheinbar, dass trotz erheblicher Leistungseinschränkungen bei den Invaliditätsrenten, die Zahl der Antragsteller und damit die Flucht in diese Form der sozialen Sicherung verhältnismäßig gleich bleibend ist.

Die Niederlande sind traditionell gesehen ein Land mit einem ausgeprägten Wirtschaftsfaktor Gartenbau und Milchwirtschaft. Daneben besteht ein starker Arbeitsmarkt im Bereich Handel, Logistik und Finanzen. Früher gab es jedoch auch einige Schwerpunkte im Bereich Industrie und Produktion, oftmals allerdings sehr regional ausgerichtet. In den 1970er Jahren begann sich der Arbeitsmarkt zu verändern. Unternehmen in der Schwerindustrie und mit arbeitsintensiver Produktion wurden geschlossen oder in Niedriglohnländer verlegt. Für die Niederlande bedeutete dies, dass beispielsweise die Textil- und Schuhindustrie verschwanden, Schiffswerften geschlossen wurden und Kohlebergwerke, die bereits zuvor vom Staat stark subventioniert wurden, schlossen. Aufgrund dieser Situation litten einzelne Regionen in den Niederlanden unter hoher Langzeitarbeitslosigkeit bis in die 1990er Jahre hinein. Die Arbeitslosenzahlen stiegen von 150.000 auf fast 1.000.000. Insbesondere bestand auch eine gravierende Jugendarbeitslosigkeit. Nach starken Mehrheitsveränderungen im Parlament, die zu umfangreichen Reformen führten, wurden neue Rahmenbedingungen des Arbeitsmarktes geschaffen. Durch die sich daraufhin einstellende positive Entwicklung auf dem Arbeitsmarkt verringerte sich auch die Quote der Bezieher einer Invaliditätsrente. Die Niederlande erreichten als europäisches Vorzeigeland Ende der 1990 Jahre nahezu Vollbeschäftigung. Diese Entwicklung ist seit Ende 2001 jedoch wieder rückläufig.

---

[20] Vgl. Bericht der *OECD* März 2000; vgl. *Elftes Speyrer Sozialrechtsgespräch*, Altersvorsorge in drei Säulen, DAngVers 2001 S. 209 ff.

3. Ziel

Das Ziel der vorliegenden Arbeit ist daher zu ermitteln, ob aus den Erfahrungen der Niederlande Folgerungen, Alternativen und Denkanstöße für die Entwicklung des eigenen Staates gezogen werden können. Sollte nicht auch in Deutschland völlig umgedacht werden? Sollte nicht weniger mit dem Instrument der Leistungskürzungen gearbeitet werden, sondern vielmehr dem positiven Beispiel unseres Nachbarlandes folgend eine grundlegende Neuerung des Systems gefordert werden?

Für den Fall eines zielgerichteten Funktionierens der Invaliditätssicherung in den Niederlanden soll geprüft werden, wie diese, und wenn auch nur in Einzelheiten, übertragen werden könnte. Nur eine Untersuchung der einzelnen Rechtsinstitute beider Länder und deren unterschiedliche Ursachen und Wirkungsweisen kann dies ermöglichen.

Allerdings wäre eine in den Niederlanden funktionierende Regelung eventuell in Deutschland zum Scheitern verurteilt, da diese einem anderen sozialstaatlichen Kontext unterworfen ist und ihr Funktionieren nur aus der Andersartigkeit des Grundkonzepts des ausländischen Sozialsystems zu erklären ist. Dies stellt auch die Problematik beim Rechtsvergleich dar. Denn Sozialsysteme - und die Invaliditätssicherung ist eines der wichtigsten Bestandteile einer staatlichen Sozialordnung - sind nationalen Ursprungs. Das Sozialrecht verbleibt nämlich trotz zunehmender Europäisierung und Globalisierung in territorialen Grenzen.[21] Grund dafür ist, dass soziale Institutionen nur ausnahmsweise übertragen werden können, und auch dann nur unter Modifikationen. Dies liegt daran, dass jede soziale Institution sich in die gesamte Sozial-, Rechts-, und Wirtschaftsordnung einpassen muss und nicht immer in den nationalen und kulturell gewachsenen Kontext passt. Es kommt hinzu, dass keine Akzeptanz besteht, die einmal historisch eingeschlagene Struktur eines Sozialsystems des jeweiligen Landes, so z.B. das deutsche, über 100jährige System, zu verlassen. Selbst grundlegende Richtungsänderungen sind selten.[22]

Gerade die nationale Verhaftung wirft für eine vergleichende Arbeit große Probleme auf. Wie keine andere Rechtsordnung ist der Zweig der sozialen Sicherheit in Form der Invaliditätsrenten mit dem jeweiligen nationalen Sys-

---

[21] So sieht auch die EWG-Verordnung 1408/71 in Artikel 46 vor, dass der zuständige Träger der Rentenversicherung des jeweiligen Landes, allein nach den von ihm anzuwendenden Rechtsvorschriften Entscheidungen trifft.

[22] In der Sozialwissenschaft wird von Pfadabhängigkeit gesprochen; vgl. *Einerhand u.a.* Abhängigkeit von Sozialleistungen und Dynamik des Wohlfahrtsstaates, Ein Vergleich zwischen Schweden und den Niederlanden, IRSS 2001, S. 3ff.

tem verbunden. Denn hier liegt eine Abhängigkeit und Verknüpfung zu einem zweiten Zweig der Sozialversicherung, der Sicherung gegen Arbeitslosigkeit, vor. Daher ist die Invaliditätsrente stark abhängig von der wirtschaftlichen Lage eines jeweiligen Landes, die sich wiederum stark durch ihre Arbeitslosenzahlen kennzeichnet.

Die Schwierigkeit eines Vergleichs beginnt damit, dass in jedem Land die Begriffe, hinter denen sich die Invaliditätsleistungen verbergen, verschieden sind und endet damit, dass die Zuordnungen der Trägerschaft, die Leistungshöhen und die Finanzierung grundsätzlich von einander abweichen. So muss die Erwartung gedämpft werden, dass ein Vergleich der Situation in Deutschland mit der Situation in den Niederlanden ohne weiteres fertige Modelle und Konzepte erbringen kann, die die innerdeutsche Rechtsordnung reformieren könnten. Selbst bei einem solchen Ergebnis kann sich ein Rechtsvergleich lohnen, denn nur er kann zu einem besseren Verständnis der Instrumente und Institutionen führen. Instrumente, die nicht zu dem gewünschten Erfolg geführt haben, bräuchten nicht mehr eingesetzt werden. Irrwege blieben erspart.

II. Invalidität

1. Begriff

Invalidität gehört zu den klassischen sozialen Risiken, bei denen nach Art. 22, 25 Nr. 1 der allgemeinen Erklärung der Menschenrechte vom 10. Dezember 1948[23] und nach Art. 53 des Übereinkommens Nr. 102 der Internationalen Arbeitsorganisation vom 28. Juni 1952[24] Anspruch auf soziale Sicherung besteht.

Es ist ausgesprochen schwierig, den Begriff der Invalidität allgemeingültig zu definieren. Dies liegt vor allem daran, dass Invalidität und ihre rechtliche Sicherung im komplexen Regelwerk des jeweiligen Landes zu sehen sind; aber auch an der, der Invalidität eigenen Wechselwirkung mit anderen Faktoren.[25] Bei einem Vergleich der Invaliditätssicherung verschiedener Länder bzw. Rechtssysteme ist es von Nöten eine gemeinsame Arbeitshypothese zu erstellen. Während im Deutschen Sozialrecht die Invalidität nicht definiert ist, liegt

---

[23] United Nations, General Assembly, Official Records third Session (part I) Resolutions (Doc. A/810) S. 71.

[24] BABl. 1954, S. 94; die Bundesrepublik Deutschland hat durch Gesetz vom 18.9.1957, BGBl. II Nr. 29 vom 23.9.1957, die meisten Teile des Übereinkommens übernommen.

[25] Die *Internationale Arbeitsorganisation,* Introduction to social security, S. 73 führt dazu aus, dass es das schwierigste technische Problem in der Sozialversicherung sei, die Invalidität zu definieren und auch zu beurteilen.

im Niederländischen Recht zumindest eine Definition der Erwerbsunfähigkeit vor, die Anspruchsvoraussetzung ist, um Leistungen aus der gesetzlichen Invaliditätssicherung zu erhalten.

Der Begriff „Invalidität“ stammt von dem lateinischen Wort „invalidus“, welches gängigerweise mit schwach, kraftlos und gebrechlich übersetzt wird. Verwendung fand der Ausdruck „Invalidität“ zunächst im 19. Jahrhundert im französischen Sprachgebrauch. Dort wurde der Begriff Invalidité bereits für eine Arbeitsunfähigkeit verwandt.[26] Invalidität wird im allgemeinen, nicht juristischen Sprachgebrauch als dauerhafte Krankheit oder Behinderung verstanden, die zu einer Einschränkung der Arbeitskraft führt.[27] Diese Definition greift die Rechtsprechung und die Literatur in den OECD-Ländern auf und definiert mit großer Übereinstimmung Invalidität als eine dauerhafte Krankheit oder Behinderung, die zur Minderung der Arbeitskraft führt und eine Erwerbsminderung zur Folge hat. Diese Definition deckt sich mit den Definitionen des Invaliditätsrisikos der meisten OECD-Ländern in der Gesetzgebung.[28] Der Vorteil der Verwendung der Begrifflichkeit Invalidität liegt daher in der Allgemeinverständlichkeit und in der historisch gewachsenen, normübergreifenden Einsetzbarkeit. Der Begriff an sich hat somit eine weitgehende internationale Verbreitung und Anerkennung gefunden.[29]

Als Arbeitshypothese wird im Einklang mit Literatur, Rechtsprechung und Gesetzgebung folgende Definition des Begriffs der Invalidität angenommen: Bei Invalidität handelt es sich um einen dreigeteilten Tatbestand, der sich aus einer Beeinträchtigung der körperlichen und geistigen Fähigkeiten, welche die andauernde Einschränkung der Arbeitsfähigkeit bewirkt mit der Folge einer Minderung der Erwerbsfähigkeit, zusammensetzt.

Zwingend werden danach eine Gesundheitsminderung i.S. einer Krankheit und eine Leistungsminderung i.S. einer Erwerbsminderung vorausgesetzt.

---

[26] Vgl. *Duden,* Herkunftswörterbuch, S. 309.

[27] *Duden,* S. 377.

[28] Vgl. *EG-Kommission,* Missoc-Bericht 2002 S. 228 zu den Definitionen und den Unterschieden in den Mitgliedstaaten des Europarates.

[29] Vgl. *Weltgesundheitsorganisation,* International Classification of Impairments, Disabilities and Handicaps 1980,“any restriction or lack of ability to perform an activity in the manner or within the range considered normal for an human being”; die 1927 gegründete Internationale Vereinigung für soziale Sicherheit (IVSS) als Weltorganisation der Träger der sozialen Sicherheit hat in ihrer XIX. Generalversammlung im Oktober 1977 in Madrid definiert: „Invalide ist, wer infolge Verminderung seiner körperlichen und geistigen Fähigkeiten voraussichtlich für eine längere Zeit zur regelmäßigen Arbeit unter den üblichen Arbeitsbedingungen unfähig ist und mit dem verbliebenen Arbeitsvermögen einen bedeutend geringeren Verdienst erzielen kann.

Auch der Begriff der Krankheit ist schwer zu definieren, da es sich um einen mehrdimensionalen Begriff handelt, der biologische, psychologische und soziale Komponenten enthält. Sowohl die Deutsche als auch die Niederländische Gesetzgebung definieren den Begriff der Krankheit nicht. Dies hat in beiden Ländern die Rechtsprechung übernommen.[30] Krankheit kann auch der Auslöser für weitere Ansprüche der sozialen Sicherung sein. So kann Krankheit Ansprüche aus der Krankenversicherung im weiteren Sinne, aber bei einem Unfall auch aus der Unfallversicherung auslösen.

Die zweite Komponente der Invalidität ist die Erwerbsminderung. Diese bezieht sich auf die Arbeitskraft und die Erwerbstätigkeit der Person. Auch hier liegt keine positive Definition in beiden Ländern vor, jedoch kann zumindest aus den Gesetzestexten durch Umkehrschluss oder durch die Definition der Erwerbsunfähigkeit die Begrifflichkeit erschlossen werden. Danach ist eine Erwerbsminderung anzunehmen, wenn eine Person aufgrund gesundheitlicher Beeinträchtigungen vor Erreichen des normalen Rentenalters ihre Arbeitskraft nicht mehr wie vor Eintritt der Gesundheitsstörung verwerten kann und aus diesem Grund Einkommenseinbußen erleidet. Diese Erwerbsminderung kann vollständig oder nur teilweise vorliegen. Bei einer teilweisen Erwerbsminderung verbleibt noch eine Resterwerbsfähigkeit. In diesem Zusammenhang spielt die Arbeitsmarktsituation eine bedeutende Rolle. Denn es stellt sich die Frage, ob noch mit der Resterwerbsfähigkeit ein Erwerb erzielt werden kann.[31] Durch diese Konstellation wird deutlich, dass es zu einer Verflechtung dieser beiden makroökonomischen Risiken kommen kann.

2. Struktur des Invaliditätsrisikos

Maßgeblicher integrativer Ansatzpunkt ist die typische Defizitsituation, die jeden arbeitenden Menschen treffen kann, und dem daraus resultierenden Begehren nach sozialer Sicherung. Grundsätzlich ist jeder erwachsene Mensch in der modernen Industriegesellschaft darauf angewiesen, durch den Einsatz seiner Arbeitskraft Einkommen zu erzielen, um so den Bedarf seiner selbst und gegebenenfalls seiner unterhaltsbedürftigen Familienmitglieder zu de-

---

[30] Vgl. für die Niederlande; *Noordam,* Socialzekerheidsrecht S. 70, 71; für Deutschland; *Kass/Komm (Niesel)* § 43 Rn. 23 ff. mit weiteren Nachweisen.

[31] *Gould,* Background and work History of Persons Applying for Disability Pensions, IRSS 1985 S. 57, geht in diesem Zusammenhang insgesamt davon aus, dass die Invalidität verursacht wird durch ein Ungleichgewicht zwischen Arbeitsanforderungen und Arbeitsfähigkeit. Danach wäre nicht begriffsnotwendig eine Erwerbsminderung durch gesundheitliche Einschränkungen nötig, sondern einzig der entsprechende Arbeitsmarkt.

cken.[32] Es besteht ein Gleichgewicht, wenn das Einkommen den Bedarf zumindest deckt. Dieses Gleichgewicht liegt in der Regel bei einem Vollbeschäftigten vor. Eine Störung dieses Gleichgewichts tritt ein, wenn die Arbeitskraft infolge gesundheitlicher Probleme beeinträchtigt wird oder aber nie eine derartige Arbeitskraft vorlag. Zudem kann es sein, dass die vorhandene Arbeitskraft nicht verwertbar ist, da geeignete Arbeitsmöglichkeiten nicht geboten werden. Die Folge der Störung des Gleichgewichtes zwischen Arbeit, Einkommen und Bedarfsdeckung führt dann zu einer Defizitsituation, wenn der Bedarf durch das Einkommen nicht mehr gedeckt werden kann.[33] Zunächst tritt dadurch ein primäres Einkommensrisiko bezogen auf den aktuellen Einkommensbedarf ein und danach ein sekundäres Einkommensrisiko bezogen auf die wirtschaftliche Absicherung in der Zukunft ein.

Führt Invalidität dazu, dass die Arbeitskraft ganz oder teilweise entfällt und dadurch kein Erwerbseinkommen mehr vorliegt, gibt es verschiedene Ebenen, bei denen die notwendige Defizitkompensation ansetzen kann. Die Kompensation dieser Defizitsituation kann zum einen innerhalb des Problemfeldes ansetzen oder aber von außen. Für die Arbeitskraft bedeuten Arbeits- und Unfallschutz sowie gesetzliche und tarifvertragliche Sicherungen z.B. Kündigungsschutz, Diskriminierungsverbote und Beschäftigungsverpflichtungen internen Schutz vor Defizitsituationen. Von außen wird die Arbeitskraft vor allem durch Arbeitsvermittlung und berufliche Rehabilitation z.B. Umschulung geschützt. Das Erwerbseinkommen bei verminderter Arbeitskraft wird innerhalb des Problemfeldes z.B. durch Lohnfortzahlung und Arbeitgeberhaftungen kompensiert. Von außen kompensieren Einkommenseratzleistungen z.B. Sozialversicherungen, staatliche Hilfssysteme, aber auch private Versicherungen.

3. Typisierung der Sozialleistungen im Fall der Invalidität

Die Systeme der Invaliditätsversicherung können zwei grundlegenden Sicherungsprinzipien zugeordnet werden: dem Vorsorgeprinzip oder dem Versorgungsprinzip. Diese Dichotomie ist bezüglich des Versorgungsprinzips noch

---

[32] Vgl. *Zacher,* Grundtypen des Sozialrechts S. 574, 577. Dabei soll an dieser Stelle nicht problematisiert werden, dass es immer noch die Hausfrauenehe gibt und der Mann alleine die Versorgerrolle übernimmt. Denn aufgrund veränderter gesellschaftlicher Rahmenbedingungen, kann die Versorgerrolle unter den Geschlechtern wechseln, zudem handelt es sich zumeist nur noch um eine Phase eines ganzen Erwerbslebens. Bei der Situation nicht volljähriger Lehrlinge ist zu berücksichtigen, dass es sich um eine Ausbildungsphase handelt, die oftmals nicht gewährleistet, dass der Lehrling aus seinem Einkommen seinen Unterhalt alleine tragen kann.

[33] Vgl. *Zacher,* Grundtypen des Sozialrechts S. 574, 577.

zu unterscheiden zwischen der Staatsbürgerversicherung oder der Volksversicherung. Sinnbild für das Vorsorgesystem ist die Sozialversicherung.[34] Der Sozialversicherung liegt als Konzeption die von Bismarck 1880 bis 1890 ins Leben gerufene Sozialgesetzgebung zugrunde. Demgegenüber ist für das Versorgungsprinzip vor allem der von Lord Beveridge ausgearbeitete Beveridge-Plan maßgeblich.[35] Abstrakt bemessen werden die Leistungen in beiden Systemen. Im Vorsorgesystem abstrakt individuell, orientiert an einer persönlichen Vorgeschichte, nämlich den Beitragsleistungen und dem früheren Arbeitsentgelt, und in den Versorgungssystemen abstrakt generell, orientiert an einem Grundbedarf.

a. Vorsorgesysteme

Staatliche Leistungssysteme, die den einzelnen gegen die Defizitsituationen, nicht nur für Invalidität, sondern auch für Krankheit und Pflege etc. schützen, werden als Vorsorgesysteme gegen ein soziales Risiko bezeichnet.[36] Kennzeichnend für sie ist, dass sie die unsichere Erwartung des Ausbleibens negativer Umstände durch die sichere Erwartung des Ausgleichs negativer Entwicklungen kompensieren.

Vorsorge wird in der Regel durch Beitragszahlungen aufgebaut. Diese stellen dann zumeist die Anspruchsvoraussetzungen des Vorsorgesystems dar. Es handelt sich um die versicherungsrechtlichen oder administrativen Leistungsvoraussetzungen. Möglich sind zeitliche Voraussetzungen (z.B. Dauer der Zugehörigkeit zur Vorsorgegemeinschaft) und finanzielle Voraussetzungen (Beitragsleistungen). Vorsorge wird daher auch als gewährleistete Bedarfsbefriedigung auf Grund sicherungsfinaler monetärer Vorleistung, also erkaufte Hilfe bezeichnet.[37] Damit diese Vorleistung möglich ist, muss die Person vorsorgefähig sein. Sie muss die Möglichkeit haben, sich der solidarischen, gruppenspezifischen Vorsorge anschließen zu können. Dies bedeutet, es muss eine primäre Fähigkeit bestehen, durch Erwerbstätigkeit Vorsorge aufbauen

---

[34] Innerhalb der Länder der OECD sind die meisten Staaten dem Prinzip der Sozialversicherung gefolgt.

[35] Vgl. *Baldwin,* Past Rise of Social security. Historical Trend and Patterns; in Reforming the Welfare State S. 6-9; *Ritter,* Der Sozialstaat, Entstehung und Entwicklung im internationalen Vergleich, in: Historische Zeitschrift 1988, Beiheft 11, S. 146.

[36] Vgl. *Eichenhofer,* Systeme sozialer Sicherung im internationalen Vergleich, S. 388, 391; Internationale Arbeitsorganisation, Introduction, insb. S. 1-10 und 73-81 (Leistungen bei Invalidität). *Zacher,* Grundtypen des Sozialrechts S. 583. Die Vorsorgesysteme werden oftmals nach ihrem Hauptinstrument „Sozialversicherung" genannt, vgl. *Bley,* Sozialrecht S. 7-12. Zu der Entwicklung der Begrifflichkeiten vgl. Generalanwalt *Mayras* in EuGH-RS 1/72 (Frilli,) Slg. 1972, S. 472-475.

[37] Vgl. *Bley,* Sozialrecht S. 13.

zu können. Tritt aber die Vorsorgeunfähigkeit durch Invalidität ein, bedarf es nicht nur direkter Hilfe zur Bedarfsdeckung, sondern die Person benötigt auch einen Ersatz für die Unmöglichkeit weitere Beiträge bis zum Erreichen der Altersgrenze zu leisten. Dieses sekundäre Einkommensrisiko muss ebenso abgesichert werden.
Die Leistungen der Vorsorgesysteme sind abstrakt an die Verwirklichung des abgesicherten Risikos geknüpft, die konkrete individuelle Leistungshöhe kann sich nach verschiedenen Prinzipien richten. So kann sie sich nach dem Grad der Erwerbsminderung, dem früheren Arbeitseinkommen und/oder der Versicherungszeit richten. Der Grad der Erwerbsminderung ist in einigen OECD-Ländern nur für die Anspruchsberechtigung für eine Leistung aus der Invaliditätssicherung vorgesehen, in anderen Ländern dient er zudem der Bestimmung der Leistungshöhe.[38]

b. Versorgungssysteme

Sie charakterisieren sich dadurch, dass sie im Gegensatz zu den Vorsorgesystemen nicht an eine Vorgeschichte der Vorsorge durch eigene Beitragsleistung anknüpfen, sondern an eine Vorgeschichte der (staatlichen) Verantwortung.[39] Aufgrund einer gemeinschaftlichen Verantwortung werden diese Systeme staatlich organisiert und aus Steuermitteln finanziert. Sie gewährleisten zumeist aber nur eine Besitzstandsgerechtigkeit, welche den entstandenen Schaden ausgleichen soll, da nicht das soziale, persönliche Risiko abgesichert werden soll. Versorgungssysteme sind Ausdruck allgemeiner Solidarität. Es handelt sich um eine universalistische Grundsicherung. In manchen Ländern gibt es für bestimmte Risiken und Bedürfnisse ein nebeneinander von Versorgungssystemen und Vorsorgesystemen. In anderen Ländern gibt es nur Versorgungssysteme mit unterschiedlichen Bezügen und Leistungen.

aa. Staatsbürgerversicherung

Der Staatsbürgerversicherung als einer Form des Versorgungssystem ist eigen, dass sie allen Einwohnern des jeweiligen Landes Sozialleistungen gewährt. Die Leistungen werden aufgrund einer bestimmten Situation z.B. bei Invalidität und bei Alter gewährt. Die Staatsbürgerversicherung beruht nicht auf einer durch Beitragsleistung begründeten Vorgeschichte, da sie nicht an

---

[38] Vgl. *EG-Kommission,* Missoc-Bericht 2003; in Deutschland, in Dänemark, in Griechenland, den Niederlanden und Spanien ist der Grad der Erwerbsminderung für die Leistungshöhe relevant, in den anderen Ländern nicht.
[39] Vgl. *Wannagat,* Lehrbuch des Sozialversicherungsrechts Bd. I, S. 9, *Bley,* Sozialrecht, S. 7.

erwirtschafte Beiträge anknüpft, sondern sie zielt auf eine pauschal bemessene, am Mindeststandard orientierten Grundsicherung.[40]

bb. Entschädigungssysteme

Oft anzutreffende Versorgungssysteme sind sog. Entschädigungssysteme. Sie treten meist neben das ansonsten vorhandene Vorsorgesystem. Auch sie knüpfen nicht an eine durch Beiträge erwirtschaftete Leistung an, sondern sie sind begründet durch eine Verantwortung der Gemeinschaft für ein bestimmtes schädigendes Ereignis, bei dem die Person ein Opfer für die Gemeinschaft erbracht hat.[41]

cc. Mischsysteme

Innerhalb der Versorgungssysteme gibt es verschiedene Formen im Sinne von Mischsystemen. Die wichtigsten Gruppen sind die Volksversicherung und die Unfallversicherung.

aaa. Volksversicherung

Auch bei der Volksversicherung handelt es sich wie bei der Staatsbürgerversicherung um eine Absicherung gegen soziale Risiken (z.B. Alter und Invalidität). Die Leistungen, die gewährt werden, sind ebenfalls pauschal bemessen und knüpfen nicht an eine versicherungsrechtliche Vorgeschichte an. Was die Volksversicherung aber unterscheidet und zu einem vorsorge-analogen Sicherungssystem macht, ist, dass sie sich nicht aus Steuermittel, sondern aus Beiträgen der Arbeitgeber und Arbeitnehmer finanziert und selbstverwaltet ist.

bbb. Unfallversicherung

Auch die Unfallversicherung, wie sie in Deutschland, aber auch z.B. in Frankreich existiert, ist ein Mischgebilde aus Vorsorgesicherung und Versorgungssicherung und hier im engeren des Entschädigungssystems. Die Unfallversicherung sichert das soziale Risiko Arbeitsunfall einschließlich Wegeunfall

---

[40] Reine Staatsbürgerversicherungen kennen nur Dänemark und Australien, daneben gibt es aber weitere Länder z.B. Frankreich und die Niederlande und neuerdings auch Deutschland, die als zusätzliche Systeme auch staatlich finanzierte Grundsicherungen bei bestimmten Bedürfnissen aufweisen.

[41] In Deutschland gehört zu den Systemen der Entschädigung insbesondere die Kriegsopferentschädigung, die Entschädigung für Opfer von Gewalttaten und bei Impfschäden, sowie die Entschädigung bei Ableistung des Wehr- und Zivildienstes.

und Berufskrankheit.[42] An die Stelle der arbeitsvertraglichen Haftung des Unternehmers tritt eine von diesem zu finanzierende gesetzliche Sicherung zugunsten der von dieser Gefahr bedrohten Arbeitnehmer. Die Unfallversicherung gewährt daher für eine besondere Form der Invalidität, nämlich der berufsbezogenen, soziale Sicherung. Die Leistungen dieser Versicherung sind wie im privatrechtlichen Schadensrecht üblich, von dem Eintritt des schädigenden Ereignisses abhängig. Die Unfallversicherung ist daher ein kausal orientiertes Entschädigungssystem. Sie weist aber auch typische Charakteristika einer Vorsorge- bzw. Sozialversicherung auf, da sie abhängig von dem jeweiligen Arbeitseinkommen des Geschädigten aufgrund von Beiträgen (des Arbeitgebers) nicht nur eine Grundsicherung gewährt.[43]

c. Fürsorgesysteme

Fürsorgesysteme greifen in Situationen ein, in denen der notwendige und allgemeine Bedarf nicht oder nicht ausreichend durch andere Systeme aufgefangen wird. Sie haben daher den Zweck, Personen, die keine ausreichenden Mittel oder Sozialleistungen zur Verfügung haben, eine Fürsorge zu gewährleisten. Die Leistungen hängen zumeist von einer Einzelfallprüfung ab und sind von einer Bedarfsgerechtigkeit geprägt.[44] Insbesondere die Sozialhilfe gehört zu diesen steuerfinanzierten Grundleistungen.

---

[42] Vgl. *Schulin,* Sozialrecht S. 130, 131.

[43] Neben die ursprüngliche und primäre Sicherung der Unfallversicherung, nämlich die Ablösung von Schadensersatzverpflichtungen der Unternehmer aus ihren arbeitsvertraglichen Verpflichtungen, trat auch zunehmend eine Erstreckung des Versicherungsschutzes auf andere Personengruppen (z.B. Blutspender, Unfallhelfer, Schulkinder). Man unterscheidet daher die echte und die unechte Unfallversicherung.

[44] *Wannagat,* Lehrbuch des Sozialversicherungsrechts Bd. I, S. 6 f.

B. 2. Teil: Deutschland

I. System der sozialen Sicherung

1. Überblick[45]

Die kaiserliche Botschaft aus dem Jahre 1881 ist der Beginn der Sozialgesetzgebung in Deutschland.[46] Sie hat die drei Hauptzweige der sozialen Versicherung, die Kranken-[47] die Unfall-[48] sowie die Alters- und Invalidenversicherung[49] bereits in ihren Grundzügen beschrieben. Zum Sozialrecht aus heutiger Sicht gehören insbesondere die Ausbildungs- und Arbeitsförderung sowie die Arbeitslosenversicherung (SGB III),[50] die gesetzliche Krankenversicherung (SGB V),[51] die gesetzliche Pflegeversicherung (SGB XI),[52] die gesetzliche Rentenversicherung (SGB VI)[53] mit dem zusätzlichen, dem Bundessozialhilfegesetz (BSHG) vorgelagerten Leistungsgesetz über eine bedarfsorientierte Grundsicherung im Alter und bei Erwerbsminderung (GSiG),[54] die gesetzliche Unfallversicherung (SGB VII),[55] Kinder und Jugendhilfe (SGB VIII),[56] Rehabilitation und Teilhabe behinderter Menschen (SGB IX)[57] und das soziale Entschädigungsrecht sowie subsidiär die Sozialhilfe (BSHG).[58] Diese sozialrechtlichen Gesetzgebungen werden von ihrer Systematik und Funktion unterteilt in Sozialversicherungen, soziale Entschädigung und soziale Förderung und Hilfe.[59] Zur Sozialversicherung gehören von den obengenannten Leistungsgesetzen die Krankenversicherung, die Unfallversicherung, die Rentenversicherung, die Arbeitslosenversicherung und auch die Pflegeversicherung. Der Hauptanknüpfungspunkt ist ein abhängiges Beschäftigungsverhältnis. In diesem Punkt stellt die Pflegeversicherung eine Beson-

---

[45] Vgl. *Gitter,* Sozialrecht S. 1 ff, *Schulin,* Sozialrecht, S. 1 ff.

[46] Kaiserliche Botschaft vom 17.11.1881 Reichstags-Drucksache 182, S. 31; Direktor des Reichsamtes des Inneren, *Bosse,* in: Stenographische Berichte des Reichstages 1883, S. 2108.

[47] Krankenversicherungsgesetz vom 14.06.1883, RGBl. S. 73.

[48] Unfallversicherungsgesetz vom 06. 07.1884, RGBl. S. 69.

[49] Gesetz betreffend die Invaliditäts- und Alterssicherung vom 22.06.1889, RGBl. S. 97.

[50] Vom 24. 03.1997, BGBl. I S. 594.

[51] Vom 20.12.1988, BGBl. I S. 2477.

[52] Vom 24.05.1994, BGBl. I S. 1014.

[53] Vom 18.12.1989, BGBl. I S. 2261.

[54] Art. 12 des AVmG vom 26.06.2001, BGBl. I S. 1310.

[55] Vom 07.08.1996, BGBl. I S.. 1254.

[56] Vom 26.06.1990, BGBl. I S. 1163.

[57] Vom 11.05.2001, BGBl. I S. 1881.

[58] Vgl. 1. Teil, II. 3. c. Wird ab 01.01.2005 durch das SGB XII ersetzt.

[59] *Wannagat,* Lehrbuch des Sozialversicherungsrechts, Bd. 1 S. 1ff, 33ff.

derheit dar. Sie ist eine Pflichtversicherung für die gesamte Bevölkerung. Ausgegrenzt aus diesen gesetzlichen Sozialversicherungsverhältnissen sind Selbständige, Nichterwerbstätige oder geringfügig Beschäftigte. Es besteht jedoch zumeist die Möglichkeit einer freiwilligen Versicherung in den obengenannten gesetzlichen Systemen. Beamte, Richter und Soldaten nehmen im deutschen System der sozialen Sicherung eine Sonderrolle ein. Ihre Absicherung gegen die Risiken Alter, Krankheit, Unfall, Pflegebedürftigkeit erfolgt durch Bundes- und landesgesetzliche Sondergesetze.

Die o.g. Regelwerke der sozialen Entschädigung werden durch aus Steuermitteln finanzierte Versorgungsleistungen der sozialen Entschädigung ergänzt. Sie dienen dem Ausgleich besonderer Opfer oder Belastungen des Einzelnen, für die eine besondere kollektive Verantwortlichkeit der Allgemeinheit vorliegt und gegen die eine persönliche Vorsorge nur schwer möglich oder nicht zumutbar ist. Zu nennen sind insbesondere das Bundesversorgungsgesetz[60] i.V.m. den Sondergesetzen Kriegs- bzw. Wehrdienst-,[61] und Impfgeschädigte[62] sowie Kriminalitätsopfer.[63]

Subsidiär greift als Auffangtatbestand die Sozialhilfe. Sie stellt gemäß der klassischen Dreiteilung des Sozialrechts den dritten Teil der sozialen Förderung und Hilfe dar. Die Sozialhilfe ist nachrangig gegenüber allen Versicherungs- und Versorgungsansprüchen sowie gegenüber privatrechtlichen Ansprüchen auf vertraglicher und deliktischer Grundlage.[64] Tatsächliche Leistungen anderer schließen die Sozialhilfe aus, soweit sie die Notlage beheben.

Ein Novum und gleichzeitig auch ein Zwitter im Sinne der Unterscheidung zwischen Sozialversicherung und den Leistungsgesetzen der sozialen Förderung und Hilfe stellt die Grundrente für Alter und für Erwerbsgeminderte dar.[65] Obwohl die Leistungen aus Steuermitteln finanziert werden, die Kreise und kreisfreien Städte Leistungsträger sind und nur bei Bedürftigkeit gezahlt werden, muss grundsätzlich ein Rentenanspruch bestehen, und die Abwick-

---

[60] BVG in der Fassung der Bekanntmachung vom 22.01.1982, BGBl. I S. 21.
[61] § 80 Soldatenversorgungsgesetz; 59 Bundesgrenzschutzgesetz; § 47 Zivildienstgesetz.
[62] § 51 Bundesseuchengesetz.
[63] § 1 Opferentschädigungsgesetz.
[64] BVerwGE 47, 103, 106.
[65] In Kraft getreten zum 01.01.2003 BGBl. I S. 1335; vgl. *Michaelis,* DAngVers 2000, 103 ff, vgl. Art. 8 und 9 im Altersvermögensgesetz (AvmG) und die Beschlüsse der Bundesregierung vom 26.01.2001 in Anhänge zu Deutscher Bundestag 2001.

lung erfolgt durch die Rentenversicherungsträger. Es handelt sich daher um eine Annexleistungen zu den Leistungen der Rentenversicherung.[66]

Auch das Arbeitsrecht erfüllt in Deutschland sozialpolitische Funktionen. Durch das staatliche Arbeitsrecht, wie z.B. die Regelungen über die Entgeltfortzahlung im Krankheitsfall[67] oder die Regelungen zum Mutterschutz[68] wird ein Mindeststandard sozialen Schutzes gewährleistet. Stärker noch als durch staatliche Regelungen wird das deutsche Arbeitsrecht durch Tarifverträge gestaltet. Oftmals enthalten diese im positiven Sinne abweichende Regelungen. In ihnen können auch Regelungen über Betriebsrenten enthalten sein.

Zudem gibt es vielfältige Möglichkeiten, sich privat gegen die Wechselfälle des Lebens abzusichern. Dazu gehört nicht nur die private Vermögensbildung, sondern auch ein großes Angebot von privaten Versicherungen als Ergänzung zu den staatlichen Leistungen.

2. Gesetzliche Entwicklung der Invaliditätsrente

Eine gesetzliche Rentenversicherung wurde erstmalig durch das Gesetz betreffend die Invaliditäts- und Alterssicherung 1889,[69] welches am 1. Januar 1891 in Kraft trat, eingeführt. Vorher gab es lediglich berufsständische Unterstützungskassen und Knappschaftsvereine, die als Vorläufer der Rentenversicherung gesehen werden können. Um die noch im 19. Jahrhundert mehrfach geänderten Sozialgesetze für die Krankenversicherung, die Unfallversicherung und die Invaliden- und Altersrente zu vereinheitlichen und aneinander anzupassen, wurden sie 1911 in der Reichsversicherungsordnung (RVO) zusammengefasst. Unter der Bezeichnung „Invaliden und Hinterbliebenenversicherung“ wurde das Rentenrecht als viertes Buch der RVO eingeführt.[70] Gegen die Risiken der Invalidität und des Alters waren zunächst nur Arbeiter versichert. Ab 1913 trat ein eigenes System des Versicherungsschutzes für Angestellte dazu (AVG).

Die Zeit nach 1945 war von den Bemühungen gekennzeichnet, das stark zergliederte Recht zu vereinheitlichen. Ferner mussten die zahlreichen Flüchtlinge und Vertriebenen rentenrechtlich einbezogen werden. Geschaffen wurde

---

[66] *Vgl. Hinrichs,* Armutsfeste Grundsicherung im Alter. Ausländische Modelle und die jüngste Rentenreform in Deutschland, SozSich 2003, S. 21ff.

[67] EFZG BGBl. I 1994, S. 1065.

[68] MuSchG BGBl. I 1979 S. 221.

[69] RGBl. 1889 S. 97.

[70] Für Bergleute gab es zudem noch eine separate gesetzliche Regelung, das Reichsknappschaftsgesetz (RKG).

ein in keinem anderen Land existierendes Fremdrentenrecht. Die Problematik bei diesem liegt darin, dass der anspruchsberechtigte Personenkreis Leistungen in Empfang nimmt, denen keine Beitragszahlung gegenübersteht. Damit tritt für die beitragsbezogene Sozialversicherung eine starke Belastung ein.

Mit der Aufspaltung des Tatbestandes der Invalidität in Berufs- und Erwerbsunfähigkeit wurde mit der Rentenreform 1957 (Rentenversicherungs-Neuregelungsgesetz) in Deutschland eine gesetzliche Regelung geschaffen, die sich in wesentlichen Zügen von anderen Staaten abhebt.[71] Die völlige Umgestaltung des Rechts der Rentenversicherung zeigt sich auch daran, dass der Invaliditätsbegriff, der ursprünglich für die Arbeiterrente und die Angestelltenversicherung unterschiedlich gestaltet war, durch einen für alle Versicherungszweige einheitlichen Invaliditätsbegriff abgelöst wurde (§§ 1246, 1247 RVO; §§ 23, 24 AVG; §§ 45, 46, 47 RKG)[72]. Nunmehr gab es zwei unterschiedliche Rentenarten, die Berufs- und die Erwerbsunfähigkeitsrente für alle Versicherten. Kernstück der Reform von 1957 war in finanzieller Hinsicht die Einführung der neuen Rentenformel, mit der erstmalig das Prinzip der individuellen lohn- und beitragsbezogenen Lebensstandardsicherung durchgesetzt wurde. Durch die Einführung dieser bruttolohnbezogenen, dynamischen Rente richtete sich die Rentenhöhe nunmehr danach, wie sich das jährliche Entgelt des Rentners zum jeweiligen Durchschnittseinkommen aller Versicherter verhalten hatte. Ebenfalls mit dem Rentenversicherungs-Neuregelungsgesetz 1957 standen nunmehr auch erstmalig Leistungen zur medizinischen Rehabilitation und zur Teilhabe am Arbeitsplatz (berufsfördernde Rehabilitation) mit dem Prinzip „Rehabilitation vor Rente" im Vordergrund.

Nach mehreren weniger grundlegenden Reformen sah man sich zu Beginn der 1980er Jahre mittel- und langfristig vor erhebliche Finanzierungsprobleme der Rentenversicherung gestellt. Es war festzustellen, dass es eine Entwicklung zu längeren Rentenlaufzeiten und einer höheren Anzahl der Rentner gab. Somit war die Spanne des Leistungsbezugsraums zu einem größeren Kostenfaktor geworden als prognostiziert. Demgegenüber stand ein Rückgang der Geburtenquote und damit der potentiellen Einzahler in das Umlagesystem. Zu

---

[71] *Ruland,* die Rentenversicherung in Deutschland im Zeichen der Jahrhundertwende, DRV 2000, S. 23, 27f; *Michaelis,* Von der Invaliditätsrente zur Erwerbsminderungsrente: Der solidarische Schutz bei verminderter Erwerbsfähigkeit im Wandel der Zeit, DAngVers 2000 S. 103 ff.

[72] Der besonders schweren Arbeit der Bergleute wurde mit einer zusätzlichen Rentenart, der Rente für verminderte bergmännische Berufsfähigkeit Rechnung getragen, die auch heute noch als gesonderte Rente besteht. Entgegen den gesetzlichen Vorgaben des RRG 1999, wonach die Rente für Bergleute über eine Übergangsvorschrift auslaufen sollte, behält sie nach dem EM-Reform-Gesetz ihren alten Platz (§ 45 SGB VI).

erklären war dies nicht allein durch die demographische Entwicklung der steigenden Lebenserwartung. Weitere schlecht vorherzusehende Ursache war die veränderte Erwerbstätigkeit der Bevölkerung. Zum einen verzögerte sich der Beginn der erstmaligen Einzahlung von Beiträgen durch die Verlängerung von Ausbildungsphasen, zum anderen verlagerte sich das durchschnittliche Rentenzugangsalter deutlich nach vorne. Grund dafür war vor allem die zum Standard gewordene Gewährung einer Invaliditätsrente oder aber einer vorgezogenen Altersrente. Die Regelaltersrente wurde zum Ausnahmefall. So führten sowohl die längere Rentenlaufzeit als auch die gestiegene Anzahl der Rentner zu einer Potenzierung der Kosten. Das Haushaltbegleitungsgesetz 1984[73] brachte erstmals tiefgreifende Konsolidierungen der sozialen Sicherheit bei Invalidität. Die Rentenfinanzen sollten dadurch verbessert werden, dass die Anspruchsvoraussetzungen für eine Rente wegen Berufs- und Erwerbsfähigkeit verschärft wurden und einige Personengruppen, insb. freiwillige Versicherte, für die Zukunft von einem Bezug der Renten wegen Erwerbsminderung ausgeschlossen wurden.[74]

Weitere Diskussionen über Rentenkonsolidierungen und auch über eine Vereinheitlichung des Rentenrechts mündeten als Kernstück der Rentenreform von 1992[75] in der Schaffung des Sechsten Buch des Sozialgesetzbuches (SGB VI). Formell fasst es das materielle Recht der gesetzlichen Rentenversicherung für alle vorher getrennt geregelten Versicherungszweige (RVO, AVG, RKG) zusammen. Materiell sollte mit steigenden Beiträgen und einem erhöhten und in seiner Anpassung geänderten Bundeszuschuss die Finanzausstattung der Rentenversicherung verbessert werden. Darüber hinaus sollten durch zum Teil erhebliche Beschneidungen der Leistungen, durch Anhebung der Altersgrenzen, Verkürzung der Anrechnungszeiten, Änderung der Rentenberechnung, antragsgebundene Leistungen und nettolohnorientierte Renten zumindest mittelfristig Ausgaben eingespart werden. Die Invaliditätsrenten wurden jedoch, trotz Reformbedarf[76] nahezu unverändert in das SGB VI übernommen.

---

[73] Vom 22.12.1983, BGBl. I S. 1532.

[74] Erstmalig wurde die sog. Wartezeit im Sinne einer versicherungsrechtlichen Voraussetzung eingeführt (vgl. Teil 2.II.2.a.). Zwar wurde durch Übergangsregelungen ermöglicht, am 31.12.1983 bestehende Anwartschaften durch kontinuierliche Beitragsentrichtung aufrechtzuerhalten. Fehlt jedoch nur ein Monat Beitragszahlung ist der Bezug einer Rente ausgeschlossen.

[75] Rentenreformgesetz vom 18.12.1989, BGBl. S. 2261.

[76] Schon damals wurde eine Änderung der Invaliditätsrenten immer wieder gefordert. Zum einem, um ein Unterlaufen der neuen Altergrenzen der Altersrenten auch im Hinblick auf den demografischen Faktor zu verhindern, und zum anderen, um klare Abgrenzungen der Zuständigkeit der Arbeitslosen- zur Rentenversicherung zu schaffen. Vgl. *Bundesminister für Arbeit und Sozialordnung*, Rentenreform 1992 S. 32-53.

Die Wiedervereinigung machte eine Angleichung und Überleitung des Rentenrechts in den Beitrittsländern erforderlich. Entsprechend des Einigungsvertrages wurde mittels des Rentenüberleitungsgesetzes (RÜG), der Geltungsbereich der Vorschriften des SGB VI auf die neuen Bundesländer erweitert. Die Gelegenheit zu einer grundlegenden Rentenreform wurde nicht ergriffen. Die schon bekannten Probleme, finanzielle Lage der Rentenversicherung, demographische Entwicklung, Abgrenzung zwischen Arbeitslosenversicherung und Invaliditätsrenten gewannen noch weiter an Brisanz. Aufgrund der Arbeitsmarktsituation nach der Wiedervereinigung war die Flucht in die Invaliditätsrente verstärkt zu beobachten.

Ein wichtiger Schritt war daher das 2. SGB VI-ÄndG.[77] In den entsprechenden Vorschriften der Invaliditätsrenten wurde nunmehr zum erstenmal ausdrücklich geregelt, dass die Lage des Arbeitsmarktes bei einem vollschichtig einsatzfähigen Versicherten nicht zu berücksichtigen ist. Damit sollte die Verschiebung der finanziellen Auswirkungen der schlechten Arbeitsmarktsituation zu Lasten der Invaliditätsrenten unterbunden werden. Weitere gravierende Änderungen wurden durch das Wachstums- und Beschäftigungsförderungsgesetz im Jahre 1996[78] eingeführt. Es wurde jedoch wiederum der eingeschlagene Pfad weiterverfolgt, insbesondere erfolgte keine Abkehr vom geltenden System der Invaliditätsrenten, allerdings wurden weitere Leistungseinschränkungen vorgenommen.

In erster Linie im Hinblick auf die Rechtsprechung des Bundessozialgerichts,[79] wonach für den Anspruch auf Rente wegen Erwerbsunfähigkeit nicht allein auf das Ausmaß der gesundheitlichen Leistungseinschränkungen abzustellen ist, sondern auch auf die Fähigkeit und Möglichkeit des Versicherten, sein Restleistungsvermögen auf dem Arbeitsmarkt tatsächlich zu verwerten, wurde bereits seit längerem über die Notwendigkeit einer Reform der Berufs- und Erwerbsunfähigkeitsrente diskutiert. Denn diese Vorgehensweise führte zu einer Belastung der Rentenversicherung für eine an sich der Arbeitslosenversicherung zuzuordnenden Last. Zudem unterlag auch die Berufsunfähigkeitsrente mit ihren sehr aufwendigen und problemträchtigen sozioökonomischen Feststellungserfordernissen starker Kritik. Letztlich waren es

[77] Vom 02.05.1996, BGBl. I S. 659.

[78] Gesetz zur Umsetzung des Programms für mehr Wachstum und Beschäftigung in den Bereichen der Rentenversicherung und Arbeitsförderung –Wachstumsförderungsgesetz-(WFG) vom 25.09.1996 BGBl. I S. 1461.

[79] Vgl. BSGE 1, 82,91; 5, 84,86; 8, 31,35; 16, 18,21; 18, 36,40f; 19, 147,150f; SozR Nr. 50 und 59 zu § 1246 RVO. Diese Rechtsprechung wurde durch die Entscheidungen des Großen Senats des BSG von 1969 und 1976 in BSGE 30, 167 ff; 43,75 ff dauerhaft bestätigt. Diese Rechtsprechung wurde durch den Gesetzgeber akzeptiert, indem er bei Erlass der § 102 Abs. 2 Nr. 2 und § 112 SGB VI auf diese Bezug nahm.

aber auch Konsolidierungsgedanken, denn der Zuwachs der Versicherten, die vorzeitig das Berufsleben über eine Invaliditätsrente verließen, nahm immer weiter zu.

So hatte der Bundesrat die Bundesregierung 1989 gebeten, nach Abschluss des Gesetzgebungsverfahrens zum Rentenreformgesetz 1992 eine Änderung des Rechts der Renten wegen verminderter Erwerbsfähigkeit vorzubereiten, die zu einer sachgerechten und sozial ausgewogenen Risikoabgrenzung zwischen Renten- und Arbeitslosenversicherung führt und gleichzeitig verhindert, dass die im Rentenreformgesetz 1992 enthaltene Heraufsetzung der Altersgrenzen unterlaufen wird. Eine grundlegende Reform der Renten wegen Berufs- und Erwerbsunfähigkeit war schließlich im Gesetz zur Reform der gesetzlichen Rentenversicherung (Rentenreformgesetz 1999 vom 16.12.1997 enthalten,[80] welches die Koalition aus CDU/CSU und FDP am Ende ihrer Wahlperiode vorgesehen hatte und zum 01.01.2000 in Kraft treten sollte. Danach sollte ab dem 01.01.2000 bei der Bewilligung von Renten wegen verminderter Erwerbsfähigkeit nur noch auf den Gesundheitszustand des Versicherten abgestellt werden, auf die jeweilige Situation auf dem Arbeitsmarkt sollte es nicht mehr ankommen. Die Berufsunfähigkeitsrente sollte wegfallen. Nach dem Regierungswechsel im Herbst 1998 setzte die Regierungskoalition von SPD und Bündnis 90/Die Grünen das RRG 1999 mit dem Rentenkorrekturgesetz[81] bis zum 31.12.2000 aus. Damit sollte Zeit gewonnen werden, um für den Bereich der Renten wegen Erwerbsminderung eine eigene Regelung auszuarbeiten.[82] Dies ist mit dem Gesetz zur Reform der Renten wegen verminderter Erwerbsfähigkeit - EM-ReformGesetz - vom 20.12.2000[83] geschehen. Das Gesetz ist im Wesentlichen am 01.01.2001 in Kraft getreten und führt entsprechend dem Reformansatz des Rentenreformgesetzes 1999 anstelle der bisherigen Berufs- bzw. Erwerbsunfähigkeitsrente eine zweistufige Erwerbsminderungsrente ein. Für Versicherte, die am 31.12.2000 bereits Bezieher einer Berufs- und Erwerbsunfähigkeitsrente waren, wird das bisherige Recht beibehalten. Zudem wird das Leistungsspektrum der Berufsunfähigkeitsrente aus Vertrauensschutzgründen für Versicherte, die bei Inkrafttreten der Reform am 01.01.2001 das 40. Lebensjahr bereits vollendet hatten, also vor dem 02.01.1961 geboren sind, beibehalten. Die Berufsunfähigkeitsrente wird übergangsweise in die Regelung der neuen Erwerbsminderungsrenten eingebunden. Dies bedeutet, dass sie als Rente wegen teilweiser Erwerbsminderung mit einem Rentenartfaktor von 0,5% zur Auszahlung gelangt, anstatt

---

[80] Vgl. BGBl. I S. 2998.
[81] Vom 19.12.1998, BGBl. I S. 3843.
[82] Vgl. Entwurf eines Gesetzes zu Korrekturen in der Sozialversicherung und zur Sicherung der Arbeitnehmerrechte, BT-Drucks. 14/45 vom 17.11.1998 S. 18.
[83] Vgl. BGBl. I S. 1827.

wie zuvor mit einem Rentenartfaktor von 0,667%. Realiter handelt es sich dabei um eine Leistungskürzung von 25%. Die Neuordnung der Renten wegen Erwerbsminderung lässt Bestandsrenten unberührt, so dass bei einem bestehenden Anspruch auf Renten wegen Erwerbs- oder Berufsunfähigkeit diese mit den entsprechenden Normen und Grundsätzen bis zum Bezug der Regelaltersrente weitergelten.

3. Einordnung der Invaliditätssicherung in das Gesamtsystem der sozialen Sicherung

a. Abgrenzung zu anderen sozialen Risiken

Das Deutsche System sozialer Sicherheit wird durch ein Höchstmaß an Gliederung bestimmt. Dies gilt insbesondere für die Invalidität. Zum einen gibt es unterschiedliche Sicherungssysteme für Alter und Invalidität, zum anderen gibt es je nach Ursache der Invalidität unterschiedliche Systeme. Beruht die körperliche Beeinträchtigung, die zu einer Erwerbsminderung führen kann z.B. auf einem Arbeitsunfall, ist die gesetzliche Unfallversicherung zuständig, obwohl es sich bei funktioneller Betrachtung ebenfalls um eine Invalidität handelt. Greift keines der genannten Sicherungssysteme, erbringt subsidiär die Sozialhilfe Leistungen. Eine Kumulierung der jeweiligen Ansprüche aus den gesetzlichen Regelsystemen ist auf Tatbestandsebene grundsätzlich möglich. Jedoch gibt es Antikumulierungsvorschriften vorwiegend aus der gesetzlichen Rentenversicherung, die eine Kumulation auf der Leistungsseite ausschließt.

b. Verhältnis zur gesetzlichen Rentenversicherung

Die Invaliditätssicherung ist zusammen mit der Rente wegen Alters und Renten für Hinterbliebene in einem gesetzlichen Regelwerk (SGB VI) geregelt. Im Unterschied zu anderen OECD-Ländern handelt es sich bei dem von Arbeitnehmer und Arbeitgeber zu zahlenden Beitrag zur gesetzlichen Rentenversicherung um einen gemeinsamen Beitrag für alle Zweige der Rentenversicherung, auch wenn unterschiedliche und nicht vergleichbare Risiken abgedeckt werden. Dementsprechend gibt es auch nur einen Träger der Versicherungslast für Rentenzahlungen wegen Alters, Invalidität und Hinterbliebenenschaft. Diese Vereinheitlichung hat in Deutschland historische Gründe. Ursprünglich wurde das Alter der Invalidität zugeordnet, wie in der Bezeichnung des „Erstgesetzes „Gesetz betreffend die Invaliditäts- und Altersversicherung" zum Ausdruck kommt.[84]

[84] Vgl. oben, Gesetz vom 22.06.1889.

c. Verhältnis zur gesetzlichen Unfallversicherung

aa. Versichertes Risiko

Das Risiko Arbeitsunfall hat in Deutschland eine eigenständige Absicherung gefunden. Das ändert jedoch nichts daran, dass die Folgen eines Arbeitsunfalls einen besonderen Fall der Invalidität darstellen, der seine Ursachen im Risikobereich des jeweiligen Arbeitgebers hat. Die gesetzliche Unfallversicherung war bei ihrer Entstehung alleine auf die Sicherung vor und nach Arbeitsunfällen ausgerichtet. Bei jedem Arbeitsunfall sollte der geschädigte Arbeitnehmer bzw. seine Familie einen Schadensausgleich unabhängig von eigener oder fremder Fahrlässigkeit erhalten (sog. Soziales Schutzprinzip).[85] Zudem sollte der Unternehmer von der privatrechtlichen Haftpflicht befreit werden (System der Ablösung der Haftung durch die gesetzliche Unfallversicherung = Haftungsersetzungsprinzip).[86] Die Haftung eines Arbeitgebers wegen eines durch einen Arbeitsunfall herbeigeführten Personenschadens ist nach § 104 SGB VII (zuvor § 636 RVO) eingeschränkt. Danach ist der Arbeitgeber seinem Arbeitnehmer nur dann zum Schadensersatz verpflichtet, wenn er den Arbeitsunfall vorsätzlich herbeigeführt hat. Diese Haftungsersetzung wird durch § 105 SGB VII auch auf andere im Betrieb tätige Personen ausgedehnt. Im Ergebnis sind diese unter den gleichen Bedingungen wie der Arbeitgeber von der Haftung befreit. Geschützt wird damit durch die Unfallversicherung der Betriebsfrieden und die in der Betriebsgemeinschaft liegende Gefahrengemeinschaft.

Die Versicherungspflicht kann in der gesetzlichen Unfallversicherung nicht nur kraft Gesetzes gegeben sein, sondern es kann auch eine Versicherungspflicht kraft Satzung vorliegen. Versicherungspflichtig sind kraft Gesetzes (§ 2 Abs. 1 SGB VII) alle Beschäftigte (§ 7 SGB VII) und Heimarbeiter (§ 12 SGB VII). Der Unfallversicherungsschutz entsteht, sobald jemand seine Arbeitskraft der Verfügungsgewalt eines Dritten unterstellt, eine dem bedienten Unternehmen nützliche Tätigkeit von wirtschaftlichem Wert leistet und die Arbeitsleistung dem mutmaßlichen Willen des Unternehmers entspricht.[87] Dabei muss es sich aber nicht um ein entgeltliches Beschäftigungsverhältnis handeln. Im Interesse des Gemeinwohls wurden darüber hinaus verschiedene Personengruppen in den Schutz der Unfallversicherung mit einbezogen, die nicht in einem Arbeitsverhältnis stehen (z.B. Kinder in Horten, Schüler und

---

[85] Vgl. *Schulin,* Sozialrecht, Rdnr. 283.
[86] Vgl. BGHZ 63, 313, 316; *Bereiter-Hahn/Mertens* § 104, Rdnr. 2.
[87] BSG *Breithaupt* 1974, 459.

Studenten,[88] Personen in der Wohlfahrtspflege (§ 2 Abs. 1 Nr. 9 SGB VII)[89] und ehrenamtlich Tätige (§ 2 Abs. 1 Nr. 11 SGB VII).[90] Für die Möglichkeit einer Versicherung kraft Satzung erlaubt § 3 SGB VII den Versicherungsträgern, die Versicherung auf Unternehmer, die nicht kraft Gesetzes pflichtversichert sind, auf weitere abschließend benannte Personengruppen zu erstrecken.

Leistungen der Unfallversicherung sind abhängig vom Eintritt eines Versicherungsfalles, wobei das Gesetz unterscheidet zwischen Arbeitsunfällen (einschließlich Wegeunfällen) und Berufskrankheiten (vgl. § 7 Abs. 1 SGB VII). Das Gesetz definiert den Arbeitsunfall in § 8 SGB VII als einen Unfall von Versicherten infolge einer den Versicherungsschutz begründenden Tätigkeit. Voraussetzung ist daher eine versicherte Tätigkeit, die kausal geworden ist für einen Unfall, der seinerseits kausal geworden ist für einen Körperschaden.[91] Zu den Berufskrankheiten gehören Krankheiten, die mit hinreichender Wahrscheinlichkeit[92] bei einer versicherten Tätigkeit entstanden sind und in der von der Bundesregierung aufgestellten Berufskrankheiten-Verordnung[93] gemäß § 9 Abs. 1 SGB VII enthalten sind bzw. auch ohne Vorliegen einer Verordnung wie eine Berufskrankheit zu entschädigen sind gemäß § 9 Abs. 2 SGB VII. Diese Versicherungsfälle weichen von Arbeitsunfällen in Sinne von § 8 Abs. 1 SGB VII ab, weil kein zeitlich begrenztes Ereignis entschädigt wird, sondern eine Entschädigung für eine in der Regel länger andauernde schädigende Einwirkung gewährt wird.

bb. Leistungen

Die Leistungen der Unfallversicherung nach Eintritt eines Arbeitsunfalls umfassen u.a. Heilbehandlung, Leistungen zur berufsfördernden und sozialen Rehabilitation, Leistungen bei Pflegebedürftigkeit, Verletztengeld, Verletztenrenten wegen Minderung der Erwerbsfähigkeit, Sterbegeld und Hinterbliebenenrente. Verletztengeld wird in der Zeit der Arbeitsunfähigkeit nach einem versicherten Ereignis gezahlt. Es endet mit dem letzen Tag der Arbeitsunfä-

---

[88] Eingeführt durch das Gesetz über Unfallversicherung für Schüler, Studenten und Kinder vom 18.03.1971, BGBl. I S. 237.

[89] Vgl. BSGE 6, 74; 58, 210.

[90] Vgl. BSGE 39, 24; 40, 139.

[91] Vgl. *Erlenkämper, Fichte,* Sozialrecht, S. 81ff.; BSGE 8, 48; 14, 295; 16, 236; 40, 113; 58, 76 f; 63, 273. Im Unfallrecht wird sowohl für die haftungsausfüllende Kausalität als auch für die haftungsbegründende Kausalität auf die Theorie der wesentlichen Bedingung abgestellt.

[92] Vgl. BSG SozR 2200 § 551 Nr. 1.

[93] Verordnung vom 20.06.1986 (BGBl. I S. 721); zuletzt geändert durch die Verordnung vom 31.10.1997, BGBl. I S. 2623, vgl. die erste Verordnung über die Ausdehnung der Unfallversicherung auf gewerbliche Berufskrankheiten vom 12.05.1892, RGBl. S. 69.

higkeit oder aber, wenn feststeht, dass der Versicherte an einer vollschichtigen Erwerbstätigkeit auf Dauer gehindert ist, oder aber, wenn Übergangsgeld v.a. wegen Rehabilitationen gezahlt wird. Das Verletztengeld entspricht der Höhe des Krankengeldes mit der Maßgabe, dass das Verletztengeld 80 v.H. des Regelentgeltes beträgt. Es verdrängt somit die Krankengeldzahlung.

Ein Anspruch auf Zahlung einer Verletztenrente entsteht, sofern ein Arbeitsunfall oder eine Berufskrankheit zu einer Minderung der Erwerbsfähigkeit um mindestens 20 v.H. führt und diese über 26 Wochen nach dem Arbeitsunfall andauert. Erwerbsfähigkeit in diesem Sinne ist die Fähigkeit des Versicherten, sich unter Ausnutzung derjenigen Arbeitsangelegenheiten, die sich ihm nach seinen gesamten Kenntnissen und körperlichen wie geistigen Fähigkeiten im ganzen Bereich des wirtschaftlichen Lebens bieten, einen Erwerb zu verschaffen.[94] Entschädigt wird anders als im Zivilrecht jede Minderung der Erwerbsfähigkeit. Auf einen konkreten Verdienstausfall kommt es nicht an (sog. abstrakte Schadensberechnung).[95] Die Beurteilung des Grades der Minderung der Erwerbsfähigkeit ist eine Rechtsfrage. Der Unfallversicherungsträger trifft seine Feststellung anhand medizinischer Gutachten, an die er aber nicht gebunden ist. Der vollständige Verlust der Erwerbsfähigkeit führt zu einer Rente in Höhe von 2/3 des Jahresarbeitsverdienstes. Ist der Verletzte nicht völlig erwerbsunfähig, sondern ist seine Erwerbsfähigkeit nur gemindert, so erhält er jenen Teil der Vollrente, der dem Grad der Minderung der Erwerbsfähigkeit entspricht. Als Jahresarbeitsverdienst gilt grundsätzlich der Gesamtbetrag aller Arbeitsentgelte und Arbeitseinkünfte im Jahr vor dem Versicherungsfall. Zweck ist, dem Versicherten den Lebensstandard zu sichern, den er vor dem Versicherungsfall erreicht hatte.[96] Da sich daher die Leistungen am zuletzt bezogenen Einkommen und nicht an Beiträgen orientieren, werden jüngere Versicherte besser gestellt als in der gesetzlichen Rentenversicherung.

Zu berücksichtigen ist, dass die Haftungsersetzung der Unfallversicherung und der normierte Schadensersatzfreispruch des Arbeitgebers aufgrund der Grenze der Entschädigung von 20 v.H. dazu führt, dass darunter liegende Schädigungen keine Berücksichtigung finden. Läge keine Haftungsersetzung vor, müsste der Arbeitgeber aus den zivilrechtlichen Verpflichtungen heraus grundsätzlich auch für diese Schäden aufkommen. Somit tritt durch die Haftungsersetzung eine Minimierung der entschädigungsfähigen Minderung der Erwerbsfähigkeit ein.

---

[94] BSGE 21, 63; BSG SozR 2200 Nr. 10 zu § 581 RVO.
[95] Vgl. *Bereiter-Hahn/Mertens*, Gesetzliche Unfallversicherung, Einleitung.
[96] Vgl. BSG 28.01.1993 – 2 RU 15/92.

cc. Kumulation

Trifft eine Versicherten- oder Hinterbliebenenrente der gesetzlichen Rentenversicherung, insbesondere auch einer Erwerbsminderungsrente, mit einer entsprechenden Rente aus der gesetzlichen Unfallversicherung zusammen, wird die Rente der gesetzlichen Rentenversicherung insoweit nicht geleistet, als sie den jeweiligen Grenzbetrag übersteigt (§ 93 SGB VI).[97] Der Grenzbetrag beträgt 70 v.H. eines Zwölftes des Jahresarbeitsverdienstes, der der Berechnung der Verletztenrente zugrunde liegt, vervielfältigt mit dem jeweiligen Rentenartfaktor für persönliche Entgeltpunkte aus der gesetzlichen Rentenversicherung. Die Anrechnungsvorschriften werden nur dann nicht angewendet, wenn die Rente aus der Unfallversicherung für einen Arbeitsunfall geleistet wird, der sich nach Rentenbeginn oder nach Eintritt der für die Rente aus der gesetzlichen Rentenversicherung maßgebende Minderung der Erwerbsunfähigkeit ereignet hat (§ 93 Abs. 5 S. 1 SGB VI). Dieser maßgebliche Zeitpunkt ist bei Berufskrankheiten der letzte Tag, an dem der Versicherte Tätigkeiten verrichtet hat, die ihrer Art nach geeignet waren, die Berufskrankheit zu verursachen (§ 93 Abs. 5 S. 2 SGB VI) Für Berufskrankheiten stellt sich damit die Situation wie folgt dar: Im Regelfall gibt der Versicherte zunächst seine Tätigkeit auf und erst später erhält er Rente aus der gesetzlichen Rentenversicherung. Damit liegt in den weitaus meisten Fälle eine Anrechnungssituation vor. Zudem gilt § 93 Abs. 5 S. 1 SGB VI nicht für den Fall einer

[97] Abs. 5 des § 93 SGB VI wurde rückwirkend durch das Gesetz zur Umsetzung des Programms für mehr Wachstum und Beschäftigung in der Bereichen der Rentenversicherung und Arbeitsförderung – Wachstumsförderungsgesetz - (WFG) vom 25.09.1996 (BGBl. I S. 1461) eingeführt. Die rückwirkende Geltung des Abs. 5 ist nach wie vor umstritten. Vor der Rechtsänderung des Abs. 5 hatte der 5. Senat des BSG entschieden, dass die Nichtanrechnungsregelung des § 93 Abs. 5 SGB VI auch für Hinterbliebenenrenten gelte; sie erfasse insbesondere den Fall einer nach Rentenbeginn zum Ausbruch gekommenen Berufskrankheit (BSG SozR 3-2600 § 93 Nr. 1). Damit wird nicht auf die letzte gefährdende Tätigkeit abgestellt, sondern auf den Ausbruch der Krankheit. Nach der rückwirkenden Änderung des Abs. 5 durch das WFG hatte der 8. Senat des BSG dem BVerfG die Frage zur Entscheidung vorgelegt, ob Art. 12. Abs. 8 WFG insoweit gegen das Rechtsstaatsprinzip verstoße, als er diese Anrechnungsregelung schon vor dem Zeitpunkt des endgültigen Gesetzesbeschlusses am 09.07.1996 in Kraft setze (BSG SozR 3-2600 § 93 Nr. 3; BVerfG NVwZ 2002, 1101). Das BVerfG hat die Vorlage als unzulässig angesehen, weil nicht begründet worden sei, inwiefern trotz der Vertrauensschutzregelung des SGB X eine rückwirkende Anwendung des § 93 Abs. 5 S. 2 und 3 SGB VI i.d.F. des WFG 25.06.1996 auf die den Ausgangsverfahren zugrundeliegenden Sachverhalte (Zeitraum 1993-1996) in Betracht komme; es sei ferner nicht dargelegt, dass der Gesetzgeber durch das WFG mit § 93 Abs. 5 SGB VI nF nicht nur rückwirkend leistungsrechtliche Ansprüche regeln, sondern zugleich auch den Vertrauensschutz nach SGB X einschränken wollte; schließlich fehle eine Auseinandersetzung mit der Frage, ob Verwaltungsverfahren mit dem Ziel der Korrektur rechtswidriger begünstigender Verwaltungsakte schon vor der Verkündung des WFG habe eingeleitet werden dürfen.

Hinterbliebenenrente. Bezüglich der Kumulation der Hinterbliebenenrente aus der Unfallversicherung wegen einer Berufskrankheit und der Rentenversicherung bedeutet dies, dass bei einer Hinterbliebenenrente zwangläufig eine Anrechnung erfolgt, da der Verstorbene nur zu Lebzeiten eine Entschädigungssituation aus der Unfallversicherung erzielen kann und der Rentenbeginn der Hinterbliebenenrente später ist.

d. Verhältnis zur gesetzlichen Krankenversicherung

Maßgeblich für Leistungen aus der Krankenversicherung ist der Eintritt des Versicherungsfalles Krankheit. Unter dem Begriff Krankheit wird abweichend vom medizinischen Krankheitsbegriff ein regelwidriger Körper- und Geisteszustand, der entweder Behandlungsbedürftigkeit oder Arbeitsunfähigkeit oder beides zur Folge hat, definiert.[98] Arbeitsunfähigkeit liegt vor, wenn ein Versicherter seiner bisher ausgeübten Erwerbstätigkeit oder einer ähnlich gelagerten Tätigkeit nicht mehr oder nur auf die Gefahr hin nachgehen kann, seinen Gesundheitszustand zu verschlechtern.[99] Typischerweise werden die Risiken Krankheit und Invalidität durch die Dauer oder voraussichtliche Dauer der Arbeitsunfähigkeit abgegrenzt. Zudem kann eine Arbeitsunfähigkeit für die zuletzt verrichtete Tätigkeit vorliegen. Dies bedeutet aber noch nicht, dass der Versicherte nicht einer anderen Tätigkeit nachgehen könnte. Führt eine Krankheit zur Arbeitsunfähigkeit, so steht einem Arbeitnehmer, dessen Arbeitsverhältnis bereits länger als vier Wochen besteht (§ 3 Abs. 3 EFZG), neben dem Anspruch auf Krankenbehandlung ein Anspruch gegen seinen Arbeitgeber auf Fortzahlung des Lohnes für die Dauer von bis zu sechs Wochen zu. Nach Ablauf dieser Zeit steht dem Versicherten gemäß § 44 Abs. 1 SGB V ein Anspruch auf Krankengeld gegen die Krankenkasse zu. Die Höhe dieser Entgeltersatzleistung beträgt mindestens 70% des der Beitragsberechnung unterworfenen Arbeitseinkommens, darf jedoch 90% des entgangenen Nettoarbeitsentgeltes nicht übersteigen (§ 47 Abs. 1 SGB V).

Insbesondere bei der Gewährung von Krankengeld aber auch bei Rehabilitationsmaßnahmen kann es zu Überschneidungen von Ansprüchen aus der Krankenversicherung mit denen aus der Rentenversicherung wegen Erwerbsminderung kommen. Dies liegt daran, dass auch bei den Erwerbsminderungsrenten der gesetzlichen Rentenversicherung, ein regelwidriger Körper- und Geisteszustand vorliegen muss, der die Ausübung einer Tätigkeit unterbindet. Nach § 50 Abs. 1 S. 1 SGB V fällt aber der Anspruch auf Krankengeldzahlungen aufgrund der Vorrangigkeit einer vollen Erwerbsminderungsrente

---

[98] BT-Drucks. 11/2237 S.170; BSGE 13, 134,136; 35, 10,12; 59 ,119,121 f.

[99] *KassKomm(Höfler)* § 27 SGB V Rn. 28; BSGE 26, 288,290.

weg.[100] Im Falle der Gewährung einer Rente wegen teilweiser Erwerbsminderung wird das Krankengeld um den jeweiligen Zahlbetrag gekürzt (§ 50 Abs. 2 SGB V). Ein bereits geleisteter überschießender Betrag kann allerdings von dem Versicherten nicht zurückgefordert werden (§ 50 Abs. 1 S. 2 SGB V). Für den Fall einer Zeitrente lebt beim Wegfall der Rentenleistungen der Anspruch auf Krankengeld wieder auf.[101]

Zur Aufgabe der Krankenkasse gehört zudem die Gewährung von medizinischen und ergänzenden Leistungen zur Rehabilitation (§ 40 SGB V) sowie Belastungserprobungen (§ 42 SGB V) und Arbeitstherapie (§ 43 SGB V). In jedem Falle sind die Krankenkassen aber nur subsidiär zuständig, wenn ein solcher Leistungsanspruch nicht schon gegenüber einem anderen Leistungsträger, insbesondere der Rentenversicherung besteht. So bestimmt § 13 SGB VI, dass der Träger der Rentenversicherung nach pflichtgemäßem Ermessen Art, Dauer, Umfang und Durchführung der Rehabilitationsleistungen bestimmt. Liegt jedoch eine akut behandlungsbedürftige Krankheit vor, so ist Leistungsträger der erforderlichen Rehabilitationsmaßnahme die Krankenkasse. Aufgrund der gerade in der Praxis auftretenden Abgrenzungsschwierigkeiten enthält § 13 Abs. 4 SGB VI eine Ermächtigung für die Selbstverwaltung der Krankenversicherungs- und Rentenversicherungsträger durch Vereinbarung diese Abgrenzung zu präzisieren. Dieser Möglichkeit sind die beiden konkurrierenden Leistungsträger mit Vereinbarung vom 01.03.1993 nachgekommen.[102] An der Problematik der schwierigen Abgrenzung hat sich dennoch nicht viel geändert; und zwar auch nicht durch die Einführung des SGB IX. Lediglich die Errichtung gemeinsamer Service-Stellen als Anlaufstelle für den Versicherten übergreifend für alle Gebiete der sozialen Sicherung und die Verpflichtung, innerhalb von zwei Wochen nach Eingang des Antrages die Zuständigkeit zu klären (§ 14 SGB IX), sind geänderte Vorgaben, die eine Vereinfachung beabsichtigen.

e. Verhältnis zur gesetzlichen Arbeitslosenversicherung

Nach dem SGB III sollen Leistungen zur Arbeitsförderung dazu beitragen, dass ein hoher Beschäftigungsstand erreicht und die Beschäftigungsstruktur ständig verbessert wird. Anders als die anderen Sozialversicherungszweige sieht das SGB III nicht nur Leistungen an den einzelnen Versicherten vor, sondern dient auch ansonsten der Förderung der Beschäftigungspolitik durch Leistungen an Arbeitgeber und andere Träger, die Maßnahmen der Arbeits-

---

[100] *Erlenkämper/Fichte,* Sozialrecht, S. 314.
[101] BSG SozR 3-2500 § 48 Nr. 4.
[102] Vgl. *KassKomm(Niesel)* § 13 SGB VI Rn. 24.

förderung durchführen (§ 3 SGB III).[103] Der Ausfall von Erwerbseinkommen durch Arbeitslosigkeit wird durch die Zahlung von Arbeitslosengeld und Arbeitslosenhilfe aufgefangen. Der Anspruch auf Arbeitslosengeld entsteht nur zeitlich befristet, wobei sich die Dauer des Anspruchs nach der Dauer der beitragspflichtigen Beschäftigung innerhalb der erweiterten Rahmenfrist und dem Alter des Arbeitslosen richtet (§ 127 f SGB III). Besteht kein Anspruch auf Arbeitslosengeld (mehr), kann ein Arbeitsloser Arbeitslosenhilfe (§ 190 SGB III) erhalten. Diese untersteht jedoch einer immer mehr verschärften Bedürftigkeitsprüfung.[104]

Grundsätzlich wird der Anspruch auf Arbeitslosengeld auf die zum gleichen Zeitpunkt gezahlte Rentenleistung angerechnet. Dies bedeutet, dass der gleichzeitige Bezug von Rentenleistungen und Leistungen wegen Arbeitslosigkeit nicht schon auf Tatbestandsebene ausgeschlossen ist, jedoch bei einer Konkurrenzsituation der Anspruch aus der Rentenversicherung ruht. Es gibt aber die Besonderheit einer möglichen Kumulation von Leistungen der Rentenversicherung und von Arbeitslosengeld. Für den Fall einer neben dem Rentenbezug zulässigen Arbeit z.B. einer Rente wegen teilweiser Erwerbsminderung bei Berufsunfähigkeit erhält der Versicherte einen erneuten Anspruch auf Arbeitslosengeld neben seiner Renten aufgrund der von ihm eingezahlten Beiträge (§ 95 S. 2 Nr.2 SGB VI). Zudem gibt es Situationen der Verschiebung der Zahllast zwischen der Bundesanstalt für Arbeit und den Rentenversicherungsträgern. Zum einen gibt es die Situation eines Erstattungsanspruchs der Bundesanstalt für Arbeit gegen den Rentenversicherungsträger für den Fall, dass Arbeitslosengeld lediglich vorläufig bis zur Feststellung einer Renten wegen Erwerbsminderung geleistet wird. Erhält ein Versicherter rückwirkend seine Rente zu erkannt und hat er während des oftmals langwierigen Verfahrens Arbeitslosengeld bezogen, so zahlt der Rentenversicherungsträger aus den Rentenleistungen das bezogene Arbeitslosengeld zurück (§ 95 S. 2 Nr. 1 SGB VI). Der Versicherte erhält somit keine kumulierten Zahlungen. Zum anderen gibt es finanzielle Ausgleichsituationen der beiden Versicherungsträger bei einer Rente wegen Verschlossenheit des Arbeitsmarktes. Ist ein Versicherter nur noch für 3 bis unter 6 Stunden täglich in der Lage, einer Erwerbstätigkeit nachzugehen, so hat er nicht nur einen Anspruch auf die Gewährung einer Rente wegen teilweiser Erwerbsminderung, sondern auch

---

[103] Vgl. *Gitter/Schmitt,* § 30 Rn. 1; 2.

[104] Zum Jahre 2005 wird die Arbeitslosenhilfe mit der Sozialhilfe zusammengelegt. Mit der Folge, dass eine vereinheitlichte Leistung ausgezahlt wird, die nicht wie die Arbeitslosenhilfe von dem vorherigen Verdienst abhängig ist, sondern der Bedürftigkeitsprüfung der Mindestsicherung unterliegt und in etwa dem Sozialhilfeniveau entspricht. Zuständig bleibt für die Abwicklung weiterhin die Bundesanstalt für Arbeit, jedoch können die Gemeinden die Zuständigkeit an sich ziehen; Mitteilungen BMGS-Homepage, 12.12.2003.

einen Anspruch auf Rente wegen voller Erwerbsminderung aufgrund der Fiktion der Verschlossenheit des Teilzeitarbeitsmarktes. Zum Ausgleich der Aufwendungen, die der Rentenversicherung wegen dieser Berücksichtigung der Arbeitsmarktlage entstehen, erstattet die Bundesanstalt für Arbeit der Rentenversicherung gemäß § 224 Abs. 1 SGB VI pauschal die Hälfte der Aufwendungen.

f. Verhältnis zur gesetzlichen Pflegeversicherung

Voraussetzung für Leistungen aus der Pflegeversicherung ist Pflegebedürftigkeit (§ 14 SGB XI). Gewährt werden je nach der Stufe der Pflegebedürftigkeit Sach- und Geldleistungen. Pflegebedürftig sind nach § 14 Abs. 1 S. 1 SGB XI Personen, die wegen einer körperlichen, geistigen oder seelischen Krankheit oder Behinderung für die gewöhnlichen und regelmäßig wiederkehrenden Verrichtungen des täglichen Lebens auf Dauer in erheblichem Maße der Hilfe bedürfen. Aufgrund dieser Definition liegt regelmäßig auch eine Situation einer Invalidität im Sinne der Rentenversicherung vor. Das Auftreten einer Kumulation von Leistungen wird bei der Pflegeversicherung aber nicht durch tatbestandsausschließende Normen oder durch Anrechnungsvorschriften unterbunden, denn diese Kumulation ist vom Gesetzgeber durchaus gewollt. Die Pflegeleistungen stellen einen Ausgleich für den Mehrbedarf aufgrund der Pflegebedürftigkeit dar, während die Leistungen der Invaliditätsrenten das entgangene Einkommen kompensieren sollen. Während daher Leistungen anderer Sozialversicherungszweige gegenüber den Leistungen der Pflegeversicherung zurücktreten, ergibt sich aus dem Umkehrschluss von § 13 SGB XI, in dem die Erwerbsminderungsrenten nicht aufgeführt sind, dass Leistungen wegen Pflegebedürftigkeit neben Rentenleistungen zur Auszahlung kommen. Aus § 5 SGB XI folgt zudem, dass Leistungen zur Prävention und Rehabilitation der gesetzlichen Rentenversicherung auch nach der Feststellung von Pflegebedürftigkeit erbracht werden müssen.[105]

g. Verhältnis zu Leistungen der sozialen Entschädigung

Das soziale Entschädigungsrecht entschädigt Gesundheitsschäden, für deren Folgen die staatliche Gemeinschaft in Abgeltung eines besonderen Opfers oder aus anderen Gründen nach versorgungsrechtlichen Grundsätzen einzustehen hat, § 5 SGB I. Das Leitgesetz ist das BVG. Die übrigen Gesetze nehmen hinsichtlich der Leistungen Bezug auf das BVG. Selbständig geregelt sind dort nur die Anspruchsvoraussetzungen. Voraussetzung für die Inanspruchnahme von Leistungen der sozialen Entschädigung ist neben einem An-

---

[105] Anders sieht die Situation erst bei der Gewährung einer Regelaltersrente aus.

trag der Eintritt des Versorgungsfalles. Dieser ist zu vergleichen mit dem Versicherungsfall in der gesetzlichen Unfallversicherung und weist dieselbe Grundstruktur auf. Erforderlich ist eine risikogeschützte Tätigkeit, die kausal geworden ist für ein schädigendes Ereignis, das seinerseits kausal geworden ist für einen Körperschaden.[106]

Im Schädigungsfall werden gemäß § 10 ff BVG im wesentlichen Heil- und Krankenhausbehandlung sowie Rehabilitation und Versorgung mit Hilfsmitteln gewährt.[107] Zudem werden im Sinne von Barleistungen Renten an Beschädigte wegen Minderung der Erwerbsfähigkeit sowie Leistungen an Hinterbliebenen erbracht. Die dem Beschädigten wegen der Minderung seiner Erwerbsfähigkeit gezahlte Rente kann sich zusammensetzen aus einer Grundrente, einer Ausgleichsrente und einem Berufsschadensausgleich. Ein Anspruch auf Grundrente besteht, sofern die schädigungsbedingte Minderung der Erwerbsfähigkeit mindestens 30% beträgt (§ 31 BVG). Die Minderung der Erwerbsfähigkeit ist dabei nach der körperlichen und geistigen Beeinträchtigung im allgemeinen Erwerbsleben zu beurteilen, wobei auch seelische Begleiterscheinungen und Schmerzen zu berücksichtigen sind (§ 30 Abs. 1 BVG). Die Höhe der Rente ist in Abhängigkeit von der Minderung der Erwerbsfähigkeit gesetzlich fixiert. Es erfolgt keine Anrechnung dieser Grundrenten auf andere Sozialleistungen, da sie einen Ausgleich für die Einbußen der körperlichen Integrität sein sollen. Anders verhält es sich bei der Ausgleichsrente. Diese wird an Beschädigte neben der Grundrente gezahlt, sofern sie wegen ihres Gesundheitszustandes oder ihres Alters eine zumutbare Erwerbsfähigkeit nicht oder nur in beschränktem Umfang ausüben können. Ihre Höhe ist ebenfalls gesetzlich fixiert (§ 32 BVG). Aber auf die Ausgleichsrente wird das sonstige Einkommen des Geschädigten, z.B. auch Leistungen aus der Rentenversicherung wegen Invalidität angerechnet. Schließlich erhalten alle rentenberechtigten Beschädigten einen Berufsschadensausgleich, sofern ihr Einkommen durch die Schädigungsfolgen gemindert ist oder war.

h. Verhältnis zu Leistungen der Sozialhilfe

Aufgabe der Sozialhilfe ist es, dem Empfänger die Führung eines menschenwürdigen Lebens zu ermöglichen. Um dieses Ziel zu erreichen, werden nach dem BSHG persönliche Hilfen sowie Geld- und Sachleistungen gewährt (§ 8 BSHG). Aus dem Grundsatz der Subsidiarität folgt, dass Sozialhilfeleistungen nicht erhält, wer z.B. Leistungen eines anderen Sozialleistungsträger bezieht (vgl. § 2 BSHG). Im Falle der Invalidität erlangt die Sozialhilfe Bedeutung,

---

[106] Vgl. BSGE 1, 72,76; 7, 53,55; 11, 50,52; BSG SozR Nr. 32 zu § 1 BVG.

[107] Vgl. § 82 SVG, § 59 BGSG, § 48 ZDG.

wenn der Invalide die Leistungsvoraussetzungen der Sozialversicherung (insbesondere Erfüllung der Wartezeiten) nicht erfüllt. Zudem kann die Sozialhilfe im Einzelfall zur Sicherung des Existenzminimums eingreifen. Genügt die Leistung aus der Sozialversicherung nicht zur Bestreitung des angemessenen Lebensbedarfes greift die Sozialhilfe zur Aufstockung ein.

i. Verhältnis zur Grundsicherung

Nach § 1 GSiG können Personen zur Sicherung des Lebensunterhaltes im Alter und bei dauerhafter Erwerbsminderung, die das 65. Lebensjahr vollendet haben (Altersrente), oder das 18. Lebensjahr (Erwerbsminderungsrente) vollendet haben und unabhängig von der jeweiligen Arbeitsmarktlage voll erwerbsgemindert im Sinne von § 43 Abs. 2 SGB VI sind und bei denen unwahrscheinlich ist, dass die volle Erwerbsminderung behoben werden kann, auf Antrag Leistungen nach dem GSiG erhalten. Die Leistungen sind abhängig von der Bedürftigkeit der Person, wobei auch Einkommen und Vermögen der Angehörigen Berücksichtigung finden. Anders als bei der Sozialhilfe bleiben Unterhaltsansprüche gegenüber Angehörigen bis zu einer widerlegbar vermuteten Grenze unberücksichtigt. Die Grundsicherung umfasst nach § 3 Abs. 1 GSiG v.a. den für den Antragsberechtigten maßgebenden Regelsatz zuzüglich 15 v.H. des Regelsatzes nach § 22 BSHG, die angemessenen tatsächlichen Aufwendungen für Unterkunft und Heizung und die Übernahme der Beiträge zur Kranken- und Pflegeversicherung entsprechend § 13 BSHG. Die Finanzierung erfolgt aus Steuermitteln. Die gesetzliche Einführung dieser Grundsicherung erfolgte wegen der erkannten Scham vieler älterer Menschen, insbesondere Frauen, einen Anspruch auf Sozialhilfe geltend zu machen;[108] teilweise auch aus Angst vor einem Unterhaltsrückgriff des Sozialamtes bei den Angehörigen.[109] Zudem greift die Grundsicherung in bestimmten Fällen bei Invalidität.[110]

Die Notwendigkeit einer solchen hat der Gesetzgeber in der Absenkung des Rentenniveaus als auch in der besonderen Situation von jüngeren Invaliden gesehen. Bei ihnen kann die Konstellation eintreten, dass sie in medizinischer

[108] BT-Drucks. 14/4595 S. 43. Jedoch ist nach den vorliegenden Untersuchungen die Altersarmut in den letzten Jahrzehnten deutlich zurückgegangen. Ende 1997 bezogen rund 3,5 % der Bevölkerung, aber nur 1,3% der über 65-jährigen laufende Hilfe zum Lebensunterhalt ,Statistisches Bundesamt, Sozialhilfe in Deutschland, Pressematerialien 1/1999; dritter Bericht zur Lage der älteren Generation in der Bundesrepublik Deutschland BT-Drucks. 14/5130 vom 19.1.2000 S. 35.

[109] *Michaelis,* Von der Invalidenrente zur Erwerbsminderung: der solidarische Schutz bei verminderter Erwerbsfähigkeit im Wandel der Zeit, DAngVers 2000, 426ff, 434f.

[110] *Rahn,* Reform der gesetzlichen Rentenversicherung in Deutschland aus rechtsvergleichender Sicht, DRV 1999 S. 377.

Hinsicht voll erwerbsgemindert sind, jedoch die versicherungsrechtlichen Leistungsvoraussetzung der Rentenversicherung nicht erfüllen. Berücksichtigung findet daher auch die Lebenssituation von seit frühster Jugend oder von Geburt an erwerbsgeminderter Menschen. Die Einführung einer solchen Grundsicherung stellt einen Paradigmenwechsel für das System der rein sozialversicherungsrechtlich geprägten Bundesrepublik Deutschland dar. Erstmalig werden Rentenleistungen über eine nicht beitragsbezogene Sozialleistung gewährt auf dem Boden einer Bedürfnisprüfung. Eine Kumulation von Leistungen aus der Rentenversicherung ist bei dieser Form der Sozialleistung ausdrücklich vorgesehen, für den Fall, dass ein Bedarf bei dem Versicherten vorliegt.

II. Rechtlicher Tatbestand der Invaliditätssicherung

1. Gesicherter Personenkreis

a. Grundsatz

Im Rentenversicherungssystem in Deutschland ist ebenso wie in den Zweigen der anderen Sozialversicherungen zu unterscheiden zwischen pflichtversicherten und versicherungsberechtigten Personen. Der freiwilligen Versicherung kommt dabei eine besondere Bedeutung zu, da grundsätzlich jeder Deutsche, auch wenn er seinen gewöhnlichen Aufenthaltsort im Ausland hat, zur Entrichtung freiwilliger Beiträge berechtigt ist, sofern er nicht versicherungspflichtig ist (§ 7 SGB VI). Die Versicherungspflicht entsteht kraft Gesetzes, ausnahmsweise kann sie auch auf Antrag entstehen. Die Möglichkeit einer Familienversicherung oder einer satzungsmäßig begründeten Versicherungspflicht besteht im Gegensatz zur Kranken- und Pflegeversicherung bzw. zum Unfallrecht nicht. Die gesetzliche Versicherungspflicht beginnt grundsätzlich mit dem Vorliegen der gesetzlichen Voraussetzungen oder aber mit dem Eingang des Antrags beim Versicherungsträger und endet mit Ablauf des Tages, an dem die Voraussetzungen weggefallen sind.

aa. Versicherungspflichtige Personen

Versicherungspflichtig kraft Gesetzes sind zunächst Beschäftigte. Dies sind nach der Legaldefinition des § 1 Abs. 1 S. 1. SGB VI Personen, die gegen Arbeitsentgelt oder zur Berufsausbildung im Inland beschäftigt sind. Dieser Beschäftigungsbegriff umfasst damit alle Erwerbstätigen. Zwar wird immer noch an eine Berufsgruppenzugehörigkeit so z.B. bei der Unterscheidung zwischen Angestellten und Arbeitern bezüglich des auszahlenden Versicherungsträger angeknüpft, d.h. verschiedene Erwerbstätige gehören verschiedenen Systemen an.[111] Jedoch wird kein Erwerbstätiger ausgeschlossen. Als kraft Gesetzes versicherungspflichtige sonstige Beschäftige gelten gemäß § 1 S. 5 SGB VI die in § 1 S. 1 Nr. 2 - 4 SGB VI genannten Personengruppen. Dies sind Behinderte, die in geschützten Anstalten tätig sind, sowie Mitglieder bestimmter karitativer Organisationen unabhängig vom Entgelt. Für die Entstehung des Sozialversicherungsverhältnisses kommt es dabei nicht auf die Wirksamkeit des zugrundeliegenden Arbeitsvertrages an, sondern es genügt das Vorliegen eines Beschäftigungsverhältnisses im Sinne von § 7 Abs. 1 SGB VI; d.h. versicherungspflichtig ist, wer Arbeit in persönlicher Abhängigkeit von einem Dritten, in der Regel dem Arbeitgeber, leistet.[112] Die Versicherungspflicht wird durch § 2 S. 1 SGB VI auch auf bestimmte Gruppen von Selbstständigen erweitert. So sind auch Handwerker, Lehrer und Erzieher, Pflegepersonen, Hebammen, Seelotsen, Künstler und Publizisten nach den näheren Bestimmungen des Künstlersozialversicherungsgesetzes (KSVG), Küstenschiffer und Küstenfischer und Hausgewerbetreibende aufgrund ihrer besonderen Schutzbedürftigkeit versicherungspflichtig. Zudem sind sogenannte arbeitnehmerähnliche Selbständige in den Kreis der kraft Gesetzes Versicherten aufgenommen worden.[113] Dabei handelt es sich um Personen, die im Zusammenhang mit ihrer selbständigen Tätigkeit regelmäßig keinen versicherungspflichtigen Arbeitnehmer beschäftigen, deren monatliches Arbeitsentgelt 325 € übersteigt und die auf Dauer und im Wesentlichen nur für einen Auftraggeber tätig sind.[114] Diese Erweiterung des Personenkreises der in der Rentenversicherung pflichtversicherten Selbstständigen durch die Einbeziehung arbeitnehmerähnlicher Selbstständiger führt auch auf der Leistungsseite zu einer gravierenden Änderung. Ab 2001 kann nunmehr auch für einen Selbstständigen ein Anspruch auf Erwerbsunfähigkeitsrente bzw. Rente wegen voller Erwerbsminderung bestehen.[115]

---

[111] Zu nennen sind neben der knappschaftlichen Versicherung, die sich durch einige Besonderheiten im SGB VI, insbesondere auch zur Höhe der Beiträge und der besonderen Rentenleistung wegen verminderter bergmännischer Berufsfähigkeit auszeichnet (§ 45 SGB VI), die Alterssicherung der Landwirte (ALG) in der Fassung durch das Argrarreformgesetz (ASRG) vom 29.07.1994 (BGBl. I S. 1890) und die Künstlersozialversicherung (KSVG) Gesetz vom 27.06.1981 (BGBl: I S. 1256).

[112] Vgl. BSGE 80, 250 = SozR 3-2200 § 1248 Nr. 15.

[113] Art. 2 Nr. 1 Buchst. a und Art. 3 Abs. 1des Gesetzes zur Förderung der Selbständigkeit vom 20.12.1999, in Kraft getreten am 01.01.1999.

[114] In der Fassung des Art. 4 Nr.2 des Gesetztes zur Neuregelung der geringfügigen Beschäftigungsverhältnisse (BeschNeuRG) vom 24.03.1999 BGBl. I S. 879.

[115] Vgl. BT Drucks. 14/4230, S. 26.

SGB VI regelt schließlich die Versicherungspflicht kraft Gesetzes für sonstige Tätige. Diese Regelung umfasst zunächst Eltern für die Zeit der Kindererziehung. Weiterhin sind pflichtversichert Pflegepersonen, die nicht erwerbsmäßig mindestens 14 Stunden wöchentlich pflegen, wenn der Pflegebedürftige Anspruch auf Leistungen aus der sozialen oder privaten Pflegeversicherung hat.[116] Schließlich sind die Bezieher von Entgeltersatzleistungen wie z.B. Krankengeld, Verletztengeld, Übergangsgeld oder Arbeitslosengeld und die Bezieher von Vorruhestandsleistungen kraft Gesetzes versichert.[117] Bei § 3 SGB VI handelt es sich mithin um die Fiktion eines Versicherungsverhältnisses.

bb. Versicherungspflicht kraft Antrages

Neben der Versicherungspflicht kraft Gesetzes kennt die gesetzliche Rentenversicherung die Möglichkeit einer Versicherung kraft Antrages (§ 4 SGB VI). Danach haben Auslandsbeschäftigte einschließlich Entwicklungshelfern, Selbständige und Bezieher von Entgeltersatzleistungen, wenn sie nicht die allgemeinen Voraussetzungen der Versicherungspflicht kraft Gesetzes erfüllen, die Möglichkeit, ihre Versicherungspflicht kraft Antrages zu begründen. Die Pflichtversicherung auf Antrag ist nur hinsichtlich ihres Zustandekommens mit der freiwilligen Versicherung zu vergleichen, inhaltlich kommen vollumfänglich die Vorschriften für den Personenkreis der Pflichtversicherten zur Anwendung.

b. Versicherungsfreiheit

Von der Versicherungspflicht bestehen gesetzlich definierte Ausnahmen. Bezüglich dieser wird zwischen der Versicherungsfreiheit kraft Gesetzes und der Versicherungsfreiheit aufgrund Antrages unterschieden.

aa. Versicherungsfreiheit kraft Gesetzes

Versicherungsfrei kraft Gesetzes sind zunächst Beamte und beamtenähnliche Personen (§ 5 Abs. 1 SGB VI). Dieser Personenkreis ist versicherungsfrei, da er über eine anderweitige ausreichende Absicherung verfügt. Versicherungsfrei sind ferner gemäß § 5 Abs. 2 S. 1 SGB VI Personen, die eine geringfügi-

[116] Die Beiträge zur Rentenversicherung zahlt dementsprechend der Träger der Pflegeversicherung.

[117] Träger der Beiträge zur Rentenversicherung ist für diesen Fall der Träger der jeweiligen Leistungen. Dies hat zur Folge, dass auch diese Zeiten bei der Rentenberechnung als Beitragszeit bewertet werden.

ge Beschäftigung (§ 8 Abs. 1 SGB IV), eine geringfügige selbständige Tätigkeit (§ 8 Abs. 3 SGB IV) oder eine geringfügige nicht erwerbsmäßige Pflegetätigkeit ausüben. Weiter versicherungsfrei sind Studenten und Personen, die eine Vollrente oder Pension wegen Alters beziehen. Für letztere Gruppe ist das Sicherungsbedürfnis einer Rentenversicherung wegen des Bezuges voller Leistungen bereits erfüllt.

bb. Versicherungsfreiheit kraft Antrages

Auf Antrag des Versicherten können sich bestimmte kammerfähige Angestellte oder Selbständige von der Versicherungspflicht in der gesetzlichen Rentenversicherung befreien lassen, da die Schutzfunktion für Invalidität und Alter auf die Versorgungseinrichtung ihrer Berufsgruppe übergeht.[118]

c. Freiwillige Versicherung

Seit dem Rentenreformgesetz 1972 kann sich fast jeder Einwohner in Deutschland, der nicht versicherungspflichtig ist, in der gesetzlichen Rentenversicherung versichern (§ 7 Abs. 1 SGB VI). Dies gilt insbesondere für selbständig Erwerbstätige und alle Nichterwerbstätigen z.B. Hausfrauen.[119] Der freiwillig Versicherte kann die Höhe seiner Beiträge in gewissen Grenzen frei wählen (§§ 161 Abs. 2, 167, 197 Abs. 2 SGB VI). Gegenüber der Pflichtversicherung auf Antrag hat die freiwillige Versicherung den wesentlichen Nachteil, dass sie nicht zum Bezug von Leistungen wegen Invalidität in Form einer Rente wegen teilweiser oder voller Erwerbsminderung berechtigt, da dort Pflichtbeiträge die Leistungsvoraussetzungen sind.

d. Nachversicherung

Scheidet ein kraft Gesetzes versicherungsfreier oder auf Antrag des Arbeitgebers von der Versicherungspflicht befreiter Beamter bzw. eine beamtenähnliche Person ans dem Versicherungsverhältnis aus, ohne dass eine Form der Versorgung gewährt wird, besteht grundsätzlich die Pflicht zur Nachversicherung, da das Ziel der zugesicherten Versorgung nicht erreicht wird. Durch die Nachversicherung wird die versicherungsfreie Beschäftigung nachträglich einer rentenversicherungspflichtigen gleichgestellt (§ 8 Abs. 1 Nr. 1, Abs. 2 SGB VI).

---

[118] Z.B. Rechtsanwaltskammern, in denen eine gesetzliche Verpflichtung zur Mitgliedschaft besteht und für die Mitglieder satzungsgemäß einkommensbezogene Beiträge an die berufsständische Versorgungseinrichtung zu zahlen sind.

[119] Zu gewissen Einschränkung dieser Möglichkeit vgl. § 7 Abs. 2 und 3 SGB VI.

2. Versicherungsrechtliche Voraussetzungen

Voraussetzung für die Inanspruchnahme von Leistungen wegen Invalidität aus der gesetzlichen Rentenversicherung ist das Vorliegen der sogenannten versicherungsrechtlichen Voraussetzungen im Zeitpunkt des Eintritts des Leistungsfalls. Durch dieses Erfordernis der Erfüllung der versicherungsrechtlichen Voraussetzungen im Zeitpunkt des Eintritts der Erwerbsminderung[120] wird sichergestellt, dass nur diejenigen Leistungen in Anspruch nehmen können, die in relevantem Umfang der Versichertengemeinschaft angehört und Beiträge geleistet haben. Nur bei diesen wird verlorenes Erwerbseinkommen durch Rentenleistungen ersetzt. Versicherungsrechtliche Voraussetzungen für einen Anspruch auf Rente wegen verminderter Erwerbsfähigkeit sind die Erfüllung der Wartezeit und das Vorhandensein von drei Jahren Pflichtbeitragszeiten für eine versicherte Beschäftigung oder Tätigkeit in den letzen fünf Jahren vor Eintritt der Erwerbsminderung bzw. Berufsunfähigkeit (sog. Belegungsdichte). Die Reform der Erwerbsminderungsrenten hat bei den versicherungsrechtlichen Voraussetzungen keine Veränderungen gegenüber den Voraussetzungen für eine Berufs- oder Erwerbsunfähigkeitsrente gebracht. Nach wie vor ist die Erfüllung der allgemeinen Wartezeit vor Eintritt der Erwerbsminderung sowie die Belegungsdichte, nämlich drei Jahre Pflichtbeiträge in den letzen fünf Jahren vor Eintritt der Erwerbsminderung erforderlich.

a. Allgemeine Wartezeit

Wartezeiten sind nach der Legaldefinition in § 34 Abs. 1 SGB VI Mindestversicherungszeiten. Sie umfassen nach ihrem Sinn und Zweck einen relativ langen Zeitraum des Versichertenlebens. Notwendig ist für die Wartezeit im Rahmen der Renten wegen Invalidität, dass fünf Jahre Beitragszeiten zurückgelegt worden sind.

Das SGB VI unterscheidet zunächst hinsichtlich der in Betracht kommenden rentenrechtlichen Zeiten zwischen Beitragszeiten, beitragsfreien Zeiten und Berücksichtigungszeiten.

Beitragszeiten sind Zeiten, für die Pflichtbeiträge oder freiwillige Beiträge zur gesetzlichen Rentenversicherung gezahlt worden sind (§ 55 SGB VI). Hinzu kommen Zeiten, die sich ab dem 01.04.1999 durch Zuschläge für Entgeltpunkte aus geringfügiger Beschäftigung ergeben. Beitragsfreie Zeiten sind

---

[120] Die Festlegung des Leistungsfalles erfolgt durch die Verwaltung unter Berücksichtigung der Ergebnisse der medizinischen Ermittlungen oder aber im Klageverfahren durch eigene medizinische Ermittlungen des Gerichts.

Kalendermonate, für die keine Beiträge entrichtet worden sind und die mit einer Anrechnungszeit z.B. für Ausbildung (§ 58 SGB VI), einer Zurechnungszeit (Zeiten eines Bezuges von Rente vor Vollendung des 60. Lebensjahres) oder einer Ersatzzeit (Zeiten z.B. für militärischen Dienst) belegt sind (§ 54 Abs. 4 SGB VI). Beitragsfreie Zeiten haben aber aufgrund des weiteren Erfordernisses der Belegungsdichte nur eine begrenzte Wirkung, da sie hierbei nicht angerechnet werden. Hinzu kommen Zeiten, für die Pflichtbeiträge als gezahlt gelten. Dies sind insbesondere Zeiten der Erziehung eines Kindes in dessen ersten drei Lebensjahren (§ 56 SGB VI). Der sich aus einem Versorgungsausgleich im Falle der Scheidung ergebende Zeitfaktor kann ebenfalls auf die Wartezeit Anrechnung finden (§ 52 SGB VI).

Für die Erfüllung der Wartezeit werden im Übrigen die Beitrags- und Wohnzeiten,[121] die nach den Rechtsvorschriften eines anderen Staates mit dem Deutschland ein Sozialversicherungsabkommen geschlossen hat zu berücksichtigen sind, angerechnet.

b. Wartezeit von 20 Jahren

Eine Besonderheit gilt für Versicherte, die bereits vor Erfüllung der allgemeinen Wartezeit voll erwerbsgemindert waren und seitdem ununterbrochen voll erwerbsgemindert sind. Bis zum 31.12.2000 war diese Sonderregelung in § 44 Abs. 3 SGB VI enthalten. An die Stelle der früheren Tatbestandsvoraussetzungen der Erwerbsunfähigkeit ist die volle Erwerbsminderung getreten. Diese Versicherten haben Anspruch auf Renten wegen voller Erwerbsminderung, wenn sie die Wartezeit von 20 Jahren erfüllt haben. Auf diese Wartezeit werden Beitrags- und Ersatzzeiten angerechnet, auch wenn diese nach Eintritt der vollen Erwerbsminderung zurückgelegt wurden. Neben der Wartezeit von 20 Jahren werden weitere versicherungsrechtliche Voraussetzungen nicht gefordert. Insbesondere wird eine Belegungsdichte von drei Jahren Pflichtbeiträge in den letzen fünf Jahren nicht verlangt. So können auch voll erwerbsgeminderte Behinderte, die keine Pflichtbeiträge (z.B. aufgrund einer Beschäftigung in einer Behindertenwerkstatt) haben, allein mit freiwilligen Beiträgen einen Rentenanspruch erwerben.[122]

---

[121] Diese Begrifflichkeit kennt die deutsche Sozialversicherung nicht. Es handelt sich hierbei um eine gängige Anspruchsvoraussetzung für die Gewährung einer Invaliditätsleistung in Ländern mit einer universalistischen, an die Einwohnerschaft gebundenen Grundsicherung (so auch in den Niederlanden siehe 3. Teil).

[122] Vgl. Arbeitsgruppe des Fachausschusses für Versicherung und Rente des VDR 6/89Top 4.

c. Vorzeitige Wartezeiterfüllung

Ist die allgemeine Wartezeit vor Eintritt der Erwerbsminderung oder Berufsunfähigkeit nicht erfüllt, kann eine vorzeitige Wartezeiterfüllung gemäß §§ 53, 245 SGB VI die erforderliche Wartezeit ersetzen. Dieser Verzicht auf die versicherungsrechtlichen Voraussetzungen soll Härtefälle abdecken, für die der einzelne Versicherte ansonsten keinen ausreichenden Schutz erlangen kann oder für die die Allgemeinheit einzustehen hat. Der Hauptanwendungsfall einer vorzeitigen Wartezeiterfüllung ist der Eintritt einer verminderten Erwerbsfähigkeit durch einen Arbeitsunfall oder eine Berufskrankheit. Für diesen Fall ist lediglich erforderlich, dass der Versicherte entweder im Zeitpunkt des Arbeitsunfalls versicherungspflichtig war oder in den letzen zwei Jahren vor dem Arbeitsunfall mindestens ein Jahr mit Pflichtbeiträgen für eine versicherte Tätigkeit aufweisen kann. Weitere Möglichkeiten der vorzeitigen Wartezeiterfüllung sind z.B. Wehrdienst und Zivildienst. Im Gegensatz zum Fall eines Arbeitsunfalls ist für diese Tatbestände nicht die besondere versicherungsrechtliche Belegungsdichte von einem Jahr Pflichtbeiträge innerhalb der zwei Jahre vor Eintritt des schädigenden Ereignisses erforderlich, sondern einzige Voraussetzung ist mindestens ein anrechenbarer Beitrag vor der Schädigung.[123]

Die Wartezeit für eine Rente wegen voller Erwerbsminderung ist auch dann vorzeitig erfüllt, wenn der Versicherte vor Ablauf von sechs Jahren nach Beendigung einer Ausbildung voll erwerbsgemindert geworden ist und in den letzten zwei Jahren zuvor mindestens ein Jahr Pflichtbeiträge für eine versicherte Tätigkeit hat. Der Zeitraum von zwei Jahren verlängert sich um Zeiten einer schulischen Ausbildung nach Vollendung des 17. Lebensjahrs bis zu sieben Jahren. Der bloße Eintritt einer teilweisen Erwerbsminderung oder Berufsunfähigkeit genügt dagegen nicht. Auch dann nicht, wenn schon die Situation einer Erwerbsunfähigkeit auf Zeit vorlag.[124]

d. Erforderliche Belegungsdichte

Neben der Erfüllung der Wartezeit ist erforderlich, dass der Versicherte in den letzten fünf Jahren vor Eintritt der verminderter Erwerbsfähigkeit mindestens drei Jahre Pflichtbeitragszeiten für eine versicherte Tätigkeit aufweisen kann

[123] Nach BSG vom 05.11.1965 –5 RKn 32/62, BSGE 24, S. 85 genügt schon die anteilsmäßige Zahlung für einen Arbeitstag.

[124] Vgl. BSG SozR 2200 § 1252 Nr. 2; diese Regelung ist mit dem Grundgesetz vereinbar BVerfG vom 17. 07.1984 – 1 BvL 24/83, SozR 2200 § 1252 Nr.4.

(§ 43 Abs. 1 S. 1 Nr. 2, Abs. 2 S. 1 Nr. 2 SGB VI),[125] sog. Belegungsdichte. Diese Voraussetzung ist nicht erforderlich, wenn die Erwerbsminderung aufgrund eines Tatbestandes eingetreten ist, durch den die Wartezeit vorzeitig erfüllt ist, oder aber es sich um die besondere Wartezeit von 20 Jahren handelt, neben der keine weiteren versicherungsrechtlichen Voraussetzungen gefordert werden.

aa. Pflichtbeiträge

Zu den drei Jahren Pflichtbeiträgen für eine versicherte Tätigkeit gehören nicht nur Pflichtbeiträge, dies sind Zeiten für die nach Bundesrecht Beiträge gezahlt worden sind, sondern auch Zeiten, für die Beiträge als gezahlt gelten. Dies sind im wesentlichen Kindererziehungszeiten, Zeiten mit Pflichtbeiträgen aufgrund einer nicht erwerbsmäßigen Pflege eines Pflegebedürftigen, Zeiten mit Pflichtbeiträgen aufgrund des Bezuges von z.B. von Krankengeld, oder Leistungen der Arbeitslosenversicherung.[126] Keine Pflichtbeitragszeiten und denen nicht gleichgestellt sind im Wege des Versorgungsausgleichs oder dem Rentensplitting übertragene Rentenanwartschaften, weil diese ihre Grundlage nicht in einer von den Versicherten selbst ausgeübten versicherungspflichtigen Beschäftigung oder Tätigkeit haben.[127]

bb. Verlängerung des Fünf-Jahreszeitraumes

Der Zeitraum der letzen fünf Jahre verlängert sich zugunsten des Versicherten um die in diesem Zeitraum liegenden beitragsfreien Zeiten, sog. Anwartschaftserhaltungszeiten. Der Zeitraum wird durch die Vorverlegung des rechnerischen Beginns um die Anzahl der beitragsfreien Zeiten in der Vergangenheit gestreckt, d.h. er wird um diese Zeiten verlängert. Nach dem Monatsprinzip gilt ein nur teilweise belegter Monat als voll belegter Kalendermonat (§ 122 Abs. 1 SGB VI). Gemäß §§ 43 Abs. 4 S.1, 241 Abs.1 SGB VI handelt es sich um folgende Anwartschaftserhaltungszeiten: Anrechnungszeiten (§ 58 SGB VI) z.B. wegen Arbeitsunfähigkeit oder Arbeitslosigkeit, Berücksichtigungszeiten (§ 57 SGB VI) z.B. wegen Kindererziehung oder der nicht erwerbsmäßigen Pflege, Ersatzzeiten (§§ 250, 251 SGB VI) z.B. wegen Vertreibung sowie Zeiten des Bezuges einer Rente wegen verminderter Erwerbs-

---

[125] Diese Voraussetzung wurde durch das Haushaltsbegleitungsgesetz 1984 vom 22.12.1983 BGBl. I S. 1532 eingeführt.

[126] Jedoch sind Zeiten von Entgeltersatzleistungen z.B. wegen Arbeitslosigkeit für die Zeit vom 01.01.1984 bis 31.12.1991 keine Pflichtbeitragszeiten, da in diesem Zeitraum die Beiträge allein vom Sozialleistungsträger oder vom Versicherten gezahlt worden sind, vgl. § 247 SGB VI.

[127] Vgl. BSG vom 31.05.1989 - 4 RA 4/88 SozR 2200 § 1246 Nr. 166.

fähigkeit und Zeiten des gewöhnlichen Aufenthaltes im Beitrittsgebiet vor dem 01.01.1992.

Zudem ist die Belegungsdichte nicht erforderlich, wenn die Erwerbsminderung aufgrund eines Tatbestandes eingetreten ist, durch den die Wartezeit vorzeitig erfüllt ist. In diesen Fällen wird die aktuelle Versicherungspflicht für den Rentenanspruch unterstellt. Eine Besonderheit stellt weiterhin der Vertrauensschutzgedanke des § 241 SGB VI dar. Aufgrund der erstmaligen Einführung der versicherungsrechtlichen Voraussetzung der Belegungsdichte im Jahre 1984[128] besteht ein Anspruch auf Rente wegen Erwerbsminderung auch, wenn diese vor dem 01.01.1984 eingetreten ist. Gleiches gilt aber auch für Leistungsfälle nach dem 01.01.1984, wenn vor dem 01.01.1984 die allgemeine Wartezeit von fünf Jahren erfüllt war und jeder Kalendermonat danach bis zum Monat des Eintritt der Erwerbsminderung durchgehend, d.h. lückenlos mit Anwartschaftserhaltungszeiten belegt ist. Zumeist können vor allem freiwillig Versicherte dieses Erfordernis nicht erfüllen. Jedoch ist diese Regelung nicht verfassungswidrig.[129]

3. Leistungsfall einer Invaliditätsrente

a. Begriff der Invalidität

Im deutschen Sozialrecht findet sich keine Definition des Invaliditätsbegriffs. Mangels Definition wird daher auf die Arbeitshypothese zurückgegriffen.[130] In der gesetzlichen Rentenversicherung lassen sich unter diesem festgelegten Untersuchungsgegenstand die Versicherungsfälle der vollen und teilweisen Erwerbsminderung subsumieren (§ 43 SGB VI).[131]

aa. Minderung der Erwerbsfähigkeit

Die Erwerbsfähigkeit ist Ausgangspunkt für die Prüfung, ob ein Leistungsfall einer Invaliditätsrente eingetreten ist. In § 43 SGB VI ist der Begriff der Erwerbsfähigkeit nicht positiv definiert. Aus Absatz 1 Satz 2 und Absatz 2 Satz 2 ergibt sich jedoch im Umkehrschluss, dass zumindest derjenige als erwerbsfähig zu betrachten ist, der unter den üblichen Bedingungen des Arbeitsmarktes sechs Stunden täglich einsatzfähig ist. Nach der Gesetzesbegründung zu §

---

[128] Siehe Haushaltsbegleitgesetz vgl. Fn.125.

[129] Vgl. BVerfG vom 08.04.1987 - 1 BvR 564/84 SozR 2200 § 1246 Nr. 142 und vom 20.09.2001 - 1BvR 1423/94

[130] Vgl. 1. Teil, II. 1.

[131] Vgl. *KassKomm(Niesel)* § 43 Rn 12ff.

43 SGB VI soll Maßstab für die Feststellung des Leistungsvermögens des Versicherten die ihm verbliebene Erwerbsfähigkeit in jeder denkbaren Tätigkeit, die es auf dem allgemeinen Arbeitsmarkt gibt, sein.[132] Unter Erwerbsfähigkeit wird dabei ebenso wie im Unfallrecht die Fähigkeit des Versicherten verstanden, sich unter Ausnutzung der Arbeitsgelegenheiten, die sich ihm nach seinen gesamten Kenntnissen und körperlichen sowie geistigen Fähigkeiten im ganzen Bereich des wirtschaftlichen Lebens bieten, einen Erwerb zu verschaffen.[133] Die Erwerbsfähigkeit ist somit geprägt durch die physische und psychische Leistungsfähigkeit sowie durch die unter Berücksichtigung der durch Ausbildung und des gesamten Erwerbslebens erworbenen beruflichen Kenntnisse und Fähigkeiten.[134] Die Erwerbsfähigkeit der übergangsweise beibehaltenen Berufsunfähigkeit im Rahmen einer Rente wegen teilweiser Erwerbsminderung (§§ 33 Abs. 5, 240 SGB VI) wird in § 43 SGB VI a.F. umschrieben. Diese Vorschrift forderte bzw. fordert im Grundsatz einen darüber hinausgehenden Vergleich zwischen der Erwerbsfähigkeit des Versicherten und einer typisierten Vergleichsperson bezogen auf ein bestimmtes Berufsfeld. Sinkt die Erwerbsfähigkeit unter die Hälfte eines vergleichbaren gesunden Versicherten, liegt die erforderliche Erwerbsminderung vor. D.h. Schutzgut des § 43 a.F. ist nicht nur die Erwerbsfähigkeit, sondern auch der Gedanke des Berufsschutzes, der für den Versicherten das ursprünglich erzielte berufliche Niveau schützen soll.

Ob die Gefährdung oder Minderung der Erwerbsfähigkeit auf Krankheit oder auf Behinderung zurückzuführen ist, unterliegt der Theorie der wesentlichen Bedingung, d.h. die Krankheit oder die Behinderung müssen zu einer Beeinträchtigung der Erwerbsfähigkeit zumindest wesentlich beigetragen haben.[135]

bb. Körperlich-geistige Beeinträchtigung

Im Rahmen der Arbeitshypothese muss die Minderung der Erwerbsfähigkeit auf eine Krankheit oder Behinderung zurückzuführen sein. Das Risiko einer aus anderen, als aus gesundheitlichen Gründen eingetretenen Minderung der Erwerbsmöglichkeit oder einer Arbeitslosigkeit, soll nicht von der gesetzlichen Rentenversicherung abgedeckt werden.[136]

---

[132] Vgl. BT-Drucks. 14/4230, S. 25.
[133] BSGE 28, 18,19.
[134] Vgl. BSG vom 21.02.1989- 5/5b RJ 48/87, SozR 2200 § 1247 Nr. 57. Auch nach dem EM-ReformGesetz steht die Lohnersatzfunktion und damit im gewissen Maße die Berücksichtigung des Arbeitsmarktes im Vordergrund.
[135] Vgl. BSGE 30, 176,178.
[136] Vgl. BSG GS Beschluss vom 19.12.1996 -GS 2795, SozR 3-2600 § 44 Nr. 8.

aaa. Krankheit

Unter Krankheit im Sinne der Rentenversicherung ist jeder regelwidrige Körper- und Geisteszustand zu verstehen, dazu zählen auch psychische Erkrankungen, die vom Versicherten nicht durch zumutbare Willensanstrengungen überwunden werden können.[137] Anders als im Krankenversicherungsrecht ist nicht erforderlich, dass zusätzlich Behandlungsbedürftigkeit oder Arbeitsunfähigkeit vorliegt.[138] Weiter stellt die Krankenversicherung auf einen absolut definierten regelmäßigen Zustand ab. Die Rentenversicherung verlangt dagegen sowohl eine relative als auch absolute Änderung der Gesundheit. Der neue Gesundheitszustand muss sich einerseits negativ von einem bisherigen Gesundheitszustand (relativ) abheben, andererseits auch (absolut) von der altersspezifischen Gesundheitsnorm unterscheiden. Es ist also erforderlich, dass es sich um eine Veränderung des gesundheitlichen Zustands handelt.[139] Als Ausgangszustand wird dabei auf denjenigen Zustand abgestellt, der den Versicherten in die Lage versetzt hat, seine versicherungspflichtige Tätigkeit auszuüben. Bestand bereits zu Beginn des Versicherungsverhältnis infolge eines bestimmten Leidens eine gesundheitliche Einschränkung, so kann derselbe körperliche Zustand grundsätzlich nicht von einem bestimmten Zeitpunkt an Grundlage für die Annahme eines jetzt eingetretenen Leistungsfalls sein. Unter dem Kriterium der Abnahme der Leistungsfähigkeit könnte auch das Alter im Sinne eines Nachlassens der Wettbewerbsfähigkeit fallen. Das fortgeschrittene Alter stellt jedoch grundsätzlich kein anspruchsbegründendes Element dar, da der alle Menschen treffende Alterungsprozess keine den besonderen Invalidenschutz auslösende Krankheit oder Behinderung ist.[140] Lediglich Funktionsbeeinträchtigungen, die die für die jeweilige Altersgruppe medizinische Norm überschreiten, können zu einer Invalidität führen. In Abgrenzung zur Krankenversicherung und zu Rehabilitationsleistungen muss der körperlich-geistige Defekt dauerhaft sein. Andernfalls wäre lediglich ein vorübergehender Zustand einer Arbeitsunfähigkeit gegeben. Dies folgt aus den §§ 101 Abs. 1, 102 Abs. 2 SGB VI, wonach eine Rente wegen Erwerbsminderung nicht vor Beginn des siebten Kalendermonats nach dem Eintritt der Erwerbsfähigkeit geleistet wird. Insgesamt wird deutlich, dass das Vorliegen einer Krankheit lediglich ein zusätzliches Merkmal innerhalb der Definition der Invalidität ist, die im Grundsatz an die Minderung der Erwerbsfähigkeit anknüpft.

---

[137] Vgl. *Maydell, von, Ruland(Meyer)* Gemeinschaftskommentar SGB VI § 43 Rn 17; BSG vom 16.03.1962 - 12/3 RJ 108/57, SozR Nr. 15 zu § 1254 RVO und vom 01.07.1964 - 11/1 RA 158/61, BSGE 21, S. 189.

[138] BSGE 14, 207.

[139] So bereits BSG vom 27.10.1966 - 5 RKn 132/64, BSGE 25, 227.

[140] Vgl. BSG vom 03.10.1979 1 RA 31/78, SozR 2200 § 1246 Nr. 50.

bbb. Behinderung

Der Begriff der Behinderung schließlich setzt das Vorliegen eines regelwidrigen körperlichen, geistigen oder seelischen Zustandes voraus, der zu funktionalen Einschränkungen führt.[141] Im Gegensatz zur akuten behandlungsfähigen Krankheit umfasst die Behinderung auch körperliche, geistige oder seelische Beeinträchtigungen, deren Entwicklung abgeschlossen ist.[142]

b. Wegefähigkeit

Besonderes Kriterium der körperlichen Leistungsfähigkeit ist die Gehfähigkeit. So ist die Erwerbsfähigkeit eingeschränkt, wenn der Versicherte eine Arbeitsstätte, die in der Regel außerhalb der Wohnung liegt, nicht erreichen kann. Steht einem Gehbehinderten kein Kraftfahrzeug zur Verfügung, ist entscheidend, ob die eingeschränkte Gehfähigkeit ausreicht, den Weg zwischen Wohnung und Arbeitsplatz zu erreichen. Dabei ist zunächst die gesundheitlich noch zumutbare Wegstrecke maßgeblich. Das BSG hat dafür generell die Fähigkeit, Entfernungen von viermal etwas mehr als 500 Metern in je 20 Minuten zu bewältigen, als Erfordernis für den Erhalt der Wegefähigkeit angesehen.[143]

c. Absichtliche Herbeiführung der Leistungsminderung

Ein Rentenanspruch ist nach § 103 SGB VI ausgeschlossen, wenn der Versicherte die die Rentenleistung auslösende Erwerbsminderung absichtlich herbeiführt. Allerdings greift § 103 SGB VI nicht bei der Weigerung, sich behandeln zu lassen, ein. In diesen Fällen kommt allenfalls die Versagung von Leistungen aufgrund der Mitwirkungspflichten des Versicherten in Betracht (§ 60 ff SGB I). Ein Rentenausschluss setzt eine zielgerichtete Aktivität i.S. von direktem Vorsatz[144] voraus, dem ein passives Verhalten nicht gleichgestellt werden kann.

d. Allgemeiner Arbeitsmarkt

Maßstab für die Feststellung des Leistungsvermögens des Versicherten ist gemäß der Arbeitshypothese des Invaliditätsbegriffs und in Übereinstimmung

---

[141] *KassKomm(Niesel)* § 43 SGB VI Rn 13; *KassKomm(Seewald)* § 10 SGB I Rn 5 ff; BSG vom 25.04.1978 - 5 RKn 2/77, BSGE 46, 118.

[142] Vgl. § 2 Abs. 1 SGB IX.

[143] BSG vom 17.12.1991 - 13/5 RJ 73/90, SozR 3-2200 § 1247 Nr. 10.

[144] BSG vom 19.06.1979 - 5 RJ 122/77, SozR 2200 § 1277 Nr. 2.

mit § 43 SGB VI die Erwerbsfähigkeit auf dem allgemeinen Arbeitsmarkt. Der Begriff allgemeiner Arbeitsmarkt ist gesetzlich nicht definiert. Der Begriff des Arbeitsmarktes wird in volkswirtschaftlicher Hinsicht als alle Erwerbstätigkeiten zusammenfassender Wirtschaftsbereich von Angebot und Nachfrage bezüglich Arbeitsplätzen verstanden.[145] Im Rahmen der bisherigen Rechtsprechung des BSG zur Berufs- und Erwerbsunfähigkeitsrente wurde der Begriff „allgemeiner Arbeitsmarkt" im Zusammenhang mit der Frage der Verschlossenheit des Arbeitsmarktes geprägt. Danach ist unter der Begrifflichkeit „allgemeiner Arbeitsmarkt" der Arbeitsmarkt für ungelernte oder einfache angelernte Tätigkeiten mit einer Einarbeitungszeit unter drei Monaten zu verstehen.[146] Mithin handelt es sich nur um einen Teilarbeitsmarkt des gesamten volkswirtschaftlichen Arbeitsmarktes.

aa. Verschlossenheit des Arbeitsmarktes

Nach der Systematik des geschützten Risikos bei Invalidität gilt grundsätzlich, dass die Rentenversicherung für das Risiko des Versicherten einen, seinem Restleistungsvermögen entsprechenden Arbeitsplatz zu finden, nicht einzustehen hat. Dabei ging man ursprünglich davon aus, dass der Arbeitsmarkt entsprechende Tätigkeiten vorhält. Resultat daraus ist, dass bei der Prüfung eines Anspruchs auf eine Invaliditätsrente nicht zu prüfen wäre, ob der Versicherte einen ihm gerechten Arbeitsplatz erhalten konnte. Es handelt sich bei dieser Vorgehensweise um die sog. abstrakte Betrachtung. Mit der Problematik der sich verändernden Arbeitsverhältnisse seit Ende der 1960er Jahre veränderte die Rechtsprechung des BSG diese abstrakte Betrachtungsweise hin zu einer konkreten Betrachtungsweise.[147] Ausgangspunkt der Überlegungen zur Berücksichtigung des Arbeitsmarktes war die in den einschlägigen Vorschriften normierte Verpflichtung, verbleibendes Leistungsvermögen zum Erwerb des Lebensunterhaltes einzusetzen. Zwar kam es nach dem Wortlaut der Vorschriften nicht darauf an, ob es auf dem Arbeitsmarkt auch Nachfrage für das Restleistungsvermögen eines Versicherten gab. Eine solche abstrakte von der Arbeitsmarktlage losgelöste Betrachtungsweise erschien der Rechtsprechung jedoch unbillig und nicht mit dem Gesetzestatbestand übereinstimmend, wenn der Versicherte zum Ausschluss einer Rente wegen einer Minderung der Erwerbs- oder Berufsunfähigkeit auf Tätigkeiten verwiesen wird, für die es keine nennenswerten Arbeitsplätze, gleich ob frei oder besetzt, gibt. In diesen Fällen könne man nicht von der Erwerbsfähigkeit des

[145] *Meyers* Handbuch Wirtschaft, S. 323.
[146] BSG vom19.08.1997 13 RJ 71/93, BSG vom 04.11.1998 - B 13 RJ 13/98 R, SozR 3-2200 § 1246 Nr. 62.
[147] BSGE 30, 192 und BSGE 30, 167.

Invaliden sprechen. Daher sollten nach Auffassung des BSG[148] Erwerbsminderungsleistungen auch gewährt werden, wenn der Einkommensausfall arbeitsmarktbedingt ist, weil ein konkreter Arbeitsplatz nicht vorhanden ist. Nach dieser konkrete Betrachtungsweise galt für einen Anspruch auf eine Rente wegen Erwerbs- und Berufsunfähigkeit für einen Versicherten, der nur noch ein untervollschichtiges Restleistungsvermögen hat, die konkrete Erforderlichkeit des Vorhandenseins eines seinem Leistungsvermögens entsprechenden Arbeitsplatzes. Denn die Chance auf dem Teilzeitarbeitsmarkt eine entsprechende Tätigkeit erhalten zu können sei ungleich niedriger. Für die anderen Versicherten verblieb es bei der abstrakten Betrachtungsweise. Dabei wurde die Fiktion, dass einem nur zur Teilzeitarbeit fähigen, arbeitslosen Versicherten der Arbeitsmarkt praktisch verschlossen sei, die Fiktion gegenübergestellt, dass der Arbeitsmarkt für vollschichtig einsetzbare Versicherte offen ist. Auf Teilzeittätigkeiten, die der Versicherte nicht innehat, durfte somit nicht zum Ausschluss einer Rente verwiesen werden. Ergebnis dieser Rechtsprechung war, dass aufgrund der Annahme eines verschlossenen Teilzeitarbeitsmarktes, dem nur noch untervollschichtig einsetzbaren Versicherten für den Fall, dass er keine Tätigkeit, die seinem Leistungsvermögen entsprach, innehatte, ein Anspruch auf Berufsunfähigkeitsrente- durchweg aber auch auf Erwerbsunfähigkeitsrente zusteht. Dieser Anspruch ist jedoch zu befristen.[149] Da sich am Arbeitsmarkt aber keine Verbesserung abzeichnete kam es regelmäßig zu Verlängerungen der Zeitrente.

Das BSG hat an der Annahme der Verschlossenheit des Teilzeitarbeitsmarktes in Abgrenzung zum Vollzeitarbeitsmarkt auch unter der Prämisse festgehalten, dass für leistungsgeminderte, aber noch vollschichtig einsetzbare ältere Versicherte bei vernünftiger Betrachtung auf dem Arbeitsmarkt seit längerer Zeit kaum Vermittlungschancen bestehen.[150] War anfangs nur ein relativ geringe Anzahl von Versicherten betroffen, weitete sich durch die Rechtsprechung immer mehr eine konkrete Betrachtungsweise mit Blick auf die Arbeitsmarktsituation für alle Versicherten aus. So kam es zunächst zur Ausweitung der konkreten Betrachtungsweise auf zwar noch vollschichtig einsetzbare Versicherte bei denen aber eine Summierung außergewöhnlicher Leistungseinschränkungen vorlag (sog. Katalog- und Seltenheitsfälle)[151] Sodann erfolgte eine Tendenz in der Rechtsprechung die die Frage aufstellte, ob

---

[148] Beschlüsse des Großen Senats des BSG vom 11.12.1969 und 10.12.1976 in SozR Nr. 79 zu § 1246 RVO und SozR 2200 § 1246 Nr. 13.

[149] § 102 Abs. 2 S. 1 Nr. 2 SGB VI a.F.

[150] Vgl. Vorlagebeschluss des 13. Senats des BSG an den Großen Senat vom 23.11.1994, SozSich. 1995, 114.

[151] BSG-Urteile vom 27.04.1982 –1 RJ 132/80-, vom 06.06.1986 – 5b RJ 42/85-, vom 28.11.1985 -4 a RJ 51/84- und vom 25.01.1994 – 4 RA 35/93-.

zum einen die Katalog- und Seltenheitsfälle abschließend seien und zudem, ob nicht immer die konkrete Benennung von Verweisungstätigkeiten erforderlich sei. Der angerufene Große Senat des BSG[152] hat es in seinem Beschluss[153] aber abgelehnt, die konkrete Betrachtungsweite weiter auszudehnen. Der Ausweitung des von der Rentenversicherung zu tragenden Risikos der Arbeitslosenversicherung wurde gleichzeitig durch das 2. SGB VI-ÄndG[154] entgegengewirkt.[155] Mit dem genannten Gesetz wurde § 43 Abs. 2 SGB VI um einen Satz 4 wie folgt ergänzt: Berufsunfähig ist nicht, wer eine zumutbare Tätigkeit vollschichtig ausüben kann, dabei ist die jeweilige Arbeitsmarktlage nicht zu berücksichtigen. Ebenso erhielt § 44 Abs. 2 Satz 3 Nr. 2 SGB VI eine entsprechende Fassung. Nach der ständigen Rechtsprechung bedeutete dies, dass, wenn einem nur halb- bis unter vollschichtig einsetzbaren Versicherten innerhalb eines Jahres kein örtlich erreichbarer[156] Arbeitsplatz vermittelt werden konnte, er einen Anspruch auf Rentenleistungen wegen seiner Invalidität schon vor Ablauf des Jahres hat. Bei der seit Ende der 1960er Jahre bestehenden Arbeitsmarktlage gehen die Rentenversicherungsträger regelmäßig ohne weitere Ermittlungen davon aus, dass eine Vermittlung innerhalb des Jahres nicht möglich ist. Aufgrund arbeitsmarktbedingter Gesichtspunkte musste somit ein höherwertiger Leistungsfall als dies dem körperlichem Befund entsprach, angenommen werden.

bb. Seltenheitsfälle

Zwar ist somit grundsätzlich davon auszugehen, dass es für Vollzeittätigkeiten in hinreichender Anzahl Arbeitsplätze, offen oder besetzt, gibt, wenn sie in Tarifverträgen erfasst sind. Ob Arbeitsplätze vermittelbar sind oder konkrete Einsatzmöglichkeiten bestehen, ist unerheblich. Ausnahmsweise kann aber auch bei vollschichtiger Einsatzfähigkeit eines Versicherten der Arbeitsmarkt verschlossen sein. Dem liegt der Gedanke zugrunde, dass eine Verweisung auf die verbliebene Erwerbsfähigkeit nur möglich ist, wenn nicht nur die theoretische Möglichkeit besteht, einen entsprechenden Arbeitsplatz zu erhalten.[157] Bei schweren spezifischen Leistungseinschränkungen oder der Summierung ungewöhnlicher Leistungseinschränkungen muss nach der Rechtsprechung des BSG davon ausgegangen werden, dass es auf dem allgemeinen

---

[152] Vorlagebeschluss des 13. Senats des BSG vom 23.11.1994.
[153] Beschluss vom 19.12.1996 –GS 1/95-; BSGE 80, 24 (SozR 3-2600 § 44 Nr. 8).
[154] Vom 02.05.1996 BGBl. I S. 659.
[155] Vgl. *Maier,* Stopp weiterer Rechtsfortbildung in Richtung „Arbeitsmarktrente" durch die Rechtsprechung, SGb 1998 S. 1.
[156] Hier wird auf die Zumutbarkeitsgrenzen des SGB III zur Vermittelbarkeit von Arbeitslosen abgestellt.
[157] Vgl. BSG vom 14.09.1995 - 5 RJ 90/94.

Arbeitsmarkt keine ausreichende Anzahl von Arbeitsplätzen gibt.[158] Unter dem Begriff der schweren spezifischen Leistungseinschränkung werden diejenigen Fälle erfasst, bei denen bereits eine schwerwiegende Leistungsminderung ein weites Feld von Verweisungsmöglichkeiten versperrt.[159] Hingegen trägt das Merkmal der Summierung ungewöhnlicher Leistungseinschränkungen dem Umstand Rechnung, dass auch eine Mehrzahl von Einschränkungen, die jeweils zwar nur einzelne Verrichtungen oder Arbeitsbedingungen betreffen, in ihrer Summe das noch mögliche Arbeitsfeld in erheblichem Maße zusätzlich einengen. Schwere spezifische Leistungseinschränkungen liegen in bestimmten Ausnahmefällen vor, den sog. Seltenheitsfällen. Dazu gehören Versicherte, die zwar an sich noch eine Vollzeittätigkeit ausüben können, aber entsprechende Arbeitsplätze aus gesundheitlichen Gründen nicht aufsuchen können.[160] Versicherte, die zwar an sich noch eine Vollzeittätigkeit ausüben können, aber nicht unter den betriebsüblichen Bedingungen tätig sein können, z.B. zusätzliche Arbeitspausen benötigen,[161] oder aber nur in Teilbereichen eines Tätigkeitsfeldes einsetzbar sind. Ein Seltenheitsfall liegt auch vor, wenn es sich bei der Verweisungstätigkeit, auf die der Versicherte zum Ausschluss der Erwerbsminderungsrente rein fiktiv verwiesen wird, um einen sogenannten Schonarbeitsplatz handelt, der nicht an Betriebsfremde vergeben wird,[162] oder nicht als Aufstiegsposition an Betriebsfremde vermittelt wird.[163] Nach diesen Grundsätzen bedarf es für Ungelernte oder Angelernte des unteren Bereichs keiner konkreten Benennung einer Verweisungstätigkeit, sondern es wird davon ausgegangen, dass der leistungsgeminderte Versicherte auf jede erwerbswirtschaftliche Tätigkeit verweisbar ist, die keine Ausbildung erfordert. Es besteht auch kein Anlass zur Benennung einer spezifischen Verweisungstätigkeit, weil auf dem allgemeinen Arbeitsmarkt eine so große Anzahl von Tätigkeitsarten zur Verfügung steht, dass das Vorhandensein einer geeigneten Verweisungstätigkeit ersichtlich sei.[164] Obwohl daher im Regelfall keine Verweisungstätigkeit benannt werden muss, haben der Rentenversicherungsträger und letztlich auch die Gerichte bei einer ungewöhnlich schweren und spezifischen Leistungseinschränkung sowie bei der Summierung von ungewöhnlichen Leistungseinschränkungen im Sinne der oben abschließend genannten Seltenheitsfälle eine Benennungspflicht. Hierdurch wird sichergestellt, dass es bei derart überdurchschnittlich stark leistungsgeminderten Per-

---

[158] Vgl. BSG vom 20.08.1997 - 13 RJ 39/96, SozR 3-2600 § 43 Nr. 17.
[159] Vgl. BSG vom 19.04.1978 - 4 RJ 55/77, SozR 2200 3 1246 Nr. 30.
[160] Umfangreiche Rechtsprechung des BSG zur Wegefähigkeit z.B. BSG vom 13.07.1988 in SozR 2200 § 1247 Nr. 56.
[161] Vgl. BSG vom 06.06.1986 in SozR 2200 § 1246 Nr. 136 m.w.N..
[162] Vgl. BSGE 56, 64,69.
[163] Vgl. BSGE 51, 50,52.
[164] Vgl. BSG vom 04.11.1998 - B 13 RJ 13/98 R SozR 3 -2200 § 1246 Nr. 62.

sonen nicht nur zu einem Vergleich der Leistungsfähigkeit des Versicherten mit dem Anforderungsprofil eines Arbeitsplatzes kommt, sondern die konkrete Benennung auch zu der individuellen Prüfung führt, ob dem Versicherten der Arbeitsmarkt offen ist oder nicht.[165]

cc. § 43 n. F.

In Fachkreisen[166] und bei den politischen Parteien bestand Einigkeit darüber, dass die Renten wegen verminderter Erwerbsfähigkeit reformiert werden müssten.[167] Ziel der Rentenreform zur Neufassung der Erwerbsminderungsrente nach dem RRG 1999 war die sachgerechte Zuordnung der von der Renten- und der Arbeitslosenversicherung zu tragenden Risiken. Denn nach den oben genannten Grundsätzen bekam ein Versicherter, der nach seinem Gesundheitszustand zwar noch einige Stunden erwerbstätig sein konnte, für den es aber keinen Teilarbeitsplatz gab, oder aber in den sogenannten Seltenheitsfällen Rentenleistungen.

Die Minderung der Erwerbsfähigkeit beruht bei dieser Annahme auf zwei Ursachen, einmal der gesundheitlichen Schädigung, und zum anderen dem Fehlen eines geeigneten Arbeitsplatze. Die Folge ist eine Vermengung der Risiken, die einmal die Rentenversicherung sichern soll, nämlich der gesundheitlichen Einschränkungen und zum anderen das Sicherungsrisiko der Arbeitslosenversicherung, der Verschlossenheit des Arbeitsmarktes.[168] Ursprünglich war die Reform daher so angelegt, dass es bei der Entscheidung über einen Rentenanspruch allein auf das gesundheitliche Leistungsvermögen des Versicherten in zeitlicher Hinsicht ankommen sollte (abstrakte Betrachtungsweise).[169] Der Frage, ob der Versicherte noch in der Lage ist, bei der jeweiligen Situation des Arbeitsmarktes einen seinem körperlich-geistigen Befund entsprechenden Arbeitsplatz zu erhalten, sollte außen vor bleiben (konkrete Betrachtungsweise).

---

[165] Vgl. BSG -Großer Senat vom 19.12.1996 - GS 2/95, SozR 3-2600 § 44 Nr. 8.

[166] *Gagel,* Erwerbsminderungsrenten: Entwicklung in Politik, Gesetzgebung und Rechtsprechung, SozSich 1997, S. 339, 340.

[167] Beispielhaft genannt sei die Aufforderung des Bundesrates 1992 an die Bundesregeierung und den Bundestag sowie das Drängen des Bundesrechnungshofes ab 1991.

[168] Vgl. *Rademacker,* Das neue Recht und seine Auswirkungen, Soziale Sicherheit 3/2001 S. 74, 75; vgl. *Zimmermann,* Die neue Erwerbsminderungsrente in der Praxis,, Mittl. LVA Baden-Württemberg 2002, S. 11f.

[169] Siehe amtliche Begründung zum EM-ReformG, BT-Drucks. 14/4230 S.25; vgl. *Mediger-Watermeier,* Das Gesetz zur Reform der Renten wegen vermindertere Erwerbsfähigkeit, Kompass 2001, S. 23, 24; vgl. *Riester,* Die Rentenversicherung an der Schwelle zum neuen Jahrhundert, DRV 2000, S. 1ff.

Aufgrund politischer Bestrebungen[170] nach dem Regierungswechsel, den Arbeitsmarkt in seiner schlechten Situation zu berücksichtigen, sieht das EM-ReformG in seiner jetzigen Fassung jedoch die Fortführung der konkreten Betrachtungsweise vor. Neben den Absätzen 1 und 2 des § 43 SGB VI tritt nun der Absatz 3, mit einer weiteren Vorschrift zur Regelung des Vorliegens einer Erwerbsminderung. Der Absatz 3 trifft eine Negativdefinition für denjenigen Versicherten, der nicht erwerbsgemindert ist. Hiernach ist derjenige nicht erwerbsgemindert, dessen Leistungsvermögen auf dem allgemeinen Arbeitsmarkt noch mindestens 6 Stunden täglich beträgt, die Arbeitsmarktlage ist hierbei nicht zu berücksichtigen. Der 2. Halbsatz dieser Bestimmung stellt die eigentlich wichtige Regelung dar. Aus dem Umkehrschluss der Bestimmung, bedeutet dies, dass bei demjenigen Versicherten, der nicht mehr unter den üblichen Bedingungen des allgemeinen Arbeitsmarktes arbeiten kann, die jeweilige Arbeitsmarktlage doch zu berücksichtigen ist. Damit verbleibt es bei der konkreten Bertachtungsweise.[171] Dementsprechend wird in der Gesetzesbegründung[172] zu § 43 SGB VI auch ausgeführt: Die konkrete Betrachtungsweise wird wegen der ungünstigen Arbeitsmarktsituation beibehalten. Der Anspruch auf eine Erwerbsminderungsrente wird nicht allein vom Gesundheitszustand des Versicherten abhängig gemacht, sondern auch davon, ob er noch in der Lage ist, bei der konkreten Situation des (Teilzeit)-Arbeitsmarktes die ihm verbliebene Erwerbsfähigkeit zur Erzielung eines Erwerbseinkommen einzusetzen. Versicherte, die noch mindestens 3, aber nicht mehr als 6 Stunden täglich arbeiten können, das verbliebene Restleistungsvermögen wegen Arbeitslosigkeit aber nicht in Erwerbseinkommen umsetzen können, erhalten danach eine volle Erwerbsminderungsrente.

Aus § 43 Abs. 3 SGB VI ist zu folgern, dass zum einen das quantitative Leistungsvermögen bei Versicherten, die nicht mehr unter den üblichen Bedingungen des Arbeitsmarktes erwerbstätig sein können, nicht allein die entscheidungserhebliche Rolle spielt und auch nicht allein der Umstand maßgeblich ist, dass der Versicherte nicht mehr unter betriebsüblichen Bedingungen

---

[170] Nach dem Regierungswechsel war das Inkrafttreten des Rentenreformgesetzes zunächst um ein Jahr verschoben worden, und es trat auch nur in geänderter Form in Kraft, vgl. Art. 1 des Gesetzes zu Korrekturen in der Sozialversicherung und zur Sicherung der Arbeitnehmerrechte vom 19.12.1998, BGBl. I S. 3843.

[171] Vgl. *Jahn* SGB VI/*Pierscianek* § 43 Rn 13, *Joussen,* Die Rente wegen voller und teilweise Erwerbsminderung nach neuem Recht, NZS 2002, S. 294, der im Ergebnis allein aus der Gesetzesformulierung „üblichen Bedingungen" des Arbeitsmarktes die konkrete Betrachtungsweise beibehalten will.

[172] Vgl. die Begründung zum Gesetzesentwurf der Fraktionen der SPD und Bündnis 90/Die Grünen in BT/Drucks. 14/4320 zu Nr. 10, § 43, S. 25 sowie Beschlussempfehlung und Bericht des Ausschusses für Arbeit und Sozialordnung vom 15.11.2000 in BT-Drucks. 14/4630 S. 49.

einsetzbar ist. Vielmehr ist für einen Rentenanspruch zu prüfen, ob es für den maßgeblichen Versicherten noch leidensgerechte Arbeitsplätze in ausreichender Anzahl in der Bundesrepublik gibt, ihm also der Arbeitsmarkt verschlossen ist oder nicht.

Der Anspruch auf eine Erwerbsminderungsrente wird somit für Personen, deren Restleistungsvermögen auf unter 6 Stunden täglich gesunken ist, nicht allein vom Gesundheitszustand abhängig gemacht, sondern auch davon, ob sie noch in der Lage sind, konkret die ihnen verbliebene Erwerbsfähigkeit zur Erzielung eines Erwerbseinkommens einzusetzen. Danach erhalten Versicherte die zwischen drei und sechs Stunden einsatzfähig sind und wegen Arbeitslosigkeit dieses Leistungsvermögen nicht in Erwerbseinkommen umsetzen können, anstatt einer teilweisen Erwerbsminderungsrente, die ihrem gesundheitlichen Befund entsprächen würde, eine volle Erwerbsminderungsrente, wenn auch gemäß § 102 SGB VI auf Zeit. Ob eine solche konkrete Betrachtung beim Risiko Invalidität überhaupt schützenswert ist, kann nach der jetzigen Gesetzesbegründung dahin stehen. Diese sieht die konkrete Betrachtungsweise vor.

Anders stellt sich die Situation hingegen in den Fällen dar, in denen ein Versicherter zwar durch eine körperliche Einschränkung seiner Leistungsfähigkeit in seiner Erwerbsfähigkeit eingeschränkt ist, aber noch in der Lage ist, unter den üblichen Bedingungen des Arbeitsmarktes mindestens 6 Stunden täglich arbeiten zu können. Hier verschließt die neue Regelung des § 43 Abs. 3 SGB VI den Rückgriff auf die Situation des Arbeitsmarktes und somit auch auf die Rechtsprechung zum „verschlossenen Arbeitsmarkt". Denn durch diese Formulierung wird klargestellt, dass nicht erwerbsgemindert ist, wer unter den üblichen Bedingen des Arbeitsmarktes mindestens 6 Stunden täglich erwerbstätig sein kann. Diese eindeutige Gesetzesformulierung versagt auch in diesen Fällen eine teilweise oder volle Erwerbsminderung zu fingieren.

Maßstab der alten wie auch neuen Regelungen ist damit die Erwerbsfähigkeit auf dem allgemeinen Arbeitsmarkt. Insofern hat der § 43 SGB VI erstmals, und das ist das Neue, die von der höchstrichterlichen Rechtsprechung entwickelten Grundsätze zu den üblichen Bedingungen des Arbeitsmarktes als gesetzliches Tatbestandsmerkmal eingeführt. Insofern spricht auch nichts dagegen, die Rechtsprechung des Großen Senats zu den vorherigen Regelungen auf die neue Rechtslage entsprechend anzuwenden.[173] Dies bedeutet aber

[173] Dies geschieht derzeit auch bei allen erst- und zweitinstanzlichen Gerichten, eine Entscheidung des BSG liegt noch nicht vor. (vgl. beispielhaft LSG NRW L 8 RJ 41/03; LSG Berlin L 13 J 3/03).

auch, dass man weiterhin mit den schwammigen Begriffen schwere spezifische Leistungseinschränkung und Summierung ungewöhnlicher Leistungseinbußen arbeiten muss. Bejaht man diese Ausnahmefälle bedarf es der Benennung einer konkreten Verweisungstätigkeiten. Damit verbleibt es bei den bisherigen Rechtsfindungsproblemen. Nach der Rechtsprechung des BSG[174] handelt es sich um übliche Bedingungen, wenn Arbeitsverhältnisse zumindest in einer nennenswerten Anzahl unter Beachtung besonderer Bedingungen, insbesondere die Ausgestaltung der Arbeitsverhältnisse betreffend nach der tatsächlichen Übung auf dem Arbeitsmarkt eingegangen und ausgeübt werden.

Anders als bei der Erwerbs- und Berufsunfähigkeitsrente nach altem Recht ist bei der Erwerbsminderungsrente ausschließlicher Maßstab der allgemeine Arbeitsmarkt. Nach bisherigem Recht handelte es sich bei diesem allgemeinen Arbeitsmarkt in der Praxis um ungelernte oder einfache angelernte Tätigkeiten mit einer Einweisungszeit von bis zu drei Monaten.[175] Würde man diesen Begriff des allgemeinen Arbeitsmarktes allerdings auf die neue Rechtsprechung anwenden, läge ein eingeengter Arbeitsmarkt vor, der zahlreiche, v.a. qualifizierte Tätigkeitsfelder ausschließen würde. Daher bedarf es einer neuen Definition der Begrifflichkeit „allgemeiner Arbeitsmarkt" auf der Grundlage, wie er ausschließlich im Gesetzestext des § 43 n.F. verstanden werden kann. Die Anwendung der bislang verwendeten Definition würde dazu führen, dass das abstrakt anhand der zeitlichen Einsatzfähigkeit festzustellenden Leistungsvermögen nach § 43 n.F. nur anhand ungelernter Tätigkeiten erfolgen würde und alle qualifizierten Tätigkeiten außen vorbleiben müssten. Dies widerspräche dem gesetzgeberischen Willen, wonach jede nur denkbare Tätigkeit auf dem allgemeinem Arbeitsmarkt in Betracht kommen soll. Die bislang verwendete Definition des allgemeinen Arbeitsmarktes findet daher nur noch bei der Berufsunfähigkeitsrente gemäß der Übergangsvorschrift des § 240 SGB VI Anwendung. Ansonsten muss von folgender Neubestimmung ausgegangen werden: Der allgemeine Arbeitsmarkt umfasst alle nur denkbaren Tätigkeiten außerhalb einer beschützenden Einrichtung, für die auf dem Arbeitsmarkt (in einer Vielzahl von Teilarbeitsmärkten) Angebot und Nachfrage besteht. Diese Auffassung wird durch die Regelung des § 43 Abs. 2 S. 3 Nr. 1 SGB VI gestützt. Danach werden dort nur Versicherte im Sinne des § 1 S. 1 Nr. 2 SGB VI in besonderer Weise behandelt. Dies sind versicherungspflichtige Beschäftigte in beschützenden Werkstätten.

---

[174] BSG SozR 3-4100 § 103 a Nr. 1; SozR 4100 § 103 Nrn. 17, 23.
[175] Vgl. den Beschluss des Großen Senats des BSG vom 19.12.1996 = BSGE 80, S. 24,31.

Einer besonderen Prüfung der Verweisbarkeit bedarf es bei einer Summierung ungewöhnlicher Leistungseinschränkungen oder schwerer spezifischer Leistungsbehinderungen, wenn sich keine Bereiche dieses neu definierten allgemeinen Arbeitsmarktes finden lassen, in denen es Arbeitsplätze für diesen speziellen Versicherten gibt.[176] Zu berücksichtigen ist weiterhin, dass zwar Versicherte mit einem untervollschichtigen Leistungsvermögen, die aber noch mindestens sechs Stunden täglich erwerbstätig sein können, zwar nach neuen Recht keinen Anspruch auf Rente wegen Erwerbsminderung haben, jedoch muss auch hier, zwar nicht die Lage des allgemeinen Arbeitsmarktes Berücksichtigung finden, sehr wohl aber die Summierung ungewöhnlicher Leistungseinschränkungen und die Seltenheitsfälle.[177] Da dem Gesetzgeber bei der Beibehaltung der konkreten Betrachtungsweise bewusst war, dass sich durch diese Handhabung das Risiko der Arbeitslosenversicherung auf die Rentenversicherung verschiebt, hat er eine Erstattung von Aufwendungen für die sog. Arbeitsmarktrenten vorgesehen. Die Bundesanstalt für Arbeit wird für die, der Rentenversicherung infolge der Weiterführung der konkreten Betrachtungsweise entstehenden Kosten einen pauschalen Ausgleichsbetrag zahlen. Erstattet wird in diesem Zusammenhang auf der Grundlage des § 224 SGB VI die Hälfte der Aufwendungen für die durch die Anwendung der konkreten Betrachtungsweise entstehenden arbeitsmarktbedingten Renten wegen voller Erwerbsminderung einschließlich der Beteiligung der Rentenversicherung an den Beiträgen zur Kranken- und Pflegeversicherung für den Zeitraum, für den ansonsten ein durchschnittlicher Anspruch auf Arbeitslosengeld bestanden hätte. Das Volumen der Erstattung ist für das Jahr 2002 auf 185 Mio. DM festgesetzt worden.[178]

dd. Selbstständige

Im Hinblick darauf, dass seit dem EM-ReformG 2001 auch Selbstständige einen Anspruch auf volle und teilweise Erwerbsminderungsrente haben können, müssen die für Arbeitnehmer geltenden Grundsätze der Bedeutung des Arbeitsmarktes auch für Selbstständige gelten. Die Definition des allgemeinen Arbeitsmarktes umfasst daher auch selbstständige Tätigkeiten.[179] So schließt die selbstständige Tätigkeit von wenigstens drei Stunden täglich die Annahme eines verschlossenen Arbeitsmarktes und damit den Anspruch auf eine volle Erwerbsminderungsrente aus.

---

[176] Vgl. BSG vom 24.02.1999 B 5 RJ 30/98 SozR 3-2600 § 44 Nr. 12.

[177] *Mediger-Watermeier,* Das Gesetz zur Reform der Renten wegen verminderter Erwerbsfähigkeit, Kompass 2001, S. 23ff.

[178] *Rademacker,* Das neue Recht und seine Auswirkungen, SozSich 2001, S. 74 ff; vgl. Mitteilungen zum Finanzaufwand, Bundesministerium für Gesundheit und Soziales, 2003.

[179] *Hauck/Noftz(Kamprad)* § 43 SGB VI Rn 36.

III. Leistungen

Die Leistungen bei Invalidität sollen das primäre und das sekundäre Einkommensrisiko berücksichtigen. Deshalb geht es einerseits um Einkommensersatzleistungen, andererseits stellt sich die Frage, ob weiterer sozialer Schutz z.B. für die Risiken Krankheit, Pflege und Alter erhalten bzw. aufgebaut werden können und Zugang zu den entsprechenden Versicherungszweigen besteht.

Die Rentenversicherung erbringt im Falle der Invalidität zum einen Leistungen zur Rehabilitation und zum anderen Renten. Rehabilitationsleistungen greifen schon im Vorfeld der Invalidität ein. Sie haben den Zweck, den Eintritt des Versicherungsfalles zu verhindern, und sind damit im eigentlichen Sinn keine Leistungen bei Invalidität, sondern Präventionsleistungen. Die Renten wegen Erwerbsminderung haben den Zweck, den Versicherten, der infolge gesundheitlicher Einschränkungen einen Ausfall an Erwerbseinkommen erleidet, so zu stellen, dass er auch nach dem Eintritt des Versicherungsfalles seinen Lebensstandard aufrechterhalten kann. Grundsätzlich soll der wirtschaftliche und soziale Status aufrechterhalten werden.

Bei gesundheitsbedingter Erwerbsminderung besteht neben dem Bedürfnis nach Einkommensersatz das Bedürfnis, die mit der Behandlung der Gesundheitsstörung zusammenhängenden Kosten abzusichern. Die Krankenversicherung der Rentner gewährleistet, dass diese Personengruppe auch im Bereich der Kosten für krankheitsbedingte Sach- und Dienstleistungen abgesichert ist. Ab dem Zeitpunkt der Rentenantragstellung ist ein Versicherter ggf. mit seiner Familie krankenversichert. Zu den Krankenversicherungsbeiträgen zahlt der Rentenversicherungsträger die Hälfte.[180]

Die Altersrente kann bei Invalidität weiter aufgebaut werden, da Zeiten des Bezugs einer Erwerbsminderungsrente im Rahmen der Alterssicherung als Zurechnungszeit gewertet werden. Sollte aber tatsächlich die Altersrente gegenüber der Erwerbsminderungsrente geringer sein, wird mindestens der monatliche Zahlbetrag der bisherigen Invalidenrente gezahlt. Dies folgt aus einer Besitzschutzregelung (§ 89 SGB VI).

[180] Bis zur Rentenänderung 2004 wurden auch die Beiträge zur Pflegeversicherung zur Hälfte vom Rentenversicherungsträger übernommen. Jedoch muss nun der Rentner diese Beiträge vollständig selber tragen.

1. Rehabilitation

Zu Leistungen wegen Rehabilitation[181] gehören gemäß § 9 Abs. 1 S.1 SGB VI medizinische Rehabilitationen, Leistungen zur Teilhabe am Arbeitsleben und ergänzende Leistungen. Sie stehen seit der Einführung des SGB IX unter dem Oberbegriff Leistungen zur Teilhabe.[182] Mit Einführung des SGB IX sollte sich ein Paradigmenwechsel vollziehen. Der behinderte oder kranke Mensch wird nicht länger als Objekt der Fürsorge verstanden, sondern als ein mit dem Recht auf Teilhabe an der Gemeinschaft ausgestattetes Subjekt der Rehabilitation.[183]

Rehabilitation bedeutet die Wiedereingliederung behinderter Menschen in Beruf und Gesellschaft. Enthalten ist in § 10 SGB I in der Form eines „sozialen Rechts" die konkrete Zielsetzung zur Eingliederung behinderter Menschen, die allen Einzelbereichen übergeordnet ist. Aufgrund der einheitlichen Definition der Begriffe von Krankheit und Behinderung schon im Zeitpunkt der Entstehung des Sozialversicherungsrechts finden sich in allen Zweigen der Sozialversicherung[184] und des sozialen Entschädigungsrechtes[185] sowie im Recht der Arbeitsförderung[186] und der Sozialhilfe[187] Anspruchsgrundlagen für Rehabilitationen.

---

[181] Bereits in dem ersten Gesetz über die deutsche gesetzliche Rentenversicherung dem Reichsgesetz über die Invaliditäts- und Altersversicherung (vom 22.06.1889, RGBl. I S. 97) wurden die Landesversicherungsanstalten ermächtigt, „Heilverfahren" zu übernehmen, wenn als Folge einer Krankheit Erwerbsunfähigkeit zu erwarten war, die einen Anspruch auf Invalidenrente begründete.

[182] Die Abwendung der Rente durch Leistungen zur Rehabilitation ist seit je her im Aufgabenbereich der gesetzlichen Rentenversicherung verankert. Bereits in dem ersten Gesetz über die deutsche gesetzliche Rentenversicherung, dem Reichsgesetz über die Invaliditäts- und Altersversicherung, wurden die Landesversicherungsanstalten ermächtigt, „Heilverfahren" zu übernehmen, wenn als Folge einer Krankheit Erwerbsunfähigkeit zu erwarten war, die einen Anspruch auf Invalidenrente begründete.

[183] Vgl. BT-Drs. VI / 3742, Begründung Teil A S. 41.

[184] In der Krankenversicherung findet sich die medizinische Rehabilitation in §§ 27, 40 SGB V; in der Unfallversicherung findet sich die medizinische Rehabilitation und Leistungen zur Teilhabe am Arbeitsleben nach Arbeitsunfällen und Berufskrankheiten in §§ 26 ff SGB VII.

[185] Die Träger der Kriegsopferfürsorge für Leistungen zur Teilhabe am Arbeitsleben der Kriegsopfer und deren Hinterbliebenen sowie der sonstigen nach dem BVG versorgungsberechtigten Personen finden sich in §§ 25 ff BVG. Die Versorgungsämter sind zuständig für die medizinische Rehabilitation im Rahmen der Heil- und Krankenbehandlung von Schwerbehinderten § 10 ff, 13 ff BVG.

[186] Die Arbeitsämter sind zuständig für Leistungen zur Förderung der Teilhabe behinderter Menschen am Arbeitsleben, soweit kein anderer Rehabilitationsträger zuständig ist, § 97 ff, 22 Abs. 2 SGB III.

Das RehaAnglG[188] von 1974 sollte erstmals zur Angleichung der medizinischen, berufsfördernden und ergänzenden Leistungen zur Rehabilitation, die von den unterschiedlichen Trägern in unterschiedlicher Höhe und Umfang gewährt werden, dienen. Zum anderen sollte ein zügiges und nahtloses Rehabilitationsverfahren in diesem gegliederten System der Rehabilitation eingeführt werden. Trotz dieser Rahmensetzung fehlte dem RehaAnglG aufgrund der Unterschiedlichkeit und Unübersichtlichkeit im bestehenden Rehabilitationssystem das erforderliche Maß an Zusammenarbeit der Rehabilitationsträger und die Transparenz für die Betroffenen.[189] Aus diesem Grund kam es zu dem am 11.05.2001 vom Bundesrat beschlossenen SGB IX.[190] Im Vordergrund steht die Kodifizierung des Behinderten- und Rehabilitationsrechts sowie die Förderung eines ständigen Zusammenwirkens aller Sozialleistungsträger, da Rehabilitation als einheitlicher Prozess und Gemeinschaftsaufgabe verstanden wird. Anders als die bislang geltenden Vorschriften des RehaAnglG, das lediglich Grundsätze und Rahmenvorschriften formulierte und die Ausgestaltung und Einzelregelung den Rehabilitationsträgern überließ, gelten die Vorschriften das SGB IX unmittelbar. Alle für die verschiedenen Rehabilitationsträger einheitlichen Regelungen hinsichtlich Art, Umfang und Ausführung der Leistungen sind bereichsübergreifend festgeschrieben, soweit nicht in den Leistungsgesetzen (z.B. im SGB VI) Abweichendes bestimmt ist. Auch nach Einführung des SGB IX haben allerdings die bisher geltenden Spezialgesetze (SGB III, SGB V und SGB VI) weiterhin Gültigkeit, wobei einige Vorschriften Änderungen erfahren haben oder aufgehoben worden sind. Das RehaAnglG als auch das SchwerbG sind weggefallen. Das SGB IX soll eine gemeinsame Plattform errichten, auf der durch Koordination, Kooperation und Konvergenz ein gemeinsames Recht und eine einheitliche Praxis der Rehabilitation aufgebaut wird.[191] Dies soll durch eine Harmonisierung der

---

187 Der Sozialhilfeträger ist zuständig für die medizinische Rehabilitation und die Teilhabe am Arbeitsleben behinderter Menschen, die weder aus der Sozialversicherung noch aus dem BVG Anspruch auf entsprechende Förderung haben, insbesondere Kinder und Jugendliche §§ 39 ff BSHG.

188 BGBl. I S. 1881.

189 Darauf verweist die am 06.02.1969 gegründete Bundesarbeitsgemeinschaft für Rehabilitation, der die Spitzenverbände der Sozialversicherung angehören. Sie hat den Zweck, die Maßnahmen der medizinischen, beruflichen und sozialen Rehabilitation im Rahmen des geltenden Rechts nach Maßgabe der eigenen Satzung (§ 3 der Satzung) zu koordinieren und zu fördern. In Ausführung dieser Grundsätze wurde die sogenannte Frankfurter Vereinigung am 01.10.1971 zwischen den Mitgliedern der Bundesarbeitsgemeinschaft sowie der Bundesärztekammer und der Kassenärztlichen Vereinigung beschlossen.

190 BGBl. I S. 2134.

191 Vgl. BT-Drucks. VI S. 3742, Begründung Teil A S. 41; vgl. *Niemann,* Die Kodifizierung des Behinderten- und Rehabilitationsrechts im SGB IX- Recht der Rehabilitation und Teilhabe behinderter Menschen, NZS 2001, 583.

unterschiedlichen Regelungen der einzelnen Träger erreicht werden.[192] Zudem gibt es strukturelle Änderungen. Neu ist die Schaffung von Servicestellen als Anlaufstelle des Hilfesuchenden für alle Sozialversicherungsträger (§ 22 SGB IX).[193] Zudem weist § 12 SGB IX den Rehabilitationsträgern die Verantwortung zu, das Rehabilitationsverfahren nahtlos und zügig zu führen und Abgrenzungsfragen einvernehmlich zu klären. Dazu enthält § 14 SGB IX den Grundsatz, dass der zuerst angegangene Rehabilitationsträger die Leistung erbringen soll. Er wird daher verpflichtet, innerhalb von zwei Wochen nach Eingang des Antrages festzustellen ob er für die Leistungen zuständig ist. Gerade dies führt zu einer Verbesserung der Situation des Versicherten, der manchmal erst im Klageverfahren erfährt, wer zuständiger Leistungserbringer ist. Über diesen Antrag soll dann innerhalb von drei Wochen entschieden werden. Auch dies führt zu einer wesentlichen Verbesserung für den Versicherten. Denn die oftmals langwierige Entscheidungsprozedur steht in keinem Verhältnis zur notwendigen schnellen Hilfe, um überhaupt noch helfen zu können. Ungeklärt ist jedoch, in welcher Form die Vorgaben justiziabel sind.

Im Rahmen des Rentenversicherungsrechts bedeutet Rehabilitation die Erbringung von Leistungen, um eine Krankheit oder eine körperlich, geistige oder seelische Behinderung,[194] die Auswirkungen auf die Erwerbsfähigkeit eines Versicherten hat, entgegenzuwirken oder sie zu überwinden. Weiteres Ziel ist, Beeinträchtigungen der Erwerbsfähigkeit des Versicherten oder sein vorzeitiges Ausscheiden aus den Erwerbsleben zu verhindern bzw. den Versicherten dauerhaft in das Erwerbsleben wieder einzugliedern. Voraussetzung ist, dass die persönlichen versicherungsrechtlichen Voraussetzungen erfüllt sind. Die Leistungen zur Teilhabe[195] umfassen medizinische Rehabilitation, Leistungen zur Teilhabe am Arbeitsleben (früher berufsfördernde Maßnahmen) und ergänzende Leistungen.

Zur medizinischen Rehabilitation werden die erforderlichen Leistungen erbracht, um Behinderungen und Krankheiten abzuwenden oder zu beseitigen oder ihre Verschlimmerung zu verhüten oder Einschränkungen der Erwerbsfähigkeit zu vermeiden, zu überwinden oder eine Verschlimmerung zu verhü-

---

[192] *Schwarzhaupt-Czech,* Das neue Sozialgesetzbuch SGB XI und seine Bedeutung für die Rentenversicherung, Nachr. LVA He 2001, S. 84.

[193] Zu den Servicestellen hat es im Gesetzgebungsverfahren umfangreiche Diskussionen zu der ursprünglich vom Gesetzgeber geplanten Institutionalisierung weiterer sog. Auskunfts- und Beratungsstellen gegeben. Aufgrund der zu befürchtenden Schaffung zusätzlicher Schnittstellen wurde darauf verzichtet.

[194] Vgl. zu den Definitionen von Krankheit und Behinderung, 2. Teil, II. 3.bb.

[195] Diese Begrifflichkeit ersetzt seit Einführung des SGB IX den Begriff der Rehabilitation.

ten sowie den laufenden Bezug von Sozialleistungen zu vermeiden (§ 26 SGB IX). Geleistet werden insbesondere, Behandlungen durch Ärzte auch in Form von Heil- und Kurverfahren, Heil- und Hilfsmittel, Psychotherapien und Entziehungsbehandlungen.

Zur Teilhabe am Arbeitsleben werden die erforderlichen Leistungen erbracht, um die Erwerbsfähigkeit behinderter, kranker oder von Behinderung bedrohter Menschen entsprechend ihrer Leistungsfähigkeit zu erhalten, zu bessern oder wiederherzustellen und ihre Teilhabe am Arbeitsleben möglichst auf Dauer zu sichern (§ 33 SGB IX). In Betracht kommen vor allem Hilfen zur Erlangung oder Erhaltung eines Arbeitsplatzes in Form von Vermittlungen, Trainingsmaßnahmen oder Mobilitätshilfen, berufliche Ausbildung und Weiterbildung oder Lohnzuschuss. Als ergänzende Leistungen können z.B. Kraftfahrzeughilfen und Hilfsmittel i.S. technischer Arbeitshilfen geleistet werden. Es handelt sich dabei durchweg um Sachleistungen.

a. Rehabilitation vor Rente

Es gilt der Grundsatz „Rehabilitation vor Rente“[196] oder wie es im SGB IX jetzt schriftlich manifestiert ist: Leistungen zur Teilhabe haben Vorrang vor Rentenleistungen, die bei erfolgreicher Leistung zur Teilhabe nicht oder voraussichtlich erst zu einem späteren Zeitpunkt zu erbringen wären. Dies gilt während des Bezuges einer Rente entsprechend § 8 Abs. 2 SGB IX. Dieser Grundsatz ergibt sich auch aus § 116 Abs. 1 SGB VI, nach dem bei einem Antrag auf Rente wegen verminderter Erwerbsfähigkeit vor Entscheidung über den Rentenantrag zu prüfen ist, ob Leistungen zur Rehabilitation voraussichtlich erfolgreich sind. Befremdlich wirkt unter diesem Vorzeichen, wenn der Rentenversicherungsträger erst im Klageverfahren, insbesondere nach Abschluss der medizinischen Ermittlungen des Gerichts eine Rehabilitationsmaßnahme anbietet. Diese Vorgehensweise ist in der Praxis in der Regel zu beobachten.

In diesem Kontext stand auch § 116 Abs. 1 S. 2 und S. 3 SGB VI in der Fassung bis zum 31.12.2000. Vor Durchführung einer Rehabilitationsmaßnahme sollte der Versicherte noch kein „Rentnerbewusstsein“ entwickeln, damit er am Gelingen der Rehabilitation und damit am Ziel der Wiederherstellung der Erwerbsfähigkeit mitarbeitete. Für Zeiten vor dem Ende der Rehabilitationsleistungen war daher ein Rentenanspruch grundsätzlich ausgeschlossen.

---

[196] Dieser Grundsatz war zuvor schon im RehaAnglG manifestiert; vgl. *Erlenkämper/Fichte,* Sozialrecht, S. 177 ff.

In der Praxis verfehlte die gesetzliche Regelung über den Rentenausschluss jedoch ihre Wirkung, da in vielen Fällen die Rehabilitationsleistung in Form des vorgezogenen Übergangsgeldes das für die Dauer des meist erst nachträglich festgestellten fiktiven Rentenbeginns bis zum Beginn der Rehabilitationsmaßnahme an Stelle der Rente zu zahlen war, rückwirkend erbracht wurde. Dies also zu einem Zeitpunkt, zu dem die eigentliche Rehabilitationsleistung, bereits durchgeführt und sich als erfolglos herausgestellt hatte. In § 116 Abs. 1 SGB VI sind nunmehr die Sätze 2 und 3 gestrichen.

Im Zusammenhang mit der Durchführung einer Rehabilitationsmaßnahme kann es ab 2001 damit nicht mehr zu einem Rentenausschluss kommen. Ist eine Rehabilitationsmaßnahme durchgeführt worden, weil vorausschauend die Möglichkeit gesehen wurde, den Versicherten wieder in das Erwerbsleben einzugliedern, und stellt sich die Erfolglosigkeit heraus, ist nunmehr rückwirkend vom festgestellten Rentenbeginn Rente wegen teilweiser bzw. voller Erwerbsminderung zu leisten.

aa. Versicherungsrechtliche Voraussetzungen

Ein Anspruch auf Rehabilitationsleistungen ist ebenso wie der Anspruch auf Rentenleistungen aus der gesetzlichen Rentenversicherung von der Erfüllung bestimmter versicherungsrechtlicher Voraussetzungen abhängig. Diese wurden sogar zunehmend verschärft. Gemäß § 11 SGB VI gilt, dass Versicherte für Leistungen zur Teilhabe allgemein die versicherungsrechtlichen Voraussetzungen erfüllen, wenn sie die Wartezeit von 15 Jahren erfüllen oder eine Rente wegen verminderter Erwerbsfähigkeit beziehen.

Leistungen zur Teilhabe am Arbeitsleben werden überdies erbracht, wenn der Versicherte ohne diese Leistungen Rente wegen verminderter Erwerbsfähigkeit beziehen würde oder wenn eine erfolgreiche Rehabilitation unmittelbar im Anschluss an Leistungen zur medizinischen Rehabilitation der Träger der Rentenversicherung erforderlich sind.

Für Leistungen zur medizinischen Rehabilitation haben Versicherte die versicherungsrechtlichen Voraussetzungen erfüllt, die in den letzten zwei Jahren vor der Antragstellung sechs Kalendermonate mit Pflichtbeiträgen für eine versicherte Beschäftigung haben oder innerhalb von zwei Jahren nach Beendigung einer Ausbildung eine versicherte Beschäftigung oder selbständige Tätigkeit aufgenommen und bis zum Antrag ausgeübt haben oder nach einer solchen Beschäftigung bis zum Antrag arbeitsunfähig oder arbeitslos gewesen sind oder vermindert erwerbsfähig sind oder bei denen in absehbarer Zeit zu erwarten ist, dass sie die allgemeine Wartezeit erfüllt haben. Zu den Pflichtbeiträgen zählen auch freiwillige Beiträge, die als Pflichtbeiträge gelten, oder Anrechnungszeiten, die ein Leistungsträger mitgetragen hat.

bb. Ausschlussgründe auf Tatbestandsebene

Leistungen zur Teilhabe werden nicht erbracht, wenn der jeweilige Versicherte gleichartige Leistungen eines anderen Rehabilitationsträgers enthalten könnte z.B. in Folge eines Arbeitsunfalls oder bereits eine Rente wegen Alters von wenigstens zwei Drittel der Vollrente bezieht oder beantragt hat oder eine Leistung bezieht, die regelmäßig bis zum Beginn einer Rene wegen Alters bezogen wird, oder sich in Untersuchungshaft oder im Vollzug einer Freiheitsstrafe befindet. (vgl. § 12 Abs. 1 SGB VI).

Zudem werden medizinische Leistungen zur Rèhabilitation nicht vor Ablauf von vier Jahren nach Durchführung solcher oder ähnlicher Leistungen zur Rehabilitation erbracht, deren Kosten aufgrund öffentlich-rechtlicher Vorschriften getragen oder bezuschusst worden sind (§ 12 Abs. 2 SGB VI). Dies gilt nicht, wenn vorzeitige Leistungen zur Rehabilitation aus gesundheitlichen Gründen dringend erforderlich sind.

cc. Anspruchsvoraussetzungen

Die Ansprüche auf Leistungen zur medizinischen und beruflichen Rehabilitation unterliegen einer Zweckbindung. Sie dürfen nur gewährt werden, um den Auswirkungen einer Krankheit oder einer Behinderung auf die Erwerbsfähigkeit eines Versicherten entgegenzuwirken oder sie zu überwinden und dadurch Beeinträchtigungen der Erwerbsfähigkeit oder das vorzeitige Ausscheiden aus dem Erwerbsleben zu verhindern und sie möglichst dauerhaft wieder in das Erwerbsleben einzugliedern (§ 9 Abs. 1 SGB VI). Bei diesen Tatbestandsmerkmalen handelt es sich um unbestimmte Rechtsbegriffe, die der gerichtlichen Überprüfung zugänglich sind.[197]

Darüber hinaus steht die Gewährung von Leistungen zur Teilhabe im Ermessen des Rentenversicherungsträgers, wenn die persönlichen und versicherungsrechtlichen Voraussetzungen erfüllt sind, mit der Folge, dass sie gewährt werden können (sog. Kann-Leistung), aber nicht gewährt werden müssen.[198]

---

[197] Vgl. BSGE 34, 269; LSG Celle Breith. 1986, S. 320.

[198] Früher waren grundsätzlich alle Rehabilitationsleistungen als Kann-Leistungen ausgestaltet. Nach Einführung des SGB IX besteht nunmehr regelmäßig eine Rechtsanspruch auf Leistungen. Dies gilt jedoch nicht für die Rentenversicherung.

Bei der Ausübung des Ermessens ist einerseits die Erfolgsaussicht (Einschätzungsprärogative des Versicherungsträgers) angemessen zu berücksichtigen,[199] andererseits aber auch der Gesetzeszweck, wonach die Rehabilitation Vorrang vor der Rentengewährung haben soll.

Infolge dieses Gesetzeszwecks stehen die Rehabilitationsleistungen trotz ihres generellen Ermessenscharakters den Pflichtleistungen relativ nahe. Will der Träger die Leistungsgewährung ablehnen, bedarf die Entscheidung einer sorgfältigen Begründung. Die Ablehnung einer Leistung unterliegt der gerichtlichen Nachprüfung. Allein wegen einer unzureichenden Begründung kann die Aufhebung der Entscheidung folgen.

Zudem stehen im Rahmen des Wirtschaftlichkeitsgebotes Art, Dauer, Umfang, Beginn und Durchführung der Leistungen im Ermessen des Rentenversicherungsträgers. Trotzdem sind die Fälle der Gewährung von Rehabilitationsmaßnahmen im Verhältnis zur Anzahl der Rentenanträge gering.[200]

Demgegenüber besteht auf die Rente wegen Erwerbsminderung ein Rechtsanspruch. Obwohl der erwerbsgeminderte, aber rehabilitative Versicherte also einen Rechtsanspruch zu haben scheint, soll eine fakultative Leistung zur Rehabilitation vorgeschaltet werden. Ermessen und Pflichtleistung sind durch eine Soll-Vorschrift, die der Ermessensleistung Vorrang einräumt, miteinander verklammert. Dies führt dazu, dass das „Sollen" des Erbringens einer Rehabilitationsmaßnahme für den Regelfall als „Muss" zu lesen ist.

b. Leistungen während der Rehabilitation

Ist der Versicherte vermindert erwerbsfähig und ist eine erfolgreiche Rehabilitation nicht zu erwarten oder sind die Leistungen zur Rehabilitation nicht erfolgreich gewesen, weil sie die verminderte Erwerbsfähigkeit nicht verhindert haben, so gilt der Antrag auf medizinische Rehabilitation oder zur Teilhabe am Arbeitsleben als ein Antrag auf Rente (§ 116 SGB VI). Bei dieser Fiktion muss beachtet werden, dass daher häufig der Leistungsfall schon im Zeitpunkt der Maßnahme oder davor eingetreten ist. Während einer Maßnahme der Rehabilitation oder Teilhabe erhält der Versicherte unterhaltssichernde Leistungen vor allem in Form von Übergangsgeld. Der Berechnung des Übergangsgeldes sind 80 v.H. des Regelentgeltes, höchstens jedoch das entgangene regelmäßige Nettoarbeitsentgelt zugrunde zulegen (§ 46 Abs. 1 S. 1

---

[199] BSG 10.07.1998 - B 5 RJ 36/98 B- BSG ErsK 1986, 139.
[200] Vgl. *Skipa, Egner,* Die Rehabilitationsleistungen der BfA im Jahr 2002, DAngVers 2003, S. 380ff.

SGB IX). Ist die Rehabilitationsmaßnahme erfolglos gewesen und wird rückwirkend vom festgestellten Rentenbeginn Rente geleistet, wird diese unabhängig vom bereits geleisteten Übergangsgeld festgestellt. Um Doppelleistungen auszuschließen, bestimmt der neu eingefügte Abs. 3 in § 116 SGB VI n.F., dass der Rentenanspruch in Höhe des bereits gezahlten Übergangsgeldes als erfüllt gilt. Das Übergangsgeld wird also auf die Rente angerechnet. Lediglich ein den Rentenzahlbetrag übersteigendes Übergangsgeld wird nicht zurückgefordert.

2. Rentenleistungen

a. Leistungen allgemein

Als Leistungen der gesetzlichen Rentenversicherung für den Fall einer Invalidität kommen v.a. die Rente wegen teilweiser und voller Erwerbsminderung in Betracht. Zudem kann die Rente wegen teilweiser Erwerbsminderung für die Zeit einer Übergangsregelung auch als Berufsunfähigkeitsrente gezahlt werden.

Als besondere Form der Rentenleistung gibt es noch die Rente wegen voller Erwerbsminderung nach einer Wartezeit von 20 Jahren, und nunmehr haben auch Selbstständige die Möglichkeit, eine Rente wegen voller Erwerbsminderung zu erhalten. Abschließend gibt es im Zusammenhang mit der Hinterbliebenenversorgung die große Witwen/Witwer-Rente in Verbindung mit einer Erwerbsminderung.

Die Rentengewährung wegen Vollendung des 60. Lebensjahres bei Schwerbehinderung wird teilweise auch als Invaliditätsleistung verstanden. Im rechtsdogmatischen Sinne handelt es sich dabei aber um eine Altersrente, die lediglich verknüpft ist mit einer gesundheitlichen Beeinträchtigung bzw. einer Schwerbehinderung, so dass auf ihre Darstellung insofern verzichtet wird.

Es handelt sich im eigentlichen Sinne auch nicht um eine Rente wegen Invalidität.[201] Ebenso wird auf die Darstellung der besonderen Form der Invaliditätsrente wegen verminderter bergmännischer Berufsfähigkeit (§ 45 SGB VI) verzichtet. Sie stellt einen Ausgleich für bergmännisch tätige[202] Versicherte dar, die in Anbetracht der körperlich äußerst schweren Tätigkeit (vor allem unter Tage) oftmals schon in jungen Jahren die bergmännische Tätigkeit nicht mehr verrichtet können.

---

[201] Anerkannte Schwerbehinderte und Versicherte, die bereits berufs- oder erwerbsunfähig sind, hatten gemäß § 37 SGB VI a.F. die Möglichkeit eine Altersrente bereits mit Vollendung des 60. Lebensjahres in Anspruch zu nehmen. Im Hinblick auf die bei den Altersrenten relevante demografische Entwicklung, aber auch und vor allem aus Konsolidierungsgedanken wurde mit dem EM-Reformgesetz ab dem 01.01.2001 auch die Altersgrenze für die Altersrente für Schwerbehinderte stufenweise vom 60. auf das 63. Lebensjahr angehoben. Betroffen von dieser Leistungskürzung sind zunächst die Geburtsjahrgänge 1941 bis 1943. Für sie wird die Altersgrenze von 60 Jahren stufenweise in 36 Monatsschritten auf das 63. Lebensjahr angehoben. Ab dem Geburtsjahrgang 1944 gilt dann ein Renteneintrittsalter für schwerbehinderte Versicherte von 63 Jahren. Mithin kann die Altersrente vorzeitig mit 60 Jahren in Anspruch genommen werden, allerdings nur mit Rentenabschlägen. Diese Rentenabschläge betragen für die Geburtsjahrgänge 1941 bis 1943 zwischen 0,3 und 10,8% und für die Geburtsjahrgänge ab 1944 durchlaufend 10,8% bei vorzeitiger Inanspruchnahme. Dies bedeutet einen erheblichen Einschnitt in die Leistungshöhe. Dabei ist zu berücksichtigen, dass es sich im vorliegenden sozialversicherungsrechtlichen System um eine Erwirtschaftung der Ansprüche aus Beiträgen handelt, denen eine eigentumsähnliche Rechtsposition zukommt. Aus diesem Grund monieren die Gewerkschaften eine Verletzung des Eigentumsschutzes bei dieser Abschlagsregelung. Die Anhebung der Altersgrenze erfolgt nicht für diejenigen Versicherten, die entweder am Tag der 3. Lesung des EM-Reformgesetzes (16.11.2000) 50 Jahre alt und schwerbehindert, berufs- oder erwerbsunfähig waren oder vor 1942 geboren sind und 45 Jahre mit Pflichtbeiträgen (ohne Arbeitslosengeld oder Arbeitslosenhilfebezug) nachweisen können. Diese Versicherten erhalten die Altersrente für Schwerbehinderte weiterhin ohne Abschläge mit Vollendung des 60. Lebensjahres. Gegenüber dem bis zum 31.12.2000 geltenden Recht ergibt sich eine weitere gravierende Änderung bei den Anspruchsvoraussetzungen. Nunmehr reicht für die Altersrente für Schwerbehinderten nicht mehr das Vorliegen von Berufs- und Erwerbsunfähigkeit aus. Künftig muss eine Schwerbehinderteneigenschaft i.S. § 1 des Schwerbehindertengesetzes vorliegen. D.h. es bedarf eines Grades der Behinderung von 50. Dabei darf bei weitem nicht unterstellt werden, dass jeder Bezieher einer Berufs- oder Erwerbsunfähigkeitsrente einen solchen Grad der Behinderung hat. Aber auch hier hat der Gesetzgeber eine Ausnahme- bzw. Übergangsvorschrift vorgesehen. Für Versicherte, die vor dem 01.01.1951 geboren sind, besteht dann ein Anspruch auf Altersrente für Schwerbehinderte, wenn sie bei Beginn der Altersrente berufs- und erwerbsunfähig nach dem am 31.12.2000 geltenden Recht waren.

[202] Der Kreis dieser Versicherten wird in § 138 SGB VI aufbauend auf der Verordnung des Reichsarbeitsministers vo18.05.1933 definiert.

Sie erfasst nur einen kleinen Teil von Versicherten und ist in ihrer Höhe nicht zu vergleichen mit anderen Leistungen wegen Invalidität.[203]

b. Vorherige Regelungen

Ursprünglich war der Invaliditätsbegriff in der Arbeiter- und Angestelltenversicherung unterschiedlich ausgestaltet. Mit der Rentenreform 1957 wurde für alle Versicherungszweige der Begriff der Invalidität einheitlich durch die beiden Begriffe der Berufs- und Erwerbsunfähigkeit abgelöst.[204] Die Erwerbsunfähigkeit ist gegenüber der Berufsunfähigkeit nicht die weitere, stärkere Stufe der Minderung der Erwerbsfähigkeit, da sie nicht in Abhängigkeit zum Beruf steht, sondern sie ist ein anderer, an verschärfte Voraussetzungen gebundener und häufig erst später eintretender Leistungsfall. Aus diesem Grund ist sie auch die höhere Leistung. Dies resultiert aus dem Rentenartfaktor von 1,0, der dem Rentenartfaktor einer Altersrente entspricht.

Bei einem Rentenbeginn nach dem 31.12.2000 besteht grundsätzlich kein Anspruch mehr auf eine Rente nach dem vorherigen Recht. Die bisherigen Formen der Erwerbs- und Berufsunfähigkeit in §§ 43, 44 SGB VI a.F. sind weggefallen.[205] An deren Stelle tritt das duale System der zweistufigen Erwerbsminderungsrente. Sie wird als Rente wegen teilweiser oder als Rente wegen voller Erwerbsminderung geleistet. Dabei ist zu berücksichtigen, dass ein innerhalb von drei Monaten nach Eintritt der Leistungsminderung auch noch im Jahr 2001 gestellter Rentenantrag dann, wenn der Rentenbeginn auf einen Zeitpunkt vor dem 01.01.2001 fällt, zur Anwendung alten Rechts führt (Übergangsregelung § 300 Abs. 2 SGB VI).

Die Neuregelung durch die Erwerbsminderungsrenten lässt Bestandsrenten unberührt und wirkt sich ausschließlich auf Erwerbsminderungsrenten mit einem Rentenbeginn ab 01.01.2001 aus. Bestand am 31.12.2000 ein Anspruch auf Rente wegen Berufs- und Erwerbsunfähigkeit, so gilt bisheriges Recht,

---

[203] Die Gruppe der Bergleute wird aus sozialpolitischen Gründen privilegiert entschädigt. Dies bedeutet zum einen, dass die vormalige Berufsunfähigkeitsrente mit einem erhöhten Rentenartfaktor zur Auszahlung gelangte und dass auch die jetzige Erwerbsminderungsrente einen erhöhten Rentenartfaktor vorsieht. Entgegen den gesetzlichen Vorgaben des RRG 1999, wonach die Rente für Bergleute über eine Übergangsvorschrift auslaufen sollte, behält sie nach dem Gesetz zur Reform der Renten wegen verminderter Erwerbsfähigkeit ihren alten Platz (§ 45 SGB VI). Auch die Voraussetzungen für den Anspruch auf Rente für Bergleute bleiben im neuen Recht unverändert bestehen.

[204] §§ 1246, 1247 RVO; 23, 24 AVG; 46, 47 RKG.

[205] Von diesen Renten wegen Invalidität wird im Imperfekt gesprochen, obwohl Rechtsstreitigkeiten bezüglich § 43, 44 SGB VI a.F. noch einige Jahre bei den Sozialgerichten anhängig sein werden.

solange die Voraussetzungen vorliegen, die für die Bewilligung der Rente maßgebend waren (§ 302 b Abs. 1 S. 1 SGB VI). Bei befristeten Renten gilt dies auch für einen Anspruch nach Ablauf der Frist (§ 302 b Abs. 1 S. 2 SGB VI).[206] Ausschlaggebender Zeitpunkt für den Beginn der neuen Rente wegen Erwerbsminderung ist gemäß § 99, 101 Abs. 1 SGB VI der Leistungsfall, d.h. der Beginn der Zahlungen der Rentenleistungen.

aa. Erwerbsunfähigkeit

Anspruch auf Erwerbsunfähigkeitsrente hatten Versicherte, wenn sie erwerbsunfähig waren und in den letzen fünf Jahren vor Eintritt der Erwerbsunfähigkeit drei Jahre Pflichtbeiträge für eine versicherte Beschäftigung aufweisen konnten und vor Eintritt der Erwerbsunfähigkeit die allgemeine Wartezeit erfüllt hatten (§ 44 Abs. 1 SGB VI a.F.) Nach der Definition des § 44 Abs. 2 SGB VI a.F. war erwerbsunfähig, wer wegen Krankheit oder Behinderung auf absehbare Zeit außerstande war, eine Erwerbstätigkeit in gewisser Regelmäßigkeit auszuüben oder Arbeitsentgelt zu erzielen, das einem bestimmten Mindestbetrag (monatlich 630,- DM bzw. 325 €) überstieg.[207]

Insbesondere bei der Erwerbsunfähigkeitsrente kamen die Rechtsfolgen der Rechtsprechung des BSG zur Verschlossenheit des Teilzeitarbeitsmarktes zur Auswirkung. Regelmäßig musste in Folge dessen eine Erwerbsunfähigkeitsrente auf Zeit gewährt werden, wenn der Versicherte nur noch halbschichtig einsetzbar war.

bb. Berufsunfähigkeit

Bei einer geringeren Leistungseinbuße kam eine Berufsunfähigkeitsrente in Betracht. Berufsunfähig waren nach § 43 Abs. 2 SGB VI a.F. Versicherte, deren Erwerbsfähigkeit wegen Krankheit oder Behinderung auf weniger als die Hälfte derjenigen von körperlich, geistig und seelisch gesunden Versicherten mit ähnlicher Ausbildung und gleichwertigen Kenntnissen und Fähigkei-

---

[206] Eine besondere Problematik ergibt sich, wenn nach altem Recht eine Berufsunfähigkeitsrente auf Zeit zu gewähren wäre und diese, aufgrund ihres um sieben Monate verschobenen Leistungsbeginn (§ 101 SGB VI) erst im Zeitpunkt der Geltung des neuen Rechts einträte. Handelt es sich in diesem Fall um einen Versicherten der nach dem 01.02.1961 geboren ist, kann er keinen Berufsschutz mehr geltend machen. Er hat keinen Anspruch auf eine Rente, wenn nicht der medizinische Leistungsfall spätestens im Mai 2000 liegen würde. Vgl. zu besonderen Fällen des Ausschlusses einer Leistung bei verschobenen Leistungsbeginn, *Stichnoth, Wiechmann,* Reform der Renten wegen verminderter Erwerbsfähigkeit, DAngVers. 2001, S. 53, 58.

[207] In der Fassung des Art. 4 Nr. 6 des Gesetzes zur Neuregelung der geringfügigen Beschäftigungsverhältnisse (BeschNeuRG) vom 24.03.1999.

ten gesunken war. Bei dieser Definition wurde unterstellt, dass der betroffene Versicherte noch in der Lage ist, erwerbstätig zu sein und Einkommen zu erzielen.

Die Definition der Berufsunfähigkeit ist eine der problematischsten Aufgaben im gesamten Sozialrecht. Die aus dem Berufsschutzes erwachsenen sozioökonomischen Probleme, wie Feststellung des Hauptberufes, Wertigkeit des Hauptberufes und die Prüfung einer Verweisungstätigkeit ist ausgesprochen aufwendig. Deutlich wird dies an der Vielzahl der Entscheidungen des Bundessozialgerichts zu dieser Problematik. Diese Zahl der Entscheidungen liegt im reziproken Verhältnis zur Gewährung der Berufsunfähigkeitsrenten. So ist das Verhältnis der Gewährung einer Erwerbsunfähigkeitsrente im Verhältnis zur Berufsunfähigkeitsrente im Jahr 2001 im Bereich West, dem Jahr in dem letztmalig Neuanträge für eine Erwerbs und Berufsunfähigkeitsrente möglich war, 897.657 zu 39.789.[208]

c. Neue Regelungen

Die neue Konzeption soll die Probleme vermeiden, die sich aus der bisherigen Unterscheidung zwischen Berufs- und Erwerbsunfähigkeit ergeben haben. Ziel war die Beurteilung der eingetretenen Leistungsminderung und die Festlegung des daraus resultierenden Rentenanspruchs anhand eines Maßstabes, der allen Versicherten gleichermaßen Zugang zu einer Rente ermöglicht. Tatsächlich war und ist es gerade die Berufsunfähigkeitsrente, die sowohl im Verwaltungsverfahren als auch im Gerichtsverfahren zu langwierigen und schwierigen Einzelfallentscheidungen führte. Richtwert der Beurteilung der neuen Erwerbsminderungsrenten soll zukünftig allein die verbliebene Einsatzfähigkeit des Versicherten in zeitlicher Hinsicht sein. Das bislang im Rahmen der Berufsunfähigkeit angewandte Beurteilungskriterium der sozialen Zumutbarkeit in Abhängigkeit vom beruflichen Status soll, vor dem Hintergrund des Vertrauensschutzes, nur noch für Versicherte beibehalten werden, die im Zeitpunkt des Inkrafttretens 40 Jahre oder älter waren.

Wie oben dargestellt sollte auch die Abkehr von der konkreten Betrachtungsweise unter Einbezug des Arbeitsmarktrisikos erfolgen, da unter Berücksichtigung der finanziellen Situation der Rentenversicherungsträger die Verschiebung der Soziallast von der Arbeitslosenversicherung auf die Rentenversicherung als nicht mehr tragbar empfunden wurde. Nicht verhehlen sollte man auch, dass aufgrund der schlechten Finanzlage und immer weiter steigenden Rentenanträgen und Gewährung von Invaliditätsleistungen, natürlich auch in

[208] Statistik BFA 2002 und Statistik LVA 2002 und Statistik Bundesknappschaft 2002.

Abhängigkeit zur schlechten Arbeitsmarktlage, der Gesetzgeber eine klare Kürzung der Leistungen beabsichtigte. Einmal in Form der Abschaffung der Berufsunfähigkeitsrente, wobei sich dies nur mit einer Übergangsregelung politisch durchsetzen konnte, und zum anderen durch eine deutliche Leistungskürzung.

Zudem kommt es bei der Erwerbsminderungsrente im Unterschied zur Erwerbsunfähigkeitsrente zu einer deutlichen Verschiebung der angenommen zeitlichen Belastung, die für die Einsatzfähigkeit erforderlich ist. Während früher die Erwerbsunfähigkeitsrente an die Vollschichtigkeit anknüpfte und damit die zumeist tarifvertragliche Vorgabe von 8 bzw. 7 ½ Stunden täglich gemeint war, knüpft die Erwerbsminderungsrente zum Ausschluss einer Rentensituation bei einer Leistungsfähigkeit von mindestens sechs Stunden an. Dies bedeutet im Umkehrschluss eine Erwerbsunfähigkeitsrente erhielt derjenige, der nicht mehr halbschichtig, d.h. unter 4 Stunden täglich arbeiten konnte; eine volle Erwerbsminderungsrente erhält, wer nicht mehr mindestens 3 Stunden täglich arbeiten kann. Die Grenze von unter drei Stunden täglich als Anspruchsvoraussetzung für eine Rentenleistung steht aber auch im Einklang mit der Arbeitslosenversicherung. Im Rahmen einer Nahtlosigkeitsregelung steht der Arbeitsverwaltung ein Versicherter, der nicht mehr drei Stunden täglich arbeiten kann, nicht mehr zur Verfügung (§ 119 Abs. 3 Nr. 1 SGB III).

Ein Anspruch auf Rente wegen teilweiser Erwerbsminderung besteht, wenn ein Versicherter, soweit er die versicherungsrechtlichen Voraussetzungen erfüllt, wegen Krankheit oder Behinderung auf nicht absehbare Zeit außerstande ist, unter den üblichen Bedingungen des allgemeinen Arbeitsmarktes mindestens sechs Stunden täglich erwerbstätig zu sein (§ 43 Abs. 1 SGB VI). Aus dem Zusammenhang mit § 43 Abs. 2 Satz 2 SGB VI ergibt sich, dass das Leistungsvermögen des Versicherten auf dem allgemeinen Arbeitsmarkt mindestens drei Stunden, aber weniger als sechs Stunden täglich betragen muss. Die in diesem Fall zu zahlende Rente hat - wie die bisherige Berufsunfähigkeitsrente - keine volle Lohnersatzfunktion. Sie soll vielmehr an die Stelle des Teils des Einkommens treten, der wegen der gesundheitlichen Beeinträchtigung wegfällt. Die Höhe dieser Rente bedingt, dass die betroffenen Versicherten zur Sicherung ihres Lebensunterhaltes weiteres Einkommen erzielen müssen, entweder durch den Einsatz ihres Restleistungsvermögens auf dem allgemeinen Arbeitsmarkt oder durch den Bezug von anderen Sozialleistungen, insbesondere Arbeitslosengeld. Nach Auslaufen des Arbeitslosengeldanspruchs muss dann letztlich die Gewährung von Arbeitslosen- oder Sozialhilfe erfolgen. Diese Situation war dem Gesetzgeber bewusst, er wollte aber, mit diesem neuen Modell erzielen, dass nicht jede, sondern, nur eine wesentliche Einbuße in der Erwerbsfähigkeit zu einem Rentenanspruch führt.[209]

Positiver Nebeneffekt ist, dass Versicherten mit einem Restleistungsvermögen von drei bis unter sechs Stunden - anders als bei der bis zum 31.12.2000 vorliegenden Rechtslage - auch bei Innehaben eines Teilzeitarbeitsplatzes- ein Anspruch auf diese Rente zukommt. Jedoch sind die Hinzuverdienstgrenzen zu beachten.

Die derzeit ungünstige Situation auf dem Arbeitsmarkt hat den Gesetzgeber dazu bewogen, entgegen der ursprünglichen Zielvorstellung[210] die sog. Arbeitsmarktrente wegen verminderter Erwerbsfähigkeit beizubehalten. Dementsprechend wird in der Gesetzesbegründung zu § 43 SGB VI folgendes ausgeführt: Die konkrete Betrachtungsweise wird wegen der ungünstigen Arbeitsmarktsituation beibehalten. Der Anspruch auf eine Erwerbsminderungsrente wird nicht allein vom Gesundheitszustand des Versicherten abhängig gemacht, sondern auch davon, ob er noch in der Lage ist, bei der konkreten Situation des (Teilzeit-)arbeitsmarktes die ihm verbliebene Erwerbsfähigkeit zur Erzielung eines Erwerbseinkommens einzusetzen. Dies bedeutet, dass die Grundsätze des Großen Senats des BSG zur Verschlossenheit des Arbeitsmarktes weiterhin Anwendung finden. Versicherte die noch mindestens 3, aber nicht mehr als 6 Stunden täglich arbeiten können, das verbliebene Restleistungsvermögen wegen Arbeitslosigkeit aber nicht in Erwerbseinkommen umsetzen können, erhalten demnach eine volle Erwerbsminderungsrente. Diese wird jedoch gemäß § 102 Abs. 2 S. 1 SGB VI befristet. Gleichzeitig hat der Versicherte also einen Anspruch auf volle Rente wegen Erwerbsminderung auf Zeit und einer teilweisen Erwerbsminderung auf Dauer. Zur Auszahlung gelangt gemäß § 89 SGB VI nur die höherer Leistung.

d. Renten wegen voller Erwerbsminderung

Voll erwerbsgemindert ist ein Versicherter, der wegen Krankheit oder Behinderung auf nicht absehbare Zeit außerstande ist, unter den üblichen Bedingungen des allgemeinen Arbeitsmarktes mindestens 3 Stunden täglich erwerbstätig zu sein. Dabei ist die jeweilige Arbeitsmarktlage, d.h. die Frage, ob der Versicherte einen behindertengerechten Arbeitsplatz erlangen kann, nicht zu berücksichtigen.

---

[209] Vgl. BT-Drucks. 14/4230 S. 23.

[210] Anders noch das Blüm´sche Reformvorhaben.; vgl. Presseseminar des VDR in VDR 1997 S. 37 ff.

Als voll erwerbsgemindert sind zudem Versicherte anzusehen, deren gesundheitliches Leistungsbild einer teilweisen Erwerbsminderung entspricht, aber für die der Teilzeitarbeitsmarkt verschlossen ist.[211]

Voll erwerbsgemindert sind weiterhin Versicherte, die wegen Krankheit oder Behinderung auf nicht absehbare Zeit außerstande sind, unter den üblichen Bedingungen des allgemeinen Arbeitsmarktes mindestes drei Stunden täglich erwerbstätig zu sein. Voll erwerbsgemindert sind auch Versicherte nach § 1 S. 1 Nr. 2 SGB VI, die wegen Art und Schwere der Behinderung nicht auf dem allgemeinen Arbeitsmarkt tätig sein können, und Versicherte, die bereits vor Erfüllung der allgemeinen Wartezeit voll erwerbsgemindert waren, in der Zeit einer nicht erfolgreichen Eingliederung in den allgemeinen Arbeitsmarkt gemäß § 43 Abs. 2 S. 2 SGB VI.

Auch bei der Rente wegen voller Erwerbsminderung ist es bei den versicherungsrechtlichen Voraussetzungen, die neben diesen körperlich-geistigen oder seelischen Befunde, vorliegen müssen, geblieben. Grundsätzlich ist daher Voraussetzung, dass die Erwerbsminderung im dem Zeitpunkt eingetreten ist, in dem die allgemeine Wartezeit erfüllt ist und in den letzten 60 Monaten vor Eintritt des Leistungsfalles mindestens 36 Monate Pflichtbeiträge zurückgelegt worden sind. Ausnahmsweise nur kann es zu einer vorzeitigen Wartezeiterfüllung kommen vgl. § 43 Abs. 5 SGB VI.

e. Volle Rente wegen Erwerbsminderung für Selbstständige

Nach bisherigem Recht war nicht erwerbsunfähig, wer eine selbstständige Tätigkeit ausübte (§ 44 Abs. 2 S. 2 Nr. 1 SGB VI a.F.) In Betracht kam lediglich die Gewährung einer Berufsunfähigkeitsrente. Auch nach dem RentenreformG 1999 war nicht voll erwerbsgemindert, wer eine selbstständige Tätigkeit ausübte (§ 43 Abs. 2 S. 4 SGB VI in der Fassung des RRG 99). Nach dem EM-ReformG können nunmehr auch Selbstständige einen Anspruch auf eine Rente wegen voller Erwerbsminderung haben. Diese Änderung hängt mit der Erweiterung des Personenkreises der in der Rentenversicherung pflichtversicherten Selbstständigen durch die Einbeziehung arbeitnehmerähnlicher Selbstständiger zusammen, denen die Möglichkeit gegeben werden soll, gleiche Leistungen wie Beschäftigte in Anspruch nehmen zu können.[212] Ab 01.01.2001 kann daher auch für jeden Selbstständigen, der wegen seiner selbstständigen Tätigkeit lediglich eine Rente wegen Berufsunfähigkeit bezo-

---

[211] Siehe 2. Teil, II.3.d.

[212] BT-Drucks. 14/4230 S. 26, vgl. zur Kehrseite i.S. der versicherungsrechtlichen Voraussetzungen. 2. Teil, II. 1.

gen hat, ein Anspruch auf eine Rente wegen voller Erwerbsminderung bestehen.

f. Rente wegen voller Erwerbsminderung nach einer Wartezeit von 20 Jahren

Die Vorschrift des § 43 Abs. 6 SGB VI eröffnet Versicherten, die bei Eintritt in das Erwerbsleben bereits voll erwerbsgemindert waren oder die vor Erfüllung der allgemeinen Wartezeit voll erwerbsgemindert wurden, den Zugang zu einer Rente wegen voller Erwerbsminderung entsprechend dem bisherigen Recht, allerdings erst nach einer Wartezeit von 20 Jahren. Kennzeichnend für die nach dieser Vorschrift berechtigten Personen ist, dass nach der Arbeitshypothese zur Definition der Invalidität diese nicht erst durch eine Minderung der Erwerbsfähigkeit eingetreten ist, sondern diese bereits zu Beginn ihres Versichertenlebens bzw. vor Erfüllung der allgemeinen Wartezeit eingetreten ist. Aufgrund dieses vorzeitigen Eintritt des versicherten Risikos hätten sie keinen Anspruch auf Rente wegen voller Erwerbsminderung. Insofern bedurfte es dieser zusätzlichen Norm. Dieser Anspruch steht im Zusammenhang mit der Versicherungspflicht von Behinderten.[213] Behinderte Menschen, die in anerkannten Werkstätten für Behinderte tätig sind, haben auch nach der geänderten Rechtslage diesen besonderen Rentenanspruch vor Erreichen der Altersgrenzen einer Rente wegen Alters. Abweichend vom alten Recht gelten sog. Frühbehinderte jetzt auch in der Zeit einer nicht erfolgreichen Eingliederung in den allgemeinen Arbeitsmarkt als voll erwerbsgemindert. Der Wortlaut des Gesetzes entfernt sich damit zunehmend von dem in der Rechtsprechung geforderten „Grundsatz der Einheitlichkeit des Begriffs der Erwerbsunfähigkeit".[214] In der Praxis führt diese Änderung dazu, dass Behinderte in Werkstätten, die sich um Integration in den allgemeinen Arbeitsmarkt bemühen, einen bereits bestehenden Rentenanspruch für die Zeit des Eingliederungsversuches erhalten, wenn dieser scheitert. Dadurch dass der Rentenanspruch vom Scheitern der Eingliederung abhängt, wird sich diese Bestimmung voraussichtlich eher nachteilig auf die Motivation des behinderten Menschen auswirken. Die Vorschrift zielt in erster Linie auf Beschäftigte in Werkstätten, die noch keinen Rentenanspruch haben und nach der alten Rechtslage durch die vorübergehende Tätigkeit auf dem allgemeinen Arbeitsmarkt einen Rentenanspruch bereits vor Ablauf der Wartezeit von 20 Jahren erwerben könnten. Da die mindestens sechs Stunden täglich auf dem allgemeinen Arbeitsmarkt Beschäftigten in aller Regel als nicht erwerbsgemindert gelten, würde mit der Rückkehr in die Werkstatt nach vorübergehen-

---

213 Vgl. Gesetz über die Sozialversicherungspflicht Behinderter vom 07.05.1975 BGBl. I S. 347.

214 Vgl. BSG SozR 3-2600 § 44 Nr. 6, 12 m.w.N..

der Tätigkeit auf dem allgemeinen Arbeitsmarkt in der Regel Erwerbsminderung im Sinne von § 43 Abs. 2 S. 1 SGB VI eintreten, mit der Folge, dass ein Rentenanspruch bereits nach Erfüllung der allgemeinen Wartezeit von fünf Jahren entstehen könnte. Diese Möglichkeit sollte mit der Neuregelung ausgeschlossen werden.

g. Rente wegen teilweiser Erwerbsminderung bei Berufsunfähigkeit

aa. Geänderte Rechtslage

Mit § 240 SGB VI liegt eine Vertrauensschutzregelung für Versicherte vor, die bei der zum 01.01.2001 erfolgten Neuregelung der Erwerbsminderungsrente das 40. Lebensjahr vollendet hatten, d.h. vor dem 02.01.1961 geboren sind. Dieser Personenkreis kann nicht nur einen Anspruch auf eine Erwerbsminderungsrente wegen einer zeitlichen Einschränkung der Leistungsfähigkeit auf dem allgemeinen Arbeitsmarkt haben, sondern auch nach den Grundsätzen der Berufsunfähigkeitsrente nach § 43 a.F.. Die Rente wegen Berufsunfähigkeit wird es somit nach Ablauf von 25 Jahren nicht mehr geben. Der Gesetzgeber trägt damit der allgemeinen Kritik an der bisherigen Form der Absicherung des Risikos Berufsunfähigkeit in der gesetzlichen Rentenversicherung Rechnung und berücksichtigt die verfassungsrechtlichen Bedenken, die der ursprünglich mit dem Rentenreformgesetz 1999 vorgesehenen fast übergangslosen Abschaffung dieser Rente entgegengebracht worden waren.[215]

Der Berufsunfähigkeitsrente ist zu Recht vorzuwerfen, dass nur einige Versicherte von ihrer Systematik her, in den Genuss dieser Rentenart kommen können, während andere ausgeschlossen sind. Eine Rente wegen Berufsunfähigkeit kam nach dem von der Rechtsprechung entwickelten Stufenschema[216] praktisch nur für Versicherte in Betracht, die wenigstens dem Leitbild des oberen Angelernten oder dem des Facharbeiters zuzuordnen waren. Dagegen waren andere angelernte oder ungelernte Arbeiter auch bei gleicher finanzieller Beitragslast zur Rentenversicherung von einem Anspruch auf diese Rente faktisch ausgeschlossen, weil sie auf alle Tätigkeiten des allgemeinen Arbeitsmarktes verweisbar waren und der allgemeine Arbeitsmarkt für vollschichtig leistungsfähige Versicherte als offen galt. Besonders hochqualifizierten Arbeitnehmer in vorwiegend bürokratischer Tätigkeit, die körperlich

---

[215] *Neumann,* Konsolidierungsmaßnahmen im Rentenversicherungsrecht contra Grundrechtsschutz? DRV 1999, S. 393; *Heide/Stahl/Wollenschläger,* Die Neuordnung der Erwerbsminderungsrente nach dem Rentenreformgesetz 1999 DRV 1998, S. 10.

[216] *KassKomm(Niesel)* § 43 SGB VI Rn. 43ff.

nicht sehr anspruchsvoll ist, war ebenfalls oftmals der Zugang zu dieser Rente versperrt, da es ihnen noch möglich war, trotz gesundheitlicher Einschränkungen den Hauptberuf zu verrichten. Auch wenn aus diesen Gründen die in der Gesetzesbegründung[217] zum Ausdruck kommende Einschätzung, nach der sich die Berufsunfähigkeitsrente zu einer Prestigerente für Versicherte mit besonderer Qualifikation in herausgehobener Position entwickelt habe, was angesichts der ausschließlichen Begünstigung von Facharbeitern nicht ohne weiteres nachvollzogen werden kann, ist unverkennbar, dass die Berufsunfähigkeitsrente mit dem Grundsatz der Gleichbehandlung in Konflikt kommt. Der Gesetzgeber hat diesem Umstand Rechnung getragen, indem er nicht - was zumindest denkbar gewesen wäre- die Verweisbarkeit ungelernter und angelernter Arbeiter einschränkte, sondern indem er die Berufsunfähigkeitsrente langfristig vollständig abschaffte. Im politischen Raum bestand über diesen Lösungsweg offenbar weitgehend Einvernehmen.[218]

Die Berufsunfähigkeit wird nun abweichend von der bisherigen Rechtslage i.S. der Legaldefinition des § 43 a.F. definiert. Nach § 240 Abs. 2 SGB VI wird in Anlehnung an die zeitlichen Grenzen der neuen Erwerbsminderungsrenten auf die tägliche Arbeitszeit von sechs Stunden abgestellt. Ausschlaggebend ist nach § 240 Abs. 2 SGB VI allein die abstrakte Betrachtungsweise, auf die Arbeitsmarktlage kommt es nicht mehr an. Damit können Versicherte mit einem Rentenbeginn ab dem 01.01.2001 eine zumutbare Tätigkeit von bis zu unter sechs Stunden verrichten, ohne damit ihren Rentenanspruch zu gefährden, während nach der bisher geltenden Rechtslage bereits die halbschichtige Ausübung der Hauptberufstätigkeit die von medizinischer Seite angenommene Berufsunfähigkeit widerlegen konnte. Zu beachten sind allerdings die neuen Hinzuverdienstgrenzen. Auch für Versicherte, die keine Tätigkeit ausüben, kommt es zu einer Veränderung der zeitlichen Grenzen. Versicherte, die keine zumutbare Verweisungstätigkeit ausübten, hatten nach der bisherigen Rechtslage bereits Anspruch auf Rente wegen Berufsunfähigkeit wenn, sie eine zumutbare Verweisungstätigkeit nicht mehr vollschichtig ausüben konnten, jetzt liegt die Grenze bei sechs Stunden.

bb. Begriff der Berufsunfähigkeit

Unter Zugrundelegung der sechs Stunden-Grenze des § 240 SGB VI und unter Aufrechterhaltung der Definition des § 43 SGB VI a.F. lautet die Arbeitshypothese der Berufsunfähigkeit wie folgt: Berufsunfähig ist ein Versicherter, dessen Erwerbsfähigkeit wegen Krankheit oder Behinderung in seinem bishe-

---

[217] Vgl. BT-Drucks. 14/4230, S. 24.

[218] Vgl. zur öffentlichen Anhörung von Sachverständigen, BT- Drucks. 14/4630, S. 47 f.

rigen Beruf und in zumutbaren Verweisungsberufen auf weniger als sechs Stunden gesunken ist. Entgegen der Erwerbsminderungsrente ist daher der Hauptberuf eines Versicherten bei der Prüfung der Leistungsminderung zu berücksichtigen. Leitidee dieser Art von Rente ist die These des geschützten Berufes, wonach nicht alleine die Erwerbsfähigkeit eines Versicherten Schutzgut ist, sondern vielmehr das ursprünglich erreichte berufliche Niveau.[219] Hieran erkennt man, dass es sich bei der Rente wegen Berufsunfähigkeit nicht um eine Invaliditätsrente im eigentlichen Sinne handelt, bei der alleine die Erwerbsfähigkeit des Versicherten maßgeblich ist, sondern noch ein zusätzlicher Faktor ausschlaggebend ist, der früher ausgeübte Beruf. Gerade die stetig steigende Komplexität und Ausdifferenzierung der Berufsbilder und auch der zumutbaren Verweisungstätigkeiten hat zu großen Schwierigkeiten in der Praxis geführt.

aaa. Hauptberuf

Ausgangspunkt für die Beurteilung, ob ein Versicherter noch mindestens sechs Stunden in seinem bisherigen oder in einer zumutbaren anderen Tätigkeit arbeiten kann, ist zunächst die Festlegung seines Hauptberufes. Der Beruf eines Versicherten ist jede auf Dauer angelegte Betätigung, die nicht nur vorübergehend zur Schaffung und Erhaltung der Lebensgrundlage dient.[220] Hat ein Versicherter nur einen Beruf ausgeübt, so kann nur dieser maßgeblicher Ausgangspunkt der Prüfung sein. Wenn der Versicherte mehrere und unterschiedliche Tätigkeiten ausgeübt hat, stellt sich die Frage, welche den Hauptberuf darstellt. Zunächst kommen nur solche Berufe in Betracht, die vom Schutz der Pflichtversicherung umfasst werden.[221] Für den Fall der zeitlich nacheinanderliegenden Abfolge mehrerer unterschiedlicher Berufe kommt es regelmäßig auf den zuletzt im Hinblick auf den Zeitpunkt der Rentenantragstellung ausgeübten Beruf an.[222] Dies gilt jedoch nur, wenn der Versicherte sich von einer früheren höherqualifizierten Tätigkeit freiwillig und endgültig gelöst hat.[223] Indizien für eine freiwillige Lösung sind die Dauer der Ausübung der gewechselten Tätigkeit,[224] die Änderung des Arbeitsvertrages[225]

[219] Vgl. *Bley,* Sozialrecht, C III 3 b.
[220] Hergeleitet aus der Rechtsprechung zu Art. 12 GG, st. Rechtspr. seit BVerwG 1. Senat Beschluss vom 30.10.1958.
[221] Vgl. BSG vom 11.09.1980 - 1 RJ 94/79, SozR 2200§ 1246 Nr. 66; dies verstößt nicht gegen das Grundgesetz, vgl. Beschluss des BVerfG vom 01.02.1978, 1 BvR 411/75, SozR 2200 § 1246 Nr. 28.
[222] Vgl. BSG vom 29.11.1979 - 4 RJ 93/78, SozSich 1980 S. 127.
[223] Vgl. BSG vom 28.05.1963 - 12/3 RJ 44/61, SozR Nr. 33 zu § 1246 RVO.
[224] Vgl. BSG vom 25.04.1978 - 5 RKn 25/76 SozSich 1978 S. 220.
[225] Vgl. BSG vom 28.11.1978 - 5 RKn 9/77, SozR 2600 § 45 Nr. 22 (zur besonderen Problematik der Rente für Bergleute).

und fehlende Bemühungen in sein bisheriges Berufsbild zurückzukehren.[226] Von dieser freiwilligen Lösung vom Hauptberuf macht die Rechtsprechung eine Ausnahme, wenn der Versicherte sich aus gesundheitlichen Gründen von der früheren höherqualifizierten Tätigkeit abgewandt hat bzw. diese zur Zeit der Aufgabe nicht mehr uneingeschränkt in der Lage war auszuüben.[227] In diesen Fällen bleibt der ursprüngliche Beruf der Hauptberuf. Diese Rechtsprechung soll sicherstellen, dass ein Berufsabstieg, der in kleinen, möglicherweise nicht zum Rentenbezug berechtigenden Schritten erfolgte, genauso behandelt wird, wie eine einmaliger Ausstieg aus einem Beruf, der zum Rentenbezug berechtigt. Den Versicherungsschutz für den bisherigen Beruf hat der Versicherte nicht verloren, wenn er nach der Arbeitsaufgabe keine andere Tätigkeit aufnimmt. Das ergibt sich daraus, dass das Gesetz auf die bisherige, d.h. tatsächlich ausgeübte Berufstätigkeit abstellt, so dass der Versicherungsschutz für eine frühere Berufstätigkeit nur durch die Aufnahme einer anderen versicherungspflichtigen Tätigkeit, nicht aber durch bloße Aufgabe der bisherigen Berufstätigkeit verloren gehen kann.[228]

bbb. Verweisbarkeit

Die Resterwerbsfähigkeit des Versicherten wird nicht nur durch den Umfang bestimmt, in dem er seinen Hauptberuf nach den sozialmedizinischen Feststellung nicht mehr ausüben kann, sondern für die Bemessung seiner verbliebenen Erwerbsfähigkeit ist auch zu prüfen, welche Tätigkeit es noch gibt, die der Versicherte zumutbar verrichten kann. Der Kreis dieser sogenannten Verweisungstätigkeiten ist aber nicht unbegrenzt, sondern muss qualitativen Kriterien genügen, die in der Literatur[229] mit den Begriffen der objektiven und subjektiven Zumutbarkeit umschrieben werden. Es sind daher folgende Kriterien zu beachten: Die Verweisungstätigkeit muss den Kenntnissen und Fähigkeiten des Versicherten entsprechen. Sie muss mindestens sechs Stunden täglich ausgeübt werden können und darf den Versicherten weder körperlich noch geistig überfordern (objektive Zumutbarkeit). Voraussetzung für die Zumutbarkeit ist auch, dass zu der fachlich vollwertigen Ausübung der Verweisungstätigkeit allenfalls eine Einarbeitungszeit von bis zu drei Monaten benötigt wird.[230] Die Tätigkeit darf keinen unzumutbaren sozialen Abstieg beinhalten (subjektive Zumutbarkeit). Das Kriterium der subjektiven Zumutbarkeit beurteilt sich nach der Wertigkeit des Hauptberufs. Die Einordnung des Hauptberufs hat zu einer mannigfaltigen Kasuistik in der Rechtsprechung

---

[226] Vgl. BSG vom 29.09.1976 - 5 RKn 5/76 SozSich 1976, S. 379.
[227] Vgl. BSGE 29, 63.
[228] Vgl. BSG vom 20.01.1976 -5/12 RJ 132/75, SozR 2200 § 1246 Nr. 11.
[229] Vgl. *KassKomm(Niesel),* § 43 SGB VI Rn 50.
[230] Vgl. BSG vom 03.11.1994 - RJ 77/93, SozR 3-2200 § 1246 Nr. 49.

geführt.[231] Grundsätzlich hat die Rechtsprechung das sogenannte Mehrstufenschema entwickelt, in dem die Berufe der Versicherten in Gruppen eingeteilt werden.[232] Danach darf ein Versicherter nur auf Tätigkeiten der nächstniedrigeren Gruppe verwiesen werden.[233]

ccc. Mehrstufenschema

Die Einteilung der Berufsgruppen im Mehrstufenschema ist ausgehend von der Bedeutung, die Dauer und Umfang der Ausbildung für die Qualität eines Berufes haben, gebildet worden. Anhand bestimmter Leitberufe sind die Arbeiter und Angestelltentätigkeiten in vier Stufen eingeteilt worden. Die Arbeiterberufe werden durch folgende Leitberufe charakterisiert: Der Stufe des Vorarbeiters mit Vorgesetzten-Funktion und des besonders hoch qualifizierten Facharbeiters. Darunter die Stufe mit dem Leitberuf des Facharbeiters. Hierunter fallen die anerkannten Ausbildungsberufe mit einer Ausbildungszeit von mehr als zwei Jahren. Unterhalb dieser Stufe folgt der Leitberuf des Angelernten einschließlich sonstiger Ausbildungsberufe. Innerhalb dieser Stufe wird noch einmal unterschieden zwischen den Angelernten im oberen Bereich, dies sind Angelernte mit einer Anlernzeit von mehr als zwölf Monaten, und den Angelernten im unteren Bereich mit einer Anlernzeit von mindestens drei Monaten, aber unter zwölf Monaten. Die vierte und letzte Stufe ist die der Ungelernten. Hierzu gehören Tätigkeiten mit keiner oder einer Anlernzeit von unter drei Monaten und Tätigkeiten mit qualitativ geringem Wert.[234] Der tarifvertraglichen Festlegung kommt für die Eingruppierung in das Mehrstufenschema Indizwirkung zu, sie allein ist aber nicht maßgebend. Es handelt sich bei dem Mehrstufenschema nur um eine Orientierungshilfe, die nicht starr angewendet werden darf, sondern es muss auf den Einzelfall abgestellt werden.[235]

Für zumutbar erachtet wird eine Verweisung, die eine Stufe unter der bisherigen Tätigkeit steht. Jedoch ist zu beachten, das ein Angelernter im oberen Bereich nicht auf eine Tätigkeit von ganz geringem qualitativem Wert verwiesen werden kann.[236] Subjektiv zumutbar kann der Versicherte gemäß § 240 Abs. 2

---

[231] Vgl. *KassKomm(Niesel)*, § 43 SGB VI Rn 53 ff.

[232] Ständige Rechtsprechung vgl. z.B. BSG vom 03.11.1994 - 13 RJ 77/93, SozR 3-2200 §1246 Nr. 49 und BSG vom 20.06.1979 - 5 RKn 26/77 SozR 2600 § 46 Nr. 3.

[233] BSGE 19, 57,60; 62, 74,76 ständ. Rspr.; dies entspricht auch Verfassungsrecht, vgl. BVerfGE 59, 36.

[234] Vgl. zu den Leitberufen des Ungelernten auch BSG Großer Senat vom 19.12.1996 - GS 2/95, SozR 3-2600 § 44 Nr. 8.

[235] Vgl. BSGE 68, 277, 278.

[236] Vgl. BVerfGE 59, 36,37.

S. 3 SGB VI unabhängig von seinem bisherigen Beruf auf Tätigkeiten verweisen werden, für die er durch Leistungen zur Teilhabe am Arbeitsleben mit Erfolg umgeschult worden ist.

Fehlt es entweder an der objektiven oder an der subjektiven Zumutbarkeit, ist eine Verweisung unzulässig mit der Folge, dass eine Berufsunfähigkeit vorliegt. Ist die Verweisung auf eine andere Tätigkeit hingegen zumutbar, so muss ein solcher Beruf zumindest existent, d.h. tarifvertraglich erfasst sein. Aus diesem Grund ist auch keine Verweisung auf sog. Schonarbeitsplätze möglich oder auf Arbeitsplätze, bei denen der Arbeitsmarkt verschlossen ist.[237] Als Schonarbeitsplätze werden Tätigkeiten bezeichnet, die nur noch betriebsintern an leistungsgeminderte Mitarbeiter vergeben werden und nicht an Externe.[238] Einen konkreten Arbeitsplatz muss dem Versicherten aber nicht angeboten oder nachgewiesen werden. Es kommt im gegliederten System der Sozialversicherung nicht darauf an, ob es von der zum Ausschluss der Berufsunfähigkeit angeführten Tätigkeiten genügend freie Stellen gibt. Denn dies fällt in das Risiko der Arbeitslosenversicherung. In der Rentenversicherung ist nicht die Erwerbsmöglichkeit oder die Vermittelbarkeit auf einen zumutbaren Arbeitsplatz versichert.[239] Neu ist, dass die Verweisungstätigkeit nicht der gesetzlichen Rentenversicherung unterliegen muss. Möglich ist daher auch ein Verweis auf eine selbstständige Tätigkeit. Dies ist Folge der Einbeziehung auch selbstständig Tätiger in den Kreis der gesetzlichen Rentenversicherung.

ddd. Umfang der Leistungsminderung

Den Umfang der Leistungsminderung, der durch die Berufsunfähigkeit bewirkt werden muss, bestimmte das Gesetz in § 43 Abs. 2 SGB VI a.F. dahingehend, dass die Erwerbsfähigkeit auf weniger als die Hälfte derjenigen vergleichbarer gesunder Versicherter herabgesunken sein muss. Im jetzigen § 240 Abs. 2 SGB VI muss die Leistungsfähigkeit auf weniger als sechs Stunden herabgesunken sein. Dazu war das Merkmal der Leistungsminderung bei der Rente wegen Berufsunfähigkeit nicht abstrakt zu bewerten,[240] denn die Rente sollte Lohnersatzfunktion haben. Was bedeutet, dass sie eine durch Krankheit und Behinderung bedingte dauerhafte Einbuße an Erwerbsfähigkeit und damit an Erwerbseinkommen ausgleichen sollte und daher das Ausmaß

---

[237] Als allgemein verschlossen wird z.B. der Bereich der ungelernten und angelernten Tätigkeiten in der Metallbranche erachtet.

[238] Vgl. BSG vom 15.05.1991 5 RJ 92/89 SozR 3- 2200 § 1246 Nr. 11.

[239] Vgl. BSG vom 23. 10.1996 - 4 RA 1/96, SozR 3- 2600 § 43 Nr. 14.

[240] Vgl. BSG Großer Senat Nr. 79 zu § 1246 RVO Nr. 20 und BSG Großer Senat SozR 2200 §1246 Nr. 13.

der Leistungsminderung an den realen Anforderungen der Arbeitswelt zu messen war. Nunmehr handelt es sich dagegen um eine starre Grenze, die der Gesetzgeber festgesetzt hat. Trotzdem soll die Rente wegen teilweiser Erwerbsminderung bei Berufsunfähigkeit nach der Gesetzeskonzeption Lohnersatzfunktion haben.

h. Große Witwer/Witwenrente

Witwen und Witwer, die nicht wieder geheiratet haben, haben nach dem Tod des versicherten Ehegatten, der die allgemeine Wartezeit erfüllt hat, Anspruch auf die große Witwenrente gemäß § 46 Abs. 2 SGB VI, wenn sie u. a. erwerbsgemindert sind. Diese von der Leistung her höhere Hinterbliebenenleistung als die kleine Witwenrente setzt als Erfordernis voraus, dass eine Erwerbsminderung vorliegt und dadurch der Hinterbliebene nicht selber ausreichend für seinen Lebensunterhalt sorgen kann. Die Voraussetzungen für das Vorliegen der Erwerbsminderung entsprechen den Grundsätzen der teilweisen und vollen Erwerbsminderung. Zudem kann ein Hinterbliebener auch Anspruch auf große Witwer/nrente haben, wenn er vor dem 02.01.1961 geboren und berufsunfähig ist (§ 240 Abs. 2 SGB VI) oder am 31.12.2000 bereits berufsunfähig war und dies ununterbrochen ist (§ 242a Abs. 2 SGB VI).

3. Befristungen von Rentenleistungen

Nach der bis zum 31.12.2000 geltenden Fassung des § 102 SGB VI war eine Befristung der Rentenleistung der Ausnahmefall, die Dauerrente hingegen der Regelfall. Eine derartige Ausnahme lag vor, wenn begründete Aussicht bestand, dass die Minderung der Erwerbsfähigkeit in absehbarer Zeit behoben sein konnte. Dies war stets dann der Fall, wenn eine Besserung nach medizinischen Erkenntnissen überwiegend wahrscheinlich war. Zudem war die Leistung zu befristen, wenn der Anspruch von der Arbeitsmarktlage abhängig war. Die Zeit der Befristung umfasste jeweils 3 Jahre und durfte bei einer Befristung aus medizinischen Gründen eine Gesamtdauer von 6 Jahren nicht überschreiten. Dann musste zwingend eine Dauerrente gewährt werden.

Nach der Neuregelung der Renten wegen verminderter Erwerbsfähigkeit wird dieses Regel-Ausnahmeprinzip umgekehrt. Der ab 01.01.2001 geltende § 102 Abs. 2 SGB VI sieht vor, dass Renten wegen verminderter Erwerbsfähigkeit ebenso wie die große Witwer/nrente wegen Minderung der Erwerbsfähigkeit in der durch das EM-ReformG geänderten Fassung grundsätzlich auf Zeit zu leisten sind. Eine Dauerrente kommt nun nur noch in Betracht, wenn unwahrscheinlich ist, dass die Minderung der Erwerbsfähigkeit behoben werden kann. Eine derartige Feststellung setzt voraus, dass medizinische Gründe vorliegen, die eine Besserung nahezu ausschließen. Dabei geht die Unsicherheit einer Prognose zu Lasten des Versicherten, indem sie regelmäßig zu einer Befristung führt.[241] Denn die gesetzliche Vermutung geht davon aus, dass die Erwerbsfähigkeit gebessert werden kann, und der Versicherte trägt die objektive Beweislast dafür, dass eine Besserung unwahrscheinlich ist.

Die Befristung erfolgt für höchstens drei Jahre ab Rentenbeginn und darf bei einer medizinischen Rente nach Wiederholung eine Höchstdauer von 9 Jahren nicht übersteigen. Ansprüche, die von der jeweiligen Arbeitsmarktlage abhängig sind, sind generell zu befristen und unterliegen keiner Höchstdauer. Eine unbefristete Leistung ist nach dem Willen des Gesetzgebers nur möglich, wenn unwahrscheinlich ist, dass die Minderung der Erwerbsfähigkeit behoben werden kann. Dies ist dann der Fall, wenn aus ärztlicher Sicht bei Betrachtung des bisherigen Krankheitsverlaufs nach medizinischen Erkenntnissen auch unter Berücksichtigung noch vorhandener therapeutischer Möglichkeiten eine Besserung auszuschließen ist, durch die sich eine rentenrelevante Steigerung der qualitativen und/oder quantitativen Leistungsfähigkeit ergeben würde.

Bei Renten aber, die unabhängig von der jeweiligen Arbeitsmarktlage geleistet werden, ist gemäß § 102 Abs. 2 S. 4 SGB VI nach einer Gesamtdauer der Befristung von neun Jahren, gerechnet ab Zeitrentenbeginn, der Zeitrentenanspruch nicht mehr verlängerbar, sondern muss in einen Dauerrentenanspruch übergehen. Der Gesetzgeber geht nach dieser Zeit davon aus, dass ein Dauerzustand vorliegt. Dies gilt für Bezugszeiten nach dem 31.12.2000 auch für Renten wegen verminderter Berufs- und Erwerbsfähigkeit, die wegen medizinischer Besserungsaussicht nach bisherigem Recht auf Zeit anerkannt worden waren, weil § 314 b SGB VI nicht einschlägig ist. Denn § 314 b SGB VI regelt im Sinne einer Übergangsvorschrift, dass der Anspruch nicht erneut zu befristen ist, wenn der Berechtigte innerhalb von zwei Jahren nach Beginn der wiederholten Befristung das 60. Lebensjahr vollendet. Diese Höchstdauer der Befristung von neun Jahren gilt nicht bei der Gewährung einer Erwerbsminderungsrente auf Zeit, die in Abhängigkeit von der jeweiligen Arbeitsmarktlage erbracht wird.

Eine Rente wird auch dann befristet, wenn zwar eine Erwerbsminderung vorliegt, diese aber durch Leistungen zur medizinischen Rehabilitation oder zur Teilhabe am Arbeitsleben voraussichtlich behoben werden kann. In diesem Fall endet die Frist mit Ablauf des Kalendermonats, in dem die Leistung zur

---

241 Vgl. *Bayerlein u.a.*, Das Gesetz zur Reform der Renten wegen verminderter Erwerbsfähigkeit, MittLVA Oberfranken 2001, S. 10, 69f.

Rehabilitation beendet wird (§ 102 Abs. 2 a SGB VI). Diese Regelung ist durch das EM-ReformG eingeführt worden, weil nach Änderung des § 116 Abs. 1 SGB VI ein Rentenanspruch nunmehr nicht mehr wegen eines Anspruchs auf Übergangsgeld ausgeschlossen wird. Die Vorschriften, nach denen nach bisherigem Recht vorgezogenes Übergangsgeld statt der Rente von dem Zeitpunkt an gezahlt wurde, zu dem ohne Rentenausschluss die Rente wegen verminderter Erwerbsfähigkeit eigentlich begonnen hätte, sind durch das EM-ReformG ebenfalls weggefallen (§§ 20 Abs. 3 und 4, 24 Abs. 4 und 5, 25 Abs. 2 SGB VI a.F.) Ist aber Übergangsgeld gezahlt worden und wird nachträglich für denselben Zeitraum der Anspruch auf eine Rente wegen verminderter Erwerbsfähigkeit festgestellt, gilt dieser Anspruch bis zur Höhe des gezahlten Übergangsgeldes als erfüllt (§ 116 Abs. 3 S. 1 SGB VI).

Der Beginn der Zeitrente setzt erst mit Beginn des siebten Monats nach ein Eintritt der Erwerbsminderung ein, d.h. hier fallen medizinischer Versicherungsfall und Leistungsfall auseinander (§ 101 Abs. 1 und 2 SGB VI). Die Zeitrente fällt weg mit Ablauf des im Rentenbescheid festzusetzenden Endzeitpunktes, ohne dass es eines gesonderten Entziehungsbescheides bedarf (§ 102 Abs. 1 S. 1 SGB VI). Ist eine befristete Rente weiter zu leisten, ist die Rente auf Antrag ohne Rücksicht auf den Zeitpunkt der erneuten Antragstellung im unmittelbaren Anschluss an die bisherige befristete Rente weiter zu leisten. Dies gilt auch, wenn bei der Weiterleistung die Rente erneut zu befristen ist. Hier tritt keine erneute Unterbrechung von sechs Monaten wie zu Beginn der befristeten Rente ein.

4. Beginn und Ende von Leistungen

Rentenleistungen aus eigener Versicherung werden von dem Kalendermonat an geleistet, zu dessen Beginn die Anspruchsvoraussetzungen für die Renten erfüllt sind, wenn die Rente bis zum Ende des dritten Kalendermonats nach Ablauf des Monats beantragt wird, in dem die Anspruchsvoraussetzungen erfüllt sind (§ 99 Abs. 1 S.1 SGB VI). Bei späterer Rentenantragstellung wird eine Rente aus eigener Versicherung von dem Kalendermonat an geleistet, in dem die Rente beantragt wurde. Durch das Gesetz zur Sicherstellung der Rentenauszahlung im Vormonat[242] hat der Gesetzgeber dafür Sorge getragen, dass die Rentenbezieher mit Fälligkeit auch tatsächlich über die Rente verfügen können.

Die Rente wegen teilweiser und voller Erwerbsminderung endet gemäß § 43 Abs. 1 und 2 SGB VI und § 240 Abs. 1 SGB VI mit der Vollendung des 65.

[242] Rentenauszahlungsgesetz vom 27.06.2000, BGBl. I S. 939.

Lebensjahres. Dieses Ende ist im Tenor des Bewilligungsbescheides festzuhalten, so dass es keines Entziehungsbescheides bedarf.

IV. Leistungshöhe

1. Berechnung

Die Berechnung der individuellen Rente wird auf der Basis der Beiträge, die sich wiederum am Einkommen orientieren, und der Anzahl der anrechenbaren Versicherungsjahre bestimmt (§ 63 SGB VI). Die Höhe der Rente hängt daher entscheidend vom Arbeitsentgelt und der Dauer der versicherten Tätigkeit ab. Sie ergibt sich als Produkt von drei Faktoren: der Summe der persönlichen Entgeltpunkte, dem Rentenartfaktor und dem aktuellen Rentenwert (§ 64 SGB VI). Bei der Berechnung der Rente werden diese drei Faktoren miteinander multipliziert.

a. Persönliche Entgeltpunkte

Die persönlichen Entgeltpunkte, als individueller Faktor der Rentenberechnung, ergeben sich aus der Summe aller Beitragszeiten, beitragsfreien Zeiten und Zuschläge für beitragsgeminderte Zeiten.

Beitragszeiten sich zunächst Zeiten, die Pflichtbeitragszeiten sind. Dies sind Zeiten, in denen Pflichtbeiträge wirksam entrichtet worden sind (§ 192 Abs. 1 SGB VI)[243] oder nach besonderen Vorschriften (z.B. Kindererziehungszeiten nach § 56 SGB VI) oder im Rahmen der Nachversicherung gezahlte Beiträge nach § 180 Abs. 2 SGB VI) als gezahlt gelten. Zudem handelt es sich um Beitragszeit, für die wirksam freiwillige Beiträge gezahlt worden sind (§§ 192 Abs. 2 und § 55 S. 1 SGB VI).

Beitragsgeminderte Zeiten sind nach der gesetzlichen Legaldefinition Kalendermonate, die sowohl mit Beitragszeiten als auch mit Anrechnungszeiten oder Ersatzzeiten, mithin mit einer beitragsfreien Zeit (§ 54 Abs. 4 SGB VI), belegt sind. Beitragsfreie Zeiten sind Kalendermonate, die ausschließlich mit Anrechnungszeiten oder Ersatzzeiten belegt sind (§ 54 Abs. 4 SGB VI). Bei Anrechnungszeiten handelt es sich um Zeiten, in denen der Versicherte aufgrund besonderer Umständen keine Beiträge entrichten konnte, wie z.B. Zeiten der Krankheit oder Arbeitslosigkeit (§ 58 Abs. 1 Nr. 1-3 SGB VI). Ersatzzeiten sind Zeiten, die ihrem Wesen nach Beiträge ersetzen sollen, weil der Versicherte infolge außergewöhnlicher Umstände, die er nicht zu vertreten

[243] Für Zeiten nach Reichsrecht gilt § 247 Abs. 3 SGB VI.

hat, gehindert war, die Beiträge zur gesetzlichen Rentenversicherung zu entrichten. Hier kommen insbesondere Zeiten des militärischen Dienstes oder der Verfolgung in Betracht.

Für die Berechnung der Beitragszeiten wird das Arbeitsentgelt des Versicherten in jedem Kalenderjahr, welches bei Beitragszeiten als Beitragsbemessungsgrundlage bezeichnet wird, durch das Durchschnittsentgelt aller Versicherten des Kalenderjahres geteilt. Entspricht das Arbeitsentgelt dem Durchschnittsverdienst ergibt sich der Entgeltpunkt 1, liegt es zur Hälfte darunter, ergibt sich der Entgeltpunkt 0,5. Letztlich zeigt sich bei der Bestimmung der Entgeltpunkte, dass sowohl die Höhe des Arbeitseinkommens als auch die Versicherungsjahre entscheidend sind, denn je mehr Versicherungsjahre der Versicherte zurücklegt, desto höher fällt die Summe der Entgeltpunkte aus. Dies könnte bei einem Versicherten, der in frühen Jahren invalide wird, problematisch sein, wenn die oftmals höheren Arbeitsentgelte der späteren Jahre und damit die höheren Beiträge fehlen. Im Wissen darum sieht das Gesetz hierfür Zurechnungszeiten vor. So werden dem Versicherten fiktiv die Anzahl von Jahren, die zwischen dem Versicherungsfall und dem 55. Lebensjahr liegen, voll und die darüber hinausgehende Zeit bis zum vollendeten 60. Lebensjahr zu einem Drittel als Zurechnungszeit anerkannt (§ 59 SGB VI). Es soll vermieden werden, dass eine kurze Versicherungsdauer bei einer Rente wegen Invalidität keine sichernde Lebensgrundlage bietet.

Im Vergleich zur Bewertung der Zeiten mit vollwertigen Beiträgen ist die Bewertung beitragsgeminderter und beitragsfreier Zeiten weitaus komplizierter. Für diese Zeiten ist nach dem Beitragsdichtemodell die von dem Versicherten individuell erbrachte Gesamtleistung an Beiträgen in dem für die Versicherung jeweils maßgebenden belegungsfähigen Gesamtzeitraum zu bestimmen (§ 71 ff SGB VI). Nach der in § 72 SGB VI festgelegten Grundregel erhalten die beitragsfreien und beitragsgeminderten Zeiten den individuellen Durchschnittswert (= Gesamtleistungswert), der sich ergibt, wenn man die Gesamtsumme an Entgeltpunkten für Beitragszeiten und Berücksichtigungszeiten durch die Zahl der Kalendermonate des jeweiligen belegungsfähigen Gesamtzeitraums teilt (Grundbewertung). Belegungsfähiger Gesamtzeitraum ist die Zeit vom vollendeten 16. Lebensjahr bis zu dem Monat vor dem Eintritt des Leistungsfalles der Rente.

b. Der aktuelle Rentenwert

Der aktuelle Rentenwert, mit dem die Summe der Entgeltpunkte zu multiplizieren ist, ist der Monatsbetrag, den ein Durchschnittsverdiener aufgrund einer Beitragsleistung von einem Jahr erzielt (vgl. § 68 SGB VI). Dieser Betrag ist so festgesetzt, dass sich nach 45 Jahren Durchschnittsverdienst eine Rente in Höhe von ca. 67% des letzen Nettoverdienstes ergibt. Der aktuelle Rentenwert wird zum 1. Juli eines jeden Jahres durch die Bundesregierung durch Rechtsverordnung mit Zustimmung des Bundesrates neu festgelegt und ist damit der Faktor, mit dessen Hilfe die Dynamisierung der Rente bewirkt wird.[244] Abweichend von § 68 SGB VI änderte sich der aktuelle Rentenwert zum 01.07.2000 durch gesetzliche Vorgabe[245] nur entsprechend der Inflationsrate (§ 255 c SGB VI). Diese Vorgehensweise widerspricht nicht Verfassungsrecht.[246]

Die Veränderung des aktuellen Rentenwertes zwischen 2001 und Juli 2010 wird unter Einbeziehung des Altersvorsorgeanteils[247] dezidiert in den § 255 d und e SGB VI geregelt. Nach Auslaufen dieser Übergangsregelungen wird ein Altersvorsorgeanteil von 4% bei der Berechnung Berücksichtigung finden. Nach Initiativen, die auf den Vorschlag des Verbandes Deutscher Rentenversicherungsträger[248] zurückgehen, soll sichergestellt werden, dass das bisherige Rentenniveau und auch die Beitragssätze bis zum Jahre 2030 damit gehalten werden können. Allerdings hat der Gesetzgeber auch die Möglichkeit in Betracht gezogen, dass die Grenzwerte infolge nicht absehbarer Entwicklung nicht eingehalten werden können. Aus diesem Grund ist im Altersvermögensergänzungsgesetz vorgesehen, dass die Bundesregierung den gesetzgebenden Körperschaften geeignete Maßnahmen vorzuschlagen hat, wenn sich zeigt, dass in der mittleren Variante der 15-jährigen Vorausberechnung des Rentenversicherungsberichtes der Beitragssatz im Jahre 2030 22% übersteigt oder wenn ein Mindestrentenniveau von 67% unterschritten zu werden droht.

c. Rentenartfaktor

Der Rentenartfaktor berücksichtigt neben dem Zugangsfaktor als drittes Element der Rentenberechnung die unterschiedlichen Sicherungsziele der einzelnen Renten. Dementsprechend ist in § 67 SGB VI festgelegt, dass der Rentenartfaktor der vollen Erwerbsminderungsrente 1,0 ist. Dies entspricht dem

---

[244] Die Fortschreibung des aktuellen Rentenwertes erfolgt unter Zugrundelegung der Daten des statistischen Bundesamtes.

[245] Vgl. Art. 22 Nr. 5 des Gesetzes zur Sanierung des Bundeshaushalts (Haushaltssanierungsgesetz- HSanG) vom 22.12.1999, BGBl. I S. 2533, geändert durch Art. 1 Nr. 51 AVmEG vom 21.03.2001, BGBl. I S. 403.

[246] BSG 31.07.2002 – 4 B 4 RA 113/00 R.

[247] Durch die nunmehr vorgesehene zusätzliche private Absicherung nach dem Altersvermögensgesetz ((AVmG) vom 26.06.2001 BGBl. I S. 1310), welche bislang aber nicht verpflichtend ist, sondern zur Lückenschließung angeboten wird und steuerlich privilegiert ist.

[248] Vgl. Materialien des Dt. Bundestages für die öffentliche Anhörung zum Entwurf des AVmG. Ausschussdrucksache 14/1080, S. 109, 110.

Rentenartfaktor der vorhergehenden Erwerbsunfähigkeitsrente und auch der Altersrente.[249] Der Rentenartfaktor der teilweisen Rente wegen Erwerbsminderung beträgt dagegen nur 0,5, während noch die alte Rente wegen Berufsunfähigkeit eine Rentenartfaktor von 0,6667 hatte. Auch die Berufsunfähigkeitsrente nach § 240 SGB VI kommt als Rente wegen teilweiser Erwerbsminderung mit einem Rentenartfaktor von 0,5 zur Auszahlung.[250]

d. Zugangsfaktor

Der Zugangsfaktor hat die Aufgabe, bei vorzeitiger Inanspruchnahme einer Altersrente oder bei Aufschub ihres Beginns über das 65. Lebensjahr hinaus Vor- und Nachteile einer unterschiedlich langen Rentenbezugsdauer zu vermeiden. Er bleibt demgemäss ohne Einfluss auf die Höhe der Rente, wenn sie bei der für sie jeweils maßgelblichen Altersgrenze beginnt. Der Zugangsfaktor beträgt für diesen Fall 1,0 (§ 77 Abs. 1 S. 2 SGB VI).

Wie bereits im Rentenreformgesetz von 1999 vorgesehen, werden die Renten wegen verminderter Erwerbsfähigkeit durch einen Zugangsfaktor abgesenkt. Nach altem Recht hatte der Zugangsfaktor nur bei vorzeitiger Inanspruchnahme einer Altersrente Bedeutung. Jetzt wird auch die Rente wegen verminderter Erwerbsfähigkeit für jeden Monat der „vorzeitigen Inanspruchnahme" im Zeitraum zwischen der Vollendung des 60. und des 63. Lebensjahres um 0,3% abgesenkt. Der Abschlag beträgt damit bei Beginn der Rente wegen verminderter Erwerbsfähigkeit vor Vollendung des 60. Lebensjahres 10,8%. Bei Beginn der Rente nach Vollendung des 60. Lebensjahres reduziert sich der Abschlag. Ein verminderter Zugangsfaktor bei Inanspruchnahme der Erwerbsminderungsrente wird nach § 77 Abs. 3 SGB VI auf die spätere Altersrente übertragen.

Die Wirkung des Zugangsfaktors wird durch die Verlängerung der Zurechnungszeit teilweise kompensiert. Die Zeit zwischen der Vollendung des 55. und 60. Lebensjahres wird gemäß § 59 Abs. 2 SGB VI voll anstatt zu einem Drittel als Zurechnungszeit bewertet. In diesem Punkt unterscheidet sich die

---

[249] Dabei handelt es sich wie auch bei der Erwerbunfähigkeitsrente um den Rentenartfaktor für die Renten der Arbeiter (LVA) und Angestellten (BFA). Die Renten für die knappschaftlich Versicherten sieht einen Rentenartfaktor von 1,3333 vor. Dabei ist zu berücksichtigen, dass die Arbeitgeber im Bergbau im Hinblick auf die Mittelaufbringung zu höheren Beiträgen verpflichtet sind.

[250] Für Zeiten in der knappschaftlichen Rentenversicherung beträgt der Rentenartfaktor für die Zeit, in der eine versicherte Beschäftigung noch ausgeübt wird 0,6 und für Zeiten nach Abkehr 0,9. Der Rentenartfaktor für die Rente für Bergleute bei verminderter bergmännischer Berufsfähigkeit beträgt unverändert 0,5333.

jetzt in Kraft getretene Regelung von der des Rentenreformgesetzes 1999. Dort war eine Bewertung mit nur zwei Dritteln vorgesehen. Dadurch wäre die Senkung des Rentenniveaus deutlich höher ausgefallen. Von der Verlängerung der Zurechnungszeit können allerdings nur Versicherte profitieren, deren Erwerbsminderung vor Vollendung des 60. Lebensjahres eintritt. Deshalb müssen Versicherte im Falle des Eintritts der Erwerbsminderung mit Vollendung des 60. Lebensjahres im Vergleich zum alten Recht eine Reduzierung der Rente um die vollen 10,8% hinnehmen, während die Reduzierung, z.B. bei einem Eintritt der Erwerbsminderung mit Vollendung des 50. Lebensjahres im Vergleich zum alten Recht nur etwa 3,5% beträgt.

Sowohl die Absenkung des Rentenniveaus durch den Zugangsfaktor als auch die teilweise Kompensation durch die Verlängerung der Zurechnungszeit werden schrittweise eingeführt. Bei einem Rentenbeginn bis Dezember 2003 sind insofern Übergangsbestimmungen zu beachten.[251]

Ziel der Einführung des Zugangsfaktors ist nach der Gesetzesbegründung[252] die Vermeidung von Ausweichreaktionen auf eine Rente wegen verminderter Erwerbsfähigkeit, wenn die Gewährung von Altersrenten nur unter Inkaufnahme von Abschlägen vorzeitig in Anspruch genommen werden können. Hintergrund ist die bereits mit dem Rentenreformgesetz von 1994[253] begonnene und später beschleunigte Anhebung der Altersgrenzen für die Altersrenten, die jetzt auf die Altersrente wegen Schwerbehinderung, wegen Erwerbsminderung (auch Berufsunfähigkeit) und Arbeitslosigkeit bei Vollendung des 60. Lebensjahres übertragen wurden. Allerdings sind von der Reduzierung der Rentenhöhe auch Versicherte betroffen, bei denen sich die Ausweichung auf die Altersrente nicht stellt. Außerdem können in die Renten wegen verminderter Erwerbsfähigkeit ohnehin nur Versicherte „ausweichen", die tatsächlich erwerbsgemindert sind. In dem ursprünglichen Entwurf eines Rentenreformgesetzes 1999 war sogar vorgesehen, die Rente mit dem Zugangsfaktor 18% abzusenken. Dies war ebenfalls mit der Gefahr des Ausweichens von der Altersrente in die Rente wegen verminderter Erwerbsfähigkeit begründet worden.[254]

---

[251] Vgl. §§ 253 a, 264 c SGB VI und der neuen Anlage 23 zum SGB VI.

[252] BT-Drucks. 14/4230, 26.

[253] Vgl. Gesetz zur Reform der gesetzlichen Rentenversicherung vom 18.12.1989, BGBl. I . S. 2261.

[254] Vgl. BT-Drucks. 13/8011, 58.

2. Besteuerung

Die Invaliditätsrenten sind grundsätzlich steuerpflichtig. Jedoch handelt es sich nur um eine partielle Besteuerung. Dadurch wird nur der Ertragsanteil der Rente besteuert. Dies ist die hypothetische Verzinsung des Rentenkapitals, abhängig vom Lebensalter bei Rentenbeginn. Das Existenzminimum ist jedoch in jedem Fall steuerfrei. Von der Invaliditätsrente sind außer dem Versichertenanteil an der Kranken- und Pflegeversicherung keine Sozialabgaben zu zahlen.

3. Zusammentreffen von Leistungen

Ist die Höhe der jeweiligen Rentenleistung ermittelt, stellt sich die Frage, wie das Zusammentreffen von Renten wegen verminderter Erwerbsfähigkeit mit anderen Leistungen geregelt ist. Treffen zwei Rentenansprüche aufeinander wird nach § 89 SGB VI nur die höchste Rente geleistet. Bei gleich hohen Ansprüchen definiert das Gesetz eine Rangfolge.

Seit 1996 werden Renten wegen verminderter Erwerbsfähigkeit beim Zusammentreffen mit Einkommen abhängig von bestimmten Hinzuverdienstgrenzen geleistet (§ 96 a Abs. 1 und 2 SGB VI). Diese Kumulationsregelungen hat das Rentenreformgesetz von 1999 beibehalten. Zählte zunächst nur Arbeitsentgelt bzw. -einkommen als Hinzuverdienst, sind seit 1999 auch Lohnersatzleistungen, wie z.B. Krankengeld oder Arbeitslosengeld zu berücksichtigen. Mit dem EM-ReformG hat der Gesetzgeber für die Renten wegen Erwerbsminderung die Hinzuverdienstregelungen - allerdings in modifizierter Form - übernommen.[255] Abhängig vom erzielten Hinzuverdienst wird danach eine Rente wegen teilweiser Erwerbsminderung in voller Höhe oder in Höhe der Hälfte geleistet und eine Rente wegen voller Erwerbsminderung in voller Höhe, in Höhe von drei Vierteln, in Höhe der Hälfte oder in Höhe eines Viertels. Die Hinzuverdienstgrenze für eine Rente wegen voller Erwerbsminderung beträgt 325 €.[256] Die darüber hinaus gehende Hinzuverdienstgrenze wird aus dem Verdienst der letzen drei Jahre vor Eintritt der Erwerbsminderung für jeden Versicherten individuell in Abhängigkeit des aktuellen Rentenwertes

---

[255] Vgl. *Achenbach,* Die Reform der Renten wegen verminderter Erwerbsfähigkeit, DRV 2002, S. 93ff, 99.

[256] Die Hinzuverdienstgrenze für eine Rente wegen voller Erwerbsminderung beträgt sowohl für Versicherte in den alten als auch in den neuen Bundesländern einheitlich 325 € monatlich (§ 96 a Abs. 2 Nr. 2 SGB VI).

ermittelt.[257] Für Versicherte, die bereits einen Anspruch auf Erwerbsunfähigkeits- oder Berufsunfähigkeitsrente am 31.12.2000 (Bestandsrenten) hatten, verbleibt es bei der Regelung vor dem 01.01.2001.[258] Die jeweilige Hinzuverdienstgrenze wird nicht überschritten, wenn der Hinzuverdienst die ausgeworfene Grenze nicht überschreitet, wobei ein zweimaliges Überschreiten um jeweils einen Betrag bis zur Höhe der jeweiligen Hinzuverdienstgrenze im Laufe eines Kalenderjahres außer Betracht bleibt. Damit soll gewährleistet sein, dass Einmalzahlungen wie z.B. Urlaubs- und Weihnachtsgeld nicht zur Überschreitung der Hinzuverdienstgrenze führen.

Die Auswirkungen beim Zusammentreffen einer Rente wegen verminderter Erwerbsfähigkeit mit Arbeitsentgelt ohne Arbeitsleistung (Entgeltfortzahlung) werden in § 94 Abs. 1 SGB VI geregelt. Danach ist die monatliche Nettozahlung von der monatlichen Bruttorente abzuziehen.

Trifft eine Erwerbsminderungsrente mit einer Verletztenrente aus der gesetzlichen Unfallversicherung zusammen;[259] wird die Rente aus der gesetzlichen Rentenversicherung insoweit nicht geleistet, als die Summe der zusammentreffenden Rentenbeträge vor Einkommensanrechung den jeweiligen Grenzbetrag übersteigt (§ 93 Abs. 1 SGB VI).[260]

4. Ausschluss, Wegfall und Entziehung von Renten

a. Ausschluss

Kein Anspruch auf Rente wegen verminderter Erwerbsfähigkeit haben Versicherte, die die für die Rentenleistung erforderliche Gesundheitsbeeinträchti-

---

[257] Die individuelle Hinzuverdienstgrenze beträgt bei einer Rente wegen voller Erwerbsminderung ab 01.01.2001: in Höhe von ¾ das 15,6-fache des aktuellen Rentenwerts, in Höhe von ½ das 20,7-fache des aktuellen Rentenwerts, in Höhe von ¼ das 25, 8-fache des aktuellen Rentenwerts, vervielfältigt mit der Summe der Entgeltpunkte der letzen drei Kalenderjahre, mindestens mit 1,5 Entgeltpunkten; und bei einer Rente wegen teilweiser Erwerbsminderung mit einem Rentenbeginn ab 1.1.2001: in voller Höhe das 20,7-fache des aktuellen Rentenwerts, in Höhe von 2/3 das 31,1-fache des aktuellen Rentenwerts, in Höhe von 1/3 das 38,9-fache des aktuellen Rentenwerts, vervielfältigt mit der Summe der Entgeltpunkte der letzten drei Kalenderjahre, mindestens mit 1,5 Entgeltpunkten. Mit diesen Werten ergeben sich im Verhältnis zu den vorherigen Regelungen bei einem Hinzuverdienst des Versicherten strengere Maßstäbe.

[258] Vgl. die Übergangsregelung des § 313 SGB VI.

[259] Vgl. Teil 2. I. 3. c. bb. zur Unfallversicherung.

[260] Vgl. für die Ermittlung der Rentenbeträge, die unberücksichtigt bleiben, die Ausführungen zur Unfallversicherung. Dort werden einige Rentenzahlungen im Sinne von Privilegierungen genannt, die nicht zu einer Anrechnung führen, vgl. 2. Teil 2. I. 3. c. bb.

gung absichtlich herbeigeführt haben (§ 103 SGB VI). In gleicher Weise können Renten ganz oder teilweise versagt werden, wenn die Berechtigten sich die für die Rentenleistung erforderliche gesundheitliche Beeinträchtigung bei einer Handlung zugezogen haben, die nach strafgerichtlichem Urteil ein Verbrechen oder ein vorsätzliches Vergehen ist (§ 104 SGB VI).

b. Wegfall

Bei der Bewilligung einer Zeitrente wird die Dauer der Rente, die auf das Ende eines Kalendermonates befristet werden muss (§ 102 Abs. 1 S. 3 SGB VI), im Rentenbescheid festgesetzt. Läuft die im Bescheid genannte Frist aus, endet auch die Wirksamkeit des Verwaltungsaktes nach § 39 Abs. 2 SGB X, da er durch Zeitablauf erledigt ist. Eine Aufhebung ist nicht erforderlich. Nach § 43 Abs. 1 und 2 SGB VI besteht der Anspruch auf Renten wegen teilweiser Erwerbsminderung bis zur Vollendung des 65. Lebensjahres. Die Rente wird bis zum Ablauf des Kalendermonats geleistet, in dem das 65. Lebensjahr vollendet wird. Der Rentenbescheid erledigt sich dementsprechend ebenfalls nach § 39 Abs. 2 SGB X. Ab dem 65. Lebensjahr besteht ein Anspruch auf Regelaltersrente, auf dessen Antragspflicht der Rentenversicherungsträger zuvor den Versicherten aufmerksam machen soll.

c. Entziehung von Renten

Die Entziehung einer Rente erfolgt, wenn aufgrund nachträglicher Änderungen oder Erkenntnisse der ursprüngliche Rentenbescheid aufgehoben wird. Eine solche Entziehung setzt einen Verwaltungsakt voraus, der den verfahrensrechtlichen Erfordernissen der Anhörung und der Begründung bedarf. Die Entziehung richtet sich materiell und formell nach der Vorschrift des § 48 SGB X. Danach ist die Entziehung nur möglich, wenn die Rentenbewilligung ursprünglich rechtmäßig war, denn § 48 SGB X setzt eine Änderung in den Verhältnissen voraus. Für den Fall der ursprünglich rechtswidrigen Zubilligung einer Rente kann dann nur auf § 45 SGB X zurückgegriffen werden, welcher aber aufgrund der Schutzwürdigkeit des Begünstigten Vertrauensschutzregelungen enthält. Diese Entfallen nur bei einem Fehlverhalten des Versicherten im Zeitpunkt der Leistungsgewährung, so z.B. wenn der Versicherte falsche Angaben machte, auf denen die Rentenbewilligung beruht.

V. Verfahren

1. Feststellungsverfahren

Erwerbsminderungsrenten werden nur auf Antrag erbracht (§ 19 Abs. 1 SGB IV, § 99 SGB VI, 18 SGB X). Dabei genügt ein formloser Antrag, z.B. auch bei der Gemeinde. Falsch adressierte Anträge werden von Amts wegen weitergeleitet. Als Rentenantrag gilt auch ein Antrag auf eine Maßnahme zur Teilhabe, wenn sich herausstellt, dass der Versicherte bei der Antragstellung bereits vermindert erwerbsfähig war.

Zuständiger Rentenversicherungsträger für die Feststellung und Zahlung der Leistungen ist in der Regel der Rentenversicherungsträger, an den der letzte Beitrag entrichtet worden ist (§§ 126 ABS. 1 S. 2 , Abs. 2, 142 SGB VI).[261] Im Verfahren gilt der Untersuchungsgrundsatz (§ 20 SGB X), nach dem der Sachverhalt vom Leistungsträger von Amts wegen vollständig ermittelt werden muss. Dazu sind, wenn nötig, Beweise zu erheben (§ 21 SGB X), insbesondere Gutachten einzuholen. Der Versicherte ist hierbei zur Mitwirkung verpflichtet (§ 66, 67 SGB I). Der Gesundheitszustand wird in einem ärztlichen Gutachten festgestellt, das in der Regel von den bei den Versicherungsträgern errichteten ärztlichen Diensten erstellt wird.[262] Es können aber auch andere Ärzte, insbesondere Spezialisten um ein Gutachten ersucht werden. Die ärztlichen Gutachter müssen nicht nur den Gesundheitszustand nach körperlichen/geistigen Befunden feststellen, sondern vor allem Angaben zur Belastbarkeit, zur zumutbaren Arbeitszeit und zu den zumutbaren Arbeitsbedingungen treffen.[263] Die Frage nach den zumutbaren Arbeitstätigkeiten ist dagegen keine vom Arzt zu beurteilende medizinische Frage, sondern eine vor allem auf der Beurteilung sozio-ökonomischer Kriterien beruhende Entscheidung, die vom Versicherungsträger zu treffen ist. Insbesondere für die Gewährung einer Berufsunfähigkeitsrente müssen konkrete Verweisungstätigkeiten genannt und geprüft werden, die der Versicherte zumindest fiktiv ausüben könnte. Diese Problematik bleibt den Versicherungsträgern aufgrund der Übergangsregelung des § 240 SGB VI weiterhin erhalten. Für besonders

---

[261] Ist jedoch ein Monatsbeitrag aufgrund einer Beschäftigung zur knappschaftlichen Rentenversicherung gezahlt worden, so ist diese ausschließlich zuständig (§ 140 SGB VI).

[262] Anhang: als Beispiel -das Formblatt der LVA; vgl. zum Sachverständigenverfahren: *Arbeitsgemeinschaft Rechtsanwälte im Medizinrecht e. V.*, Der medizinische Sachverständige, S. 15 ff, 29 ff.

[263] Zur sozialmedizinischen Begutachtung und zur Berücksichtigung der nichtmedizinischen Faktoren durch den Arzt: *Institut für empirische Soziologie;* Frühinvalidität, S. 202-205; zur Verfahrensweise bei der medizinischen Begutachtung, *Gebauer,* Medsach 1994, S. 192 ff.

problematische Bereiche, bei der Bestimmung des Hauptberufes oder aber der noch zumutbaren Verweisungstätigkeit, können weitere wichtige Informationen durch die Einholung von berufskundlichen Gutachten, z.B. von den Handwerkskammer oder vom Arbeitsamt erhoben werden. Im Bereich der Feststellung von Invalidität bei der Rente wegen voller und teilweiser Invalidität stellen sich diese sozio-ökonomischen Probleme so gut wie nicht mehr, da es nur noch darauf ankommt, wie viele Stunden die Leistungsfähigkeit des Versicherten auf dem allgemeinen Arbeitsmarkt beträgt. Nur in den Fällen einer ungewöhnlichen Summierung von Leistungseinschränkungen oder bei schweren spezifischen Leistungsbehinderungen und bei der Problematik der Verweisung auf einen Teilzeitarbeitsmarkt kommt es auf arbeitsmarktpolitische Probleme an. Insgesamt beruht insofern die Feststellung der Erwerbsminderung auf vielen Faktoren.

Der Umfang der Begutachtung und der Feststellung der Invalidität korrespondiert mit den Anforderungen im tatbestandlichen Bereich der Definitionen des Invaliditätsrisikos sowie mit der Ausgestaltung durch die individuellen und sozioökonomischen Faktoren. Das komplexe Invaliditätsrisiko hat auch ein komplexes Feststellungsverfahren zur Folge. Die Komplexität und Schwierigkeit liegen auch darin begründet, dass sowohl der ärztliche als auch der berufskundliche Sachverständige eine Reihe von Zukunftsprognosen abgeben muss, die naturgemäß Unwägbarkeiten mit sich bringen. In weiten Bereichen hat sich auch schon bei den Renten wegen Berufs- und Erwerbsunfähigkeit eine faktische Bindung der Verwaltung an die Ergebnisse der Sachverständigengutachten herausgebildet. Dies wird zukünftig noch gravierender sein, da der Verschaffung eines eigenen Kenntnisstandes durch die Behördenmitarbeiter bei der Frage, wie viele Stunden ein Versicherter noch auf dem allgemeinen Arbeitsmarkt arbeiten kann, naturgemäß Grenzen gesetzt sind. So wird es darauf herauslaufen, dass der einzelne Verwaltungsbeamte im „Durchschnittsfall“ die „Entscheidung“, die der Gutachter im tatsächlichen, medizinischen Bereich getroffen hat, nur noch rechtlich umsetzt, ohne auf den Inhalt der Entscheidung Einfluss nehmen zu können. Im Ergebnis kommt es damit zu einer faktischen Verlagerung der Entscheidungskompetenz vom Juristen auf den Mediziner. Dies birgt weitere Probleme in der Zusammenarbeit der Mediziner mit den Juristen. Zum einen werden Beweisfragen nicht präzise genug gestellt oder aber juristisch definierte Worten z.B. Leistungsfähigkeit mit der alltäglichen Bedeutung dieses Wortes verwendet. Demgegenüber zeigen Sachverständige die Grenzen ihrer Erkenntnismöglichkeiten nicht deutlich genug auf. Gutachtenergebnisse werden aus diesem Grund als sicherer hingestellt, als sie es tatsächlich sind. In unklaren Beweissituationen werden die Mediziner von den Juristen gedrängt, eine scheinbar sichere, aber wohlmöglich wissenschaftlich nicht beweisbare Antwort zu geben. Den Sachverständigen ist insoweit vorzuwerfen, dass sie diese Entwicklung zulassen.

Die versicherungsrechtlichen Leistungsvoraussetzung beurteilt der Versicherungsträger, ebenfalls errechnet er die Höhe der Leistungen unter Zugrundelegung der gemeldeten Beiträge und Ermittlung der Werte für andere Zeiten als Beitragszeiten.

Das Feststellungsverfahren endet mit der Erteilung und Bekanntgabe eines Bescheides gemäß §§ 31, 39 SGB X.

2. Rechtsschutzverfahren

a. Widerspruchsverfahren

Gegen den Verwaltungsakt über die Ablehnung einer Rente kann der Betroffene innerhalb eines Monats nach Bekanntgabe Widerspruch bei der Ausgangsbehörde einlegen (§§ 62 ff SGB X i.V.m. § 77 ff SGG). Erachtet die Ausgangsbehörde den Widerspruch für begründet, möglicherweise auch nach weiteren Ermittlungen, so hilft sie ihm ab. Andernfalls gibt sie das Verfahren an die gemäß § 85 SGG für die Entscheidung zuständige Rechtsmittelstelle. Diese überprüft den Widerspruch erneut auf seine Rechtmäßigkeit und entscheidet dann über den Widerspruch. Beisitzer des Widerspruchsausschusses sind sowohl ein Vertreter der Versicherten- als auch der Arbeitgeberseite. Das Widerspruchsverfahren endet mit der Erteilung des Widerspruchsbescheides.

b. Gerichtsverfahren

Innerhalb eines Monats nach der Zustellung bzw. Bekanntgabe des Widerspruchsbescheides kann der Betroffene Klage beim zuständigen Sozialgericht erheben (§ 87 SGG). Das sozialgerichtliche Verfahren ist im SGG geregelt. Das Gesetz nimmt in zahlreichen Einzelheiten auf die ZPO Bezug, jedoch handelt es sich um öffentlich-rechtliche Streitigkeiten. Seit langem besteht die Absicht des Gesetzgebers, die Verfahrensordnungen der drei Verwaltungsgerichtsbarkeiten - allgemeine Verwaltungsgerichtsbarkeit, Sozialgerichtsbarkeit, Finanzgerichtsbarkeit - zu vereinheitlichen und in einem Gesetz, der Verwaltungsprozessordnung (VwPO), zusammenzufassen. Neuerdings kommt hinzu, dass beabsichtigt ist, die Sozialgerichtsbarkeit und in die Verwaltungsgerichtsbarkeit zu integrieren bzw. eine allgemeine öffentliche Gerichtsbarkeit zu erschaffen. Dieses Anliegen mag zwar im Sinne der Rechtseinheit zu begrüßen sein, jedoch dürfen und können vielfache entgegenstehende Schwierigkeiten nicht übersehen werden. Diese bestehen nicht nur in der historischen Gewachsenheit und der unterschiedlichen Ausgestaltung der Spruchkörper, sondern in den unterschiedlichen Belangen der einzelnen Gerichtszweige und der jeweiligen Fachkompetenz. Mit einer Vereinheitlichung würden sich neue und in zeitlicher Hinsicht spürbare Probleme auftun. Denn bei der Breite der Rechtsmaterie bedarf es eines spezialisierten Wissens, welches nur bei einer Trennung der Gebiete in dieser Form erhalten bleiben. Nur so kann der Rechtssuchende mit einer zeitlich schnellstmöglichen Entscheidung rechnen.[264]

Das Gericht ermittelt den Sachverhalt von Amts wegen ohne Bindung an das Vorbringen und die Beweisanträge der Beteiligten (§ 103 SGG) und entscheidet den Rechtsstreit nach seiner freien, aus dem Gesamtergebnis des Verfahrens gewonnenen Überzeugung (§ 128 SGG). Es gelten die oben bereits beim Verwaltungsverfahren ausgeführten Grundsätze der Beweiswürdigung. Kann für das Vorliegen eines bestimmten Tatbestandsmerkmals die notwendige Überzeugung nicht erzielt werden (non liquet), ist nach den Beweislastregelungen zu entscheiden. Wer Träger der jeweiligen Beweislast ist, bestimmt das materielle Recht. Regelmäßig ist es derjenige, der aus dem Vorliegen einer bestimmten Tatsache, eine für ihn günstige Rechtsfolge ableitet. Bei der Invalidität trägt der Versicherte die Beweislast für den Eintritt des Versicherungsfalls, dies bedeutet, für das Vorliegen der eingeschränkten Leistungsfähigkeit. Dagegen trägt der Versicherungsträger die Beweislast für die Möglichkeit einer Einsetzbarkeit des Versicherten, insbesondere für das Vorliegen von Verweisungstätigkeiten. Kommt der Versicherungsträger dieser Beweislast nach, hat wiederum der Versicherte die Darlegungs- und Beweislast, dass er der jeweiligen Tätigkeit nicht nachgehen kann.

Das Gericht ist an Beweisanträge der Beteiligten nicht gebunden, sondern bestimmt die Richtung und die Art und Weise der Beweisaufnahme selbst. Eine Ausnahme von diesem, das gesamte öffentliche Recht prägenden Grundsatz enthält § 109 SGG. Danach muss auf Antrag des Versicherten ein bestimmter Arzt (Arzt des Vertrauens des Klägers) gutachtlich gehört werden, soweit die Beweisfrage, über die der Arzt sich gutachtlich äußern soll, rechtserheblich ist. Die Vorschrift durchbricht das Recht des Gerichts, den Sachverständigen auszuwählen und verschafft dem Kläger die Möglichkeit, die Sachkunde eines Arztes seiner Wahl auch gegen den Willen des Gerichts in das Verfahren ein-

---

[264] Zum Diskussionsstand vgl. v.a. *Jaeger*, Wir brauchen motivierte Richter mit Bodenhaftung, Weshalb die Sozialgerichtsbarkeit selbstständig bleiben soll, Stuttgarter Zeitung S. 18. Vorerst kommt es nicht zu einer Zusammenlegung von Sozialgerichtsbarkeit und Verwaltungsgerichtsbarkeit. Im Gegenteil die Sozialgerichte sollen ab 2005 auch für die Sozialhilfe zuständig sein.

zuführen.[265] Das Gericht kann den Antrag nach § 109 SGG nur ablehnen, wenn durch die Zulassung die Erledigung des Rechtsstreites verzögert würde und der Antrag nach der freien Überzeugung des Gerichtes in der Absicht, das Verfahren zu verschleppen gestellt wurde oder aus grober Nachlässigkeit nicht früher gestellt worden ist (§ 109 Abs. 2 SGG).[266] Angesichts der Schwierigkeiten, diese Voraussetzungen im Urteil berufungs- und revisionsfest darzulegen, bedarf es aber eines relativ eindeutigen Verhaltens des Klägers, wobei ein Verschulden des Klägerbevollmächtigen dem Kläger angerechnet wird. Das Gericht kann und dies ist der Regelfall, die Anhörung nach § 109 SGG davon abhängig machen, dass der Kläger die Kosten der Begutachtung vorschießt und sie vorbehaltlich einer anderen Entscheidung des Gerichts auch endgültig trägt (§ 109 Abs. 1 S. 2 SGG). Die Gewährung von Prozesskostenhilfe umfasst die Kosten für die Begutachtung nach § 109 SGG nicht.[267] Die -abweichend von der allgemeinen Kostenfreiheit für den Versicherten- Erhebung eines Kostenvorschusses in diesem Sonderfall rechtfertigt sich vor allem aus der Überlegung, dass das Gericht, solange begründete Zweifel bestehen, den Sachverhalt ohnehin von Amts wegen aufzuklären hat. In der Praxis kommt daher ein Antrag nach § 109 SGG erst in Betracht, wenn die von Amts wegen durchzuführende Sachaufklärung abgeschlossen ist, aber für den Kläger kein günstiges Beweisergebnis erbracht hat. Eine weitere Beweiserhebung nach der Begutachtung nach § 109 SGG steht dem Gericht frei. Dann jedoch war das Gutachten in der Regel nach § 109 SGG notwendig bzw. sachdienlich, so dass die Kosten der Begutachtung nach § 109 SGG auf die jeweilige Landeskasse zu übernehmen sind.

Ist der Verwaltungsakt rechtswidrig und verletzt er den Kläger in seinen Rechten, hebt das Gericht ihn auf. Hat der Kläger einen Anspruch auf Erlass eines Verwaltungsaktes oder eine Neubescheidung, spricht das Gericht diese Verpflichtung aus (§ 131 SGG). Das sozialgerichtliche Verfahren endet aber in den wenigsten Fällen mit einem Urteil, oftmals endet es durch Klagerücknahme,[268] Anerkenntnis und vor allem durch Vergleich. Dieser kann nicht nur zu Protokoll des Gerichts, sondern auch außergerichtlich

---

[265] Jedoch bewertet das Gericht das Gutachten nach § 109 SGG frei und unter Berücksichtigung der zuvor von Amts wegen eingeholten Gutachten.

[266] Vgl. BSG 02.01.1996 - 2 BU 226/95; BSG 23.01.1998 - B 13 RJ 53/97 B.

[267] Vgl. BSG SozR 3- 1500 § 109 Nr. 2.

[268] Schon nach der Rechtslage bis zum 31.12.2001 war nach der Rechtsprechung des BSG die Klagerücknahme möglich, solange eine mündliche Verhandlung noch möglich war, also bis zur Rechtskraft des Urteils. Mit Rechtsänderung zum 01.01.2002 (durch Art. 1 Nr. 39 des 6. SGG- ÄndG vom 17.08.2001,BGBl. I S. 2144) hat der Gesetzgeber nun klar gestellt, dass die Klage auch noch nach Verkündung eines Urteils in erster und zweiter Instanz bis zum Ablauf der Rechtsmittelfrist zurückgenommen werden kann.

abgeschlossen werden. Es handelt sich dann um einen öffentlich-rechtlichen Vertrag.

Wenn eine Rechtsstreitigkeit keine besonderen Schwierigkeiten tatsächlicher oder rechtlicher Art aufweist und der Sachverhalt geklärt ist, kann das Gericht ohne mündliche Verhandlung durch Gerichtsbescheid entscheiden. Die Beteiligten sind vorher zu hören, die Vorschriften über Urteile gelten entsprechend (§ 105 Abs. 1 SGG).

Im Fall der Verurteilung des Versicherungsträger zu einer Leistung wegen Invalidität ergeht immer nur ein Grundurteil, in dessen Tenor die Behörde verpflichtet wird, die entsprechende Leistung zu gewähren. Die Höhe der Leistung wird nicht beziffert. Dies wäre auch zu dem Zeitpunkt der Entscheidung noch nicht möglich, da nun erst der Versicherungsfall feststeht, der maßgeblich die Höhe der Leistung bestimmt.

Das Verfahren vor den Gerichten der Sozialgerichtsbarkeit ist für Versicherte, Leistungsempfänger einschließlich der Hinterbliebenen, Behinderte und deren Sonderrechtsnachfolger nach § 56 SGB I kostenfrei, soweit sie in der jeweiligen Eigenschaft als Kläger oder Beklagter beteiligt sind § 183 SGG.[269] Dagegen haben die Kläger und Beklagten, die nicht zu dem in § 182 SGG genannten Personen gehören, insbesondere also Körperschaften des öffentlichen Rechts eine sogenannte Pauschgebühr zu tragen.

Rechtsmittel gegen das Urteil und den Gerichtsbescheid der 1. Instanz ist die Berufung an das jeweilige Landessozialgericht. Die Berufung bedarf der Zulassung im Urteil des Sozialgerichts, wenn der Wert des Beschwerdegegenstandes bei einer Klage, die eine Geld- oder Sachleistung betrifft 500 € oder bei einer Erstattungsstreitigkeit zwischen juristischen Personen des öffentlichen Rechts oder Behörden 5.000 € nicht übersteigt. Dies gilt nicht, wenn die Berufung wiederkehrende oder laufende Leistungen für mehr als ein Jahr (z.B. das Begehren auf eine Erwerbsminderungsrente) betrifft (§ 144 Abs. 1 SGG). Sowohl für die Berufung als auch für das erstinstanzliche Verfahren besteht kein Anwaltszwang. Ein solches Erfordernis liegt erst in der Revision vor. Eine Revision ist gegen das Urteil des Landessozialgerichts nur zuzulassen (§ 160 Abs. 2 SGG), wenn die Rechtssache grundsätzliche Bedeutung hat, das Urteil von einer Entscheidung des Bundessozialgerichts abweicht oder ein

[269] Nach der letzten Änderung des Sozialgerichtsgesetz wurde die allgemeine Kostenfreiheit für die Kläger dahingehend modifiziert; vgl. Art. 1 Nr. 4 des 5. SGG-ÄndG vom 30.03.1998 (BGBl. I S. 638).

Verfahrensmangel geltend gemacht wird, auf dem die Entscheidung beruhen kann.

Problemfeld der gerichtlichen Arbeit im Zusammenhang mit der Invaliditätsrente ist die oftmals für den Juristen und Nichtmediziner schwierige und langwierige Sachverhaltsermittlung. Bedarf es einer Begutachtung des Kläger in drei medizinischen Fachgebieten,[270] so ist mit einem Zeitablauf von in der Regel 6-8 Monaten zu rechnen. Ein entscheidender Nachteil dieses gründlich arbeitenden Systems ist die Verfahrensdauer. Von den im Jahre 2001 erledigten erstinstanzlichen Verfahren in wurden nur ungefähr 19% in einem Zeitraum von unter 6 Monaten erledigt. Weitere 28% waren innerhalb von 12 Monaten nach Klageerhebung abgeschlossen 53% der Verfahren dauerten über 2 Jahre.[271] Für jemanden, der von sich selbst behauptet, erwerbsgemindert zu sein und aus diesem Grund die Rente erstrebt, ist diese Dauer auch in Verbindung mit einem erforderlichen Widerspruchsverfahren zu lang. Nicht selten ist der Kläger bereits nicht mehr Mitglied der arbeitenden Bevölkerung. Kann ein solcher Kläger bei negativem Ausgang oder der Gewährung einer Rente, die nicht das Existenzminimum bietet, in den Arbeitsprozess integriert werden? Diese Frage stellt sich um so mehr, als dass in den meisten Fällen Einschränkungen des Leistungsvermögens vorliegen, welche aber noch nicht für eine Erwerbsminderungsrente genügen. Dazu kommt, dass der Kläger sich selber erwerbsgemindert fühlt und keine Bemühungen unternimmt, in die Arbeitswelt zurückzukehren. Allein dadurch kann sich während des Verfahrens die gesundheitliche Situation des Klägers weiter verschlechtern.

Weiteres Problem bei der Feststellung von Invalidität ist die große Breite von Kasuistik. Es ist verständlich, dass gerade bei der Invalidität mit dem bei jedem Kläger abweichenden Leistungszustand und auch dem nie vorliegendem status idem eine große Anzahl von Einzelfallentscheidungen eine systematische und klare Handhabung der Invaliditätstatbestände unmöglich macht. So scheint sich hier der Satz summum ius summa iniuria zu bewahrheiten, dies ist aber der Preis für eine diffizile Sachverhaltsaufklärung und Berücksichtigung der Vorgaben des Gesetzes. Gerade bei der Berufsunfähigkeitsrente muss der jeweilige Leistungszustand des Klägers und auch noch die zumutbare Verweisungstätigkeit geprüft werden. Auch wenn zu den Renten wegen voller und teilweiser Erwerbsminderung aufgrund ihrer erst kurzen Einführung noch nicht viel Rechtsprechung vorliegt, sind viele bisherige Grundsätze

---

[270] Dies ist der häufigste Fall, denn oftmals bestehen Einschränkung auf chirurgisch-orthopädischem Gebiet, internistischem Gebiet und auch neurologisch-psychiatrischem Gebiet.

[271] *BMGS* Sozialstatistik 2002, bezogen auf die Verfahren der Rentenversicherung der Arbeiter und Angestellten.

höchstrichterlicher Rechtsprechung zu übernehmen, welche die gesammelte Problemvielfalt übertragbar, aber nicht einfacher macht.

VI. Organisation

In der Bundesrepublik Deutschland ist die Absicherung gegen das soziale Risiko der Invalidität Teil der gesetzlichen Rentenversicherung und wird damit organisatorisch den Rentenversicherungsträger zugewiesen §§ 4, 23 SGB I. Die Rentenversicherung gliedert sich gemäß § 23 Abs. 2 SGB I in die Rentenversicherung der Arbeiter, der Angestellten, der Bergleute und in die Altershilfe für Landwirte. Für die Arbeiter sind gemäß § 127 SGB VI die Landesversicherungsanstalten sowie die beiden Sonderkassen Bundesbahn-Versicherungsanstalt (§ 128 Abs. 1 Nr. 2 SGB VI) und die Seekasse (§ 129 Abs. 2 SGB VI) zuständig.[272] Die Landesversicherungsanstalten erfassen getrennt nach Bundesländern, die in ihrem Zuständigkeitsbereich beschäftigten oder lebenden Versicherten. Träger der Angestelltenrentenversicherung ist die Bundesversicherungsanstalt für Angestellte in Berlin.[273] Gemäß § 136 ff SGB VI ist die Bundesknappschaft Träger der knappschaftlichen Rentenversicherung und damit zuständig für alle Personen, die in einem knappschaftlichen Betrieb oder bei der Bundesknappschaft beschäftigt sind.[274] Die Altershilfe für Landwirte wird von den landwirtschaftlichen Alterskassen gemäß § 16 Abs. 1 ALG verwaltet.[275] Gerade diese kostenintensive Trennung der Zuständigkeiten und die zwar historisch gewachsene Unterscheidung nach Arbeitern und Angestellten wird vielfach kritisiert und hat zu Reformbestrebungen geführt.[276]

Die Versicherungsträger sind Körperschaften des öffentlichen Rechts mit einer Selbstverwaltung, die durch die Versicherten und die Arbeitgeber ausgeübt wird § 29 SGB VI. Sie zeichnen sich aus durch eine Repräsentation der Beteiligten in demokratisch gewählten Organen, Rechtsetzungsautonomie, eigenverantwortliche Wahrnehmung der gesetzlich zugewiesenen Aufgaben und Rechtskontrolle durch staatliche Aufsicht.

---

[272] Mit Schaffung des SGB VI sind die Besonderheiten der Handwerkerversicherung so weit eingeschränkt worden, dass eine eigenständige gesetzliche Regelung nicht mehr notwendig war. Anstelle des alten Handwerkerversicherungsgesetzes (HwVG) sind die Besonderheiten bei der Bestimmung der beitragspflichtigen Einnahmen nun in § 279 SGB VI geregelt.

[273] Gesetz über die Errichtung der Bundesversicherungsanstalt für Angestellte vom 07.08.1953, BGBl. I S. 857.

[274] Die Zuordnung geht auf die Verordnung des Reichsarbeitsministers von 1933 zurück.

[275] Das ALG ist Teil des Agrarsozialreformgesetz (ASRG) vom 29.07.1994 (BGBl. I S.1890).

[276] Vgl. 2.Teil I. 1. und 3.

VII. Finanzierung der Leistungen

Die Finanzierung der Rentenversicherung insgesamt -und als Teil von ihr die der Invaliditätssicherung- erfolgt im für eine Sozialversicherung typischen Umlageverfahren. Dies bedeutet, dass die Ausgaben eines Jahres durch die Einnahmen des gleichen Kalenderjahres und durch die Entnahmen aus der Schwankungsreserve gedeckt werden sollen (§ 152 Abs. 1 SGB VI). Einnahmen der Rentenversicherung sind vor allem die Beiträge der Versicherten und Arbeitgeber, aber auch der Bundesszuschuss (§ 213 SGB VI). Dieser wird als Ausgleich für die der Rentenversicherung übertragenen „versicherungsfremden Leistungen" gezahlt.[277] 70% der Einnahmen der gesetzlichen Rentenversicherung werden durch Beiträge finanziert. Alle abhängig Beschäftigen, d.h. über 90% aller Erwerbstätigen sind beitragspflichtig, nachdem die Beitragsfreiheit geringfügig Beschäftigter 1999 aufgehoben wurde.

Die Pflichtbeiträge für versicherungspflichtige Beschäftige sind von den Arbeitgebern zu entrichten (§§ 28 S. 1, 28 e S. 1 SGB VI). Sie werden von den zuständigen gesetzlichen Krankenkassen zusammen mit den Beiträgen für die gesetzliche Krankenversicherung und die Arbeitslosenversicherung als sogenannter Gesamtsozialversicherungsbeitrag eingezogen. Der Arbeitgeber hat gegen den Beschäftigen einen Anspruch auf den von ihm zu tragenden Teil des Gesamtsozialversicherungsbeitrages (§ 28 g S. 1 SGB VI).[278] Der Versicherte trägt die Hälfte des Beitrages selbst (§ 168 Abs. 1 Nr. 1 SGB VI).

Die Beitragsbemessungsrundlage ist für Beschäftigte das beitragspflichtige Einkommen und bei freiwillig Versicherten jeder frei wählbare Betrag zwischen der Mindestbeitragsbemessungsgrundlage (monatlich 325 €, § 167 SGB VI)[279] und der Beitragsbemessungsgrenze (§ 161 ff SGB VI). Die Beitragsbemessungsgrenze verändert sich zum 01.01. eines jeden Jahres entsprechend dem Verhältnis, in dem die Bruttolohn- und Gehaltssumme je durchschnittlich beschäftigen Arbeitnehmer im vergangenen zur entsprechenden Bruttolohn und -gehaltssumme im vorvergangenen Kalenderjahr steht (§ 159 SGB Abs. 1 SGB VI).[280]

---

[277] Vgl. *Ruland,* Die Rentenversicherung in Deutschland im Zeichen der Jahrhundertwende, DRV 2000, S. 23ff.

[278] Mit Ausnahme der geringfügig Beschäftigten, bei denen nur der Arbeitgeber Beiträge zahlen muss, der Arbeitnehmer allerdings freiwillig Beiträge zahlen kann.

[279] In der Fassung des Art. 4 Nr. 22 Buchst a des Gesetzes zur Neuregelung des geringfügigen Beschäftigungsverhältnisses (BeschNeuRG) vom 24.03.1999, geändert durch das Euro-Einführungsgesetz zum 01.01.2002

[280] *Erlenkämper, Fichte,* Sozialrecht, S. 365

Die Höhe der Pflichtbeiträge beträgt für das Jahr 2002 19,1 v.H. (vorher seit dem 01.01.1997 20,3 v.H., für die Zeit vom 01.04. bis 31.12.1999 19,5 v.H.,[281] ab 01.01.2000 19,3 v. H.).[282] Die Beiträge werden aber nur bis zur jeweiligen Beitragsbemessungsgrenze berücksichtigt (§ 157 SGB VI). Damit führt die Beitragsbemessungsgrenze auch dazu, dass die gesetzliche Rente eine obere Grenze hat.

Der Bundeszuschuss deckt etwa 30% der Ausgaben. Würde dieser Zuschuss entfallen und ebenfalls als Beitrag erhoben werden müssen, läge der Beitragssatz ungefähr bei 27,7%.[283] Mit der Einfügung der §§ 213 Abs. 3, 219 SGB VI[284] hat der Gesetzgeber erstmals die Grundlage geschaffen, dass der Bund mittels eines zusätzlichen Bundeszuschusses den Rentenversicherungsträgern bestimmte Leistungen voll erstattet und diese nicht mehr aus dem Topf der Versichertenleistungen zu zahlen sind. Erst von diesem Zeitpunkt an wurden die Bundeszuschüsse zudem variabel ausgestaltet, d.h. sie verändern sich jährlich gemäß § 213 Abs. 2 S. 1, 2 SGB VI nicht nur im Verhältnis einer Änderung der Bruttolohn und -gehaltssumme, sondern bei Veränderung des Beitragssatzes auch in diesem Verhältnis („allgemeiner" Bundesszuschuss) bzw. gemäß § 213 Abs. 3 S. 3 SGB VI ab dem Jahre 2000 entsprechend den Veränderungsraten der Steuern vom Umsatz (zusätzlicher Bundesszuschuss). Der zusätzliche Bundeszuschuss wird zudem um einen Teil der Einnahmen des Bundes aus dem Gesetz zur Fortführung der ökologischen Steuerreform erhöht (§ 213 Abs. 4 SGB VI). Ab dem Jahr 2003 verringert sich der Erhöhungsbetrag um 409 Mio. € gemäß § 213 Abs. 5 SGB VI. Der Bund erstattet damit den Trägern der Rentenversicherung die nicht durch Beitragseinnahmen gedeckten Aufwendungen für Leistungen nach dem FRG (§ 291 b SGB VI) und für einigungsbedingte Leistungen nach § 256 a Abs. 2 SGB VI, weil für Leistungen an Versicherte der ehemaligen DDR und auch für Vertriebene nach dem Fremdrechtenrecht ein fiktiver Verdienst für Beitragszeiten im

---

[281] Vgl. § 1 Beitragsgesetz 1999 (BSG 1999), erlassen als Art. 5 des Gesetzes zu Korrekturen in der Sozialversicherung und Sicherung der Arbeitnehmerrechte, BGBl. I S. 3843 ff, 3848.

[282] Der Beitragssatz in der knappschaftlichen Rentenversicherung liegt derzeit bei 25,4 v.H. Dieser höhere Satz dient der Refinanzierung der gesetzlichen Möglichkeiten der Gewährung von bestimmten weiteren Rentenleistungen, z.B. die Rente wegen verminderter bergmännischer Berufsfähigkeit oder Knappschaftsruhegeld, vgl. § 1 BSG 2002, erlassen als Art. 2 des Gesetzes zur Bestimmung der Schwankungsreserve in der Rentenversicherung der Arbeiter und Angestellten, BGBl. I S. 4010.

[283] *Institut für Deutsche Wirtschaft*, Zahlen zur wirtschaftlichen Entwicklung 2002.

[284] Durch Art. 1 Nrn. 3c und 5 des Gesetzes zur Finanzierung eines zusätzlichen Bundeszuschusses zur gesetzlichen Rentenversicherung vom 19.12.1997, BGBl. I S. 3121, in Kraft getreten am 01.04.1998 (Art. 9 Abs. 1 des Gesetzes).

Bundesgebiet angenommen wird, denen aber keine Einzahlung von Beiträgen entgegensteht. Gerade diese Leistungen haben zu enormen finanziellen Belastungen der Rentenversicherungsträger geführt.

Reichen in der Rentenversicherung die liquiden Mittel der Schwankungsreserve nicht aus, die Zahlungsverpflichtungen zu erfüllen, leistet der Bund den Trägern der Rentenversicherung eine Liquiditätshilfe in Höhe der fehlenden Mittel (sog. Bundesgarantie gemäß § 214 Abs. 1 SGB VI).

In den 1960er Jahren betrugen die Beiträge lediglich 14% der Bruttolöhne, dies bedeutete gesamtvolkswirtschaftlich deutlich geringere Lohnnebenkosten. Allerdings stieg der Bundeszuschuss stetig an. Von 1968 bis 1973 wurden dann die Beiträge ständig erhöht und der Bundeszuschuss reduziert. Seit 1990, nicht zuletzt wegen der finanziellen Belastungen aus der Wiedervereinigung, verläuft die Entwicklung wieder umgekehrt. So wurde 1998 eine Erhöhung des Beitragssatzes auf über 20,3% nur durch einen erhöhten Bundeszuschuss verhindert, der wiederum refinanziert war über eine Erhöhung der Mehrwertsteuer um einen Prozentpunkt. 1999 wurde trotz erhöhter Ausgaben der Beitragssatz auf 19,5% gesenkt, so dass der erwartete Bundeszuschuss, nun zusätzlich durch die sogenannte Ökosteuer finanziert, etwa 29,5% betrug. Falls abzusehen ist, dass der Beitragssatz bis zum Jahr 2020 bzw. 2030 die Grenze von 20% bzw. 22% zu überschreiten droht oder das Netto-Standardrentenniveau absehbar unter 67% zu sinken droht, ist die Bundesregierung gemäß § 254 Abs. 3 SGB VI explizit verpflichtet, den gesetzgebenden Körperschaften geeignete Maßnahmen vorzuschlagen, um dieser Entwicklung entgegenzuwirken.

VIII. Reformbestrebungen

1. Ausblick

Nach der erfolgten Neuregelung der Invaliditätsrenten in Form der Erwerbsminderungsrenten ist es still geworden um die Invaliditätsrenten im spezielleren Sinn. Gleichwohl hält die Bundesregierung seit den im Jahre 2001 als „Jahrhundertreform" gepriesenen tiefgreifenden Veränderungen des deut schen Rentensystems neue weitreichende Änderungen für erforderlich.[285] Seit Beginn dieser Legislaturperiode wird weiterhin Anpassungsbedarf in allen

[285] Der ehemalige Bundesarbeitsminister Riester erklärte nach Verabschiedung der Rentenreform 2001, dass die „Baustelle" Rentenversicherung für lange Zeit geschlossen sein. Vgl. auch *Riester,* Die Rentenversicherung an der Schwelle zum neunen Jahrhundert, DRV 2000 S. 1 ff. Vgl. zu neuen Reformüberlegungen, *Reimann,* Aktuelle Reformdiskussion in der gesetzlichen Rentenversicherung, Pressefachseminar, VDR 2003.

Bereichen der sozialen Sicherungssysteme gesehen. Zur Vorbereitung gesetzgeberischer Maßnahmen hat die Bundesregierung 2002 die Kommission für "Nachhaltigkeit der Finanzierung der sozialen Sicherungssysteme“ eingesetzt. Diese hat ihre Arbeit zum 13.12.2002 aufgenommen. Nach dem Muster der Hartz-Kommission sollen Konzepte für die nachhaltige Finanzierung und Weiterentwicklung der sozialen Sicherungssysteme erarbeitet werden. Insbesondere soll es darum gehen, die langfristige Finanzierung der sozialstaatlichen Sicherungsziele und die Generationengerechtigkeit zu gewährleisten sowie die Systeme zukunftsfest zu machen. Außerdem sollen Vorschläge zur Senkung der Lohnnebenkosten unterbreiten werden. Dies war bereits Themenfeld der Enquete-Kommission „Demographischer Wandel“. Die von ihr im Frühjahr 2002 vorgelegten Ergebnisse und Handlungsempfehlungen[286] wurden im politischen Bereich allerdings faktisch nicht zur Kenntnis genommen. Aus diesem Grund wird hinsichtlich der allgemeinen Faktenlage und der Fülle der Analysen, die bereits vorliegen, auch von der Nachhaltigkeitskommission nichts grundlegend Neues zu erwarten sein. Von zentraler Bedeutung im Hinblick auf die Alterssicherung ist allerdings, welches Konzept für die Weiterentwicklung der Alterssicherung und damit auch der Sicherung gegen Invalidität maßgebend sein soll. Die Auswahl der Kommissionsmitglieder lässt eine recht eindeutige Ausrichtung ausmachen. So hatte schon im Vorfeld der von der Regierung multifunktional eingesetzte Berater Rürup erklärt, dass die im Jahre 2001 eingeführte Rentenformel nur bis 2010 getragen werden kann und daher eine weitere Senkung des Leistungsniveaus der Gesetzlichen Rentenversicherung anzustreben sei. Daher stehe an erster Stelle die einnahmeorientierte Ausgabepolitik und die Ausweitung der kapitalorientierten privaten Systeme. Bei diesen These darf aber nicht vergessen werden, dass eine Begrenzung des Beitragssatzes vom Gesetzgeber beschlossen worden ist.

Im ersten Schritt hat die Kommission eine Evaluierung der bisherigen Annahmen zur Demografie und Beschäftigungsentwicklung vorgenommen. Auf dieser Basis wurden langfristige Vorausberechnungen bis zum Jahre 2040 durchgeführt.[287] Die Lebenserwartung von 65-Jährigen wird danach im Jahre 2030 um etwa ein Jahr höher liegen als bisher angenommen. Zudem wird bei der langfristigen Arbeitsmarktlage eine geringere Steigung der Erwerbsneigung angenommen. Verglichen mit den bisherigen langfristigen Arbeitsmarktprojektionen der Bundesregierung errechnet sich im Jahr 2030 eine um gut zwei Millionen niedrigere Zahl von Beitragszahlern. Die im Vergleich zu

---

286 *Deutscher Bundestag* (Hrsg.), Enquete-Kommission Demografischer Wandel, Berlin 2002.

287 Die Daten beruhen auf einer Studie von *Prof. Dr. Birg* für die Bundesregierung und auf den Arbeitsmarktprognosen der Prognos AG; vgl. die Tageszeitung, Der Rentenbericht der Rürup-Kommisson, 23.08.2003.

den bisherigen Annahmen unter Finanzierungsaspekten ungünstigen Rahmendaten führen nach geltendem Recht zu einem Beitragssatz zur gesetzlichen Rentenversicherung von ca. 24% im Jahr 2030. Das Bruttorentenniveau würde von zur Zeit rund 48% auf unter 42% sinken, und das Nettorentenniveau läge bei ca. 65%. Damit würden sowohl die Beitragssatzgrenze überschritten als auch die Niveauklausel verletzt.

In den kommenden 50 Jahren wird sich zudem in Deutschland das zahlenmäßige Verhältnis zwischen Erwerbstätigen und Rentnern nach den neusten Berechnungen des statistischen Bundesamtes drastisch verschieben und zwar noch dramatischer als bisher angenommen.[288] Während heute 100 Menschen im Erwerbsalter 44 Personen im Rentenalter (ab 60 Jahren) gegenüberstehen, werden es 2050 voraussichtlich 78 sein.[289] Dabei werde die Bevölkerung von zur Zeit ca. 82,5 Millionen auf gut 75 Millionen im Jahr 2050 schrumpfen, wobei auf der Positivseite unterstellt wird, dass jedes Jahr 200.000 Zuwanderer nach Deutschland kommen, die Bevölkerung im Schnitt sechs Jahre älter wird und jede Frau weiterhin im Durchschnitt 1,4 Kinder bekommt. Unter diesen Annahmen wird in ca. 50 Jahren die Hälfte der Bevölkerung älter als 48 Jahre und jeder Dritte mindestens 60 Jahre sein. Wenn sich das Verhältnis der Arbeitnehmer zu den Rentnern nicht so dramatisch erhöhen soll, bleibt nach Vorstellung der Statistiker nur die Erhöhung des Renteneintrittsalters. Gingen die Menschen nicht wie derzeit mit ca. 60 Jahren im Durchschnitt in Rente, sondern erst mit 65 Jahren so kämen auf 100 Menschen im Erwerbsalter lediglich 55 Rentner, was die Sozialsysteme deutlich entlasten würde. Dies würde nach dem Präsidenten des Statistisches Bundesamtes Johann Hahlen in etwa einem Anstieg des gesetzlichen Rentenalters auf 67 Jahren entsprechen, wobei allerdings nicht davon ausgegangen werden kann, dass sich die Rentenlaufzeiten verkürzen, da die Lebenserwartung der Bevölkerung weiterhin steigt.[290]

2. Vorschläge

Die neue Kommission hat eine Vielzahl von Reformoptionen diskutiert. Verschiedene Optionen sind bereits verworfen worden, andere konkrete Vorschläge zur Anpassung des Rentenversicherungssystems an die veränderten Rahmenbedingungen sind bereits erarbeitet worden.

---

288 Vgl. *Schmidt,* Bericht aus der Hauptstadt, DAngVers 2003, S. 394, 396.

289 Vgl. Studie zur Bevölkerungsentwicklung des Statistisches Bundesamtes, Vgl. *Die Zeit*, Leben auf eigenen Rechnung, 17.12.2003.

290 Im Vergleich zur Statistik aus dem Jahre 2000 gehen die Statistiker nun von einer höheren Lebenserwartung aus, da sie in der Vergangenheit meist schneller gestiegen ist als angenommen. Vgl. *Die Welt*, Rente wird zum Minus-Geschäft, 07.06.2004.

Abgelehnt hat die Kommission zunächst den Vorschlag einer steuerfinanzierten Grundrente. Diese wird von Vertretern der Grünen,[291] aber auch in einem Reformkonzept des stellvertretenden CDU/CSU Fraktionsvorsitzenden Seehofer gefordert. Nach Seehofer sollen künftig alle Einwohner über 65 Jahre eine Sockelrente von 410 € monatlich erhalten. Dazu sollen alle Einkommensbezieher einen Beitrag von 4 bis 5% ihres steuerpflichtigen Einkommens abführen. Ziel sei es, bei einem sinkenden Versorgungsniveau der gesetzlichen Rentenversicherung Armut im Alter zu vermeiden, die Lohnnebenkosten zu senken und mehr Spielraum für betriebliche und private Zusatzversorgung zu schaffen.[292] Das vorgestellte Modell umfasst drei Elemente: Alle Einwohner, die ein Leben lang in Deutschland gewohnt haben, erhalten ab 65 Jahren eine Sockelrente leicht oberhalb des Sozialhilfesatzes. Diese Sockelrente tritt als weitere Säule neben die erste Säule der gesetzlichen Altersvorsorge, die deutlich gesenkt werden soll. In der Phase des Überganges werde die Sockelrente auf die gesetzliche Rente angerechnet. Nach dem gleichen Prinzip will Seehofer auch Beamte, Politiker und Landwirte in das neue System mit einbeziehen. Sie erhalten nach derzeitigen Berechnungen ca. 410 € Sockelrenten und die Pension oder Rente wird dementsprechend gekürzt. Auch Selbständige könnten mit einbezogen werden. Im Gegenzug könnte der Beitragssatz von 19,5% auf rund 11% gesenkt werden.

Weitere Befürworter einer allgemeinen Grundrente sind Kurt Biedenkopf und Meinhard Miegel, die dies seit Mitte der achtziger Jahre untermauert durch einige Studien fordern.[293] Sie argumentieren, wenn trotz bzw. wegen der ständigen Reparaturmaßnahmen die Rentenversicherungsleistungen doch letztlich auf eine Grundsicherung herauslaufen und dieses Niveau noch nicht einmal für alle künftigen Rentner gewährleistet ist, dann solle man gleich den „großen Schritt“ einer Systemreform tun, nämlich den Übergang zu einer solidarischen steuerfinanzierten Grundsicherung, die vorleistungsunabhängig und ohne Bedürftigkeitsprüfung ein existenzsicherndes Alterseinkommen bereitstellt und die auf lange Sicht ein geringes Finanzvolumen erfordert. Damit würde zugleich eine ordnungspolitische Weichenstellung getroffen; jede über eine Grundsicherung hinausgehende Absicherung, wäre nicht Aufgabe des

---

291 So z.B. im *Tagesspiegel* vom 01.12.2002.

292 Vgl. *Handelsblatt* 21.06.2003.

293 Vgl. *Miegel, Wahl,* Solidarische Grundsicherung, private Vorsorge -Der Weg aus der Rentenkrise-, 1999, S. 12 ff; Deutsches Institut für Altersvorsorge , Reformerfahrungen im Ausland, 1999 S. 38, 39; *Biedenkopf,* Von der Arbeitnehmerrente zur Bürgerrente. Das Konzept zur Grundsicherung im Alter für alle Bürgerinnen und Bürger, 1997 S. 21 ff. Dieses konkrete Modell ist den Beweis schuldig geblieben, das es sich rechnet und finanzierbar ist, vgl. dazu *Steinmeyer,* Reformpläne zur Alterssicherung im internationalen Vergleich DRV 1997, S. 474, 475. Vgl. auch Die Zeit, Renten mit Fantasie- es gibt sie, innovative Produkte für die Altersvorsorge. Sie werden nur selten angeboten, 30.10.2003.

Staates, sondern muss der Initiative der privaten überlassen bleiben (Subsidiarität der staatlichen Maßnahmen).[294]

Solche Änderungen lehnt die Kommission aber auch der Verband Deutscher Rentenversicherungsträger[295] zu Recht ab. Eine solche grundlegende Änderung würde zu weitreichenden rechtlichen und ökonomischen Schwierigkeiten führen, insbesondere würde der verfassungsrechtlich garantierte Eigentumsschutz, den Rentenanwartschaften genießen, nicht Rechnung getragen. Die Leistungen stünden damit stets unter einem Finanzierungsvorbehalt, der nicht in Einklang zu bringen ist mit Art. 14 GG. Ein zentrales Gegenargument betrifft vor allem die Transformationsphase. Damit diejenigen, die Beiträge in die Rentenversicherung eingezahlt haben, ihrer verfassungsrechtlich geschützten Ansprüche nicht beraubt würden, müssten Renten bzw. Anwartschaften oberhalb des Grundrentenniveaus von einer Übergangsgeneration weiterhin mit Beiträgen bedient werden, ohne jedoch damit Anrechte auf eine eigene beitragsbezogene Rente zu erwerben, und sie müsste für die eigenständige Lebensstandardsicherung im Alter zusätzlich privat vorsorgen. Zudem begünstigt eine generelle vorleistungsunabhängige Grundrente „Aussteiger“ und „Schwarzarbeiter“. Außerdem würden sich über kurz oder lang dieselben demografischen Problem erneut auftun. Auch eine Grundrente bedarf eines gleichbleibenden Nachwachsens der neuen Generation. Mit zunehmender Alterung der Bevölkerung würde sich das Verhältnis der Einzahler zu den Grundrentenempfängern und auch der Dauer des Grundrentenbezuges verschlechtern.[296] Dabei kann dahin stehen, ob es sich um eine steuerfinanzierte Grundrente oder eine beitragsfinanzierte Grundrente handelt, da in beiden Fällen die Einnahmenseite von der Zahl der Einzahler abhängt.

Die Kommission hat sich weiterhin deutlich gegen eine Differenzierung der Rentenbeiträge und der Rentenhöhe nach der Anzahl der Kinder ausgesprochen.[297] Entscheidend ist vor allem, dass jede Form von Vorsorge auf die nachwachsende Generation angewiesen ist. Kinder tragen zur Finanzierung aller staatlichen und gesellschaftlichen Bereiche bei. Selbst bei einer rein kapitalgedeckten Rentenform bedarf es der neuen Generation zur Kapitalisie-

---

[294] Vgl. *Hinrichs,* Armutsfeste Grundsicherung im Alter, SozSich 2003, S. 223, 225.

[295] Vgl. *Ruland,* Schwerpunkte der Rentenreform in Deutschland, NJW 2001. S. 3505ff.

[296] Diese Erfahrungen konnten die OECD-Länder Dänemark und Australien, die einzigen mit einer reinen Grundrente, bereits machen. Sie sind dazu übergegangen neben der existierenden Basissicherung ergänzend ein Pflichtvorsorgesystem einzurichten, um die Differenz zwischen Grundrente und lebensstandardsicherndem Einkommen abzudecken. Diesen Umweg über eine Grundrente muss man hier zulande nicht gehen, weil die Rentenversicherung schon eine lohnbezogene Sicherung darstellt.

[297] Diese Diskussion ist durch ein Urteil des Bundesverfassungsgerichts vom 03.04.2001 entfacht worden.

rung.[298] Der Ausgleich erziehungsbedingter Lasten muss daher, wie jetzt bei den Kindererziehungszeiten gehandhabt, eine Leistung sein, die aus Steuern der Solidargemeinschaft zu finanzieren ist.[299]

Eine weitere aktuelle Reformoption ist die bereits seit vielen Jahren diskutierte Ausweitung der Beitragsbemessungsgrundlage auf weitere Einkommen, außer dem Arbeitseinkommen. Eine solche Maßnahme würde die Beitragssatzentwicklung zwar vorübergehend dämpfen, sie würde aber langfristig zu höheren Ausgaben führen. Denn durch den Einbezug in die Sozialversicherung müssen später, gerade in einer Phase in der die demographischen Belastungen besonders akut sind, höhere Renten entsprechend der höheren Einzahlung gezahlt werden. Eine solche Lösung ist zudem sozialpolitisch fragwürdig, weil die Einbeziehung von weiteren Einkommen (z.B. Zinsen, Mieten) nur die Bezieher von Lohneinkommen unter der Beitragsbemessungsgrenze treffen würde, während Bezieher von Arbeitseinkommen oberhalb der Beitragsbemessungsgrenze weiterhin diese zusätzlichen Einkommen ohne Verpflichtung zur Überführung in die Rentenversicherung beziehen könnten.

Auch die Ausweitung des versicherungspflichtigen Kreises wird immer wieder gefordert.[300] Fraglich ist jedoch, ob die Einbeziehung von Beamten, Selbstständigen und geringfügig Beschäftigten die Finanzlage der Rentenversicherung anhaltend verbessert. Ähnlich wie bei der Erweiterung des Einbezugs von Einkommen könnte damit zwar der aktuelle Beitragssatz gesenkt werden, in der Phase der größten demographischen Belastung, stünden dann aber den zusätzlichen Einnahmen entsprechende Rentenausgaben gegenüber.[301]

Als Ergebnis der Beratungen der Arbeitsgruppe Rentenversicherung der Kommission wurden im wesentlichen bereits zwei Reformoptionen der Öffentlichkeit vorgestellt.[302] Zum einen soll die schon lange geforderte Anhebung der Altersgrenzen erfolgen. Kerngedanke ist, dass die bekannte prognos-

---

[298] Vgl. die Situation in Chile und Argentinien.

[299] Für die Erziehung eines Kindes können derzeit bestenfalls bis zu sieben Entgeltpunkte gutgeschrieben werden, dies entspricht einer Beitragsleistung von etwa 38.000 €. Die bessere und besondere Berücksichtigung von Kindererziehungszeiten hat das Bundesverfassungsgericht dem Gesetzgeber in seiner Entscheidung vom 12.03.1996, AZ. 1 BvR 609/90 vorgeben.

[300] *Terwey,* Bericht aus der Hauptstadt, DAngVers 2003 S. 394, 396.

[301] Zudem bedürfte es für die Veränderung der Beamtenversorgung einer Verfassungsänderung (Art. 33 Abs. 5 GG).

[302] Pressekonferenz der Kommission für Nachhaltigkeit in der Finanzierung der sozialen Sicherungssysteme vom 24.04.2003; vgl. auch *Buhl, Rabe,* Die Empfehlungen der „Rürup-Kommission" für die gesetzliche Rentenversicherung, DAngVers 2003 S. 473ff.

tizierte demografische Entwicklung und die daraus folgenden finanziellen Lasten, nicht allein den zukünftigen Beitragszahlern aufgelastet werden können. Aus diesem Grunde soll die Regelaltersgrenze von 65 auf 67 Jahre verschoben werden. Die Anhebung soll im Jahre 2011 beginnen und sich über einen Übergangzeitraum von 24 Jahre erstrecken. Bestehende Vertrauensschutzregelungen für schwerbehinderte oder erwerbsgeminderte Versicherte bis einschließlich dem Geburtsjahrgang 1950 sollen beibehalten werden. Zudem soll die Möglichkeit zur Inanspruchnahme einer vorgezogenen Altersrente weiterhin bestehen bleiben, allerdings parallel zur Anhebung der Regelaltersgrenze. Für die Erwerbsminderungsrente bedeutet dies, dass auch anknüpfende Regelungen jedenfalls theoretisch vermeiden müssen, dass eine Ausweichreaktion auf diese stattfindet. Konkrete Lösungen wurden noch nicht vorgeschlagen.

Die vorgenannte Reformoption ist vor allem ein Projekt, langfristig die Rentensituation zu sichern. Für die aktuelle und mittelfristige Situation ist allerdings nicht die gesetzliche Altersgrenze maßgeblich, sondern das tatsächliche Rentenalter, d.h. wann erstmals ein Versicherter in Rente geht. Aus diesem Grund soll die Rentenanpassungsformel geändert werden und um einen sogenannten Nachhaltigkeitsfaktor erweitert werden. Die Bundessozialministerin Schmidt[303] kündigte dazu an, dass mit diesem Nachhaltigkeitsfaktor das Verhältnis zwischen den Zahlen der Rentner (Bezugsjahren) und den Zahlen der Beitragszahler (Finanzierungsjahren) in Relation gesetzt werden soll. Entwickelt sich das Verhältnis zugunsten der Rentner, soll der Nachhaltigkeitsfaktor die jährliche Rentenanpassung dämpfen. Wie genau diese Formel aussehen soll, steht allerdings nicht fest. Ein Sprecher des Ministerium hatte mitgeteilt, dass diese Änderungen in Kürze bekannt gegeben werden sollen und die Änderungen von 2005 an gelten.

Mit Sicherheit zeichnet sich auch ein Übergang auf die nachgelagerte Besteuerung der Renten aus. Nach geltendem Recht werden die Renten der gesetzlichen Rentenversicherung nur mit dem Ertragsanteil besteuert, der Kapitalanteil bleibt steuerfrei. Die Sachverständigenkommission zur „Neuordnung der steuerrechtlichen Behandlung von Altersvorsorgeaufwendungen und Altersbezügen“ empfiehlt, innerhalb einer Übergangsphase die Möglichkeit aller Arbeitnehmer, ihre Beiträge zur gesetzlichen Rentenversicherung vollständig von der Steuer absetzen zu können. Im Gegenzug sollen später die Renten voll besteuert werden. Diese Umstellung auf die nachgelagerte Besteuerung soll 2005 beginnen. Die vollständige Freistellung der Beiträge zur gesetzlichen Rentenversicherung wird nach dem Vorschlag der Kommission 2025

[303] Vgl. Pressemitteilung, *Rheinische Post* 24.08.2003.

erreicht sein, während die volle Besteuerung der entsprechenden Renten ab dem Zugangsjahr 2040 einsetzen soll. Für die Steuerfreistellung der Beiträge hat die Kommission als Übergang ein Stufenmodell vorgeschlagen. Danach sollen von den Gesamtbeiträgen zur gesetzlichen Rentenversicherung ab 2005 mindestens 60% steuerlich abzugsfähig sein. Dieser Satz steigt jährlich um zwei Prozentpunkte, so dass die Beiträge ab 2025 voll absetzbar sind. Um zu berücksichtigen, dass die Rentenversicherungsbeiträge teilweise aus versteuertem Einkommen geleistet wurden, ist ein Kohortenansatz gewählt worden. Danach soll für den Rentenzugangsjahrgang 2005 ein Rentenfreibetrag gewährt werden, der 50% der jährlichen Rentenzahlung des Jahres 2005 entspricht. Dieser Freibetrag bleibt über die gesamte Rentenlaufzeit betragsmäßig unverändert. Für die nachfolgenden Zugangsjahrgänge sinkt der Rentenfreibetrag zunächst in Zwei-Prozentpunkt-Schritten bis auf 20% der ersten Jahresrente im Jahr 2020. Für die Folgejahrgänge vermindert sich der Freibetrag um jährlich einen Prozentpunkt, so dass für das Rentenzugangsjahr 2040 die volle Rente steuerpflichtig ist.[304]

3. Aktuelle Reformen

Am 06.11.2003 hatte der Bundestag mehrere eher kurzfristige[305] Maßnahmen beschlossen, um den Rentenbeitrag im Jahre 2004 bei 19,5% zu halten. Es handelt sich insgesamt um fünf Gesetzvorhaben. Erste Maßnahme ist das zweite Gesetz zur Änderung des SGB VI. Mit diesem soll die Mindestschwankungsreserve von 50% auf 20% einer Monatsausgabe abgesenkt werden und die Rentenanpassung am 01.07.2004 ausgesetzt werden. Man ist damit der Rürup-Kommission gefolgt. Sie hatte vorgeschlagen die Rentenanpassung auf 2005 zu verschieben, damit gleichzeitig der Nachhaltigkeitsfaktor eingeführt werden kann. Zudem müssen Rentner ab 01.04.2004 den vollen Betrag (1,7%) zur Pflegeversicherung tragen. Bei diesen Maßnahmen darf nicht übersehen werden, dass sie faktisch nichts anderes als Rentenkürzungen darstellen.

Diese Änderungen resultieren aus der desolaten Finanzsituation. Das Finanzministerium[306] machte darauf aufmerksam, dass 1962 noch 14% der Bundesausgaben auf die Rente entfallen seien und inzwischen der Anteil auf 29% gestiegen sei. Bis 2050 müssten bei linear fortgesetzter Entwicklung 80% des

---

[304] Sollte dieser Vorschlag umgesetzt werden, ist die Bestimmung eines Nettorentenniveau nicht mehr möglich, vielmehr sollte dann auf das Bruttorentenniveau zurückgegriffen werden. Dies bedeutet aber Schwankungsbreiten.

[305] Vgl. *Nürnberger*, Kurzfristige Reparaturen, längerfristige Einschränkungen – Die geplanten Änderungen bei der Renten, SozSich 2003 S. 330 ff.

[306] Vgl. *Terwey*, Bericht aus der Hauptstadt, DAngVers. 2003 S. 394, 395.

Rentenfinanzhaushaltes aus dem Bundeszuschusses aufgebracht werden. Aus diesem Grund wird bereits 2004 der Bundeszuschuss gekürzt. Dies wäre ein geschätztes Ersparnis von 3,2 Mrd. € und könnte bei Abwälzung auf die Rentner den zu erwartenden Anstieg des Beitragssatzes um etwa 0,2% ermäßigen. Dadurch fiele automatisch der Bundeszuschuss geringer aus, da dieser an den Rentenbeitrag gekoppelt ist. Bei einem Rentenbeitragsanstieg von 0,2% muss ein Bundeszuschuss von etwa 400 Mio. € geleistet werden (Eigenberechnung). Auch hier handelt es sich faktisch um Rentenkürzungen.

Mit dem dritten Gesetz zur Änderung des SGB VI wird der Auszahlungstermin für Neurenten auf das Monatsende (anstatt Monatsanfang) ab dem 01.04.2004 verschoben. Hierdurch soll es zu Gewinnen aus Zinsen für den späteren Zahlungstermin kommen.

Mit dem Gesetz zur Sicherung der nachhaltigen Finanzierungsgrundlagen in der Rentenversicherung (RV-Nachhaltigkeitsgesetz) soll es zur Einführung des Nachhaltigkeitsfaktors kommen, und die Schwankungsreserve soll auf eine „Nachhaltigkeitsrücklage" ausgerichtet werden. Zudem soll sich die Rentenanpassungsformel am beitragspflichtigen Bruttolohn orientieren. Des weiteren kommt es zu einer weiteren Anhebung der Altersgrenzen für die frühst mögliche Inanspruchnahme der Altersrente wegen Arbeitslosigkeit oder nach Altersteilzeitarbeit von 60 auf 63 Jahre (bis 2008 mit Vertrauensschutzregelung). Nicht durchgesetzt hat sich allerdings die zunächst geplante Anhebung der Regelaltersrente von 65 auf 67 Jahre. Daneben gibt es noch Änderungen hinsichtlich der Bewertung von Zeiten der Ausbildung.

Viertes Gesetz ist das Gesetz zur Neuregelung der einkommenssteuerlichen Behandlung von Altersvorsorgeaufwendungen und Altersbezügen (Alterseinkünftegesetz –AEG)[307] Damit zeichnet sich nun ein Übergang auf die nachgelagerte Besteuerung der Renten ab. Nach bisherigem Recht werden die Renten der gesetzlichen Rentenversicherung nur mit dem Ertragsanteil besteuert, der Kapitalanteil bleibt steuerfrei. Die Sachverständigenkommission zur „Neuordnung der steuerrechtlichen Behandlung von Altersvorsorgeaufwendungen und Altersbezügen" empfiehlt, innerhalb einer Übergangsphase die Möglichkeit aller Arbeitnehmer, ihre Beiträge zur gesetzlichen Rentenversicherung vollständig von der Steuer absetzen zu können. Im Gegenzug sollen

---

[307] Vgl. *Michaelis,* Acht Thesen zur künftigen Besteuerung von Alterseinkünften, SozSich 2003, S. 186 ff.

später die Renten voll besteuert werden.[308] Die Umstellung auf die nachgelagerte Besteuerung soll 2005 beginnen.[309]

Die jahrzehntelange Diskussion um die Notwendigkeit einer Reform[310] der Organisation der gesetzlichen Rentenversicherung und auch die ebenso lang anhaltenden erfolglosen Verhandlungen[311] mündeten nunmehr in einem neuen Konzept auf das sich Bund und Länder einigen konnten.[312] Zumindest der Referentenentwurf des zustimmungspflichtigen Gesetzes liegt vor. Zwar löst die anstehende Änderung nicht die zentrale Problematik der gesetzlichen Rentenversicherung, sie hat jedoch historische Bedeutung und kann auch Einspareffekte mit sich bringen. Die Unterscheidung nach Arbeitern und Angestellten wird aufgeben und damit die historische Trennung von Arbeiter und Angestelltenversicherung beseitigt. Die LVAen und BFA werden für Arbeiter und Angestellte gleichermaßen zuständig. Damit wird die überholte Unterscheidung nach dem Status des Versicherten aufgegeben.[313]

Mit der Neuzuordnung der Versicherten nach dem einheitlichen Versichertenbegriff wird der Auszehrungsprozess, der die LVAen immer härter getroffen hätte, gestoppt. Die gegenüber dem industriellen Sektor seit Jahren zunehmende Bedeutung des Dienstleistungsbereichs hat dazu geführt, dass die BFA die LVAen bei den Versichertenzahlen bereits überholt hat.[314] Damit ist die verfassungsrechtliche Grundregel,[315] dass die Länder und nicht der Bund

---

[308] Diese Entwicklung ergibt sich auch aus einem Urteil des Bundesverfassungsgerichtes zur Frage der Gleichbehandlung im Hinblick auf die Situation bei Beamten und bei der Pension.

[309] Sollte dieser Vorschlag umgesetzt werden, ist die Bestimmung eines Nettorentenniveau nicht mehr möglich, vielmehr sollte dann auf das Bruttorentenniveau zurückgegriffen werden. Dies bedeutet aber Schwankungsbreiten.

[310] Erste Reformbemühungen erfolgten bereits 1996, z.B. durch die Übermittlung des Gesetzesentwurfes der bayrischen Staatskanzlei vom 28.03.1996, BR Drs. 262/96 vom 04.04.1996, und dem darauffolgenden Beschluss der Einbringung in den deutschen Bundestag durch den Bundesrat vom 16.05.1997; zudem ist eine Organisationsreform Bestandteil der Koalitionsvereinbarung nach der Bundestagswahl im Herbst 1997.

[311] Das frühere Bundesministerium für Arbeit und Soziales ließ am Status Quo der BFA nicht rütteln, so betrieb es eine immer weitere Zuständigkeitsübertragung, wie z.B. durch das AVmG , wonach der BFA die Funktion der Zulagenbehörde im Rahmen der Privaten Altersvorsorge mit rund 1000 Arbeitsplätzen übertragen wurde.(vgl. Art. 6 Nr. 15 des AVmG vom 26.06.2001 BGBl. I S. 1310.

[312] Gemeinsames Konzept für die Organisationsreform in der Gesetzlichen Rentenversicherung vom 20.06.2003.

[313] Dies fordert auch das BVerfG; Beschluss des ersten Senats des BVerfG vom 30.05.1990 Az.: 1 BvL 2/83, NJW 1990, S. 2246 f.

[314] Vgl. *Kohl,* Neuorganisation der Rentenversicherung- Moderne Strukturen schaffen, SozSich 2003, S. 22.

[315] Vgl. Art. 30, 83 GG.

die Gesetze ausführt, auf den Kopf gestellt worden. Denn die Verschiebungen der Zugehörigkeiten zu dem einen oder anderen Rentenversicherungsträger hätten über kurz oder lang zu einem Einbruch der Arbeitsmengen bei den LVAen geführt. Umgekehrt wäre die Megabehörde BFA durch einen kaum zu bewältigenden Zuwachs an Arbeit ökonomisch und organisatorisch kaum noch zu steuern gewesen.[316]

Nunmehr fusioniert der Verband Deutscher Rentenversicherungsträger mit der BFA zum Bundesträger mit integriertem Dachverband. Zudem wird es eine sog. Sonderanstalt geben. Diese wird durch die Fusion der Bundesknappschaft, Bahnversicherungsanstalt und Seekasse gebildet. Sie ist der zweite Träger auf Bundesebene neben dem Bundesträger. Die Konzentration der Spitzenfunktion bei der bisherigen BFA als neuem Bundesträger ist die Konsequenz des Scheiterns der Bemühungen der Länder, eine deutliche Verkleinerung der BFA durchzusetzen. Dies soll aber nicht bedeuten, dass die BFA nun die Steuerung der gesetzlichen Rentenversicherung übernommen hätte.[317] Wäre es so, hätte die Reform ihr Ziel verfehlt. Die Reform soll gerade den ständigen Aufgabenzuwachs der BFA und damit auch des neuen Bundesträgers begrenzen. Ob die künftige Praxis diese hohen, auch rechtsstaatlichen Anforderung erfüllt, bleibt abzuwarten. Es bleibt abzuwarten, ob das Ziel des maßgeblichen Gesetzes zur Organisationsreform in der gesetzlichen Rentenversicherung, nämlich die Einsparung von Verwaltungs- und Verfahrenskosten, tatsächlich erreicht wird.

IX. Betriebliche Sicherung

Die freiwillige betriebliche Versorgung stellt für den Fall der Invalidität eine Zusatzversorgung dar. Voraussetzung für betriebliche Rentenleistungen ist, dass die betriebliche Organisation des Arbeitgebers eine solche anbietet. Dies ist nur in größeren Betrieben anzutreffen, und die Teilnahme an dieser zusätzlichen Sicherung ist nicht zwingend. Aus diesem Grund tragen Betriebsrenten nur mit 7% zum Einkommen der Rentner bei[318] und machen nur weniger als 1% des Bruttosozialproduktes aus.[319] Für den Fall der Invalidität ist die Be-

[316] Erschreckend ist vor allem aus der Sicht der Praxis, welch schlechte Vertretung die BFA in gerichtlichen Verfahren gewährleistet und an welchen Mängeln die Verwaltungsverfahren leiden.

[317] Passivlegitimiert in gerichtlichen Verfahren ist in Zukunft daher auch der Bundesträger mit Dachverband und nicht mehr die in diesem aufgehende BFA.

[318] Vgl. Statistiken Allgemein, Tabelle Nr. 2; vgl. *Andresen,* Betriebliche Altersversorgung im 21. Jahrhundert, 2001, S. 45ff.

[319] Statisches Jahrbuch 2002; vgl. *Bruno-Latocha,* Betriebliche und private Altersvorsorge in Deutschland: Empirische Befunde und Perspektiven, DRV 2000 S. 139ff.

deutung noch geringer, da manche Betriebsrenten nur eine Sicherung im Alter vorsehen. Diese geringe Bedeutung der betrieblichen Versorgung resultiert daraus, dass die Leistungen bei Invalidität nicht nur eine Grundversorgung mit relativ niedrigem Leistungsniveau gewähren, sondern eine Quasi-Einkommenssicherung bietet. Der Versicherte sieht scheinbar keine Notwendigkeit zu einer weiteren Absicherung, zumal diese mit zusätzlichen Zahlungen verbunden ist. In der Diskussion über die Reform des deutschen Alterssicherungssystem wird seit Jahren moniert, dass diese zweite Säule der Rentenversicherung so unterbesetzt ausgebildet ist. Zum einen, um auch Arbeitnehmer in den Genuss der phasenweise hohen Gewinne an den Finanzmärkten kommen zu lassen; zum anderen, um den von der Weltbank[320] und der europäischen Kommission[321] propagierten Weg einer starken zweiten Säule zu entsprechen, damit aufgrund sukzessiver Senkung des Rentenniveaus der ersten Säule die zweite Säule eine Ersatzfunktion einnimmt. So wird von verschiedensten Stellen bereits seit Jahren die Einführung von Pensionsfonds gefordert. Die sog. Gerke-Kommission schlug drei Formen von Pensionsfonds als Weiterentwicklung der betrieblichen Altersvorsorge vor.[322] Nämlich betriebsmittelbare Pensionsfonds zur externen Finanzierung von Direktzusagen, betriebsunmittelbare Pensionsfonds als Fortentwicklung der Unterstützungskasse und anlageorientierte Pensionsfonds als rein beitragsorientiert arbeitender Durchführungsweg. Ähnliche Zielvorgaben hat auch die Arbeitsgemeinschaft für betriebliche Altersversorgung[323] und der Gesamtverband der deutschen Versicherungswirtschaft[324]. Mit der Rentenreform 2001 hat der Gesetzgeber nun auch den Weg eines Pensionsfonds als betriebliche Altersvorsorge legitimiert (§ 112 VAG). Zugleich mit der Einführung von Pensionsfonds wurde durch die Änderung des BetrAVG[325] erstmals die Gewährung von Beitragszusagen zugelassen. Bislang waren in Deutschland nur Leistungszusagen erlaubt.[326] Die Leistungen der betrieblichen Vorsorge werden grundsätzlich

---

[320] *Weltbank,* Averting the old Age crisis: policies to protect the old and promote growth, S. 15 ff.

[321] *EG-Kommission,* Modernisierung und Verbesserung des Sozialschutzes in der europäischen Union, S. 2ff.

[322] *Arbeitskreis "Betriebliche Pensionsfonds"* im Auftrag des Forums Finanzplatz beim Bundesministerium der Finanzen BMF- Schriftenreihe Heft 64, 1998; Vgl. *Bruno-Latocha,* Pensionsfonds in Deutschland und Europa, DRV 2001 S. 486ff.

[323] *Arbeitsgemeinschaft für betriebliche Altersversorgung (ABA),* Modell Zweite Säule, Vorschläge zur Einführung internationale wettbewerbsfähiger Finanzierungsformen der betrieblichen Versorgung, 1998, S. 5, 10.

[324] In: Zukunftsmodell der Pensionskasse, Vorschlag der Versicherungswirtschaft zur Weiterentwicklung der betrieblichen Altersvorsorge, Berlin 1998.

[325] Gesetz zur Verbesserung der betrieblichen Altersvorsorge vom 19.12.1974 (BGBl. I S. 3610).

[326] Gesetz zur Verbesserung der betrieblichen Altersvorsorge aus dem Jahre 1974 mit Novelle des Betriebsrentengesetzes zum 01.01.1999.

im Kapitaldeckungsverfahren finanziert. Das heißt, dass der Versicherte, sobald er anspruchsberechtigt ist, die Summe seiner Beiträge und den erwirtschafteten Gewinn erhält. Ein sozialer Ausgleich findet in der Regel nicht statt. Der Arbeitgeber kann zur Finanzierung beitragen.

X. Private Sicherung

Die dritte Säule stellt die private Absicherung dar. Sie ist freiwillig und steht grundsätzlich jedem offen. Für Personen, die nicht im gesetzlichen Regelsystem versichert sind, wie z.B. Selbständige, kann sie eine eigenständige Sicherung für den Fall der Invalidität bieten. Ansonsten stellt sie eine Zusatzversorgung ebenfalls im Kapitaldeckungsverfahren dar.[327] Sie beträgt ungefähr 10% der Einkünfte von Rentnern. Hierbei ist jedoch zu berücksichtigen, dass für den Fall des Eintritts einer Invalidität in jungen Jahren zumeist noch kein großer privater Kapitalstock aufgebaut werden konnte.

[327] Hierunter fallen alle Ersparnisse, jedoch haben seit den 1990er Jahren mehr als 50% aller Arbeitnehmer Haus- und Grundeigentum.

C. 3. Teil: Niederlande

I. System der sozialen Sicherheit

1. Überblick

Die Niederlande sind eine demokratisch parlamentarische, konstitutionelle Monarchie, deren Sozialpolitik stets zentralistisch ausgebildet war. Erst in jüngerer Zeit finden sich Ansätze zur Dezentralisierung. Ausdruck eines ausgeprägten Bemühens um einen möglichst breiten gesellschaftlichen Konsens („Konkordanz-Demokratie“) ist die zentrale Rolle von Expertengruppen und von korporatistischen Gremien im politischen Willensbildungsprozess. Wichtigstes und einflussreichstes Gremium ist der Sozial-Ökonomische Rat (SER), der sich paritätisch aus Vertretern der Arbeitgeber und Arbeitnehmer sowie aus von der Regierung ernannten Sachverständigen zusammensetzt. Sein Ratschlag ist bei allen wichtigen Entscheidungen in der Wirtschafts- und Sozialpolitik einzuholen. Das ordnungspolitische Leitbild in den Niederlanden hat mehrfach gewechselt. Einer ursprünglich vom Liberalismus und anschließend vom Subsidiaritätsprinzip geprägten Politik, folgte nach dem zweiten Weltkrieg bis Mitte der 1960er Jahre eine Phase stärkerer staatlicher Lenkung und Reglementierung einschließlich einer dirigistischen Lohnpolitik.[328] Ab Mitte der 1960er Jahre wurde die staatliche Einflussnahme zugunsten einer korporativen Verflechtung zwischen Regierung und Tarifparteien reduziert. Seit Anfang der 1980er Jahre wird in den Niederlanden das ordnungspolitische Ziel der Deregulierung verfolgt. Das Zurückdrängen des staatlichen Einflusses zugunsten der Privatwirtschaft findet in der aktuellen Sozialpolitik seinen Niederschlag in Einzelmaßnahmen zur Reduzierung der Ausgaben für die soziale Sicherheit.

Die soziale Verpflichtung des Staates ist in den Niederlanden seit 1983 in der Verfassung (Grondwet) verankert. Bis dahin bestand lediglich ein verfassungsmäßiger Auftrag zur Armenfürsorge.[329] Aus dem eingeführten Artikel 20 Grondwet lassen sich drei fundamentale soziale Grundrechte ableiten: das Recht auf Existenzsicherung, auf soziale Sicherung und auf staatliche Sozial

---

[328] *Ministerium van sociale zaken en werkgelegenheid,* Tussen sociale will en werkelijkheid 1995, S. 105, 197, 231ff.
[329] Vgl. *Noordam, Opheikens,* Sociale Zekerheidswetgeving 1991, S. 10.

hilfe.[330] Zum System sozialer Sicherheit werden die Sozialversicherungssysteme (sociale verzekeringen) und eine Anzahl von Hilfs- und Fördersystemen gezählt. Neben diese Systeme treten die soziale Entschädigung und auch die Kriegsopferhilfe.[331] Die Sozialversicherungen haben im Laufe der Jahre eine immer größere Bedeutung bekommen. Ihr Anteil an allen Ausgaben für soziale Sicherheit betrug 2001 ca. 85%, während die sozialen Hilfssysteme nur 15% ausmachten.[332]

2. Nebeneinander von Volks- und Arbeitnehmerversicherung

Das niederländische Sozialleistungssystem ist nicht umfassend kodifiziert. Die Formen sozialer Sicherung sind zum Teil in einzelnen Gesetzen geregelt, zum Teil jedoch nur in rechtlichen Rahmenbedingungen für die Leistungserbringung. Innerhalb der Sozialversicherungen wird grundlegend nach dem personellen Anwendungsbereich unterschieden zwischen der Volksversicherung (volksverzekering) und der Arbeitnehmerversicherung (werknemersverzekering). Das Charakteristische der sozialen Sicherung in den Niederlanden ist das Nebeneinander dieser beiden Sicherungen.[333] Beide Formen existieren teilweise auch in sich überdeckenden Mischformen. Dieses Nebeneinander von Arbeitnehmer- und Volksversicherung wird auch als eine Synthese der britischen National Insurance und der klassischen Sozialversicherung nach deutschem Vorbild bezeichnet.[334] Nach ihrem personellen Anwendungsbereich fällt unter die Volksversicherung die Sicherung der gesamten Wohnbevölkerung, während die Arbeitnehmerversicherungen alle Arbeitnehmer oder ihnen durch Gesetz gleichgestellte Personen erfassen. Volksversicherung und Arbeitnehmerversicherung unterscheiden sich auch hinsichtlich des Leis-

---

330 Bei diesen sogenannten Grundrechten handelt es sich nicht um subjektive Rechte des Bürgers, sondern um eine an den Staat gerichtete Gestaltungsaufgabe. Inwieweit die sozialen Grundrechte einem Abbau eines einmal erreichten Sozialstaatsniveaus entgegenstehen, ist umstritten. Nach h.M. ist der Gesetzgeber befugt, in das bestehende System sozialer Sicherheit einzugreifen solange er den Grundsatz der Rechtssicherheit beachtet. Vgl. *Kötter,* Soziale Sicherheit in den Niederlanden, SozSich 1998, S. 339, 341.

331 Zur Unterscheidung zwischen Vorsorgesystemen, Entschädigungssystemen und Hilfs- und Fördersystemen vgl. *Zacher,* Grundtypen des Sozialrechts, in Festschrift für Wolfgang Zeidler, 1987, S. 571 ff. Vgl. 1. Teil II. 3.

332 Sociale Nota 2002, Tabelle 8 B, 8 C.

333 Dies ist in keiner anderen Volkswirtschaft in dieser ausgeprägten Form anzutreffen, vgl. *Casmir,* Staatliche Rentenversicherungssysteme im internationalen Vergleich, S. 135; *Roerbroek,* The „Silent" Revolution: Structure, Development and Future of the Dutch Pensions, S. 14

334 Vgl. *Pieters,* Landesbericht Niederlande, in *Zacher,* Alterssicherung im Rechtsvergleich, S. 12; So wird dies auch von anderen EU-Ländern gesehen, vgl. z.B. *Dekkers,* Le régime de pension Neerlandais dans une perspective Belge, Revue Belge de Sécurite Sociale 1998, S. 35 ff.

tungsspektrums und des Sicherungsniveaus. Während die Volksversicherungen auf eine Risikoabsicherung in Höhe eines gesetzlich geregelten sozialen Mindesteinkommens zielen, sollen die Arbeitnehmerversicherungen den tatsächlichen Einkommensausfall ersetzen. Der Grundstein für diese duale Struktur wurde mit dem Gesetz über die Organisation in der Sozialversicherung (Organisatiewet sociale verzekering (OSV))[335] im Jahr 1952 gesetzt. Zu den Volksversicherungen, die das soziale Minimum aller Einwohner[336] schützen, zählt in erster Linie das Algemene ouderdomswet vom 31.05.1956 (AOW),[337] welches die Basis der niederländischen Alterssicherung darstellt. Zudem gehört zu den Volksversicherungen die Hinterbliebenenversicherung bei Tod des Unterhaltsverpflichteten durch das Algemene nabebestaandenwet vom 21.12.1995 (ANW)[338] sowie die medizinische Versorgung und Pflege im Sinne von besonderen Krankheitskosten im Algemene wet bijzondere ziektekosten vom 14.12.1967 (AWBZ).[339] Eine weitere Volksversicherung liegt für den Unterhaltsbedarf von Kindern im Sinne eines Kindergeldgesetzes geregelt im Algemene Kinderbijslagwet[340] vom 26.04.1962 (AKW)[341] vor. Dagegen decken die Arbeitnehmerversicherung derzeit folgende Risiken ab: Den Verlust von Erwerbseinkommen bei kurzfristiger Arbeitsunfähigkeit aufgrund von Krankheit im Sinne einer Krankengeldversicherung, geregelt im Ziektewet vom 05.06.1913 (ZW),[342] den Verlust von Erwerbseinkommen bei langfristiger Arbeitsunfähigkeit im Falle der Invalidität geregelt im wet op de arbeidsongeschiktheidsverzekering vom 18.02.1966 (WAO)[343] und bei Arbeits-

---

[335] Stb. 1952, Nr. 211.

[336] Einwohner ist, wer in den Niederlanden rechtmäßig wohnt. Daneben sind auch Personen, die nicht in den Niederlanden wohnen, aber dort erwerbstätig und einkommensteuerpflichtig sind, Versicherte i. S. der Volksversicherungen. Das sog. Verbindungsgesetz (Koppelingswet) vom 09.06.1998, Stb. 1994, Nr. 465 hat die Voraussetzungen an die Rechtmäßigkeit des Aufenthaltes als Voraussetzung für den Bezug von kollektiven Leistungen an Ausländern verschärft.

[337] Stb. 1956, Nr. 281.

[338] Stb. 1995, Nr. 690. Dieses Gesetz ersetzt das Algemene weduwen- en wezenwet vom 09.04.1959 (Stb. 1959, Nr.139.).

[339] Stb. 1967, Nr. 617.

[340] Die Regelungen für das Kindergeld gehörte sowohl schon einmal zur Volksversicherung als auch zur Arbeitnehmerversicherung. 1939 führte das Kinderzulagengesetz (Kinderbijslagswet) ein Kindergeld für abhängig Beschäftigte ein. Das AKW (Algemene kinderbijslagswet) brachte ab 1963 Leistungen für alle Einwohner zunächst ab dem dritten Kind. Jeweils besondere Teilsysteme wurden für das erste und zweite Kind von Lohnbeziehern, kleinen Selbstständigen und Angehörigen des öffentlichen Dienstes geschaffen. Zum 01.01.1980 wurden die Teilsysteme im AKW zusammengeführt, das seitdem Leistungen für alle Einwohner und für alle Kinder erbringt. Die Finanzierung erfolgte zunächst ausschließlich aus Arbeitgeberbeiträgen und seit 1989 vollständig aus Steuermitteln.

[341] Stb. 1962, Nr. 160.

[342] Stb. 1913, Nr. 204.

[343] Stb. 1966, Nr. 84.

losigkeit, geregelt im Werkloosheidswet vom 06.11.1986 (WW).[344] Zudem wird die Übernahme von krankheitsbedingten Kosten im Ziekenfondswet vom 15.10.1964 (ZfW)[345] geregelt. Bei den Arbeitnehmerversicherungen handelt es sich um Pflichtversicherungen für alle Arbeitnehmer, die in den Niederlanden arbeiten, unabhängig von ihrer Nationalität und ihrem Wohnsitz.

Darüber hinaus sieht das niederländische System eine besondere Sicherung der Selbstständigen in einem Gesetz über die Arbeitsunfähigkeit der Selbstständigen vor (wet arbeidsongeschiktheidsverzekering zelfstandigen (WAZ)).[346] Ursprünglich bestanden für Beamte und Arbeitnehmer im öffentlichen Dienst Sondersysteme, die anders als die Arbeitnehmerversicherungen, die größtenteils im Umlageverfahren finanziert werden, im Kapitaldeckungsverfahren finanziert worden waren. Nunmehr fällt dieser Personenkreis seit dem 01.01.1998 auch unter die allgemeinen Arbeitnehmerversicherungen, insbesondere unter das WAO und seit dem 01.01.2001 auch unter das ZW und das WW.[347]

Die duale Struktur von Volks- und Arbeitnehmerversicherungen wird ergänzt durch soziale Hilfesysteme. Diese unterscheiden sich von den Arbeitnehmer- und Volksversicherungen nicht nur aufgrund ihres Sicherungsziels (Sicherung des Existenzminimums als Ausfallsicherung), sondern auch aufgrund ihres Verwaltungssystems. Denn für sie sind zuständig die regionalen und kommunalen Verwaltungsbehörden (Gemeinden), und sie werden rein aus Steuereinnahmen finanziert. Rechtsgrundlage des allgemeinen Sozialhilfesystems ist das Allgemeine Sozialhilfegesetz vom 12.04.1995 (Algemene bijstandswet (ABW)).[348] Dies stellt das unterste soziale Netz für die gesamte Wohnbevölkerung dar, das jedem Einwohner in den Niederlanden die notwendigen Mittel für seinen Unterhalt gewährt. Zudem bestehen besondere Hilfesysteme für bestimmte Bevölkerungsgruppen, die durch die sog. Sozialreform[349] eingeführt worden sind und eine Konvergenz der verschiedenen Zweige des sozialen Sicherungssystems zum Ziel haben. So zum einen das Gesetz über die Einkommenshilfe für ältere und nicht voll erwerbsfähige Arbeitnehmer, geregelt im wet Inkomensvoorziening oudere en gedeeltelijk arbeidsongeschikte

---

344 Stb. 1986, Nr. 566.
345 Stb. 1964, Nr. 392.
346 Stb. 1997, Nr. 176.
347 Geregelt durch das Overheidspersoneel onder Werknemersverzekeringen Wet (OOW).
348 Stb. 1995, Nr. 199. Das ABW ersetzt das frühere gleichnamige Gesetz vom 13. Juni 1963 (Stb. 1963 Nr. 284).
349 Stelselherziening sociale zekerheid vgl. Ministerium van sociale zaken en werkgelegenheid, Tussen sociale will en werkelijkheid, S. 84 f.

werkloze werknemers vom 01.11.1986 (IOAW),[350] und auch für ältere und teilweise erwerbsunfähige ehemalige Selbstständige im wet Inkomensvoorziening oudere en gedeeltelijk arbeidsongeschikt gewesen Zelfstandigen vom 11.06.1987 (IOAZ).[351] Zudem gibt es das Toeslagenwet vom 06.11.1986 (TW),[352] nach dem bei Bezug von anderen Sozialleistungen für den Fall, dass diese geringer sind als das Niveau des Mindestregelsatzes, diese auf das Niveau des Mindestregelsatzes angehoben werden können. Der Begriff des Mindestregelsatzes ist in den Niederlanden definiert.[353] Es handelt sich dabei um den gesetzlichen Mindestbruttolohn pro Monat, dividiert durch 21,75. Die Begrifflichkeit des Mindestregelsatzes wird synonym mit den Begriffen des Mindesteinkommens und des sozialen Minimums in der niederländischen Gesetzgebung verwandt. Der gesetzliche Mindestlohn ist die Bezugsgröße für die Berechnung des sozialen Mindesteinkommens, das z.B. für einen Alleinstehenden 70% des gesetzlichen Mindestlohns beträgt.

Neben diesen Sozialleistungen, die ein unzureichendes Einkommen aufbessern, gibt es noch Gesetze für die aus Steuermitteln zu unterstützende Gruppe der Behinderten. So regelt das Gesetz über die Arbeitsunfähigkeit für jüngere Behinderte (Wet arbeidsongeschiktheidsvoorziening jonggehandicapten (Wajong)),[354] dass Behinderte bereits mit Erreichen ihres 17. Lebensjahres eine Mindestleistung erhalten.[355] Zudem gibt es ein besonderes Leistungsgesetz für Behinderte, das wet voorzieningen gehandicapten vom 07.10.1993 (WVG),[356] mit dem Behinderten eine selbstständige Lebensführung ermöglicht werden soll.

Eine sehr große lohnbezogene Sicherungsfunktion übernehmen in den Niederlanden vor allem die für die Absicherung im Alter vielfältig vorhandenen Zusatzrentensysteme im Sinne einer betrieblichen oder branchenspezifischen

---

[350] Stb. 1986, Nr. 565.
[351] Stb. 1987, Nr. 281.
[352] Stb. 1986, Nr. 562.
[353] 1968 wurde das Gesetz über den gesetzlichen Mindestlohn als Kalkulationsgrundlage für alle Sozialversicherungsleistungen verabschiedet, woraufhin die AOW-Renten stetig erhöht wurden, bis sie 1973 das Niveau des Nettomindestlohnes erreichten. Seit 1975 sind sämtliche soziale Nettomindeststandards auf 100% des Nettomindestlohnes für verheiratete Arbeitnehmer über 23 Jahre festgesetzt und seit 1979 durch das Gesetz über Anpassungsmechanismen (Wet anpassingsmechanismen minimumloon en sociale uitkeringen -Wam-) an die Nettlohnentwicklung gekoppelt. Das Wam wurde durch das Gesetz über die Koppelung von Mindestlohn und Sozialleistungen an die Lohnentwicklung mit der Möglichkeit der Abweichung -WKA- (Stb. 1991, Nr. 223) modifiziert. Erstmals enthält dieses Gesetz die Möglichkeit die Lohnanpassung auszusetzen.
[354] Stb. 1997, Nr. 177.
[355] Das Wajong ersetzt seit dem 01.01.1998 für jüngere Behinderte das AAW.
[356] Stb. 1993, Nr. 545.

Alterssicherung. Die rechtliche Grundlage betrieblicher Alterssicherung bildet das Pensionen en spaarfondsenwet vom 15.05.1992,[357] das die Errichtung und die Bedingungen der Durchführung betrieblicher Alterssicherungssysteme regelt und die Sicherheit der Ansprüche der Arbeitnehmer garantiert.

Dieses Zusatzrentensystem ist grundsätzlich nicht obligatorisch, jedoch sind mittlerweile 91% aller Arbeitnehmer einer Betriebsrentenkasse oder einem Pensionsfonds auf der Ebenen von Branchen angeschlossen.[358] Für die Sicherung gegen Invalidität sind diese betrieblichen Zusatzrentensysteme selten. Dies erklärt sich daraus, dass nur bei der Altersrente die Form einer lohnbezogenen Sicherungsfunktion fehlt. Dort soll mittels der Zusatzrentensysteme eine Vorsorge für das Alter geschaffen werden, die etwa 70% des letzten Bruttoverdienstes ausmachen sollte.

II. Geschichtliche Entwicklung

In den Niederlanden entwickelten sich staatliche Aktivitäten auf dem Gebiet der sozialen Sicherheit erst relativ spät. Gegen Ende des 19. Jahrhunderts fand die Bereitstellung von Sozialleistungen primär im Rahmen von selbstverwalteten, oft kirchlichen Organisationen statt. Damit wurde keine Notwendigkeit für ein staatliches Handeln gesehen.

Im Zuge der in den Niederlanden spät einsetzenden Industrialisierung begann der Staat jedoch, sich vermehrt um die notwendige soziale Absicherung der Bürger zu bemühen. Als erstes maßgebliches Gesetz wurde 1901 ein Unfallversicherungsgesetz für Arbeiter verabschiedet (Ongevallenwet). Es war nach dem Vorbild der deutschen Unfallversicherung gestaltet und trat an die im niederländischen Zivilrecht ebenfalls verankerte Haftpflicht des Arbeitgebers. Im Unterschied zur deutschen Unfallversicherung lag die organisatorische Durchführung nicht in den Händen einzelner Berufsgenossenschaften, sondern oblag der staatlichen Reichsversicherungsbank, der späteren Sozialversicherungsbank.[359] Zwischen 1904 und 1911 scheiterten verschiedene Versuche, ein Gesetz zur Invaliditäts- und Altersversicherung durch das Parlament

---

357 Vgl. Stb. 1952. Nr. 275.

358 Vgl. *Böhm,* Regel- und Ergänzungssysteme der Alterssicherung im internationalen Vergleich, 1997 S. 321, 322; Szw-news vom 28.08.2003.

359 1921 wurde das Ongevallenwet grundlegend reformiert. Nunmehr wurden alle wichtigen Wirtschaftszweige in den personellen Anwendungsbereich dieses Gesetzes mit einbezogen. Neben Einkommensersatzleistungen sah das Gesetz auch Rehabilitationsleistungen und dem Krankengeld vorgeschaltete Zahlungen von Verletztengeld vor. Ähnlich wie in der deutschen Unfallversicherung war auch eine immer zunehmende Zahl von Berufskrankheiten dem Arbeits- und Wegeunfall gleichgestellt.

zu bringen. 1913 kam es dann zur Verabschiedung des ersten Gesetzes zur Invalidität, das eine lohnbezogene Pflichtversicherung für Arbeiter einführte. Die Radikal-Liberalen, die durch die Neuwahlen unmittelbar danach an die Regierung gelangten, weigerten sich jedoch, das Gesetz in Kraft zu setzen. 1919 setzte erstmals die neue konfessionelle Regierung dieses Invaliditätssicherungsgesetz (Invaliditeitswet (IV)) in Kraft. Zum erstenmal wurde dadurch in den Niederlanden eine Versicherungspflicht definiert.[360] Mit dem Ouderdomswet wurde 1919 zudem erstmalig die Möglichkeit einer freiwilligen Altersversicherung geschaffen.[361] Die Durchführung der Sozialversicherung wurde den regionalen Sozialversicherungsämtern (Raden van Arbeid) und der Sozialversicherungsbank sowie den Branchenvereinigungen gemeinsam übertragen.[362] 1930 wurde zum ersten Mal das Gesetz über die Alterssicherung reformiert, da der Anteil der Bedürftigen, die im Alter kein Einkommen hatten, stetig stieg und nur selten von der freiwilligen Versicherung Gebrauch gemacht wurde.[363] Jedoch erstickte die deutsche Besetzung weitere Reformen. Der zweite Weltkrieg löste einen weiteren Schub für die Diskussionen über die sozialpolitische Rolle des Staates aus. Die deutsche Besatzungsmacht führte unter dem Blickwinkel der Bismarkschen Gesetzgebung vor allem für den Bereich der Krankenversicherung eine neue Gesetzgebung ein. Die niederländische Regierung, die ihre Geschäfte aus London führte, wurde dagegen stark von dem dort praktizierten Grundversorgungsmodell, sog. Beveridge-Plan, inspiriert.[364] Aus diesem Grund weist die Sozialgesetzgebung der Niederlande sowohl Züge einer Volksversicherung als auch einer Sozial-

---

[360] *Roerbroek,* The Imprisoned State, The Paradoxical Relationship between State and Society, S. 203 ff.

[361] Teile des Gesetzes von 1913 traten allerdings auf Initiative der Sozialdemokraten bereits vorher in Kraft, so dass für über 70jährige mit unzureichendem Einkommen bereits ab 1913 eine staatlich finanzierte Rente gezahlt wurde; vgl. *Böhm,* Regel- und Ergänzungssysteme der Alterssicherung im internationalen Vergleich, S. 320 ff.

[362] Vgl. *Ministerium van sociale zaken en werkgelegenheid*, Sociale Zekerheid in Nederland; 1990 S. 3; nur durch den Einbezug der Branchenvereinigungen konnte eine Zustimmung der konfessionellen Parteien erreicht werden. Denn nach dem politischen Willen beider großen Konfessionen ist die Gesellschaft in verschiedene Lebenskreise eingeteilt. Die Sicherung des Alters und auch der Invalidität und von Krankheit soll dabei der Familie übertragen bleiben und nicht staatlich reguliert werden. Dieser Gedanke entspricht dem Prinzip der „Subsidiarität" der katholischen Konfessionen und dem Prinzip der Souveränität im eigenen Kreis (soevereiniteit in eigen kring) der Protestanten.

[363] Das Krankenversicherungsgesetz, dessen Entwurf ebenfalls wie der des Invaliden und des Altersversicherungsgesetzes aus 1913 stammte, konnte erst 1930 in Kraft treten, denn zuvor dominierten die konfessionellen Parteien, mit deren Gedanke der Subsidiarität die Einführung des Krankenversicherungsgesetzes nicht vereinbar war.

[364] Vgl. *Beveridge,* Social security an allied services, 1943, S. 12f. Die niederländische Regierung rief aus dem Exil die sog. Van Rhijn-Kommission ins Leben, die ausgehend von der Vorstellung einer allgemeinen Fürsorgepflicht des Staates für ein allgemeines Versicherungssystem aller Einwohner plädierte.

versicherung bzw. Arbeitnehmerversicherung auf. Mit dem Vorschlag einer Finanzierung durch einkommensabhängige Beiträge ging man dabei noch über die Ideen Beveridges hinaus, der pauschale Beiträge vorgeschlagen hatte. Die praktische Bewältigung des Problems der Alterssicherung erfolgte abseits politischer Debatten. Angesichts der Not der Menschen brachte der Sozialminister Drees 1947 das Altersrentennotgesetz (Noodwet ouderdomsvoorziening) ein.[365] Damit war der erste Schritt zu einer Volksversicherung getan, denn es gewährte allen notleidenden Alten mit Ausnahme verheirateter Frauen eine steuerfinanzierte, bedürftigkeitsorientierte Rente. Weiterhin blieb daneben aber Raum für die bestehenden betrieblichen Zusatzrentensysteme.[366]

1957 kam es dann zur Verabschiedung des ersten Volksversicherungsgesetzes, dem AOW.[367] Es sah zum ersten Mal die einkommensbezogene Beitragspflicht aller Einwohner und im Gegenzug die staatliche Garantie der Gewährung des Existenzminimums im Alter vor. Diese Mindestleistung war an die Preisentwicklung gebunden und somit indexiert.[368] Die Einführung des AOW markiert den Anfang einer bis Ende der 1970er Jahre anhaltenden Phase des systematischen Ausbaus des sozialen Sicherungssystems und der kontinuierlichen Anhebung der Leistungen. Dem AOW folgten weitere Volksversicherungen, darunter auch das Allgemeine Sozialhilfegesetz (ABW) von 1963.[369]

Parallel zu den Volksversicherungen wurden in den Niederlanden auch die Arbeitnehmerversicherungen weiter entwickelt. Gesetzliche Grundlage war für die Arbeitnehmerversicherung gegen Invalidität das Gesetz über die Arbeitsunfähigkeitsversicherung von 1967 (wet op de arbeidsongeschiktheidsverzekering (WAO)).[370] Das WAO sah einen völlig neuartigen und im internationalen Vergleich einmaligen Begriff des Invaliditätsrisikos[371] vor. Erstmals wurde im Gegensatz zu seinem Vorläufer, dem Invaliditeitswet, und dem Arbeitsunfallversicherungsgesetz, dem Ongevallenwet, nicht mehr nach der Ursache, insbesondere für die Frage, welcher Leistungsträger zuständig ist, unterschieden. Vielmehr wurde die Invalidität nun als allgemeines Risiko der Erwerbsunfähigkeit begriffen. Folglich erfolgte keine Trennung zwischen

[365] *Pöhler*, Alterssicherung in den Niederlanden, 1999 S. 108.

[366] *Ministerie van sociale Zaken en werkgelegenheid*, Kurze Übersicht über die Soziale Sicherheit in den Niederlanden, Stand 2000 S. 4.

[367] Siehe Fn. 337.

[368] Vgl. Ausführungen zum Mindesteinkommen Fn 353.

[369] Vgl. Fn. 348.

[370] Vgl. Fn. 343.

[371] Vgl. *de Klerk*, Forschung auf dem Gebiet der sozialen Sicherheit in den Niederlanden, IRSS, 1987 S.27, 29; Bericht anlässlich einer von der IVSS organisierten Tagung in Krakau 1987.

Sicherung wegen Arbeitsunfall und Invaliditätsversicherung. Dem niederländischen System eigen ist daher das Fehlen einer Unfallversicherung. Die Leistungen werden unabhängig von der Ursache der Erwerbsunfähigkeit gewährt.

1976 wurde neben der Arbeitnehmerversicherung für den Fall der Invalidität eine Volksversicherung für das Risiko der Invalidität im Allgemeinen Arbeitsunfähigkeitsgesetz (AAW)[372] geschaffen. Dieses sah ein System der Einwohnersicherung gegen das Risiko des Invalidität vor. Charakteristisch war, dass jeder Einwohner einen sozialen Mindestschutz erfährt. Dies bedeutete, dass auch Hausfrauen, Selbstständige und Frühinvalide in den personellen Anwendungsbereich des Gesetzes mit einbezogen waren. Eine solche Inklusion aller Einwohner war der Trend der niederländischen Sozialgesetzgebung in den 1970er Jahren und ist typisch für eine Volksversicherung.

Beginnend mit der Ölkrise und in ihrer Folge weltweiter Rezession geriet der Ausbau der sozialen Sicherung, insbesondere auch der Invaliditätssicherung, unter Beschuss. Bereits in den 1980er Jahren begann man mit Reformen zum Zwecke der Begrenzung der Sozialausgaben. So wurde 1985 zunächst das Leistungsniveau der Invaliditätssicherung durch eine Senkung der Höchstleistungsquote von 80% auf 70% der Bemessungsgrundlage[373] zurückgeschraubt. 1987 wurde eine Bemessung der Invalidität durch die sogenannte Diskontierung der Arbeitslosigkeit nach dem Grad der Erwerbsunfähigkeit[374] durch das Gesetz Invoeringswet stelselherziening sociale zekerheid[375] abgeschafft. Dies bedeutete erstmals, dass die Arbeitsmarktsituation nicht bei der Bestimmung des Grades der Erwerbsunfähigkeit und damit indirekt bei der Leistungshöhe berücksichtigt werden durfte.[376] Mithin wurde ein neuer Invaliditätsbegriff eingeführt. Vor der Reform wurde nämlich bei der Feststellung des Grades der Erwerbsunfähigkeit die jeweilige Arbeitsmarktsituation berücksichtigt.[377] Als erwerbsunfähig galt, wer in seiner Erwerbsfähigkeit krankheits- oder behinderungsbedingt teilweise beschränkt oder aus gesundheitlichen Gründen nicht mehr imstande war, die bisherige Arbeit auszuführen. Dies führte dazu, dass erwerbsunfähige Arbeitnehmer, die aufgrund der Arbeitsmarktsituation

---

[372] Stb. 1975, Nr. 674.

[373] Damit entsprach die Leistungshöhe aber auch dem Niveau der übrigen Sozialversicherungssysteme.

[374] Prinzip „verdiscontering van werkloosheid in het arbeidsongeschiktheidspercentage“ vgl. Art. 21, 2 a WAO und Art. 12, 2 a AAW in der Fassung bis zum 01.01.1987.

[375] Gesetz vom 06.11.1986, Stb. 1986, S. 567, zuletzt geändert am 15.12.1994, Stb. 1994, S. 916.

[376] Zum Zusammenhang zwischen Arbeitsmarkt und der Invaliditätssicherung vgl. *Klosse,* Bevordering van arbeidsparticipatie, ofwel: Werk boven „wig“ of „wig“ boven werk? Over achtergronden, doelstelling en middelen tot bevordering van arbeidsparticipatie, S. 21ff.

[377] Vgl. *Bosch, van den, Petersen,* Economie en arbeidsongeschiktheid, S. 281, 288.

keinen Arbeitsplatz finden konnten, auch wenn sie nicht den höchsten Grad der Erwerbsunfähigkeit erreichten, als vollständig erwerbsunfähig galten.[378] Auch teilweise Erwerbsunfähige erhielten im Ergebnis die maximalen Leistungen der Invaliditätssicherung. Darüber hinaus waren diese Leistungen im Unterschied zur Arbeitslosenversicherung nicht befristet, sondern liefen bis zum Erreichen des Rentenalters weiter. Der Anreiz für den einzelnen Versicherten, eine Invaliditätsleistung zu erhalten, war daher verhältnismäßig hoch. Ziel war daher, die Aufweichung und zunehmende Substitution der Invaliditätssicherung zugunsten der Arbeitslosenversicherung zu unterbinden und gleichzeitig teilweise erwerbsunfähige Versicherte in den Arbeitsprozess zu integrieren. Begleitet wurde diese Maßnahme aus diesem Grund auch durch Präventions- und Reintegrationsinstrumente. Den Arbeitgebern wurden weitgehende Verpflichtungen zur Einstellung, Wiedereinstellung und Aufrechterhaltung eines Arbeitsplatzes für Versicherte mit Ansprüchen nach den Invaliditätsversorgungen durch das Gesetz wet arbeid gehandicapte werknemers vom 16.05.1986 (WAGW)[379] auferlegt.

Jedoch kam es nicht zu einer Senkung der Erwerbsunfähigkeitszahlen und damit zu einer Begrenzung der kollektiven Lasten. Im Gegenteil, die Arbeitsmarktsituation[380] führte Ende der 1980er Jahre und zu Beginn der 1990er Jahre zu dem Massenphänomen der Gewährung von Invaliditätsrenten. Die steigende Tendenz konnte ab Ende der 1960er Jahre beobachtet werden. 1970 bezogen noch weniger als 200.000 Versicherte Invaliditätsleistungen, Mitte 1996 waren es fast eine Million.[381] Grund für diese Entwicklung war, dass die Invaliditätssicherung ein gesellschaftlich akzeptiertes Auffangbecken für die Arbeitskräfte geworden war, die auf dem Arbeitsmarkt nicht mehr untergebracht werden konnten.[382] Dies konnte aus juristischer Perspektive nur dadurch gelingen, dass unter den Begriff der Invalidität aufgrund großer Inter-

---

[378] Vgl. Art. 18 AAW; *Casmir,* Staatliche Rentenversicherungssysteme im internationalen Vergleich, S. 319.

[379] Stb. 1986, S. 300.

[380] 1984 erreichte die Arbeitslosigkeit eine Rekordhöhe von 750.000 Personen, vgl. Samenvatting van het rapport van de commissie Parlementaire Enquete Uitvoeringsorganen Sociale Verzekering. 1993, S. 2013, 2032.

[381] Vgl. *Ministerium van sociale Zaken en werkgelegenheid,* Kurze Übersicht über die Soziale Sicherheit in den Niederlanden, Stand 1996 S. 25. Damit waren die Niederlande Spitzenreiter in der EU, vgl. *Eichendorfer,* Reformen der gesetzlichen Rentenversicherung in anderen EU-Ländern, Mitteilungen LVA Oberfranken 1999, S. 200, 204.

[382] Diese Entwicklung konnte in nahezu allen europäischen Ländern beobachtet werden. Vgl. dazu *Bieber, Henzel,* Niederlande, DRV-Schriftenreihe Rentenversicherung im internationalen Vergleich 1999, S. 131, 135.

pretationsspielräume zahlreiche Fälle zu subsumieren waren. Es lag aber auch am politischen Willen.[383]

Seit Anfang der 1990er Jahre versuchte der Gesetzgeber mit einem neuen Konzept sozialer Sicherheit, so z.B. durch die Gesetze zur Eindämmung der Inanspruchnahme der Erwerbsunfähigkeitsregelungen vom 07.07.1993 (wet terugdringing beroep op de arbeidsongeschiktheidtsregeling (wet TBA))[384] und zur Eindämmung des Erwerbsunfähigkeitsvolumens vom 26.02.1992 (wet terugdringing arbeidsongeschiktheidtsvolumen (wet TAV)),[385] die Zahlen des Neubezuges einer Invaliditätsrente zu verringern und eine Reintegration von Erwerbsunfähigen zu ermöglichen. Damit einhergehend wurde mit dem Gesetz zur Eindämmung der Ausfallzeiten bei Krankheit eines Arbeitnehmers versucht, finanzielle Anreize für eine Wiedereingliederung von eingeschränkt Erwerbsfähigen in den Arbeitsprozess zu setzen (wet terugdringing ziekteverzuim (TZ)).[386] Inhaltlich sah die Reform eine völlige Neugestaltung des Leistungssystems vor.[387] Die neue Definition der Invalidität ließ die Berücksichtigung des Berufsstatus quasi völlig entfallen. Dies bedeutet, dass nunmehr ein Versicherter auf jede allgemein akzeptierte Arbeit in den Niederlanden verwiesen werden kann. Gleichzeitig wurde das Leistungsniveau dadurch gesenkt, dass Leistungen entsprechend dem Alter des Versicherten gestaffelt befristet gewährt werden. Zudem sahen die Reformen die Gewährung finanzieller Anreize an die Arbeitgeber zur Wiedereingliederung von Erwerbsunfähigen in den Arbeitsprozess vor.[388] Dies bedeutet, die Arbeitgeber wurden verstärkt zur Vermeidung krankheitsbedingter Ausfälle und zur Reintegration erkrankter Arbeitnehmer angehalten. So wurde bereits im Vorfeld der Erwerbsunfähigkeit der Teilnahme am Erwerbsprozess Vorrang vor dem Bezug von Sozialleistungen verschafft.[389] Gleichzeitig wurde die Organisationsstruktur für Leistungen wegen Invalidität geändert.[390]

---

[383] Vgl. Bericht der *Regierungskommission Burmeier* von 1993, TK 1993 22730 Nr. 7-8 S. 188 ff und 196 ff.; vgl. *Kötter,* Soziale Sicherheit in den Niederlanden, SozSich 1998, S. 339, 343f.

[384] Stb. 1993, Nr. 412.

[385] Stb. 1992, Nr. 82.

[386] Stb. 1993, Nr. 750.

[387] Es handelte sich um die Umsetzung einer neuen Prioritätensetzung unter dem Motto „Arbeit geht über Einkommen" (arbeid gaat boven inkomem), vgl. Sociale Nota 1994, S. 22.

[388] Die sogenannte Bonus- Malus-Regelung gemäß Art. 59 b - 59 m AAW mit der Arbeitgeber für die Einstellung erwerbsunfähiger Arbeitnehmer belohnt, für deren Entlassung „bestraft" werden sollen, vgl. *Kötter,* Soziale Sicherheit in den Niederlanden SozSich 1998, S. 339, 344.

[389] Vgl. *Klosse, Kötter,* Alter Wein in neuen Schläuchen ? - Das „privatisierte" System der Invaliditätssicherung in den Niederlanden, DRV 1998, S. 507 ff.

Schon kurze Zeit später wurden bereits erste Korrekturmaßnahmen ergriffen. Zum einen wurde die Bonus-Malus-Regelung nach heftigem Protest der Arbeitgeberseite wieder abgeschafft.[391] Zudem wurde für den Kreis älterer Arbeitnehmer, die zwar nach Gewährung einer befristeten Leistung wieder medizinisch für erwerbsfähig gehalten wurden, jedoch aufgrund der Arbeitsmarktsituation keine konkrete Aussicht auf eine Wiederaufnahme von Arbeit haben, doch wieder die Möglichkeit des Bezuges einer Leistung durch das wet Bia[392] eröffnet. Damit wurde die Außerachtlassung der konkreten Arbeitsmarktsituation wieder durchbrochen.

Eine weitere grundlegende und vor allem politisch gesteuerte Reform führte schon kurz nach diesen einschneidenden Reformen zu einer völligen Aufgabe des vorherigen Systems. Aufgrund eines Paradigmawechsels in der Sozialpolitik,[393] mit dem eine Neuverteilung der Verantwortlichkeit von Staat und Gesellschaft diskutiert worden war, kam es zur Übertragung der Sicherung des Arbeitnehmers bei Krankheit und Erwerbsunfähigkeit auf den Arbeitgeber. Unter dem Schlagwort „weniger Staat mehr Markt" („minder overheid, meer markt") bildete zudem das Kernstück der folgenden Reformen die teilweise Privatisierung der Sicherung bei Arbeitsunfähigkeit und Erwerbsunfähigkeit.[394] Diese veränderten Sichtweisen fanden zunächst ihren Niederschlag im Gesetz über die Ausdehnung der Lohnfortzahlungspflicht (wet uitbreiding loondoorbetalingsplicht (WULBZ))[395] Danach ist der Arbeitgeber verpflichtet, im Falle der Krankheit bzw. Arbeitsunfähigkeit des Arbeitnehmers bis zu einem Jahr den Lohn fortzuzahlen.[396] Der Arbeitgeber kann sich gegen die daraus entstehenden Kosten bei privaten Versicherungsunternehmen rückversichern. Dadurch dass der Arbeitgeber mehr in die Verantwortung genommen wird, soll ein Arbeitsausfall wegen Krankheit vermieden werden.

---

[390] Das vorhergehende Wet op de Sociale Verzekeringsbank (Wet SVB) und das Organisatiewet sociale verzekering (OSV) wurden durch das neue Organisatiewet sociale Verzekering (OSV) abgelöst.

[391] Wet afschaffing malus en bevordering reintegratie vom 02.11.1995 (Stb. 1995 Nr. 560).

[392] Tijdelike wet beperking inkomensgevolgen arbeidsongeschiktsheidscriterisa vom 07.02.1996 (Stb. 1996 Nr. 93).

[393] Dies war Kurs der sog. violetten Koalition, einem Bündnis aus Sozialdemokraten (PvdA), Rechtsliberalen (VVD) und Linksliberalen, die unter Ministerpräsident Wim Kok (PvdA) seit 1994 regierte.

[394] Vgl. *Kötter,* Das niederländische Wohlfahrtsstaatmodell - kein Vorbild mehr?, Sozialer Fortschritt 1997, S. 12 ff.

[395] Stb. 1996, Nr. 134.

[396] Für bestimmte Gruppen von Arbeitnehmern z.B. Frauen im Schwangerschafts- und Mutterschutzurlaub, wieder in den Arbeitsprozess integrierte, teilweise erwerbsunfähige Arbeitnehmer, flexible Arbeitskräfte, insb. Mitarbeiter von Zeitarbeitsunternehmen, kranke Arbeitslose und freiwillig Versicherte (etwa 15% aller Arbeitnehmer) gilt die frühere Regelung über das Ziektewet (ZW) (Stb. 1913, Nr. 204) weiter.

Durch das Gesetz zur Beitragsdifferenzierung und Marktwirkung in der Erwerbsunfähigkeitsversicherung (wet Premie differentiatie en Marktwerking bij Arbeidsongeschiktheidsverzekering (wet Pemba)[397]) wurde nach dieser Veränderung der Lohnfortzahlungsverpflichtung durch den Arbeitgeber eine weitere verstärkte Inanspruchnahme der Arbeitgeber eingeführt. Ziel dieses Gesetzes ist die Vermeidung von volkswirtschaftlichem Ausfall wegen Erwerbsunfähigkeit. Auch durch dieses Gesetz wurde die Beitragslast für die Invaliditätssicherung auf den Arbeitgeber übertragen. Hierbei wird nun aber eine Beitragsdifferenzierung der Höhe nach eingeführt, die dem Grad des Erwerbsunfähigkeitsrisikos des Betriebes entspricht. Durch eine sog. opting-out-Möglichkeit kann sich der Arbeitgeber entscheiden, für die ersten fünf Jahre dieses Erwerbsunfähigkeitsrisiko seiner Arbeitnehmer selber zu tragen bzw. dieses bei privaten Versicherungsunternehmen rückzuversichern und damit aus dem staatlichen System für einen gewissen Zeitraum entlassen zu sein. Die opting-out-Möglichkeit soll den Trägern der staatlichen Invaliditätssicherung Anreize zu einer möglichst effektiven Durchführung geben. Nur z.B. durch niedrige Beitragssätze aufgrund einer effektiven Durchführung können die Arbeitgeber veranlasst werden, von dieser begrenzten opting-out-Möglichkeit keinen Gebrauch zu machen. Der eintretende Wettbewerb setzt damit nicht nur auf die Stärkung der Verantwortlichkeit der Betroffenen, sondern auch auf Marktmechanismen. Diese neue Finanzierungsmöglichkeit ist nicht vereinbar mit der zuvor bestehenden Volksversicherung gegen Invalidität, dem AAW. Zuvor waren Beitragsschuldner für die Arbeitnehmerversicherung WAO und für das AAW allein die Arbeitnehmer. Allerdings wurden die Beiträge zum AAW faktisch durch den Arbeitgeber getragen, die den Arbeitnehmern einen entsprechenden Zuschlag auf ihr Gehalt bezahlten.[398] Die Entscheidung, eine vom Erwerbsunfähigkeitsrisiko eines Betriebes abhängige Beitragsdifferenzierung einzuführen, verlangt eine Beitragspflicht desjenigen, der das Erwerbsunfähigkeitsrisiko im Betrieb beeinflussen kann, also des Arbeitgebers. Da ohnehin nicht die Leistungen der Volksversicherung und der Arbeitnehmerversicherung gleichzeitig zur Auszahlung kamen, sondern Anrechnungsvorschriften vorlagen, hat sich der Gesetzgeber entschieden, die Volksversicherung für den Fall der Invalidität abzuschaffen. Die Niederlande verließen 1998 daher die herkömmlichen Pfade. Es verbleibt bei der Arbeitnehmerversicherung nach dem WAO, dessen sachlicher und personeller Anwendungsbereich sich durch die Reform von 1998 nicht wesentlich verändert hat. Jedoch wurde bei der Finanzierung durch die vollständige Kostenlast der Arbeitgeber eine Kehrtwende von 180 Grad vorgenommen.

---

[397] Stb. 1997, Nr. 175.

[398] Sog. Overhevelingstoeslag.

Als Ergänzung zu diesem System sieht die Reform der Invaliditätssicherung nun auch eine beitragsbezogene Möglichkeit vor, sich als Selbständiger (WAZ) versichern zu können. Diese Sicherung entspricht einer Einkommensersatzleistung auf der Höhe einer Mindestsicherung. Für Frühinvalide, bei denen in aller Regel noch keine oder nur eine geringe Beitragszahlung erfolgen konnte, sieht das System der sozialen Sicherheit nunmehr eine steuerfinanzierte Leistung vor (Wajong) Nur so konnte nach Wegfall der Volksversicherungen eine Sicherung dieser Gruppen erzielt werden.

Zuletzt wurde nun in den Jahren 2002 und 2003 durch das Gesetz Suwi-wet[399] die Organisationsstruktur weiter gestrafft und alle zuständigen Betriebsvereinigungen in eine Ausführungsbehörde (UWV) zusammengeführt. Zudem gab es weitere gravierende Änderungen, um den Arbeitgeber vermehrt zu Reintegrationsbemühungen zu aktivieren. Mit dem wet verbetering Poortwachter (WVP)[400] und den Regeling procesgang erste ziektejaar (Regelungen über den Prozeß des ersten Krankheitsjahres)[401] sollen frühzeitige Reintegrationen gefördert werden. Zunächst muss der Arbeitgeber versuchen, den erkrankten Arbeitnehmer in seinen Betrieb zu reintegrieren. Ab Januar 2003 wurde diese Verpflichtung erweitert. Der Arbeitgeber muss nun auch versuchen, seinen Arbeitnehmer bei einem anderen Arbeitgeber zu reintegrieren. Sind dabei die Bemühungen des Arbeitgebers nicht ausreichend, kann es zur Verpflichtung einer Lohnfortzahlung über die regulären 52 Wochen hinaus bis zu weiteren 52 Wochen kommen.[402]

III. Einordnung der Invaliditätssicherung in das Gesamtsystem der sozialen Sicherung

1. Abgrenzung zu anderen sozialen Risiken

Wie in anderen entwickelten Wohlfahrtsstaaten ist in den Niederlanden die soziale Sicherung bei Invalidität nicht Aufgabe eines einzelnen besonderen Versicherungszweiges, sondern sie ist auf verschiedene Teilsysteme sozialer Sicherheit verteilt. Während die Invaliditätssicherung noch bis 1998 dem ansonsten für die Niederlanden typischen dreistufigen Aufbau, nämlich der Sicherung auf sozialer Mindestebene, der Volksversicherung und der Arbeit-

---

[399] Vgl. 3. Teil VII.

[400] Wörtlich übersetzt bedeutet dies: Gesetz zur Verbesserung Türwächter; gemeint ist damit eine Zugangsbeschränkung zur Invaliditätsrente. Die Türwächter sind die Ausführungsbehörde, der Arbeitgeber als auch der Arbeitnehmer.

[401] Vgl. Erläuterungen zur Rehabilitation Teil 3 VI. 1.aa. und zum Feststellungsverfahren einer Rentenleistung Teil 3 VII. 1.

[402] Vgl. *Asscher-Vonk*, De zieke werknemer, 1997 S. 81, 89ff.

nehmerversicherung erfolgte, liegt nun nach der Abschaffung der Volksversicherung gegen Invalidität nur noch eine zweistufige Sicherungsebene mit ergänzenden Sicherungssystemen für besondere Bevölkerungsgruppen vor. Das WAO soll allen Arbeitnehmern ohne Rückgriff auf weitere Leistungsgesetze Schutz im Falle von Invalidität gewähren. Anders als bei der Volksversicherung wird damit nicht mehr ein umfassender Schutz der gesamten Bevölkerung garantiert. Jedoch kommt es nicht zur Zersplitterung des Schutzes gegen Invalidität z.B. durch eine gesonderte Unfallversicherung. Für einen Arbeitnehmer, der vor 1998 Anspruch wegen Invalidität gegen die Volksversicherung als auch gegen die Arbeitnehmerversicherung hatte, bedeutet dies aber nicht, dass er zwei, möglicherweise gleich hohe, Leistungen ausgezahlt bekam. Ein Arbeitnehmer, der Anspruch auf eine WAO- und eine AAW-Leistung hatte, erhielt nur die WAO-Leistung ausgezahlt.[403] Diese Kumulierungsvorschrift war nur dann unbeachtlich, wenn die AAW-Leistung die WAO-Leistung überstieg.[404] Denn für diesen Fall wurde die WAO-Leistung um den Betrag erhöht, um den die AAW-Leistung die WAO-Leistung überstieg. Eine Zergliederung für bestimmte Berufsgruppen wie z.B. Beamte und Angestellte im öffentlichen Dienst wurde ebenfalls zum 01.01.1998 abgeschafft. Auch sie unterliegen seitdem dem WAO.

2. Verhältnis zur gesetzlichen Alterssicherung

Die Invaliditätssicherung ist strikt getrennt von der gesetzlichen Sicherung wegen Alters. Es handelt sich um gesonderte Versicherungszweige. Das WAO begrenzt die Ansprüche auf die Vollendung des 65. Lebensjahres, danach hat auch ein Invalider nur noch Ansprüche aus der Alterssicherung.

Das niederländische Altersversorgungssystem stützt sich auf drei Säulen. Die erste Säule ist die gesetzliche Altersrente.[405] Dabei handelt es sich um eine Grundrente, die jedem Einwohner mit Erreichen des 65. Lebensjahres zusteht, unabhängig von der Tatsache, ob er Beiträge gezahlt hat oder nicht. Jedes Jahr, in dem der Pensionsberechtigte vom 15. Lebensjahr bis zum 65. Lebens-

---

403 Art. 36 a Abs. 1 AAW.

404 Art. 46 a Abs. 1 WAO.

405 Vgl. *Twaalfhoven,* Die Alterssicherung im internationalen Vergleich, Landesbericht Niederlande, DRV 1998, S. 391, 392; *Pieters,* Landesbericht Niederlande in *Zacher,* Alterssicherung im Rechtsvergleich 1991, S. 317ff; *Pöhler,* Alterssicherung in den Niederlanden, 1999, 213 ff.

jahr in den Niederlanden gewohnt hat, baut er 2% seiner AOW-Rente auf.[406] Ein Anspruch auf Sterbegeld besteht für die Hinterbliebenen nicht. Die Pensionsbeträge und der Zuschlag werden aufgrund einer Indexierung an den Mindestlohn in der Regel am 01.01. und am 01.07. jedes Jahres angepasst. Eine Konkurrenz zu Leistungen aus der Invaliditätssicherung kann gesetzestechnisch nicht eintreten. Diese erste Säule wird nach dem Umlageverfahren finanziert. Die Mittel für die Rentenleistungen werden danach von der arbeitenden Generation aufgebracht. Auch in den Niederlanden ist daher die demographische Entwicklung evident.[407] Die Beiträge zum AOW werden in ei-

[406] Die Höchstpension wird somit nach 50 Versicherungsjahren erreicht. Sie beträgt ab 01.07.2003 für Alleinstehende brutto 913,42 € zzgl. eines Urlaubsgeldes von 44,61 € pro Monat. Dieses Urlaubsgeld wird einmal jährlich im Mai ausgezahlt. Für Alleinstehende mit Kindern unter 18 Jahren beträgt die Pension 1.254,08 € zzgl. Urlaubsgeld 63,57 € pro Monat. Die Voraussetzungen für die Gewährung dieser erhöhten Rente sind, dass das Kind nicht als eigenes Kind oder als Pflegekind zum Haushalt einer anderen Person gehört (ansonsten wäre der Mehrbedarf nicht zu erklären) und der unverheiratete Pensionsberechtigte für dieses Kind Anspruch auf Kindergeld (AKW) hat. Für Verheiratete oder unverheiratete Paare, die beide das 65. Lebensjahr vollendet haben, beträgt die Pension für jeden 622,26 € zzgl. Urlaubsgeld von 31,86 € pro Monat. Erst vom 01.01.1987 an werden nach dem AOW unverheiratet zusammenlebende Personen mit verheiratet zusammenlebenden gleichgestellt. Als unverheiratet zusammenlebend werden die Pensionsberechtigten angesehen, die mit einer anderen Person einen gemeinsamen Haushalt führen, wenn die Führung dieses Haushalts einen dauerhaften Charakter hat und beide Personen zu den Haushaltskosten beitragen bzw. für einander sorgen. Zudem darf zwischen den beiden Personen keine Blutsverwandtschaft ersten Grades (z.B. Eltern/Kind) bestehen. Unerheblich für die Annahme eines Zusammenlebens ist das Geschlecht der betroffenen Personen. Dauernd getrennt lebende Ehepartner werden als unverheiratet angesehen. Ist der Partner noch keine 65 Jahre, dann hat er Anspruch auf eine Zulage von ebenfalls höchstens 50% des Nettomindestlohnes (622,26 €), ausgezahlt werden somit 1.244,52 € zzgl. 63,72 € Urlaubsgeld. Wenn der Beginn des Anspruchs auf die Renten vor dem 01.02.1994 liegt und der Partner das 65. Lebensjahr noch nicht vollendet hat, entspricht der Rentenbetrag 70% des niederländischen Nettomindestlohnes. Der Zuschlag beträgt dann höchstens 30% (338,38 €). Für Renten, die nach diesem Datum beginnen, beträgt der Zuschlag höchstens 50% des Nettomindestlohnes (622,26 €). Der Zuschlag hängt vom Erwerbseinkommen oder dem arbeitsbezogenen Einkommen des jüngeren Partners ab. Bei Renten, die am 01.07.1996 beginnen, wird das Erwerbseinkommen vollständig vom Zuschlag abgezogen. Ein Teil des Erwerbseinkommens -und bei Renten, die vor dem 01.07.1996 beginnen, auch vom arbeitsbezogenen Einkommen-, bleibt unberücksichtigt (15% des Mindestlohnes plus ein Drittel des Restes). Bei einem Bruttoeinkommen unter 187,38 € wird der Zuschlag noch vollständig ausgezahlt. Bei einem Bruttoeinkommen über 694,95 € (30%-Zuschlag) oder 1.120,77 € (50%-Zuschlag) wird überhaupt kein Zuschlag mehr ausgezahlt. Bei Einkommen, die zwischen dem Mindest- und dem Höchsteinkommen liegen, wird der Zuschlag teilweise ausgezahlt. Für Personen, die am oder nach dem 01.01.2015 65 Jahre alt werden, ist kein Zuschlag mehr möglich. Vgl. *Ministerium van sociale Zaken en werkgelegenheid,* Kurze Übersicht über die Soziale Sicherheit in den Niederlanden, Stand 2003.

[407] Vgl. zu dieser Problematik, *Twaalfhoven,* Die Alterssicherung im internationalen Vergleich, DRV 1998, S. 391, 395 ff. Die Demographische Entwicklung spielt in allen Staaten der EU eine besorgniserregende Rolle bei der Frage der Alterssicherung. Vgl. *Missoc-Bericht 2003 (EG-Kommission).*

ner Summe zusammen mit der Lohnsteuer unter Zugrundelegung eines zu versteuernden Einkommens aus Arbeit und Vermietung bzw. Verpachtung von höchstens 28.850 € pro Jahr erhoben. Der Beitragssatz zum AOW beträgt 17,9% und wird alleine von den Arbeitnehmern getragen.[408] Die Gesamtsumme der im Jahre 2001 ausgezahlten AOW-Leistungen beläuft sich auf 6,2% des Bruttoinlandsprodukts.

In der zweiten Säule werden die von der Höhe des letzten Lohnes abhängigen Altersversorgungsleistungen gezahlt. Hierbei handelt es sich um kollektive betriebliche oder branchenspezifische Altersversorgung, die zusätzlich zur gesetzlichen Altersrente aufgebaut wird. Arbeitgeber in den Niederlanden sind nicht zur Gewährung einer solchen Leistung verpflichtet, der Großteil der Arbeitnehmerschaft hat jedoch eine zusätzliche betriebliche Altersersorgung. Die Summe der betrieblichen Altersversorgungsleistungen beläuft sich 2001 auf 3,8% des Bruttoinlandsprodukts.[409] Da die betriebliche Altersversorgungsregelungen dezentral gestaltet werden, gibt es zahlreiche Varianten. Beim überwiegenden Teil der Regelungen gilt das zuletzt verdiente Gehalt als Bemessungsgrundlage für die Leistungen. Der niederländische Gesetzgeber hat nicht zwingend vorgeschrieben, dass jeder Arbeitnehmer durch eine zusätzliche Altersversorgung abgesichert sein muss. Wenn es jedoch eine betriebliche Versorgung gibt, muss sie eine Reihe gesetzlicher Bestimmungen erfüllen.[410] Traditionell zielten diese Bestimmungen auf den Schutz der Arbeitnehmerinteressen.[411] Insbesondere werden die im Kapitaldeckungsverfahren erwirtschafteten Beträge unternehmensextern verwaltet, und der Arbeitnehmer hat die Möglichkeit, beim Arbeitsplatzwechsel seine bisherigen Ansprüche auf den neuen Arbeitgeber übertragen zu lassen.

Eine besondere Möglichkeit innerhalb der betrieblichen Vorsorge stellen die sog. Vorruhestandssysteme (VUT) dar. Dabei handelt es sich um Frühverrentungssysteme, mit denen ein Arbeitnehmer eine vorzeitige Altersrente bezie-

---

[408] Gesetzlich festgelegt ist eine Obergrenze des Beitragssatzes von 18,5%. Der Beitragssatz ist seit 6 Jahren aber stabil geblieben; vgl. *Anderson,* Wohlfahrtsstaat und Arbeitsmarkt in Schweden und den Niederlanden, Revue IRSS 2001, S. 407, 410.

[409] Vgl. *Centraal Bureau voor de Statistiek 2001,* Rentenleistungen S. 10.

[410] Die betriebliche Alterssicherung wird durch das Rentenspargesetz (Pensioen en sparfondswet (PSW)) reguliert. 2000 gab es in den Niederlanden 947 zusätzliche Rentensysteme (pensionsfonds). Vgl. Informationen des *sociaal-economische Raa*d 2001, S. 27. 2001 zahlten die Arbeitgeber 6,7% und die Arbeitnehmer 2,3% des insgesamt anfallenden Lohnsummen in Modelle der zweiten Säule ein; vgl. *Ministerium van sociale Zaken en werkgelegenheid,* Kurze Übersicht über die Soziale Sicherheit in den Niederlanden, Stand 2002.

[411] *Casmir,* Staatliche Rentenversicherungssysteme im internationalen Vergleich, 1989 S. 43 f, 313ff.

hen kann.[412] Diese seit den 1980er Jahren bekannten Modelle sind deswegen besonders beliebt, da das niederländische System keine vorgezogenen Altersrenten kennt.[413]

Die dritte Säule der niederländischen Altersversorgung stellt die private Vorsorge dar. Es gibt eine Vielzahl individueller Angebote der Versicherungsgesellschaften, die auch die betrieblichen Versorgungen ergänzen. Die Leistungen aller privaten Altersvorsorgemaßnahmen beläuft sich 2001 auf jährlich 1,3% des Bruttoinlandsproduktes mit steigender Tendenz.[414]

3. Verhältnis zur gesetzlichen Unfallversicherung

Auffällig und selten im Vergleich zu den anderen OECD-Ländern ist, dass die Niederlande keine eigenständige Absicherung für das Risiko Arbeitsunfall haben. Die Folgen eines Arbeitsunfalls oder auch einer Berufskrankheit werden für den Fall eines Eintritts einer Invalidität über die allgemeine Invaliditätssicherung abgesichert.

Ein solcher Verzicht auf diese Form der sozialen Sicherung beruht auf der Einführung des WAO 1967, denn die ursprünglichste Versicherung war das 1901 eingeführte Ongevallenwet, welches gerade die Sicherung der Arbeitnehmer gegen Arbeitsunfälle vorsah. 1921 wurde das Ongevallenwet reformiert und vor allem erweitert. Alle Sektoren der Wirtschaft mit Ausnahme der Landwirtschaft, des Gaststätten- und Hotelgewerbes und der Schifffahrt wurden in den personellen Anwendungsbereich der Arbeitsunfallversicherung einbezogen. Neben Einkommensersatzleistungen sah das Gesetz auch Rehabilitationsleistungen vor. Zugleich wurde eine wachsende Anzahl von Berufskrankheiten anerkannt und dem Arbeitsunfall gleichgestellt. Daneben wurde 1913 erstmals das Invaliditeitswet eingeführt. Dieses sicherte die Arbeitnehmer ursachenunabhängig gegen die finanziellen Folgen der Invalidität.

Mit Einführung des WAO wird nicht mehr nach der causa der Invalidität differenziert, sondern die Invalidität wird als allgemeines Risiko der Erwerbsun-

---

[412] *Pöhler,* Alterssicherung in den Niederlanden, 1999, S. 100; Die Ausgaben der privaten VUT-Leistungen haben sich in den letzten drei Jahrzehnten verdreifacht und stagnierten seit Ende der 1990er Jahre im Einklang mit der stabileren ökonomischen Lage und der stark gesunkenen Arbeitslosigkeitszahlen; vgl. *Centraal Bureau voor de Statistiek 2001,* Rentenleistungen S. 10.

[413] *Anderson,* Wohlfahrtsstaat und Arbeitsmarkt in Schweden und den Niederlanden, Revue IVSS, 2001, S. 407, 410.

[414] Vgl. *Centraal Bureau voor de Statistiek 2001,* S. 10.

fähigkeit begriffen. Die Leistungen aus dem WAO werden daher ursachenunabhängig erbracht.

Aus diesem Grund enthält das WAO auch keine besonderen Präventionspflichten wie z.B. Arbeitssicherheitsbestimmungen für die Arbeitgeber.[415] Diese sind in einem besonderen Gesetz für den betrieblichen Arbeitsschutz im Arbeidsomstandighedenwet vom 08.11.1980 (Arbowet)[416] geregelt. Zu den den Arbeitgeber danach treffenden Verpflichtungen gehören seit dem 01.01.1994[417] im Zuge der Umsetzung der EG-Richtlinie über Arbeitsschutz vom 12.06.1989 auch Maßnahmen zur Vermeidung von Arbeitsausfall wegen Krankheit (Art. 4 a Arbowet). Der Arbeitgeber muss seine Unternehmensführung darauf ausrichten, Arbeitsausfall wegen Krankheit möglichst zu vermeiden und Arbeitnehmer so schnell wie möglich wieder zu reintegrieren. Dazu muss er insbesondere mit Hilfe eines internen oder externen sachverständigen Dienstes (sog. Arbodienst) die Risiken in seiner Unternehmensstätte inventarisieren und möglichst beheben.

Die grundsätzlich vorliegenden arbeitsrechtlichen bzw. bürgerlich-rechtlichen Verpflichtungen eines Arbeitnehmers gegen seinen Arbeitgeber werden in den Niederlanden durch Art.7:658 BW[418] begrenzt. Danach ist der Arbeitgeber nicht haftbar für Schäden, die im Verband mit der ausgeübten Arbeitstätigkeit stehen.[419] Jedoch gibt es eine Anspruchsgrundlagen gegen einen Arbeitgeber, die die Verpflichtung ein verständiger und guter Arbeitgeber (Art. 7:611 BW) zu sein normiert sowie die Verpflichtung, angemessene Arbeitsmöglichkeiten auch für beeinträchtigte Menschen zu bieten (Art. 7:658 BW). Insbesondere über Art. 7:611 BW wird eine vorsätzliche Schädigung entschädigt. Der Ausweitung auch auf Fahrlässigkeit ist der Hoge Raad, trotz Einzelfallentscheidungen der unteren Instanzen nicht gefolgt.[420]

---

415 Diese wären typischerweise in den gesetzlichen Regelungen der Unfallversicherung enthalten. Vgl. §§ 14 - 25 SGB VII.

416 Stb. 1980, S. 664.

417 Wet houdende wijzingen van de Arbeidsomstandinghedenwet en einige andere wetten in verband met de tenuivoerlegging van de Richtlijn van de Raad van de europese Gemeenschappen van 12.06.1989 betreffende de tenuitvorlegging van maatregelen ter bevordering en de verbetering van die veiligheid en de gezondheit van werknemers op het werk en in verband met enige andere onderwerpen (Stb. 1993, S. 757).

418 Stb. 1975, S. 675.

419 *Barentsen,* arbeidsongeschiktheid, 2003, S. 26; *Fluit,* De verruiming van de werkgeversaansprakelijkheid voor bedrijfsongevallen en beroepsziekten , Sociaal Recht 2000, S. 43.

420 HR 22.01.1999, NJ 1999, S. 534; HR 30.01.1998, NJ 1998, S. 476.

4. Verhältnis zur gesetzlichen Krankenversicherung

In den Niederlanden ist die soziale Sicherung der Kosten der medizinischen Versorgung getrennt von der sozialen Sicherung des Einkommens bei Krankheit. Bis 1993 wurden Einkommenseratzleistungen bei krankheitsbedingter Arbeitsunfähigkeit durch die Arbeitsunfähigkeitsversicherung nach dem Krankheitsgesetz ZW versichert. Es handelte sich um eine Arbeitnehmerversicherung. Die Beiträge wurden je zur Hälfte von den Arbeitgebern und den Arbeitnehmern gezahlt. Arbeitsunfähige Arbeitnehmer erhielten bis zu 52 Wochen lang Krankengeld in Höhe von 100% des zuvor erzielten Verdienstes. Das Krankengeld wurde auf Ansprüche aus der gesetzlichen Lohnfortzahlungspflicht und auf tarifliche Lohnfortzahlungsansprüche angerechnet. Mit diesem System kam es in den Niederlanden zu hohen Arbeitsunfähigkeitsquoten, die sich in hohen Erwerbsunfähigkeitsquoten fortsetzten. Im Rahmen der Diskussion um eine Senkung der Zahl der Erwerbsunfähigen sah man es für notwendig an,[421] Arbeitsunfähigkeit präventiv zu evaluieren und eine Wiedereingliederung noch im ersten Jahr der Arbeitsunfähigkeit zu ermöglichen.

Mit dem Gesetz zur Eindämmung des Arbeitsausfalls wegen Krankheit (wet terugdringing ziekteverzuim (wet TZ))[422] wurde daher die gesetzliche Lohnfortzahlungspflicht von zwei Wochen für Arbeitgeber von Betrieben mit weniger als 15 Arbeitnehmern und von sechs Wochen für Arbeitgeber größerer Betriebe geschaffen. Der gesetzliche Lohnfortzahlungsanspruch wurde auf 70% des vor der Arbeitsunfähigkeit verdienten Lohns beschränkt. Hiervon gibt es Abweichung nach oben, falls dies in einem Tarifvertrag (CAO) vorgesehen ist. Zumindest ist der jeweilige Mindestlohn an den Arbeitnehmer zu zahlen.[423]

1996 wurde dann die Lohnfortzahlungspflicht mit dem Gesetz über die Ausbreitung der Lohnfortzahlungsverpflichtung (wet uitbreding loondoorbetalingspflicht bij ziekte (Wulbz))[424] auf 52 Wochen ausgedehnt. Die ersten beiden Krankheitstage können bei einer entsprechenden arbeitsvertraglichen oder tarifvertraglichen Regelung zu Lasten der Arbeitnehmer gehen. Der Lohn

---

[421] Vgl. *Kronenburg-Willems,* Dossier WAO, PS-Special 2003, S. 25. Diese Auffassung spiegelt sich wieder im Gesetz zur Zurückdrängung des Arbeitsausfalls wegen Krankheit (Wet terugdringing ziekteverzuim) von 1994.; vgl. *Beuster,* Das Sozialversicherungssystem in den Niederlanden, ZfS 2001, S. 129ff.

[422] Stb. 1993, S. 750.

[423] Dies folgt ebenfalls aus dem Gesetz über den Minimumlohn, dessen Rechtscharakter sich durch das ganze Sozial System in den Niederlanden zieht; vgl. Fn. 353.

[424] Stb 1996 S. 134; vgl. *Hoogendijk,* betalingsverpflichting gedurende het erste ziektejaar, 1999, S. 11ff.

wird grundsätzlich nur bis zum Ende der Laufzeit des Arbeitsvertrages geleistet, auch wenn dadurch die 52 Wochenfrist nicht eingehalten wird. Mit dem wet verbetering Poortwachter (WVP) und den Regeling procesgang erste ziektejaar (Regelungen über den Prozess des ersten Krankheitsjahres) kann es zu einer weiteren Verlängerung der Lohnfortzahlungsdauer von bis zu weiteren 52 Wochen kommen. Ab dem 01.04.2002 sehen diese neuen Regelungen eine weitere Inpflichtnahme des Arbeitgebers vor. Sie enthalten umfangreiche Maßnahmen, die ein Arbeitgeber während des ersten Krankheitsjahrs seines Arbeitnehmers vorzunehmen hat.[425] Kommt der Arbeitgeber im ersten Krankheitsjahr den von ihm verlangten Reintegrationsbemühungen nicht bzw. nicht in ausreichendem Maße nach, kann der Versicherungsträger in Form einer Sanktion den Arbeitgeber verpflichten, bis zu weitere 52 Wochen Lohn zu zahlen. Damit diese Bemühungen nicht durch eine Kündigung unterlaufen werden, greift der bürgerlich-rechtliche vorgesehene Kündigungsschutz von zwei Jahren bei Arbeitsausfall wegen Krankheit.[426]

Die Rechtsgrundlage für den Anspruch des Arbeitnehmers gegen den Arbeitgeber befindet sich generell im Bürgerlichen Gesetzbuch der Niederlande Art. 7:629 BW. Das finanzielle Risiko, das den Arbeitgeber mit dieser Verpflichtung trifft, kann er privat rückversichern, so dass auch hier der Trend zur Privatisierung deutlich wird.[427]

Das ZW bleibt als „Auffangnetz" für Arbeitnehmer bestehen, die keine Arbeitgeber (mehr) haben sowie für besonders schutzwürdige Gruppen von Arbeitnehmern. Es handelt sich u.a. um Arbeitnehmer, die im ersten Krankheitsjahr ihre Stelle verlieren, kranke Zeitarbeitskräfte ohne festen Vertrag, freiwillig Versicherte, Heimarbeiter und Praktikanten sowie kranke Arbeitslose; außerdem bei Krankheit vor und nach den insgesamt 16 Wochen Schwangerschafts- und Geburtsleistungen, bei Konkurs des lohnfortzahlenden Arbeitgebers, bei Krankheit in den ersten fünf Jahren nach Einstellung eines eingeschränkt Arbeitsfähigen und bei Krankheit infolge Organspende. Für diese Gruppe verbleibt es bei der ursprünglichen Volksversicherung, dem ZW, da der Gesetzgeber die Arbeitsmarktchancen dieser Personen nicht gefährden wollte. Das Krankengeld nach dem ZW beträgt 70% des Tageslohnes (Höchsttageslohn 165,63 €).[428] Finanziert werden die Leistung aus Aufschlä-

---

[425] Vgl. dazu die Ausführungen zur Reintegration 3. Teil VII. 1. bb. und für das formelle Feststellungsverfahren der WAO 3. Teil 3 IX. 1.

[426] Vgl. *Pennings,* De WAO, S. 66, 68.

[427] Der Anteil der Rückversicherung bei der Privatwirtschaft liegt bei über 90% vgl. szw.-niews vom 20.11.1997, *Bokeloh,* Sozialpolitik im internationalen Vergleich, 2003, S. 26 ff.

[428] Vgl. *Ministerium für Arbeit und Soziales,* Abteilung Kommunikation, soziale Sicherheit in den Niederlanden 2003.

gen auf die Beiträge zur Arbeitslosenversicherung (WW), die je zur Hälfte von den Arbeitgebern und den Arbeitnehmern zu tragen sind.[429] Nach 52 Wochen wird geprüft, ob der kranke Arbeitnehmer einen Anspruch auf eine WAO-Leistung hat.[430] Bei Schwangerschaft haben Arbeitnehmerinnen, weibliche Beamte und Selbständige mindestens sechzehn Wochen lang einen Anspruch auf eine Leistung nach dem Gesetz Arbeit und Hilfe (wet arbeid en zorg) in Höhe des Tageslohnes (100%). Die Leistung nach dem ZW kann unter bestimmten Voraussetzungen um einen Zuschlag nach dem Zulagengesetz ergänzt werden.[431]

Im Niederländischen wird der Begriff „arbeidsongeschiktheid" sowohl für die primäre Arbeitsunfähigkeit im Sinne des Wulbz und der ZW gebraucht als auch für die Erwerbsunfähigkeit bzw. Invalidität nach dem WAO. Es bestehen jedoch inhaltliche Unterschiede. Die Arbeitsunfähigkeit im Sinne der Krankenversicherung ist ein medizinischer Begriff, der darauf abstellt, dass jemand aus medizinischer Sicht nicht mehr in der Lage ist, seine bisherige Tätigkeit zu verrichten. Der Erwerbsunfähigkeitsbegriff ist dagegen von der Minderung der Erwerbsfähigkeit für jeglichen Arbeitsplatz geprägt und damit zugleich ein makroökonomischer Begriff. Versicherungstechnisch wird in der WAO die allgemeine Verdienstkapazität geschützt und in der Wulbz/ZW die Arbeitsunfähigkeit bezogen auf eine konkret ausgeübte Tätigkeit.[432] Wulbz und ZW kennen keine teilweise Arbeitsunfähigkeit, während das WAO auch Leistungen bei teilweiser Erwerbsunfähigkeit vorsieht.[433]

Eine Konkurrenz zu Leistungen aus dem WAO kann nicht eintreten, da gesetzlich definiert ist, dass eine WAO-Leistung erst nach den 52-Wochen Arbeitsunfähigkeit im Sinne des Wulbz/ZW eintreten kann bzw. dieser Zeitraum Voraussetzung ist, um eine WAO-Leistung beantragen und erhalten zu können. Lediglich für teilweise erwerbsunfähige Arbeitnehmer, die wieder in den Arbeitsprozess integriert werden sollten, aber nach Wiederaufnahme der Erwerbstätigkeit erkranken, kann sich die Frage auftun, ob direkt im Anschluss die Gewährung einer WAO-Leistung in Frage kommt. Dies ist der Fall, wenn der Arbeitnehmer wegen der ursprünglichen Erkrankung nicht reintegriert

429 Aus diesem Grund handelt es sich auch um eine Zwitterstellung. Nach dem personellen Anwendungsbereich handelt es sich um eine Volksversicherung, auf der Finanzierungsseite um eine Arbeitnehmerversicherung.

430 Die UWV sendet dem Versicherten 8 Monate nach dem ersten Krankheitstag einen Vordruck für die Beantragung der WAO-Leistung.

431 Vgl. 3. Teil 3 III. 6.c.

432 Vgl. *Noordam,* Socialzekerheidsrecht, S. 134.

433 Vgl. *Ministerium für Arbeit und Soziales*, Abteilung Kommunikation, Soziale Sicherheit in den Niederlanden 2003.

werden konnte oder aber, wenn er einen Anspruch auf Krankengeld hat. Diesen hat der Arbeitsunfähige nur für eine neue Krankheit, aber nur nach dem ZW und nicht nach dem Wulbz.

Neben die Sicherung des Einkommensausfalls tritt die Sicherung für medizinische Versorgung. Dieses Risiko eines krankheitsbedingten Sonderbedarfs wird in den Niederlanden im wesentlichen durch zwei Systeme gewährleistet. Zum einen durch das Krankenkassengesetz vom 15.10.1964 (Ziekenfondswet (ZFW)),[434] welches sich als Arbeitnehmerversicherung darstellt und zum anderen im Sinne einer Volksversicherung nach dem Allgemeinen Gesetz über die besonderen Krankheitskosten vom 14.12.1967 (Algemene wet Bijzondere Ziektekosten (AWBZ)).[435] Nach dem Krankenkassengesetz können Krankenhausaufnahme, medizinische, heilberufliche und begrenzte zahnmedizinische Hilfe sowie Heil- und Hilfsmittel und Rehabilitationen im Rahmen einer Sachleistung beansprucht werden.

Arbeitnehmer mit einem vertraglich festgesetzten Lohn unter 31.750 € jährlich (dies stellt die sogenannte Versicherungspflichtgrenze für das Jahr 2003 dar)[436] und die meisten Personen, die eine Sozialleistung beziehen, sind pflichtversichert. Bei einem Überschreiten dieser Versicherungspflichtgrenze gibt es keine Möglichkeit zur freiwilligen Weiterversicherung in der gesetzlichen Krankenversicherung.[437] Aus diesem Grund haben circa 30% der Bevölkerung eine private Krankenvollversicherung abgeschlossen.[438] Seit 2000 sind unter bestimmten Bedingungen auch selbständige Unternehmer mit einem zu versteuernden Einkommen von weniger als 20.250 € versichert. Im Allgemeinen können der Partner (verheiratet oder zusammenlebend), falls dieser jünger als 65 Jahre ist und zum Haushalt des Versicherten gehört, sowie Kinder mitversichert sein. Voraussetzung für die Mitversicherung ist, dass der Versicherte den Lebensunterhalt des Mitversicherten bestreitet.[439] Seit 2002 sind zudem unter bestimmten Voraussetzungen diejenigen krankenversichert, die Unterstützung erhalten und ein zu versteuerndes Sammeleinkommen unter-

---

[434] Stb. 1964, S. 392.

[435] Stb. 1967, S. 617.

[436] Vgl. *Ministerium für Arbeit und Soziales,* Abteilung Kommunikation, Soziale Sicherheit in den Niederlanden 2003.

[437] Wenn ein niederländischer Krankenkostenversicherer eine Person nicht für eine normale Privatkrankenkostenversicherung akzeptiert, besteht die Möglichkeit unter bestimmten Voraussetzungen eine sog. „Standaardpakketpolis" abzuschließen. Es handelt sich um eine Privatversicherung mit Annahmepflicht.

[438] *Kötter,* Soziale Sicherheit in den Niederlanden, SozSich 1998 S. 339, 346.

[439] Dies liegt vor, wenn der Lohn des Versicherten mindestens die Hälfte des Gesamteinkommens des Versicherten und seines Partners ausmacht.

halb von 20.250 € haben und die zuvor in der Krankenversicherung des ehemaligen Partners mitversichert waren.

Die Beiträge zahlen sowohl der Arbeitgeber als auch der Arbeitnehmer. Der Arbeitnehmer zahlt 1,7% seines Lohnes und der Arbeitgeber 6,75% des Lohnes als Krankenversicherungsbeitrag. Pflichtversicherte Sozialleistungsempfänger und Frührentnern nach Vorruhestandsregelungen bezahlen wie Arbeitnehmer 1,7%, der Leistungsträger übernimmt den Anteil des Arbeitgebers in Höhe von 6,75%. Es gilt eine Beitragsbemessungsgrenze von 111 € pro Tag, Selbstständige müssen Beiträge von höchsten 20.250 € zu versteuerndem Einkommen zahlen. Unterstützungsempfänger bezahlen 8,45% der Unterstützung.

Personen, die 65 Jahre oder älter sind, sind aufgrund des Krankenkassengesetzes versichert, wenn sie am letzten Tag vor dem Monat, in dem sie das 65. Lebensjahr erreicht haben, bei einer Krankenkasse versichert waren und dies auch drei von fünf Jahren davor im Sinne einer Zugangsvoraussetzung zum Krankenkassengesetz waren. Personen, die bei Erreichen des 65. Lebensjahres privat versichert waren und eine zu versteuerndes Einkommen von weniger als 20.200 € beziehen, können in die Krankenkassenversicherung aufgenommen werden. Rentner bezahlen 8,45% Krankenkassenbeitrag über die AOW-Leistung und 5,95% von zusätzlichen Leistungen z.B. aus betrieblichen Renten bzw. eventuellem Lohn bis zu einer Grenze von 28.971 €.[440]

Neben dem prozentualen Beitrag ist für jeden Hauptversicherten über 18 Jahre und seinen eventuell Mitversicherten noch ein Festbetrag pro Monat zu zahlen, der sog. Nominalbeitrag. Dieser wird von den Krankenkassen als Leistungsträger selber bestimmt und soll den Wettbewerb zwischen den Krankenkassen beleben. Derzeit liegen die Beiträge durchschnittlich bei 110 € im Jahr. Die Differenz zwischen den einzelnen Leistungsträgern ist nicht größer als 50 € im Jahr. Das Leistungsspektrum des ZFW wurde mehrfach eingeschränkt. Zudem wurden zum 01.01.1997 erstmals eine umfassende Zuzahlungs- und Selbstbeteiligungspflicht der Versicherten in der gesetzlichen Krankenversicherung eingeführt. Die Versicherten müssen seither 20 Prozent der Kosten für ärztliche Behandlung für Arznei- und Verbandsmittel und Heil- und Hilfsmittel bis zu insgesamt 100 € im Jahr selber tragen. Erhebliche medizinische Risiken, die nicht über die Krankenkasse oder die private Krankenversicherung gedeckt sind, werden für Einwohner nach den Bestimmungen des AWBZ versichert. Es geht dabei um verschiedene Formen der

---

[440] Vgl. *Ministerium für Arbeit und Soziales,* Abteilung Kommunikation, Soziale Sicherheit in den Niederlanden 2003.

Betreuung und Pflege in Einrichtungen (z.B. Heimen), Pflege in Krankenhäusern und Rehabilitationseinrichtungen ab dem 366. Tag. Ziel des AWBZ war es ursprünglich, die Bevölkerung gegen die mit langandauernden und schweren Krankheiten verbunden hohen finanziellen Risiken, z.B. bei Pflegebedarf, zu sichern. Im Laufe der Zeit wurden aber auch Leistungen in das AWBZ integriert, bei denen das hohe Kostenrisiko weniger Bedeutung hat, wie z.B. Vorsorgeuntersuchungen. Die Leistungen werden auch beim AWBZ als Sachleistung erbracht. Der Beitragssatz des einkommensabhängigen, allein von dem Versicherten zu tragenden AWBZ-Beitrag beträgt ab 01.07.2003 12,55% bei einer Beitragsbemessungsgrenze von 28.850 €. Zudem sind die Leistungen an die Zahlung von Eigenanteilen geknüpft.[441]

5. Verhältnis zur gesetzlichen Arbeitslosenversicherung

Bei Arbeitslosigkeit haben Arbeitnehmer Anspruch auf Leistungen nach dem sog. Arbeitslosigkeitsgesetz (WW)[442]. Das WW versichert seit dem 01.01.2001 auch Beamte gegen die finanziellen Folgen von Arbeitslosigkeit.

---

[441] Alleinstehende ab 18 Jahre und (Ehe)Paare, die dauerhaft in einer in einer AWBZ-Einrichtung z.B. Pflegeheim versorgt werden, bezahlen einen einkommensabhängigen „hohen" Eigenanteil von bis zu 1.624 € im Monat (dieser hohe Höchstbetrag ist nach einer Rechtsprechung des CRvB ab 01.04.2003 für neue Fälle und zum 01.01.2004 für jeden anderen Versicherten ungültig). Der hohe Beitrag beginnt nach sechs Monaten. In der Zeit davor wird ein geringerer Beitrag erhoben, je nach Einkommen mindestens 106 € und höchstens 556 €. Psychotherapien sind im ersten Jahr beitragsfrei. Seit dem 01.01.2003 wird der Eigenanteil für neue Fälle auf andere Weise festgelegt. Dem Beitrag wird das Sammeleinkommen für die Steuer im Bemessungsjahr abzüglich der in dem Jahr fälligen Steuern zugrunde gelegt. Dieser Betrag ist nur einmal anzugeben und wird dann jährlich indexiert. Das Bemessungsjahr ist das zweite Jahr, das dem Jahr vorausgeht, in dem der Versicherte seinen Pflegeanspruch geltend macht. Der monatliche geringe Beitrag beträgt 10% dieses Sammeleinkommens abzüglich Steuer, dividiert durch zwölf, wobei ein Mindestbetrag von 106 € und ein Höchstbetrag von 556 € pro Monat gilt. Zwecks Festlegung des hohen Beitrags werden von dem Sammeleinkommen nicht nur die Steuern, sondern auch bestimmte Anrechnungsbeträge abgezogen. Welche Anrechnungsbeträge möglich sind, wird jährlich ermittelt. Folgende Beträge können z.B. angerechnet werden, 15% des zu erwartenden Nettoarbeitseinkommens bzw. Krankengeldes des vorangegangenen Jahres, ein Betrag für Taschen- und Kleidergeld, Beiträge für die Krankenversicherung. Der hohe Monatsbeitrag entspricht diesem Endbetrag dividiert durch zwölf, übersteigt jedoch nicht den oben genannten Höchstbeitrag. Für Personen, die sich am 31.12.2002 bereits in einer AWBZ-Einrichtung befanden und Beiträge zahlten, gilt als Übergangsregelung, dass der im Jahr 2002 geltende Beitrag bis zum 01.01.2007 nicht für jedes Jahr neu festgelegt, sondern indexiert wird. Eine Neufeststellung des Beitrages ist möglich, wenn im Monat nach Zahlung des Beitrags für Alleinstehende weniger als 244,87 € pro Monat und für Ehepaare weniger als 380,90 € übrig bleiben. Der Eigenanteil für Hauspflege beträgt 4,60 pro Stunde/halben Tag und liegt je nach Einkommen zwischen 2,20 € und 129,80 € pro Woche.

[442] Vgl. Fn. 344.

Um grundsätzlich einen Anspruch auf eine Arbeitslosenleistung zu haben, muss man in den 39 Wochen unmittelbar vor Eintreten der Arbeitslosigkeit mindestens 26 Wochen als Arbeitnehmer gearbeitet haben. Für bestimmte Arbeitnehmergruppen (z.B. Saisonarbeiter) gelten abweichende Voraussetzungen. Wer nur diese sog. Wochen-Voraussetzung erfüllt, erhält die erste von drei möglichen Leistungen des WW; eine befristete Leistung in Höhe von 70 Prozent des gesetzlichen Mindestlohns für die Dauer eines halben Jahres.

Um eine lohnabhängige, d.h. eine am vor der Arbeitslosigkeit bezogenen Gehalt orientierte WW-Leistung zu erhalten, muss der Betreffende in den letzen fünf Jahren vor Eintritt der Arbeitslosigkeit mindestens vier Jahre beschäftigt gewesen sein und innerhalb eines jeden dieser vier Jahre über 52 Tage Lohn bezogen haben. Kalenderjahre, in denen jemand zu seinem Haushalt gehörende Kinder unter 6 Jahren oder zwischen 6 und 12 Jahren versorgt hat, werden ganz bzw. zur Hälfte auf diese sog. 4 von 5 Voraussetzung angerechnet. Diese Einkommensersatzleistung wird zwischen 6 Monaten und 5 Jahren, entsprechend der Beschäftigungsdauer gewährt.[443] Die Höhe der Leistung beträgt 70% des zuletzt verdienten Lohnes mit einer Begrenzung durch einen Höchsttageslohn von 164,63 €.[444] Personen, die eine Invaliditätsleistung aufgrund des WAO, des WAZ, des Wajong oder des Wamil bezogen haben und daran anschließend arbeitslos werden, brauchen die „4 von 5 Voraussetzung" nicht zu erfüllen, um diese lohnabhängige WW-Leistung zu erhalten. Monatlich werden 8% der Leistung bei allen drei Leistungsmöglichkeiten nach dem WW für das Urlaubsgeld, das im Mai ausgezahlt wird, zurückgelegt.

Wer nach Ablauf der lohnabhängigen WW-Leistung noch arbeitslos ist, hat anschließend zwei Jahre Anspruch auf eine fortgesetzte WW-Leistung. Diese Leistung entspricht 70% des Mindestlohnes. Unter Mindestlohn ist hier der gesetzliche Mindestlohn pro Monat zzgl. 8% Urlaubsgeld dividiert durch 21,75 zu verstehen. Wer bei Eintritt der Arbeitslosigkeit 57½ Jahre oder älter ist, hat bis zum 65. Lebensjahr Anspruch auf die fortgesetzte Leistung.

Wenn eine WW-Leistung zusammen mit dem übrigen Familieneinkommen niedriger ist als der gesetzliche Mindestlohn, kann eine Zulage nach dem Zulagengesetz[445] beantragt werden. Beitragsschuldner der Arbeitslosenversiche-

---

[443] Bei einem Beschäftigungsverlauf von 4 Jahren dauert die lohnabhängige Leistung 6 Monate, bei 5-10 Jahren 9 Monate, bei 10-15 Jahren 1 Jahr, bei 20-25 Jahren 2 Jahre, bei 25 bis 30 Jahren 2,5 Jahre, bei 30 bis 35 Jahren 3 Jahre, bei 35 bis 40 Jahren 4 Jahre, bei mehr als 40 Jahren 5 Jahre.

[444] Vgl. *Ministerium für Arbeit und Soziales,* Abteilung Kommunikation, Soziale Sicherheit in den Niederlanden 2003.

[445] Vgl. Teil 3 II. 6.c.

rung sind Arbeitgeber und Arbeitnehmer. Der Beitrag besteht aus zwei Teilen: einem Teil, der dem Allgemeinen Arbeitslosigkeitsfonds (AWf) zugute kommt und einem Teil, der dem Wartegeldfond (WGf) zugute kommt. Der Arbeitnehmer zahlt nur zum AWf einen Beitragssatz von 5,8%, während der Arbeitgeber zum AWf 1,55% und zum WGf 1,3% seines zu versteuernden Gehaltes entrichten muss. Dem WW-Beitrag insgesamt liegt eine Beitragsbemessungsgrenze von höchstens 165 € pro Tag zugrunde. Daneben gibt es im Rahmen des AWf- Beitragssatzes einen Freibetrag von 57 € pro Tag.[446]

Die Ausführungsbehörde für Arbeitnehmerversicherungen (UWV) ist verpflichtet, die WW-Leistungen vollständig abzulehnen, wenn der Antragsteller schuldhaft arbeitslos geworden ist. Wenn die Arbeitslosigkeit dem Arbeitnehmer nicht in überwiegendem Maße anzulasten ist, wird die Unterstützung vorübergehend teilweise abgelehnt, indem für einen Zeitraum von 26 Wochen der Leistungsprozentsatz von 70% auf 35% reduziert wird. Weigert sich der Arbeitnehmer, zumutbare Arbeit zu akzeptieren, ist die UWV verpflichtet, die Leistung in Höhe der Stundenzahl des abgelehnten Arbeitsangebotes zu kürzen. Wer eine WW-Leistung erhält, muss sich beim Zentrum für Arbeit (CWI) melden, angebotene und geeignete Arbeit annehmen und sich bewerben. Personen, die 57½ Jahre oder älter sind, müssen zwar gemeldet sein und angebotene Arbeit auch annehmen, aber sie brauchen sich nicht tatsächlich zu bewerben. [447]

Eine Kumulation von Leistungen des WW und des WAO kann nicht eintreten, da der Versicherte zunächst 52 Wochen krank sein muss, d.h. er darf nicht dem Arbeitsmarkt zur Verfügung gestanden haben. Jedoch ist es möglich nach Zuerkennung einer WAO-Leistung, die nicht in voller Höhe gewährt wird, für den verbleibenden Teil einen Anspruch auf eine dementsprechend begrenzte Leistung nach dem WW zu haben.[448]

6. Verhältnis zur sozialen Mindestsicherung

Soweit die Leistungen nach dem WAO, aber auch nach anderen Leistungsgesetzen, den Schutz des sozialen Minimums verfehlen, greift das System der sozialen Mindestsicherung ein. Das niederländische System sozialer Sicherheit bietet neben der allgemeinen Sozialhilfe ABW verschiede Auffanggeset-

---

[446] Vgl. *Ministerium für Arbeit und Soziales,* Abteilung Kommunikation, Soziale Sicherheit in den Niederlanden 2003. Bei behördlichen Arbeitgebern gilt eine andere Art der Beitragserhebung.

[447] Diese Privilegierung gilt nicht für Personen, die am 01.05.1999 dieses Alter bereits erreichten hatten.

[448] Vgl. *Noordam,* Socialzekerheidsrecht, 2002, S. 94.

ze, die für verschiedene Zielgruppen betreffende Regelungen zur Sicherung des sozialen Mindesteinkommens vorsehen. Im Unterschied zur Sozialhilfe fallen in den personellen Anwendungsbereich nur Leistungsempfänger einer ZW-, WW-, oder WAO-Leistung. Das soziale Minimum bestimmt sich in den Niederlanden abhängig vom Familienstand und vom Alter des Leistungsempfängers anhand eines bestimmten Prozentsatzes des gesetzlichen Mindestlohnes. Für Verheiratete beträgt er 100% des gesetzlichen Mindestlohnes, für Alleinerziehende mit Kindern unter 18 Jahren 90% und für Alleinstehende über 23 Jahren 70%. Für Alleinstehende unter 23 Jahren gelten abgestaffelte Beträge, die u.a. davon abhängig sind, ob sie noch im häuslichen Verband leben.

Die Anknüpfung an den gesetzlichen Mindestlohn bedeutet eine starke Abhängigkeit der Sozialhilfeleistungen, aber auch der anderen Systeme sozialer Sicherheit, die eine Mindestsicherung in Höhe des Existenzminimums garantieren, von der Entwicklung des Mindestlohnes und damit von der gesamtvolkswirtschaftlichen Entwicklung. In den letzten Jahren ist aus Ersparnisgründen die automatische Indexierung des Mindestlohnes mehrfach ausgesetzt worden.[449]

Zu einer Kumulation mit Leistungen aus der gesetzlichen Invaliditätssicherung nach dem WAO, dem Wajong oder dem WAZ kann es nicht kommen, da sich die Leistungen der sozialen Mindestsicherung als Auffangbecken gegen nicht genügende soziale Absicherung erst an die gesetzlichen Invaliditätsleistungen anschließen.

a. Gesetz über die Einkommenshilfe für ältere und nicht voll erwerbsfähige arbeitslose Arbeitnehmer (IOAW)

Das IOAW[450] garantiert älteren und teilweise erwerbsunfähigen Arbeitnehmern ein Einkommen in Höhe des gesetzlichen Mindestlohnes. Es hebt das Gesamteinkommen des Arbeitslosen und seines Partners (Einkommen aus Arbeit, Sozialleistungen, Renten) bis auf das Niveau des Mindestregelsatzes an.

Das IOAW erstreckt sich auf vier Kategorien von arbeitslosen bzw. erwerbsunfähigen Arbeitnehmern, die jeweils jünger als 65 Jahre sein müssen; zum einen Personen, die bei Beginn der Arbeitslosigkeit mindestens 50 Jahre und

---

[449] Vgl. *Ministerium für Arbeit und Soziales,* Abteilung Kommunikation, Soziale Sicherheit in den Niederlanden 2003.
[450] Vgl. Fn. 350.

jünger als 57½ Jahre waren und deren Anspruch auf eine Arbeitslosenleistung nach dem WW zuzüglich der fortgesetzten WW-Leistung erloschen ist, da beide Leistungen bis zum Ablauf der Höchstdauer bezogen wurden;[451] zum weiteren Personen, die bei Beginn der Arbeitslosigkeit mindestens 57½ Jahre alt waren und die zwar die 26-Wochen-Voraussetzung, nicht aber die vier-von-fünf Voraussetzung erfüllen, wodurch sie nur kurzfristig eine WW-Leistung erhalten;[452] weiterhin Personen, die nur teilweise erwerbsunfähig sind und eine Teilleistung nach dem WAO, im Übrigen aber arbeitslos sind und die lohnabhängige und die fortgesetzte WW-Leistung bereits bezogen haben,[453] und zuletzt Frühbehinderte, die eine Wajong-Leistung beziehen, die auf einer Erwerbsunfähigkeit von unter 80% basiert.[454]

Dieses Mindestsicherungssystem gewährt steuerfinanzierte Leistungen zur Deckung des Mindestbedarfs. Dabei ist die Leistung gestaffelt nach dem Alter und dem Familienstand des Leistungsempfängers.[455] Das IOAW sieht für den Bezug der Leistungen eine Bedürftigkeitsprüfung vor. Im Unterschied zum allgemeinen Sozialhilfesystem ABW wird beim IOAW das Vermögen des Antragstellers nicht mit berücksichtigt, sondern allein das Haushaltseinkommen aus Arbeit, d.h. Lohn und Gehalt, aber auch Einkommensersatzleistungen aus den Systemen der sozialen Sicherheit.[456] Die Bedürftigkeitsprüfung des IOAW bezieht dagegen keine einmaligen Zahlungen nach Beendigung des Arbeitsverhältnisse z.B. Abfindungen und Leistungen aus privaten Versicherungen mit ein. Ebenso bleiben Einnahmen aus Vermietung und Verpachtung sowie Vermögen z.B. das eigene Haus oder Sparkapital außen vor.

Während des Leistungsbezuges muss sich der Leistungsempfänger an ihm angebotenen Maßnahmen zur Reintegration beteiligen.[457] Zuständig für die Leistungen nach dem IOAW sind die Gemeinden.

---

[451] Vgl. Art. 2 Abs. 1 a IOAW.
[452] Vgl. Art. 2 Abs. 1 b IOAW
[453] Vgl. Art. 2 Abs. 1 c IOAW
[454] Vgl. Art. 2 Abs. 1 d IOAW i. V. m. Art. 6 Abs. 1 b AAW.
[455] Die IOAW-Leistungen betragen brutto pro Monat inklusive Urlaubsgeld ab 01.07.2003 für Alleinstehende über 23 Jahre 1.036,47 €, dies entspricht 70% des gesetzlichen Mindestlohns; für Alleinerziehende über 20 Jahre mit Kindern unter 18 Jahren 1.221,70 €, dies entspricht 90% des gesetzlichen Mindestlohns, und für Verheiratete und Zusammenlebende 1.332,16 €, dies entspricht 100% des gesetzlichen Mindestlohns. Dieser Leistungsanspruch steht den Partnern gemeinsam zu, er kann auf Antrag hälftig aufgeteilt werden. Für Personen unter 23 Jahre gelten niedrigere Beträge. Vgl. *Ministerium für Arbeit und Soziales,* Abteilung Kommunikation, Soziale Sicherheit in den Niederlanden 2003; vgl. Art. 9 Abs. 1 i.V.m. Art. 4 Abs. 3 IOAW.
[456] Vgl. Art. 7 Abs. 2 IOAW.
[457] Vgl. Art. 26 Abs.1 IOAW.

b. Gesetz über die Einkommenshilfe für ältere und nicht voll erwerbsfähige frühere Selbstständige (IOAZ)

Mit dem IOAZ[458] wird im Gegensatz zum IOAW, welches sich auf Arbeitnehmer bezieht, ehemals Selbstständigen ein Einkommen nach dem Mindestlohn garantiert. Anspruch auf eine IOAZ-Leistung haben Selbstständige, die ein Einkommen beziehen, das unter dem Mindesteinkommen für Selbstständige in Höhe von 22.001 € (ab Juli 2003)[459] liegt, und dadurch gezwungen waren, ihren Betrieb aufzugeben. Das durchschnittliche Jahreseinkommen in den letzen drei Jahren vor Antragstellung muss unter diesem Betrag gelegen haben, und auch in Zukunft darf kein Einkommen erwartet werden, das über dem genannten Mindesteinkommen liegt. Der Betrieb muss mindestens zehn Jahre selbstständig ausgeübt worden sein bzw. drei Jahre mit vorheriger Funktion im Beschäftigungsverhältnis für sieben Jahre. Des weiteren können teilweise arbeitsunfähige Selbstständige unter 65 Jahren, die infolge ihrer Erwerbsunfähigkeit gezwungen sind, ihren Betrieb aufzugeben, einen Anspruch haben. Voraussetzung ist, dass sie Anspruch auf eine WAZ-Leistung haben, die auf einer Erwerbsunfähigkeit von unter 80% beruht. Der Betrieb muss mindestens drei Jahre ausgeübt worden sein. Das Einkommen, das in Zukunft erwartet wird, darf das oben genannte Mindesteinkommen in Höhe von 22.001 € nicht übersteigen.

Der Antrag auf IOAZ muss gestellt worden sein, bevor der Betrieb aufgegeben wird. Der Betrieb muss innerhalb von 18 Monaten nach Antragstellung aufgegeben werden. Weitere Voraussetzung ist, dass der Betroffene auf die Arbeit als Selbstständiger angewiesen war. Dies wird unterstellt, wenn die Tätigkeit zuvor einen bestimmten, in Stunden gemessenen Mindestumfang, hatte.[460]

Der Leistungsanspruch beginnt nach Aufgabe der selbstständigen Tätigkeit. Das IOAZ hebt das Gesamteinkommen des Arbeitslosen und seines Partners (Einkommen aus Arbeit, Sozialleistungen und Renten) bis auf das Niveau des Mindestregelsatzes an.[461] Die Höhe der Leistungen entspricht der, der unterschiedlichen Gruppen der IOAW-Leistungen.[462] Auch hier ist maßgeblich der Familienstand und das Alter gekoppelt an den gesetzlichen Mindestlohn. Im Unterschied zur IOAW-Leistung wird bei der IOAZ-Leistung im Rahmen der

---

[458] Vgl. Fn. 351.

[459] Vgl. *Ministerium für Arbeit und Soziales,* Abteilung Kommunikation, Soziale Sicherheit in den Niederlanden 2003.

[460] Vgl. Art. 2 Abs. 1 und 5 IOAZ.

[461] Vgl. Art. 4 Abs. 5 IOAZ:

[462] Vgl. Fn. 439.

Bedürftigkeitsprüfung Vermögen in Höhe von 109.368 €[463] nicht angerechnet: Von dem über diesem Betrag liegenden Vermögen wird aber angenommen, das es jährlich 4% Gewinn abwirft, der von der IOAZ-Leistung abgezogen wird.[464] Während des Leistungsbezuges muss sich der Leistungsempfänger an ihm angebotenen Maßnahmen zur Reintegration beteiligen.[465] Zuständig für die Leistungen nach dem IOAZ sind die Gemeinden.

c. Zulagengesetz (TW)

Nach dem Zulagengesetz[466] können WW- ,Wajong-, WAO-, Wamil-, und ZW-Leistungen auf das Niveau des Mindestregelsatzes (d.h. gesetzlicher Mindestbruttolohn pro Monat, dividiert durch 21,75) angehoben werden, wenn das Einkommen des Leistungsberechtigten zuzüglich des Einkommens des eventuellen Partners unter diesem Niveau liegen. Die Zulage entspricht der Differenz zwischen dem Einkommen und dem geltenden Mindestregelsatz. Der Mindestregelsatz zum 01.07.2003 beträgt auf Bruttobasis für Alleinstehende ab 23 Jahren 40,71 € pro Tag (70% des Mindestlohnes), für Alleinerziehende 51,69 € pro Tag (90% des Mindestlohnes) und für Verheiratete oder Zusammenlebende 58,15 €. Für Alleinstehende unter 23 Jahren gelten niedrigere Beträge. Es besteht kein Anspruch auf eine Zulage für unverheiratete Personen unter 21 Jahren, die noch im Haus der Eltern bzw. Erziehungsberechtigten wohnen, und auch nicht für Verheiratete oder zusammenlebende Personen mit einem Partner, der nach dem 31.12.1971 geboren ist und kein zum Haushalt gehörendes Kind unter 12 Jahren hat.

Die Zulage beträgt höchstens 30% des Mindestlohnes für Verheiratete/Zusammenlebende, 27% für Alleinerziehende und 21% des Mindestlohnes für Alleinerziehende. Die Zulage liegt niemals über der Differenz zwischen dem Tageseinkommen oder der Bemessungsgrundlage, nach der die Leistung berechnet wurde, und der Leistung für entgangenes Einkommen.

Auch nach dem TW findet eine Bedürftigkeitsprüfung statt. Jedoch bleibt bei dem TW das Vermögen des Antragstellers unberücksichtigt.[467] Maßgeblich ist allein das Haushaltseinkommen, das aus oder in Verbindung mit Arbeit erzielt

---

[463] Vgl. *Ministerium für Arbeit und Soziales,* Abteilung Kommunikation, Soziale Sicherheit in den Niederlanden 2003.

[464] Vgl. die auf Art. 7 Abs. 3 IOAZ beruhende Rechtsverordnung (Inkommensbesluit IOAZ)

[465] Vgl. Art. 26 Abs.1 IOAW.

[466] Vgl. Fn. 352.

[467] Vgl. Art. 7 TW

wird, d.h. auch Sozialleistungen.[468] Gemäß Art. 7 TW wird zudem bei der Prüfung des Anspruchs auf eine Zulage ein Teil des Arbeitseinkommens (höchstens 15% des Mindestlohnes) maximal zwei Jahre lang nicht berücksichtigt. Damit soll ein Anreiz zur Aufnahme einer Erwerbstätigkeit geschaffen werden.[469] War das frühere Erwerbseinkommen niedriger als das soziale Mindesteinkommen, so ist nicht das soziale Mindesteinkommen, sondern die Berechnungsgrundlage der Lohnersatzleistung die Bezugsgröße für die Bestimmung der TW-Leistung (Art. 8 Abs. 4 TW). Damit soll verhindert werden, dass das Einkommen aus der Sozialleistung höher ist als das Erwerbseinkommen. Die Zulage ist bei der Ausführungsbehörde zu beantragen, bei der auch die Leistung, für die die Zulage gedacht ist, beantragt wird.

d. Allgemeines Sozialhilfegesetz (ABW)

Das allgemeine Sozialhilfegesetz garantiert jedem, der sich rechtmäßig in den Niederlanden aufhält und nicht über die Mittel verfügt, seinen Lebensunterhalt selbst zu bestreiten, ein Mindesteinkommen. Das Gesetz gibt dabei vor, dass der Betroffene selber Bemühungen erbringt, um seinen Lebensunterhalt zu bestreiten. Auch der Partner des Bedürftigen muss, wenn möglich, Maßnahmen ergreifen, für den gemeinsamen Lebensunterhalt aufzukommen. Hierbei werden medizinische und soziale Verhältnisse berücksichtigt. Wenn jemand für ein oder mehrere Kinder unter fünf Jahren[470] sorgt, gilt diese sogenannte Bewerbungspflicht nicht. Sind die Kinder fünf Jahre oder älter, wird geprüft, ob es einen Grund gibt für eine Befreiung von der Verpflichtung der Arbeitssuche. Arbeitslose, die am 01.05.1999 57½ Jahre oder älter waren, brauchen nicht mehr nach Arbeit Ausschau zu halten. D.h. sie brauchen sich nicht aktiv zu bewerben, müssen allerdings angebotene und geeignete Arbeit annehmen und beim Zentrum für Arbeit und Einkommen (CWI) gemeldet sein. Für diejenigen, die selber nicht in der Lage sind, Arbeit zu finden, vermittelt und sucht das Sozialamt in Zusammenarbeit mit dem CWI Arbeits- und Schulungsmaßnahmen. Das ABW dient als Ergänzung und unterliegt ebenfalls einer Bedürftigkeitsprüfung. Bezieht jemand Unterhalt, eine Sozialleistung, ein arbeitsbezogenes Einkommen oder werden die Abgaben an das Finanzamt vermindert (außer bei Kindernachlass), wird dieser Betrag auf das

---

[468] Vgl. die auf Art. 7 TW beruhende Rechtsverordnung (Inkomenbesluit TW).

[469] Die inhaltlich identische Regelung im allgemeinen Sozialhilfegesetz wurde zum 01.01.1994 wieder abgeschafft, da sich nicht nachweisen ließ, dass ihr Ziel erreicht wurde. Es gab keinen messbaren Einfluss auf die Zahl der Leistungserbringer. Im IOAW und IOAZ wurde die Regelung zum 01.10.1994 abgeschafft. Sie wurde ersetzt durch die Möglichkeit, eine Prämie für die Wiederaufnahme von Arbeit zu erzielen, vgl. *Noordam,* Socialzekerheidsrecht, S. 313, 314.

[470] In den Niederlanden beginnt die Schulpflicht mit dem fünften Lebensjahr.

Niveau der anzuwendenden Sozialhilfenorm angehoben. Auch Vermögen über einen bestimmten Betrag wird berücksichtigt. Freigestellt werden 4.975 € für Alleinstehende und 9.950 € für Verheiratete/Zusammenlebende und alleinerziehende Eltern.[471] Das ABW kennt landesweit geltende Normbeträge für Sozialhilfeempfänger von 21 bis 65 Jahren, für Personen ab 65 Jahren und Eltern. Das Gesetz unterscheidet zwischen Ehepaaren, registrierten Partner oder sonstigen Zusammenlebenden, alleinerziehenden Eltern und Alleinstehenden. Für jede dieser Gruppen gilt ein spezieller Normbetrag.[472]

7. Verhältnis zu Leistungen der sozialen Entschädigung

Das niederländische Recht kennt auch eine soziale Entschädigung für Kriegs-, Militär-, und Besatzungsopfer.[473] Jedoch sind dies nur rudimentäre Regelungen im Sinne von Schadensersatzregelungen. Die eigentlichen Folgen der gesundheitlichen Beschränkungen werden durch die allgemeinen Gesetze aufgefangen und abgedeckt.

---

[471] Vgl. *Ministerium für Arbeit und Soziales,* Abteilung Kommunikation, Soziale Sicherheit in den Niederlanden, 2003. Besteht das Vermögen aus einer Immobilie wird die Sozialhilfeleistung in Form eines Darlehens (Kredithypothek) ausgezahlt, das bei hinreichendem eigenen Einkommen zurückzuzahlen ist. Hierfür gelten erhöhte Freibeträge.

[472] Für Ehepaare und Zusammenlebende zwischen 21 und 65 Jahre beträgt dieser Normbetrag 100% des Nettomindestlohnes. Dies sind ab 01.07.2003 1.139,64 € pro Monat inkl. Urlaubsgeld, für alleinerziehende Eltern zwischen 21 und 65 Jahren 70% (797,75 €) und für Alleinstehende zwischen 21 und 65 Jahren 50% (569,82 €). Ausgangspunkt für den Normbetrag für alleinerziehende Eltern und Alleinstehende ist, dass sie sich die (Wohn)Kosten mit anderen teilen können. Ist dies nicht oder nur teilweise der Fall, kann die Kommune einen Zuschlag in Höhe von max. 20% des Nettomindestlohnes zahlen. Für Senioren ab 65 Jahren gilt kein gesonderter Zuschlag; ihre Leistung bewegt sich auf dem Niveau der AOW-Leistung. Bei Leistungsberechtigen unter 21 Jahren leitet sich der Normbetrag vom Kindergeld ab. Fallen höhere notwendige Lebenshaltungskosten an, sind diese von den Eltern zutragen. Ist dies nicht möglich ist eine Aufstockung über die Sozialhilfe möglich. Dies gilt insbesondere bei pflegebedürftigen Betroffenen.

[473] Wet uitkeringen vervolgingsslachtoffers; Stb. 1951 Nr. 171; zur Besonderheit der Entschädigung verfolgter Volksgruppen vgl. CRvB 27.03.2003,02/400 WUV; Doelgroep Stichting rechtsherstel Sinti en Roma.

IV. Rechtlicher Tatbestand der Invaliditätssicherung

1. Gesicherter Personenkreis des WAO

a. Grundsatz

Der personelle Anwendungsbereich des WAO umfasst Arbeitnehmer, arbeitnehmerähnliche Personen, sog. Gleichgestellte und Leistungsempfänger bestimmter Systeme sozialer Sicherung, die als Arbeitnehmer im Sinne des WAO angesehen werden (Art. 16 WAO i. V. m. Art. 3 -7 b WAO). Dabei muss grundsätzlich unterschieden werden zwischen einer Pflichtversicherung und der Möglichkeit einer freiwilligen Versicherung.

aa. Pflichtversicherung

aaa. Versicherungspflichtige Personen

Versicherungspflichtig kraft Gesetzes sind zunächst Arbeitnehmer. Arbeitnehmer sind nach der Legaldefinition des Art. 3 Abs. 1 WAO natürliche Personen, die jünger als 65 Jahre alt sind und in einem privatrechtlichen oder öffentlich-rechtlichen Dienstverhältnis stehen. Die Anforderungen an das Dienstverhältnis bestimmen sich nach dem Bürgerlichen Recht[474] der Niederlande. Hier wird die persönliche Leistungspflicht des Arbeitnehmers, die Weisungsbefugnis des Arbeitgebers und die Gegenleistungspflicht des Arbeitgebers normiert. Für die Annahme der Arbeitnehmereigenschaft kommt es aber nicht auf die Wirksamkeit des zugrunde liegenden Arbeitsvertrages an, sondern es genügt das Vorliegen eines Beschäftigungsverhältnisses, wonach Arbeitnehmer ist, wer Arbeit in persönlicher Abhängigkeit von einem Dritten, in der Regel dem Arbeitgeber, leistet.[475] Die Tätigkeit des Arbeitnehmers muss grundsätzlich in den Niederlanden ausgeübt werden,[476] wobei die Nationalität und auch der Wohnsitz unerheblich sind (Art. 3 Nr. 2, 3 WAO).[477]

---

[474] Art. 7a: 637 BW.

[475] Vgl. *Noordam,* Socialzekerheidsrecht S. 54 ff.

[476] Ausnahmen sind im Besluit uitbreding en beperking kring der verzekerden werknemersverzekering 1990 geregelt. (Stb. 1989 S. 240). Ausnahmen gibt es für Arbeitnehmer auf niederländischen Kolonien z.B. die niederländischen Antillen vgl. Art. 3 Abs. 5 b.; vgl. dazu auch Art 20 WAO, in dem Ausnahmen zur Wohnsitzpflicht für die Annahme der Versicherungspflicht geregelt sind.

[477] Jedoch gilt dies nicht für einen Arbeitnehmer, der sich unrechtmäßig in den Niederlanden, d.h. nicht entsprechend dem Fremdengesetz Art. 8 vreemdelingwet Stb. 2000, S. 234 aufhält.

Seit 01.01.1998 sind auch Beamte und Arbeitnehmer des öffentlichen Dienstes versicherungspflichtig.[478] Bereits zuvor konnten die Arbeiter des öffentlichen Dienstes aufgrund des wet privatisering ABP (WPA) die Geltung des WAO vertraglich vereinbaren. Schon ab diesem Zeitpunkt konnten sie WAO-konforme Leistung erhalten. Ausgenommen von dieser Versicherungspflicht sind Haushaltshilfen und Hauspersonal mit einem Beschäftigungsrahmen von weniger als drei Tagen in der Woche (Art. 6 Abs. 1 c WAO).

bbb. Fiktion der Versicherungspflicht

Gemäß Art. 4 WAO sind weitere Berufsgruppen versicherungspflichtig, ohne dass die Tatbestandsmerkmale eines Dienstverhältnisses erfüllt sind. Diese werden nach Art. 4 WAO fingiert. Unter diesen Personenkreis fallen z.B. Kleinunternehmer und von diesen beschäftigte Personen, Handelsvertreter oder Personen, deren Arbeitsvertrag auf einer sozialen Beschäftigungsmaßnahme beruht.

ccc. Gleichgestellte

Unter gleichgestellten Personen versteht man gemäß Art. 5 WAO arbeitnehmerähnliche Personen, die durch Rechtsverordnung in den Anwendungsbereich des WAO mit einbezogen worden sind.[479] Dazu zählen insbesondere Zeit- und Leiharbeitnehmer, Heimarbeiter und ihre Gehilfen, Personen, die persönliche Dienste verrichten, die gesellschaftlich mit einem Dienstverhältnis gleichgestellt werden können, sowie Künstler.[480]

Pflichtversichert nach dem WAO sind schließlich noch Empfänger von Leistungen der Arbeitslosenversicherung (WW Art. 7 Abs. 1 WAO), die Empfän-

---

[478] Art. 6 WAO a. F. nach dem Beamte und Arbeitnehmer des öffentlichen Dienstes, soweit der Arbeitgeber ihnen eine Invaliditätsrente z.B. aufgrund des Algemene burgerlijke pensionenwet (ABPW) zugesagt hatte, wurde durch das Wet Pemba dementsprechend abgeändert (Art. 6 Abs. 1 a i. V. m. Art. 2 Abs. 1 Ambtenarwet (Beamtenrecht)).

[479] Vgl. sog. Raritätenverordnung, Besluit aanwijzing van gevallen waarin een arbeidsverhouding als dienstbetrekking wordt beschwond, Königlicher Beschluss vom 24.12.1986, Stb. 1986, S. 655

[480] Für Künstler in den Niederlanden besteht zudem ein Anspruch auf eine besondere Form der sozialen Sicherung nach dem Gesetz über die Einkommenssicherung für Künstler (WIK). Es handelt sich um eine der allgemeinen Sozialhilfe vorgeschaltete Sicherung, die dazu dienen soll, junge Künstler beim Aufbau einer rentablen Tätigkeit zu unterstützen und bereits etablierte Künstler in die Lage zu versetzen, vorübergehende Rückschläge aufzufangen. Erhält der Künstler Leistungen nach dem WIK, werden aus diesem System die Beiträge zum WAO erbracht.

ger von Krankengeld oder Lohnfortzahlung[481] und die Empfänger von Invaliditätsleistungen hinsichtlich ihrer Restleistungsfähigkeit nach dem WAO (Art. 7 a und b WAO). Dies sind abschließend die den Arbeitnehmern Gleichgestellten Sozialleistungsempfänger.

bb. Freiwillige Versicherung

Unter bestimmten Voraussetzungen besteht auch die Möglichkeit einer freiwilligen Versicherung nach dem WAO (geregelt in den Artikeln 66 - 70 WAO). Dies gilt z.B. bei kurzfristiger Unterbrechung der Versicherung wegen Verlustes des Arbeitsplatzes für den Fall, dass eine neues Beschäftigungsverhältnis in Aussicht steht oder aber kurzfristig angestrebt wird. Auch ehemalige Arbeitnehmer, die eine selbstständige Tätigkeit beginnen, können sich nach dem WAO versichern, wenn sie vorher mindestens 3 Jahre Pflichtmitglieder waren. Freiwillig versichern können sich auch Personen, die Haushaltspersonal mit weniger als drei Tagen in der Woche regelmäßiger Arbeitszeit sind, und Entwicklungshelfer.[482]

cc. Nachwirkung

Gemäß Art. 17 WAO bestehen unter bestimmten Voraussetzung auch nach Beendigung eines Versicherungsverhältnisses oder für den Fall eines nicht bestehenden Versicherungsverhältnisses aufgrund einer vorherigen Zugehörigkeit zu beamtenrechtlichen Versorgungsverhältnissen i. S. Art. 6 WAO a. F. Leistungsansprüche nach dem WAO.

2. Gesicherter Personenkreis des WAZ-System

Pflichtversichert im WAZ sind Selbstständige, d.h. Personen, die selbstständig einen Betrieb führen oder einen Beruf ausüben. Dazu gehören auch mitarbeitende Ehegatten und Freiberufler. Mit in die Versicherungspflicht fallen z.B. auch Mitarbeiter von Fernsehanstalten und ihre mitarbeitenden Partner, Geschäftsführer und Großaktionäre, Geistliche und Haushaltsangestellte, die an weniger als an drei Tagen pro Woche arbeiten. Von dieser Versicherungspflicht gibt es grundsätzlich keine Befreiungsmöglichkeiten.[483]

---

481 Auch, falls tarifvertraglich eine Karenzzeit geregelt ist.
482 Vgl. *Noordam,* Socialzekerheidsrecht, S. 54 ff.
483 Vgl. Art. 3 - 6 WAZ.

3. Gesicherter Personenkreis des Wajong

Nach dem Wajong sind Einwohner der Niederlande versichert, die am Tag des Erreichens des 17. Lebensjahres arbeitsunfähig sind.[484] Zu den Leistungsberechtigten gehören zudem auch Einwohner, die nach diesem Tag, arbeitsunfähig werden und im unmittelbar vorhergehenden Jahr mindestens sechs Monate studiert haben.[485] Als solche gelten u.a. Personen, die eine Studienfinanzierung[486]erhalten oder aber eine sonstige Ausbildungskostenbeihilfe.[487] Weiter Anspruchsberechtigt sind Personen, für die die Eltern in Zusammenhang mit dem Studium Kindergeld erhalten, und auch Personen, die nicht zu diesen Gruppen gehören, aber noch keine 30 Jahre alt sind und in Zusammenhang mit einer (Berufs-)ausbildung mindestens 213 Stunden pro Quartal im Rahmen eines Unterrichts oder Praktikums absolvieren. Praktikanten gelten dabei immer als Studenten, ungeachtet des Alters. Weitere Voraussetzungen, um zu dem gesicherten Personenkreis des Wajong zu zählen, gibt es nicht. Denn zu beachten ist, dass es sich um ein soziales Sicherungssystem nach Abschaffung der Volksversicherung handelt, so dass an die Einwohnereigenschaft an sich angeknüpft wird.

V. Allgemeine Leistungsvoraussetzungen

1. Versicherungsrechtliche Voraussetzungen nach dem WAO

a. Versicherteneigenschaft

Gemäß Art. 19 Abs. 1 WAO ist grundsätzliche Voraussetzung für die Gewährung von Leistungen nach dem WAO, dass im Moment des Eintretens der Arbeitsunfähigkeit die Versicherteneigenschaft besteht. Durch dieses Erfordernis der Erfüllung der versicherungsrechtlichen Voraussetzungen im Zeitpunkt des Eintritts der Invalidität wird sichergestellt, dass nur diejenigen Leistungen in Anspruch nehmen können, die in relevantem Umfang der Versichertengemeinschaft angehört haben und Beiträge geleistet haben.

Das WAO sieht jedoch auch Ausnahmen von dieser Versicherteneigenschaft im Sinne einer Nachwirkung vor. Gemäß Art. 17 Abs. 1 WAO wird die Versicherteneigenschaft fingiert, wenn jemand zwar nicht mehr versichert ist, aber in den beiden Monaten vor dem Monat, in dem die Arbeitsunfähigkeit

[484] Vgl. Art. 5 Nr. 1 Wajong.
[485] Vgl. Art. 5 Nr. 2 Wajong.
[486] Aufgrund des Gesetzes über die Studienfinanzierung 2000 Stb. 2000, Nr. 177.
[487] Aufgrund des Gesetzes über die Ausbildungskostenbeihilfe Stb. 1991, Nr. 145.

eintrat, ununterbrochen versichert war, wobei Unterbrechungen von 7 Tagen oder weniger unberücksichtigt bleiben. Eine weitere Ausnahme sieht Art. 17 Abs. 2 WAO vor. Danach ist auch derjenige versichert, der in den letzen zwei Monaten vor dem Ende seiner Versicherung mindestens 16 Tage versichert war und innerhalb von 8 Tagen nach dem Ende der Versicherung arbeitsunfähig wird. Mit dieser Regelung soll vermieden, werden, dass Personen aus der Sicherung der Arbeitnehmerversicherung WAO herausfallen, deren Arbeitsunfähigkeit relativ kurzfristig nach dem Ende der Versicherteneigenschaft eintritt.[488]

Darüber hinaus trägt das WAO mangels gesonderter Unfallversicherung auch dem Umstand Rechnung, dass eine Berufskrankheit erst Jahre später eintreten kann und im Zeitpunkt des Leistungsfalles keine Versicherteneigenschaft mehr vorliegen kann. Das WAO sieht in Art. 17 Abs. 4 eine Ermächtigungsgrundlage für eine Verordnung vor,[489] die die Möglichkeit eröffnet, trotz fehlender Versicherteneigenschaft bei bestimmten Berufskrankheiten einen Leistungsanspruch vorzusehen. Es handelt sich um die Fiktion der Versicherteneigenschaft. Voraussetzung ist, dass der Leistungsberechtigte während seiner Berufstätigkeit versichert war. Zu den wichtigsten entschädigungspflichtigen Berufskrankheiten zählen z.B. Tuberkulose, Silikose, Asbestose, pathologische Krankheiten, die von radioaktiven Strahlen verursacht worden sind, und Hepatitis B.[490]

b. Wartezeit

Für einen Anspruch auf eine Invaliditätsleistung muss der Versicherte eine zweite unabdingbaren Leistungsvoraussetzung erfüllen. Der Versicherte muss nach Art. 19 Abs. 1 WAO seit 52 Wochen wegen Krankheit oder Gebrechen arbeitsunfähig sein. Als erster Tag der Arbeitsunfähigkeit gilt der erste Werktag, den der Betroffenen aus Krankheitsgründen nicht gearbeitet hat (Art. 19 Abs. 1 S. 2 WAO). Zeiten einer Arbeitsunfähigkeit, die einander mit einer Unterbrechung von weniger als 4 Wochen folgen, werden zusammengerechnet gemäß Art. 19 Abs. 2 WAO. Ist jemand nach Ablauf der 52 Wochen wieder arbeitsfähig, wird er aber innerhalb von vier Wochen danach wieder arbeitsunfähig, so erfüllt er trotzdem die Wartezeit (Art. 19 Abs. 3 WAO).

---

488 *Kronenburg-Willems,* Dossier WAO, PS- Special 2003, S. 3, 13.

489 Maatregel van bestuur, Stcr. 1971, Nr. 321.

490 Vgl. *Pennings,* De WAO, 2002, S. 33; *Ascher-vonk,* Aspecten van ziekte en arbeidsongeschiktheid in het stelsel van social zekerheid, 1993, S. 45f.

Die für die Wartezeit erforderliche Arbeitsunfähigkeit meint die Arbeitsunfähigkeit im Sinne der Krankenversicherung, also nach dem Wulbz bzw. nach dem ZW. Somit kommt es auf den medizinischen Arbeitsunfähigkeitsbegriff an, seine letzte bzw. seine bisherige Arbeit nicht verrichten zu können.[491] Es kommt in dieser Phase noch nicht darauf an, ob der Versicherte auch im ökonomischen Sinne arbeitsunfähig ist. Dieser Voraussetzung des WAO, nämlich die Unfähigkeit irgendeiner zumutbaren Tätigkeit nachzugehen, bedarf es theoretisch erst nach Ablauf der Wartezeit. Damit kann sogar die Situation auftreten, dass ein Versicherter wegen eines bestimmten Krankheitsereignisses eine bestimmte Zeit der Wartezeit erfüllt, letztlich aber wegen einer neuen oder hinzutretenden Krankheit erwerbsunfähig wird. In diesen Fällen beginnt die Wartezeit nicht mit dem neuen Krankheitsereignis erneut. Dies würde ansonsten dazu führen, dass der Versicherte möglicherweise aus dem Höchstleistungsbezugsrahmen für Entgeltfortzahlung vom Arbeitgeber nach dem Wulbz oder, falls der Versicherte nicht in den Anwendungsbereich des Wulbz fällt, dem Krankengeld nach dem ZW herausfällt, ohne dann Anspruch auf eine Leistung nach dem WAO zu haben.[492] Der Versicherte hat in den 52 Wochen Wartezeit Anspruch auf Krankengeld nach dem ZW oder nach dem WulbZ (vgl. Art. 19 Abs. 5 und 6 WAO i.V. m. Art. 19 b, 29, 30, 31, 42, 44 und 45 ZW).Besondere Regelungen für die Erfüllung der Wartezeit gelten für Strafgefangene nach Art. 19 a WAO und für Personen gemäß Art. 20 WAO, die nicht ihren dauernden Wohnsitz in den Niederlanden haben oder hatten.

2. Versicherungsrechtliche Voraussetzungen nach dem WAZ

Auch für eine WAZ-Leistung bedarf es der Erfüllung der Wartezeit, d.h. auch für diese Leistung muss der Anspruchssteller 52 Wochen arbeitsunfähig gewesen sein, um die Möglichkeit zu haben WAZ-Leistungen zu erhalten. Der grundsätzlich Leistungsberechtigte nach dem WAZ muss neben der Wartezeitvoraussetzung aber weitere Voraussetzungen erfüllen. Der Anspruchssteller muss außerdem in den 52 Wochen unmittelbar vor Eintreten der Arbeitsunfähigkeit mit dem Ziel als Selbstständiger tätig gewesen sein, Gewinne und Einkommen zu erzielen. Dabei braucht es sich nicht ausschließlich um eine Tätigkeit als WAZ-Versicherter zu handeln.[493]

---

[491] Vgl. Art. 19 ZW „zijn arbeid" = seine Arbeit; vgl. *Pennings,* De WAO, 2002, S. 57, 61ff.

[492] Vgl. zur Zahlung von Krankengeld und Lohnfortzahlung .3. Teil 3. III. 4. Die Lohnfortzahlungsverpflichtung des Arbeitgebers basiert auf der bürgerlich-rechtlichen bzw. arbeitsrechtlichen Verpflichtung nach Art. 7: 629 BW; vgl. *Hoogendijk,* betaltingsverpflichting geduredene het eerste ziektejaar, 1999 S. 44, 45.

[493] Vgl. *Noordam,* Socialzekerheidsrecht S. 149.

3. Voraussetzung nach dem Wajong

Das Wajong hat keine weiteren versicherungsrechtlichen Voraussetzungen, da es sich nicht um eine Arbeitnehmerversicherung bzw. Sozialversicherung handelt, sondern um ein soziales Ergänzungssystem, nach Abschaffung des AAW.

VI. Leistungsfall einer Invaliditätsrente

1. WAO

Ein Leistungsanspruch nach dem WAO ist gemäß Art. 19 Abs. 4 WAO nur gegeben, wenn eine Erwerbsunfähigkeit von mindestens 15% bezogen auf eine zumutbare Arbeit besteht.

a. Definition der Invalidität

Das WAO enthält in Art. 18 Abs. 1 WAO eine gesetzliche Definition der Erwerbsunfähigkeit. Danach ist ganz oder teilweise erwerbsunfähig, wer als unmittelbare oder medizinisch objektiv feststellbare Folge von Krankheit oder Gebrechen ganz oder teilweise nicht mehr in der Lage ist, mit Arbeit das zu verdienen, was eine gesunde Person mit gleicher Ausbildung und Erfahrung dort, wo er Arbeit verrichtet oder zuletzt verrichtet hat oder in der Umgebung davon, mit Arbeit gewöhnlich verdient.[494] Der Arbeitsunfähigkeitsbegriff des WAO unterscheidet sich von dem der Krankenversicherung und dem des bürgerlichen Rechts. Für die ZW/Wulbz ist von Belang, dass man seine eigene Arbeit aufgrund von Krankheit nicht verrichten kann; für die Lohnfortzahlungsverpflichtung aus dem BW ist entscheidend, ob der Versicherte auch eine ihm zugedachte Arbeit innerhalb seines Arbeitsplatz nicht mehr verrichten kann, und für das WAO ist maßgeblich, ob der Versicherte mit der verringerten Verdienstkapazität in der Lage ist, auf dem allgemeinen Arbeitsmarkt eine Arbeit zu verrichten.

Dieser Invaliditätsbegriff wurde nach der gravierenden Änderung des WAO 1993 durch das wet TBA[495] eingeführt. Der neue Invaliditätsbegriff wurde

[494] Vgl. *Water, van de,* Het medisch objectiveren van arbeidsongeschiktheid, Sociaal Recht 2003, S. 73. Der Unterschied zur Arbeitsunfähigkeit nach dem Wulbz/ZW besteht in der Voraussetzung der Dauerhaftigkeit.

[495] Vgl. Fn 384; jedoch war die Voraussetzung der Kausalitätsbeziehung schon zuvor von der Rechtsprechung entwickelt worden, und der Gesetzgeber setzte diese Rechtsprechung mit dem neuen Invaliditätsbegriff in Art. 18 WAO um. Die belangreichste Änderung in den Definitionen bezieht sich auf die Worte unmittelbar und objektiv.

ohne größere Übergangsregelungen eingeführt. Dies bedeutete, selbst bei Versicherten, bei denen schon einmal eine Leistung unter Berücksichtigung von Berufsschutzgesichtpunkten gewährt worden war, musste nach Ablauf des Bewilligungszeitraumes von fünf Jahren, der neue Invaliditätsbegriff angewendet werden. [496] Der vorherige Invaliditätsbegriff verwies den Arbeitnehmer nicht auf eine allgemein akzeptierte Tätigkeit, so dass es vormals zur Berücksichtigung eines Berufsschutzes kam.[497] Die Neudefinition erweitert nun die Möglichkeit der Verweisbarkeit auf sämtliche Arbeiten des allgemeinen Arbeitsmarktes. Zudem wird besonderes Gewicht auf die Kausalitätsbeziehung zwischen dem medizinischen Befund von Krankheit und Gebrechen und der Beschränkung der Erwerbsfähigkeit gelegt.

Die Literatur nimmt mittlerweile folgende Kurz-Definition für die Arbeitsunfähigkeit im Sinne des WAO an: Sie liegt vor, wenn es aus krankheitsbedingten Gründen zu einer Verminderung der Verdienstkapazitäten gekommen ist.[498]

aa. Krankheit oder Gebrechen

Der Tatbestand der Arbeitsunfähigkeit im Sinne des WAO setzt zunächst das Vorliegen einer körperlich-geistigen Beeinträchtigung voraus. Das Risiko einer aus anderen als aus gesundheitlichen Gründen eingetretenen Minderung der Erwerbsmöglichkeit oder einer Arbeitslosigkeit, soll nicht gedeckt sein. Diese Voraussetzung kommt in der gesetzlichen Definition mit den Begriffen Krankheit und Gebrechen zum Ausdruck.

Unter Krankheit ist nach der Rechtsprechung des Centrale Raad van Beroep (CRvB)[499] jeder regelwidrige Körper- und Geisteszustand zu verstehen, dazu zählen auch psychische Erkrankungen.[500] Jedoch darf es sich nicht um eine bloßes Krankheitsempfinden oder soziale Umstände oder eine lediglich neu-

---

[496] Maßgeblich für die Übertragung der Fünf-Jahres-Überprüfung auf die sog. Altfälle war der sog. Kohortenbeschluss (Cohortenbesluit) des Staatssekretärs des Sozialministeriums vom 24.12.1993. (Stert. 1993, S. 250 und 1994, S. 3). Nach diesem werden die Altersgruppen von Erwerbsunfähigkeitsrentenempfängern bestimmt, deren Erwerbsunfähigkeit in aufeinanderfolgenden Zeitabständen überprüft werden sollen.

[497] Witziges und daher über die Grenzen der Niederlande hinaus bekannt gewordenes Beispiel einer zumutbaren Verweisungstätigkeit, die oftmals herangezogen worden war, war der Bonsai-Züchter. Erst Anfang der 1990 Jahre wurde diese Verweisungstätigkeit von der Rechtsprechung aufgrund nicht vorhandener Arbeitsplätze ausgeschlossen.

[498] *Noordam,* Socialezekerheidsrecht, 2002 S. 151; *Kronenburg-Willems,* Dossier WAO, PS-Special, 2003, S. 13.

[499] Vgl. CRvB 19.03.1993 in RSV 1993/214 und CRvB 10.04.1996 in AB 1996, S. 436.

[500] Vgl. CRvB 14.04.1989, in RSV 1989/179.

rotische Charakterstruktur handeln. Strittig war daher lange Zeit, ob ein somatisiertes Schmerzsyndrom nach der Rechtsprechung ebenfalls eine Krankheit darstellen kann.[501] Auch das Alter könnte ein Gebrechen oder eine Krankheit im Sinne eines Nachlassens der Wettbewerbsfähigkeit darstellen. Nach der Rechtsprechung des CRvB[502] im Einklang mit der Auffassung der herangezogenen Versicherungsärzte[503] stellt das fortgeschrittene Alter grundsätzlich kein anspruchsbegründendes Element dar, da der alle Menschen treffende Alterungsprozess kein Gebrechen oder Krankheit ist. Sondern es bedarf für die Annahme eines Gebrechens oder einer Krankheit Funktionsbeeinträchtigungen, die die für die jeweilige Altersgruppe medizinische Norm überschreiten. Auch ein Gebrechen, das dazu führt, dass ein Versicherter nicht in der Lage ist, einen Arbeitsort aufzusuchen, während er die zumutbare Tätigkeit an sich verrichtet könnte, löst einen Fall der Invalidität aus.[504]

Der körperlich-geistige Befund wird durch den Versicherungsarzt der Ausführungsbehörde erhoben. Der Versicherungsarzt hatte ursprünglich einen erheblichen Spielraum bei der Interpretation der Begriffe Krankheit und Gebrechen, die einer juristischen Definition scheinbar nur schwer zugänglich waren. Denn in den Niederlanden war es zu einer nicht mehr überschaubaren Einzelfalljurisdiktion gekommen. Der Rechtsprechung war es nicht gelungen, systematische Abgrenzungskriterien zu entwickeln.[505] Im allgemeinen tendierte die Rechtsprechung daher auch zu einer ausgesprochen weiten Interpretation des Invaliditätsbegriffs.[506] Der Gesetzgebeber hat aus diesen Gründen 1993 bei der Einführung des wet TBA die Ausfüllung der Begriffe unmittelbar und objektiv den Versicherungsträgern übertragen. Diese entwickelten nun zusammen mit den Versicherungsärzten aus den Ausführungspraktiken heraus Prozedere zur Entwicklung zur Standardisierung von medizinischen Beurteilungen. Die Folge war die Schaffung der Richtlinie MAOC (richtlijn medisch arbeidsongeschiktheidscriterium),[507] mit der seit 1996 die Arbeitsunfähigkeit

[501] Vgl. CRvB 10.04.2001 in RSV 2001/115.
[502] Ständige Rechtsprechung, zuletzt in CRvB 16.08.2000 in RSV 2000/228 und 229.
[503] Vgl. *Stichting Centrum voor Onderzoek van het Sociaal Zekerheidsrecht* (SCOSZ) Ouderdom geen WAO, 1994, S. 14.
[504] Vgl. CRvB 11.03.2003 in RSV 2003/161.
[505] Vgl. *Asscher-Vonk,* De zieke Werknemer, S. 21, 22.
[506] Vgl. *Noordam,* Socialzekerheidsrecht, 2002, S. 151.
[507] Stcrt. 17.4.1997, Nr. 74.

beurteilt wurde.[508] In dieser Richtlinie wurde der Ablauf der medizinischen Untersuchung vorgeben. Zentrale Vorgabe in der Richtlinie ist, dass die Beurteilungen überprüfbar, reproduzierbar und konstant sein müssen.

Die eigentliche Untersuchung, welche vom Versicherungsarzt zur Feststellung einer Krankheit vorzunehmen ist, ist wiederum reglementiert. Auch dies soll der Überprüfbarkeit und Vergleichbarkeit dienen.[509] Während bis zum Jahre 2000 dazu das sog. FIS (Functie-informationsysteem) herangezogen wurde, liegt seit dem 01.01.2000[510] mit dem CBBS (Claim Beoordelings- en Borgingsysteem) ein neues System zur Festlegung der Untersuchung durch den Versicherungsarzt vor.[511] Bei dem CBBS handelt es sich um standardisierte Richtlinien. In der Praxis überprüft der Richter in den meisten Fällen nur Auffälligkeiten und Abweichungen anhand dieses Beurteilungssystems. Zudem hat die erstinstanzliche Rechsprechung schon ausgeurteilt, dass sich das CBBS im Einklang mit Art. 18 WAO befindet.[512]

bb. Kausalität zwischen Krankheit und Gebrechen und der Minderung der Erwerbsfähigkeit

Zwischen der Krankheit bzw. dem Gebrechen und der Minderung der Erwerbsfähigkeit muss ein strikter Kausalzusammenhang bestehen. Dieses Erfordernis wurde durch das wet TBA eingeführt, da die oben beschriebenen Probleme und die Weite des Invaliditätsbegriffes eingeschränkt werden sollten. Die bis dahin bestehende Auslegung der Begriffe Krankheit und Gebrechen hatte der Gesetzgeber nicht zuletzt wegen der stark ansteigenden Zahlen der Bezieher einer Invaliditätsleistung und der damit verbundenen Kostenlast als zu weit empfunden.

---

[508] Diese Richtlinie hatte ursprünglich keinen Gesetzes- oder Verordnungsstatus, so dass die Bindungswirkung der Richtlinie umstritten war. Der CRvB urteilte im Jahre 2000, dass die Richtlinie in Übereinstimmung mit Art. 18 WAO die Ausführungsbehörde bindet und der Rechtsprechung entspricht; vgl. CRvB 16.08.2000 in AB 2000/431. Mittlerweile ist der Inhalt der Richtlinie im „Schatingsbesluitzungsbeschluss arbeidsongeschiktheid 2000“ aufgenommen worden, so dass sie zwingend anzuwenden ist.

[509] Vgl. Ausführungen zum Feststellungsverfahren 3. Teil IX. 1.

[510] Dieses System konnte erst zum 01.01.2002 Anwendung finden. Tatsächlich war es in den Niederlanden nicht immer möglich, neue Richtlinien und Anweisungen zügig umsetzen. Dies führte wiederum zu vielfacher Kritik. Vgl. *Water, van de,* Waarom de WAO niet werkt, Sociaal Recht 1999, S. 127; *Lisv,* Claimbeoordeling WAO: het handelten van verzekeringsartsen in de praktijk, Amsterdam 2000. Auch das CBBS ist in den Schätzungsbeschluss integriert.

[511] Direkt übersetzt bedeutet dies: „Beschwerden Beurteilungs- und Verbürgungssystem“.

[512] *Fluit,* WAO-Claimbeoordeling: FIS es CBBS, Sociaal Recht 2003, S. 241, 242; Rechtbank Leeuwarden 27.05.2003 ZaakNr. 02/1403 Wajong; Rechtbank Breda 17.04.2003, ZaakNr. 02/1811 WAO.

Die Definition der Invalidität nach dem WAO setzt nicht voraus, dass es sich für die Annahme einer Erwerbsunfähigkeit um eine Veränderung des gesundheitlichen Zustands handeln muss. Bestand jedoch bereits zu Beginn des Versicherungsverhältnisses infolge eines bestimmten Leidens eine gesundheitliche Einschränkung, so kann derselbe körperliche Zustand grundsätzlich nicht von einem bestimmten Zeitpunkt an Grundlage für die Annahme eines jetzt eingetretenen Leistungsfalls sein. In einem solchen Fall würde die erforderliche Kausalitätsbeziehung zwischen der Krankheit bzw. dem Gebrechen und der Minderung der Erwerbsunfähigkeit fehlen. Aus diesem Grund sieht Art. 30 WAO vor, dass Arbeitsunfähigkeiten unberücksichtigt bleiben und nicht zur Gewährung einer Leistung nach dem WAO führen, wenn der Versicherte bei Eintritt der Versicherungspflichten bereits völlig arbeitsunfähig war oder wenn die Arbeitsunfähigkeit innerhalb von 6 Monaten nach Beginn der Versicherteneigenschaften auftritt und wenn bei Beginn der Versicherung nach dem WAO absehbar war, dass sie in diesem Zeitraum auftreten würde.

cc. Minderung der Erwerbsunfähigkeit

Der Tatbestand der Erwerbsunfähigkeit setzt weiterhin eine Minderung der Erwerbsunfähigkeit voraus. Die Minderung der Erwerbsunfähigkeit und der Grad der Erwerbsunfähigkeit werden durch den Vergleich des Einkommens, das der Versicherte noch mit Arbeit verdienen kann, mit dem Einkommen einer gesunden Person mit gleicher Ausbildung und Erfahrung, der sog. Maßperson (maatman oder maatvrouw), festgestellt. Um eine gleichmäßige Verwaltungspraxis bei der Feststellung der Erwerbsunfähigkeit zu erzielen, wurde auf der Grundlage der Empfehlung des sozialen Versicherungsrates (Sociale verzeekeringsraad)[513] durch den Staatssekretär des Sozialministeriums auf der Grundlage von Art. 18 Abs. 8 WAO (Ermächtigungsgrundlage) eine Verwaltungsrichtlinie erlassen der sog. Schätzungsbeschluss (Schattingsbesluit).[514] Ursprünglich galt der Schätzungsbeschluss auch für das damals noch anwendbare AAW und für die Regelungen nach dem Beamtenrecht ABP und für Militärversicherung (Algemene militaire pensionenwet). Dieser Schätzungsbeschluss wurde erstmals zum 31.01.1996[515] rückwirkend zum 01.08.1993 in Kraft gesetzt. Dies war der Zeitpunkt der Einführung des neuen Invaliditätsbegriffes durch das wet TBA. Nunmehr galten im WAO erstmals

[513] Anweisung von 1992 (advies over het wetsvorstell TBA vom 04.06.1992).

[514] Beschluss vom 05.08.1994, zur Feststellung der allgemeinen Verwaltungsrichtlinien betreffend die Feststellung des Maßes der Arbeitsunfähigkeit nach dem WAO (besluit tot vaststelling van een Algemene Maatregel van Bestuur houdende regelen betreffende de vaststelling van de mate van algemeine invaliditeit ingevolge de WAO (Stb. 1994, Nr. 596).

[515] Stb. 1996, Nr. 75.

die unterschiedlichen Grade der Erwerbsunfähigkeit und es wurde auch nicht mehr auf den Berufsschutz abgestellt. Durch diesen Schätzungsbeschluss werden den zuständigen Versicherungsärzten und auch den ausführenden Sachbearbeitern Anhaltspunkte zur Bewertung und Klassifizierung des Grades der Erwerbsunfähigkeit innerhalb des gesetzlichen Rahmens an die Hand gegeben. Wichtige Inhalte des Schätzungsbeschlusses sind die Richtlinie MAOC und das CBBS-System. Sowohl in der juristischen Literatur als auch in der Rechsprechung entstand seit 1996 eine Diskussion über den Rechtscharakter und den Inhalt des Schätzungsbeschlusses. Insbesondere kamen Zweifel auf, ob der Schätzungsbeschluss mit dem Willen des Gesetzgebers und auch mit der Rechtsprechung des CRvB im Einklang stehe. Die Rechtsprechung war im Gegensatz zu den Versicherungsärzten und den Ausführungsbehörden nicht an den Schätzungsbeschluss gebunden, da dieser keinen Rechtscharakter hatte. Aus diesem Grund wurde der Schätzungsbeschluss mit einigen inhaltlichen Änderung, die der Fortentwicklung der Rechtsprechung entsprachen, 2000[516] kodifiziert und in das bereits bestehende Gesetz der allgemeinen Maßregeln der Verwaltung AMvB[517] aufgenommen.[518]

aaa. Einkommen der Maßperson

Zur Feststellung der Erwerbsunfähigkeit muss zunächst das Einkommen der Maßperson bestimmt werden. Nach Art. 2 Abs. 1 Schätzungsbeschluss wird unter dem Einkommen der Maßperson das Einkommen verstanden, das die Maßperson mit allgemein akzeptierter Arbeit gewöhnlich verdient. Die Maßperson muss nach dem Gesetzeswortlaut (Art. 18 Abs. 1 S. 1) nach Ausbildung und Erfahrung mit dem antragstellenden Versicherten vergleichbar sein. Dies ist der Fall, wenn die Maßperson dieselbe Funktion, d.h. eine bestimmte Arbeit in einer spezifischen Arbeitsumgebung, erfüllt, die der Versicherte vor Eintritt seiner Arbeitsunfähigkeit verrichtete.[519] In der Praxis wird häufig der Versicherte selbst als Maßperson herangezogen, da eine vergleichbare andere

---

[516] Schattingsbesluit arbeidsongeschiktheid, Stb. 2000, Nr. 307.

[517] (algemene Maatregeln van bestuur) Stb. 1993 Nr. 14. Diese dienten wiederum der Ausarbeitung der Arbeitsungeschicktheitskriterien.

[518] Beschluss vom 24.12.1997, zur Feststellung der allgemeinen Verwaltungsrichtlinien betreffend die Feststellung des Maßes der Arbeitsunfähigkeit (Besluit tot vaststelling van een algemene maatrege van bestuur houdende regels betreffende de vaststelling van de amte van arbeidsongeschiktheid ingevolge de Wet op de arbeidsongeschiktheidsverzekering, de wet arbeidsongeschiktheidsverzekering zelfstandigen en de Wet arbeidsongeschiktheidsvoorziening jongehandicapten), Stb. 1997, S. 801.

[519] Vgl. CRvB 1.6.1989, in diesem Urteil ist erstmals der Begriff der „Funktion" von der Rechtsprechung definiert worden.

Person nicht vorhanden ist.[520] Dies gilt insbesondere bei selteneren Berufsbildern, Bewährungsaufstiegen ohne entsprechende Berufsausbildung und nicht zu vergleichende Altersklassen.

Wird auf eine andere Person als den Versicherten selber abgestellt, darf bei der Bestimmung des Einkommens der Maßperson nur das Einkommen im Vergleich berücksichtigt werden, das die Maßperson am gleichen Ort oder in der Nähe verdienen konnte. Damit soll vermieden werden, dass es zu unterschiedlichen Behandlungen aufgrund volkswirtschaftlicher Lohngefälle z.B. Stadt-Land kommt. Das „Normal-Maß" des Verdienstes gilt aber auch für den Versicherten als Maßperson, d.h. Überstunden und Zulagen, die der Versicherte an seiner letzen Arbeitsstätte erwirtschaftet hat, aber auf die tarifvertraglich kein Anspruch besteht, müssen bei der Berechnung des Verdienstes als Vergleichsmaßstab außen vor bleiben.

Auch wenn der Versicherte im Zeitpunkt des Eintretens der Arbeitsunfähigkeit arbeitslos ist oder mehrere Monaten zuvor arbeitslos gewesen ist, verbleibt es dabei, dass der Versicherte seine eigene Maßperson ist.[521] Ausnahmsweise gilt ein anderer Maßstab, wenn der betroffenen Versicherte mehr als zwei Jahre zuvor arbeitslos war oder bereits Sozialhilfeempfänger ist. In diesem Fall ist Maßperson der Langzeitarbeitslose mit einer Verdienstkapazität in Höhe des gesetzlichen Mindestlohnes und der Möglichkeit zu einfacher Arbeit.[522]

bbb. Resteinkommen des Antragstellers

Das mögliche Resteinkommen des Antragstellers hängt maßgeblich davon ab, welche Einsatzmöglichkeiten auf dem Arbeitsmarkt dem Antragsteller noch möglich sind in Bezug auf sein körperliches und geistiges Leistungsvermögen. Gemäß Art 18 Abs. 5 WAO muss daher geprüft werden, welche allgemein akzeptierte Arbeit der Antragsteller nach seinen Kräften und Fähigkeiten noch verrichten kann. Nötig ist die Benennung einer Verweisungstätigkeit.

---

[520] Die Rechtssprechung führt daher aus: „Ieder is zijn eigen maatman" =Jeder ist sein eigner Maßmann vgl. CRvB 31.08.1989 in RSV 1990/85; vgl. *Noordam,* Socialezekerheidsrecht, S. 126 f.

[521] CRvB 06.06.1991 in RSV 1992/38.

[522] Rechtsgrundlage hierfür ist der Besluit uniformering loonkundige component arbeidsongeschiktheidsbeoordeling, vom 22.08.2001; Stcrt. 2001; 169; in Kraft getreten am 01.04.2002.

Im Unterschied zur Rechtslage vor den gravierenden Änderungen durch das TBA (1993), hat der Antragsteller keinen Anspruch darauf, dass die möglicherweise zum Ausschluss eines Leistungsbezuges herangezogene Verweisungstätigkeit seinen Berufsschutz berücksichtigt. Während zuvor nur eine Verweisung möglich war, die dem Versicherten aufgrund seiner früheren Tätigkeit und seiner Ausbildung unter Berücksichtigung seines Berufsniveaus zumutbar war, sieht nunmehr Art. 18 Abs. 5 WAO ausdrücklich vor, dass unter Arbeit im Sinne einer Verweisungstätigkeit jede allgemein akzeptierte Arbeit zu verstehen ist. Ausgeschlossen ist durch die Begrifflichkeit „allgemein akzeptiert“[523] illegale Arbeit. Eine mögliche Verweisungstätigkeit umfasst daher alle in den Niederlanden vorhandene Tätigkeiten, geographische Beschränkungen gibt es nicht.

Gemäß Art. 3 Abs. 2 des Schätzungsbeschlusses müssen bei der Bestimmung der Verweisungstätigkeit folgende Grundsätze berücksichtigt werden: Zum einen muss Maßstab die allgemein akzeptierte Arbeit sein, mit der der Antragsteller in der Stunde den höchsten Verdienst hat.[524] Jedoch muss eine Funktion, für die es tatsächlich keine Arbeitsplätze (mehr) gibt, außer Acht bleiben.[525] Die in Betracht kommende Verweisungstätigkeit muss mit Hilfe von drei verschiedenen, in den Niederlanden ausgeübten Tätigkeiten, mit denen das höchste Einkommen pro Stunde erworben werden kann, konkretisiert werden.[526] Diese Tätigkeiten sind über das CBBS-System erfasst.[527] Der Berufskundler prüft aufgrund der vom Versicherungsarzt festgehaltenen Belastungsschablone, welche Tätigkeiten in Betracht kommen. Für die in Frage kommende Tätigkeit müssen mindesten 30 Arbeitsplätze bestehen, dies bedeutet aber nicht zur Verfügung stehende, d.h. tatsächlich freie Arbeitsplätze.[528] Der Antragsteller darf nicht auf eine Tätigkeit verwiesen werden, die zur tatsächlichen Ausübung Anpassungen des Arbeitsplatzes durch den Arbeitgeber notwendig machen.[529] Dies würde dem Versicherten eine nicht zu erfüllende Leistung aufbürden. Jedoch kann vom Arbeitgeber im Rahmen des wet REA und auch durch die Änderungen des WVP verlangt werden, Maßnahmen vorzunehmen, um den Arbeitnehmer zu reintegrieren.[530]

---

523 „algemeen geaccepteerde arbeid“ Art. 18 Abs. 5 WAO.
524 Vgl. Art. 3 Abs. 2 a Schätzungsbeschluss.
525 Vgl. Art. 3 Abs. 2 b Schätzungsbeschluss.
526 Vgl. Art. 4 Abs. 1 S. 2 Schätzungsbeschluss.
527 Vgl. im einzelnen die Ausführungen zum Feststellungsverfahren Teil 3. VII.
528 Vgl. Art. 4 Abs. 1 S. 2 Schätzungsbeschluss.
529 Vgl. Art. 3 Abs. 2 c Schätzungsbeschluss.
530 Vgl. Ausführungen zur Reintegration Teil 3. VI. und die Ausführungen zum Feststellungsverfahren Teil 3 VII.

Eine Arbeit entspricht den Kräften eines Antragstellers, wenn er für diese physisch und psychisch geeignet ist. Sie muss auch den Fähigkeiten des Antragstellers entsprechen. Innerhalb dieser Prüfung ist dabei die Ausbildung und die Berufserfahrung des Versicherten zu berücksichtigen. D.h. nicht, dass es hier wieder zu einer Zumutbarkeitsprüfung im Sinne eines Berufsschutzes kommt, sondern es ist zu berücksichtigen, ob der Antragsteller eine ihm neue und fremde Verweisungstätigkeit auch aufgrund seiner persönlichen Leistungsvorgaben erfüllen kann. Aus diesem Grund wird als Maßstab auch nur die letzte Tätigkeit angesetzt.

ccc. Berücksichtigung der Arbeitsmarktsituation

Bis 1987 wurde bei der Feststellung der Resterwerbsfähigkeit auch die Arbeitsmarktsituation berücksichtigt. Dies führte dazu, dass innerhalb der Prüfung für einen Anspruch auf Invaliditätsrente auch die fehlenden oder schlechten Reintegrationschancen aufgrund einer schlechten Arbeitsmarktlage zu berücksichtigen waren. Diese sog. Diskontierung der Arbeitsmarktsituation[531] wurde durch das wet TBA[532] abgeschafft. Bei der Neuregelung im Sinne einer Außerachtlassung der Arbeitsmarktsituation wurden die Leistungsempfänger, die älter als 35 Jahre waren, herausgenommen. Für sie galten die alten Regelungen weiter. Der Gesetzgeber war der Auffassung, dass die Chance eines über 35-jährigen mit einem eingeschränkten Leistungsvermögen, noch einen Arbeitsplatz zu erhalten, so gering sei, dass er davon absah, Reintegrationsmaßnahmen auf ihn aufzuwenden; mit der Folge, dass dieser Personenkreis weiterhin auch bei teilweiser Erwerbsunfähigkeit als voll erwerbsunfähig angesehen wurde, wenn er wegen seiner Erwerbsminderung keinen ihm zumutbaren Arbeitsplatz für seine Resterwerbsmöglichkeit fand. Finanziell traf das Arbeitsmarktrisiko somit den Rentenversicherungsträger.

Diese Argumentation der fehlenden Reintegrationschancen wurde nicht zuletzt auch wegen der finanziellen Auswirkungen bei der Reform durch das wet TBA als nicht mehr tragfähig angesehen. Im geltenden Recht sieht Art. 18 Abs. 6 WAO ausdrücklich vor, dass bei der Bestimmung des Erwerbsunfähigkeitsgrades nicht berücksichtigt werden darf, ob der Antragsteller eine Tätigkeit, die seiner Resterwerbsfähigkeit entspricht, erhalten kann.[533] Die Folge ist, dass nunmehr für den Fall, dass die Resterwerbsfähigkeit nicht in Arbeit umgesetzt werden kann, der Versicherte nicht als ganz erwerbsunfähig

[531] „Verdiscontering van de arbeidsmarktsituatie".
[532] Vgl. Fn. 384.
[533] „Bij de vastelling van de Mate van arbeidsongeschiktheid wordt buiten beschouwing gelaten of de werknemer de arbeid feitelijk kann verkrijgen."

gilt, sondern als teilweise arbeitslos. Dies führt dazu, dass der Versicherte neben seinem Anspruch auf Erwerbsunfähigkeitsrente entsprechend dem Grad seiner Behinderung auch Anspruch auf eine ergänzende Arbeitslosenleistung nach dem WW hat.

ddd. Berechnung des erzielbaren Resteinkommens

Zur Berechnung des Resteinkommens wird auf drei Tätigkeiten abgestellt, mit denen das höchste Einkommen erzielt werden kann (Funktion mit dem höchsten Lohnwert gemäß Art. 3 Abs. 1 S. 1 Schätzungsbeschluss). Abgestellt wird auf den mittleren Lohn der drei Verweisungstätigkeiten. Andere Einkommen, wie z.B. Unterhaltsleistungen werden nicht berücksichtigt. Maßgeblich ist also nicht der reale Einkommensverlust, sondern der fiktive Einkommensverlust. Die vorherige Regelung, nach der in Ausnahmefällen auch weniger als drei Vergleichstätigkeiten herangezogen werden können zur Bestimmung des erzielbaren Resteinkommens, wurde mit der Reform des Schätzungsbeschlusses 1996 aufgehoben.

Ein abschließendes Beispiel soll verdeutlichen, wie sich das Maß der Erwerbsunfähigkeit bestimmt:

Der Stundenlohn der Maßperson ist 10 €. Der mit allgemein akzeptierter Arbeit zu erzielende Lohn des Versicherten entspricht (für das Jahr 2002) 7,33 €. Das Maß der Erwerbsunfähigkeit ist dann:

$$\frac{\text{Maßmanneinkommen (10 €) – Resteinkommen (7,33 €)}}{\text{Maßmanneinkommen (10 €)}}$$

$$= X\ 100\% = 26{,}7\ \%$$

Dieses Maß der Erwerbsunfähigkeit ist jedoch nicht gleich mit dem Prozentsatz der Auszahlungshöhe. Das Beispiel von 26,7% entspricht der Leistungshöhe 21% (zweithöchste Leistungsstufe von sieben).[534]

b. Absichtliche Herbeiführung der Erwerbsunfähigkeit

Für den Fall, dass ein Versicherter seine Erwerbsunfähigkeit im Sinne des WAO absichtlich selber herbeiführt, ist die Berücksichtigung dieser Erwerbs-

---

534 Vgl. zur Berechnung CRvB 27.02.2001 in RSV 2001 Nr. 91; Ausführungen zur Leistungshöhe 3. Teil VII. 2. bb.

unfähigkeit ausgeschlossen. Der Träger der Rentenversicherung ist berechtigt, einen Anspruch auf die Gewährung einer Leistung abzulehnen.[535] Das gleiche gilt, falls der Versicherte Behandlungsmaßnahmen, die ihm im Rahmen des Rentenverfahrens oder zur Behebung und Vorbeugung einer Leistungsgewährung nach dem WAO auferlegt werden, nicht befolgt und dadurch seinen Gesundheitszustand verschlechtert oder sich sein Gesundheitszustand trotz der Möglichkeit von Verbesserungsmaßnahmen nicht verbessert.[536]

2. WAZ

a. Definition der Invalidität

Die Definition der Invalidität nach dem WAZ entspricht gemäß Art. 2 WAZ dem des WAO. Dies bedeutet, dass auch bei einem Selbstständigen Voraussetzung ist, dass er 52 Wochen lang ununterbrochen arbeitsunfähig gewesen sein muss im krankenversicherungsrechtlichen Sinne und anschließend weiterhin arbeitsunfähig ist für andere zumutbare Tätigkeiten. Auch für das WAZ wird neben dem Gesetz auf den Schätzungsbeschluss zur Bestimmung der Erwerbsunfähigkeit zurückgegriffen. Denn der Schätzungsbeschluss gilt auch für die Auslegung des Maßes der Erwerbsunfähigkeit nach dem WAZ.

Im Gegensatz zum WAO muss der betroffene selbstständige Versicherte aber zumindest zu 25% erwerbsunfähig sein, damit es zu einer Leistung nach dem WAZ kommt. Diese Nichtberücksichtigung darunter liegender Erwerbsunfähigkeitsgrade entspricht den vorherigen Regelungen des AAW. Die Volksversicherung sicherte zuvor den Kreis der Selbstständigen. Der niederländische Gesetzgeber geht davon aus, dass bei Selbstständigen ein unter 25% liegender Erwerbsunfähigkeitsgrad nicht messbar und daher nicht zu berücksichtigen ist.

b. Arbeitsmarkt

Mit Einführung des neuen Erwerbsunfähigkeitsbegriffs durch das wet TBA muss sich jeder Versicherte zum Ausschluss einer Invaliditätsleistung nach dem WAO auf jede allgemein akzeptierte Arbeit verweisen lassen. Dieser Erwerbsunfähigkeitsbegriff bzw. die Aufgabe des Berufsschutzes führt dazu, dass auch ein Selbstständiger auf jede Tätigkeit des allgemeinen Arbeitsmarktes verweisbar ist. Er kann danach auch auf eine Tätigkeit als abhängig Beschäftigter verwiesen werden. Der frühere Bezug einer Leistung nach dem

---

[535] Berechtigung über Art. 28 Nr. e i.V.m. Art. 25 WAO.
[536] Art. 28 Nr. b WAO.

Erwerbsunfähigkeitssystem der Niederlande als auch die Ausbildung spielen keine Rolle.

3. Wajong

a. Definition der Invalidität

Auch für das Wajong wird als Definition für den Erwerbsunfähigkeitsbegriff auf die Definition des WAO zurückgegriffen. Ebenfalls gelten für das Wajong die Konkretisierung durch den Schätzungsbeschluss.

b. Verweisbarkeit

Im Gegensatz zum WAO und zum WAZ wird nach Ablauf der ersten 52 Wochen nicht geprüft, ob der Antragsteller einer ihm noch zumutbaren Arbeit nachgehen kann, sondern nur, ob er im krankenversicherungsrechtlichen Sinne arbeitsunfähig ist. Denn die Verweisbarkeit auf eine allgemein akzeptierte Arbeit gilt nur für Personen, die schon einmal in das Arbeitsleben eingegliedert waren.[537] Nur dann kann von einer Arbeitsunfähigkeit für die letzte Tätigkeit gesprochen werden. Bei dem über das Wajong aber vor allem geschützten Personenkreis ist es noch nie zu einer Aufnahme einer Tätigkeit gekommen, da sie bereits vorher arbeitsunfähig geworden sind oder waren. Dies bedeutet, dass für Personen, die nach dem Tag, an dem sie 17. Jahre wurden, oder nach dem Tag, an dem sie als Studierende arbeitsunfähig geworden sind und anschließend immer noch arbeitsunfähig sind, keine weiteren Voraussetzungen für die Gewährung der Leistung aus diesem Vorsorgesystem erfüllt werden müssen.

---

537 Vgl. zur Problematik der Verweisbarkeit bei Behinderten, *Beljaars, Prins,* Disabilitiy programme reforms and labour market participation in the Netherlands, S. 73f, 129ff.

VI. Leistungen

1.WAO

a. Rehabilitation

In den Niederlanden gibt es verschiedenen Anspruchsgrundlagen für Rehabilitationen.[538] Innerhalb der Begrifflichkeit Rehabilitation, welche dem niederländischen System fremd ist, muss unterschieden werden zwischen Revalidation (revalidatie) und Reintegration (reintegratie). Nur unter die erste Begrifflichkeit fällt die medizinische Rehabilitation. Die zweite Begrifflichkeit meint die berufliche Rehabilitation. Schon anhand der begrifflichen Trennung wird deutlich, dass im niederländischen Recht eine strenge Trennung dieser Maßnamen erfolgt. Es gibt daher keine Anspruchsgrundlagen für medizinische Maßnahmen aus den Leistungsgesetzen der Invaliditätssicherung. Zum einen wäre dies aus niederländischer Sicht systemfremd, da in den 52 Wochen Wartezeit in denen die Lohnfortzahlung wegen Krankheit vom Arbeitgeber oder in besonderen Fällen von der Krankenversicherung erbracht wird, solche Maßnahmen aus den Gesetzen der medizinischen Vor- und Versorgung erfolgen müssten. Zum anderen gibt es spezielle, gesonderte Anspruchsgrundlagen aus Leistungsgesetzen der medizinischen Versorgung.

Auch berufliche Rehabilitationsmaßnahmen werden vor allem in besonderen Gesetzen geregelt. Das wet REA[539] (wet reintegratie arbeidsgehandicapten), welches zum 01.07.1998 in Kraft trat, nimmt bei der Reintegration eine vornehmliche Stellung ein. Jedoch gibt es vereinzelt auch Regelungen im WAO und im bürgerlichen Recht.[540]

Das niederländische System hat in den letzten 15 Jahren aufgrund der finanziellen Last fast einer Million Erwerbsunfähiger gerade die Invaliditätssicherung umgebaut. Die ersten Reformversuche in den 1980er Jahre, mit Hilfe von Leistungskürzungen zu einer Begrenzung der Soziallasten zu kommen, stellten sich schnell als ineffektiv und nutzlos dar. In den 1990er Jahre folgten

---

[538] Sowohl das AAW als auch das WAO sahen in ihrer ursprünglichen Form bereits Rehabilitationsmaßnahmen im Sinne von Reintegrationsmaßnahmen vor. Das AAW sah Leistungen zur Erhaltung, Wiederherstellung und Förderung der Arbeitsfähigkeit in Art. 57- 58 AAW vor. Durch die Einführung des WVG (wet voorzieningen gehandicapten) wurde das Spektrum der Rehabilitationsleistungen im AAW allerdings auf die berufliche Eingliederungshilfe beschränkt.

[539] Stb. 1998, Nr. 211.

[540] Vgl. für eine ausführliche Übersicht über alle Reintegrationsmaßnahmen: *Smitskam, Vos, de,* Reintegratieinstrumenten van arbeidsgehandicapten in PS-Special, 1999.

dann politische Programme,[541] die unter dem Schlagwort arbeid gaat boven inkomen (Arbeit geht über Einkommen) die Reintegration in den Vordergrund stellten. Wichtige Gesetze auf diesem Weg waren das wet TAV,[542] das wet TBA[543] und das TZ[544] sowie das Wulbz[545] und das wet Pemba[546]. In diesen wurden neben den Neugestaltungen des Leistungssystems, so z.B. Wegfall des Berufsschutzes, auch und vor allem die Lohnfortzahlungsverpflichtung des Arbeitgebers auf 52 Wochen verlängert. Der Arbeitgeber hat nun ein großes finanzielles Interesse daran, dass der Arbeitnehmer die Arbeit wieder aufnimmt. Aber auch sonst wird der Arbeitgeber vermehrt in die Verpflichtung genommen. Krankheitsbedingte Arbeitsausfälle und die Reintegration erkrankter Arbeitnehmer sollen bereits im Vorfeld vor dem Bezug von Erwerbsunfähigkeitsleistungen vermieden werden durch eine effektive Reintegration und die Beschränkung von Arbeitsausfall wegen Krankheit. Gerade damit Reintegration an vorderster Stelle steht, gibt es bestimmte Verpflichtungen, die die Beteiligten einzuhalten haben, andernfalls drohen Sanktion. Anfang 2000 war die politische Auffassung,[547] dass weder ausreichend noch nachhaltig und noch schnell genug Reintegration zum Schutz gegen den Zugangs zu den Invaliditätsversicherungen erfolgt. Neben weiteren Änderungen des wet REA entstand aus diesem Grund das wet verbetering poortwachter (WVP)[548] vom 01.04.2002. Nach seinem Namen „Verbesserung des Türwächters“ soll es den Zugang zur Invaliditätssicherung begrenzen. Es nimmt noch stärker die Arbeitgeber in die Verantwortung einen arbeits- oder erwerbsunfähigen Arbeitnehmer zu reintegrieren.

Aber auch der Versicherungsträger untersteht der geforderten Priorität der Reintegration. Nach dem wet structuur uitvoeringsorganisatie werk en inkomen (wet Suwi)[549] und dem auf dem Gesetz basierenden Beschluss Suwi[550] ist nicht nur die Organisation umgebaut worden, sondern die Hauptaufgabe des neuen Versicherungsträgers UWV ist nicht mehr nur eine ordnungsgemäße Ausführung und eine zeitige und korrekte Auszahlung der Leistungen, sondern die Reintegration.[551] Während im wet Suwi sich vor allem die Regelun-

---

541 Vgl. Sociale Nota 1992, S. 17f.
542 Vgl. Fn. 385.
543 Vgl. Fn. 386.
544 Vgl. Fn. 387.
545 Vgl. Fn. 397.
546 Vgl. Fn. 398.
547 Vgl. Sociale Nota 2000, S. 2 f; vgl. *Adviescommisie arbeidsongeschiktheid 2001* (commisie Donner).
548 Stb. 1998, Nr. 488, letzte Änderung in Stb. 2003, Nr. 687.
549 Vom 20.12.2001, Stb. 2001 Nr. 688.
550 Ministerielle Regelung vom 21.12.2001, Stcrt. 2002, Nr. 2.
551 Vgl. *Kronenburg-Willems*, Sociaal Recht 2003, S. 111, 112f.

gen über Reintegration Arbeitsloser befinden und die grundsätzlichen Pflichten und Möglichkeiten des Versicherungsträgers festgehalten sind, sind die Reintegrationsmittel für Arbeitsunfähige vor allem im wet REA und im WVP enthalten. Das WVP ist seit dem 01.01.2003 noch weiter ausgebaut worden. Der Arbeitgeber ist nun nicht nur zuständig, in seinem Betrieb dem arbeitsgehandicapten Arbeitnehmer einen geeigneten Arbeitsplatz zu beschaffen, sondern, falls dies nicht möglich ist, auch bei einem anderen Arbeitgeber.

aa. Revalidation

Das Krankenversicherungsgesetz (ZW) für den Kreis der Anspruchsberechtigten für eine Lohnfortzahlung, und -für den anderen Personenkreis- das Krankenversicherungsfondsgesetz (Ziekenfondswet (ZfW))[552] sehen medizinische Rehabilitationen als Sachleistung vor. Darunter fallen stationäre und ambulante Maßnahmen zur körperlichen und auch psychischen Wiederherstellung. Das System der medizinischen Rehabilitation ist in den Niederlanden von dem Grundsatz geprägt, den Kranken schnellstmöglich in sein altes Umfeld wieder zurückzubringen. Aber auch nach dem ZW kann eine Zuschuss gemäß Art. 29 b ZW zur Wiedereingliederung eines Arbeitsunfähigen gewährt werden.

bb. Reintegration

Mit den Reformgesetzen Anfang der 1990er Jahre gewann vor allem die Wiedereingliederung von Arbeits- bzw. Erwerbsunfähigen in den Arbeitsmarkt erheblich an Bedeutung. Man war sich darüber einig, dass nur eine schnelle und geeignete Wiedereingliederung es möglich machte, den Arbeits- oder Erwerbsunfähigen wieder in das Arbeitsleben zu integrieren. Aus diesem Grund wurden verschiedene gesetzliche Regelungen geschaffen und politische Programme erstellt. Allen liegt eine aktive Reintegrationspolitik zugrunde, die über eine bloße Bereitstellung von Leistungen der beruflichen Rehabilitation hinausgeht. Zunächst wurden dazu auch auf die Träger der Betriebsvereinigungen bzw. auf das Lisv (Ausführungsbehörde) und nun auf die UWV (Ausführungsbehörde)[553] Arbeitsvermittlungskompetenzen übertragen. Daneben werden aber auch die Arbeitnehmer und die Arbeitgeber in die Verpflichtung genommen. Manche progressiv eingeschlagene Wege wurden aber auch wieder verlassen. Das 1995 eingeführte wet amber[554] (wet afschaffing malus en bevordering reintegratie) ordnete zum einen die bereits mit dem wet

[552] Siehe 3. Teil 3 III 4.
[553] Siehe 3. Teil VIII. Organisation.
[554] Vom 02.11.1995; Stb. 1995, Nr. 560.

TBA und dem wet TVA eingeführten Reintegrationsinstrumente neu, zudem schaffte es aber die sog. Bonus-Malus-Regelung zum 01.01.1996 wieder ab. Diese sah vor, dass der Arbeitgeber für die Einstellung eines erwerbsunfähigen Arbeitgebers belohnt wird und, falls ein Arbeitnehmer erwerbsunfähig wird, bestraft wird. Der Bonus betrug die Hälfte des gesetzlichen Jahreslohns. Diesen bekam der Arbeitgeber ausgezahlt; der Malus hatte die gleiche Höhe und musste von dem Arbeitgeber an den Versicherungsträger gezahlt werden. Vor allem wegen Verwaltungsproblemen wurde diese Regelung wieder abgeschafft.

aaa. Arbeidsomstandighedenwet (Arbowet)

Chronologisch trat im Rahmen von Integrationsmaßnahmen zunächst das Arbowet[555] erstmalig zum 01.01.1994 in Kraft. Seitdem wurde es mehrfach geändert, insbesondere 1998 im Zuge der weitreichenden Gesetzesänderungen zur weiteren Inpflichtnahme der Arbeitgeber. Zudem haben sich aus dem Gesetz WVP Änderungen ergeben. Das Arbowet enthält Regelungen über den betrieblichen Arbeitsschutz und Unfallverhütungsvorschriften. Zu den den Arbeitgeber treffenden Verpflichtungen gehören auch Maßnahmen zur Vermeidung von Arbeitsausfall wegen Krankheit (Art. 4a Arbowet). Aufgrund der Verpflichtung des Arbeitgebers, in den ersten 52 Wochen der Arbeitsunfähigkeit Krankengeld zu bezahlen gemäß der Vorschriften des Bürgerlichen Gesetzbuches (BW), hat er auch ein eigenes Interesse daran, seine Unternehmensführung darauf auszurichten, Arbeitsausfall wegen Krankheit möglichst zu vermeiden bzw. erkrankte Arbeitnehmer so schnell wie möglich wieder in den Arbeitsprozess zu integrieren. Dazu muss er insbesondere mit Hilfe eine sachverständigen Dienstes (Arbodienst) die Risiken am Arbeitsplatz evaluieren. Zudem werden Arbeitsplatzinspektionen durchgeführt.

bbb. WVG

Das WVG (wet voorzieningen gehandicapten)[556] sieht Leistungen zur Ermöglichung einer selbstständigen Lebensführung bei Behinderten vor. Dieses Gesetz ist Anspruchsgrundlage für Maßnahmen der Teilhabe am Verkehr und für Maßnahmen im räumlichen Umfeld für Behinderte und ältere Menschen. Dabei geht es um die Versorgung im täglichen Leben und nicht notwendig um die Versorgung für die berufliche Situation. Dies kann sich aber überschnei-

---

[555] Stb. 1993 Nr. 757. Ursprünglich wurde mit dem Gesetz die EG-Richtlinie über Arbeitsschutz vom 12.06.1989 in niederländisches Recht umgesetzt. Da in den Niederlanden keine Unfallversicherung existiert, in die die EG-Richtlinie umsetzbar war, bedurfte es eines eigenständigen Gesetzes.

[556] Vgl. Stb. 1987 Nr. 12; Übersetzt: Gesetz über die Sozialfürsorge von Behinderten.

den, z.B. bei der Gewährung von Kraftfahrzeughilfe, Anpassungen des eigenen PKW und Anpassungen des Arbeitsplatzes. Ebenso kann es Überschneidungen zur Krankenversicherungen geben. Im Zweifel gilt hierfür, dass das speziellere Gesetz dem allgemeineren WVG vorgeht.

ccc. WSG

Das WSG (wet sociale werkvoorziening)[557] sieht die Schaffung von angepassten Arbeitsmöglichkeiten für Personen vor, die nicht im Stande sind, unter betriebsüblichen Bedingungen zu arbeiten. Vorrangig handelt es sich um Arbeitsmaßnahmen im Rahmen von Behindertenwerkstätten.

ddd. Wet REA nach den Änderungen durch das wet verbetering poortwachter

Das wichtigste Gesetz zur Reintegration von Arbeitnehmern ist das wet REA. Das wet REA hat mit seiner Inkraftsetzung verschiedene Reintegrationsregelungen, die vormals im WAO geregelt waren, übernommen, gleichzeitig sind neue dazu gekommen und andere angepasst worden. Das wet REA wurde notwendig, seitdem Zeitpunkt als die Arbeitgeber stärker für die Kosten der Arbeitsunfähigkeit verantwortlich gemacht worden sind. Nach der Ausweitung der Lohnfortzahlungsverpflichtung musste einer Risikoselektion entgegengewirkt werden. So soll das wet REA finanzielle Anreize zur Einstellung und Weiterbeschäftigung von Menschen mit gesundheitlichen Problemen fördern. Die Mittel, die für die Aufgaben nach dem wet REA bereitgestellt werden, sind auf jährlich 63.000 „Abschnitte“ (trajecten) begrenzt. Ein Abschnitt ist eine zusammenhängende Förderung mit verschiedenen Instrumenten für eine Person, eine Aktivierung und Wiedereingliederung in den Arbeitsprozess zu realisieren. Nach den Schätzungen der Regierung ist dieses Maß ausreichend.[558] Im Jahre 2001 wurden erstmalig die Ergebnisse des wet REA ausgewertet. Es stellte sich heraus, dass tatsächlich eine vermehrte Integration von gehandicapten Arbeitnehmern stattgefunden hatte. Jedoch stellte sich auch heraus, dass nicht selten der Arbeitgeber den Subventionsbetrag im Sinne des Zuschusses erhalten hatte, tatsächlich aber keine oder nur geringe Kosten für die Indienstnahme des gehandicapten Arbeitnehmers entstanden waren. Aus diesem Grund sind die finanziellen Anreize, einen Erwerbsunfähigen einzustellen, seit dem Januar 2002 gesenkt worden.

---

557 Vgl. Stb. 1983 Nr. 31; Übersetzt: Gesetz über die soziale Arbeitsfürsorge.
558 Kamerstukken II (Schriftstücke der zweiten Kammer) 1999/00, 23972, Nr. 40 S. 6.

Das wet REA hat gravierende Änderungen durch das WVP[559] zum 01.04.2002 erfahren. Mit dem WVP sollen noch stärker die Reintegration und frühzeitige Initiativen gefördert werden, einen arbeitsunfähigen Arbeitnehmer wieder an die Arbeit heranzuführen. Dazu sind weitere Maßnahmenmöglichkeiten im wet REA aufgenommen worden. Zudem ist die Verantwortlichkeit des Arbeitgebers durch die Änderung des WVP zum 01.01.2003 noch weiter ausgebaut worden. Der Arbeitgeber ist nunmehr nicht nur verantwortlich, einen arbeitsunfähigen Arbeitnehmer wieder in seinem Betrieb zu integrieren, sondern, falls eine Reintegration im eigenen Betrieb nicht möglich ist, ist der Arbeitgeber sogar verpflichtet, den Arbeitnehmer in einen anderen Betrieb zu reintegrieren. Den damit zusammenhängenden Aufwand muss der Arbeitgeber auf den Arbodienst oder einen privaten Reintegrationsbetrieb übertragen. Solche Reintegrationsdienste treten neben den öffentlich-rechtlichen Vermittler, den Arbodienst, und sind Ausdruck des geforderten Prinzips der Marktwirkung.

(1) Reintegrationsmarkt

Ein belangreicher Pfeiler der Gesetzgebung rund um die Reintegration ist ebenso wie bei der Invaliditätssicherung die Marktwirkung. Sowohl öffentlich-rechtliche als auch private Auftraggeber (Arbeitgeber/UWV) müssen sich die Reintegrationsdienste bei professionellen Anbietern auf dem freien Markt erkaufen. Jedoch werden diese Dienste zu einem erheblichen Teil wieder aus öffentlich-rechtlichen Mitteln vergütet. Die Erwartung an diese Vorgehensweise ist eine größere Effizienz und resultiert aus der dem niederländischen System eigenen Zurückhaltung der Obrigkeit. Mit dem Argument aber, dass die Reintegration in dem gewünschten Ausmaß ein junges Betätigungsfeld ohne Erfahrung bei den Betroffenen ist, hat der Gesetzgeber die nötigen Rahmenbestimmungen für die Verträge, die die Arbeitgeber oder die Ausführungsbehörde mit den Reintegrationsdiensten abschließen, normiert.[560] Zudem gelten Regelungen für die Aufsicht und Kontrolle. Alles in allem handelt es sich um ein Paket von Regelungen, das für einen Außenstehenden nicht immer leicht zu durchschauen ist. Jedoch gibt es genügend Beratungsmöglichkeiten für alle Beteiligten.

---

559 Ergänzt um die Regelungen zum Prozess des ersten Krankheitsjahres (regeling procesgang in het erste ziektejaar).

560 Diese sind niedergelegt in Art. 4.1 des Suwi-Beschlusses. Über diese Materie ist bei der Fassung des Beschlusses ausführlich diskutiert worden; festgehalten wurde die Diskussion in dem Brief des Ministers vom SWZ vom 18.12.2001 (Kammerschriftstücke II 2001/02, 26448, Nr. 38.)

(2) Anspruchsberechtigter Personenkreis

In Betracht für die Förderung im Sinne des wet REA kommen Arbeitsgehandicapte. Diese Begrifflichkeit erfasst einen größeren Personenkreis als der der Arbeitsunfähigen und erst Recht der Erwerbsunfähigen. In Art. 2 wet REA sind beispielhaft die Personengruppen aufgezählt, die von Rechts wegen einen Anspruch auf Leistungen nach dem wet REA haben. Dazu zählen vor allem auch Personen, die einen Anspruch auf Auszahlung einer WAO-, WAZ- oder Wajongleistung haben. Personen, die nicht unter die aufgelisteten Kategorien fallen, können trotzdem Anspruch auf eine Leistung haben. Es bedarf in diesem Fall jedoch einer medizinischen und arbeitskundigen Beurteilung. Diese Beurteilung erfolgt auf der Basis des Arbeitsgehandicaptenbeschlusses.[561] Ab der Vollendung des 65. Lebensjahres kann ein Versicherter keinen Anspruch mehr nach dem wet REA geltend machen. Er hat nun die Möglichkeit, Altersrente zu beziehen. Einer Reintegration bedarf es nicht mehr.

(3) Verantwortlicher Personenkreis

In erster Linie ist der Arbeitgeber verantwortlich. Er schließt auf Betriebsebene Verträge mit Reintegrationsbetrieben (Art. 8 wet REA). Dies geschieht grundsätzlich mit Einverständnis des Betriebsrates bzw. der Personalvertretung (Art. 27 Abs. 1 WOR). Wird das Beschäftigungsverhältnis gekündigt, dies geschieht meist nach zwei Jahren, weil in dieser Zeit keine Reintegration gelang, geht die Verantwortlichkeit für die Reintegration auf den Rentenversicherungsträger über. Der Arbeitgeber kann auch freiwillig länger verantwortlich bleiben. Diese Möglichkeit ist auf sechs Jahre begrenzt (Art. 8 Abs. 4 wet REA). Danach geht die Verantwortlichkeit automatisch auf den Versicherungsträger über (Art. 10 wet REA).

(4) Verpflichtungen des Arbeitgebers

Es gibt eine Fülle von Reintegrationsmitteln, die auch schon vor der Einführung des WVP und des wet Suwi möglich waren. So war die Möglichkeit der Beitragskürzung (premiekorting) bei Einstellung eines gehandicapten Arbeitgebers eines der ursprünglichsten und wichtigsten Regelungsinstrumente zur Förderung der Reintegration (Art. 79 b WAO). Aber auch Umschulungen, Lohnsubvention und Lohndispensation sowie die Gewährung zahlreicher Hilfsmittel waren bereits Gegenstand des wet REA im Zusammenhang mit dem Reintegrationsbeschluss wet REA.[562] Schon nach Art. 4 wet REA war

[561] Stb. 1988, Nr. 488; vgl. insb. Art. 5 Arbeidsgehandicaptebesluit.
[562] Beschluss vom 12.5.1998, Stb. 1998 Nr. 293; letzte Änderung in Stb. 2002 Nr. 341.

der Arbeitgeber verpflichtet, dafür Sorge zu tragen, dass seine arbeitsgehandicapten Arbeitnehmer in seinem Betrieb eine passende Arbeitsstelle erhalten. Zudem muss der Arbeitgeber sowohl Arbeitsgehandicapten als auch Nicht-Arbeitsgehandicapten eine Chancengleichheit gewährleisten für die Teilnahme am Arbeitsleben und auch beide Gruppen gleich bezahlen (Art. 7 wet REA). Um eine Reintegration im Betrieb zu ermöglichen, muss der Arbeitgeber alle Maßnahmen ergreifen, um den alten oder einen geänderten Arbeitsplatz anbieten zu können. Dies bedeutet auch eine geeignete Herrichtung des Arbeitsplatzes und die Anschaffung von Hilfsmitteln (vgl. Art. 8 wet REA). Darunter fallen auch Schulungsmaßnahmen, Probearbeitsplätze und Jobcoaching.

Mit dem WVP ist es zu einer komplett neuen Regelung für das erste Krankheitsjahr gekommen.[563] Dies hat gravierende Auswirkungen für die Regelungen zur Reintegration. Insbesondere wurden auch die Rechte und Pflichten des Arbeitnehmers ausgebaut und Sanktionsmöglichkeiten geschaffen, die vormals als unbefriedigend empfunden worden waren.[564] Nunmehr muss der Arbeitgeber nach Art. 71 a WAO nach dreizehn Wochen Arbeitsausfall eines Arbeitnehmers einen Reintegrationsplan aufstellen und diesen an den Versicherungsträger UWV weiterleiten. Beginnen muss der Arbeitgeber aber bereits nach sechs Wochen Arbeitsausfall wegen Krankheit mit einem Dossier, in dem zusammen mit dem Arbeitnehmer ein Plan für eine Reintegration erarbeitet wird. Die Idee ist, dass Arbeitgeber und Arbeitnehmer zeitig genug selbst die notwendigen Reintegrationsmaßnahmen übernehmen, denn diese werden am besten wissen was zu tun ist. Die auf Art. 71 a WAO basierenden ministerielle Regelung „Prozessgang erstes Krankheitsjahr“[565] verschiebt daher die Verpflichtung der Reintegration vom Versicherungsträger auf die Tarifparteien. Damit die Abwicklung des Reintegrationsplans gelingt, sieht die Regelung zum Prozessgang erstes Krankheitsjahr den Einsatz eines Fallmanagers (casemanager) vor, der den Fall unabhängig begleiten soll. Das WVP als öffentlich-rechtliche Rechtsgrundlage findet sein Pondon für das privatrechtliche Arbeitsrecht im neu geschaffenen Art. 7:658a BW. Schon zuvor war die Reintegrationsverpflichtung des Arbeitgebers aus der Rechtsprechung erwachsen.[566] So handelt es sich bei der Verpflichtung, den Reintegrati-

---

[563] Vgl. 3. Teil IX. 1. Ausführungen zum Feststellungsverfahren.

[564] Vgl. *Pennings,* De WAO, 23.3.3., *Kronenburg-Willems,* SUWI en Poortwachter: meer reintegratie?, Sociaal Recht 2003 S. 111, 115.

[565] Regeling Procesgang eerste ziektejaar; vgl. Beschluss vom 25.3.2002 Stcrt. 2002, Nr. 60.

[566] Die Rechtsprechung entwickelte dies aus der Formulierung des Art. 7:611 BW, wonach ein Arbeitgeber sich gegenüber seinem Arbeitnehmer wie ein guter Arbeitgeber betragen muss: „dat een werkgever sich jegens zijn werknemers als een goed werkgever moet bedragen“; vgl. CRvB 19.06.2003 in RSV 2003, Nr. 245.

onsplan zu erstellen und auch Reintegrationsaktivitäten durchzuführen, um eine arbeitsrechtliche Verpflichtung, die ein Teil des abgeschlossenen Arbeitsvertrages wird (Art. 9 wet REA).[567] Um vorzubeugen, dass die beiden Tarifparteien direkt eine gerichtliche Auseinandersetzung suchen, wenn es zu unterschiedlichen Ansichten bezüglich des Reintegrationsplans und seiner Ausführung kommt, kann der Arbeitnehmer den Versicherungsträger um ein Sachverständigenurteil bitten (Art. 30 Abs. 1 Punkt g wet SUWI). Dieser kann dann feststellen, ob insbesondere der Arbeitgeber seinen Verpflichtungen gerecht wird. Erst danach besteht die Möglichkeit, die Streitfrage vor dem Kantonsrichter[568] zu klären.

Ebenso, wie der Arbeitgeber gegenüber dem Arbeitnehmer verpflichtet ist, hat er Verpflichtungen gegenüber dem Versicherungsträger. Dazu gehört die Meldung eines Krankheitsfalles binnen einer Woche an den Arbodienst; verpflichtende Anfrage an den Arbodienst für alle Krankheitsfälle, die länger als sechs Wochen dauern; Aufstellen eines Reintegrationsdossiers nach sechs Wochen; Einstellung eines Fallmanagers, nach weiteren sechs Wochen (spätestens nach 13 Wochen); Erstellung des Reintegrationsplans, den der Arbeitnehmer im Falle eines WAO-Antrages einreichen muss.

Nach dem WVP hat der Arbeitgeber nunmehr seit dem 01.01.2003 nicht nur die Verpflichtung, den Arbeitnehmer in seinen Betrieb zu reintegrieren, sondern für den Fall, dass dies nicht gelingt, auch die Verpflichtung, seinen Arbeitnehmer bei einem anderen Arbeitgeber zu reintegrieren.

(5) Verpflichtungen des Arbeitnehmers

Aufgrund des neuen ART. 7:660 a BW[569] hat der arbeitsunfähige Arbeitnehmer innerhalb seines Arbeitsverhältnisses folgende Verpflichtungen: er muss den durch den Arbeitgeber oder einen Sachverständigen aufgestellten Regeln des Reintegrationsplans folgen; er muss nach seinen Kräften mitwirken und er muss eine andere zumutbare Tätigkeit, die ihm angeboten wird, akzeptieren.

Sollte der Arbeitnehmer dieser Verpflichtungen nicht nachkommen, ist die primäre Sanktion die Einstellung der Lohnfortzahlung. In diesem Fall ist auch eine Kündigung möglich nach vorheriger Anhörung des CWI.[570] Dass das ge-

---

567 Vgl. *Kronenburg-Willems,* SUWI en Poortwachter: meer reintegratie?, Soocial Recht 2003 S. 111, 116.

568 Kantonsrichter sind zuständig für bürgerlich-rechtliche Streitigkeiten.

569 Einführung im Zuge der Änderungen des WVP.

570 Die Zustimmungsnotwendigkeit des Trägers der Arbeitslosenversicherung ist seit dem 01.04.2002 eingeführt worden.

nerelle Kündigungsverbot eines kranken Arbeitnehmers nicht länger für einen Arbeitnehmer gilt, der sich unberechtigt weigert, folgt aus dem WVP i.V.m. Art. 7:660 a BW.

Dieselben Verpflichtungen hat der Arbeitnehmer gemäß Art. 71 a Abs. 2 WAO auch gegenüber dem Versicherungsträger. Kommt der Arbeitnehmer gegenüber diesem seinen Verpflichtungen nicht nach, kann der Versicherungsträger eine WAO-Leistung kürzen (Art. 28 Unterpunkt h, Art. 25 WAO). Die Rechtswege für den Versicherten sind in dieser Konstellation getrennt. Wendet er sich gegen den Arbeitgeber, so muss er den bürgerlichrechtlichen Rechtsweg bestreiten, andernfalls den öffentlich-rechtlichen. Eine weitere formelle Anforderung wird an den Versicherten gestellt, wenn es zur Stellung eines Rentenantrages kommt. Seit dem 01.04.2002 muss er bei einem Antrag den Reintegrationsplan beilegen (Art. 34 a WAO). Geschieht dies nicht, wird ihm eine Frist von einer Woche gesetzt, dies nachzuholen. Wird der Plan auch danach nicht eingereicht, darf der Antrag unbearbeitet bleiben (Art. 4.5 Abs.1 Awb). Jedoch muss nach der Rechtsprechung[571] beachtet werden, ob es dem Arbeitnehmer möglich war, den Reintegrationsplan einzureichen. Liegt das Verschulden beim Arbeitgeber, muss der Versicherungsträger den Arbeitgeber anhalten, den Reintegrationsplan zu erstellen bzw. einzureichen. Gelingt auch dies nicht, ersetzt der Versicherungsträger den Plan.

(6) Subventionsmöglichkeiten

Es gibt nach dem wet REA verschiedene Möglichkeiten des finanziellen Entgegenkommens für Arbeitgeber. In erster Linie handelt es sich dabei um die Prämienkürzungsregelung;[572] d.h. die Beiträge zur WAO-Versicherung werden dem Arbeitgeber verringert (Art 79 b WAO). Der Arbeitgeber kann für den Fall, dass entstandene Kosten höher sind als die Kürzung der Beiträge,

---

571 Grundsätzliche Rechtsprechung zu den Verpflichtungen des Arbeitnehmers für den Fall, dass diese von Leistungen des Arbeitgebers abhängig sind, CRvB 19.12.1997 in RSV 1998 Nr. 22.

572 Vgl. 3. Teil X. Finanzierung. Geregelt in Art. 79 b und 82 WAO. Möglich ist eine Kürzung, die so aussieht, dass der Arbeitgeber für die WAO-Prämie als auch für die WW-Prämie bis zu 2.042 € im Jahr erhält. Diese Kürzung erfolgt die ersten drei Jahre des Beschäftigungsverhältnisses. Bei vorzeitiger Beendigung des Beschäftigungsverhältnisses endet auch diese Subvention.

auch eine Subvention für die Mehrkosten erhalten.[573] Weiterhin gibt es das Instrument der Lohnsubvention. Damit wird der Ausgleich zwischen dem Lohn aufgrund verminderter Arbeitsleistung des Gehandicapten dem Lohn eines anderen Arbeitnehmers geleistet, da aufgrund von Art. 7 wet REA kein geringerer Lohn an den gehandicapten Arbeitnehmer ausgezahlt werden darf. Wird deutlich, dass die Subvention dem Arbeitgeber zu Unrecht gezahlt worden ist, wird sie wieder zurückverlangt. Wird z.B. das neu entstandene Beschäftigungsverhältnis vorzeitig abgebrochen, entsteht ein Rückforderungsanspruch.

Für die Situation, dass der Arbeitgeber einen Arbeitnehmer bei einem anderen Unternehmen reintegrieren will, stellt sich fast immer das Problem, dass der Arbeitgeber diese Kosten nicht alleine tragen kann. Es gibt für ihn die Möglichkeit, eine Subvention bei dem Versicherungsträger zu beantragen (Art. 15 wet REA), jedoch bekommt er nur eine vollständige Vergütung seiner Kosten, wenn der Arbeitnehmer erfolgreich reintegriert worden ist. Gelingt die Reintegration nicht, muss er die Hälfte der angefallenen Kosten selber tragen. Die Subvention besteht aus zwei Teilen: einer Basissubvention (basissubsidie) und einer Einstellungssubvention (plaatsingsubsidie). Die Basissubvention wird gezahlt, wenn der Arbeitnehmer nicht mehr beim Arbeitgeber reintegriert werden kann und der Arbeitgeber Reintegrationsaktivitäten einkauft, um den Arbeitnehmer bei einem anderen Arbeitgeber unterzubringen. Die Einstellungssubvention wird gezahlt, wenn der Arbeitnehmer bereits über eine Periode von 26 Wochen ein Beschäftigungsverhältnis mit einem anderen Arbeitgeber abgeschlossen hat. Für den Fall, dass der Arbeitnehmer sich selbstständig gemacht hat, wird die Einstellungssubvention bezahlt, wenn der Arbeitnehmer in einer Periode von einem Jahr nach Beginn der selbstständigen Tätigkeit mindestens 26 Wochen ein Einkommen aus dieser Tätigkeit bezogen hat, das zumindest die Höhe hat, dass darüber hinaus kein Anspruch auf eine ergänzende Leistung (aus der WAO oder aus dem ABW) besteht.

Auch die arbeitsgehandicapte Person selbst kann beim Versicherungsträger (UWV) Reintegrationsförderung, insbesondere für die Situation eines nicht vorliegenden Beschäftigungsverhältnisses, geltend machen. Hierbei handelt es sich v.a. um Umschulungsmaßnahmen sowie Maßnahmen zur Teilnahme am

---

[573] Vgl. Art. 16 wet REA; Die Subvention von zusätzlichen Reintegrationskosten betrifft eine finanziellen Vergütung für Kosten, die nötig sind um einen Arbeitsgehandicapten in ein Beschäftigungsverhältnis aufzunehmen oder ihn an seinem ursprünglichen Arbeitsplatz weiterzubeschäftigen. Bei einem Nachweis des Arbeitgebers, dass der aufgewandete Betrag höher als die Prämienkürzung ist, kann er einen zusätzlichen Betrag von 2.042 € für einen eigenen Arbeitnehmer und maximal 3 mal 2.042 € für die Beschäftigung eines neuen Arbeitsgehandicapten Arbeitnehmers erhalten.

Verkehr, um eine mögliche Arbeitsstätte zu erreichen, Kommunikationsförderung und Förderungsmaßnahmen für Kinder.

Zudem kann seit dem 01.03.2002 auch ein personengebundenes Reintegrationsbudget bewilligt werden (Art. 33 a wet REA). Diese Möglichkeit soll dann greifen, wenn der Gehandicapte weder bei seinem Arbeitgeber noch bei einem anderen Arbeitgeber integriert werden kann. Das dafür zur Verfügung stehende Budget beträgt maximal 3.630 € für ein Jahr (Art. 5 experimentelle Regelung zur Subventionsauszahlung bei Arbeitsgehandicapten (experimentele regeling subsidieverstrekking arbeitsgehandicapten)). Das Geld dient vor allem Arbeitsvermittlungen, Bewerbungsbegleitungen und Berufskonzepten samt Ausarbeitung. Der Arbeitnehmer schließt in diesen Fällen selber einen Reintegrationsplan mit einem Reintegrationsbetrieb ab. Für diese Fälle bedarf es in Abständen von drei Monaten eines Berichts an den Versicherungsträger. Ist es zu einer nicht notwendigen Überzahlung gekommen, kann der Versicherungsträger die Subvention zurückfordern.

Zuletzt kann der Arbeitgeber Subventionen erlangen, die genutzt werden, um Vorsorge zu treffen, dass die Arbeitnehmer nicht arbeitsunfähig werden. Dazu können die Kosten für Schulungen und Anpassungsmaßnahmen des Arbeitsplatzes, z.B. für besondere Hilfsmittel (Stühle, PC) und Sicherheitsmaßnahmen übernommen werden. Die Maßnahmen werden aus einem Reintegrationsfond bezahlt.

(7) Sanktionsmöglichkeiten

Grundsätzlich sieht Art. 34 a WAO vor, dass der Versicherungsträger beurteilen muss, ob Arbeitgeber und Arbeitnehmer den Reintegrationsbemühungen redlich nachgekommen sind. Aus diesem Grundsatz heraus resultiert seit dem 01.04. 2002 Art. 46 WAO i.V.m. Art 71 a WAO, eingeführt durch das WVP und die Prozessregelung des ersten Krankheitsjahres. Danach hat der Versicherungsträger die Möglichkeit, die grundsätzliche Lohnfortzahlungsverpflichtung des Arbeitgebers von 52 Wochen auf ein weiteres Jahr zu verlängern bzw. bis zu dem Zeitpunkt, in dem der Arbeitgeber seinen Verpflichtungen in ausreichendem Masse nachgekommen ist. Diese Möglichkeit war nach dem wet REA nicht gegeben. Kommt es zur Lohnfortzahlung durch den Arbeitgeber, resultiert daraus wiederum, dass der Rentenantrag abgelehnt wird, da der Arbeitnehmer noch einen Anspruch auf Lohnfortzahlung hat (Art. 34 a

Abs. 2 WAO).[574] Der Beschluss des Versicherungsträgers zur Lohnfortzahlung kann der Arbeitgeber vor dem Verwaltungsgericht angreifen. Auch die Abweisung des WAO-Antrages ergeht durch Beschluss, für den der Verwaltungsrechtsweg offen steht. Hierbei ist zu beachten, dass der Versicherungsträger auch während dieses Verfahrens den Versicherten darüber zu informieren hat, wann ein neuer WAO-Antrag gestellt werden könnte. Die Verfahren sind dann aneinander zu koppeln.

Gerade die Beurteilung der Zumutbarkeit eines neuen Arbeitsplatzes hatte in diesem Zusammenhang unter der Geltung des wet REA a.F. für viele Rechtsstreitigkeiten gesorgt. Seit dem 01.04.2002 haben beide Beteiligten nun die Möglichkeit, die Zumutbarkeit durch ein Sachverständigenurteil des Versicherungsträgers festlegen zu lassen. Erst danach sind Streitigkeiten justiziabel.

Die Verpflichtung zur Einstellung eines gehandicapten Arbeitnehmers ist nicht sanktionsfähig. Jedoch bietet Art. 5 wet REA dem Minister die Möglichkeit, in verschiedenen Sektoren Quotenpflichten einzuführen. Bei Nichteinhaltung der Quoten der beschäftigten Arbeitsgehandicapten muss dann der einzelne Arbeitgeber mit Bußen rechnen. Dagegen hat das Nichterfüllen der Verpflichtung nach Art. 8 wet REA öffentlich-rechtliche und zivilrechtliche Folgen.[575] Nach Art. 9 wet REA kann der Minister gegen einen Arbeitgeber, der gegen Art. 8 wet REA verstößt, Schadensersatzforderungen stellen. Zudem kann ein Arbeitnehmer, der meint, sein Arbeitgeber biete ihm nicht genügend Reintegrationsmöglichkeiten, den Arbeitgeber auf die Lohnzahlung verklagen, die er erhalten würde, wenn alle Möglichkeiten geboten würden, und er kann die Herstellung des seiner Behinderung angepassten Arbeitsplatzes verlangen. Diese Möglichkeit folgt aus Art. 7:628 BW.

b. WAZ

Ein Selbständiger hat ebenfalls einen Anspruch auf umfassende Rehabilitationsmaßnahmen nach den obengenannten Gesetzen. Da er in das Sozialversicherungssystem mit eingeschlossen ist, stehen ihm auf der Leistungsseite die

---

[574] Unter dem Gesichtspunkt, dass diese Strafmaßnahmen für den Arbeitgeber durch Abweisung des Rentenantrages auch den Arbeitnehmer treffen, sind Bedenken im Hinblick auf Art. 6 EG-Vertrag im Hinblick auf die Menschenwürde geäußert worden. Der CRvB hat jedoch in seiner Rechtsprechung zum Ausdruck gebracht, dass es sich nicht um eine Strafregel handelt, sondern um eine Reparaturregelung, und dass diese nicht dem Gebot eines zügigen Prozessganges und einer unabhängigen Rechtsprechung widerspricht. CRvB vom 23.02.2002 in RSV 2002 Nr. 159.

[575] Vgl. *Pennings,* De WAO, 23.2.2.

gleichen Ansprüche wie einem WAO-Versicherten zu. Dabei ist beim Selbstständigen die Ausführungsbehörde Anspruchsgegner.

Über die oben genannten Fördermöglichkeiten hinaus gibt es für Selbstständige weitere besondere Förderungsmöglichkeiten. Zum einen gibt es die Möglichkeit, die ersten vier Jahre den tatsächlichen Verdienst auf den theoretischen Verdienst aufzustocken. Diese Differenzzahlung ist aber auf einen Betrag von bis zu 20% begrenzt. Zudem können Starterkredite gewährt werden, die auf derzeit 27.227 €[576] begrenzt sind.

c. Wajong

Auch der Kreis der „Frühbehinderten" hat Anspruch nach allen gesetzlichen Möglichkeiten auf umfassende Rehabilitation im Sinne von Revalidation und Reintegration. Zumeist verbleibt es aber bei Leistungen nach dem WVG und WSG, da es keine Möglichkeit gab oder gibt den Frühbehinderten in die „normale" Arbeitswelt zu integrieren. Nach dem WVG kann ein Behinderter aber insbesondere Anspruch darauf haben, dass es ihm ermöglicht wird, an einem, auch Nichtbehinderten zur Verfügung stehenden Arbeitsplatz, Arbeit zu verrichten.

2. Rentenleistungen

a. WAO

aa Leistungsarten

Bei den Leistungen der gesetzlichen Rentenversicherung für den Fall einer Invalidität kennt das WAO seit 1993 zwei Leistungsphasen. Zeitlich zuerst wird eine an das frühere Erwerbseinkommen gekoppelte Lohnersatzleistung gewährt. Die Dauer dieser Leistung hängt vom Alter des Antragstellers im Zeitpunkt der Zuerkennung einer Leistung wegen Erwerbsunfähigkeit ab; nicht maßgeblich ist dagegen das Eingangsdatum des Antrages.[577]

Beim einem Alter bis 32 Jahre beträgt die Dauer dieser Lohnersatzleistung null Jahre; bei einem Alter des Versicherten zwischen 33 und 37 Jahren beträgt die Leistungszeit der Lohnersatzleistung ein halbes Jahr; bei Versicherten zwischen 38 und 42 Jahren beträgt die Laufdauer ein Jahr; bei Versicher-

---

576 *Ministerium van sociale Zaken en werkgelegenheid,* Kurze Übersicht über die Soziale Sicherheit in den Niederlanden, Stand 2003, S. 19.
577 Vgl. Art. 21 a WAO.

ten zwischen 43 und 47 Jahren anderthalb Jahre; bei Versicherten zwischen 48 und 52 Jahren zwei Jahre; bei Versicherten zwischen 53 und 57 Jahren 3 Jahre und bei Versicherten mit 58 Jahren beträgt die Laufzeit 6 Jahre. Versicherte, die 59 Jahre oder älter sind, erhalten die Lohnersatzleistung bis zum 65. Lebensjahr.[578]

In der zweiten Phase hat der Versicherte einen Anspruch auf eine fortgesetzte Leistung, die auf der Grundlage des gesetzlichen Mindestlohnes basiert.[579] Diese fortgesetzte Leistung kann grundsätzlich bis zur Vollendung des 65. Lebensjahres ausgezahlt werden.

bb. Leistungshöhe

Die Höhe der Leistung hängt ab von dem Grad der Erwerbsunfähigkeit, dem zuletzt bezogenen Lohn (Tagelohn oder Folgetagelohn) und überdies in der nächsten Phase vom Alter des Versicherten. Der Grad der Erwerbsunfähigkeit wird anhand von sieben Erwerbsunfähigkeitsgruppen bestimmt, die wiederum mit dem zugrundeliegenden Prozentsatz des Maßes der Arbeitsunfähigkeit korrespondieren.[580]

Bei einer Erwerbsunfähigkeit von:	entspricht die zugehörige Leistung:[581]
15 - 25 %	14 %
25 - 35 %	21 %
35 - 45 %	28 %
45 - 55 %	35 %
55 - 65 %	42 %
65 - 80 %	50,75 %
80 % und mehr	70 %

Eine Erwerbsunfähigkeit unter 15% findet gemäß Art. 19 Abs. 4 WAO keine Berücksichtigung.

Der größte Teil der Leistungsempfänger in den Niederlanden (etwa 80% der Anspruchsberechtigten) erhält eine Leistung von 80% und mehr, dies bedeutet, dass der größte Teil der Anspruchsberechtigten die höchstmögliche Leistung erhält.[582]

---

[578] Vgl. Art. 21 a WAO.
[579] Vgl. Art. 21 Abs. 1 WAO.
[580] Vgl. Teil 3. III.1.a.ddd.
[581] Tabelle des Gesetzestextes von Art. 21 Abs. 2 WAO.
[582] Missoc-Bericht 2002 *(EG-Kommission),* Niederlande.

aaa. Berechnung der Lohnersatzleistung

Der in der ersten Phase der Erwerbsunfähigkeit für die Versicherten über 33 Jahre geleisteten Lohnersatzleistung liegt als Berechnungsgrundlage der sog. Tageslohn (dagloon) gemäß Art. 21 Abs. 1 WAO zugrunde.

Nach Art. 14 Abs.1 WAO stellt der Tagelohn den Lohn[583] dar, den der anspruchsberechtigte Erwerbsunfähige in seinem vorherigen Beruf bei einer Fünftagewoche pro Tag durchschnittlich hätte verdienen können, wenn er nicht erwerbsunfähig geworden wäre. Maßgeblicher Zeitraum für die Bestimmung dieses Tagelohns ist das Jahr zwischen dem Beginn der Arbeitsunfähigkeit und dem Beginn der Leistung nach dem WAO, mithin dem Jahr der Wartezeit, in der ein Antragsteller Lohnfortzahlung vom Arbeitgeber oder Krankengeld von der Krankenkasse erhält.[584]

Nach Art. 14 Abs. 2 und 3 WAO können in Durchführungsbestimmungen und Verwaltungsrichtlinien weitere Details zur Bestimmung des Tagelohns geregelt werden. Insbesondere werden danach bei der Bestimmung des Tagelohns auch regelmäßige Bonuszahlungen oder Sonderzahlungen und auch das Urlaubsgeld berücksichtigt, nicht aber z.B. die Vergütung von unregelmäßigen Überstunden oder der Nutzungsvorteil eines Dienstwagens. Der Tagelohn ist nicht nur von dem mit dem jeweiligen Beruf zu erzielenden tatsächlichen Einkommen abhängig, sondern es muss auch berücksichtigt werden, welche tarifvertraglichen Lohnvorgaben bestehen. Eine tarifvertragliche Lohnerhöhung innerhalb des maßgeblichen Jahreszeitraums muss demzufolge berücksichtigt werden. Nach der Feststellung des Tagelohns werden weitere Tarifanpassungen nicht mehr berücksichtigt. Maßgeblich ist auch für die Ermittlung des Tagelohns, ob der Antragsteller zuvor in Teilzeit gearbeitet hat. Für diesen Fall kann nur der Lohn für eine Teilzeit-Arbeit angesetzt werden und nicht der hypothetische Verdienst für eine Vollzeittätigkeit.[585]

Für die Bestimmung des Tagelohns gibt es eine Höchstgrenze im Sinne einer Leistungsbemessungsgrenze. Seit dem 01.07.2003 beträgt der maximale Tagelohn 167,70 €[586] pro Tag.

---

[583] Dabei versteht das WAO nach Art. 13 Abs. 1 WAO unter Lohn einen einheitlichen Lohnbegriff für alle Arbeitnehmerversicherung nach dem Coördinatiewet Sociale Verzekering (Kordinationsgesetz für alle Sozialversicherungen).

[584] Vgl. *Hoogendijk*, betalingsverpflichting gedurende het eerste ziektejaar; 1999 S. 44, 45.

[585] Vgl. *Noordam*, Socialezekerheidsrecht, 2002 S. 162.

[586] Vgl. *Ministerium für Arbeit und Soziales*, Abteilung Kommunikation, Soziale Sicherheit in den Niederlanden 2003.

bbb. Berechnung des Folgetagelohnes

Maßgeblich für Bestimmung der Folgeleistung im Anschluss oder bei Ausschluss der Lohnersatzleistung ist der Folgetagelohn gemäß Art. 21 b Abs. 1 WAO. Dieser wird gemäß Art. 21 b Abs. 3 WAO wie folgt berechnet: Für jedes Jahr, um das das Alter von 15 Jahren im Leistungsfall nach dem WAO überschritten wird, werden 2% Differenz zwischen dem früheren Lohn und dem Mindestlohn einschließlich Urlaubsgeld zu diesem Mindestlohn hinzugerechnet. Dabei ist auch hier wiederum der Lohn durch die Leistungsbemessungsgrenze (derzeit 167,70 € s.o.) begrenzt. Das Urlaubsgeld beträgt ab dem 01.07.2003 62,02 € pro Tag.[587] Die Leistungsbemessungsgrenze und auch die Höhe des Urlaubsgeldes werden jeweils zum 1. Januar und zum 1. Juli eines jeden Jahres dem allgemeinen Lohnindex angepasst.

Mithin ergibt sich der Folgetagelohn aus dem gesetzlichen Mindestlohn und für den Fall, dass der Tageslohn höher war als der gesetzliche Mindestlohn, aus einem Aufstockungsbetrag (2%). Der gesetzliche Mindestlohn ist in Art. 13 Abs. 2 WAO definiert. Er setzt sich zusammen aus dem gesetzlichen Mindestlohn nach dem Gesetz über Minimumlohn und Minimumurlaubsgeld (Wet minimumloon en minimumvakantiebeijslag)[588] zuzüglich der Urlaubszuschläge dividiert durch 21,75.

Wenn jemand zum Beispiel im Zeitpunkt des Leistungsfalls 45 Jahre ist, also 30 Jahr älter als 15 Jahre, geht es um (30x2%=) 60% des Unterschieds. Dieser Betrag hinzuaddiert zum Mindestlohn ist der Folgetagelohn und bildet die weitere Basis für die Leistung nach dem WAO. Ausnahmsweise wird der Folgetagelohn für den Fall, dass der Tagelohn geringer war als der gesetzliche Mindestlohn, in Höhe des Tagelohnes gemäß Art. 21 b Abs. 4 WAO festgestellt.

ccc. Berechnungsformel

Die Berechnungsformel zur Berechnung der möglichen WAO-Leistungen sieht zusammenfassend wie folgt aus:

Leistungsminderungsprozentsatz, welcher einem gesetzlich zugeordneten Faktor entspricht, x 100/108 Teil des Tagelohnes bzw. Folgetageslohnes. Der

---

[587] Vgl. *Ministerium für Arbeit und Soziales,* Abteilung Kommunikation, Soziale Sicherheit in den Niederlanden 2003.

[588] Stb. 1968, S. 657.

Quotient 100/108 wird angewandt, um 8% der Leistung pro Jahr für das Urlaubsgeld festzuhalten.

cc. Zusätzliche Leistungen

aaa. Urlaubsgeld

Neben der Rentenzahlung hat der Erwerbsunfähige Anspruch auf ein Urlaubsgeld gemäß Art. 59 a WAO. Die Höhe des Urlaubsgeldes beträgt 8% der Leistungen, der letzen 12 Monate, auf die der Erwerbsunfähige nach dem WAO einen Anspruch hat, erstmalig angefangen mit dem Monat Mai.[589] Die Auszahlung des Urlaubsgeldes erfolgt gemäß Art. 59 b Abs. 3 WAO einmal im Jahr im Monat Mai. Dieses Urlaubsgeld unterliegt nicht der Steuer- und Sozialversicherungspflicht.[590]

bbb. Pflegegeld

Wenn ein Erwerbsunfähiger, der einen Grad der Erwerbsunfähigkeit von 80% oder mehr hat, so hilfebedürftig ist, dass regelmäßige Anwesenheit einer weiteren Person und Pflege notwendig ist, so kann die dem Erwerbsunfähigen zustehende WAO-Leistung bis auf 100% angehoben werden gemäß Art. 22 WAO. Diese Anhebung erfolgt sowohl für die Phase der Lohnersatzleistung als auch für die Phase der Folgezahlung. Dieses zusätzliche Pflegegeld wird nur solange ausgezahlt, wie der Erwerbsunfähige nicht in einer Pflegeeinrichtung lebt und die Kosten hierfür nicht von einer Krankenversicherung[591] übernommen werden.

ccc. Sterbegeld

Stirbt ein Erwerbsunfähiger, dem Leistungen nach dem WAO zuerkannt worden sind, wird ab dem Tag des Todes die Leistung in Form eines Sterbegeldes an die Hinterbliebenen bezahlt gemäß Art. 53 Abs. 1 WAO. Die Höhe des Sterbegeldes entspricht dem Betrag der Erwerbsunfähigkeitsleistung für einen Monat, gemittelt aus der Höhe der Auszahlung am letzten Tag vor dem Tode des Leistungsbeziehers und der Höhe zu Beginn der ersten Auszahlung.[592] Es

---

[589] Vgl. Art. 59 b Abs. 1 WAO.
[590] Vgl. Art. 59 b Abs. 5 WAO.
[591] „verzekering inzake ziektekosten“ = Versicherung in Sachen Krankenkosten; es kommen verschiedene Versicherungen in Betracht kommen, vgl. *Asscher-Vonk,* De zieke werknemer, 2003 S. 35; *Fase,* De wet loondoorbetaling bij ziekte, S. 18ff.
[592] Vgl. Art. 53 Abs. 3 WAO.

ist befristet auf die Zeit bis zum letzen Tag des 2. Monats nach dem Monat, in dem der Erwerbsunfähige gestorben ist; mithin maximal drei Monate. Der maßgebliche Betrag wird auf einmal ausgezahlt. Für den Fall, dass es zu einer Überzahlung der WAO-Leistung im Monat des Versterbens gekommen ist, wird diese Auszahlung gemäß Art. 53 Abs. 7 WAO mit dem Sterbegeld verrechnet. Ausgezahlt wird dieses Sterbegeld nur an den (Ehe)-partner,[593] oder aber für den Fall, dass kein (Ehe)-partner vorhanden ist, an die unverheirateten, minderjährigen Kinder oder aber an denjenigen, der größtenteils für den Lebensunterhalt des Verstorbenen aufkam und mit ihm in einem Familienverband lebte.[594]

ddd. Zulagengesetz

Wie bei anderen Sozialversicherungsleistungen kann dem Leistungsempfänger ein Zuschlag zur WAO-Leistung nach dem Zulagengesetz TW gewährt werden. Dies ist möglich, wenn die WAO-Leistung und das übrige Familieneinkommen zusammen niedriger als der Mindestlohn sind.

dd. Netto-Leistungen

Die WAO-Leistung ist eine Brutto-Leistung. Dies bedeutet, dass von ihr nach den allgemeinen steuerrechtlichen Regelungen in den Niederlanden Lohnsteuer abgeführt werden muss. Aus der generellen Lohnsteuerpflicht folgt auch, dass von der WAO-Leistung Sozialversicherungsbeiträge und auch Beiträge zu den Volksversicherungen abgeführt werden müssen. Dies geschieht in den Niederlanden gleichzeitig. Angepasst werden die WAO-Leistungen, nachdem der einmal feststehende Tagelohn keine Erhöhung mehr zulässt, anhand eines Lohnindexes, den die Niederländer für alle Sozialleistungen kennen. Dieser Lohnindex soll die Entwicklung des allgemeinen Lebensstandards wiederspiegeln. Tatsächlich ist die Indexierung aber in den letzen Jahren mehrfach durch Regierungsbeschluss ausgesetzt worden.[595]

ee. Vertrauensschutzregelung

Für Personen, die bereits vor dem 01.08.1993 Anspruch auf eine WAO-Leistung hatten, gelten von dem Vorgenannten Abweichungen. Der durch das

[593] Nach Art. 1 Abs. 2 WAO sind wie auch in den anderen niederländischen Gesetzen, registrierte Partnerschaften gleich welchen Geschlechts der Ehe gleich gestellt.
[594] Vgl. Art. 53 Abs. 2 WAO.
[595] Vgl. *Twaalfhoven,* Die Alterssicherung im internationalen Vergleich, Landesbericht Niederlande, DRV 1998, S. 391, 392.

wet TBA eingeführte neue Erwerbsunfähigkeitsbegriff, der nun nicht mehr einen Berufsschutz berücksichtigt, gilt derzeit nur für Personen, die am 31.07.1993 noch kein Recht auf eine Invaliditätsleistung nach dem WAO hatten. Mithin führte der niederländische Gesetzgeber eine Vertrauensschutzregelung in Bezug auf die aus Sicht der Versicherten deutlich schlechtere Invaliditätsabsicherung ein. In den Niederlanden sprach man für die jetzige WAO-Leistung vom sog. WAO-Loch,[596] da aufgrund der Nichtberücksichtigung des Berufsschutzes deutlich weniger Versicherte eine Leistung erhalten.

Für alle Personen, die bereits am 01.08.1993 einen Erwerbsunfähigkeitsleistungsanspruch nach dem WAO in der alten Fassung hatten, gelten folgende Kriterien: Bei einem Alter über 50 Jahre am Stichtag (dem 01.08.1993) ist das Kriterium zum Ausschluss der Erwerbsunfähigkeit eine angemessene Beschäftigung. Es wird weiterhin der alte Erwerbsunfähigkeitsbegriff angewandt gemäß Art. XVI Abs. 1 wet TBA. Nach diesem ist maßgeblich, ob der Versicherte auf eine Arbeit verwiesen werden kann, die seiner eigenen früheren Tätigkeit entspricht oder eine andere ihm unter Berücksichtigung seiner Ausbildung und seines früheren Berufes zumutbare. Die Leistung wird nicht befristet, sondern dauerhaft gewährt. Die Höhe der Leistung bei völliger Erwerbsunfähigkeit entspricht 70% des Tageslohns, und es bedarf keiner Neufeststellung, da es sich um eine Dauerleistung handelt. Diese Vertrauensschutzregelung sieht das WAO in Art. 65 vor. Hiernach sollen gerade ältere Versicherte privilegiert werden.[597] Mit ihr trägt der Gesetzgeber Rechnung, dass ältere Versicherte nicht mehr durch private Vorkehrungen möglicherweise auftretende Versorgungslücken schließen können.

Bei einem Alter am 01.08.1993 von 45 bis 50 Jahren ist das Erwerbsunfähigkeitskriterium ebenfalls eine angemessene Beschäftigung. Hier kommt es nun aber zu einer Leistungsbefristung entsprechend den Regelungen des WAO nach dem 01.01.1998. Die Leistungshöhe ist beim höchsten Erwerbsunfähigkeitsgrad ebenfalls 70% des Tageslohns. Da es sich um eine befristete Leistung handelt, bedarf es einer Neufeststellung. Diese hatte vor dem 01.01.2002 zu erfolgen.

Bei Personen, die am 01.08.1993 unter 45 Jahre waren, aber bereits am 31.07.1993 eine WAO-Leistung bezogen hatten, gilt der neue Erwerbsunfähigkeitsbegriff. Es genügt daher zum Ausschluss von Erwerbsunfähigkeit wie

---

596 Vgl. *Bokeloh,* Soziale Sicherung in den Niederlanden und in Schweden, Rechtslage, Reformen, Grundsätze, Kompass 1994, S. 485ff.

597 Sog. Garantieregelung für ältere Arbeitnehmer „garantieregeling voor oudere arbeidsongeschikten“; vgl. *Emmes,* Reformen im System der sozialen Sicherheit der Niederlande, ZfSH 1996 S. 393ff.

im WAO n.F. vorgesehen, die Möglichkeit, mit dem Restleistungsvermögen einer zumutbare Beschäftigung nachzugehen. Für diese Personengruppe besteht keine Berufsschutzregelung mehr. Auch bei ihnen entspricht die Höhe der Leistung 70% des Tageslohns bei völliger Erwerbsunfähigkeit. Da es sich auch hier um eine befristet Regelung handelt, ist bzw. war eine Neufeststellung erforderlich.

Letztere beiden Personengruppen mussten gemäß Art. XVI Abs. 3 wet TBA[598] erneut beurteilt werden auf der Grundlage der neuen Definition der Erwerbsunfähigkeit. Dies barg die Gefahr, dass ein Versicherter bei derselben körperlichen Situation nun keinen Anspruch mehr auf Leistungen wegen Invalidität hatte. Für diese besonderen Fälle konnte es daher kurzfristig zu einer Versorgungslücke kommen. Der Gesetzgeber schuf aus diesem Grund ein Übergangsgesetz zur Einschränkung der Konsequenzen aus Erwerbsunfähigkeit auf das Einkommen (wet BIA)[599]. Dieses garantiert älteren, Erwerbsunfähigkeitsleistungen beziehenden Personen bis zum Alter von 65 Jahren, denen nach Neufeststellung der Erwerbsunfähigkeit (teilweise) ihre WAO-Leistung entzogen wurde, ein Einkommen, welches in der Höhe der Folgearbeitslosenunterstützung aus dem WW entspricht. In Betracht kamen Personen, die am 31.12.1986 35 Jahre oder älter waren und die an diesem Tag sowie am 31.07.1993 Anspruch auf eine AAW/WAO-Leistung hatten; sowie Personen, die am 01.08.1993 mindestens 45 Jahre alt waren und die am 31.07.1993 Anspruch auf AAW/WAO-Leistungen hatten. Übrige, vor allem jüngere Erwerbsunfähige hatten keinen weiteren Anspruch mehr. Für diesen Personenkreis traten größere Probleme nur deswegen nicht auf, da sich 1993 der Arbeitsmarkt in den Niederlanden im Aufschwung befand und daher auch für den nun aus der Invaliditätssicherung herausfallenden Personenkreis Tätigkeiten vorhanden waren. Zudem stellte sich die tatsächliche Situation so dar, dass der Versicherte zwar vielleicht keinen Anspruch mehr auf eine volle Leistung hatte, meist aber zumindest zu einem bestimmten Prozentsatz auch allgemein akzeptierter Arbeit, dem nunmehrigen Vergleichsmaßstab, nicht mehr nachgehen konnte. Dies führte wiederum zu einer WAO-Leistung, die dem nunmehrigen Prozentsatz der Erwerbsunfähigkeit für allgemeine Arbeit entsprach.

---

598 Vgl. den Kohortenbeschluss Fn. 496, der gerade auch in diesem Fall die zu erfolgende Neubeurteilung regelte.

599 Stb. 1993 Nr. 12.

ff. Befristung von Rentenleistungen

Seit dem wet TBA im Jahre 1993 werden die Leistungen des WAO gemäß Art. 34 Abs. 1 WAO grundsätzlich nur für einen Zeitraum von drei Jahren bewilligt.[600] Nach Ablauf dieser Frist muss der Versicherte erneut einen Leistungsantrag stellen, und es bedarf eines erneuten vollständigen Feststellungsverfahrens. Damit es zu einer ggf. lückenlosen Leistung kommt, muss der Träger der WAO dem Versicherten vier Monate vor Ablauf der WAO-Leistung auf das Erfordernis der erneuten Antragstellung aufmerksam machen. In der Praxis sieht dies wiederum, entsprechend dem Erstantrag, so aus, dass der Träger dem Versicherten die Antragsformulare übersendet. Innerhalb einer Frist von drei Monaten muss der Versicherte sodann einen neuen Antrag auf Leistung gestellt haben.[601]

Für den Fall der Weiterleistung ist der ursprüngliche Tagelohn als Maßstab für die Berechnung der Höhe der Rentenleistung maßgeblich gemäß Art. 34 Abs. 6 WAO.

gg. Beginn und Ende der Leistungen

aaa. Beginn

Grundsätzlich setzt der Beginn der Leistungen einen Antrag[602] voraus und die Erfüllung der Wartezeit von einem Jahr. Danach werden im Regelfall die WAO Leistungen ohne zeitliche Unterbrechung erbracht. Im Einzelfall kann dem Erwerbsunfähigen die WAO-Leistung rückwirkend gewährt werden. Dies können Fälle der verspäteten Antragstellung sein oder wenn sich herausstellt, dass der Versicherte schon zuvor nicht nur arbeitsunfähig im Sinne der Krankenversicherung war, sondern erwerbsunfähig.

---

[600] Interessanterweise wird in der Praxis dieser gesetzliche Dreijahreszeitraum auf einen Fünfjahreszeitraum ausgedehnt. Zur Begründung wird angeführt, dass schnellere Überprüfungen zu einem nicht zu akzeptieren Verwaltungsaufwand führten; vgl. *De grote almanak voor informatie en advies,* S. 89, 91ff.

[601] Vgl. für den Verfahrensablauf Art. 34 Abs. 2 und Abs. 3 WAO.

[602] Für Personen, die aufgrund von Gemütsleiden nicht in der Lage sind, die Antragspflicht zu erkennen oder ihr gar nach zukommen, gelten Besonderheiten; vgl. Art. 33 Abs. 1 WAO iVm. Art. 17 coördinatiewet Sociale Verzekering; vgl. *De kleine Gids voor de nederlandes sociale Zekerheid,* S. 4, 18ff.

bbb. Ende der Leistung

Die WAO-Leistung[603] endet mit dem Beginn des Monats, in dem der Erwerbsunfähige sein 65. Lebensjahr erreicht.[604] In diesem Monat erhält er letztmalig eine Leistung nach dem WAO. Daran anschließend kann er übergangslos Leistungen der Alterssicherung AOW erhalten. Zudem endet die WAO-Leistung im Fall des Todes des Erwerbsunfähigen.[605]

Für den Fall, dass ein Leistungsempfänger nach dem WAO, aufgrund strafrechtlicher Vorschriften einem mehr als vierwöchigen Freiheitsentzug unterliegt, endet der Anspruch auf eine WAO-Leistung ebenfalls.[606] Ist die Maßnahme beendet bzw. der Versicherte nicht mehr in seiner Freiheit beschränkt, lebt der Anspruch wieder auf gemäß Art. 47 b WAO.

(1) Zusammentreffen von Leistungen

Erzielt ein Leistungsbezieher WAO-Leistungen und gleichzeitig Einkommen bzw. Lohn aus einer Erwerbstätigkeit, führt dies zu einer Leistungsminderung. Für den derzeitigen Begriff der Erwerbsunfähigkeit kommt es zu dieser Absenkung des Leistungsniveaus aber nur, wenn es sich um allgemein akzeptierte Arbeit im Sinne des Erwerbsunfähigkeitsbegriffs handelt. Handelt es sich um eine Tätigkeit, die z.B. schon nicht in den Versicherungsschutz des WAO fällt, wie z.B. Haushaltspersonal, das regelmäßig unter drei Tage die Woche tätig ist, kann sie den Leistungsbezug nicht ausschließen.

Steht bei Aufnahme der Arbeit noch nicht fest, ob es zu einer tatsächlichen und dauerhaften Verbesserung des körperlichen Leistungsvermögens der Gestalt gekommen ist, dass eine allgemein akzeptierte Tätigkeit auch auf Dauer ausgeübt werden kann, so kann die WAO-Leistung entsprechend dem Ertrag aus der verrichteten Arbeit verringert werden.[607] Diese Möglichkeit eröffnet das Gesetz aber nur für einen Zeitrahmen von drei Jahren. Wird danach die Arbeit weiterverrichtet, besteht kein Anspruch mehr auf eine WAO-Leistung.

Wenn aber feststeht, dass der Erwerbsunfähige für eine allgemein akzeptierte Arbeit erwerbsfähig bzw. wieder erwerbsfähig ist, wird die WAO-Leistung

---

[603] Gemeint ist jeglicher Leistungsbezug aus dem WAO. Der Anspruch auf die Lohnersatzleistung in der ersten Phase der Erwerbsunfähigkeit kann gesetzlich geregelt bereits entsprechend dem Alter des Versicherten früher enden.

[604] Vgl. Art. 49 WAO.

[605] Vgl. dazu die Regelung zum Sterbegeld.

[606] Vgl. Art. 43 Abs. 5 und 6 WAO.

[607] Vgl. Art. 44 Abs. 1 WAO.

entzogen; das gleiche gilt, wenn der Erwerbsunfähige mit der von ihm verrichteten Arbeit mehr verdient, als er an WAO-Leistung erhalten würde.[608]

Für diejenigen, die noch nach dem WAO in der Fassung vor dem 01.08.1993 einen Anspruch haben, kann es zu einer Anrechnung nur dann kommen, wenn der Leistungsempfänger eine ihm aufgrund seines vorherigen Berufes wieder zumutbare Tätigkeit aufnimmt und verrichtet.

Zu einer Anrechnung bzw. Leistungskürzung kommt es auch, wenn der Bezieher einer WAO-Leistung zugleich und aus demselben Grund Leistungen eines anderen Landes erhält.[609]

(2) Ausschluss

Zu einem Ausschluss der WAO-Leistung kann es trotz Vorliegens der körperlich-geistigen Einschränkungen im Sinne der Definition der Erwerbsunfähigkeit kommen, wenn der Versicherte seinen Mitwirkungspflichten[610] nach Art. 25 und 28 WAO nicht nachkommt. Für diesen Fall kann die Leistung nach vorangegangenem Beschluss des Versicherungsträgers nicht nur ganz ausgeschlossen werden, sondern im Rahmen einer Ermessensausübung auch teilweise ausgeschlossen werden oder zeitlich begrenzt versagt werden. Insbesondere kann es zu einem Ausschluss von Leistungen kommen, wenn der Versicherte die Leistungsminderung absichtlich herbeigeführt hat, und weiter noch, wenn er angedachte Behandlungen nicht zulässt oder entgegenwirkt oder die Vorgaben des behandelnden Arztes nicht befolgt.[611]

Zudem kann der Versicherungsträger die Leistung trotz Vorliegens von Erwerbsunfähigkeit verweigern, wenn der Versicherte bei Eintritt der Versicherungspflicht bereits völlig erwerbsunfähig war oder wenn die Arbeitsunfähigkeit innerhalb von sechs Monaten nach Beginn der Versicherungspflicht auftritt, wenn bei Beginn der Versicherung bereits absehbar war, dass die eingetretene Erwerbsunfähigkeit in diesem Zeitraum eintritt.[612] Für den Betroffenen kann es dann nur noch zu Ansprüchen nach dem Wajong kommen.

---

[608] Vgl. Art. 44

[609] Vgl. Art. 65 WAO. Er enthält die Ermächtigungsgrundlage für die Einführung von allgemeinen Verwaltungsrichtlinien für die Anrechnung von Invaliditätsleistungen aus anderen Gesetzen und Ländern.

[610] Siehe zu den Mitwirkungspflichten im einzelnen die Erläuterungen zum Verfahrensablauf, 3. Teil, VIII.

[611] Vgl. Art. 28 Nr. b, e, f, WAO.

[612] Vgl. Art. 30 WAO.

(3) Entziehung

Ein Anspruch auf eine WAO-Leistung endet, wenn der Versicherte nicht mehr zu mindestens 15% erwerbsunfähig ist. Für diesen Fall sieht das Gesetz in Art. 43 Abs. 1, 2 WAO vor, dass die WAO-Leistung eingezogen wird, und zwar ab dem Tag, an dem die zahlungspflichtige Erwerbsunfähigkeit endete. Ausnahmsweise bei gleichzeitig gewährten Schulungsmaßnahmen, welche zu einer Beendigung des Zahlungsanspruchs führten, da sie erfolgreich den Erwerbsunfähigen wieder an allgemein akzeptierte Arbeit heranführten, wird die Erwerbsunfähigkeitsleistung bis zum Abschluss der Schulungsmaßnahme erbracht.

Der Versicherte hat aber einen Weiterzahlungsanspruch auf seine bisherige WAO-Leistung, wenn er vier Wochen nach der Entziehung der Leistung erneut erwerbsunfähig wird. [613]

ee. Besteuerung

Die Leistungen der Invaliditätssicherung unterliegen in der Regel der vollen Steuerpflicht. In den Niederlanden gibt es eine progressive Steuerpflicht. Überschreitet der Versicherte das steuerfreie Mindesteinkommen, hat er von allen Leistungen aus Systemen der sozialen Sicherheit Steuern zu zahlen. Neben dieser Steuerpflichtigkeit muss der Versicherte auch seine Beiträge zu fast allen Zweigen der sozialen Sicherheit leisten. Auch die Zahlung von Beiträgen zur Arbeitslosenversicherung ist erforderlich für einen Bezieher einer Invaliditätsleistung. Auch er könnte, da es keine Feststellung der Invalidität auf Dauer gibt, bei Versagen einer weiteren Invaliditätsleistung arbeitslos werden.

b. WAZ

Der erwerbsunfähige Selbstständige hat einen Anspruch auf eine Rentenleistung nach dem WAZ entsprechend seinem Grad der Erwerbsunfähigkeit und der Höhe seines Einkommensverlustes bis zu 70% des gesetzlichen Mindestlohnes.[614] Maßgeblich für die Höhe ist entsprechend dem WAO ebenfalls der Grad der Erwerbsunfähigkeit, das Lebensalter und als weiterer Faktor der sog.

---

[613] Vgl. Art. 47 WAO. Dies gilt jedoch nur für Versicherte, die mindestens einen Erwerbsunfähigkeitsgrad von 45% aufweisen. Für die Erwerbsunfähigen unter 45% muss es sich um dieselbe Ursache der Erwerbsunfähigkeit handeln. (vgl. Art. 47 Abs. 4 WAO).

[614] Dies entspricht den Regelungen des AAW. Das WAZ soll den Personenkreis der Selbstständigen nach Aufgabe des AAW auffangen.

Grundbetrag, der dem entgangenen Einkommen entspricht. Da Schutzgut des WAZ der Verlust von Einkommen aus der selbstständigen Tätigkeit ist, muss der erwerbsunfähige Selbstständige zuvor Einkommen bezogen haben. Wenn kein Einkommen bezogen worden ist (z.B. weil das Unternehmen nur Verluste eingefahren hat), entsteht kein Grundbetrag und damit auch keine WAZ-Leistung. Folge davon ist, dass der erwerbsunfähige Selbstständige nur einen Anspruch auf Leistungen nach dem AbW hat. Zugrundegelegt wird das Einkommen in dem Geschäftsjahr oder Kalenderjahr, das der Erwerbsunfähigkeit vorausgeht. Da Selbstständige häufig ein wechselndes Einkommen beziehen, kann vom Durchschnittseinkommen der letzen fünf Geschäfts- oder Kalenderjahre ausgegangen werden, wenn dies für den Versicherten vorteilhafter ist. Der gesetzliche Mindestlohn bildet aber die Obergrenze gemäß Art. 8 Abs. 7 WAZ.

Ab 01.07.2003 gelten die nachstehenden Beträge als Höchstbeträge pro Tag:[615]

23 Jahre und älter	57,43 €
22 Jahre	48,82 €
21 Jahre	41,64 €
20 Jahre	35,32 €
19 Jahre	30,15 €
18 Jahre	26,13 €

Für das WAZ sind die Leistungsprozentsätze wie folgt festgesetzt:

Erwerbsunfähigkeitsgrad	Leistungshöhe
25 - 35 %	21 % des Grundbetrages (entgangenes Einkommen)
35 - 45 %	28 % des Grundbetrages
45 - 55 %	35 % des Grundbetrages
55 - 65 %	42 % des Grundbetrages
65 - 80 %	50,75 % des Grundbetrages
80 % und mehr	70 % des Grundbetrages

Die WAZ-Leistung beginnt frühestens nach Ablauf von 52 Wochen seit dem Beginn der Minderung der Erwerbsunfähigkeit und nach Wegfall des Kran-

[615] Die WAZ-Leistung wird in einem Tagesbetrag festgesetzt und über fünf Tage (d.h. ohne Samstag und Sonntag) pro Woche ausgezahlt; für die Höhe vgl. *Ministerium für Arbeit und Soziales,* Abteilung Kommunikation, soziale Sicherheit in den Niederlanden 2003.

kengeldes. Spätestens ein Jahr nach der ersten Bewilligung wird der Anspruch erneut überprüft. Er endet nach fünf Jahren und muss danach bei Bedarf erneut beantragt werden.[616] Auch hier muss die Antragsfrist von drei Monaten beachtet werden. Wichtige zusätzliche Leistungsvoraussetzungen für den Bezug einer WAZ-Leistung ist, dass der Versicherte seine Erwerbsunfähigkeit innerhalb von 13 Wochen nach deren Eintreten beim Versicherungsträger meldet. Diese Voraussetzung resultiert daraus, dass bei Selbstständigen nicht notwendig eine Krankenversicherung besteht, die die Länge der Arbeitsunfähigkeit festhält und auch kein Arbeitgeber zur Lohnfortzahlung verpflichtet ist. Ebenso wie bei der WAO-Leistung muss sodann binnen 9 Monaten nach Eintreten der Arbeitsunfähigkeit die WAZ-Leistung beantragt werden.

Der Leistungsberechtigte hat einen Anspruch auf Urlaubsgeld, welches einmal im Jahr im Mai in Höhe von 8% der WAZ-Leistung ausgezahlt wird. Unterschreitet die WAZ-Leistung zusammen mit dem weiteren Familieneinkommen den Mindestregelsatz,[617] kann ein Zuschlag nach dem Zulagengesetz (TW) gewährt werden. Stirbt der WAZ-Leistungsberechtigte, besteht für die Hinterbliebenen ein Anspruch auf Sterbegeld. Die Regelungen dazu entsprechen denen zur WAO-Leistung.

Weibliche WAZ-Versicherte haben aufgrund des Gesetzes Arbeit und Hilfe[618] (wet arbeid en zorg) für mindestens 16 Wochen Anspruch auf Mutterschaftsgeld (dies entspricht 100% des Mindestlohns, wenn dieser tatsächlich bezogen wurde, ansonsten weniger). Diese Leistung kann auch für eine Vertretung aufgewandt werden, in diesem Fall geht die Leistung brutto an das Unternehmen, was für die Vertretung sorgt.[619]

Unter den gleichen Voraussetzungen wie bei der WAO-Leistung kann die WAZ-Leistung entzogen und ausgeschlossen werden. Ebenso unterliegt die WAZ-Leistung Anrechnungsvorschriften.

---

[616] Vgl. dazu die Regelungen des WAO. Diese sind diesbezüglich entsprechend zu übertragen. Einer Überprüfung innerhalb des jeweiligen Fünf-Jahres-Zeitraumes bedarf es nicht bei Personen, die am 01.08.1993 bereits eine AAW-Leistung bezogen haben und damals 50 Jahre oder älter waren.

[617] Vgl. *Ministerium für Arbeit und Soziales,* Abteilung Kommunikation, soziale Sicherheit in den Niederlanden 2003, ab. 01.07.20003 für Verheiratete 58,15 € = 100 des Minimumlohns.

[618] Stb. 1978, Nr. 123.

[619] Dies wird an dieser Stelle erwähnt, da der niederländische Gesetzgeber auch bei einer Schwangerschaft bzw. dem Mutterschutz von einer Erwerbsunfähigkeit ausgeht und dies bei einer selbstständigen Frau bedeutsame finanzielle Konsequenzen hat, die aufgefangen werden müssen. Ist jedoch die Frau nicht selbstständig werden Leistungen aus der Krankenkasse gewährt.

Das WAZ wurde erst durch die Abschaffung des AAW zum 01.01.1998 nötig. Aus diesem Grund bedurfte es Übergangsregelungen. Bei AAW-Berechtigten, denen schon vor dem 01.01.1998 die Leistung bewilligt worden war, wird diese AAW-Leistung formlos in eine WAZ-Leistung unter Beibehaltung der Höhe der Leistung umgewandelt. Auch wenn wegen der nach dem AAW nötigen Wartezeit noch keine AAW-Leistung bewilligt wurde, aber die Erwerbsunfähigkeit vor dem 01.01.1998 eingetreten ist, wird die WAZ-Leistung nach den Regeln des AAW festgestellt.[620]

c. Wajong

Nach dem Wajong haben vor allem jüngere Behinderte einen Anspruch auf Mindestleistung nach Wegfall des AAW.

Die Höhe der Erwerbsunfähigkeitsleistung berechnet sich, abhängig vom Erwerbsunfähigkeitsgrad, als Prozentsatz des gesetzlichen Mindestlohnes (sog. Grundbetrag) bis zu einer Obergrenze von 70% des gesetzlichen Mindestlohnes gemäß Art. 7 und 8 Wajong.

Dieser Grundbetrag beträgt ab 01.07.2003:[621]

23 Jahre und älter	57,43 €
22 Jahre	48,82 €
21 Jahre	41,64 €
20 Jahre	35,32 €
19 Jahre	30,15 €
18 Jahre	26,13 €

Im Unterschied zur WAO-Leistung beginnt eine Wajong-Leistung erst bei einem Grad der Erwerbsunfähigkeit von 25% und entspricht damit, wie das WAZ,[622] den Regelungen des AAW.

Falls der Behinderte so hilfebedürftig ist, dass eine regelmäßige Beaufsichtigung und Pflege notwendig ist, kann die Leistung von 70% des Grundbetrages auf höchstens 100% des Grundbetrages angehoben werden. Dies gilt

[620] Vgl. für besondere Personengruppe die Vertrauensschutzregelungen nach dem WAO.
[621] Vgl. *Ministerium für Arbeit und Soziales,* Abteilung Kommunikation, soziale Sicherheit in den Niederlanden 2003.
[622] Vgl. die Tabelle zu den Graden der Erwerbsunfähigkeit und dem entsprechenden Leistungsprozentsatz beim WAZ

nicht, wenn sich der Versicherte in einer Betreuungseinrichtung befindet und die anfallenden Kosten von einer Versicherung bezahlt werden.

Liegt die Wajong-Leistung unter dem Mindestregelsatz, können Personen ab 21 Jahren oder Personen, die jünger sind, aber nicht mehr zu Hause leben, einen Ausgleich aufgrund des Zulagengesetzes erhalten. Wenn sie dann noch nicht das soziale Minimum erreichen, ist eine weitere Zulage nach dem IOAW möglich. Personen, unter 21 Jahre, die noch zu Hause leben, können auch einen Ausgleich aufgrund des IOAW beziehen.

Weitere Voraussetzung für den Bezug der Leistung ist, dass innerhalb von dreizehn Wochen nach Eintritt der Arbeitsunfähigkeit eine Meldung beim Versicherungsträger erfolgt. Neun Monate nach Beginn der Wartezeit muss die Leistung beantragt worden sein. Die Wajong-Leistung wird nicht vor dem 18. Geburtstag ausgezahlt werden. Die Wajong-Leistung wird ebenfalls für fünf Jahre bewilligt. Spätestens drei Monate vor Ablauf dieser Frist muss die Leistung erneut beantragt worden sein. Für das Ende und den Beginn der Leistung sowie für Anrechnungs- und Entziehungsvorschriften gelten im wesentlichen Regelungen, die dem WAO entsprechen.

Im Unterschied zur WAO- und WAZ-Leistung haben die Hinterbliebenen beim Tod des Wajong-Berechtigten keinen Anspruch auf Sterbegeld.

Für Personen, die bereits vor dem 01.01.1998 eine AAW-Leistung bezogen haben, gelten weiterhin die Regelungen des AAW. Personen, die bis zu diesem Zeitpunkt ihre Wartezeit erfüllt haben, erhalten eine Wajong-Leistung nach den Regelungen des AAW. Jedoch sieht auch dieses die gleichen Leistungshöhen vor.[623]

VIII. Organisation[624]

Für die organisatorische Struktur der niederländischen Sozialsysteme ist die duale Struktur von Arbeitnehmer- und Volksversicherung kennzeichnend. Die Arbeitnehmerversicherungen wurden mit Ausnahme der Krankenversicherung, aber inklusive der Volksversicherung, dem AAW, bis 1997 von den

sog. Betriebsvereinigungen (bedrijfsverenigingen)[625] durchgeführt. Diese charakterisierten sich durch ihre paritätische Besetzung und den in der christlich-

---

[623] Vgl. für besondere Personengruppen die Vertrauensschutzregelungen nach dem WAO.
[624] Vgl. Anhang: Übersicht über das System der sozialen Sicherung in den Niederlanden.

sozialen Tradition der Niederlande fest verankerten Gedanken der Subsidiarität und Souveränität im eigenen Kreis.[626] Gleichzeitig sollten sie das Mitbestimmungsrecht der Gewerkschaften sichern.

Als Aufsichtsorgan fungierte der Sozialversicherungsrat (sociale Verzekeringsraad), dessen Vorstand sich aus Vertretern der Sozialpartner, weiteren unabhängigen Mitgliedern und einem unabhängigen Vorsitzenden zusammensetzte.

Schon seit Ende der 1980er Jahre geriet die Organisationsstruktur in Kritik. Dies lag nicht zuletzt daran, dass die Erwerbsunfähigkeitsrente zum Massenphänomen geworden war. Man konnte den Eindruck gewinnen, dass sowohl Arbeitgeber als auch Arbeitnehmer, die als Sozialpartner alle Durchführungs- und Kontrollorgane gemeinsam beherrschten, die massenhafte Inanspruchnahme der Erwerbsunfähigkeitsrenten unterstützten. Denn einerseits bewirkte dies eine sozial abgesicherte Verkürzung der Lebensarbeitszeit, und andererseits konnten Unternehmen auf diese Weise ihren Personalbestand verjüngen.[627] Zudem wurde die Organisationsstruktur wegen ihrer unklaren und ineffektiven Aufgabenverteilung, der starken Zunahme der Verwaltungskosten und fehlender Möglichkeiten der regionalen Steuerung und Abstimmung der Organe der Sozialversicherung für die Fehlentwicklung in der Sozialversicherung mitverantwortlich gemacht.[628] Im Bereich der Invaliditätssicherung wurden vor allem zwei Aspekte der Organisationsstruktur problematisiert. Der erste Kritikpunkt betraf die allseits präsente Vertretung der Sozialpartner, also Arbeitnehmer und Arbeitgeber, sowohl im Aufsichtsorgan der Sozialversicherung, dem Sozialversicherungsrat, als auch bei den Sozialversicherungsträ-

---

[625] In machen Texten wird die Begrifflichkeit „bedrijfsvereniging" mit Branchenvereinigung übersetzt. Auch die Niederländer verwenden bei eigenen Übersetzungen den Begriff Branchenvereinigung. Dies hat seinen Grund darin, dass die historisch gewachsenen Vereinigungen nicht einzelbetrieblich die Trägerschaft für die Invaliditätssicherung übernommen haben, sondern es sich um Betriebszusammenschlüsse im Sinne von Branchen handelte.

[626] Vgl. *Böhm,* Regel- und Ergänzungssysteme der Alterssicherung im internationalen Vergleich 1997, S. 320, 321; *Bosch, van den, Petersen,* economie en arbeidsongeschiktheid, 1983, S. 23.

[627] Vgl. *Bieber, Henzel,* Rentenversicherung im internationalen Vergleich DRV 1999, S. 131, 135.

[628] Dies kam vor allem in einem Bericht der „enquete- Kommission zur Ausführung der Organisation der sozialen Versicherung zum Ausdruck. (parlamentaire enquete-commissie over de uitvoeringsorgansisatie van de sociale verzekeringen); vgl. *ministerium van sociale zaken en werkgelegenheid,* Tussen sociale wil en werkelijkheid 1995, S. 105, 197, 231ff. Kritik an der Organisationsstruktur gab es bereits seit Beginn der 1980er Jahre, vgl. *Emanuel,* Ursache für die Zunahme der Empfänger von Invalidenleistungen in den Niederlanden, IRSS 1980, S. 46ff.

gern sowie weiteren ausführenden Organen, z.B. dem Gemeinsamen Medizinischen Dienst (Gemeenschappelijke Medische Dienst (GMD)). Grund für die Kritik war, dass durch diese Dominanz lediglich eine Selbstkontrolle der Verwaltung, nicht aber eine Fremdkontrolle erfolgte. Der zweite Kritikpunkt betraf die Aufgabenverteilung zwischen dem GMD und den Betriebsvereinigungen bei der Durchführung der in Betracht kommenden Invaliditätsversicherungen. Nur der GMD beurteilte den Grad der Erwerbsunfähigkeit. Den Betriebsvereinigungen blieben nur noch die reinen Verwaltungsaufgaben, wie z.B. Feststellung und Auszahlung der Leistung.[629] Diese Kritik wurde im Untersuchungsbericht Buurmeijer (Commission Buurmeijer) im Jahre 1993 öffentlich und politisch zum Thema gemacht.[630] Insbesondere das Aufsichtsorgan, der Sozialversicherungsrat, wurde stark kritisiert. Es kam nun zu einschneidenden Änderungen.

Seit dem 01.01.1995 wurde die Organisationsstruktur der Sozialversicherung erstmals im Organisationsgesetz Sozialversicherung (OSV)[631] geregelt. Dies sieht auch für die Invaliditätsversicherung massive Veränderungen vor. Die gravierendsten Änderungen sind die Einführung eines unabhängigen Aufsichtsorgans für alle Zweige der Sozialversicherung, ein sog. Aufsichtskollegium (College van toezicht sociale verzekeringen (Ctsv)). Dieses Aufsichtskollegium ersetzt den Sozialversicherungsrat. Zudem wurde ein neues Koordinationsorgan für die Betriebsvereinigungen, das sog. vorläufige Institut für Koordination und Abstimmung der Sozialversicherung (tijdelijk instituut vor coördinatie en afstemming (Tica)) eingeführt. Grund für die Einführung dieses Koordinationsorgan war der gesetzgeberische Wille, die Rolle der Betriebsvereinigungen als Träger der Invaliditätssicherung zu stärken.[632] Aus diesem Grund wurde auch der GMD aufgelöst und seine vormalige Aufgabe, die medizinische Feststellung des Leistungsvermögens, wurde auf die Betriebsvereinigungen übertragen.[633] Daneben kam es in Bezug auf Erwerbsunfähigkeitsleistungen zur Einführung eines Budgets für die Verwaltungskosten.

In einem weiteren Reformschritt wurden die Branchenvereinigungen organisatorisch von ihren Verwaltungsbüros getrennt. In diesen kleinsten Einheiten

---

[629] Vgl. *Noordam,* Socialezekerheidsrecht, 2003, S. 91.

[630] Vgl. *EG-Kommission,* Missoc-Bericht, Soziale Sicherheit in den Mitgliedstaaten der Gemeinschaft, Juli 2002.

[631] Organisatiewet sociale verzekeringen Stb. 1994, S. 790; 916.

[632] Dies kommt auch in Art. 2 Abs. 1 OSV zum Ausdruck.

[633] Der GMD hatte noch eine weitere Aufgabe, nämlich die Arbeitsvermittlung erwerbsunfähiger Versicherter. Hier kam ihm insbesondere die Aufgabe zu, eine geeignete Arbeitsmöglichkeit bei einem eingeschränkten Leistungsvermögen zu benennen. Diese Aufgabe wurde der Arbeitsverwaltung (CWI) im Rahmen des WW übertragen.

fand sodann die eigentliche Sachbearbeitung statt. Die dabei anfallenden Dienstleistungen wurden nicht mehr zwischen den einzelnen Wirtschaftssektoren bzw. Branchen aufgeteilt, sondern regional gegliedert und auf konkurrierende Gesellschaften übertragen.[634] Diese regionale Gliederung sollte eine bessere Anbindung an andere örtliche Sozialeinrichtungen gewährleisten. Dabei sollte vor allem eine Wiedereingliederung unter Berücksichtigung der Besonderheiten des örtlichen Arbeitsmarktes ermöglicht werden. Vorgesehen war dafür ein Programm zur Verbesserung der regionalen Zusammenarbeit zwischen den Trägern der Sozialversicherung und den Arbeitsvermittlungseinrichtungen.

Zu diesem Zeitpunkt gab es in den Niederlanden 18 Betriebsvereinigungen. Sie waren Körperschaften des öffentlichen Rechts und alleinige Träger der Invaliditätssicherung.[635] Sie waren zuständig für den Einzug der Beiträge und für die Erbringung der Leistungen. Die Betriebsvereinigungen hatten die Möglichkeit genutzt, die Geschäftsführung auf eine Ausführungseinrichtung zu übertragen. Der größte Teil (15) hatte sich dem sog. GUO (gezamenlijk Uitvoeringsorgaan), der andere Teil dem GAK (Gemeenschapelijk Administratiekantoor) angeschlossen. Diese Ausführungsorgane übernahmen den Beitragseinzug, die Bearbeitung der Leistungsanträge und die Auszahlung der Leistung. Die Verantwortung für die Beschlüsse verblieb aber weiterhin bei den Betriebsvereinigungen.

Dem erstmals mit dem OSV eingeführte Tica wurde die Koordinierungs,- Beratungs- und Rechtsetzungsfunktion des Sozialversicherungsrates übertragen. Der Verwaltungsrat des Tica setze sich aus je 10 Vertretern der repräsentativen Arbeitgeber- und Arbeitnehmerorganisationen zusammen, zudem gab es einen Vorsitzenden mit eigenem Stimmrecht.[636] Das Tica hatte auch die Aufgabe, die Fonds,[637] aus denen die Leistungen der Erwerbsunfähigkeitsversicherungen gezahlt werden, zu verwalten. Die Einführung des Tica war aber von Anfang an zeitlich begrenzt. Die Aufgabenübertragung sollte nur bis zum 31.12.1996 dauern. Daran zeigte sich, dass weitere einschneidende Reformen beabsichtigt waren, die 1995 noch nicht umzusetzen waren.

---

[634] Dies war der Vorläufer für die Möglichkeit, auch neue Anbieter am Markt zuzulassen. Vgl. dazu die Ausführungen zur Finanzierung

[635] Vgl. Art. 56 i.V.m. Art. 2 Abs. 1 a OSV in der Fassung bis zum 31.12.1996.

[636] Dies war seit dem 01.01.1995 Buurmeijer.

[637] Siehe unter Finanzierung, 3. Teil X.

Mit dem Organisatiewet 1997[638] kam es dann zur gravierendsten Änderung. Die Betriebsvereinigungen in ihrer herkömmliche Form und mit ihnen das Tica wurden aufgelöst. Nach einer Übergangsphase sollte das neugegründete Landesinstitut für Sozialversicherung (Landelijk instituut sociale verzekering (Lisv)) die vollständige Ausführung der Arbeitnehmerversicherungen übernehmen. Das Lisv war daher zuständig für die Durchführung der Krankenversicherung ZW unter Einschluss der Mutterschutzversorgungsleistungen, der Durchführung der Arbeitslosenversicherung WW, der Mindestsicherung nach dem Zulagengesetz TW und der Sicherung gegen Invalidität nach dem WAO, WAZ und dem Wajong. Das Lisv musste die Ausführung der Sozialversicherungen an Ausführungseinrichtungen delegieren. Dazu schloss es für die Branchen und Betriebe mit einzelnen im Wettbewerb stehenden privaten Trägern, z.B. auch den bereits bestehenden Ausführungseinrichtungen GAK und GUO, Verträge zur Durchführung der jeweiligen Sozialversicherung. Neben dem GAK und dem GUO waren zwischenzeitlich weitere staatlich anerkannte juristische Personen zur Ausführung der Sozialversicherung zugelassen worden, so z.B. die SFB, die Cadans, Uszo. Diese Ausführungseinrichtungen behandelten die Leistungsanträge, gewährten die Leistungen, zogen die Beiträge ein und führten Reintegrationsaktivitäten durch. Ziel dieser Übertragung auf Ausführungseinrichtungen war es, Konkurrenz und damit Wettbewerb zu schaffen, der die Marktkräfte, nämlich Rationalisierung und Kostenbewusstsein in die Verwaltungsebene bringt. Zur Kontrolle ließ sich das Lisv von neu eingerichteten branchenspezifischen, paritätisch besetzten und privatrechtlich organisierten Kommissionen beraten. Damit soll die Sichtweise von Arbeitgeber und Gewerkschaften und auch des jeweiligen industriellen, wie dienstleistenden Sektor berücksichtigt werden.

Zu den weiteren Aufgaben des Lisv gehört die Festlegung des vom Arbeitgeber zu entrichtenden Beitrags zum WAO, der von der sektoriellen Zugehörigkeit und der Beurteilung des Erwerbsunfähigkeitsrisikos abhängt, die Verwaltung der Erwerbsunfähigkeitsfonds, Prävention und Reintegration von erwerbsgeminderten Personen und Bereitstellung von Informationen zu allen Sozialversicherungen. Erklärtes Ziel des Lisv ist es zudem, zu einer Kostenreduzierung in Bezug auf die Inanspruchnahme von Leistungen nach dem WAO, Waz, Wajong und auch dem WW zu kommen.

Seit dem 01.01.2002 sind die Ausführungsbehörden des Lisv und das Lisv selber unter einer Dachorganisation dem UWV (Uitvoering werknemersverzekering). Diese UWV ist entstanden in Folge des SUWI-wet (Structuur

[638] OSV 01.01.1997, Stb. 1997 Nr.181. Tatsächlich war das Gesetzgebungsverfahren zum 31.12.1996 noch nicht abgeschlossen, so dass es zu einer kurzfristigen Verzögerung kam.

Uitvoering Werk en Inkomen).[639] Nunmehr stellt das UWV die zuständige und den einzelnen Ausführungsbehörden übergeordnete Behörde dar. Auch dies sollte ein Zusammenschluss zur Kostenminimierung und zur Intensitätssteigerung darstellen.[640] Der Versicherte beantragt daher nunmehr die Leistungen des ZW, des WAO, des WW, des WAZ, des Wajong, des TW und des Gesetzes Arbeit und Hilfe bei der UWV. Die UWV integriert damit das CWI (Centrum voor werk en Inkomen) als Ausführungsbehörde der Arbeitslosenversicherung. Die UWV strebt nach Klarheit für den Kunden (den Versicherten), Effizienz und strikte Ausführung. Ihre gesetzlich normierten Aufgaben sind vor allem: Reintegration; Handhabung der Gesetze und Richtlinien; gleiche, schnelle und gerechte Beschwerdenbeurteilung und Ausführungsversorgung sowie effiziente Prämienfestlegung der Arbeitgeber[641] und transparente Ausführungsinformation. Bis die UWV vollständig arbeitet und in allen Bereichen eine Integration möglich geworden ist, verbleibt es bei einer Übergangssituation, in der die vorherigen, getrennten Ausführungsbehörden die bearbeitenden Organe bleiben. Die UWV GUO ist damit noch zuständig für den landwirtschaftlichen, einschließlich dem tabakverarbeitenden Sektor; die UWV Bouwnijverheid für das Baugewerbe; die UWV cadans für den Dienstleistungssektor im allgemeinen einschließlich Sozialfürsorge und Pflege, Einzelhandel und Reinigungsleistungen; die UWV USZO für die Beschäftigten von Behörden und die UWV Gak für alle übrigen Sektoren.

Die Aufsicht über die Ausführungsbehörden führt das CTSV.[642] Diese unabhängige Aufsichtsbehörde wird von drei von der Krone ernannten Sachverständigen geleitet. Arbeitgeber und Arbeitnehmer sind in diesem Organ nicht mehr repräsentiert. Das CTSV führt unparteiisch Aufsicht über die Durchführung der Sozialversicherungsgesetze, indem es regelmäßig das Verwaltungshandeln der Ausführungsbehörden ermittelt und Bericht erstattet. Weiteren Einfluss hat das CTSV durch seine beratenden Funktion gegenüber dem Ministerium.

Die Sozialversicherungsbank SVB ist zuständig für die Durchführung des AOW und des ANW sowie für die Familienleistungen (Kindergeld) AKW. Dabei verteilt sich die Durchführung auf mehrere Geschäftsstellen, eine Hauptgeschäftsstelle, eine Geschäftsstelle Ausland, eine Geschäftsstelle Versicherung, eine Geschäftsstelle FVP-Kasse, die finanziellen Hilfen zum Aufbau von Anwartschaften auf eine zusätzliche Altersrente für bestimmte Personengruppen wie Arbeitslose über 40 Jahre leistet und Regionalgeschäfts-

---

[639] Vom 01.01.2002, Stb. 2002, Nr. 3.
[640] Vgl. *Kronenburg-Willems, Most, van der,* Wet Suwi, PS-Special 2004, S. 1ff, 15.
[641] Siehe unter Finanzierung, 3. Teil, X, Prämienhöhe im Sinne des wet Pemba.
[642] Eingeführt seit dem 01.01.1995 mit dem OSV.

stellen, die in eigener Zuständigkeit die eigentliche Verwaltungsarbeit verrichtet.

IX. Verfahren

1. Feststellungsverfahren

a. Formelles Verfahren

Voraussetzung für die Einleitung eines Feststellungsverfahrens ist der Antrag des Versicherten gemäß Art. 34 Abs. 2 WAO. Jedem Versicherten wird schon nach Ablauf von 8 Monaten Arbeitsunfähigkeitszeit automatisch ein Antragsvordruck für die Beantragung der WAO-Leistung übersandt.[643] Ein Antrag ist nicht nur beim erstmaligen Bezug von Leistungen zu stellen, sondern muss auch nach Ablauf des dreijährigen Bewilligungszeitraums erneut gestellt werden.[644] Auch in diesen Fällen wird der Versicherungsträger nicht von Amts wegen tätig.[645] Der Antrag muss im Falle des Erstantrags innerhalb von neun Monaten nach Beginn der krankenversicherungsrechtlichen Arbeitsunfähigkeit beim Versicherungsträger gestellt werden. Bei einem Fortsetzungsantrag muss der Antrag spätestens drei Monate vor Ablauf des dreijährigen Zeitraumes gestellt werden.[646]

Der Versicherungsträger muss den Versicherten spätestens vier Monate vor Ablauf der Leistungsfrist auf das Erfordernis eines neuen Leistungsantrages hinweisen gemäß Art. 34 Abs. 2 WAO. Beim Fortsetzungsantrag muss der Versicherte das gesamte Feststellungsverfahren nochmals durchlaufen.

Das gleiche gilt, wenn wegen einer Veränderung des Grades der Erwerbsunfähigkeit eine höhere oder niedere Leistung in Betracht kommt. Während die Absenkung von Amts wegen erfolgt gemäß Art. 36 Abs. 1 WAO, hat für eine Erhöhung der Antragsteller das gesamt Feststellungsverfahren nochmals zu durchlaufen. Die Absenkung der Leistung kann unmittelbar erfolgen, während die Erhöhung der Leistung von weiteren Voraussetzungen abhängig ist, z.B. dass bei einem Grad der Erwerbsunfähigkeit von unter 45% die jetzt vorgetragene höhere Erwerbsunfähigkeit mindestens 1 Jahr vorgelegen haben muss (Art. 37, 38 WAO).

---

[643] Vgl. Art. 34 Abs. 2 WAO.

[644] Vgl. Art. 34 Abs. 2 WAO. In der Praxis kommt es fast ausschließlich zu einem Fünf-Jahres-Zeitraum, vgl. *Noordam,* Socialezekerheidsrecht, 2003 S, 121.

[645] Art. 34 Abs. 3 WAO:

[646] Vgl. Art. 34 Abs. 3 WAO.

Grundsätzlich wird ein Jahr nach der erstmaligen Bewilligung einer Erwerbsunfähigkeitsleistung der Grad der Erwerbsunfähigkeit nochmals überprüft gemäß Art. 36 Abs. 2 WAO. Von dieser gesetzlichen Vorgabe kann gemäß Art. 36 Abs. 3 WAO abgesehen werden. Die Ausnahmen bestimmt das UWW mit Zustimmung des Ministers für Soziale Angelegenheiten. Eine wichtige Ausnahme liegt z.B. bei Schwerstbehinderten vor, bei denen davon ausgegangen werden muss, dass sich an ihrem Zustand nichts mehr ändert.

b. Wet verbetering poortwachter

Der Verfahrensgang bis zur Antragstellung und der Zeitraum der Wartezeit ist durch das WVP mit dem Ziel einer Reintegration des erkrankten Versicherten noch vor dem Antrag einer WAO-Leistung geändert worden.[647] Nach den neuen Regelungen[648] hat der Arbeitgeber direkt alle Unterlagen und Fakten über den kranken Arbeitnehmer an den Arbodienst weiterzugeben, damit dieser in der Lage, ist die Lohnfortzahlungszeit durch seinen sachverständigen Rat zu verkürzen. Normalerweise muss die Meldung binnen einer Woche beim Arbodienst vorliegen. Nach dreizehn Wochen Krankheit muss der Arbeitgeber die Krankmeldung an den Rentenversicherungsträger UWV weitergeben (Art. 71 a WAO). Versäumt der Arbeitgeber diese Frist, verlängert sich seine Lohnfortzahlungsfrist um die Zeit der Versäumung. Nach langwieriger Krankheit stellt der Arbodienst nach Konsultation des Arbeitnehmers, gebräuchlicherweise in der sechsten Woche der Krankheit, eine Problemanalyse auf, die Anweisungen für eine zukünftige Arbeitsaufnahme enthält. Der Arbeitgeber muss alle Absprachen diesbezüglich in einem Dossier zusammenfassen. Für den Fall, dass nach der Beurteilung des Arbodienstes eine Möglichkeit gesehen wird, den Arbeitnehmer zu reintegrieren, stellen Arbeitgeber und Arbeitnehmer einen gemeinschaftlichen schriftlichen Plan für die Vorgehensweise auf. Dafür haben die beiden zwei Wochen seit der Beurteilung des Arbodienstes Zeit. Hierin sind die Aktivitäten und Termine festzuhalten. Der Plan wird beigearbeitet durch Arbeitgeber und Arbeitnehmer aufgrund einer Anweisung des Arbodienstes, wenn die Krankheit oder der Verlauf des Plans dies erforderlich machen. Bei fortführender Krankheit empfängt der Arbeitnehmer in der 35. Woche ein Rentenantragsformular von der UWV. Der Arbodienst beurteilt seine zunächst aufgestellte Analyse erneut und überreicht sie den Beteiligten. In der 39. Woche stellt der Arbeitnehmer seinen Rentenantrag. Dabei wird ein Reintegrationsvorschlag gefordert, der durch den Arbeitgeber in Zusammenarbeit mit dem Arbeitnehmer aufgestellt worden ist

---

647 *Kronenburg-Willems*, SUWI en Poortwachter. Meer reintegratie? Sociaal Recht 2003, S. 111ff.

648 Vor allem der auf Art. 71 a WAO basierenden Regelung des Prozessgang des ersten Krankheitsjahres, Vgl. Stb. 2001 Nr. 685.

und Bestandteil des Dossiers des Arbodienstes wird. Die UWV beurteilt anhand des Verlaufes, ob sich Arbeitgeber und Arbeitnehmer genügend um eine Reintegration bemühen. Zudem wird der Arbeitnehmer zu einer Untersuchung einbestellt. Nach Ablauf der 52-Woche kann dann eine WAO-Leistung beginnen. Sollten aber die Reintegrationsbemühungen ungenügend gewesen sein, kann die UWV den Arbeitgeber als auch den Arbeitnehmer mit Sanktionen belegen. Der Arbeitnehmer kann einer Kürzung der WAO-Leistung ausgesetzt sein (Art. 34 a WAO); der Arbeitgeber kann verpflichtet werden, länger als 52 Wochen seiner Lohnfortzahlungsverpflichtung nachzukommen (vgl. Art. 71 a Abs. 9 WAO). Die Möglichkeit zur Verlängerung der Lohnfortzahlungsverpflichtung auf nochmals bis zu einer Grenze von weiteren 52-Wochen ist niedergelegt in der letzten maßgeblichen Änderung des WVP durch die Beleidsregel verlenging loondoorbetalting poortwachter.[649] Die Verlängerung hängt zeitlich davon ab, wie lange es als nötig erachtet wird, Reintegrationsbemühungen zu verwirklichen. Dies hängt letztlich von der Art und Schwere der Krankheit des Versicherten ab. Sie beträgt jedoch grundsätzlich vier Monate. Diese Möglichkeiten waren zuvor nach dem Wet REA nicht gegeben. Kommt es zur Lohnfortzahlung durch den Arbeitgeber, resultiert daraus wiederum, dass der Rentenantrag abgelehnt wird, da der Arbeitnehmer noch einen Anspruch auf Lohnfortzahlung hat (Art. 34 a Abs. 2 WAO).[650] Der Beschluss des Versicherungsträgers zur Lohnfortzahlung kann der Arbeitgeber vor dem Verwaltungsgericht angreifen. Auch die Abweisung des WAO-Antrages ergeht durch Beschluss, für den der Verwaltungsrechtsweg offen steht. Hierbei ist zu beachten, dass der Versicherungsträger auch während dieses Verfahrens den Versicherten zu informieren hat, wann ein neuer WAO-Antrag gestellt werden könnte. Die Verfahren sind dann aneinander zukoppeln. Neben dem Gerichtsweg können sowohl der Versicherte als auch der Arbeitgeber eine zweite Meinung zur angedachten Reintegration durch den Arbodienst von der UWV einholen. Die UWV kann und soll in diesem Fall direkt überprüfen, ob es für den kranken Arbeitnehmer noch eine andere passende Arbeit im Betrieb des Arbeitgebers, aber auch in anderen Betrieben gibt.[651]

Arbeitnehmern, die sich weigern, eine ihnen zumutbare andere Arbeit zu verrichten, kann nach Art 28 WAO i.V.m. dem BW die Lohnfortzahlung verweigert werden. Diese Möglichkeit hat die UWV insbesondere, wenn der Arbeitnehmer Anweisung der UWV im Reintegrationsverfahren missachtet.

---

[649] Begleitregelung zur Verlängerung der Lohnfortzahlungsverpflichtung; UWV-Beschluss vom 12.03.2003, Stcrt. 2003 Nr. 54.

[650] Vgl. *Sociale Verzekeringswetten (Kronenburg-Willems)*, Inleiding WAO, Rn 11f.

[651] Diese Regelung ist in Art. 30 wet Suwi enthalten.

b. Medizinische Untersuchungen

Der Träger der Erwerbsunfähigkeitsversicherung (UWV) beurteilt das Vorliegen von Erwerbsunfähigkeit durch von ihm beauftragte Sachverständige.[652] Gemäß Art. 23 Abs. 2 WAO erfolgen die Untersuchungen durch einen Fachkundigen, dies bedeutet in der Regel ein Facharzt für Versicherungsmedizin; jedoch kann dieser wiederum gemäß Art. 23 Abs. 3 WAO weitere Personen beauftragen, ihm bei der Feststellung behilflich zu sein. Dazu gehört nicht nur ihm unterstehendes Personal, sondern der Versicherungsarzt kann auch Spezialisten und weitere Fachärzte zu Rate ziehen. Ob jemand arbeitsunfähig im Sinne der Wartezeit ist, wird daher durch zuständigen Versicherungsarzt[653] der UWV geprüft. Die Prüfung, ob nach 52 Wochen eine Erwerbsunfähigkeit vorliegt, erfolgt erst nach Erfüllung der Wartezeit im eigentlichen Verfahren zur Gewährung einer WAO-Leistung.

Der Versicherungsarzt stellt den medizinischen Befund und auch die Möglichkeit von Verbesserung des Leistungszustandes fest. In Fällen sog. „offensichtlicher Funktionsunfähigkeit“ kann er ohne Hinzuziehung eines Berufskundigen die Erwerbsunfähigkeit feststellen. Die Fälle der offensichtlichen Funktionsunfähigkeit sind in dem sog. Versicherungsmedizin-Standard zusammengefasst, die Inhalt des Schätzungsbeschlusses[654] sind. Nach diesem kann der Versicherungsarzt nur in vier abschließend aufgezählten Fällen von einer solchen Situation ausgehen: dauerhafte Bettlägerigkeit; langfristige Aufnahme in ein Krankenhaus oder einer anderen stationären Einrichtung z.B. Psychiatrie; bei dauerhaft notwendiger Hilfe bei den allgemeinen Verrichtungen des täglichen Lebens und bei langfristiger Unfähigkeit zu wesentlichen sozialen Aktivitäten.

In den übrigen Fällen überprüft der Versicherungsarzt anhand einer auf Erfahrungswerten medizinischer Begutachtung beruhenden Aufstellung die Erwerbfähigkeit des Versicherten. Zunächst handelte sich bei dieser Begutachtungshilfe (Richtlinie MAOC)[655] um eine Zusammenstellung von 28 Punkten

---

652 Vormals lag die Feststellung der Erwerbsunfähigkeit seit dem OSV in den Händen der Betriebsvereinigungen, der wiederum den GMD einschaltete.

653 Bei einem Versicherungsarzt handelt es sich um eine Facharztrichtung in den Niederlanden, der in Deutschland einem Sozial bzw. Arbeitsmediziner entsprechen würde, obwohl dies in Deutschland kein Facharzt ist, sondern eine berufliche Qualifikation.

654 Erstmalig eingeführt in schattingsbesluit arbeidsongeschiktheidswetten, Stb. 2000, Nr. 307. Vgl. *Water, van de,* Het medisch objectiveren van arbeidsongeschiktheid, Sociaal Recht 2003 S. 73ff.

655 Sie ist mittlerweile ebenfalls Teil des nunmehr kodifizierten Schätzungsbeschlusses, vgl. Ausführungen zur Minderung der Erwerbsfähigkeit 3. Teil VI. 1.

im sog. FIS-Formular.[656] Mit diesem wird geprüft, welche Gewichte und Belastungen beim Heben und Tragen dem Versicherten noch zumutbar sind, ob er Wechselschicht ausgesetzt werden darf, ob Zwangshaltungen noch möglich sind und ob er Sitzen, Stehen, Gehen und Laufen kann. Zudem wird auch seine psychische Belastbarkeit z.B. Konzentrationsfähigkeit und Stressresistenz geprüft. Das Ergebnis ist ein auf den Versicherten abgestimmtes Untersuchungs- und Belastbarkeitsprofil, sog. Belastungsschablone.

c. Berufskunde

Dieses Belastbarkeitsprofil wurde dann zur Feststellung der Restleistungsfähigkeit durch einen Berufskundigen des Versicherungsträgers (UWV) mit dem Anforderungsprofil möglicher, auf dem allgemeinen Arbeitsmarkt vorhandener Tätigkeiten überprüft. Die auf dem niederländischen Arbeitsmarkt vorkommenden Tätigkeiten waren dazu in einem sog. Funktionsinformationssystem (FIS) zusammengefasst, das laufend aktualisiert wird.[657] Das FIS umfasste bereits ca. 9.000 Tätigkeiten, die auf dem niederländischen Arbeitsmarkt vorkommen. Es enthielt zudem das körperliche und psychische Anforderungsprofil der entsprechenden Tätigkeit und Angaben über die Verdienstmöglichkeiten.[658] Im Ergebnis kommt es dann entweder zur Benennung einer Tätigkeit, die dem Versicherten noch möglich ist bzw. zu einem bestimmten Prozentsatz noch möglich ist.

Der Berufskundler selektierte mittels des Computerbestandes, mit welchen drei Tätigkeiten der Versicherte unter Zugrundelegung seiner Belastbarkeitsschablone, den meisten Lohn erzielen konnte. Auf der Basis der drei höchst entlohntesten Tätigkeiten, von mindestens dreißig Arbeitsplätze, wurde das rechnerische Mittel festgestellt. Dieses rechnerische Mittelmaß stellt die Restverdienstkapazität dar.

---

[656] Vgl. Ausführungen zur Feststellung der Erwerbsminderung Teil 3. VI. 1.

[657] Eine solche Aktualisierung erfolgte 1994 bezüglich der Tätigkeit des Bonsai-Züchters. Hierbei handelte es sich um eine Tätigkeit mit geringer körperlicher und psychischer Belastung und relativ hoher Bezahlung. Diese Tätigkeit diente oftmals zum Ausschluss einer Erwerbsunfähigkeitsleistung. 1994 wurde der letzte Betrieb geschlossen, in dem entsprechende Arbeitsplätze angeboten worden sind. Insofern kam es auch zu einer Streichung aus dem FIS.

[658] Vgl. *Lisv,* Kroniek van de sociale verzekering, 1998, vgl. *Rheinhard, Kruse(Kötter),* Invaliditätssicherung im Rechtsvergleich, Landesbericht Niederlande, 1998 S. 317, 347ff.

Im Großen und Ganzen ist mit der Einführung des CBBS[659] an dieser Vorgehensweise nichts geändert worden.[660] Die Erwerbsminderung des Versicherten wird weiterhin geprüft anhand der Belastungsschablone im Vergleich zu den im Computerbestand befindlichen Tätigkeiten. Neben der Änderung einiger Begrifflichkeiten ist aber die Anzahl der medizinischen Beurteilungspunkte erweitert worden. Die Liste ist von 28 auf 57 Kriterien erweitert worden. Insbesondere sind sechs Rubriken neu eingeführt worden: die persönlichen Funktionen, die sozial-ökonomischen Funktionen, die Anpassung an die Umgebung, die dynamischen Handlungsmöglichkeiten, die statischen Haltungserfordernisse und die Arbeitszeiten. Die Folge hiervon ist, dass auch psychischen Erkrankungen besser Rechnung getragen werden kann.[661] Bezüglich der weitergehenden Feststellung der Arbeitsmöglichkeiten durch den Berufskundler ist das berufskundliche Verzeichnis des FIS aktualisiert worden. Das FIS datierte von 1984. Dies bedeutet, im Computerbestand befanden sich Tätigkeiten, die nicht mehr vorhanden waren oder in der angegebenen Art nicht mehr gebräuchlich waren. Neben dieser Aktualisierung durch das CBBS sind die einzelnen Tätigkeiten zudem noch konkretisiert worden. D.h., das Computersystem verfügt über detailliertere Angaben zu den Anforderungen der einzelnen Tätigkeiten.

Vorgehensweise in der Praxis ist mittlerweile, dass der Bericht des Versicherungsarztes in den Computer eingespeist wird, und dieser automatisch die möglichen Tätigkeiten angibt. Dies bedarf dann nur noch einer Kontrolle des Sachbearbeiters.[662]

Das Feststellungsverfahren endet in jedem Fall mit einem Rechtsakt i.S. eines Bescheides. Entweder ergeht eine Ablehnung oder nach Feststellung des Grades der Arbeitsunfähigkeit und der Höhe der Leistung erhält der Versicherte einen positiven Bescheid, der gleichzeitig der Auszahlungsanordnung entspricht.

---

[659] Vgl. Ausführungen zum Claim Beoordelings- en Borgingsysteem vom 01.01.2000. 3. Teil VI. 1 und Landelijk Instituut voor claimbeoordeling, Claimbeoordeling WAO: het handelten van verzekeringsartsen in de praktijk, 2000.

[660] Vgl. *Lisv,* Project „Verbetering van de vakinhoudelijke kwaliteit van de claimbeoordeling WAO: een integrale aanpak" Notiz vom 23.08.2000.

[661] *Fluit,* WAO-Claimbeoordeling: FIS en CBBS, Sociaal Recht 2003, S. 241, 245.

[662] *Pennings,* De WAO, 2002, S. 121.

2. Rechtsschutzverfahren

a. Vorverfahren

Das Allgemeine Verwaltungsrecht (algemene wet bestuursrecht (AWB))[663] stellt die Rechtsgrundlage für ein verwaltungsrechtliches Vorverfahren vor der gerichtlichen Kontrolle dar. Dies bedeutet, dass entsprechend dem Widerspruch im deutschen Recht der Versicherte sich gegen den abschließenden Bescheid an den Versicherungsträger wenden muss (Art. 7 AWB). Erst die daraufhin erfolgende Entscheidung berechtigt zum Gerichtsverfahren. Von diesem Erfordernis gab es aus historischen Gründen aber bis zum 01.01.1997 für die Streitigkeiten nach dem WAO, dem AAW und weiteren Leistungsgesetzen Ausnahmen. So war für diese früher kein Vorverfahren erforderlich. Grundsätzlich regelt das AWB das Verhältnis zwischen Obrigkeit, bzw. Verwaltungsorgan und dem Bürger. Der Rechtsakt der Verwaltung wird als besluit (Beschluss) bezeichnet. Auch die reine Rückforderung einer Überzahlung oder die interne Verrechung einer Überzahlung ist ein Beschluss der Ausführungsbehörde gegen den der Betroffene das Rechtsmittel der Beschwerde (bezwar) hat.[664]

Das niederländische Vorverfahren sieht, außer in Fällen, in denen die Rechtslage eindeutig anhand der Aktenlage ist, eine Anhörung des Versicherten oder auch des betroffenen Arbeitgebers vor. Diese erfolgt nicht schriftlich, sondern in einem Termin bei der ausführenden Behörde. Bevollmächtigte und Rechtsanwälte können diesen Termin ebenfalls wahrnehmen. Das Ergebnis der Anhörung wird protokolliert. Nach Einführung dieser Möglichkeit zum Gespräch, verringerte sich die Zahl der Klagen deutlich.[665] Dieser sogenannte Beschwerdetermin (bezwaartermijn) ist nach sechs Wochen vorgesehen. (Art. 6:7 AWB). Kommt die Ausführungsbehörde in oder nach dem Anhörungstermin zu der Erkenntnis, dass ihr ursprünglicher Beschluss nicht rechtmäßig war, so muss sie einen abändernden Beschluss erlassen und den Schaden ersetzten, den der Betroffene erlitten hat. Dazu gehören nicht nur die Kosten der Beschwerde unter Einschluss eventueller Anwaltsgebühren, sondern zu erstatten ist der gesamte Schaden, der entstanden ist, weil z.B. eine Leistung nicht ausgezahlt worden ist.[666]

---

663 Vom 04.06.1992 in Kraft getreten zum 01.07.1994, Stb. 1994, S. 315.
664 Vgl. CRvB 23.01.1998 in RSV 1998 S. 138.
665 Vgl. CTSV Informationen, 1996, Reduzierung um 22%.
666 Vgl. CRvB vom 24.02.1998 in JB 1998 Nr. 83.

Kommt es zu einem Widerspruchsbescheid, muss dieser innerhalb von 13 Wochen nach der Anhörung erfolgen. Die Behörde kann nur ausnahmsweise eine Fristverlängerung von 4 Wochen erhalten. Danach steht der Klageweg offen. Sollte der Widerspruchsbescheid nicht in der obengenannten Frist vorliegen kann der Betroffene auch ohne Widerspruchsbescheid Klage erheben.

b. Gerichtsverfahren

Die Gerichtsbarkeit wurde in den 90er Jahren in den Niederlanden grundlegend reformiert.[667] Durch die umfassende Gerichtsreform vom 01.07.1992 wurde vor allem das AWB eingeführt, das neben einem Vorverfahren (s.o.) auch den gesamten Rechtsschutz in Verwaltungssachen, zu denen die sozialversicherungsrechtlichen Streitigkeiten gehören,[668] reformierte. Die erste Instanz für Streitigkeiten der sozialen Sicherheit sind die Abteilungen für Verwaltungsrecht bei den rechtenbanken. Die früher in Verwaltungssachen zuständigen Berufungsräte (raden van beroep) wurden im Rahmen der Gerichtsreform durch diese ersetzt. Für Streitigkeiten in Angelegenheiten der sozialen Sicherheit sind nun spezielle Kammern der verwaltungsgerichtlichen Abteilungen der 19 erstinstanzlichen Gerichte zuständig.[669] D.h. es handelt sich nicht mehr um spezialisierte Gerichte für Fragen der sozialen Sicherheit bzw. der Sozialversicherung, sondern um allgemeine Gerichte, die für die verschiedensten hoheitlichen und administriellen Fragen zuständig sind. In diesem Zuge wurde auch die vormalige Besetzung der Kammern für Angelegenheiten der sozialen Sicherheit mit Laienrichtern abgeschafft. Ihre Besetzung ist nunmehr im Gesetz über die richterliche Organisation (wet op de rechterlijke organisatie - wet RO)[670] geregelt.

Dadurch, dass es eine Vielzahl von Standardisierungen in Form von Richtlinien oder aber z.B. dem Schätzungsbeschluss gibt, hat sich die richterliche Aufgabe der Beweiserhebung in medizinischen Fragen verringert. Das Gericht überprüft Auffälligkeiten und Abweichungen der medizinischen Feststellungen zu den Vorgaben im Schätzungsbeschluss, und bei konkretem Vortrag steigt es in neue Ermittlungen ein. Zugenommen haben die Rechtsstreitigkeiten zur Höhe der allein vom Arbeitgeber zu tragenden Beiträge und vor

---

[667] Vgl *Noordam,* Socialezekerheidsrecht, 2002 S. 390.

[668] Eine Ausnahme von diesem Grundsatz gilt für die Beitragsstreitigkeiten zu den Volksversicherungen, hier ist das Finanzgericht zuständig wegen der größeren Sachnähe, da die Beiträge mit der Steuer zusammen vereinnahmt werden.

[669] Vgl. Richterliches Organisationsrecht, wet op de rechterlijke organisatie (wet RO), vom 18.04.1827, Stb. 1827, S. 20.

[670] Vom 02.02.1955, Stb. 55 Nr. 47; nach der Änderung vom 01.07.1992 neu veröffentlicht Stb. 1992, Nr. 24.

allem zur Einstufung des Risikos eines Betriebes; denn dies ist letztlich maßgeblich für die Höhe der Beitragslast.[671]

Unterschieden wird im niederländischen Verwaltungsrecht zwischen gebundenen Entscheidungen (gebonden beslissingen) und freien Entscheidungen (vrije beslissingen). Die Entscheidung, ob ein betreffender Versicherter einen Anspruch auf eine WAO-Leistung hat, ist eine gebundene Entscheidung. Dagegen handelt es sich bei Entscheidungen über eine Reintegrationsmaßnahme nach dem Wet REA um freie Entscheidungen. Der materielle Unterschied liegt darin, dass der Richter im Falle einer gebundenen Entscheidung nur zu einer richtigen Entscheidung kommen sollte. Dieses ist das Ergebnis aller anzuwendenden Rechtsvorschriften,[672] während es z.B. beim Wet REA auch mehrere richtige Entscheidungen im Einzelfall geben kann. Damit sind die Entscheidungsfindungsprozesse auch äußerst unterschiedlich. Gerade in der Situation einer gebundenen Entscheidungen kann es dazu kommen, dass die Rechtsprechung trotz Bindung bestimmte Regelungen für unrechtmäßig hält, in diesem Fall kommt es zu einer abweichenden Grundsatzentscheidung oder aber die Entscheidung erklärt bestimmte Regelungen im Einzelfall für nicht anwendbar. Diese Möglichkeit eröffnet der CRvB den Instanzgerichten ausdrücklich durch eine vielfach bestätigende Rechtsprechung.[673] Der CrvB führt dazu beispielhaft aus, dass die strikte Anwendung von Rechtsnormen korrespondiert mit der ungeschriebenen Rechtspflicht des Richters, auch ungeschriebenes Recht zu beachten und den Einzelfall zu würdigen. Für den Fall einer Abweichung bedeutet dies letztlich, dass zumeist der CRvB die Problematik endgültig zu entscheiden hat.

Klagebefugt in Angelegenheiten der sozialen Sicherheit ist derjenige, der durch einen Beschluss der Behörde betroffen ist. Dies bedeutet für die Auszahlung einer WAO-Leistung grundsätzlich derjenige, der Ansprüche auf diese Leistung erhebt (Art. 1 Abs. 2 AWB i.V.m. Art. 2 a WAO bzw. Art. 94 WAZ, Art. 68 Wajong). In Streitigkeiten mit sogenannten Drittbelangen, ist auch jeder Dritte klagebefugt. Diese Konstellation tritt vor allem ein, wenn ein Arbeitgeber als Eigenrisikoträger, sich dazu entschließt, in den ersten fünf

[671] Dabei ist im Vergleich zu Deutschland zu berücksichtigen, dass diese Streitigkeiten in Deutschland ebenfalls auftreten. Jedoch nicht innerhalb der rentenrechtlichen Zuständigkeit, sondern der unfallversicherungsrechtlichen. Denn im deutschen Unfallversicherungsrecht werden die Beiträge, ähnlich der niederländischen Invaliditätsrente, gefahrenspezifisch erhoben. Vgl. *Stalfort,* Der Schutz von Unfallopfern durch die Sozialversicherung in Deutschland und in den Niederlanden, 1994, S. 74 ff.

[672] Dazu gehören alle Gesetze im formellen Sinne, die allgemeinen Verwaltungsrichtlinien, ministerielle Regelungen und Verordnungen.

[673] Vgl. CRvB vom 07.04.1988 in RSV 1988 Nr. 262; CRvB 28.06.1989 in RSV 1991 Nr. 21; CRvB 16.03.1999 in RSV 1999 Nr. 142.

Jahren einer WAO-Auszahlung diese selbst bzw. durch eine rückversichernde Versicherung zu übernehmen.[674] Aber auch der Arbeitgeber, der kein Eigenrisikoträger ist, kann aufgrund der Verpflichtung, die Beiträge vollständig zu tragen, ein Recht auf Klage bezüglich der Differenzierung der Beiträge haben.[675]

Grundsätzlich wird für eine Klage eine Gerichtsgebühr fällig. Diese Regelung nach Art. 8:41 Abs. 3 AWB gilt für das gesamte Verwaltungsrecht. Ausnahmen gibt es nur für Sozialhilfebezieher. Für eine natürliche Person beläuft sich die Gerichtsgebühr auf 29 € und für eine Rechtsperson auf 218 €. In der Berufungsinstanz erhöht sich die Gebühr auf 82 €, bzw. 327 € (vgl. Art. 22 Abs. 2 Beroepswet) Dass Gerichtsgebühren zu zahlen sind und auch in der maßgeblichen Höhe, ist nach der Auffassung des CRvB[676] keine Beschneidung des Zugangs zur richterlichen Klärung.

Grundsätzlich werden Entscheidungen bei der Rechtsbank durch den Einzelrichter gefällt. Es gibt aber bei besonders anspruchsvollen Verfahren die Möglichkeit die Entscheidungsbefugnis auf eine Kammer mit bis zu drei Richtern zu übertragen (vgl. Art. 8:10 AWB).

Auch in den Niederlanden übernehmen die Richter in allen Verfahrenszügen eine aktive Rolle zur Führung des Prozesses und bei den Ermittlungen, insbesondere bei unvertretenen Klägern kann eine Hilfestellung eintreten.[677] Das Entscheidungsverfahren selbst ist stark abhängig von der Einholung medizinischer Sachverständigengutachten (vgl. Art. 8:47 AWB). Nach der Phase der medizinischen Beweiserhebung, findet eine sog „terechtsitting" statt. Frei übersetzt bedeutet dies, ein Gerichtstermin, in dem alle Parteien die Möglichkeiten haben, sich zu äußern, und sich der Richter ein Bild machen kann. Der Kläger hat in dieser Sitzung zu erscheinen und gestellte Fragen zu beantworten bzw. seine persönliche Situation zu erläutern. In dieser Sitzung ist die Öffentlichkeit in dem Teil, der sich auf medizinische Aspekte eines Betroffenen bezieht bzw. beziehen kann, ausgeschlossen (Art. 88 h Abs. 1 WAO). Der restliche Teil ist öffentlich. Dem Richter obliegt die Art und Weise der Beweiserhebung und auch die Beweiswürdigung.[678] Der Kläger hat das Recht auf einer Vernehmung seines behandelnden Arztes zu bestehen.

---

[674] Vgl. Ausführungen zur Finanzierung 3. Teil X.

[675] Dies hat der CRvB ausdrücklich bestätigt in seiner Entscheidung vom 12.02.2001 in RSV 2001 Nr. 82.

[676] Entscheidung vom 09.10.2001 in RSV 2001 Nr. 286.

[677] Vgl. *Bloch,* Invaliditätsfeststellung: Eine Untersuchung über die Bearbeitung von Invalidenrentenanträgen und das Rechtsmittelverfahren in sechs Ländern, IRSS 1994 S, 17. 22.

[678] Vgl. CRvB 21.09.1999 in USZ 1999, Nr. 298.

Kommt es nicht zu einer Einigung oder anderweitigen Erledigung des Rechtsstreits, folgt das Endurteil. Dies enthält entsprechend des Obsiegens einer Partei eine Kostenregelung über die Gerichtsgebühren und die außergerichtlichen Kosten. Zusätzlich hat die obsiegende Partei einen Schadensersatzanspruch, der sich auf Beseitigung des durch die fehlerhafte Entscheidung der Verwaltung entstandenen Schadens bezieht; dabei kann es auch zum Ersatz eines immateriellen Schadens kommen.[679] Rechtsgrundlage für den Schadensersatzanspruch ist das niederländische Zivilrecht. In besonderen Fällen, insbesondere bei Eilbedürftigkeit, kann es zu einer vorgezogenen und vorläufigen Prozessentscheidung kommen. Zuständig ist dafür eine besondere Kammer bei den Rechtenbanken (voorzieningenrechter). Die Zulässigkeit, insbesondere die Eilbedürftigkeit wird in Verfahren der Sozialversicherung selten bejaht. Diese Verfahren kommt zumeist in Sozialhilfestreitigkeiten zur Anwendung.[680]

c. Berufungsinstanz

Berufungsinstanz und zugleich höchste Instanz ist nach dem Beroepswet[681] der Centrale Raad van Beroep in Utrecht. Nur in Ausnahmefällen kann der Hoge Raad als Revisionsinstanz angerufen werden. Ein solcher Ausnahmefall liegt z.B. vor, wenn es um die Problematik einer einheitlichen Begriffsauslegung im Sozialrecht und im Steuerrecht geht. Während die Berufungsinstanz sowohl rechtliche als auch tatsächliche Fragen behandelt, beschränkt sich die Revision auf Rechtsfragen. Der vom Kläger zu erbringenden Beweis, dass er erwerbsunfähig ist, kann auch durch neues Beweismaterial noch in der zweiten Instanz erbracht werden. Zusätzlich kann das Gericht auch noch in der Berufungsinstanz eine unabhängige Begutachtung veranlassen.

---

[679] Vgl. CRvB 16.04.1996; JB 1996 NR. 117 und CRvB 29.05.2001 in RSV 2001 Nr. 283.
[680] Im Rahmen von Sozialversicherungsverfahren kann es jedoch über dieses vorläufige Verfahren zur vorläufigen Zuerkennung eines besonderen Beistandes kommen, dies bedeutet, eine Person ist nicht mehr prozessfähig und bedarf einer gesetzlichen Vertretung, Rechtbank Leeuwarden 16.11.1995 JABW 1996/32.
[681] Vom 02.02.1955, Stb. 1955 Nr. 47, nach der Änderung vom 01.07.1992 neu veröffentlicht, Stb. 1992, Nr. 24.

X. Finanzierung

1. WAO

Die gesetzlichen Formen der Invaliditätssicherung werden im Umlageverfahren finanziert. Vor den gravierenden Änderung durch die Einführung des Wet Pemba wurden die Leistungen aus dem WAO von den Arbeitnehmern finanziert. Zuletzt betrugen die Beiträge 7,95% des beitragspflichtigen Lohns. Die Beitragsbemessungsgrenze lag bei 286 Gulden pro Tag. Allerdings waren 100 Gulden pro Tag beitragsfrei. Im letzten Jahr dieser Finanzierungsform beliefen sich die Ausgabe auf 21,3 Mrd. Gulden bzw. 9,7 Mrd. €. Davon wurden 896.200 Leistungsfälle bezahlt.[682]

a. Änderungen durch das Wet Pemba

Seit dem 01.01.1998 werden die Leistungen des WAO nur noch von den Arbeitgebern finanziert. Damit sollte die Verantwortlichkeit der Arbeitgeber für die Re- und Integration von Arbeitnehmern erhöht werden. Die neuen politischen Zielrichtungen forderten nämlich eine Umverteilung der Verantwortung zwischen Staat und Gesellschaft und zwischen Arbeitnehmer und Arbeitgeber und setzten die Priorität auf die Arbeitsmarktintegration. Dazu sollten vor allem die Arbeitgeber verstärkt für erwerbsarbeitsbezogene Risiken verantwortlich gemacht werden.[683]

Die Beiträge selber werden aufgeteilt zwischen einem Basisbeitrag, der dem sog. Erwerbsunfähigkeitsfonds, und einem variablen Beitrag, der der sog. Erwerbsunfähigkeitskasse zufließt. Aus den Fonds werden die Leistungen an die Versicherte gezahlt, die länger als fünf Jahre erwerbsunfähig sind (Folgeleistungen)[684] und sollen zudem die Verwaltungsausgaben decken.[685] Aus der Erwerbsunfähigkeitskasse werden die Leistungen an die Versicherten gezahlt, die weniger als fünf Jahre erwerbsunfähig sind, also für die Lohnersatzleistung. Während der Basisbeitrag für alle Arbeitgeber gleich ist, hängt die Beitragshöhe des variablen Beitrags vom Erwerbsunfähigkeitsrisiko des jeweili-

---

682 *Lisv*, statistische Angaben 1998.

683 Vgl. *Stillich*, Das Rentensystem in den Niederlanden –ein Vorbild für Deutschland? DAngVers 1999 S. 474ff.

684 Vgl. Teil 3. X.; vgl. *Klosse, Kötter*, Alter Wein in neuen Schläuchen? – Das „privatisierte" System der Invaliditätssicherung in den Niederlanden, DRV 1998 S. 507ff.

685 Bei den Leistungen handelt es sich um die Kosten für Langzeiterwerbsunfähige (länger als fünf Jahre) und laufende Leistungen mit Leistungsbeginn nach dem 01.01.1998. Eine Übergangsregelung bestimmt, dass dem Erwerbsunfähigkeitsfond alle Personen angehören, die vor dem 01.01.1998 erwerbsunfähig waren.

gen Unternehmens und von dessen Größe ab. Für jedes Unternehmen wird in Abhängigkeit vom Verhältnis der Erwerbsunfähigkeitsquote des Wirtschaftssektors, dem das Unternehmen angehört, ein vom Durchschnittsbeitrag nach oben oder unten abweichender Beitrag bestimmt, sog. unternehmensspezifischer Betrag.[686] Wenn für ein bestimmtes Unternehmen das Erwerbsunfähigkeitsrisiko unter dem landesweiten Durchschnitt liegt, erhält der Arbeitgeber eine Beitragssenkung, während ein überdurchschnittliches Risiko mit einem höheren Beitragssatz verbunden ist. Dies bedeutet konkret, dass zur Berechnung der Beitragshöhe zunächst die Kosten für die Leistungen an erwerbsunfähige Arbeitnehmer des betroffenen Unternehmens im zweiten Kalenderjahr vor dem Jahr, in dem die Beiträge geschuldet werden, ermittelt werden. Dabei werden ausschließlich die Leistungen an die Arbeitnehmer berücksichtigt, die seit weniger als fünf Jahren Erwerbsunfähigkeitsleistungen beziehen. Von der Berechnung der Beiträge aufgrund der Erwerbsunfähigkeitskosten früherer Jahre wurde abgesehen, um schneller auf Veränderungen in der Erwerbsunfähigkeitsquote des jeweiligen Betriebes reagieren zu können. Der so ermittelte Betrag wird durch die durchschnittliche Lohnsumme des Arbeitgebers im 6.-2. Kalenderjahr vor dem Beitragsjahr geteilt. Der Quotient aus den Erwerbsunfähigkeitskosten und der Lohnsumme stellt dann das Erwerbsunfähigkeitsrisiko dar. Dieses Risiko entspricht dem durchschnittlichen volkswirtschaftlichen Arbeitgeberrisiko, das wegen des Gesetzes der großen Zahl relativ konstant ist. Der unternehmensspezifische Beitragssatz bestimmt sich sodann durch einen Ab- oder Zuschlag des durchschnittlichen Arbeitgeberrisikos.

Kleinere Betriebe sind stärkeren Schwankungen ihrer Erwerbsunfähigkeitsquoten ausgesetzt sind. Dies liegt ebenfalls an der Gesetzmäßigkeit der großen Zahl. So bedeutet es für ein Unternehmen mit fünf Arbeitnehmer, das jahrelang keinen Erwerbsunfähigkeitsfall in der Belegschaft hatte, ein 14% Erwerbsunfähigkeitsrisiko, wenn nunmehr ein Arbeitnehmer erwerbsunfähig wird. Mithin käme es zu einer Beitragssteigerung um 14%. Zur Vorbeugung dieser Situation wird der Beitragssatz für kleiner Unternehmen begrenzt. Der Maximalbetrag entspricht dem Dreifachen des durchschnittlichen Beitragssatzes. Da aber wegen dieses Maximalbeitrages nicht alle Kosten von Erwerbsunfähigkeitsfällen in kleineren Unternehmen gedeckt sind, ist zum Ausgleich ein Minimalbetrag vorgesehen, der auch gezahlt werden muss, wenn kein Erwerbsunfähigkeitsfall gegeben ist.

---

[686] Nach Einführung dieser Änderungen betrug der variable Beitragssatz maximal 3,24% der Lohnsumme für große Unternehmen, die mehr als das 15fache der durchschnittlichen Lohnsumme aufweisen, und 2,43% für kleine Unternehmen. Für kleine Unternehmen wurde zudem eine Mindestbeitrag von 0,77% festgelegt, Angaben *Lisv* 1999.

Derzeit liegen die Sozialversicherungsbeiträge bei 5,05% für den Grundbeitrag und einem Minimumbeitrag von 2,38% als differenzierter Berechnungsbeitrag. Der Höchstbetrag für große Betriebe mit einem hohen Erwerbsunfähigkeitsrisiko beträgt 8,52%. Der Beitrag für kleine Betrieb entspricht dem Minimumbeitrag. Die Grenze zwischen großen und kleinen Betreiben liegt derzeit bei einer Lohnsumme von 601,258 €. Zudem gibt es eine Bemessungsgrundlage. Nach dieser liegt dem zu zahlenden Beitrag höchsten ein Betrag von 165 € (ab 01.07.2003) zugrunde.[687]

Mit dieser von der Anzahl der Erwerbsunfähigkeitsleistungen beziehenden ehemaligen Arbeitnehmer eines Unternehmens abhängigen Beiträge, soll ein Anreiz zu präventiven Maßnahmen der Arbeitgeber gesetzt werden. Während der Arbeitgeber auf den Bestand an Langzeiterwerbsunfähigen kaum einen Einfluss hat und sich hier regelmäßig auch keine großen Veränderungen ergeben, kann er nach Meinung des Gesetzgebers die Anzahl der neuen Invaliditätsfälle beeinflussen. Denn nun werden die Arbeitgeber auch durch die Pemba-Regelungen dazu angeregt, bestmögliche Arbeitsbedingungen zu schaffen (Prävention) und kranke sowie erwerbsunfähige Personen einzustellen bzw. in Beschäftigung zu halten (Reintegration). Um eine Risikoselektion der Arbeitgeber bei der Einstellung zu verhindern, wurden gleichzeitig zum 01.01.1998 Einstellungsuntersuchungen weitgehend verboten[688].

Die Zahlung des WAO-Grundbeitrages ist für jeden Arbeitgeber obligatorisch. Dagegen ist die Zahlung des differenzierten Beitrages freiwillig, d.h. die Arbeitgeber können das WAO-Risiko in den ersten fünf Jahren auch selbst übernehmen. Diese Möglichkeit wird mit dem Begriff opting-out bezeichnet.[689] Die Arbeitgeber können sich dafür entscheiden, das Risiko der Erwerbsunfähigkeit ihrer Arbeitnehmer in den ersten fünf Jahren selber zu tragen oder bei einem privaten Versicherungsunternehmen rückzuversichern. Für den Fall, dass der Arbeitgeber sich entschieden hat, das Erwerbsunfähigkeitsrisiko in den ersten fünf Jahren selber zu tragen und die opting-out-

---

687 Vgl. *Ministerium van sociale Zaken en werkgelegenheid,* Kurze Übersicht über die Soziale Sicherheit in den Niederlanden, Stand 2003.

688 Vgl. Ausführungen zum wet op de medische Keuringen 3.Teil VII 1.; vgl. *Bieber, Henzel,* Rentenversicherung im internationalen Vergleich, Niederlande, DRV 1999 S 131. 138ff.

689 Die ursprünglich vom Gesetzgeber geplante vollständige opting-out Option war vor allem daran gescheitert, dass private Versicherungsunternehmen wegen der langen Zeit bis zum Aufbau einer Kapitaldeckung nicht mit dem öffentlichen umlagefinanzierten System hätten konkurrieren können. Dieses Problem stellt sich bei den Leistungen in den ersten fünf Jahren der Versicherung nur in geringem Umfang, wenngleich in dieser Zeit die Leistungen höher sind; vgl. *Kötter,* Soziale Sicherheit in den Niederlanden- Ein Kaleidoskop von öffentlicher und privater Sicherungsformen, SozSich 1998, S. 339.

Möglichkeit ergreift, muss er aber eine Bankbürgschaft[690] oder eine Bescheinigung einer Privatversicherung vorlegen, die eine Garantie für entstehende Zahlungsansprüche darstellt. Das Vertrauen des Gesetzgebers in die Solvenz der Arbeitgeber ist nämlich nicht grenzenlos. Durch diese Hürde haben nicht viele Betriebe von der opting-out-Möglichkeit Gebrauch gemacht, jedoch ist ein neues Betätigungsfeld für die privaten Versicherungsanbieter erstanden.[691] Gerade diese machen für ihre eigene Position als Arbeitgeber von dieser Möglichkeit Gebrauch. Ziel des Gesetzgebers war auch hier, Marktkräfte wirksam werden zu lassen (z.B. den Wettbewerb zwischen privaten Versicherungsunternehmen)

Arbeitgebern, die eine erwerbsunfähige Person einstellen oder bei denen mehrere zumindest teilweise erwerbsunfähige Personen arbeiten, können die WAO-Beiträge erlassen oder gemindert werden.[692] Falls eine Arbeitgeber mehr als 5% seiner gesamten Lohnausgaben für erwerbsunfähige Arbeitnehmer aufwendet, wird ihm der „ WAO-Grundbeitrag" für diesen Beschäftigten erlassen. Außerdem werden die Grundbeiträge für seine anderen Beschäftigten (maximal bis zum 15-fachen der durchschnittlichen Lohnkosten pro Arbeitnehmer) reduziert. Durch diese Maßnahmen werden für Arbeitgeber Anreize zur Einstellung erwerbsunfähiger oder (chronisch) kranker Personen geschaffen.

b. Wet op de medische Keuringen

Damit dieses Finanzierungskonzept nach dem Wet Pemba Erfolg haben kann, bedurfte es weiterer gesetzlicher Regelungen, die ein Unterlaufen des Finanzierungsmodells durch die Arbeitgeber weitgehend unterbinden.[693] So bedurfte es eines Gesetzes über medizinische Untersuchungen, da seit dem Ende der 1980er Jahre immer mehr Einstellungsuntersuchungen von den Arbeitgebern durchgeführt wurden.

Am 01.01.1998 trat aus diesem Grund zusammen mit dem Wet Pemba das Gesetz über medizinische Untersuchungen (Wet op de medische Keurin-

---

690 Art. 75 WAO.

691 Vgl. *Kötter,* Soziale Sicherheit in den Niederlanden, Ein Kaleidoskop öffentlicher und privater Sicherungsformen, Soziale Sicherheit 1998 S. 339, 345; Vgl. Statistiken Niederlande, Tabelle Nr. 10.

692 Vgl. Art. 77 b-d WAO.

693 CTSV, Risicoselectie op de Nederlandse arbeidsmarkt, selectieve aanstelling of afvloeing van personeel op grond van (vermeende) risico's binnen den de ZW en de WAO, 1995, 31ff.

gen)[694] in Kraft. Es soll vermeiden, dass der Arbeitgeber eine Risikoselektion betreibt und sich nicht zur Erwerbsunfähigkeitsprävention angehalten sieht. Nunmehr dürfen Einstellungsuntersuchungen nur durchgeführt werden, wenn dafür ein berechtigter Grund besteht. Dies ist nur der Fall, wenn an den zu besetzenden Arbeitsplatz besondere gesundheitliche bzw. körperliche Anforderungen gestellt werden. Insbesondere bei gefährlichen Tätigkeiten für den Arbeitnehmer, die Kollegen oder Dritten (z.B. Kunden oder Patienten) kann eine Einstellungsuntersuchung in Betracht kommen.

Zudem müssen weitere Regelungen innerhalb des Bewerbungsverfahrens eingehalten werden. Es dürfen keine Fragen nach krankheitsbezogenen Tatsachen innerhalb eines Bewerbungsgespräches gestellt werden. Sollten sie gestellt werden, braucht nicht geantwortet zu werden. Vor einer Einstellungsuntersuchung muss dem Bewerber schriftlich mitgeteilt werden, aus welchem Grund diese erforderlich ist, welche Fragen und Untersuchungen auf ihn zukommen und welche Rechte er hat. Ein Verstoß hat zur Folge, dass der Bewerber die Einstellungsuntersuchung verweigern kann.

Nicht nur für den Bereich der gesetzlichen Invaliditätssicherung hat das Wet op de medische Keuringen Bedeutung, sondern es verbietet auch ärztliche Untersuchungen im Rahmen von zusätzlichen Privatversicherungen.[695] Ausschlussklauseln zur Umgehung sind verboten. Bei Versicherungen, die nicht über den Arbeitgeber abgeschlossen werden, dürfen medizinische Untersuchungen unter besonderen Voraussetzungen erfolgen. Daneben sieht das Wet op de medische Keuringen noch datenschutzrechtliche Tatbestände vor.

2. WAZ

Der Beitragssatz zur Erwerbsunfähigkeitsversicherung der Selbstständigen beträgt ab dem 01.07.2003 8,8%[696] des Einkommens des Versicherten. Hat der Versicherte unterschiedliche Einkommen wird auf einen Durchschnittswert abgestellt. Nach Art. 72, 72 a WAZ wird das Durchschnittseinkommen der letzen drei Jahren angesetzt. Die Beiträge werden in einer Summe zusammen mit der Lohnsteuer unter Zugrundelegung eines zu versteuernden Einkommens aus Arbeit und weiteren Einnahmen von höchsten 38.118 € pro Jahr (Beitragsbemessungsgrenze) und einem Freibetrag von 13.160 € erho-

[694] Stb. 1998, Nr. 321; vgl. De kleine Gids voor de nederlandse sociale zekerheid, Deventer 2004 S. 51ff.

[695] In Betracht kommen private Erwerbsunfähigkeitsversicherungen, private Altersvorsorgeversicherungen und auch Lebensversicherungen, sowie ergänzende Versicherungen für den Fall der Arbeitsunfähigkeit.

[696] Bei Einführung des Waz 1998 betrug er 7,9%; Angaben, *Lisv,* 2003.

ben. Dabei gilt ein Standardlohnabzugsnachlass; die bezahlten Beiträge sind von der Steuer absetzbar.

3. Wajong

Beim Wajong handelt es sich um ein steuerfinanziertes Sicherungssystem. Es ist in den Niederlanden Aufgabe des Allgemeinwesen, für die Sicherung dieses besonderen Personenkreises aufzukommen.

XI. Reformbestrebungen

In den Niederlanden ist der Zugang zu den Leistungen nach dem WAO im ersten Halbjahr 2003 spektakulär gesunken.[697] Dies bestätigt der Trend seit Beginn 2000. Der Anteil der neuen Auszahlungen liegt 26% unter denen in der erste Hälfte von 2002. Damit sehen sich die Niederlande gestützt in ihrer Strategie „Arbeid gat boven inkomen“ und damit in ihrer Forderung nach unbedingter Reintegration.[698] Aus diesem Grund stehen nur geringe Reformkonzepte für die Invaliditätsregelungen in den Niederlanden an, denn gerade die letzte maßgebliche Änderung des WVP scheint sich bewährt zu haben. So können die Niederländer aufzeigen, dass von 24.000 Reintegrationsvorschlägen im ersten Halbjahr 2003 15.000 Reintegrationsvorschläge in der Gestalt erfolgreich war, dass es zu einer Wiederaufnahme einer Arbeit und damit nicht zum Bezug von WAO-Leistungen kam.[699] Eine Begrenzung des Zugangs zur WAO-Leistung liegt aber auch vor, da es durchaus zu Fällen einer Verlängerung der Wartezeit als Sanktion für den Arbeitgeber kam.[700]

Trotzdem gibt es neue konkrete Reformbestrebungen und auch bereits feststehende Gesetzesänderungen.

Noch innerhalb des Jahres 2004 soll die Dauer der Lohnfortzahlung durch den Arbeitgeber von einem Jahr auf zwei Jahre erweitert werden. Damit soll der Arbeitgeber noch weiter in die Verantwortung genommen worden, mit dem Ziel das Arbeitnehmer und Arbeitgeber zusammen verantwortlich dafür sind, den Arbeitnehmer zu einer Arbeit zu verhelfen. Dieser Reformvorschlag stößt aber auf Kritik der Arbeitgeberseite (stichting van de Arbeid). Jedoch wird nicht die Verlängerung an sich moniert, sondern die Höhe der Zahlung von

---

[697] UWV, Angaben Juli 2004 und Statische Informationen, szw. NL Rubriek sociale zekerheid vanaf 2003, 08.12.2003.

[698] Vgl. *De kleine Gids voor de nederlandes sociale Zekerheid,* 2004, S. 87ff.

[699] UWV, Angaben Juli 2004 unter www.overheid.nl..

[700] UWV, Angaben Juli 2004 unter www.overheid.nl..

70% der Lohnes, für einen Zeitraum in dem der Arbeitnehmer nicht arbeitet, wird als zu hoch empfunden.

Zudem soll ebenfalls im Jahr 2004 im gleiche Zuge der Schätzungsbeschluss Arbeitskunde (arbeidskundige schatting) verschärft werden Dieser liegt der Zumutbarkeitsprüfung für eine dem Arbeitnehmer zumutbare Tätigkeit, die er trotz bzw. mit einer körperlich-geistigen Einschränkung verrichten kann, zugrunde. Ziel ist durch eine gesenkte Zumutbarkeitsgrenze tatsächlich mehr Arbeitnehmer in der jeweiligen Arbeit zu halten oder in eine neue Arbeit zu integrieren, ohne dass übertriebene Prestigegedanken auftreten. Gleichzeitig soll aber für die nächsten vier Jahre ein zusätzliches Budget von 100 Millionen € für einzelne Reintegrationsmaßnahmen bereitgestellt werden, die insbesondere für Maßnahmen zur Verbesserung des bestehenden Arbeitsplatzes eines dauerhaft kranken Arbeitnehmers dienen sollen.[701] Die Senkung der Zumutbarkeitsprüfung hat vor allem zur Folge, dass bei der berufskundlichen Beurteilung des Arbeitnehmers nicht mehr drei Tätigkeiten genannt werden müssen, die er trotz seiner Leistungseinschränkungen noch verrichten kann, sondern nur noch eine. Zudem wird bei Teilzeitbeschäftigten nicht mehr nur eine Tätigkeit im Teilzeitarbeitsmarkt geprüft, sondern auch eine Tätigkeit des Vollzeitarbeitsmarkt. Diese strengere berufskundliche Prüfung soll für alle Versicherten geltend. Somit sollen sowohl diejenigen, die bereits eine WAO-Leistung beziehen, als auch die möglichen Neubezieher, diesem strengeren Prüfungskriterium unterliegen. Dies bedeutet, dass der Versicherungsträger verwaltungsintern alle WAO-Fälle zu überprüfen hätte und derzeitige WAO-Leistungsbezieher möglicherweise nicht mehr in den Genuss der Leistung kommen.

Neue Regelungen sind auch für die Fälle des Bezuges einer WAO-Leistung angedacht, die keiner völligen Erwerbsunfähigkeit entsprechen.[702] Für diese Pläne gibt es noch keine ausgearbeiteten Regelungen, sondern sie sind lediglich angedacht. Versicherte die einen Lohnausfall von unter 35%, (dies bedeutet nicht gleichzeitig eine Erwerbsunfähigkeit von unter 35%)[703] haben, werden vom Bezug einer WAO-Leistung ausgeschlossen. Versicherte die einen Lohnsausfall von mehr als 35% haben, aber noch keinen Anspruch auf eine

[701] *UWV*, Angaben Juli 2004 unter www.overheid.nl..

[702] Der Gedanke dieses Änderungsvorschlages liegt darin begründet, dass ohnehin die meisten Bezieher einer Invaliditätsrente eine absolute Rentenleistung erhalten und die anderen Fälle bei fehlender Reintegration über eine Arbeitslosengeldzahlung aufgefangen werden könnten, denn sie seien nicht absolut erwerbsunfähig, so dass nur der richtige Arbeitsmarkt fehle, nicht aber eine hinreichende Erwerbsunfähigkeit vorliege, vgl. *Kronenburg-Willems, Most, van der,* wet structuur uitvoeringsorganisatie werk en inkomen, PS-Special 2004, S. 1ff.

[703] Vgl. Ausführungen zur Leistungsberechnung, 3.Teil VII. 2.

volle Erwerbsunfähigkeitsleistung, fallen unter eine neu angedachte Regelung (Regeling Werkhervatting Gedeeltelijk arbeidsgeschikten). Der Ausgangspunkt dieser Regelung ist, dass sich (mehr) Arbeit lohnen muss. Wenn ein Versicherter trotz seiner körperlichen Leistungseinschränkung arbeitet, hat er danach einen Anspruch auf einen Lohnausgleich. Dieser Lohnausgleich (Loonaanvulling) beträgt 70% der Differenz zwischen dem Lohn, den der Versicherte zu letzt verdient hat und dem Lohn, den der Versicherte in seiner neuen Situation unter Berücksichtigung seiner Leistungseinschränkung verdienen kann. Die Folge davon ist, dass der Lohn und der Lohnausgleich ein Einkommen liefert, dass höher ist, als jenes das ein Versicherter erzielt, der nicht mehr arbeitet. Innerhalb dieser Regelung ist für die weitere Zukunft angedacht, dass der Versicherte, der neben seiner teilweise eingeschränkten Erwerbsunfähigkeit nicht in der Lage ist zu arbeiten, vor allem deswegen, weil er keine geeignete Arbeit findet, nur noch einen Anspruch auf eine Arbeitslosenunterstützung hat, die jedoch in der Höhe abhängt von dem Maß der Erwerbsunfähigkeit. Dabei wird auch im Gegensatz zur sonstigen Arbeitslosenunterstützung nicht das Einkommen des Partners berücksichtigt.

Den Niederländern ist bewusst, dass sie für den Fall, dass eine Entschädigung bei einer weniger als vollen Erwerbsunfähigkeit abgeschafft wird, ein Problem mit einer notwendigen Entschädigung für Personen haben, die aufgrund einer Berufskrankheit oder eines Arbeitsunfalls teilweise erwerbsunfähig geworden sind. Für Personen, die lediglich zu einem Prozentsatz erwerbsunfähig aufgrund eines betrieblichen Zusammenhangs werden, der noch zu keiner Entschädigung im allgemeinen System der Invaliditätssicherung führen würde, läge dann keine Haftungsersetzung für die bürgerlich-rechtlichen Verpflichtungen mehr vor.[704] Aus diesem Grund wird in den Niederlanden darüber diskutiert,[705] für diese Fälle eine besondere Versicherung einzuführen (Extra Garantieregeling Beroepsrisico). Es soll sich dabei aber nicht um eine staatliche Versicherung handeln, sondern um den Abschluss eine Versicherung bei der Privatwirtschaft, die jedoch verpflichtend für jeden Arbeitnehmer ist.

[704] Ohnehin kommt es in den Niederlanden mittlerweile sehr häufig zu bürgerlichrechtlichen Rechtsstreitigkeiten aufgrund betrieblich eingetretener Schäden. Dies liegt darin begründet, dass das bürgerliche Recht (BW), welches Maßstab für den zugrundeliegenden Arbeitsvertrag ist, nicht ausdrücklich einen Haftungsausschluss des Arbeitgebers vorsieht; vgl. *Fase,* De wet loondoorbetaling bij ziekte, 1996, S. 45f.

[705] www. wao-cafe.nl. 08.12.2003.

Eine weitere bereits beschlossene Änderung[706] betrifft die Seite der Finanzierung. Das Wet Pemba wird für kleinere Betriebe geändert. Für sog. Kleinbetriebe,[707] dies sind Betriebe die eine Lohnsumme von maximal 25 mal des Durchschnittlohns aufzubringen haben, wird eine branchenweise Prämienzahlung und nicht mehr eine betriebsbezogene Prämienzahlung vorgenommen. Dies bedeutet, für kleine Betriebe kommt es nicht mehr auf die Anzahl der WAO-Fälle im eigenen Betrieb an, sondern auf die Anzahl der WAO-Fälle in der jeweiligen Branche. Die Höhe des jeweiligen Beitrages berechnet die UWV. Zudem können kleinere Betriebe einmalig entscheiden, ob sie Eigenrisikoträger werden wollen, d.h. von einem opting-out Gebrauch machen und die differenzierte Beitragszahlung selber tragen wollen bzw. bei einen privaten Versicherungsunternehmen rückversichern wollen.

XII. Betriebliche Sicherung

In den Niederlanden gibt es zwar keine obligatorische betriebliche Altersversorgung, jedoch gewinnen die betrieblichen Zusatzrentensysteme immer mehr an Bedeutung. Formal steht es den Arbeitgebern frei, zum Zweck der ergänzenden Alterssicherung ein System anzubieten, welches Ansprüche über die gesetzlich gewährten Versicherungen hinaus anbietet. Unterbreitet ein Unternehmen ein Angebot für eine Zusatzsicherung, so kann es sich entscheiden, ob es einen eigenen Plan im Sinne einer Betriebsrente auflegt oder einen Gruppenversicherungsvertrag mit einer Versicherungsgesellschaft abschließt. Die Unternehmen haben allerdings auch die Möglichkeit, sich insbesondere über Gewerkschaften zu ergänzenden Pensionssystemen auf sektorieller und branchenspezifischer Ebene zusammenzuschließen. Diese werden entweder von den Repräsentanten der Sozialpartner selbst oder von einer Versicherungsgesellschaft verwaltet. Der Anschluss eines sektoriell betroffenen Unternehmens ist zwar ebenfalls formell freiwillig, in der Praxis existieren allerdings in zahlreichen industriellen Sektoren auf kollektivvertraglicher Ebene Pensionskassen, die der Gesetzgeber für allgemeinverbindlich erklärt hat mit der Konsequenz, dass sich die jeweiligen Arbeitgeber diesen Fonds anschließen müssen. Einzelne Unternehmen oder Arbeitnehmer können sich wiederum auf Antrag von der Anschlusspflicht an einen für allgemeinverbindlich erklärten sektoriellen Pensionsfonds befreien lassen. Die rechtliche Grundlage der betrieblichen Alterssicherung bildet das Pensionen ein Spaarfondsenwet vom 15.05.1952.[708] Insgesamt sind mehr als 90% der 5,3 Millionen Beschäf-

[706] Tritt ab dem 10.7.2004 in Kraft; vgl. *Fluit,* Wao-Premiedifferentia kleine bedrijven voorlopig afgeschaft? Sociaal Recht 2003, S. 132ff.

[707] Dabei sind von diesen Kleinbetrieben im Gesetzesentwurf Ladenketten und bestimmte Spediteure ausgenommen.

[708] Stb. 1952, S. 275.

tigten zwischen 25 und 65 Jahren in knapp 1000 kollektiven betrieblichen und 81 branchenspezifischen Zusatzrentensystemen abgesichert. [709] Von diesen wiederum sind 66 obligatorisch. Den Betriebsrentenkassen gehören allerdings nur ca. 18% der Arbeitnehmer mit Zusatzversicherung an, den Pensionsfonds der Wirtschaftsbranchen dagegen ca. 55%. Lediglich 6% aller Beschäftigten sind nicht zusätzlich betrieblich abgesichert.[710]

Im Jahre 2002 belief sich die Summe der betrieblichen Altersversorgungsleistungen auf 3,8% des Bruttoinlandsproduktes. Dies hat vor allem seine Gründe im System der gesetzlichen Altersrente. Denn die oben genannten Zahlen beziehen sich nur auf eine zusätzliche betriebliche Sicherung im Alter, während eine zusätzliche betriebliche Sicherung für Invalidität nur ausgesprochen selten erfolgt. Nur etwa 12% aller Beschäftigten sind zusätzlich bei Invalidität betrieblich abgesichert. Beim AOW handelt es sich um eine gesetzliche Grundrente, die jedem Einwohner im Alter zusteht und für jeden Empfänger in der Höhe gleich ist und sich nach dem gesetzlichen Nettomindestlohn richtet. Dies ist bei einem Alleinstehenden 70% des Nettomindestlohns. Dies bedeutet insbesondere, dass die Höhe der gesetzlichen Altersrente sich nicht nach dem früheren Einkommen richtet. Die gesetzliche Altersrente wird entsprechend dem Anstieg der Tariflöhne indexiert und im Umlageverfahren finanziert. Die Gesamtsumme der im Jahre 2002 ausgezahlten AOW-Leistungen beläuft sich auf 6% des Bruttoinlandsproduktes.[711]

Da die betriebliche Altersversorgung dezentral gestaltet ist, gibt es zahlreiche Varianten. Beim überwiegenden Teil der Regelungen gilt das zuletzt verdiente Entgelt als Bemessungsgrundlage für die Leistung. Es gibt allerdings auch Regelungen, die sich am durchschnittlich verdienten Gehalt orientieren. Allen betrieblichen Vorsorgen ist eigen, dass sie im Kapitaldeckungsverfahren finanziert werden.

Für den Fall, dass eine betriebliche Altersversorgung vorliegt, hat der niederländische Gesetzgeber einige Vorgaben normiert. In diesen wird vor allem der traditionelle Arbeitnehmerschutz konkretisiert und eine solide finanzielle Ab-

[709] 1985 waren es lediglich 82% aller Arbeitnehmer, vgl. sociale nota 1985 S. 12; Vgl. Statistiken, Niederlande, Tabellen Nr. 1 und *Eurostat,* Statistical Office of the European Communitie, 2004.

[710] Die zunehmende Entwicklung der zweiten Säule ist aber bedroht durch die wachsende Anzahl von Arbeitnehmern in flexiblen Arbeitsverhältnissen z.B. Leiharbeitnehmer und befristete Verträge, die häufig aus dem Anwendungsbereich der betrieblichen Sicherung ausgeschlossen sind. Reformbemühungen planen daher eine gesetzliche Verpflichtung, auch diesen Arbeitnehmerkreis in die Zusatzrentensysteme aufzunehmen, vgl. *Molitor,* Atypische Beschäftigung in den Niederlanden, Wien 1999. S, 12ff.

[711] Sociale nota 2003, S. 3

sicherung der Versorgungsansprüche gewährleistet. Dazu gehört unter anderem, dass die Pensionsgelder unternehmensextern verwaltet werden müssen, damit im Falle eines Konkurses die Altersversorgung nicht in der Konkursmasse verschwindet. Weiterhin ist geregelt, dass jeder Arbeitnehmer beim Wechsel der Arbeitsstelle seine bisherigen Altersversorgungsansprüche zum neuen Arbeitgeber mitnehmen kann. Insofern wird die Arbeitsmobilität nicht beschränkt.[712]

Daneben bestehen noch Sondersysteme für freie Berufe.[713] Auch für Beamte und Arbeitnehmer im öffentlichen Dienst bestehen Zusatzrentenversicherungssysteme. Das Algemene burgerlijk penisonwet (ABPW), das früher die Pensionsansprüche der Beamten regelte, wurde durch das am 01.01.1996 in Kraft getretene Wet Privatisierung (ABP) aufgehoben. Seither unterliegt auch das Zusatzrentensystem des öffentlichen Dienstes (Algemeen Burgelijk Pensioenfonds) dem für die betriebliche Zusatzsicherungssysteme geltenden Pensionen en Spaarfondsenwet. Dem Algemeen Burgerlijk Pensionenfonds gehören derzeit ca. 900.000 Arbeitnehmer an, ca. 475.000 Personen beziehen Leistungen aus dem ABP.[714]

Auch wenn für den Fall der Invalidität kaum zusätzliche, betriebliche Vorsorge betrieben wird, hat die betriebliche und private Vorsorge gegen Invalidität in den letzen Jahren an Bedeutung dazu gewonnen. Die Ursache dafür liegt in den Leistungsbeschränkungen der Reformen 1992 und 1993. Durch das Wet TBA ist nicht nur der Begriff der Erwerbsunfähigkeit enger definiert worden und die Verweisbarkeit erweitert worden, sondern auch die Höhe und die Dauer der WAO-Leistung sind begrenzt worden. Die dadurch entstandene finanzielle Lücke, die in den Niederlanden als WAO-Loch bezeichnet wird,[715] kann durch private und betriebliche Sicherungsformen aufgefangen werden. Private Anlageformen bieten daher für Arbeitnehmer, die ein sehr hohes, den maximal versicherten Tageslohn überschreitendes Einkommen haben, zusätzliche Sicherungsformen an. Jedoch wird wenig Gebrauch von dieser Möglichkeit gemacht.[716] Bereits in den Tarifverhandlungen 1992/1993 wurden in den meisten Tarifverträgen zur Auffüllung des WAO-Loch Regelungen getroffen. Die Möglichkeiten reichen

---

712 *Rees, van,* Die betriebliche Altersversorgung in den Niederlanden- Ein Vorbild für Deutschland? BetrAV 1999, S. 141ff.

713 Geregelt durch das Gesetz wet betreffende verpflichte deelnehming in een beroepspensioenregeling vom 29.6.1972 (Stb. 1972, S. 400)

714 Szw-nieuws vom 03.04.2003.

715 Vgl. *Kaufmann, Köhler,* Invalidensicherung in den Ländern der EG. DAngVers 1993, S. 105ff.

716 Vgl. *Oorschot, van,* Nederland over sociale Zekerheid en Arbeid, 1996, S. 17ff.

dabei von der Integrationssicherung in Betriebsrentenfonds, über Direktzusagen bis zur Errichtung eigener Stiftungen und zu Verträgen mit Privatanbietern. Auch hier tragen die Arbeitgeber die Beiträge meistens alleine. Gerade bei der Invalidität bedarf es auch Vorkehrungen für die Versicherung schlechter Risiken. Für den Fall, dass eine Peson wegen eines so hohen Erwerbsunfähigkeitsrisikos zu keinem akzeptablem Preis eine zusätzliche Versicherung seines Erwerbsunfähigkeitsrisikos abschließen könnte, hat der Gesetzgeber in Absprache mit den Versicherungsunternehmen eine Garantiegesellschaft gegründet, die aus Pflichtbeiträgen aller Pensionsfonds und Versicherungsunternehmen finanziert wird.[717]

XIII. Private Sicherung

Neben der staatlichen und betrieblichen Vorsorge gibt es die Möglichkeit, sowohl für das Alter als auch für den Fall der Invalidität unmittelbar mit einer Versicherungs- und/ oder Anlagegesellschaft eine individuelle private Vorsorge zu treffen. Da der Selbstständige auch eine Absicherung durch das AWO für das Alter und das WAZ für die Invalidität genießt; handelt es sich auch bei ihm nicht um originäre Leistungen, sondern bei der privaten Sicherung handelt es sich vor allem um die Möglichkeit, betriebliche Sicherungen zu ersetzen oder staatliche und betriebliche Versorgungen zu ergänzen. Die Leistungen dieser vermögensbildenden Maßnahmen sowohl für das Alter als auch für den Fall der Invalidität beliefen sich im Jahre 2000 auf ca. 1,3% des Bruttoinlandsprodukts der Niederlande.[718] Damit belief sich die angesparte Summe der privaten Absicherung auf ca. 130 Milliarden Gulden.[719]

---

[717] "Onderlinge Waarborgmaatschappij "MAAV" auf der Grundlage des Beschlusses des Staatssekretärs Wallage vom 25.02.1994, Stcrt. 1994 Nr. 41 iVm. dem maßgeblichen Finanzierungsgesetz "wet medefinanzering aanvullende arbeidsongeschikt-heidsverezkering (MAAV) vom 22.12.1993 (Stb. 1993 Nr. 735.)

[718] Vgl. *Behrendt,* Bieten private Renten eine gangbare Alternative? Ihre Verteilungswirkung in einer vergleichenden Perspektive, IRSS 2000, S. 3ff.

[719] Vgl. *Twaalfhoven,* Die Alterssicherung im internationalen Vergleich, Landesbericht Niederlande, DRV 1998, S. 391f.

D. 4. Teil: Rechtsvergleichende Analyse und Bewertung

I. Ziele der Rechtsvergleichung

Rechtsvergleichende Analysen der aktuellen Struktur sozialer Sicherungssysteme oder einzelner Problembereiche sozialer Sicherung widmen sich vor allem der systematischen Gegenüberstellung sozialrechtlicher Regelungen anhand bestimmter Ordnungskriterien, die sich aus den institutionellen Regelungen selbst entwickeln oder aus übergeordneten rechtssystematischen Grundsätzen entlehnt werden.[720] Dabei genügt es nicht, die Gemeinsamkeiten und Unterschiede in den Lösungen der verschiedenen Länder herauszuarbeiten, sondern das Optimum ist die Bestimmung der besten Lösung, jedenfalls im Kontext des jeweiligen Landes. Rechtsvergleichung zwingt daher zum Aufdecken der für eine Lösung maßgeblichen Sachargumente. Gerade hierin liegt der Erkenntniswert der Rechtsvergleichung.[721] Während die Mikrovergleichung ihren zentralen Gegenstand in der vergleichenden Würdigung für Lösungen ein und desselben Sachproblem findet, geht es der Makrovergleichung um die Schichtung und Strukturierung des Rechts der verschiedenen Nationen.[722]

Zentrales Untersuchungsziel ist, aufgrund der gemeinsamen ideengeschichtlichen Ebene der Invaliditätsregelungen und der weitgehend identischen Problemlage in beiden zu vergleichenden Ländern Lösungs- und Verbesserungsansätze für das Deutsche System zu finden.[723] Dabei soll das Blickfeld sowohl auf mikroökonomischer Perspektive liegen, d.h. bei der Frage des Bedarfs des Versicherten, dem Verfahren an sich und auch bei gesamtstaatlichen Zusammenhängen. Unterstellt wird die Auffassung,[724] dass es Prämisse einer jeden staatlichen Sicherung, insbesondere einer Invalidenversicherung ist, den Einzelnen bei seinem Streben nach einer zeitlichen und finanziellen Optimalverteilung seines Einkommens im Verhältnis zu seinen Bedürfnissen behilflich

---

[720] Vgl. *Zacher,* Methodische Probleme des Sozialrechtsvergleichs, 1977 S. 70ff.; vgl. *Maydell, von,* Berufs- und Erwerbsunfähigkeit im Rechtsvergleich, DRV 1995 S. 537ff.

[721] Vgl. *Eichendorfer,* Einführung in die Sozialrechtsvergleichung, NZS 1997 S. 97, 99.

[722] Vgl. *Constantinesco,* Rechtsvergleichung Bd. II, S. 65.

[723] Vgl. zu den Nutzen und Notwendigkeiten internationaler Vergleiche, *Maydell, von,* Die internationale Dimension des Sozialrechts, ZIAS 1987 S. 6, 16.

[724] Volkswirtschaftliche Lehrmeinung, die u.a. als „Paternalism“ nach *Diamond,* Social security Reform with an focus on the Netherlands, 2000, S. 281 und *Thompson,* The implications of social security's long-range 2001 S. 1440 als „compensation for myopia“ bezeichnet wird. Es bestehen grundlegende Auffassungsunterschiede, inwieweit die Freiheit des Einzelnen für autonome Vorsorgeentscheidungen eingeschränkt werden darf, um Ziele wie Lebensstandardsicherung oder Verstetigung des Einkommens mittels staatlicher Systeme zu erreichen.

zu sein. Denn das Individuum verfügt bei der Planung seiner Einkommensverhältnisse nicht über jene in der Zukunft liegenden Daten, die einer erfolgreichen Planung zugrunde liegen müssten. Als solche sind beispielhaft zu nennen: Zeit, in der kein Arbeitseinkommen erzielt wird (Kindheit, Ausbildung, Invalidität, Alter), der Einkommensverlauf in der Zeit der Beschäftigung, die Entwicklung des Preisniveaus und der Zinsen, die Solvenz privater Sicherungsinstitutionen, die Entwicklung des Kapitalmarktes. Hinzu kommt die oft anzutreffende Unfähigkeit des Individuums, die Dringlichkeit der zukünftigen Einkommensplanung und deren Risiken im Verhältnis zu den gegenwärtigen Bedürfnissen zu erkennen.

Berücksichtigung finden müssen bei dieser Zielsetzung des Schutzes des bedürftigen Individuums die Interdependenzen zwischen sozialpolitischen Zielvorstellungen und staatspolitischen v.a. wirtschaftspolitischen Zielsetzungen. Die Bestrebung einer gleichmäßigen Einkommensverteilung in allen Lebensabschnitten hat gleichzeitig den Zweck auf volkswirtschaftlicher Ebene eine gleichbleibende Nachfrage zu sichern. Zudem dient sie der Sicherung des inneren Friedens eines Landes. Diese Ziele sind in den Verfassungen beider Länder enthalten und in den Grundrechten verankert.[725] Dies erfolgte, weil eine allgemein gehaltene politische Entscheidung zur Konkretisierung der Ziele nicht ausreicht. Leider werden diese Zusammenhänge nicht immer genügend beachtet, insbesondere in Zeiten knapperer Mittel. Es bedarf immer mehr der Erkenntnis, dass Wirtschafts- und Sozialpolitik als Einheit zu sehen sind und beiderseitige Maßnahmen auf die Realisierung eines gemeinsamen Zieles ausgerichtet werden müssen.[726] Dies wurde gerade für die Invaliditätssicherung viel zu wenig beachtet. Ein Arbeitgeber, der einen leistungseingeschränkten Arbeitnehmer oder aber ältere Arbeitnehmer unbedingt entlassen will, berücksichtigt das gesamtvolkswirtschaftliche Gefüge nicht.

Neben dieser Interdependenz ist auch die interpersonelle und intertemporelle Umverteilung zu beachten. Sie resultiert aus dem der staatlichen sozialen Sicherung immanenten Zielvorstellung der Gerechtigkeit der Einkommensverteilung.[727] Die Aufrechterhaltung der relativen Einkommensposition eines Versicherten bedeutet in jedem staatlichen Sicherungssystem die Umschichtung von Einkommen aus Lebensphasen mit Arbeitseinkommenszufluss in

---

[725] Vgl. *Transfer-Enquete Kommission* S. 25.

[726] So schon *Schmäl,* Altersicherung und Einkommensverteilung, 1977, S. 23.

[727] Eine solche Umverteilung findet in jedem Sicherungssystem statt, sowohl in der Sozialversicherung als auch in steuerfinanzierten Volksversicherungen und auch in rein kapitalgedeckten Systemen. Diese Umverteilung mit der Zielsetzung einer notwendigen und korrigierenden Ergänzung ist heute weitgehend akzeptiert, vgl. *Diamond,* Social security Reform with an focus on the Netherlands, 2000, S. 227.

Lebensphasen ohne dieses Einkommen. Die interpersonelle Umverteilung tritt zwischen den Versicherungsbeiträge- bzw. Abgabenleistenden und den Leistungsempfängern ein. Dabei muss es sich aber nicht zwangsweise um die Umverteilung zwischen den Versicherten und Nicht-Versicherten handeln. Denn in den Niederlanden zahlt seit 1998 der Arbeitgeber alleine die Beiträge zur Invaliditätssicherung und trotzdem tritt eine interpersonelle Umverteilung ein, in dem Moment, in dem aus den gezahlten Beiträgen die Leistungen gezahlt werden, während für manche Versicherten nie der Leistungsfall einer Invaliditätsrente eintritt. Ebenso liegt eine intergenerationelle (intertemporelle) Umverteilung vor zwischen den derzeitig Leistenden und der Generation der Leistungsempfänger, die zeitlich früher Leistungen erbrachten.

Bei der intergenerationellen Umverteilung ist bezüglich der Invaliditätsrente eine bislang kaum berücksichtigte Besonderheit zu beachten. Während nämlich bei der Altersrente die intergenerationelle Umverteilung ausgesprochen groß ist, ist dies bei der Invaliditätsrente nicht der Fall. Lässt man außer Betracht, dass die Invaliditätsrente in Deutschland Teil einer staatlichen Rentenversicherung ist, die nicht die Vorsorge gegen Alter und Invalidität in finanzieller Sicht trennt, so muss festgestellt werden, dass die Invaliditätsrente im Gegensatz zur Altersrente nicht zwingend von der nächsten Generation zu tragen ist. Während das Risiko Alter jeden treffen kann, trifft das Risiko der Invalidität nur etwa jeden Fünften.[728] Dies bedeutet, die vorherige und einzahlende Generation sichert zwar zwangsläufig das Risiko Alter der nächsten Generation, aber nicht zwangsläufig das Risiko Invalidität. Insofern muss auch berücksichtigt werden, dass der demografische Faktor eine nur bedeutend geringere Rolle als bei der Altersrente spielt. Auch dies wird im Deutschen System der einheitlichen Einzahlung in die staatliche Rentenversicherung nicht beachtet. Anders stellt es sich bei der interpersonellen Umverteilung dar. Im Verhältnis zur aufgebauten Sicherung innerhalb einer Kohorte wird nur etwa jeder Fünfte invalide. Die interpersonelle Umverteilung ist daher ausgesprochen groß und bedeutend größer als die, der Alterssicherung, da dort fast jeder Versicherte das den Leistungsfall auslösende Alter erreicht.

Bei einem sozialrechtlich orientierten Vergleich stehen die staatlichen Regelsysteme im Vordergrund. Dies ist damit zu erklären, dass einem Rechtsvergleich prinzipiell nur rechtlich verbindliche Systeme zugänglich sind. Betriebliche Ergänzungssysteme oder private Sicherungsformen sind jedoch dadurch gekennzeichnet, dass für sie allenfalls eine Rahmengesetzgebung besteht, die meist erhebliche Spielräume für die konkrete Ausgestaltung offen lässt. Diese Systeme entziehen sich somit einer abschließenden Systematisierung.

---

[728] Angaben gemittelt für beide Länder. Vgl. Statistik Allgemein Tabelle Nr. 7.

II. Makrovergleich

1. Grundlegende Typologie

Die Invaliditätssicherung in Deutschland und den Niederlanden folgt der in vielen Ländern anzutreffenden Dreiteilung, die oft als Drei-Säulen-Modell[729] beschrieben wird. Jedoch liegt dieses Modell in beiden Ländern in unterschiedlicher Ausprägung vor.[730] Das Drei-Säulen-Modell mit den Säulen staatliche Vorsorge, betriebliche Vorsorge und private Vorsorge ist in Deutschland nur gering entwickelt. Es liegt eine übergroße erste Säule im Rahmen der staatlichen Pflichtversicherung im Umlageverfahren vor und eine nicht der Hälfte davon entsprechende Vorsorge auf der zweiten Säule[731] sowie eine nur gering ausgeprägte private Vorsorge als dritte Säule. Es sollte daher lieber das Bild einer Pyramide gewählt werden.[732]

Auch wenn immer wieder in Deutschland propagiert wird, sich zusätzlich betrieblich und privat zu sichern, und dies auch steuerlich gefördert wird, so z.B. durch die Riesterrente, wird von einer weiteren Absicherung kaum Gebrauch gemacht. Scheinbar wegen der zunächst bestehende Freiwilligkeit dieser ergänzenden Altersvorsorge zeigte sich, dass insbesondere der Niedrigverdiener trotz der direkten bzw. steuerlichen Förderung auf diese verzichtet. Ihn treffen damit bei Erreichen des Rentenalters die geplante Absenkung des Eckrenten-

---

729 Vgl. *Blumrath,* Die Entwicklungsmöglichkeiten des Drei-Säulen-Konzeptes der Alterssicherung; die Konstruktion des Drei-Säulen-Modells entspricht der Empfehlung des Rates der EU vom 27.07.1992 bezüglich der Konvergenz der Zielsetzungen und Politiken des sozialen Schutzes (92/422/EWG) in Amtsblatt der europäischen Gemeinschaften vom 26.08.1992 Nr. L 245/49. Die EU-Kommission verwendet das Drei-Säulen-Modell in ihrem Grünbuch 1997, um die Alters- und Invaliditätsversorgung in den Mitgliedsstaaten zu vergleichen; vgl. Kommission der Europäischen Gemeinschaften 1997, Zusätzliche Altersversorgung im Binnenmarkt, Grünbuch; KOM(97) 283, Brüssel.

730 Die Schweiz ist das einzige Land, bei dem annähernd von drei gleichwertigen Säulen gesprochen werden kann. Infolge der außerordentlich späten Einführung des staatlichen Alterssicherungssystems AHV hatte sich eine starke 2. Säule entwickeln können, und auch die 3. Säule ist nicht zuletzt wegen des hohen Stellenwertes des gesellschaftlichen Leitbildes der Selbstbestimmung und Eigenverantwortung stark ausgebaut. Diese soziale Entwicklung ist in der Schweiz 1987 sodann auch in der Verfassung als Drei-Säulen-Konzeption verankert worden. Es handelt sich daher nicht um eine gesetzestechnisch geschaffene Konzeption, sondern um die Errungenschaft der Praxis; vgl. *Lewis,* Rentenreform und die Alternative eines Kapitaldeckungsverfahrens, Ansätze in Argentinien, Tschechien, Frankreich, Ghana, Großbritannien, Japan, den Niederlanden und Uruguay, ZIAS 1999, S. 349ff.

731 Vgl. *Deutsche Bundesbank 2003,* Die betriebliche Altersversorgung in Deutschland.

732 Vgl. *Keller,* Die Zukunft der gesetzlichen Rentensysteme in der Europäischen Union, 2000 S. 22, 23; vgl. *Handelsblatt,* Weltbank stellt Grundpfeiler des Rentensystems in Europa in Frage, 09.05.2003.

niveaus und die schon vor 2001 beschlossenen Leistungseinschränkungen in vollem Maße.[733]

In den Niederlande bildet, basierend auf dem Drei-Säulen-Modell, sowohl für die Altersrente als auch für die Renten wegen Invalidität die erste Säule die gesetzliche Rentenversicherung.[734] Diese sichert den Großteil der arbeitenden Bevölkerung. Daneben haben die Niederlande aber auch ein sehr gut ausgebautes betriebliches Rentensystem, welches bedeutender ist als in den meisten anderen europäischen Ländern.[735] Dies hat seinen Grund in der historischen Situation, dass sich der Ausbau der Alterssicherung und der Invaliditätssicherung zeitweilig gegenseitig behinderten. Die Niederländer selber sprechen bei ihrer typologischen Situation des Rentenaufbaus weniger vom Drei-Säulen-Modell, sondern verwenden gerne den Begriff Cappuccino-Modell.[736] Die 1. Säule entspricht dem Kaffee, die 2. Säule dem Sahnehäubchen und die 3. Säule dem Kakaopulver.

Unterschieden werden muss in den Niederlanden bereits bei dieser Zuordnung zu einer grundlegenden Typologie zwischen der Alterssicherung und der Invaliditätssicherung. Wenn oben das gut ausgebaute betriebliche Rentensystem in den Niederlanden angesprochen wird, so bezieht sich diese oft zu lesende Aussage auf die Alterssicherung. Dies liegt an der Besonderheit, dass das AWO als Volksversicherung eine Grundrente gewährt, die für jeden Einwohner gleich ist und sich nicht, im Gegensatz zu Deutschland, an dem früheren Einkommen orientiert, sondern eine Rente nach einer Indexierung anhand des gesetzlichen Nettomindestlohnes bietet. Der einzelne Versicherte hat daher einen viel größeren Anreiz, entsprechend seiner Einkommenssituation auch Vorsorge für das Alter zu treffen. Erst über die betriebliche Sicherung erhält der niederländische Versicherte eine einkommensabhängige Sicherung für das Alter. Daraus erklärt sich, dass es in den Niederlanden eine gut ausgebaute 2. Säule gibt.[737]

Dies gilt jedoch nicht für die Situation der Invalidität. Während für die Altersrente die staatliche Grundrente circa die Hälfte der Ruhestandseinkünfte zur

---

[733] Vgl. Prognos 2000 S. 450, 451.

[734] Vgl. *Devetzi,* Vergleich der Systeme, DRV 1999 S. 333f.

[735] *Börsch-Supan, Miegel,* Reformerfahrungen im Ausland, 1999, S. 67,68; *Loo, van,* Rentenpolitik in Europa. Welches Modell wird zur Leitidee von Reformen?, Bonn 2000, S. 57ff.

[736] *Oorschot, van, Boos,* Niederländische Rentenpolitik und das Altern der Bevölkerung, 2001, S. 12f.

[737] Vgl. *Twaalfhoven,* Die Alterssicherung im internationalen Vergleich, Landesbericht Niederlande, DRV 1998 S. 391ff.

Verfügung stellt und die zweite Säule erst ein sehr hohes Ersatzniveau garantiert, verhält sich dies bei der Invaliditätsrente anders. Nach Abschaffung der Volksversicherung für die Invalidität, verblieb es bei der Arbeitnehmerversicherung, dem WAO, mit zwei ergänzenden Systemen für besondere Bevölkerungsgruppen, dem WAZ für Selbstständige und dem Wajong für Frühbehinderte.[738] Die Arbeitnehmerversicherung für den Fall der Invalidität gewährt zumindest in der ersten Phase eine einkommensbezogene Sicherung. Erst daran anschließend berechnet sich auf der Grundlage des Mindestlohnes eine Folgeleistung, so dass sich die Notwendigkeit aus Sicht der Versicherten nicht zwingend erschließt, eine zusätzliche einkommensbezogene Sicherung aufzubauen. Aus diesem Grund ist die Bedeutung der zweiten und dritten Säule bei der Invaliditätsrente bedeutend geringer als bei der Altersrente. Dies mag zum einen den Grund haben, dass die betriebliche Sicherung für den Fall der Invalidität nicht das Niveau der betrieblichen Sicherung gegen das Alter erreicht. Zum anderen kann es aber auch an der Bereitschaft der Arbeitgeber liegen, im Falle der Invalidität weitere Leistungen zu erbringen. Denn die Beiträge zum WAO trägt der Arbeitgeber abhängig von seinem betrieblichen Risiko alleine.

Zwar hat die Notwendigkeit einer zusätzlichen betrieblichen oder auch privaten Sicherung gegen das Risiko der Invalidität nach den Reformen von 1992/1993 mit der Folge des sog. „WAO-Lochs" zugenommen, tatsächlich ist diese Sicherunglücke aber nicht durch entsprechende Sicherungsformen aufgefangen worden. Lediglich für ca. 1,3 Millionen sehen überhaupt Tarifverträge eine zusätzliche betriebliche Sicherung bei Invalidität vor; von diesen kommt wiederum nur ein Bruchteil in den Genuss einer zusätzlichen Sicherung.

Die Europäische Kommission und die Weltbank fordern für eine stabile Vorsorge immer wieder den Aufbau der Rentenversicherung in einem Drei-Säulen-Modell.[739] Jedoch bleiben einzelne Besonderheiten der verschiedenen

---

[738] Das AAW gewährte seit 1980 grundsätzlich auch verheirateten Frauen einen sozialen Mindestschutz im Falle der Invalidität. Gleichzeitig wurde jedoch eine Mindesteinkommensvoraussetzung eingeführt (wet invoering gelijke uitkeringsrechten voor mannen en vrouwen vom 20.12.1979 Stb. 1979 Nr. 708.). Diese sollte wiederum Nur-Hausfrauen vom Leistungsbezug ausschließen. Diese Einkommensvoraussetzung hat der CRvB zwar grundsätzlich bestätigt, hält die Höhe aber für diskriminierend, da von den überwiegend teilzeitbeschäftigten Frauen die geforderte Höhe nicht erfüllt werden kann. Entsprechend der Forderung des CRvB wurde die Regelung mit rückwirkender Kraft zum 23.12.1984 dahingehend geändert, dass nur noch irgendein Einkommen bezogen werden musste. Der Europäische Gerichtshof hat allerdings die Voraussetzung der Erzielung eines Mindesteinkommens für zulässig erklärt (HvJ EG 01.02.1996).

[739] *Weltbank,* Averting the old Age crisis: policies to protect the old and promote growth, 1994; *EG-Kommission,* Modernisierungen und Verbesserung des Sozialschutzes in der Europäischen Union, 2002.

Länder und die Praxis bei dieser Forderung außen vor. Das Drei-Säulen-Modell ist ein wünschenswerter Ansatzpunkt, um bei den vorliegenden Systemen eine Risikominimierung bei Versagen des staatliche Systems, durch Verteilung auf verschiedene andere Leistungserbringer zu erreichen. Nach der betriebswirtschaftlichen Denkweise einer Streuung des eingebrachten Kapitals soll damit vor allem auch die im Umlageverfahren finanzierte staatliche Rente durch eine Rente, die im Kapitaldeckungsverfahren erwirtschaftet wird, ergänzt werden. Damit sollen alle Arbeitnehmer an den Vorzügen der teilweise sehr hohen Gewinne an den Kapitalmärkten teilnehmen.

Was bei dieser ökonomischen Grundidee viel zu oft vergessen wird, ist die Tatsache, dass der Einzelne, gefangen in den Bedürfnissen der Gegenwart, allzu oft nicht an die Zukunft und die Versorgung im Alter denkt. Gerade der Versicherte mit niedrigem Bildungsniveau und damit zumeist einhergehendem niedrigen Einkommen, wird keine weitere Vorsorge als die, zu der er gesetzlich verpflichtet ist, treffen und treffen können. Dies bedeutet, dass bei dem Versicherten, bei dem eine zusätzliche Vorsorge wünschenswert wäre, diese unterlassen wird.[740]

Der Vergleich mit den Niederlanden zeigt weitere bedenkenswerten Punkte auf. Die unterschiedlichen Sicherungsarrangements in beiden Ländern bewirken zwar eine sehr verschiedene Zusammensetzung der öffentlichen und privaten Einkommenskomponenten in den Haushalten der Rentner. Dennoch ergibt sich eine erstaunliche Relation der durchschnittlich verfügbaren Einkommen älterer Menschen zu den Nettoeinkommen von Haushalten vor dem Rentenalter.[741] Daraus folgt ein empirisch belegbarer Zusammenhang. Nämlich, dass trotz unterschiedlicher Sicherungsformen ein in etwa gleichbleibendes Niveau der gesamten Aufwendungen für Rentenvorsorge betrieben wird. Dies bedeutet, selbst wenn man den Aufbau weiterer Säulen propagiert, wird im Ergebnis nicht mehr zur Sicherung aufgewendet, sondern allenfalls anders. Ob dabei der Rückzug der staatlichen Systeme gerechtfertigt ist, muss bezweifelt werden.

Der entscheidende Unterschied ist aber der im Verhältnis zwischen einer starken und einer schwachen ersten Säule auftretende Ungleichverteilungseffekt. Je gewichtiger der Anteil öffentlicher Rentenleistungen an den Gesamteinkünften aller Rentnerhaushalte ist, umso geringer ist der Ungleichverteilungseffekt. Denn ein universelles staatliches Rentensystem erzeugt tendenziell

---

740 Vgl. *Beattie, McGillivray,* Eine Strategie voller Risiken: Reflektion über den Rentenvorschlag der Weltbank, IRSS 1996 S. 5ff.

741 Zahlen: *OECD* 1998 S. 56, 59 und 2000 S. 56.

progressive Umverteilungseffekte, da auch der oben erwähnte, vorsorgeuninteressierte Niedrig-Verdiener in ein gesetzlich verpflichtendes System genauso eingeschlossen wird wie ein Besserverdienender.[742] Je mehr in den Haushalten mit mittlerem und höheren Einkommen während der vorangegangenen Erwerbsphase die bestenfalls „umverteilungsneutralen" nicht-öffentlichen Einkommenskomponenten zum Tragen kommen, desto mehr konterkarieren sie die Umverteilungswirkungen öffentlicher Rentenleistungen. Dies gilt insbesondere für Betriebsrenten, zu denen Beschäftigte mit niedrigem Verdienst und unsteten Erwerbsverläufen, vor allem auch Frauen in deutlich geringerem Maße Zugang haben.[743]

Nicht-öffentliche Vorsorge ist dann am wenigstens ungleichheitsverstärkend, wenn sie nicht allein der freiwilligen Initiative der Erwerbstätigen oder der Arbeitgeber überlassen bleibt und darüber hinaus nicht durch selektive Begünstigungen aufgrund steuerlicher Förderung ursprüngliche Privilegierungen noch verstärkt, sondern gesetzlich vorgeschrieben ist oder eine ähnlich hohe Flächendeckung aufgrund von verbindlichen Tarifverträgen erreicht. Gleichzeitig sollte sie zum Schutz der Beschäftigten und Rentner strikt reguliert sein.[744] Bei diesen Vorgaben ist man dann aber wieder bei einem quasistaatlichen System.

Bei einem staatlichen System ist es auch nicht Sinn und Zweck, im Falle eines abnehmenden staatlichen Renteniveaus emergente Sicherungslücken nicht durch eine Ausweitung kompensierender verpflichtender Leistungselemente zu schließen. Wird das Niveau gesenkt, bedarf es nicht einer Sicherung über eine freiwillige zusätzliche Förderung der 2. oder 3. Säule, sondern Lücken müssen über eine verbindliche, am besten staatliche Sicherung geschlossen werden. Dabei stellt sich für Deutschland die Frage, warum auf eine Riesterrente zurückgegriffen werden soll. Gerade die Riesterrente wird die oben angesprochene Ungleichverteilungen bewirken. Damit hat man sich von dem Ziel des Drei-Säulen-Modells, nämlich einer relativ gleichbleibenden Einkommensverteilung, entfernt.[745]

Für eine risikogestreute Vorsorgepolitik wäre es ratsam, lediglich das Design der staatlichen Rentenversicherung zu ändern. Die Möglichkeit einer Fort-

[742] Vgl. *Berghman,* Das Wiederaufleben der Armut und der Kampf gegen die Ausgrenzung: Eine Herausforderung für die soziale Sicherheit in Europa? IRRS 1997 S. 3ff.
[743] Vgl. *Behrendt,* Bieten private Renten eine gangbare Alternative? Ihre Verteilungswirkungen in einer vergleichenden Perspektive, IRSS 2000 S. 23, 26.
[744] Vgl. *OECD* 2000 S. 75, 77.
[745] Vgl. *Beattie, McGillivray,* Eine Strategie voller Risiken, Reflektion über den Rentenvorschlag der Weltbank, IRSS 1996 S. 5, 6.

entwicklung der Rentenversicherung hin zu einem public/private Mix, der verpflichtend in staatlicher Hand neben der ursprünglichen Sicherung im Umlageverfahren auch auf die Kräfte des Kapitalmarktes baut, wird scheinbar überhaupt nicht gesehen. Ist es aber nicht ein staatliches Armutszeugnis, dass er eine zusätzliche oder integrierte Vorsorge auch im Kapitaldeckungsverfahren nicht selber anbieten kann? Letztendlich könnte der einzelne Versicherte dann die Vorteile eines Drei-Säulen-Modells genießen, ohne aber mit den Schwierigkeiten von verschiedenen Anerkennungsverfahren, z.B. für den medizinischen Teil einer Invaliditätsrente, belastet zu sein.

Eine verdienstbezogene Vorsorge stark auf nicht-öffentliche Komponenten auszurichten birgt auch gewisse Risiken. Bei den nach den Festbeitragsprinzip orientierten Betriebsrenten hängt das letztendlich zur Verfügung stehende Rentenkapital und, wenn es in eine Annuität umgewandelt wird, die laufende Rente von dem Zuschnitt der privaten Vorsorgeinstitution während der Einzahlungsphase und den Kapitalmarktbedingungen im Zeitpunkt der Verrentung ab.[746] Zwar unterliegen vor allem die in den Niederlanden angebotenen Betriebsrentenpläne dem Festleistungsprinzip. Jedoch findet immer eine Verlagerung des Kapitalmarktrisikos auf die einzahlende Generation statt, um die Rentenansprüche zu befriedigen. Dies bedeutet, dass neben dem Problem eines demographischen Faktors auch das Kapitalmarktrisiko zu beachten ist.

Weder in den Niederlanden noch in Deutschland wird zudem eine private oder betriebliche Vorsorge im Gegensatz zu der staatlichen Vorsorge nach einem bestimmten Index angepasst. Zwar mag es willkürliche Erhöhungen in Abhängigkeit von den finanziellen Möglichkeiten des jeweiligen Anbieters geben, grundsätzlich aber tragen die Bezieher einer privaten oder betrieblichen Rente ein Inflationsrisiko und laufen neben der Möglichkeit eines Realwertverlustes während der Rentenlaufzeit auch Gefahr, mit ihrer Gesamtrente relativ gegenüber der erwerbstätigen Kohorte zurückzubleiben, wenn die Realverdienste steigen sollten.

Wenn in neuerer Zeit der Ausbau des Drei-Säulen-Modells für Deutschland gefordert wird, so handelt es sich bei dieser Forderung oftmals um eine Frage der finanziellen Optik der Höhe der Sozialversicherungsbeiträge. Die immer wieder geäußerte Aussage, die an den Faktor Arbeit geknüpften Aufwendungen seien zu hoch, sodass eine weitere private Vorsorge zur Entlastung der Beiträge zum staatliche System gefordert wird, wird durch das Beispiel der

---

[746] Vgl. *Bruno-Latocha,* Betriebliche und private Altersvorsorge in Deutschland: Empirische Befunde und Perspektiven, DRV 2000, S. 139ff.

Niederlande entkräftet.[747] Unabhängig davon, wer die Beiträge trägt, d.h. Arbeitgeber oder Beschäftigte, kommt es zu einer Relation der Ausgaben für die Gesamtvorsorge und auch über verschiedene Wege zu einer annähernd gleichen Sicherungssituation. Der Vergleich zeigt, eine Entlastung bei der Beitragspflicht wird durch höhere Löhne für die Arbeitnehmer oder durch steuerliche Entlastungen aufgefangen. Bei den nicht mehr im Aufbau befindlichen Wohlfahrtsstaaten pendelt sich das Niveau einer gleichenbleibenden Gesamtleistungssituation von alleine ein.[748]

Letztlich muss daher die These aufgestellt werden, dass bei einer Zentralisierung zugunsten eines staatlichen System anstatt einer Aufteilung auf verschiedene Systeme eine weitaus höhere Effizienz erzielt werden könnte. Dies bedeutet nicht, dass ein staatliches System nicht bedeutend stärker als zuvor unter ökonomischen Gesichtpunkten mit dem eingezahlten Kapital arbeiten sollte.

2. Sicherungsprinzip

Die Sicherung der Invalidität kann nicht ohne Bezug auf das Gesamtsystem der sozialen Sicherung des Landes betrachtet werden. Die vorgefundenen Systeme können zwei grundlegenden Sicherungsprinzipien zugeordnet werden: dem Vorsorgeprinzip und dem Versorgungsprinzip. Beim Versorgungsprinzip ist weiterhin noch zu unterscheiden zwischen der Staatsbürgerversicherung, der Volksversicherung und Entschädigungssystemen.[749]

a. Sozialversicherung

Das Hauptinstrument der Vorsorgesysteme ist die Sozialversicherung.[750] Bezüglich dieser konkurrierenden Konzeptionen innerhalb der Länder der OECD sind die meisten Staaten dem Prinzip der Sozialversicherung gefolgt.[751] Sie definiert sich durch folgende Kriterien: die Finanzierung erfolgt in der Regel durch Beiträge der Versicherten und/oder der Arbeitgeber (Umlageverfahren). Der Staat trägt allerdings durch steuerfinanzierte Zuschüsse

---

747 In vielen europäischen Ländern ist die Sozialbeitragsquote, insbesondere der Arbeitgeber, höher als in Deutschland, vgl. *Missoc-Bericht 2003,* z.B. Spanien, Dänemark

748 *Wagschal,* Der gezügelte Wohlfahrtsstaat. Sozialpolitik in reichen Industrienationen, S. 37 ff.

749 Vgl. Ausführlich 1. Teil, II. 3; vgl. auch *Pflüger-Demann,* Soziale Sicherung bei Invalidität in rechtsvergleichender und europarechtlicher Sicht, 1991, S. 23ff.

750 Vgl. Teil 1 I. 3.

751 Vgl. *Pieters,* Introduction into the Social Security Law of the Member States of the European Community, 1993 S. 1987.

zur Finanzierung bei. Diese Zuschüsse sollen Leistungen abdecken, denen keine Beiträge gegenüberstehen (sog. versicherungsfremde Leistungen). Das Sozialversicherungssystem möchte eine enge Beziehung zwischen Leistung und Gegenleistung herstellen.[752] Im Gegensatz zur Zahlung von Steuern werden mit der Zahlung von Beiträgen Ansprüche auf Gegenleistungen erworben. Die spätere Rentenhöhe wird entsprechend der Höhe und Dauer vorher geleisteter, einkommensabhängiger Beitragszahlungen differenziert, so dass die Leistungen, die eine Person im Versicherungsfall erhält, in ihrer Höhe und Dauer abhängig von der zurückgelegten Versicherungszeit und von der geleisteten Beitragshöhe ist (Äquivalenzprinzip).

b. Versorgungsprinzip

Demgegenüber ist für das Versorgungsprinzip vor allem der von Lord Beveridge ausgearbeitete Beveridge-Plan maßgeblich.[753] Danach handelt es sich um eine universalistische Grundsicherung, die entweder bei der Staatsbürgerversicherung durch Steuermittel finanziert wird und in staatlicher Hand liegt, oder aber um eine Volksversicherung, die sich aus Beiträgen der Arbeitgeber und Arbeitnehmer finanziert und selbstverwaltet ist. [754] In beiden Fällen handelt es sich um eine Absicherung gegen soziale Risiken (z.B. Alter und Invalidität). Die Leistungen, die gewährt werden, sind pauschal bemessen und knüpfen nicht an eine versicherungsrechtliche Vorgeschichte an. Was die Volksversicherung zu einem vorsorge-analogen Sicherungssystem macht, ist, dass sie sich aus Beiträgen der Arbeitgeber und Arbeitnehmer finanziert.

Zusätzlich kann eine Sicherung gegen das Risiko der Invalidität noch durch eine Unfallversicherung stattfinden. Sie ist ein Mischgebilde aus Vorsorgesicherung und Versorgungssicherung und hier im engeren des Entschädigungssystems.[755] Die Leistungen dieser Versicherung, sind wie im privatrechtlichen Schadensrecht üblich, von dem Eintritt des schädigenden Ereignisses abhängig. Die Unfallversicherung ist daher ein kausal orientiertes Entschädigungssystem. Sie weist aber auch typische Charakteristika einer Vorsorge- bzw. Sozialversicherung auf, da sie abhängig von dem jeweiligen Arbeitseinkom-

---

[752] Vgl. Definition des früheren Präsidenten des Bundessozialgerichts *Wannagat*: „Eine staatlich organisierte, nach den Grundsätzen der Selbstverwaltung aufgebaute öffentlich-rechtliche, vorwiegend auf Zwang aufgebaute Versicherung für den größten Teil der arbeitenden Bevölkerung für den Fall der Beeinträchtigung der Erwerbsfähigkeit und des Todes sowie Krankheit"; in Lehrbuch des Sozialversicherungsrechts Band I 1965, S. 25.

[753] *Beveridge,* Social Insurance and Allied Services, 1942 reprinted 1984.

[754] Vgl. *Baldwin,* Past Rise of Social security. Historical Trend and Patterns; in Reforming the Welfare State S. 6-9; *Ritter,* Der Sozialstaat - Entstehung und Entwicklung im internationalen Vergleich, in: Historische Zeitschrift, neue Folge, Beiheft 11, S. 146.

[755] Vgl. 1. Teil II. 3.

men des Geschädigten aufgrund von Beiträgen (des Arbeitgebers) nicht nur eine Grundsicherung gewährt.

c. Deutschland

In Deutschland, sozusagen dem Ort des Erfinders, liegt bis heute für das gesetzliche Regelsystem, eine Sozialversicherung vor. Das Regelsystem der Sicherung gegen Invalidität sind die Erwerbsminderungsrenten des SGB VI. Gesetzliche Regelsysteme sind soziale Sicherungssysteme, in denen entweder ganze oder große Teile der Bevölkerung gesichert sind. Sie gewährleisten einen sozialen Ausgleich unter den gesicherten Personen. Das deutsche gesetzliche Rentenversicherungssystem gliedert sich in die Rentenversicherung für Arbeiter und Angestellte, die knappschaftliche Rentenversicherung sowie die Altershilfe für Landwirte (vgl. § 23 SGB I). Das Einkommen aus gesetzlichen Renten stellt für 78% der Gesamtbevölkerung das Sicherungssystem gegen die Risiken, Alter, verminderte Erwerbsfähigkeit und Tod dar.[756] Neben diesem Regelsystem bestehen gesetzliche Sondersysteme für verschiedene Berufsgruppen, vor allem die berufsständischen Versorgungswerke für Anwälte, Architekten und Ärzte (vgl. § 6 Abs. 1 Nr. 1 SGB VI). Bei diesen handelt es sich nur teilweise um Sozialversicherungen. Neben diesem Regelsystem und den Sondersystemen gibt es noch die gesetzliche Unfallversicherung für den speziellen Fall einer betrieblich bedingten Invalidität. Hierbei handelt es sich um ein Entschädigungssystem. Neben diesen vorrangigen Leistungssystemen gibt es Deutschland noch gesetzliche Fürsorgesysteme, die in Situationen eingreifen, in denen der notwendige und allgemeine Bedarf nicht oder nicht ausreichend durch andere Systeme aufgefangen wird. Hier ist zunächst die Sozialhilfe zu nennen, diese wird nun aber ergänzt durch die vorgeschaltete Grundsicherung.

d. Niederlande

Die Niederlande sind bezüglich der Einordnung in die vorbezeichneten Sicherungsprinzipien ambivalent. Sie weisen aufgrund ihrer deutschen Besatzungszeit sozialversicherungsrechtliche Züge als auch volksversicherungsrechtliche Züge auf. Es gibt kein anderes OECD-Land, in dem eine solche Mischung der einzelnen Sicherungsprinzipien zu finden ist. Selber sprechen die Niederlande von einem Nebeneinander von Volks- und Arbeitnehmerversicherung

---

[756] Vgl. Statistisches Jahrbuch 2003 S. 67; *Börsch-Supan, Miegel,* Gesetzliche Alterssicherung Reformerfahrungen im Ausland - Ein systematischer Vergleich aus sechs Ländern-, S. 24 ff.

(volks-/werknemerverzekering). Eigentümlicherweise kann auch kein Überwiegen des einen oder anderen Systems festgestellt werden. Es liegen zudem auch Kumulierungen innerhalb des einzelnen Sicherungszweiges vor.[757]

aa. Alterssicherung

Für die Alterssicherung stellen die Niederlande ein System der Volksversicherung dar, mit den Charakteristika, dass lediglich eine Grundsicherung gewährt wird und die gesamte erwerbsfähige Bevölkerung, d.h. alle Staatsangehörigen und Ausländer ab einer bestimmten Wohnsitzdauer, versichert sind.[758] Die Verwaltung des Sicherungssystems liegt in staatlicher Hand. Das gut ausgebaute Zusatzrentensystem der Niederlande, insbesondere die betrieblichen Sicherungsformen, weist dagegen sozialversicherungsrechtliche Züge auf.

bb. Invalidität

Bis 1998 sah das niederländische System auch eine Volksversicherung für den Fall der Invalidität vor.[759] Das AAW existierte neben dem WAO als sogenannte Arbeitnehmerversicherung. Jedoch führte dies bei einer Kumulation auf der Anspruchsebene nicht zu einer Kumulation von Leistungen, sondern es gab Anrechnungsvorschriften, die zu einer Begrenzung der Leistung führten. Einen Anspruch auf Leistungen nach dem AAW hatte man nur, wenn diese Leistungen, die Leistungen des WAO überstiegen. Der Gesetzgeber hat sich mit seiner gravierenden Reform 1998 dafür entschieden, die Volksversicherung für den Fall der Invalidität aufzuheben. Das AAW gewährte, nachdem 1980 auch verheiratete Frauen in den personellen Anwendungsbereich des Gesetzes einbezogen worden waren, grundsätzlich jedem Einwohner einen sozialen Mindestschutz bei Erwerbsunfähigkeit. Dieser Schutz war für Selbstständige und Frühinvalide, die nicht in der Arbeitnehmerversicherung versichert waren, besonders wichtig. Beitragsschuldner zum WAO und zum AAW war allein der Arbeitnehmer, allerdings wurden die Beiträge zum AAW faktisch durch die Arbeitgeber in Form eines entsprechenden Zuschlages zum Gehalt gezahlt, sog. overhelingstoeslag. Dieses Finanzierungssystem war mit dem neuen System der vom Erwerbsunfähigkeitsrisiko eines Betriebes abhängigen Beitragsdifferenzierung nicht vereinbar. Diese neuen Finanzierungs-

---

[757] So z.B. bei der Krankenversicherung (ziekenfondswet), die in letzter Konsequenz keinem der bekannten Sozialsicherungsprinzipien zugeordnet werden kann.
[758] Vgl. *Devetzi,* Vergleich der Systeme DRV 1999, S. 333ff.
[759] Vgl. *Kaufmann, Köhler*, Invalidensicherung in den Ländern der EG, DAngVers 1993 S. 105ff.

form verlangt eine Beitragspflicht desjenigen, der das Erwerbsunfähigkeitsrisiko im Betrieb beeinflussen kann, nämlich des Arbeitgebers.

Im Rahmen der Invaliditätssicherung haben die Arbeitnehmer nun nur noch Ansprüche gegen die Arbeitnehmerversicherung. Zusätzlich sind zwei neue Sonderversicherungssysteme geschaffen worden. Diese sichern Selbständige in Form einer Mindestsicherung und Frühinvalide. Damit wird dem Wegfallen der Volksversicherung für diese Personengruppen Rechnung getragen.

Die verbleibende Arbeitnehmerversicherung nach dem WAO zeigt Charakteristika einer Sozialversicherung, jedoch gibt es genügend Aspekte, die einer Volksversicherung oder keinem bekannten Sicherungstyp zu zuordnen sind. Sehr ähnlich ist die niederländische Volksversicherung dem Entschädigungsprinzip der deutschen Unfallversicherung. Diese uncharakteristische Mischung ist begründet in der konzeptionellen Neuerung der Invaliditätssicherung. Dabei werden auch die beiden Idealtypen im niederländischen System vermengt.[760]

Die Finanzierung in einer Sozialversicherung erfolgt in der Regel durch Beiträge der Arbeitgeber und der Arbeitnehmer.[761] Diesem klassischen Prinzip steht aber nicht entgegen, dass in den Niederlanden nunmehr die Beiträge, abhängig vom Erwerbsunfähigkeitsrisiko des jeweiligen Betriebes, vom Arbeitgeber gezahlt werden. Einzig maßgeblich ist, dass differenzierte Beiträge zu zahlen sind und nicht etwa eine Finanzierung über Steuern erfolgt. Auch spricht für eine Sozialversicherung, dass nur der arbeitenden Teil der Bevölkerung dieser Pflichtversicherung unterliegt. Ebenso spricht die überwiegende Selbstverwaltung für eine Sozialversicherung. Jedoch ist für eine Sozialversicherung untypisch, dass die Lohnersatzleistungen nicht oder nicht dauerhaft beitragsbezogen sind. Versicherte Arbeitnehmer in den Niederlanden haben zwar grundsätzlich Anspruch auf Einkommensersatzleistung, die über eine reine Grundsicherung hinausgehen. Jedoch bestehen zwei Arten von Einkommensersatzleistungen: eine an das frühere Erwerbseinkommen gekoppelte Lohnersatzleistung und eine sich daran anschließende, auf der Grundlage des Mindestlohnes berechnete Folgeleistung. Die Dauer der Lohnersatzleistung

---

[760] Nahezu allen Staaten in der OECD unterliegen einer Mischung der konzeptionellen Idealtypen; vgl. dazu *Eichendorfer*, Einführung in die Sozialrechtsvergleichung, NZS 1997, S. 97, 100. Gerade in letzter Zeit werden die klassischen Unterscheidungen durch neuere Gesetzgebungen nicht mehr eingehalten. Das klassischste und zu gleich konservativste Land ist und war Deutschland. Doch auch hier greift man zusätzlich zu Instrumenten wie der Riesterrente und der Grundsicherung im Alter.

[761] Vgl. *Rheinhard, Kruse(Maydell, von),* Invaliditätssicherung im Rechtsvergleich, Rechtsvergleich 1998, S. 742ff.

hängt von dem Alter des Leistungsempfängers bei Eintritt der Erwerbsunfähigkeit ab. Wer jünger als 33 Jahre ist, hat keinen Anspruch auf Lohnersatzleistungen, sondern direkt nur einen Anspruch auf die am Mindestlohn orientierte Folgeleistung. Für Ältere ist die Dauer der Lohnersatzleistung gestaffelt von einem halben Jahr für Versicherte, die älter als 33, aber jünger als 38 Jahre sind, bis zur Dauer von maximal sechs Jahren für Versicherte, die älter als 57 Jahre sind.

Durch diese Staffelung der Leistungen gleicht das WAO einem Versorgungssystem. Durch die Zahlung der Beiträge durch die Arbeitgeber auf der Grundlage ihres spezifischen Betriebsrisikos weist das WAO auch Züge eines Entschädigungssystems, ähnlich der deutschen Unfallversicherung auf. Dieses zusätzliche Sicherungssystem in Deutschland gegen den Fall der Invalidität fehlt in den Niederlanden. Dabei handelt es sich um eine bewusste Abschaffung der Unfallversicherung. Während ursprünglich das WAO eine anteilige Beitragspflicht von Arbeitgeber und Arbeitnehmer vorsah, sollte das betriebliche Risiko eines Arbeitgebers seit der Reform 1998 zu einer dementsprechenden Beitragslast führen. Damit sollte der Arbeitgeber in die Verpflichtung genommen werden zu versuchen, einen leistungseingeschränkten Arbeitnehmer zu integrieren und so den Zugang zur Invaliditätsleistung zu begrenzen. Dabei geht der niederländische Gesetzgeber davon aus, dass dies zum einen Aufgabe des Arbeitgebers, zum anderen dass er der richtige Ansprechpartner sei. Er hat nun ein finanzielles Interesse daran, die Zahl der Erwerbsunfähigkeitsfälle gering zu halten. Denn diese Zahl ist maßgeblich für seine Beitragslast.

Bei den gesetzlichen Sondersystemen für Selbstständige, dem WAZ, und für Frühbehinderte, dem Wajong, muss unterschieden werden. Das WAZ ist nahezu identisch mit den Regelungen im WAO und kann ebenfalls als ein Mischtypus zwischen Sozialversicherung, Versorgungsprinzip und Entschädigungssystem klassifiziert werden. Dagegen handelt es sich beim Wajong um ein reines Versorgungssystem. Hier wird über Steuergelder eine bestimmte Gruppe der Bevölkerung mit einer Mindestsicherung versorgt. Neben diese Systeme treten noch weitere gesetzliche Sicherungsformen auf der Ebene der Fürsorgesysteme. Hier sind vor allem das TW, IOAW und IOAZ als der Sozialhilfe (ABW) vorgeschaltete Fürsorge- bzw. Zuschlagsgesetze zu nennen.

3. Institutionelle Zuordnung des Invaliditätsrisikos

Kennzeichnend für die Systeme der sozialen Sicherung beider Länder ist die Verknüpfung und Auffächerung nach den verschiedenen Risiken, wie z.B. Alter, Krankheit, Arbeitslosigkeit. Die Invalidität weist Berührungspunkte zu all diesen Risiken auf. Dies kann auch Auswirkungen auf die institutionelle Zuordnung haben. In beiden Ländern handelt es sich um historische Entwicklungen; dennoch steht gesetzgeberische Systematik dahinter. In Deutschland wird davon ausgegangen, dass Alter eine spezielle Form der Erwerbsunfähigkeit ist. Zudem unterliegen beide Rentenarten einer einheitlichen Finanzierung und stellen eine v.a. aus den Beiträgen ermittelte langfristige Lohnersatzleistung dar. Gesetzgeberisch ist die Invaliditätssicherung in Deutschland daher zusammen mit dem Risiko Alter in einem Gesetz gesichert. Ausgegliedert wird in Deutschland die Invaliditätssicherung gegen speziell verursachte körperlich/geistige Behinderungen. Sowohl für Arbeitsunfälle und Berufskrankheiten, die durch die betriebliche Arbeit entstanden sind, als auch für durch Krieg oder Wehrdienst erlittenen Schäden sind in Deutschland besondere Entschädigungsform statuiert. Hierbei handelt es sich um kausal determinierte Leistungsformen, die für den Geschädigten günstigere Regelungen enthalten. Im Unfallrecht führt die Haftungsersetzung zu einer Entschädigung des Versicherten und einer Freistellung des Arbeitgebers. Jedoch beginnt die Entschädigung erst bei einer Einbuße der Minderung der Erwerbsfähigkeit von 20%. Durch diese Haftungsersetzung kommt es mithin zu einer Verringerung des eigentlichen Schadensersatzanspruchs des Geschädigten gegen den Schädiger.

In den Niederlanden dagegen handelt es sich mit dem WAO um ein eigenständiges, von der Alterssicherung losgelöstes Gesetz. Ebenso handelt es sich bei den besonderen Leistungsgesetzen für Invalidität WAZ und Wajong um gesonderte Gesetze. Auch für Kriegsopfer gibt es ein kausal determiniertes eigenständiges Sicherungssystem. Dagegen erfolgt eine Entschädigung von Arbeitsunfällen und Berufskrankheiten im einheitlichen System der gesetzlichen Invaliditätsleistungen.

Maßgeblich für die gesetzgeberische Zuordnung muss zum einen das auslösende Tatbestandselement sein und zum anderen die Finanzierung der entsprechenden Leistungen. Unter dieser Prämisse sollte überdacht werden, ob die Invaliditätsleistungen keines eigenständigen Gesetzes bedürfen. Unter dem Kriterium der Abnahme der Leistungsfähigkeit könnte zwar auch das Alter im Sinne eines Nachlassens der Wettbewerbsfähigkeit fallen. Das fortgeschrittene Alter stellt jedoch grundsätzlich kein anspruchsbegründendes Element dar, da der alle Menschen treffende Alterungsprozess keine den besonderen Invalidenschutz auslösende Krankheit oder Behinderung ist. Lediglich Funktionsbeeinträchtigungen, die die für die jeweilige Altersgruppe medizinische Norm überschreiten, können zu einer Invalidität führen. Dies wird auch so von der in Deutschland maßgeblichen Rechtsprechung gesehen.[762] Aus finanzierungstechnischer Sicht ist eine Zusammenlegung der verschiedenen Rentenarten sowohl auf der Beitragsseiten als auch auf der Leistungsseite ebenfalls nicht gerechtfertigt. Während die Alterssicherung einer großen intergenerationellen Umverteilung unterliegt, hat die Invaliditätssicherung eine weitaus größere interpersonelle Umverteilung. Der demografische Faktor spielt bei der Invaliditätssicherung im Verhältnis zur Alterssicherung eine untergeordnete Rolle. Insofern bedarf es einer Trennung der Leistungen. Die Einführung von Abschlägen aufgrund der demografischen Entwicklung und zur Vermeidung eines frühzeitigen Zugangs zur Rentenversicherung darf bei einer Invaliditätssicherung nicht erfolgen. Es handelt sich im Unterschied zu vorgezogenen Altersrenten nicht um eine Rente, die der Einzelne planen kann, sondern der Eintritt des Versicherungsfalles, ist ein sich plötzlich verwirklichendes Risiko. Aufgrund dieser Plötzlichkeit ist eine vorhersehende Absicherung wie z.B. beim Alter nicht möglich. Dies bedeutet, der einzelne Arbeitnehmer bedarf einer an sein Einkommen direkt angeknüpften Sicherung, die sich oftmals von einer über sein gesamtes Erwerbsleben errechneten Leistung unterscheidet. Für das Alter kann man sich auf die Höhe einer Leistung, die dem gesamten Erwerbsleben entspricht, einstellen, im Fall der Invalidität nicht. Die Invaliditätsleistung muss daher eher einen Entschädigungscharakter als den Charakter einer sozialversicherungsrechtlichen Vorsorge haben.

Auch die nebeneinander bestehende sachliche Verknüpfung der Invalidität mit anderen sozialen Risiken spricht gegen die Integration in ein anderes Teilsystem.[763]

4. Sicherungsziele

a. Grundlegende Sicherungsziele

Die beschriebenen strukturellen Bedingungen der verschiedenen Systeme sind eng verknüpft mit den Sicherungszielen, die das Niveau der Leistungen bedingen. In keinem der beiden Länder ist das angestrebte Sicherungsziel gesetzlich ausdrücklich normiert. Es ist vielmehr Ergebnis der jeweiligen Berechnungsformel. Erst wenn man eine durchschnittliche Versichertenkarriere zugrundelegt, kann aus dem Ergebnis auf das angestrebte Sicherungsziel geschlossen werden.

---

[762] Vgl. BSG vom 3.10.1979 1 RA 31/78, SozR 2200 § 1246 Nr. 50.

[763] Anderer Auffassung, *Rheinhard, Kruse(Maydell, von)*, Invaliditätssicherung im Rechtsvergleich, Bewertung und Ausblick 1998, S. 763.

Es wird generell zwischen der Regelsicherung, der Grundsicherung und der Mindestsicherung, den drei bekannten allgemeinen Sicherungszielen unterschieden.[764]

Ziel der Regelsicherung ist die angemessene Sicherung des individuellen Lebensstandards. Die Höhe der Leistung hängt in erster Linie von den eingezahlten Beiträgen und von der Länge der Versicherungsdauer ab. Sie orientiert sich primär an einer Einkommensstetigkeit.

Das Prinzip der Grundsicherung ist die Sicherung des Lebensunterhaltes. Das wesentliche Kriterium der Grundsicherung ist daher eine Einheitlichkeit der Leistungen unabhängig von den eingezahlten Beiträgen. Die Höhe der Grundsicherung ist in der Regel nicht von Beitragshöhe und Versicherungsdauer abhängig. Der Grundgedanke der Mindestsicherung ist zu vermeiden, dass die Leistungen der Grund- oder Regelsicherung nicht genügen, um das Existenzminimum zu gewährleisten. Aus diesem Grund sind Mindestsicherungssysteme häufig an gesetzlich festgelegte Mindesteinkommen gekoppelt. Es ist jedoch zu beachten, dass Zurechnungszeiten, wie sie in Regelsicherungssystemen einer Sozialversicherung vorkommen, grundsätzlich auch Mindestsicherungsfunktionen haben.

Die internationalen Normen setzen ein Leistungsniveau fest, das sich zwischen 40% (ILO-Konvention Nr. 102) und 50% (ILO-Konvention Nr. 128, Europäische Ordnung der sozialen Sicherheit) für Alleinstehende bewegt. Für Unterhaltsverpflichtete werden bis zu 65% des bisherigen Erwerbseinkommens als Zielvorgabe bestimmt.

In beiden Ländern wurde der Ausbau der Sicherungsziele vor allem in der Phase der Expansion vorangetrieben und in Zeiten wirtschaftlich schlechter Lagen zurückgeschraubt. Dabei ist ein sehr differenziertes Bild entstanden.

b. Deutschland

aa. Regelsicherung

Bei der deutschen Rentenversicherung einschließlich der Invalidenrenten handelt es sich um eine Regelsicherung. Diese Art der Sicherung ist typisch

---

[764] *Internationale Vereinigung für Soziale Sicherheit (Hrsg.)* 1993, Neue Herausforderungen – Neue Antworten. Weltweite Entwicklungstendenzen in der Sozialen Sicherheit 1990-1992, Bericht I, XXIV Generalversammlung der ISSA in Genf.

für eine Sozialversicherung.[765] Das Ziel der gesetzlichen Rentenversicherung unter Einbezug der Invaliditätssicherung ist, die relative Einkommensposition bzw. das durch das beitragspflichtige Erwerbseinkommen bestimmte Lebenshaltungsniveau nach dem Ausscheiden aus dem Erwerbsleben, sei es alters- oder invaliditätsbedingt, aufrechtzuerhalten.[766] Diese Zielvorstellung kommt deutlich in dem Terminus „Lohnersatzfunktion der Rente“ zum Ausdruck. Die Verstetigung des Einkommensverlaufs erstreckt sich auf den gesamten Lebenszyklus. Stetigkeit wird nicht nur bezogen auf die Erstberechnung der Renten angestrebt, sondern über eine Anpassungsregelung auch für das weitere Rentnerleben. Durch die Beitragsbemessungsgrenze ist der Bereich, für den Einkommensstetigkeit mit den Mitteln der Rentenversicherung erreicht werden soll, nach oben begrenzt. Elemente der interpersonellen Umverteilung finden z.B. in Form der Anerkennung von nicht mit Beiträgen belegten Zeiten oder in Renten nach dem Mindesteinkommen statt.[767]

Das Sicherungsziel wird in Deutschland nicht bezogen auf die Zielvariable individuelles Absicherungsniveau, sondern für das Rentenniveau bzw. den Modellfall des Eckrentners operationalisiert. Für den Eckrentner, der in 45 Versicherungsjahren im Durchschnitt jeweils Beiträge auf der Basis des Durchschnittseinkommens aller Versicherten entrichtet hat, soll ein Rentenniveau von 67% des letzten Nettoerwerbseinkommens erreicht werden. Tatsächlich wird bei der Invalidenrente aber dieses Sicherungsziel nicht mehr erreicht, sondern liegt bei einer beispielhaften Berechnung des Durchschnittsversicherten bei einer alleinstehenden Person bei 63% und bei einem Versicherten mit Familie bei 54%,[768] damit werden die geforderten Werte der ILO-Konvention für einen unterhaltsbedürftigen Versicherten nicht erzielt.

bb. Zurechnungszeiten

Bei der Invaliditätsrente soll das Ziel eines 67%igen Nettorenteneinkommens im Rahmen der Rentenberechnung vor allem durch Zurechnungszeiten, mit

---

765 Vgl. *Ruland, Schaub, u.a.*, Systeme der Invaliditätsbemessung, DRV 1996, S. 462, 465,472.

766 Erstmals manifestiert in der Rentenreform von 1957, mit der die lohnbezogene, dynamische Rente eingeführt worden ist.

767 Bei diesen hat der Bundestag, wenn auch ohne gesetzliches Mandat, mehrfachst in die Regelsicherung derart eingegriffen, dass ex-post Anpassungen an die Verdienstgeschichten einkommensschwacher Versicherter vorgenommen wurden. Durch diesen Mechanismus „Rente nach Mindesteinkommen“ wurden Beiträge unter einem bestimmten Minimum soweit aufgestockt, dass sie zwischen 50 und 75% der durchschnittlichen Beiträge liegen. Dies entspricht, untypisch für die Regelsicherung, auch einer Mindestsicherung. Diese Vorgehensweisen endete aber 1992.

768 Vgl. die Berechnung im 4. Teil III. Mikrovergleich 5.

denen eine weitere Erwerbstätigkeit fingiert wird, erreicht werden. Im Sozialversicherungsrechtlichen System basiert die Höhe der Leistung generell auf den auf dem Versicherungskonto angesparten Geldmitteln. Dies bedeutet aber, dass bei Versicherten mit geringen Einkommen und/oder kurzer Versicherungsdauer eine Aufwertung erforderlich ist, damit diese Versicherten nicht auf zusätzliche Leistungen der Sozialhilfe angewiesen sind. Gerade bei Frühinvaliden ist noch wenig auf dem Versichertenkonto angespart. Zudem muss berücksichtigt werden, dass das zu erzielende Einkommen und damit der Lebensstandard im Laufe der Beschäftigungsbiographie typischerweise ansteigt. Dies gilt um so mehr, wenn in die Berechnung der Altersrente, die den Regelfall der Beendigung des Arbeitslebens darstellen soll, außer dem Einkommensfaktor auch ein Zeitfaktor eingeht. Bei Zurechnungszeiten handelt es sich mithin um einen gerechtfertigten Mechanismus zur Vermeidung sozialer Härten. Es ist aber darauf hinzuweisen, dass sich eine allgemeine rechnerische Anhebung von niedrigen tatsächlich erzielten Bemessungsgrundlagen (z.B. Ausbildungszeiten) vor allem bei Frühinvaliden deutlich auf einen zu berücksichtigenden individuellen Einkommensfaktor für die Leistungsberechnung auswirken kann. Wird die Fiktion daher in voller Konsequenz durchgeführt, ergäbe sich ein Betrag, der dem der Altersrente nahezu entsprechen würde und für die ein anderer Versicherter noch viele Beitragsjahre leisten muss. Ein Frühinvalider ist aber keinen, durch die Fiktion seiner Beitragszeit, anderen Risiken (z.B. Arbeitslosigkeit) ausgesetzt, die zu Einbußen führen würden. Dies muss und wird dadurch ausgeglichen, dass die Zurechnungszeiten nicht in voller Höhe, sondern ab einem bestimmten Lebensalter nur teilweise berücksichtigt werden.

Diese Zurechnungszeiten werden neuerdings in ihrer Wirkung durch Abschläge (Zugangsfaktor) beim Bezug einer Erwerbsminderungsrente vor dem vollendeten 65. Lebensjahr konterkariert. Damit soll, wie bei den vorzeitigen Altersrenten, ein Rentenbeginn vor dem 65. Lebensjahr rentenmindernd berücksichtigt werden. Dies soll der Praxis der Frühverrentung und der demografischen Entwicklung entgegenwirken. Hier stellt sich die Frage, ob eine Verkürzung von Beitragsleistungen, die einen Schutz über Art. 14 GG genießen, anders sähe es aus z.B. bei Zurechnungszeiten und anderen Berücksichtigungszeiten aus, verfassungsgemäß ist. Hierdurch kommt es zu einer deutlichen Kürzung der Invaliditätsrenten. Es mag gerechtfertigt sein, bei einer vorgezogenen Altersrente mit Abschlägen zu operieren, da der einzelne Versicherte deutlich früher Leistungen erhält. Jedoch ist es das Charakteristikum einer Invaliditätsrente, dass der Versicherte vor Erreichung des Regelrentenaltersrente eine Leistung bezieht. Insofern stellt sich die Frage nach der Berechtigung von Abschlägen bei der Erwerbsminderungsrente.

cc. Sicherung über Hinzuverdienst

Bei den Sicherungszielen der Invaliditätsrente in Deutschland ist zu unterscheiden zwischen der früheren Situation der Erwerbsunfähigkeitsrente und der Berufsunfähigkeitsrente sowie der vollen und teilweisen Erwerbsminderungsrente. Nur die Erwerbsunfähigkeitsrente und die volle Erwerbsminderungsrente sollen den einmal erreichten Lebensstandard sichern.[769] Bei der Berufsunfähigkeitsrente und auch der teilweisen Erwerbsminderungsrente soll der Lebensstandard zusammen mit einem Hinzuverdienst erreicht werden. Die teilweise Erwerbsminderungsrente wird gewährt, wenn der Versicherte noch zwischen 3 und 6 Stunden arbeiten kann. Er erhält in diesem Fall eine der Hälfte[770] der vollen Erwerbsminderungsrente entsprechende Leistung. Die andere Hälfte soll der Versicherte aus Arbeitseinkommen erzielen.[771] Abgestellt wird dabei auf jede Arbeit des allgemeinen Arbeitsmarktes. Bei der Berufsunfähigkeitsrente dagegen sollte ein zusätzliches Sicherungsziel, nämlich der Schutz des beruflichen Status, realisiert werden. Für den Anspruch auf eine Berufsunfähigkeitsrente wurde nicht nach einer zeitlich begrenzten Einsetzbarkeit gefragt, sondern maßgeblich war, ob der Versicherte eine ihm zumutbare Tätigkeit auszuüben in der Lage ist. Maßstab für die Bestimmung der Zumutbarkeit war der früher ausgeübte Beruf des Versicherten. Es kam nicht darauf an, ob er nicht mehr zu vollschichtiger Tätigkeit in der Lage war.[772] Die Berufsunfähigkeitsrente war in ihrer Leistung höher als die jetzige teilweise Erwerbsminderungsrente, jedoch sollte auch hier erst ein Hinzuverdienst den Lebensstandard sichern. Wegen dieses Aufstockungszwanges musste dann ein Versicherter trotz des Sicherungszieles Berufsschutz häufig eine „unzumutbare" Tätigkeit ausüben. Die sogenannte Prestigeschutzrente verfehlte daher ihr Sicherungsziel.

dd. Sekundäre Sicherung

Neben der eigentlichen Leistung erfolgt bei der Sicherung gegen Invalidität gleichzeitig eine Sicherung im Alter. Der Versicherte hat die Möglichkeit,

---

769 Dies wird deutlich, wenn bei der Rentenberechung der Rentenartfaktor 1,0 entsprechend einer Altersrente zugrundegelegt wird.

770 Rentenartfaktor 0,5.

771 Nur bei der Situation einer nur halbschichtigen Einsatzfähigkeit eines teilweise Erwerbsgeminderten wird zusätzliche eine volle Erwerbsminderungsrente auf Zeit gezahlt aufgrund der Rechtsprechung zur Verschlossenheit des Arbeitsmarktes (§ 102 SGB VI); vgl. *Joussen,* Die Rente wegen voller und teilweise Erwerbsminderung nach neuem Recht, NZS 2002 S. 294.

772 Zutreffend ist darauf hingewiesen worden, dass dieses Sicherungsziel eigentlich nur von der Ebene der Facharbeiter erzielt werden konnte. Für Un- und Angelernte kam immer eine Verweisung auf den allgemeinen Arbeitsmarkt in Betracht.

eine Altersrente zu erhalten, die in der Höhe nicht geringer sein kann als die volle Erwerbsminderungsrente.[773] Von der Invalidenrente bedarf es dafür keiner weiteren Aufwendungen. Die Invalidenrente ist nur sozialversicherungspflichtig im Hinblick auf Kranken- und Pflegeversicherung.

ee. Soziale Fürsorge

Diese Elemente der Sicherungsziele wirken tendenziell auch in Richtung auf eine Vermeidung von Armut. Das Ziel der Armutsvermeidung wird mit der gesetzlichen Rentenversicherung allerdings nicht explizit angestrebt. Dieser Bereich fällt in das allgemeine Hilfesystem der Sozialhilfe und/oder in die vorgeschalteten Grundsicherung im Alter oder bei Erwerbsunfähigkeit. Eine solche Grundsicherung hat das Deutsche System erstmalig mit der Rentenstrukturreform von 1999 eingeführt. Es handelt sich dabei um eine steuerfinanzierte Leistung und nicht um eine beitragsfinanzierte Leistung. Jedoch ist der Begriff der Grundrente irreführend. Nicht jeder erhält diese Grundrente ohne Rücksicht auf die persönlichen Verhältnisse. Diese neu eingeführte Grundsicherung im Alter und bei Erwerbsunfähigkeit unterliegt dem Bedarfsdeckungssystem der Sozialhilfe, und aufgrund der Prüfung der versicherungsrechtlichen Voraussetzungen, auch dem Versicherungsprinzip. Es handelt sich um eine Leistung im Sinne einer Mindestsicherung.

dd. Kausal determinierte Sicherung

Ein zusätzliches Sicherungsziel für den Fall der Invalidität ist der deutschen Unfallversicherung immanent. Hier soll eine Regelsicherung gewährleistet werden, die sich am Jahresarbeitsverdienst des Jahres vor dem Versicherungsfall orientiert. Die Unfallrente kommt bei einer Minderung der Erwerbsfähigkeit von mindestens 20% zur Auszahlung. Insoweit liegt das Erfordernis der Einschränkung des Leistungsvermögens unter der Grenze desjenigen bei der Erwerbsminderungsrente. Mit der Grundlage der Entschädigung über den Jahresarbeitsverdienst kann es dazu kommen, dass die Leistungen der Unfallversicherung höher sind als die Leistungen aus der gesetzlichen Rentenversicherung, die sich an den eingezahlten Beiträgen orientiert, und dies obwohl Zurechnungszeiten bei der gesetzlichen Rentenversicherung vorgesehen sind. Das Sicherungsziel der Unfallversicherung wird insoweit verfehlt, als dass bei gleichzeitigem Anspruch von Leistungen wegen Erwerbsminderung aus

---

[773] Sog. Bestandschutz. Durch diesen werden aber nicht die einzelnen Entgeltpunkte geschützt, sondern nur die Höhe der zur Auszahlung gelangenden Leistung.

der gesetzlichen Rentenversicherung und der Unfallversicherung Anrechnungen eingreifen sind.

ff. Senkung des Sicherungsniveaus

Seit dem Jahre 2000[774] wird eine Senkung des Leistungsniveaus der gesetzlichen Rentenversicherung angestrebt. Berechnungen zufolge soll das Bruttorentenniveau bis zum Jahre 2010 von zur Zeit rund 48% auf unter 42% sinken, und das Nettorentenniveau läge dann bei ca. 65%. Bis 2050 könnte das Leistungsniveau besonders durch die Einführung von Ausgleichfaktoren für den demografischen Wandel, aber auch aufgrund der Vorgaben des Altersvermögensergänzungsgesetzes[775] und damit der Einführung der sog. Riesterrente, auf ca. 54% gesenkt werden.[776] Die Riesterrente soll die sinkenden gesetzlichen Rentenversicherungsleistungen durch den Aufbau einer zusätzlichen privaten Vorsorge in parallelen Schritten und zwar mit Zahlungen ansteigend von 0,5% auf 4% des zu versteuernden Einkommens auffangen. Qualitativ bedeutet dies den Übergang von systemimmanenten zu systemändernden Reformen. Denn die Folge ist, dass das Ziel der Hauptsäule des gesetzlichen Rentensystems nicht mehr ein bestimmtes Sicherungsniveau ist, sondern das Ziel ist nun die Stabilität des Beitragssatzes.[777] Im Ergebnis wird daher die hälftige Zahlung der Arbeitgeber aufgegeben, während der einzelne Versicherte höhere Leistungen zu erbringen hat. Das gesamtwirtschaftliche Gefüge kann dadurch infrage gestellt werden. Es ist nicht abzusehen, ob durch eine Entlastung der Arbeitgeberseite tatsächlich mehr Arbeitsplatzangebot in Deutschland geschaffen wird. Jedoch führt eine Kürzung des Nettoverdienstes der Arbeitnehmer sicherlich zu einem Rückgang der Binnennachfrage. Neben dieser zusätzlichen Belastung für den Versicherten unterliegt er im Zuge der geänderten Prioritätensetzung noch weiteren Belastungen. Das Sicherungsniveau der Rentenversicherung ist nicht mehr planbar. Es bleibt lediglich an das fiktiv erreichbare Niveau anderer nach dem AVmEG möglicher Sicherungsformen gekoppelt. Die Höhe der gesetzlichen Rente wäre dann abhängig von langfristigen Entwicklungen der Kapitalertragsraten und den Verwaltungskosten der privaten Anlageformen. Dann wird die gesetzliche Rentenversicherung von einer Lebensstandardsicherung auf eine Grund-

[774] Konzeptpapier der Koalitionsgruppe vom 30.05.2000, Gesetzliche Rentenversicherung und kapitalgedeckte Zusatzvorsorge: Der Weg in eine sichere Zukunft., vgl. Gesetzesbegründung in Bt-Drucks. 14/4595 S. 3 ff.

[775] Vom 26.03.2001 BGBL. I S. 403.

[776] *Dünn, Fasshauer,* Die Rentenreform 2000/2001 – Ein Rückblick, DRV 2001 S. 267, 270.

[777] Vgl. *Schmäl,* Wem nutzt die Rentenreform? Offene und versteckte Verteilungseffekte des Umstiegs zu mehr privater Altersvorsorge, DAngVers 2003 S. 349ff.

sicherung zurückgeführt. Ihre eigentliche Legitimation wird dadurch, dass sie für diesen Fall keine Regelsicherung mehr bietet, in Frage gestellt.

c. Niederlande

aa. Alterssicherung

Konzeptionell völlig anders ausgerichtet ist das staatliche Regelsystem zur Sicherung im Alter in den Niederlanden. Bei ihm steht für eine Volksversicherung typisch nicht die Regelversorgung, sondern eine Grundsicherung im Vordergrund.[778] Das AOW soll vor allem einer Armutsvermeidung dienen. Einkommensstetigkeit wird dagegen nicht angestrebt. Dies kommt darin zum Ausdruck, dass eine einkommensunabhängige Einheitsrente gezahlt wird. Die Finanzierung dieser Leistung erfolgt über einkommensbezogene Beiträge, es findet also eine interpersonelle Umverteilung in erheblichem Umfang statt. Diese Grundsicherung soll so bemessen sein, dass eine Aufstockung durch Sozialhilfe oder über eine Zusatzrente nicht zwingend notwendig ist. Das Sicherungsziel der Armutsvermeidung wird für die Zielvariable individuelles Mindestsicherungsniveau operationalisiert. Die Rente ist an den gesetzlichen Netto-Mindestlohn gekoppelt und der Ziel-Sollwert beträgt 70% dieses Mindestlohnes. Die Zielerreichung steht insofern unter einem „Finanzierungsvorbehalt", als dass der Mindestlohn nicht fest mit einer allgemeinen, durchschnittlichen Lohngröße verknüpft ist, sondern diskretionär festgelegt und angepasst wird.[779] Angesichts der Ausrichtung des staatlichen Regelsystems auf die Armutsvermeidung kommt in den Niederlanden der betrieblichen Altersversorgung die besondere Verantwortung der Einkommensstetigkeit zu. Für die Zielvariable individuelles Absicherungsniveau wird daher unter unmittelbarer Bezugnahme auf das staatlich Absicherungsniveau einschließlich einer Betriebsrente 70% des letzten Bruttoeinkommens angestrebt.[780]

bb. Invalidität

Die Sicherungsziele der Invaliditätssicherung in den Niederlanden waren starken Veränderungen unterworfen. Vor der Reform am 01.01.1993[781] war das Ziel des WAO in finanzieller Hinsicht die Lebensstandardsicherung. Ur-

[778] Vgl. *Oorschot,* Nederland over sociale Zekerheid en Arbeid, 1996 S. 4ff.

[779] Tatsächlich kam es mehrere Jahre nicht zu einer Erhöhung aufgrund der schlechten Haushaltslage.

[780] Vgl. *Steinmeyer,* Reformpläne zur Alterssicherung im internationalen Vergleich, DRV 1997 S. 474.

[781] Durch das wet TBA; vgl. *Kronenburg-Willem, de Vroom,* TBA – wet terugdringing beroep op de arbeidsongeschiktheidsregeling, PS-Special 1993, S. 2139, 2172.

sprünglich hatte das WAO eine Bemessungsgrundlage (Erwerbseinkommen bzw. gesetzlicher Mindestlohn) von 80%, 1985 wurde dieses Leistungsniveau aufgrund der steigenden Zahl der Invalidenrenten auf 70% gekürzt.[782] Aus gesellschaftspolitischer Sicht bestand zudem auch ein Schutz des Berufsstatus. So sah das WAO ursprünglich die Notwendigkeit vor, für den Ausschluss einer Rente auf einen konkreten, zumutbaren Beruf zu verweisen. Mithin handelte es sich um eine unbegrenzte Lohnersatzleistung in Höhe von 70% des maßgeblichen Einkommens des Versicherten.

Mit der Reform von 1993 griff der niederländische Gesetzgeber gravierend in die Leistungen nach dem WAO ein. Zum einen schaffte er das Sicherungsziel des Schutzes des Berufsstatus ab.[783] Dies bedeutet, dass nunmehr zum Ausschluss einer Invalidenrente nicht mehr eine konkrete zumutbare Tätigkeiten herangezogen werden muss, sondern es genügt eine allgemein akzeptierte Tätigkeit. Zum anderen wurden die Leistungen erstmals befristet und abhängig vom Alter des Versicherten gestaffelt. Diese Veränderungen gingen ohne größere Übergangsregelungen[784] von statten. Hinsichtlich der Leistungshöhe und Dauer kennt das WAO seit der Reform zwei Arten von Einkommensersatzleistungen; eine an das frühere Erwerbseinkommen gekoppelte Lohnersatzleistung und eine sich daran anschließende oder aber direkt zahlbare, auf der Grundlage des Mindestlohnes berechnete Folgeleistung. Die Dauer bzw. der Anspruch auf die Lohnersatzleistung hängt ab vom Lebensalter des Versicherten bei Eintritt der Erwerbsminderung.[785] Die Höhe der Leistung bestimmt sich als Produkt der jeweiligen Berechnungsgrundlage (Mindestlohn oder vorheriges Einkommen) und dem für die jeweilige Leistungskategorie

---

[782] Vgl. *Fase,* Samenvatting van het rapport van de commissie Parlementaire Enquete Uitvorings-Organen Sociale Verzekering, PS 1993, S. 2013, 2032.

[783] Zuvor schon hatte der Gesetzgeber durch das Invoeringswet stelselherziening sociale zekerheid (vom 06.11.1986 Stb. 1986, Nr. 567) den Invaliditätsbegriff des WAO verändert. Nunmehr durfte die Arbeitsmarktsituation keine Berücksichtigung mehr finden. Die vorherige sog Diskontierung der Arbeitslosigkeit nach dem Grad der Erwerbsunfähigkeit führte regelmäßig dazu, dass teilweise erwerbsunfähige Arbeitnehmer, die aufgrund der Arbeitsmarktsituation keinen Arbeitsplatz finden konnten, eine dem höchsten Grad entsprechende Invaliditätsrente erhielten; vgl. *Klosse,* Bevordering van arbeidsparticipatie, ofwel: werk boven „wig“ of „wig“ boven werk? Over achtergronden doelstelling en middelen tot bevordering van arbeidsparticipatie, 1995, S. 12ff.

[784] Die neuen einschneidenden Regelungen galten für alle, die nach dem 25.01.1993 wegen Krankheit arbeitsunfähig waren und in dessen Folge Anspruch auf eine Leistung nach dem WAO hatten. Nur für diejenigen, die am 31.07.1993 bereits eine WAO-Leistung bezogen oder bereits am 25.01.1993 arbeitsunfähig wegen Krankheit waren und danach eine WAO-Leistung bezogen haben, gilt die vorherige Regelung der unbegrenzten Lohnersatzleistung von 70%; vgl. *Sociale verzekeringswetten(Kronenburg-Willems)* Inleiding Rn 45.

[785] Vgl. 3. Teil VII. 2.

geltenden Prozentsatz (insgesamt sieben Stufen).[786] Der höchste Leistungsprozentsatz ist 70, so dass es bei dem maximalen Sicherungsziel von 70% verbleibt. Die Berechnungsgrundlage für die Lohnersatzleistung nach dem WAO ist der durchschnittliche Tageslohn eines Versicherten. Es handelt sich daher um eine vollständige Einkommensersatzleistung mit dem Sicherungsziel Regelsicherung, aber nur zeitlich begrenzt und für Versicherte ab einem gewissen Alter. Die Einkommensersatzleistung unterliegt aber einer Leistungsbemessungsgrenze. Durch diese wird der Tageslohn nur bis zu einer Maximalhöhe berücksichtigt.

Möglicherweise eine höhere Lebensstandardsicherung als in Deutschland kann in den Niederlanden dadurch erzielt werden, dass bei der Berechnung der Leistung nicht auf die gesamte Versicherungsdauer abgestellt wird, sondern Anknüpfungspunkt der 1. Phase der Leistungen nach dem WAO (Einkommensersatzleistungen) der zuletzt verdiente Lohn ist, welcher dann in Verbindung mit dem Grad der Erwerbsminderung maßgeblich für die Höhe der Leistung ist.[787] Es handelt sich in den Niederlanden damit um eine Statussicherung, die auf den Ist-Zustand im Leistungsfall abstellt. Bei Arbeitnehmern auf dem Zenit ihrer Verdienstmöglichkeiten, bedeutete dies bei einem hohen Grad der Erwerbsminderung eine Quasi-Weiterzahlung des Gehaltes.[788] Dabei geht die Sicherung über den vollständigen Lebensverlaufsstandard hinaus, da sicherlich am Beginn des beruflichen Lebens geringerer Lohn empfangen wurde. Anders sieht die Situation bei Versicherten aus, die erst am Anfang ihrer Karriere stehen oder einen niedrigen zuletzt verdienten Lohn erhalten. Für diese Fälle sieht das niederländische System keine Zurechnungszeiten für einen fiktiven beruflichen Lebenslauf vor. Obwohl bei einer Statussicherung ähnlich wie bei der Lebensstandardsicherung die Gefahr besteht, dass bei Frühinvalidität und sehr niedrigem Einkommen über die allgemeine Berechnungsformel nur eine sehr geringe Leistung zu erwarten ist. Zur Behebung dieser Situation geht der niederländische Gesetzgeber einen ebenfalls akzeptablen Weg, er ersetzt bei der Berechnungsformel den Tageslohn durch den Mindestlohn. Die Folge ist, dass zumindest eine Mindestsicherung eintritt.

---

786 Formel: Leistungsprozentsatz x 100/108 x Tageslohn bzw. Folgetageslohn; vgl. 3. Teil VII. 2.

787 Vgl. *Maydell, von,* Berufs- und Erwerbsunfähigkeit im Rechtsvergleich, DRV 1995 S. 538, 544.

788 Dies scheint einer der Gründe dafür zu sein, dass die Niederlande das Land waren mit der verhältnismäßig höchsten Zahl der Invalidenrentenbezieher. Denn in der Praxis zeigte sich zudem, dass den meisten Versicherten ein Grad der Erwerbsminderung von 80% zuerkannt wurde. Vgl. *Bieber, Henzel,* Rentenversicherung im internationalen Vergleich – Niederlande- DRV 1999 S. 131, 135ff.

Auch in der Phase der Folgeleistung erhält der Versicherte in den Niederlande noch eine alters- und lohnbezogene Regelsicherung. Auf den ersten Blick könnte man bei dieser Folgeleistung der Auffassung sein, es handele sich durch die starke Anknüpfung an den Mindestlohn nur noch um eine Mindestsicherung. Vergleicht man aber die Höhen dieser Leistungen so stellt man fest, dass aufgrund der Berechnungsformel dem Anstieg des Lohns im Verhältnis zum Mindestlohn bei zunehmenden Alter durchaus Rechnung getragen wird und es sich um eine weitaus höhere Leistung als einer Leistung nach dem gesetzlichen Mindestlohn handelt.[789]

aaa. Hinzuverdienst

Für den Fall einer geringeren Leistungseinschränkung als der Höchstsatz soll die Sicherung sowohl bei der Einkommensersatzleistung als auch bei der Folgeleistung durch einen Hinzuverdienst gewährleistet werden, den der Versicherte durch seine Resterwerbsfähigkeit erzielen soll. Die Berücksichtigung der Arbeitsmarktsituation wurde in den Niederlanden abgeschafft.[790]

bbb. Sekundäre Sicherung

Die Sicherung des niederländischen Invaliden gegen das Alter erfolgt dadurch, dass er als Einwohner der allgemeinen Volksversicherung für das Alter unterliegt. Dies bedeutet, er bezieht im Alter die jedem Einwohner zustehende Grundrente. Er erhält über das AOW eine gesetzliche Mindestsicherung für das Alter. Da jedoch das Sicherungsziel der Lebensstandardsicherung erst über die zusätzliche betriebliche Sicherung im Alter erreicht wird, stellt sich die Problematik, dass der Versicherte nicht oder nicht in einem vollständigen Umfang in den Genuss der zusätzlichen betrieblichen Sicherung gegen das Alter kommt. Im Zeitpunkt des aufgrund der Invalidität verfrühten Verlassens des Betriebes, stagniert auch die betriebliche Sicherung. Dies bedeutet, dass ein invalider Versicherter, insbesondere bei einer frühen Invalidität, keinen Ausgleich für seinen durch Invalidität erlittenen Schaden im Rahmen der Lebensstandardsicherung für das Alter erhält. Letztlich wird er aufgrund der bereits angesparten betrieblichen Altersversorgung mehr als die Grundrente nach dem AOW haben, die volle Lebensstandardsicherung wird aber ausbleiben.

---

[789] Vgl. Berechnungen 4. Teil III. Mikrovergleich 5. aaa.: Danach ist die Folgeleistung beim durchschnittlichen Versicherten in den Niederlanden noch höher als die Leistung des durchschnittlichen Versicherten in Deutschland.

[790] Vgl. Ausführungen 3. Teil, VI. 1. ccc.

Neben dem System des WAO bot bis 1998 das AAW als Volksversicherung eine zusätzliche Grundsicherung für den Fall der Invalidität für alle Einwohner. Leistungen des AAW wurden nur insoweit versagt, als dass die Leistungen des WAO höher waren. Jedoch wurde das AAW mit dem Wet Pemba aufgehoben. Das dem AAW immanente Sicherungsziel, alle Einwohner, d.h. auch Nicht-Berufstätige, Selbstständige und Frühbehinderte gegen den Eintritt einer Erwerbsminderung auf der Grundlage einer gesetzlichen Mindestsicherung zu schützen, wurde damit aufgegeben. Ein Teil dieser Bevölkerungsgruppe wurde nach der Reform durch besondere Leistungsgesetze aufgefangen. Für den Kreis der Selbstständigen und für den Kreis der Frühbehinderten wird durch das WAZ und das Wajong ein Mindestsicherungssystem gewährleistet.

Der Invalidenrentner in den Niederlanden ist zudem in den weiteren Sicherungssystem v.a. Krankenversicherung und Arbeitslosenversicherung abgesichert. Dies bedeutete auch, dass er für diese Sicherungssysteme sozialversicherungspflichtig ist. Der Versicherte zahlt weiterhin die festgelegten Beitragssätze, u.a. zur Krankenversicherung, zur Arbeitslosenversicherung und auch zur Altersrente; genießt aber auch deren vollen Schutz.[791] Dies kann insbesondere bei einer Beendigung der WAO-Leistung wichtig werden. Denn er hat nun Anspruch auf Arbeitslosengeld.

Außerdem haben alle Leistungsempfänger die Möglichkeit, über das Zuschlagsgesetz „Toeslagenwet“[792] eine Aufbesserung ihrer Leistungen bis auf den Nettomindestlohn zu erreichen. Zudem gewähren das IOAW und das IOAZ zusätzliche Leistungen für den jeweiligen besonderen Personenkreis. Diese Sicherungssysteme gewähren der Sozialhilfe vorgeschaltet eine gesetzliche Mindestsicherung zur Deckung des Mindestbedarfes des Leistungsempfängers und der von ihm zu Unterhaltenden. Das soziale Minimum bestimmt sich abhängig vom Familienstand und vom Alter des Leistungsempfängers als Prozentsatz des gesetzlichen Mindestlohnes.

---

[791] Vgl. *De kleine Gids voor de nederlandes sociale Zekerheid*, 2004.

[792] Das Toeslagenwet wurde durch die sog. Systemreform der Sozialen Sicherheit (stelselherziening sociale zekerheid) 1986 eingeführt. Sie sollte eine bessere Konvergenz der verschiedenen Zweige der sozialen Sicherungssysteme bringen. Dazu wurden die vorher vorhandenen Regelungen über die Mindestsicherung in den Sozialversicherungsgesetzen abgeschafft. An ihre Stelle trat das Toeslagenwet mit dessen Hilfe die Sozialversicherungsleistungen auf das soziale Minimum aufgestockt werden.

d. Bewertung

Ziel einer angestrebten Absicherung gegen Invalidität ist die Absicherung des erreichten Lebensstandards. Gleichzeitig bildet dieses Ziel die Obergrenze der wünschenswerten Absicherung. Diese Begrenzung das Sicherungszieles auf eine Lebensstandardsicherung ist auch erforderlich, wenn aus verschiedenen Sicherungssystemen Leistungen bezogen werden. Dies kann im Deutschen System bei einer Leistung aus der Unfallversicherung geschehen. In den Niederlanden konnte dies im Verhältnis zu Zahlungen aus dem AAW eintreten. Es ist richtig, wenn Antikumulationsvorschriften dazu führen, dass die Leistungen nur begrenzt ausgezahlt werden können. Es stellt sich dann jedoch die Frage nach der Berechtigung eines Nebeneinanders zusätzlicher Sicherungssysteme. Etwas anderes mag nur gelten bei zusätzlichen Sicherungen aus der zweiten und dritten Säule, die der Versicherte freiwillig aufgebaut hat.

5. Gesicherter Personenkreis

Welche Personen in einem nationalen System gegen das Risiko der Invalidität geschützt werden, spiegelt sich in den dargestellten Sicherungszielen des jeweiligen Invaliditätssicherungssystems wieder. Innerhalb der bekannten Sicherungssystem kann unterschieden werden, zwischen kategorialen Versicherungssystemen, die an eine abhängige oder selbstständige Erwerbstätigkeit anknüpfen und damit den Schutz in Abhängigkeit von der zuvor verrichteten Tätigkeit sehen.[793] Des weiteren gibt es allgemeine Systemen die grundsätzlich Schutz für die gesamte Bevölkerung gewährleisten und kausale Sondersystemen, sowie personelle Sondersysteme, die besondere Personenkreise schützen.

Die gesetzliche Rentenversicherung in Deutschland wie auch das WAO und das WAZ in den Niederlanden gewähren einen kategorialen Versicherungsschutz. Während in den Niederlanden über das WAZ auch der Selbstständige explizit in die Sicherung mit einbezogen wird, ist der Selbstständige in der deutschen gesetzlichen Rentenversicherung grundsätzlich nicht gesichert.[794] Ausnahmsweise werden nach Auffassung des Gesetzgebers einige schützenswerte Selbstständige in die Versicherungspflicht miteinbezogen.

In beiden Ländern ist im Sinne von Auffangnormen der sozialen Sicherheit ein allgemeiner Schutz gegen Invalidität vorgesehen. Während in Deutschland nur die Sozialhilfe und die neuerdings vorgeschaltete Grundsicherung im

[793] Vgl. *Ruland, Schaub,* Systeme der Invaliditätsbemessung, DRV 1996, S. 461, 467f.
[794] Vgl. *Hausschild,* Die soziale Sicherheit Selbstständiger in Europa, DRV 1999 S. 113.

Alter diesen allgemeinen Schutz vorsieht, gibt es in den Niederlanden nach Abschaffung des AAW -als konkrete Ausgestaltung eines allgemeines Systems für den Fall der Invalidität- die Sozialhilfe und das Zulagengesetz. Zu differenzieren ist aber sowohl bei der Sozialhilfe als auch bei dem Zulagengesetz, dass sie keine exklusiven Sicherungen für den Fall der Invalidität sind, sondern für alle Fälle der erforderlichen Hilfe eingreifen. Mithin hat nach Abschaffung des AAW keines der beiden Ländern eine allgemeines und alle Personen einschließendes System für die Sicherung der Invalidität. Dies bedeutet, dass zumindest Hausfrauen und Nicht-Erwerbstätige aus dem Kreis des gesicherten Personenkreises herausfallen. Dabei ist aber zu beachten, dass für diesen Kreis auch kein zuschützendes Erwerbseinkommen im Falle der Invalidität wegfällt. Dies ist nicht damit zu verwechseln, dass diese Personen keine Leistungen erbringen. Zusätzlich gibt es in den Niederlanden für besondere Personengruppen eine spezielle Sicherung gegen Invalidität. So werden Frühbehinderte über eine besonderes System gesichert.

III. Mikrovergleich

1. Gesicherter Personenkreis

Innerhalb der gesetzlichen Versicherungssysteme für die allgemeine Invalidität beider Länder muss sowohl in Deutschland als auch den Niederlanden zwischen Pflichtversicherten und freiwillig Versicherten unterschieden werden.

a. Versicherungspflicht

Versicherungspflichtig sind in beiden Rentensystemen zunächst die Arbeitnehmer. Dies sind Personen, die gegen Arbeitsentgelt oder zur Berufsausbildung im Inland beschäftigt sind. Diese Anknüpfung an eine abhängige Beschäftigung spiegelt die Auffassung beider Gesetzgeber wider, dass eine Versicherungspflicht allein aufgrund der Zugehörigkeit zur Gruppe der Arbeitnehmer und deren Vorsorgebedürftigkeit nötig ist. Denn den vom Arbeitseinkommen abhängigen Personen soll eine Kompensation des Defizits gewährleistet werden, das bei vollständigem oder teilweisem Wegfall der Erwerbsfähigkeit entsteht.

Zwar wird in Deutschland immer noch auf eine Berufsgruppenzugehörigkeit, so z.B. bei der Unterscheidung zwischen Angestellten und Arbeitern bezüglich des auszahlenden Versicherungsträger abgestellt, d.h. verschiedene Erwerbstätige gehören verschiedenen Systemen an.[795] Jedoch wird kein Erwerbstätiger ausgeschlossen. Keiner Versicherungspflicht unterliegen allerdings in Deutschland Arbeitnehmer mit einer ausschließlich geringfügigen Beschäftigung bis 325 €[796] im Monat oder einer nur kurzen Beschäftigung von bis zu zwei Monaten. In den Niederlanden gibt es aufgrund vergleichbarer Gedanken einer nur geringen Beschäftigung, die Ausnahme, dass geringfügig beschäftigtes Haushaltspersonal nicht der Versicherungspflicht unterliegt.

Für die Annahme der Arbeitnehmereigenschaft kommt es in beiden Ländern nicht auf die Wirksamkeit des zugrunde liegenden Arbeitsvertrages an, sondern es genügt das Vorliegen eines Beschäftigungsverhältnisses, wonach Arbeitnehmer ist, wer Arbeit in persönlicher Abhängigkeit von einem Dritten, in der Regel dem Arbeitgeber, leistet. In beiden Ländern beginnt die Versicherungspflicht mit dem Vorliegen der gesetzlichen Voraussetzungen. Dies allein ist auslösender Tatbestand.

In beiden Ländern gibt es auch die Fiktion einer Versicherungspflicht. Die Bezieher von Entgeltersatzleistung bestimmter sozialer Sicherungssysteme werden durch Gesetz als Arbeitnehmer angesehen. Daher wird der Begriff der „abhängig Beschäftigten“ in beiden Ländern weit gefasst, so dass ein großer Personenkreis von der Versicherungspflicht erfasst wird. In Deutschland wird zudem die Versicherungspflicht auch auf Personen in der Kindererziehungszeit und für nicht hauptberufliche Pflegepersonen erweitert. Hierfür bedarf es jedoch eines besonderen Antrages.

Versicherungspflicht kann in beiden Systemen auch für Selbstständige bestehen. Grundsätzlich besteht in Deutschland keine Versicherungspflicht für Selbstständige. Scheinbar wird diese Gruppe nicht als vorsorgebedürftig angesehen.[797] Die Versicherungspflicht war in Deutschland jedoch bereits frühzeitig auf bestimmte, als schutzbedürftig erachtete Selbstständige erweitert worden, z.B. Handwerker. Neuerdings sind auch sogenannte arbeitnehmerähnliche Selbständige in den Kreis der kraft Gesetzes Versicherten aufge-

---

[795] Zu nennen sind neben der knappschaftlichen Versicherung, die sich durch einige Besonderheiten im SGB VI, insbesondere auch zur Höhe der Beiträge und der besonderen Rentenleistung wegen verminderter bergmännischer Berufsfähigkeit auszeichnet (§ 45 SGB VI), die Alterssicherung der Landwirte (ALG) in der Fassung durch das Argrarreformgesetz (ASRG) vom 29.07.1994 (BGBl. I S. 1890) und die Künstlersozialversicherung (KSVG) Gesetz vom 27.06.1981 (BGBl: I S. 1256).

[796] Stand 2004.

[797] Vgl. *Hausschild,* Die soziale Sicherheit Selbstständiger in Europa, DRV 1999, S. 113ff.

nommen worden.[798] Dabei handelt es sich um Personen, die im Zusammenhang mit ihrer selbständigen Tätigkeit regelmäßig keinen versicherungspflichtigen Arbeitnehmer beschäftigen, deren monatliches Arbeitsentgelt 325 € übersteigt und die auf Dauer und im Wesentlichen nur für einen Auftraggeber tätig sind.

In den Niederlanden unterlag der Selbstständige bis 1998 der Volksversicherung für Invalidität (AAW). Nach deren Abschaffung bedurfte es einer besonderen Sicherungsform. Nunmehr sind alle Selbstständigen, ihre mithelfenden Ehegatten, Freiberufler und Geschäftsführer im WAZ pflichtversichert. Das WAZ stellt ein Mindestsicherungssystem für Selbstständige dar. Somit handelt es sich um einen bedeutend größeren Teil pflichtversicherter Selbstständiger als in Deutschland.

Erwerbsunfähige Behinderte unterliegen in Deutschland bei Aufnahme einer Tätigkeit, auch in einer Behinderten-Werkstatt, ebenfalls der Versicherungspflicht als Arbeitnehmer. Kommt es jedoch nicht zur Aufnahme einer Tätigkeit, gibt es für den Behinderten auch keine Versicherungspflicht, mit der Folge, dass er auf der Leistungsseite auch keine Ansprüche aus der gesetzlichen Invaliditätssicherung hat. Für ihn verbleibt es dann bei Sozialhilfeansprüchen. Eine solche Versicherungspflicht von Behinderten auch in beschützten Werkstätten kennen die Niederlande nicht. Kommt es zur Aufnahme einer Beschäftigung eines Behinderten, ist er Arbeitnehmer mit der Folge der Integration in das WAO. Eines weitergehenden Schutzes bedarf es in den Niederlanden auch nicht, da der Behinderte über das Wajong aus steuerfinanzierten Leistungen versorgt wird. Ebenso sind in beiden Ländern Hausfrauen mangels abhängiger Beschäftigung nicht versicherungspflichtig.

b. Versicherungsfreiheit

Von der Versicherungspflicht bestehen in Deutschland gesetzlich definierte Ausnahmen. Bezüglich dieser wird zwischen der Versicherungsfreiheit kraft Gesetzes und der Versicherungsfreiheit aufgrund Antrages unterschieden. Versicherungsfrei kraft Gesetzes sind zunächst Beamte. Dieser Personenkreis ist versicherungsfrei, da er über eine anderweitige ausreichende Absicherung verfügt. Weiter versicherungsfrei sind Studenten und Personen, die eine Vollrente oder Pension wegen Alters beziehen. Für letztere Gruppe ist das Sicherungsbedürfnis einer Rentenversicherung wegen des Bezuges voller Leistungen bereits erfüllt. Auf Antrag des Versicherten können sich bestimmte kam-

---

[798] Art. 2 Nr. 1 Buchst. a und Art. 3 Abs. 1 des Gesetzes zur Förderung der Selbständigkeit vom 20.12.1999, in Kraft getreten am 01.01.1999.

merfähige Angestellte oder Selbständige von der Versicherungspflicht in der gesetzlichen Rentenversicherung befreien lassen, da die Schutzfunktion für Invalidität und Alter auf die Versorgungseinrichtung ihrer Berufsgruppe übergeht.

In den Niederlanden sind seit 1998 auch Beamte und Arbeitnehmer des öffentlichen Dienstes versicherungspflichtig. Bereits zuvor konnten die Arbeiter des öffentlichen Dienstes die Geltung des WAO vertraglich vereinbaren, und ab diesem Zeitpunkt konnten sie WAO-konforme Leistung erhalten. Lediglich ausgenommen aus dieser weitumfassenden Versicherungspflicht in den Niederlanden sind Haushaltshilfen und Hauspersonal mit einem Beschäftigungsrahmen von weniger als drei Tage in der Woche.

c. Freiwillige Versicherung

In beiden Ländern besteht für verschiedene Personengruppen eine Versicherungsberechtigung, d.h. die Möglichkeit, durch freiwillige Beitragsleistungen Versicherungsschutz zu erwerben.

Seit dem Rentenreformgesetz 1972 kann sich fast jeder Einwohner in Deutschland, der nicht versicherungspflichtig ist, in der gesetzlichen Rentenversicherung versichern. Dies gilt insbesondere für selbständig Erwerbstätige und alle Nichterwerbstätigen z.B. Hausfrauen. Dies bietet sich an, wenn aufgrund einer früheren versicherungspflichtigen Beschäftigung bereits ein Versichertenkonto vorliegt. Der freiwillig Versicherte kann die Höhe seiner Beiträge in gewissen Grenzen frei wählen. Gegenüber der Pflichtversicherung auf Antrag hat die freiwillige Versicherung den wesentlichen Nachteil, das sie nicht zum Bezug von Leistungen wegen Invalidität in Form einer Rente wegen teilweiser oder voller Erwerbsminderung berechtigt, da dort die Leistungsvoraussetzungen Pflichtbeiträge sind. Seit der gravierenden gesetzlichen Änderung von 1984 hat der freiwillig Versicherte nicht mehr die Möglichkeit, sozialen Schutz bei Invalidität zu erwerben bzw. aufrechtzuerhalten, da innerhalb der letzten 60 Monate vor Eintritt des Versicherungsfalles mindest 36 Monate mit Pflichtbeitragszeiten belegt sein müssen. Die freiwillige Versicherung hat daher nur Auswirkungen auf die Sicherung im Alter und nicht bei Invalidität.[799]

Eine solche umfassende Möglichkeit zur freiwilligen Versicherung sieht das niederländische Recht nicht vor. Insbesondere nach Abschaffung der Volks-

---

[799] Streckungstatbestände und Übergangsregelungen können u.U. jedoch zur Aufrechterhaltung des Versicherungsschutzes führen, vgl. Ausführungen 2. Teil II. 2.

versicherung ist der Kreis der Hausfrauen nicht mehr gegen das Risiko der Invalidität geschützt und kann dies auch nicht über eine freiwillige Versicherung erlangen.

Unter bestimmten Voraussetzungen besteht aber auch in den Niederlanden die Möglichkeit einer freiwilligen Versicherung nach dem WAO. Dies gilt z.B. bei kurzfristiger Unterbrechung der Versicherung wegen Verlustes des Arbeitsplatzes und für den Fall, dass ein neues Beschäftigungsverhältnis kurzfristig angestrebt wird. Auch ehemalige Arbeitnehmer, die eine selbstständige Tätigkeit beginnen, können sich nach dem WAO versichern, wenn sie vorher mindestens 3 Jahre Pflichtmitglieder waren. Freiwillig versichern können sich auch Personen, die als Haushaltspersonal mit weniger als drei Tagen in der Woche regelmäßiger Arbeitszeit arbeiten, und Entwicklungshelfer.

d. Zusammenfassung

Zusammenfassend bleibt festzuhalten, dass in beiden Ländern tendenziell ein sehr großer Kreis der Bevölkerung in die Pflichtmitgliedschaft der gesetzlichen Invalidenversicherung einbezogen wird. Abhängig Beschäftigte und aus bestimmten Gründen Schutzbedürftige sind grundsätzlich versicherungspflichtig. Ein wichtiger Unterschied ist die Behandlung von Beamten. Die Niederländer sind den Schritt gegangen, der auch in Deutschland häufig gefordert wird, die Beamten in das sozialrechtliche Einheitssystem zur Sicherung gegen Invalidität einzugliedern. Einer Versicherungspflicht der Beamten steht aber auch die Anspruchsseite gegenüber.[800] Eine Verringerung der Anspruchsberechtigten oder sonstigen Einsparungen dürften daher kaum zu erwarten sein. Allenfalls kommt es durch eine Vereinheitlichung zu Ersparnissen bei den Verwaltungskosten.[801]

Weiterer gravierender Unterschied ist die Behandlung der Versicherungspflicht von Selbstständigen. Scheinbar ging der deutsche Gesetzgeber ursprünglich davon aus, dass Selbstständige, anders als abhängig Beschäftigte, keiner Vorsorge bedürfen. Anders ist es nicht zu erklären, dass kein Einbezug in das Sozialversicherungssystem stattfand. Immer mehr erkannte er aber, dass es durchaus auch vorsorgebedürftige Selbstständige gibt. Dies kommt vor allem in der letzten Gesetzesänderung zum Ausdruck. Durch die Förderung und Propagierung vermehrter Selbstständigkeit muss darüber nachgedacht werden, alle Selbstständigen in das gesetzliche Regelsystem mit einzubeziehen und zumindest, bei einem festen Beitragssatz auf der Leistungsseite,

[800] Vgl. Ausführungen zu Reformvorhaben 2. Teil. VIII.
[801] Vgl. zum Anstieg der Leistungsberechtigten im WAO Tabelle Niederlande Nr. 12.

eine Mindestsicherung ähnlich dem niederländischen System zu gewähren. In der Phase des Aufbaus einer Selbstständigkeit oder in schlechten Zeiten ist es für den Selbstständigen naheliegend, die Frage der Vorsorge zu vernachlässigen. Dies ist in der Praxis leider immer noch zu beobachten,[802] so dass die Gruppe der Selbstständigen auch einer Vorsorge bedarf. Bei der Invaliditätssicherung darf daher nicht nur Anknüpfungspunkt die abhängige Beschäftigung sein, sondern Anknüpfungspunkt muss jegliches Einkommen sein, welches durch eine Invalidität ganz oder zum Teil wegfallen kann. Es ist dabei nicht Ziel, den gut verdienenden Selbstständigen und Großunternehmer in die gesetzliche Invaliditätssicherung einzubeziehen, um die Einnahmenseite aufzubessern. Dies wäre aufgrund der Beitragsbemessungsgrenze auch nicht möglich. Sondern Grundlage ist der Schutzgedanke für alle anderen Selbstständigen, die ansonsten ohne eigene Vorsorge der Sozialhilfe zur Last fielen.

Anders sieht die Situation bei Kindererziehungszeiten und Zeiten der nicht erwerbsmäßigen Pflege aus. Zwar werden mit der Berücksichtigung dieser Leistungen in der Rentenversicherung gesellschaftspolitisch begrüßenswerte Leistungen honoriert. Da diesen Leistungen aber kein Einkommen gegenübersteht, handelt es sich um systemfremde Leistungen. Diese Leistungen sind, wie in den Niederlanden vorgesehen, über steuerfinanzierte gesonderte Systeme zu erfassen, haben aber keinen Bezug in einem Rentensystem zur Sicherung gegen Invalidität.

Eine Ausnahme, wie es die Geringverdiener unter 325 € im Monat in Deutschland darstellen, gibt es in den Niederlanden nicht. Die Versicherungspflicht in den Niederlanden hat so gut wie keine Ausnahmeregelungen. Auch in Deutschland muss über eine allumfassende Versicherungspflicht nachgedacht werden. Das immer wieder zitierte Argument für eine Beibehaltung der Geringverdienergrenze, nämlich die Befürchtung des Ausweichens in die Schattenwirtschaft, erscheint nach den Erfahrungen in den Niederlanden nicht richtig. Dort liegt man bei einer vergleichbaren Quote der Schwarzarbeit.[803]

---

802 Betrachtet man innerhalb eines gerichtlichen Verfahrens Versicherungsverläufe, sind es gerade diejenigen, die zeitweise Selbstständige waren oder nach einer Zeit der abhängigen Beschäftigung selbstständig geworden sind, die die geringsten Rentenansprüche zu erwarten haben, teilweise sogar Rentenansprüche unter dem Existenzminimum, oder aber schon gar nicht die versicherungsrechtlichen Voraussetzungen erfüllen. Im Rechtsgespräch mit den Versicherten erfährt man dann, dass sie überhaupt nicht oder nur für das Alter oder bei Tod privat abgesichert sind.

803 Geschätzte Zahlen der Sozialministerien beider Länder; vgl. De Statis Jahrbuch 2002 und sociale Nota 2002, S. 3.

Wünschenswert ist der im Deutschen System erfolgte Einbezug der in besonderen Einrichtungen erwerbstätigen Behinderten in das gesetzliche System der Invalidensicherung. Der Invaliditätsbegriff knüpft an ein Erwerbseinkommen an. Sobald dieses wegfallen sollte, d.h. in diesem Fall eine weitere Minderung der Erwerbsfähigkeit eintritt, bedarf der Behinderte des Schutzes gegen die Folgen, also das Erwerbsdefizit. Ein darüber hinaus gehendes, für alle Behinderte und/oder speziell Frühbehinderte erfassendes Sondersystem mag die Stigmatisierung der Sozialhilfebedürftigkeit unterlaufen, ist zur Absicherung aber nicht zwingend notwendig.

Einer unterschiedlichen Behandlung unterliegen auch die Regelungen für eine freiwillige Versicherung. In den Niederlanden ist eine freiwillige Versicherung/Weiterversicherung nur in eng begrenzten Ausnahmenfällen möglich. Mit diesem Prinzip knüpft das niederländische System an das der Invalidität immanente Grundprinzip an, dass nur bei Bezug von Einkommen durch Arbeit auch der Einkommensausfall zu schützen ist. Sobald man Einkommen aus Arbeit erzielt, ist man in den Niederlanden pflichtversichert. Ist dies nicht der Fall, soll auch nicht über eine freiwillige Versicherung eine Leistung gewährt werden, der kein Schaden gegenüber steht. Das Deutsche System ist im Bezug auf die Berücksichtung und Möglichkeit von freiwilligen Beiträgen indifferent.[804] Es lässt die Entrichtung von freiwilligen Beiträgen generell zum einheitlichen Rentensystem zu. Für den Fall der Invalidität genügen diese auf der Leistungsseite jedoch nicht. Damit bewertet Deutschland die Zeiten einer Nichterwerbstätigkeit sozialpolitisch ähnlich wie die Niederländer. Denn mit der Versagung des Versicherungsschutzes bei freiwilligen Beiträgen wird der „Lohnersatzcharakter“ der Renten wegen Erwerbsminderung betont. Was jedoch zu wenig berücksichtigt wird ist, dass oftmals Selbstständige auf die Entrichtung von freiwilligen Beiträgen zurückgreifen und damit zwar eine Altersrente erzielen können, nicht aber eine Invaliditätsrente.[805] Dies mag auch darin liegen, dass es ein gesetzliches Mindestsicherungssystem für Selbstständige in Deutschland nicht gibt.

2. Versicherungsrechtliche Voraussetzungen

Eng verknüpft mit der Versicherungspflicht sind die Voraussetzungen für die Inanspruchnahme von Leistungen wegen Invalidität. Der Einbezug eines Ver-

---

[804] Vgl. *Rheinhard, Kruse(Maydell, von),* Invaliditätssicherung im Rechtsvergleich, Bewertung, 1998 S. 750.

[805] In der Praxis ist zu beobachten, dass diese Besonderheit den wenigsten Versicherten bekannt ist.

sicherten auf der Seite der Einzahlungen in das vorhandene System[806] setzt auf der anderen Seite eine Verpflichtung zur Leistung für den Eintritt des Versicherungsfalls voraus. Dabei obliegt es der Entscheidung jeden Sicherungssystems, welche Personen vom Schutz erfasst werden.

a. Unterschiede

In der deutschen Rentenversicherung sollen grundsätzlich die Personen gesichert sein, die Erwerbseinkommen durch den Eintritt einer Invalidität verlieren. Es wird damit der Lohnersatzcharakter der Renten wegen Erwerbsminderung betont. Wer im Referenzzeitraum kein Erwerbseinkommen hatte, soll nicht gesichert werden. Dieser Referenzzeitraum wird aufgebaut durch das Erfordernis des Vorliegens der versicherungsrechtlichen Voraussetzungen im Zeitpunkt des Eintritts des Leistungsfalls. Die versicherungsrechtlichen Voraussetzungen setzen sich zusammen aus der Erfüllung einer Wartezeit und der Belegungsdichte.

Die Wartezeit soll dazu dienen, eine Mindestversicherungszeit zu normieren. Sie umfasst nach ihrem Sinn und Zweck einen bestimmten Zeitraum des Versichertenlebens. In Deutschland handelt es sich mit fünf Jahren um einen relativ langen Wartezeitraum. In den Niederlanden besteht dagegen nur eine Wartezeit von einem Jahr. Zusätzlich wurde 1984[807] in Deutschland das Erfordernis der Belegungsdichte eingeführt. Dies bedeutet, es genügt seitdem nicht mehr nur Versicherter des Systems zu sein dadurch, dass man zu einem früheren Zeitraum Beiträge erbracht hat und seit Beginn der Versicherteneigenschaft 5 Jahre vergangen sind, sondern nun müssen bestimmte Beitragszeiten innerhalb des Referenzzeitraumes erfüllt sein.[808] Im Unterschied zur Wartezeit, die durch alle Beitragszeiten, d.h. Pflichtbeitragszeiten und Zeiten mit freiwilligen Beiträgen, erfüllt wird, bedarf es zur Erfüllung der Belegungsdichte Pflichtbeiträge. Dies bedeutet, nur Beitragszeiten und denen gleichgestellte Beiträge werden bewertet, nicht aber freiwillige Beiträge. Ein besonderes Problem stellt sich bei dem Personenkreis, der zwar früher abhängig beschäftigt war, bei denen die Invalidität aber zu einem Zeitpunkt eintritt, in

[806] Hierbei ist es unerheblich, ob der Arbeitnehmer oder der Arbeitgeber die Beiträge erbringt. Denn in jedem Fall soll der Arbeitnehmer einem Schutzsystem durch die Einzahlung von Beiträgen unterliegen. Die Wahl des tatsächlichen Beitragszahlers ist nur eine gesellschaftspolitische Entscheidung und Frage der arbeitsrechtlichen Bewertung des Austauchverhältnisses innerhalb eines Arbeitsvertrages.

[807] Diese Voraussetzung wurde durch das Haushaltsbegleitungsgesetz 1984 vom 22.12.1983 BGBl. I S. 1532 eingeführt.

[808] 36 Monate in den letzen fünf Jahren vor Eintritt des Versicherungsfalls, sog. 2/3 – Belegung, vgl. Ausführungen 2. Teil II. 2.

dem keine abhängige Beschäftigung mehr vorliegt und sie möglicherweise weiterhin freiwillige Beiträge geleistet haben. Betroffen sind von diesem Ausschluss der freiwilligen Beiträge von einem Versicherungsschutz vor allem Selbstständige. Selbst wenn sie Beiträge erbringen, können sie keinen Invaliditätsschutz erzielen, obwohl sie ein Einkommen aus einer Tätigkeit haben, das durch den Eintritt der Invalidität wegfallen kann. Damit wird der ursprüngliche Grund, nämlich eine sozialpolitische Bewertung dahingehend, dass Zeiten einer Nichterwerbstätigkeit keine Berücksichtigung für den Fall einer Invalidität haben sollen, nicht erfüllt.[809] Das Grundprinzip einer Invaliditätssicherung, nämlich generell Schutz vor dem Einkommensdefizit, welches durch eine körperliche und geistige Behinderung einritt, kann und sollte auch für Selbstständige gelten. Es bedürfte daher bei der Sicherung gegen Invalidität nicht nur eines Lohnersatzes für den Kreis der abhängig Beschäftigten, sondern auch eines Einkommensersatzes für den Kreis der Selbstständigen. Zudem ergeben sich Widersprüche zum Äquivalenzprinzip, dadurch dass freiwillige Beiträge gegenüber den Pflichtbeiträgen abgewertet werden. Dies ist auch deshalb inkonsequent, weil die Absicherung gegen Alter im selben Versicherungszweig, der gesetzlichen Rentenversicherung, auf freiwilligen Beiträgen beruhen kann. Jedoch erklärte das Bundesverfassungsgericht, dass diese Regelung nicht verfassungswidrig sei.[810] Dieser Widerspruch wird noch erhöht, wenn besondere Tatbestände auch zu einer Berücksichtigung entsprechend einer Beitragszeit führen. Hierzu zählen vor allem die Kindererziehungszeiten und die Zeiten des Bezuges von Arbeitslosen- oder Krankengeld. Während bei dem Bezug der genannten Entgeltersatzleistungen wiederum durch ihre direkte Anknüpfung an die abhängige Beschäftigung die Berücksichtigung dieser Zeiten einen Lohnersatzcharakter hat mag die Berücksichtigung von Kindererziehungszeiten zwar eine sozialpolitische Rechtfertigung haben;[811] jedoch liegt ihnen nicht der Lohnersatzcharakter zugrunde. An diesem Sachverhalt ändert auch die im Rahmen der Reform 1984 großzügig eingeführte Vertrauensschutzregelung nichts, denn freiwillig Versicherte können

[809] Hintergrund der Neuregelung war vor allem die Konsolidierung der Rentenfinanzen. Dieser Zweck wurde durch die Ausgrenzung bestimmter Personengruppen von der sozialen Sicherung bei Invalidität auch erreicht. Die Anzahl der Invaliditätsrenten ging nach der Reform deutlich zurück.

[810] Vgl. BVerfG vom 08.04.1987 - 1 BvR 564/84 SozR 2200 § 1246 Nr. 142 und vom 20.09.2001 - 1BvR 1423/94

[811] Seit 1986 besteht Versicherungspflicht auch für Zeiten der Kindererziehung. Dem jeweils Erziehenden werden auf Kosten des Bundes Versicherungszeiten für die Zeit der Erziehung angerechnet. Derzeit erhöht sich die Rente je Kindererziehungsjahr um gut 15 € monatlich. Knapp 2,2 Mio. Rentner erhalten eine um Kindererziehungszeiten erhöhte Rente. Es handelt sich hierbei um eine besondere Form des Familienlastenausgleichs. Nach dem Bundesverfassungsgericht (BVerfG), NZS 1992, S. 25, 26f sind die Kinder von heute die Beitragszahler von morgen und damit die Garanten der Rentenfinanzierung.

deren Erfordernis einer lückenlosen Belegung mit Anwartschaftserhaltungszeiten nicht erfüllen.

Da es sich in Deutschland um einen relativ langen Referenzzeitraum[812] handelt, bedarf es besonderer Regelungen für Fälle, für die der einzelne Versicherte ansonsten keinen ausreichenden Schutz erlangen kann oder die Allgemeinheit einzustehen hat. Hierfür sieht das SGB VI die Möglichkeit einer vorzeitigen Wartezeiterfüllung vor. Die vorzeitige Erfüllung der allgemeinen Wartezeit soll unter Verzicht auf die Berücksichtigung der ansonsten erforderlichen versicherungsrechtlichen Voraussetzungen Härtefälle abdecken. Der Hauptanwendungsfall einer vorzeitigen Wartezeiterfüllung ist der Eintritt einer verminderten Erwerbsfähigkeit durch einen Arbeitsunfall oder eine Berufskrankheit. Der bloße Eintritt einer teilweisen Erwerbsminderung oder Berufsunfähigkeit genügt dagegen nicht. Auch dann nicht, wenn schon die Situation einer Erwerbsunfähigkeit auf Zeit vorlag.[813] Mit dieser Wartezeitregelung fallen junge Berufstätige oder Wiedereinsteiger nach fehlenden Pflichtversicherungszeiten aus dem Schutz der Invaliditätssicherung heraus. Sind solche Personen nicht privat gegen Invalidität abgesichert, bestehen nur noch Ansprüche auf Sozialhilfe. Die damit einhergehende Stigmatisierung könnte vermieden werden, wenn, wie in den Niederlanden ein besonderes, möglicherweise auch steuerfinanziertes Gesetz die Leistungsansprüche übernehmen würde. Denn das Wajong in den Niederlanden sichert gerade Personen, die am Tag des Erreichens des 17. Lebensjahres erwerbsunfähig sind oder nach diesem Tag erwerbsunfähig werden und unmittelbar zuvor sechs Monate studiert haben bzw. sich in einer Ausbildung befunden haben, für den Fall, dass sie nicht bereits dem WAO unterliegen und jünger als 30 Jahre sind. Eine andere Möglichkeit ist eine vollständige rechtliche Änderung der Wartezeit.[814]

Auch in den Niederlanden ist Voraussetzung für die Gewährung einer Invaliditätsleistung, dass im Moment des Eintritts der Erwerbsunfähigkeit die Versicherteneigenschaft besteht. Durch dieses Erfordernis wird auch hier sichergestellt, dass nur diejenigen Leistungen in Anspruch nehmen können, die in relevantem Umfang der Versichertengemeinschaft angehört und Beiträge geleistet haben. Wenngleich auch in gewissem Rahmen eine Nachwirkung mög-

---

812 Zwar kennen viele Länder eine Wartezeitregelung, jedoch werden selten Zeiträume von mehr als 5 Jahren erfasst. In machen Ländern werden Vorkehrungen dafür getroffen sind, dass in Fällen in denen keine Tätigkeit vor der Invalidität ausgeübt wird, trotzdem eine Absicherung gegen das Risiko der Invalidität erfolgt; vgl. *Ruland, Schaub u.a.,* Systeme der Invaliditätsbemessung Vergleichende Studie in 20 Industriestaaten im Auftrag der internationalen Vereinigung für Soziale Sicherheit DRV 1996, S. 461, 472.

813 Vgl. BSG SozR 2200 § 1252 Nr. 2; diese Regelung ist mit dem Grundgesetz vereinbar BVerfG vom 17. 07.1984 – 1 BvL 24/83, SozR 2200 § 1252 Nr.4.

814 Vgl. Reformvorschlag, 5. Teil Resümee.

lich ist. Im Vergleich zu Deutschland handelt es sich aber um eine bedeutend kürzere Wartezeit. Sie beträgt lediglich ein Jahr. Der Versicherte muss für einen Anspruch auf eine Invaliditätsleistung innerhalb dieses Jahres 52 Wochen wegen Krankheit oder Gebrechen arbeitsunfähig sein. Die für diese Wartezeit erforderliche Arbeitsunfähigkeit meint die Arbeitsunfähigkeit im Sinne der Krankenversicherung. Es bedarf noch nicht der Erwerbsunfähigkeit im Sinne des WAO. Grundgedanke dieser Wartezeitregelung ist, dass ein Antrag zu Lasten der Invaliditätssicherung und damit auch der Zugang zur Invaliditätssicherung erst möglich sein soll, wenn abzusehen ist, dass keine Reintegration stattfinden wird und es sich um eine dauerhafte Arbeitsunfähigkeit handelt.[815] Zudem soll nicht aus der Situation einer Arbeitslosigkeit heraus mit dem Ziel, eine weitere sicherere Entgeltersatzleistung zu beziehen, der Weg zur Invaliditätssicherung offen sein. In Deutschland ist zu beobachten, dass Versicherte oftmals zunächst ihren Krankengeldbezugsrahmen ausschöpfen, sodann in die Arbeitslosigkeit abrutschen und dann erst einen Antrag auf Invaliditätsleistungen stellen. In diesem Moment ist an eine Reintegration nicht mehr zu denken. Oder aber, es wird ohne nennenswerten Ausfall durch Krankheit aus einem bestehenden Arbeitsverhältnis oder aus der Situation des Arbeitslosengeldbezuges heraus ein Antrag auf Leistungen wegen Invalidität gestellt. Durch das Erfordernis einer bereits auf die medizinischen Leistungsvoraussetzungen abzielenden Wartezeit kann eine sinnvolle Selektion der Prüfung schon im Bereich der versicherungsrechtlichen Voraussetzungen stattfinden. Dem widerspricht auch nicht, dass es durch bestimmte plötzliche medizinische Ereignisse zu einer direkt eintretenden Erwerbsunfähigkeit kommen kann. Der betroffenen Versicherte erhält nämlich in der Wartezeit eine Entgeltfortzahlung durch den Arbeitgeber oder eine Krankengeldzahlung der Krankenkasse im Falle eines nicht bestehenden Arbeitsverhältnisses, die seine Ansprüche sichert.

Der Unfähigkeit, irgendeiner zumutbaren Tätigkeit nachzugehen, bedarf es erst nach Ablauf der Wartezeit. Damit kann die Situation auftreten, dass ein Versicherter wegen eines bestimmten Krankheitsereignisses eine bestimmte Zeit der Wartezeit erfüllt, letztlich aber wegen einer neuen oder hinzutretenden Krankheit erwerbsunfähig wird. In diesen Fällen beginnt die Wartezeit nicht mit dem neuen Krankheitsereignis erneut. Dies würde ansonsten dazu führen, dass der Versicherte möglicherweise aus dem Höchstleistungsbezugsrahmen für Entgeltfortzahlung bzw. Krankengeld herausfällt, ohne dann Anspruch auf eine Leistung nach dem WAO zu haben. Diese Regelung ist aber auch sozialpolitisch gerechtfertigt, da der Versicherte über ein Jahr dem Ar-

[815] Dies ist auch der Grundgedanke für die Fälle einer verlängerten Wartezeit wegen fehlender Reintegrationsbemühungen nach dem wet Pemba; vgl. *Kronenburg-Willems*, Dossier WAO, PS-Special 2003 S. 3ff.

beitsmarkt nicht zur Verfügung gestanden hat und eine Reintegration allein aus diesem Grund schon scheitern könnte.

Die Voraussetzung einer Belegungsdichte kennt das niederländische System nicht. Einer solchen bedarf es aber auch nicht, da die Zahlung von freiwilligen Beiträgen, die sozialpolitisch nicht zur Erfüllung der versicherungsrechtlichen Voraussetzungen führen sollen, z.B. von Selbstständigen, dem niederländischen System fremd sind. Hierfür sieht das niederländische System die besondere Sicherung über das WAZ vor, welches alle Selbstständigen pflichtversichernd erfasst und allen Selbstständigen eine Mindestleistung bietet. Für eine WAZ-Leistung bedarf es ebenfalls der Erfüllung der einjährigen Wartezeit. Darüber hinaus muss der Anspruchssteller außerdem in den 52 Wochen unmittelbar vor Eintreten der Arbeitsunfähigkeit mit dem Ziel als Selbstständiger tätig gewesen sein, Gewinne und Einkommen zu erzielen.
Darüber hinaus trägt das WAO auch dem Umstand Rechnung, dass mit seiner Einführung die Unfallversicherung in den Niederlanden abgeschafft worden ist. Während für einen Arbeitsunfall oder Wegeunfall grundsätzlich die Versicherteneigenschaft vorliegt, denn innerhalb des bestehenden Arbeitsverhältnisses tritt dieses Ereignis ein, kann eine Berufskrankheit auch erst Jahre später eintreten, da es sich oftmals um schleichende Krankheitsprozesse handelt. Problematisch wäre, wenn dann eine Sicherung über die Arbeitnehmerversicherung ausgeschlossen wäre, weil im Zeitpunkt des Eintritts einer Berufskrankheit keine Versicherteneigenschaft mehr vorläge. Das WAO eröffnet aber für einen Katalog von Berufskrankheiten die Möglichkeit, trotz fehlender Versicherteneigenschaft einen Leistungsanspruch zu erhalten. Es handelt sich um die Fiktion der Versicherteneigenschaft. Voraussetzung ist allein, dass der Leistungsberechtigte während seiner Berufstätigkeit versichert war.

Eine Besonderheit im deutschen System gilt für Versicherte, die bereits vor Erfüllung der allgemeinen Wartezeit voll erwerbsgemindert waren und seitdem ununterbrochen voll erwerbsgemindert sind. Neben der Wartezeit von 20 Jahren werden weitere versicherungsrechtlichen Voraussetzungen nicht gefordert. Insbesondere wird eine Belegungsdichte von in den letzen fünf Jahren erforderlichen drei Jahren Pflichtbeiträge nicht verlangt. So können auch voll erwerbsgeminderte Behinderte, die keine Pflichtbeiträge (z.B. aufgrund einer Beschäftigung in einer Behindertenwerkstatt) haben, allein mit freiwilligen Beiträgen einen Rentenanspruch erwerben.[816] Dieser Besonderheit bedarf es im niederländischen System aufgrund des Wajong nicht. Das Wajong hat ebenfalls keine weiteren versicherungsrechtlichen Voraussetzungen, da es sich

816 Vgl. *Arbeitsgruppe des Fachausschusses für Versicherung und Rente des VDR* 6/89 Top 4.

nicht um eine Arbeitnehmerversicherung bzw. Sozialversicherung handelt, sondern um ein soziales Ergänzungssystem.

Hausfrauen/-männer unterliegen in beiden Ländern mangels versicherungspflichtiger Tätigkeit nicht der sozialen Sicherung gegen Invalidität. Die Invalidität kann im engeren Sinne bei Hausfrauen/-männern auch kein Einkommensdefizit auslösen. Zwar könnte man die Arbeitsleistung einem finanziellen Ausgleich gegenüber stellen, tatsächlich wird aber kein Einkommen bezogen, so dass auch keine Vorsorgefähigkeit vorliegt. Gab es in Deutschland bei einer/m Hausfrau/-mann bereits ein Versichertenkonto und werden weiterhin freiwillige Beiträge entrichtet, so gilt das für Selbstständige gesagte. In den Niederlanden dagegen existiert die Möglichkeit zur freiwilligen Entrichtung von Beiträgen für Hausfrauen nicht. Gegen das Alter ist die Hausfrau über die Volksversicherung AOW gesichert. Eine Sicherung gegen Invalidität ist nach Abschaffung der Volksversicherung für die Invalidität nur noch privat möglich.

b. Bewertung

In beiden Ländern gilt gleichermaßen, dass die Gewährung einer Invalidenrente abhängig ist von dem Erfordernis des Vorliegens versicherungsrechtlicher Voraussetzungen. Der Leistungsseite steht als Pedant die Versicherungspflichtseite gegenüber. Mit diesen Voraussetzungen wird in beiden Ländern der Schutzzweck des Sicherungssystem definiert. Nur bei Bezug von Erwerbseinkommen in einem bestimmten Referenzzeitraum sollen auch Einkommensersatzleistungen wegen Invalidität gegenüberstehen. Dieser Grundsatz wird in Deutschland aus einer sozialpolitischen Bewertung heraus für die Kindererziehungszeiten und Pflegezeiten durchbrochen.

In beiden Ländern knüpft die soziale Sicherung zudem an eine Vorsorgegeschichte an, die auf der Zugehörigkeit des Versicherten zur Solidargemeinschaft beruht. Diese Vorsorgegeschichte hat in beiden Ländern einen Zeitfaktor. Dieser Zeitfaktor stellt sich in der jeweiligen Wartezeit dar. Die deutlich längere Wartezeit in Deutschland macht besondere Regelungen für Härtefälle erforderlich die unnötig wären, wenn eine deutlich verkürzte Wartezeit Sicherungslücken meiden würde. Denn zu solchen kann es in Deutschland im Gegensatz zu den Niederlanden für Frühinvalide kommen. In Deutschland wird dieser Zeitfaktor mit einem Beitragsfaktor, der Belegungsdichte, verknüpft. Einen solchen Beitragsfaktor im engeren Sinne kennt das niederländische System nicht. Hier bedarf es neben des Zeitfaktors eines Tatbestandsfaktors, der gleichzeitig verwirklicht werden muss. Dieser Tatbestand ist das Erfordernis einer 52 Wochen andauernden Krankheit. Dieser Tatbestandsfaktor

verknüpft mit dem Zeitfaktor ist begrüßenswert. Denn es ist für den Fall der Invalidität sinnvoll, den Zeitfaktor bereits mit dem Erfordernis der Krankheit zu verknüpfen. Damit ist gleichzeitig die Gewissheit eines Leistungsbezuges durch ein anderes Sicherungssystem gegeben, in dessen Rahmen sowohl kontrollierte Reintegrationsbemühungen als auch der Ausschluss von kurzfristigen bzw. nicht gravierenden Leistungseinbußen möglich sind. Die Wartezeit ist dann nicht nur ein rein zeitlicher Abschnitt, wie es z.B. für den Bezug einer vorgezogenen Altersrente Sinn macht, sondern durch das zusätzliche Erfordernis der Krankheit wird schon während dieser Zeit ein Prüfungsschritt der medizinischen Seite einer Invaliditätsleistung zur Voraussetzung. Folglich soll durch das Tatbestandserfordernis der Arbeitsunfähigkeit einerseits das Vorliegen der Dauerhaftigkeit der Erkrankung nachgewiesen werden und andererseits die Rückkehr in das Arbeitsverhältnis offengehalten werden, damit es nicht zu einer frühzeitigen Invalidisierung z.B. durch Kündigung kommt.
Durch den längeren Referenzzeitraum in Deutschland fallen deutlich mehr Personen, insbesondere Jungerwerbstätige und Personen, die ihre Pflichtversicherung unterbrochen haben, aus der Sicherung gegen Invalidität heraus. Es liegen zwar Härtefallregelungen vor, mangels Sondersystemen wie in den Niederlanden und dem Festhalten an bestimmten Beitragsfaktoren sowie dem Erfordernis von Pflichtbeiträgen wird der Fünf-Jahreszeitraum um Ersatz-, Anrechnungs- und Berücksichtigungszeiten verlängert. Dies schließt im Einzelfall aber nicht das Auftreten von immanenten Sicherungslücken aus. Dies kann in Deutschland auch nicht mit einer zusätzlichen Unfallversicherung aufgefangen werden. Die in Deutschland erforderlichen Vertrauensschutzregelungen führen zusätzlich zu einer Unübersichtlichkeit, die dem einzelnen Versicherten es für den Fall, dass er nicht dauerhaft abhängig beschäftigt war, nahe zu unmöglich macht, selbst zu überblicken, ob er einen Anspruch auf Invaliditätsrente hätte.

Eine stark unterschiedliche Behandlung erfährt auch der Kreis der Selbstständigen, obwohl dort eine Vorsorgefähigkeit und eine Vorsorgebedürftigkeit[817] bestehen kann. In diesem Zusammenhang lässt sich die Nichtberücksichtigung von freiwilligen Zeiten im Rahmen der Invaliditätssicherung in Deutschland auch nicht durch die sozialpolitische Bewertung von Zeiten einer Nichterwerbstätigkeit erklären.

---

[817] Für den Kreis der nicht vorsorgebedürftigen Selbstständigen könnte ein kontrolliertes Opting-out angeboten werden. Vgl. *EG-Kommission*, Mitteilungen der Kommission 2002, Modernisierung und Verbesserung des Sozialschutzes in der europäischen Union.

3. Leistungsfall einer Invaliditätsrente

a. Begriff der Invalidität

In beiden Ländern liegt dem versicherten Risiko der Invalidität ein vergleichbarer Tatbestand zugrunde. In Deutschland ergibt sich dieser mangels gesetzlicher Definition aus dem Umkehrschluss der maßgeblichen gesetzlichen Norm, und in den Niederlanden liegt eine konkrete gesetzliche Definition vor. Beiden Tatbeständen gemeinsam ist das Vorhandensein der Merkmale: Beeinträchtigung des Gesundheitszustandes, Minderung der Erwerbsfähigkeit und Einkommensausfall.

aa. Beeinträchtigung des Gesundheitszustandes

Die Beeinträchtigung des Gesundheitszustandes wird in beiden Ländern nahezu identisch über das Vorliegen einer Krankheit bzw. Gebrechen oder einer Behinderung gefordert. Damit soll in beiden Ländern das Risiko einer aus anderen als aus gesundheitlichen Gründen eingetretenen Minderung der Erwerbsmöglichkeit oder einer Arbeitslosigkeit nicht gedeckt sein.[818] Unter Krankheit wird zusammenfassend jeder regelwidrige Körper- und Geisteszustand verstanden. Auch psychische Erkrankungen werden vom Krankheitsbegriff umfasst. Während in Deutschland bei psychischen Erkrankungen darauf abgestellt werden muss, ob der Versicherte sie selbst aus zumutbarer Willensanstrengung überwinden kann, stellt die niederländische Rechtsprechung zur Eingrenzung darauf ab, dass es sich nicht um ein bloßes Krankheitsempfinden oder soziale Umstände oder eine lediglich neurotische Charakterstruktur handelt.

Zudem gehen beide Gesetzgeber davon aus, dass es sich zur Auslösung einer Gesundheitsbeeinträchtigung um eine Veränderung des gesundheitlichen Zustandes handeln muss. Als Ausgangszustand wird dabei auf denjenigen Zustand abgestellt, der den Versicherten in die Lage versetzt hat, seine versicherungspflichtige Tätigkeit auszuüben. Bestand bereits zu Beginn des Versicherungsverhältnis infolge eines bestimmten Leidens eine gesundheitliche Einschränkung, so kann derselbe körperliche Zustand grundsätzlich nicht von einem bestimmten Zeitpunkt an Grundlage für die Annahme eines jetzt eingetretenen Leistungsfalls sein.

[818] Dies ist in nahezu allen Regelungen über die Invalidität vorgesehen, unterschiedlich gehandhabt wird die Frage nach der Verweisbarkeit auf einen Arbeitsmarkt, Vgl. *IVSS*, Weltweite Entwicklungstendenzen in Soziale Sicherheit, 1993, S. 4 ff.

Das fortgeschrittene Alter stellt in beiden Ländern übereinstimmend kein anspruchsbegründendes Element dar, da der alle Menschen treffende Alterungsprozess keine den besonderen Invalidenschutz auslösende Krankheit oder Behinderung ist. Lediglich Funktionsbeeinträchtigungen, die die für die jeweilige Altersgruppe medizinische Norm überschreiten, können zu einer Invalidität führen. Insoweit wäre es konsequent, wie in den Niederlanden, die Alterssicherung und die Invaliditätssicherung in zwei verschiedenen Gesetzen zu regeln. Der neue Gesundheitszustand muss sich einerseits negativ von einem bisherigen Gesundheitszustand (relativ) abheben, andererseits auch (absolut) von der altersspezifischen Gesundheitsnorm unterscheiden. Erst ab dem Erreichen der Altersgrenze für die Altersrente wird eine Erwerbstätigkeit zum Bezug von Einkommen nicht mehr erwartet. Für diese Rentenform ist dann eine Erwerbsminderung unerheblich. Dieser zutreffende Grundsatz wird in Deutschland durch die Möglichkeit eines Bezuges eines vorgezogenen Altersrente wegen Schwerbehinderung aufgeweicht. Die Schwerbehinderung wird anders als die Erwerbsminderung nicht bezogen auf die frühere Erwerbstätigkeit, sondern auf die Auswirkungen der Funktionsbeeinträchtigungen auf die gesamte Lebenssituation.

Die Abgrenzung zum sozialen Risiko „Krankheit“ erfolgt in beiden Ländern durch das Merkmal der Dauerhaftigkeit der gesundheitlichen Beeinträchtigung. Während in den Niederlanden über den Tatbestandsfaktor der Wartezeit vor Eintritt in eine Invaliditätssicherung eine Krankheit von 52 Wochen gefordert wird, ist in Deutschland die ärztliche Prognose bezüglich eines Dauerzustandes im Rahmen der medizinischen Untersuchungen maßgeblich. In Bezug auf die niederländische einjährige Lohnfortzahlungspflicht aus dem Arbeitsvertrag[819] ist entscheidend, ob der Versicherte auch eine ihm zugedachte Arbeit innerhalb seines Arbeitsplatzes nicht mehr verrichten kann. Dagegen ist für das WAO maßgeblich, ob der Versicherte mit der verringerten Verdienstkapazität in der Lage ist, auf dem allgemeinen Arbeitsmarkt eine Arbeit zu verrichten.

Durch eine umfassende Rechtssprechungskasuistik werden zudem in beiden Ländern spezielle Gesundheitsbeeinträchtigungen wie z.B. die fehlende Wegefähigkeit oder die Summierung ungewöhnlicher Leistungseinschränkungen berücksichtigt.

---

[819] Geregelt im Bürgerlichen Recht der Niederlande (BW). Vgl. *Hoogendijk*, Betalingsverplichting gedurende het eerste ziektejaar, 1999, S. 34f, 72 ff. Vgl. auch *WHO* Internationale Klassifikation der Funktionsfähigkeit und Behinderung, Beta 2-Entwurf, 2000.

Ob die Gefährdung oder Minderung der Erwerbsfähigkeit auf Krankheit oder auf Behinderung zurückzuführen ist, unterliegt der Theorie der wesentlichen Bedingung, d.h. die Krankheit oder die Behinderung müssen zu einer Beeinträchtigung der Erwerbsfähigkeit zumindest wesentlich beigetragen haben.[820] Dieser Kausalzusammenhang ist in Deutschland über die Rechtsprechung entwickelt worden, während er in den Niederlanden durch das wet TBA eingeführt worden ist, um den Invaliditätsbegriffes einzuschränken. Die bis dahin bestehende Auslegung der Begriffe Krankheit und Gebrechen hatte der niederländische Gesetzgeber nicht zuletzt wegen der stark ansteigenden Zahlen der Bezieher einer Invaliditätsleistung und der damit verbundenen Kostenlast als zu weit empfunden.[821]

In beiden Ländern wird durch Gesetz bei einer absichtlichen Herbeiführung der Gesundheitsbeeinträchtigung, die zu einer Erwerbsminderung führt, die Leistung versagt. Auch für den Fall eines nicht Nachkommens von Mitwirkungspflichten im Hinblick auf eine Beseitigung der Erwerbsminderung (z.B. Ausschlagen eines Rehabilitationsangebotes durch den Versicherten) kann ein Leistungsausschluss erfolgen. Die Niederländische Gesetzgebung sieht im Jahr der Wartezeit besondere Reintegrationsmaßnahmen vor, die sich vor allem an den Arbeitgeber und den Versicherten als Arbeitnehmer richten. Es soll versucht werden, den arbeitsunfähigen Versicherten im Betrieb des Arbeitgebers und, nach den letzten Gesetzesänderungen auch in einem anderen Betrieb, wieder mit einer zumutbaren Arbeit zu versorgen. Dafür werden umfangreiche Reintegrationspläne zeitlich gestaffelt und schon zu einem frühen Zeitpunkt der Arbeitsunfähigkeit erstellt. Hier sind bei Nichteinhaltung der Vorgaben des Reintegrationsplans besondere Sanktionsmöglichkeiten vorgesehen. Für den Arbeitgeber kann dies die Zahlung von Krankengeld über die einjährige Wartezeit hinaus bis zu einem weiteren Jahr bedeuten, für den Versicherten den Entzug oder die Verschiebung des Beginns von Invaliditätsleistungen. D.h. mit dem Ziel der Reintegration wurden besondere Mitwirkungspflichten, die weit über die deutschen Regelungen hinausgehen, geschaffen, um einen Versicherten weiterhin mit einer Arbeit zu versorgen.[822]

bb. Minderung der Erwerbsfähigkeit

In beiden Ländern ist weiterer Ausgangspunkt für die Prüfung, ob ein Leistungsfall eingetreten ist, die Erwerbsfähigkeit. Übereinstimmend sehen beide zu vergleichenden Regelungen nunmehr als Maßstab für die Feststellung des

[820] Vgl. BSGE 30, 176,178.

[821] *Beljaars, Prins,* Disability programme reforms and labour market participation in the netherlands, 2000 S. 11, 37, 72ff.

[822] Vgl. *Bloch, Prins,* Who returns to work and why, 2003 S. 13ff.

Leistungsvermögens des Versicherten die ihm verbliebene Erwerbsfähigkeit in jeder denkbaren Tätigkeit, die es auf dem allgemeinen Arbeitsmarkt gibt, vor. Unter Erwerbsfähigkeit wird die Fähigkeit des Versicherten verstanden, sich unter Ausnutzung der Arbeitsgelegenheiten, die sich ihm nach seinen gesamten Kenntnissen und körperlichen sowie geistigen Fähigkeiten im ganzen Bereich des wirtschaftlichen Lebens bieten, einen Erwerb zu verschaffen.

Dieser Ausgangspunkt lag in beiden Ländern nicht immer vor. Das deutsche Recht sah vor der gravierenden Reform der Invaliditätsrenten eine Aufspaltung der Definition der Erwerbsminderung vor. Je nach Umfang (Quantität) und Art (Qualität) der Erwerbsminderung wurden die beiden Versicherungsfälle Berufs- und Erwerbsunfähigkeit unterschieden. Die Erwerbsfähigkeit der übergangsweise in Deutschland beibehaltenen Berufsunfähigkeit im Rahmen einer Rente wegen teilweiser Erwerbsminderung fordert im Grundsatz einen Vergleich zwischen der Erwerbsfähigkeit des Versicherten und einer typisierten Vergleichsperson bezogen auf ein bestimmtes Berufsfeld. Sinkt die Erwerbsfähigkeit unter die Hälfte eines vergleichbaren gesunden Versicherten, liegt die erforderliche Erwerbsminderung vor. D.h. Schutzgut ist nicht nur die Erwerbsfähigkeit, sondern auch der Gedanke des Berufsschutzes, der für den Versicherten das ursprünglich erzielte berufliche Niveau schützen soll. Damit ist die Berufsunfähigkeitsrente ein Tatbestand, der nicht nur die Quantität, sondern auch die Qualität im Sinne eines gesellschaftlichen Prestiges des verbliebenen gesundheitlichen Leistungsvermögens berücksichtigt.[823]

Auch der Invaliditätsbegriff in den Niederlanden bis 1993 verwies den Versicherten nicht auf eine allgemein akzeptierte Tätigkeit, sondern damaliger Maßstab war eine dem Versicherten zumutbare Tätigkeit. In die Begrifflichkeit Zumutbarkeit wurden Prestigegedanken subsummiert, und sie führte zu einer Berücksichtigung der Qualität der zuletzt verrichteten Arbeit im Hinblick auf eine mögliche Verweisungstätigkeit. Erst durch die gravierenden Änderungen des wet TBA wurde diese Berücksichtigung eines Berufsschutzes aufgegeben, und die Neudefinition erweiterte damit in den Niederlanden die Möglichkeit der Verweisbarkeit auf sämtliche Arbeiten des allgemeinen Arbeitsmarktes. Im Gegensatz zu Deutschland gab es in den Niederlanden so gut wie keine Übergangsregelung. In Deutschland dagegen wird seit Einführung der neuen Erwerbsminderungsrenten noch eine ganze Generation in den Genuss der Berufsunfähigkeitsregelungen kommen, wenn auch nicht mehr in der Leistungshöhe 2/3, sondern nur noch zu 1/2, entsprechend des Berechnungsfaktors der teilweisen Erwerbsminderungsrente.

---

823 Der Vorwurf der unberechtigten Prestigerente wurde bereits frühzeitig erhoben, vgl. *Buschmann, Künzler,* Zur Reform der Renten wegen vermindertere Erwerbsfähigkeit, Kompass 1994 S. 438ff.

Nach Änderung des Invaliditätsbegriffs in den Niederlanden und nach Auslaufen der über die Übergangsregelung in Deutschland beibehaltenen Berufsunfähigkeitsrente wird es in beiden Ländern, keinen Schutz vor einem Invaliditätsrisiko mehr gegeben, das sowohl den Umfang (Quantität) als auch die Art (Qualität) der Erwerbsminderung berücksichtigt. Die verbleibenden Regelungen in beiden Ländern berücksichtigen direkt[824] nur noch die Quantität der Erwerbsminderung, wenn auch auf unterschiedliche Art und Weise.

aaa. Relative und absolute Erwerbsminderung

Bei den verbleibenden Invaliditätsrenten in beiden Ländern muss im Hinblick auf die Quantität zwischen einer relativen und einer absoluten Erwerbsminderung unterschieden werden. In Deutschland handelt es sich bei der vollen Erwerbsminderungsrente, die die Erwerbsunfähigkeitsrente[825] abgelöst hat, um eine Leistung wegen absoluter Erwerbsminderung. Nur, wenn der Versicherte ein Restleistungsvermögen für eine Tätigkeit unter den üblichen Bedingungen des allgemeinen Arbeitsmarktes von weniger als drei Stunden hat, kann er eine volle Erwerbsminderungsrente auf Dauer beziehen. Erst bei einer Einsatzfähigkeit von unter drei Stunden geht der Gesetzgeber davon aus, dass ein vollständiger Wegfall der Verwertbarkeit der Arbeitskraft vorliegt.[826]

Daneben kennt man in Deutschland nur einen weiteren Versicherungsfall, nämlich die teilweise Erwerbsminderungsrente.[827] Aus dem gesetzlichen Zusammenhang ergibt sich, dass das Leistungsvermögen eines Versicherten für

---

824 Zur indirekten Berücksichtigung der Ausbildung und des Berufes vgl. bbb.

825 Auch der Versicherungsfall der Erwerbsunfähigkeit wird die Praxis noch eine geraume Zeit beschäftigen. Mit einer Antragstellung bis zum 31.12.2000 hat ein Versicherter, die Möglichkeit, noch Leistungen wegen Erwerbsunfähigkeit zu erhalten. In den 1. Instanzen der Sozialgerichte in NRW sind innerhalb der Rentenverfahren noch ca. 1/3 Verfahren anhängig, in denen auch eine Erwerbsunfähigkeitsrente begehrt wird. Stand: Juli 2004 Justizmitteilungsblatt. Bei der Erwerbsunfähigkeitsrente handelt es sich um einen Tatbestand der absoluten Erwerbsminderung, denn Invalidität liegt nur bei vollständigem Wegfall der Arbeitskraft vor. Unschädlich ist nur eine geringfügige Beschäftigung; vgl. *Majerski-Pahlen,* Die Neuregelung der Renten wegen Erwerbsminderung: Probleme der Rechtsanwendung, NZS 2002, S. 475.

826 Die Grenze von unter drei Stunden täglich als Anspruchsvoraussetzung für eine Rente wegen voller Erwerbsminderung - gegenüber der früheren 4-Stunden-Grenze bei Erwerbsunfähigkeit – wurde gewählt, um eine Nahtlosigkeit zwischen den Regelungen für die Rentenversicherung und für die Arbeitslosenversicherung zu gewährleisten. Wer nicht mehr drei Stunden täglich erwerbstätig sein kann, steht den Vermittlungsbemühungen der Arbeitsverwaltung nicht mehr zur Verfügung.

827 Auch in der Form der Übergangsregelung nach § 240 SGB VI als Berufsunfähigkeitsrente. Denn auch bei dieser führt eine relative Erwerbsminderung zum Anspruch. Vgl. *Zimmermann,* Die neue Erwerbsminderungsrente in der Praxis, Mittelungen Landesversicherungsanstalt Baden-Württemberg 2002, S. 11f.

die teilweise Erwerbsminderungsrente mindestens drei Stunden, aber weniger als sechs Stunden betragen muss. Die in diesem Fall zu zahlende Rente hat, wie die vorherige Berufsunfähigkeitsrente, keine volle Lohnersatzfunktion. Sie soll vielmehr an die Stelle des Teils des Einkommens treten, welches wegen der gesundheitlichen Beeinträchtigung wegfällt. Da es sich im Verhältnis zur vollen Erwerbsminderungsrente um bis zu dem Doppelten an positivem Leistungsvermögen handelt, hat die Rente wegen teilweiser Erwerbsminderung nur die Höhe der halben Rente wegen Erwerbsminderung (Rentenartfaktor 0,5, § 67 Nr. 2 SGB VI). Die andere Hälfte seines Lebensunterhaltes soll der Versicherte mit seinem verbliebenen Leistungsvermögen erzielen, entweder durch den Einsatz auf dem allgemeinen Arbeitsmarkt oder über den Bezug von anderen Sozialleistungen. Folglich stellt die Rente wegen teilweiser Erwerbsminderung einen Tatbestand der relativen Erwerbsminderung dar.

Zu beachten ist bei den neuen Erwerbsminderungsrenten, dass insgesamt die vorher geltende Grenze der Vollschichtigkeit auf die 6 Stunden-Grenze gesenkt worden ist. Dies bedeutet im Umkehrschluss, eine Erwerbsunfähigkeitsrente erhielt derjenige der nicht mehr halbschichtig, d.h., unter 4 Stunden täglich arbeiten konnte; eine volle Erwerbsminderungsrente erhält, wer nicht mehr mindestens 3 Stunden täglich arbeiten kann. Gleichzeitig hatte die Gesetzänderung den für die Versicherten positiven Nebeneffekt, dass nun aus der Systematik der neuen konkreten Stundenzahlen die übergangsweise beibehaltene Berufsunfähigkeitsrente schon gezahlt werden muss, wenn der Versicherte nicht sechs Stunden in einer ihm nach seinem Hauptberuf zumutbaren Verweisungstätigkeit arbeiten kann. Diese an und für sich systemwidrige Erleichterung der Zugangsvoraussetzungen zu dieser Leistung werden relativiert durch die Kürzung der Leistungshöhe.

In den Niederlanden wird die Quantität der Erwerbsminderung im Gegensatz zu Deutschland zweifach berücksichtigt. Die Quantität der Erwerbsminderung ist zum einen relevant für das Risiko der Invalidität, welches sich in den Graden der Erwerbsunfähigkeit wiederspiegelt, und für die Einstufung in die sieben vorhandenen Invaliditätskategorien. Die Minderung der Erwerbsunfähigkeit und der Grad der Erwerbsunfähigkeit werden durch den Vergleich des Einkommens, das der Versicherte noch mit Arbeit verdienen kann, mit dem Einkommen einer gesunden Person mit gleicher Ausbildung und Erfahrung, der sog. Maßperson (maatman oder maatvrouw) festgestellt. Dies bedeutet, es erfolgt eine konkrete Verhältnisrechnung. Die erste Stufe der Invalidität liegt vor, wenn die Erwerbsminderung in quantitativer Hinsicht so groß ist, dass der Versicherte einen Einkommensausfall von zumindest 15% im Verhältnis zu den normalen Einkünften hat, die eine Person mit gleicher Ausbildung in der gleichen Gegend erzielen kann. Diese erste Stufe einer Erwerbsunfähigkeit, die eine Minderung der Erwerbsunfähigkeit zwischen 15-25% umfasst, entspricht einer Leistung von 14%. Es handelt sich damit um die Berücksichtigung einer relativen Erwerbsminderung. Ein Hinzuverdienst über Arbeit oder andere Sozialleistungen wird vorausgesetzt zur Erzielung des beabsichtigten Sicherungsniveaus. In weiteren sechs Stufen sind die Leistungen des WAO gestaffelt. Erst bei einer Erwerbsunfähigkeit von 65-80% werden 50,75% der maßgeblichen Leistungen an den Versicherten gewährt. Hierbei handelt es sich aber bereits um die vorletzte Stufe. Auch dies stellt noch eine Stufe der relativen Erwerbsminderung dar, denn die Differenz zum notwenig erachteten Sicherungsniveau soll durch Einkommen oder andere Sozialleistungen (Arbeitslosengeld) gedeckt werden. Erst die letzte Stufe gewährt bei einem Erwerbsminderungsgrad von 80% und mehr den vollen Leistungsumfang einer Invalidenrente und stellt damit einen Fall der absoluten Erwerbsminderung dar.[828]

Im Unterschied zu Deutschland beginnt die Möglichkeit des Bezuges einer Leistung aus dem Sicherungssystem des WAO auf einem ausgesprochen geringen Niveau.[829] Die letzte Stufe der relativen Erwerbsminderungsrente setzt eine Leistungseinbuße von zumindest 65% voraus, damit ist die erforderliche Leistungseinbuße deutlich höher, als dies bei der teilweisen Erwerbsminderungsrente nach dem SGB VI erforderlich ist. Die notwendige relative Erwerbsminderung der Rente wegen teilweiser Erwerbsminderung nach dem SGB VI liegt bei einer Erwerbsminderung von 50%. Betrachtet man dagegen die vorhandenen Leistungsfälle der absoluten Erwerbsminderung, so bedarf es in den Niederlanden einer Erwerbsminderung von 80%, während es in Deutschland für die volle Erwerbsminderungsrente, auch für die vorherige Erwerbsunfähigkeitsrente, einer Erwerbsminderung von nahezu 100% bedarf.

Im Ergebnis bedeutet dies, dass in Deutschland sowohl die Grenze der relativen Erwerbsminderungsrente deutlich höher angesetzt wird als auch die Grenze der absoluten Erwerbsminderung mit nahezu 100% deutlich höher liegt als in den Niederlanden. Im Vergleich mit den Niederlanden sind die quantitativen Anforderungen an die Verwirklichung des Risikos der Invalidität in Deutschland deutlich höher. In qualitativer Hinsicht kommt es zu einer Senkung dieser hohen Anforderungen des deutschen Invaliditätsrisikos durch die im Auslaufen befindliche Berufsunfähigkeitsrente. Denn dort reicht für ein Eingreifen des Invaliditätsschutzes bereits die Unfähigkeit, den bisherigen und einen zumutbaren Verweisungsberuf verrichten zu können.

---

828 Vgl. *Asscher-Vonk*, De zieke werknemer, 1997 S. 21f.

829 Welches oftmals als zu gering und damit kaum messbar beurteilt wird, vgl. *Beljaars, Prins,* disability programme reforms and labour market participation in the netherlands, 2000, S. 3ff.

bbb. Indirekte Berücksichtigung von Ausbildung und Beruf

Zwar gibt es nach dem niederländischen Invaliditätsbegriff keine Berücksichtigung eines Berufsschutzes mehr, allerdings wirken sich Ausbildung und Beruf indirekt auf die Beurteilung der Invalidität aus. Denn bei der Feststellung des einkommensbezogenen Umfangs der Erwerbsminderung wird auf das Einkommen einer in Ausbildung und im ausgeübten Beruf vergleichbaren Person zurückgegriffen. Zur Feststellung der Erwerbsunfähigkeit muss nämlich zunächst das Einkommen der Maßperson bestimmt werden. Unter dem Einkommen der Maßperson wird das Einkommen verstanden, das die Maßperson mit allgemein akzeptierter Arbeit gewöhnlich verdient. Die Maßperson muss nach dem Gesetzeswortlaut nach Ausbildung und Erfahrung mit dem antragstellenden Versicherten vergleichbar sein. Dies ist der Fall, wenn die Maßperson dieselbe Funktion, d.h. eine bestimmte Arbeit in einer spezifischen Arbeitsumgebung, erfüllt, die der Versicherte vor Eintritt seiner Arbeitsunfähigkeit verrichtete. In der Praxis wird häufig der Versicherte selbst als Maßperson herangezogen.[830] Im Gegensatz zur Berufsunfähigkeitsrente im deutschen Recht oder aber der Berücksichtigung einer zumutbaren Arbeit, wie es der niederländische Invaliditätsbegriff bis 1993, vorsah, führt diese Berücksichtigung der beruflichen Stellung nicht zu einer nur von Facharbeitern zu erzielenden Prestigerente.[831] In Deutschland wird über das Mehrstufenschema und in den Niederlanden wurde über die von der Rechtsprechung aufgestellte Zumutbarkeitskriterien die Verweisbarkeit eingeengt. Jedoch ist bzw. war es in beiden Ländern so, dass bei einer Ausgangstätigkeit, die aus einer Mischung von körperlich und geistigen Ansprüchen bestand und in einem mittleren Lohnniveau lag -der typischen Facharbeitertätigkeit-, bei Einschränkungen der körperlichen Leistungsfähigkeit, viele ungelernte, aber körperlich leichteste Tätigkeiten aufgrund des Lohngefälles nicht als zumutbar erachtet werden konnten. Während bei einem Angelernten oder Ungelernten mit den gleichen körperlichen Einschränkungen eine Zumutbarkeit bestand. Diese Ungleichbehandlung, nämlich dass Angelernte keine Berufsunfähigkeitsrente bei gleicher Beitragslast erzielen konnten, kann der Berücksichtigung der beruflichen Stellung auf der Ebene der Bestimmung der Erwerbsminderung im Gegensatz zur Prüfungsebene des Ausschlusses einer Erwerbsminderung durch eine zumutbare Verweisungstätigkeit nicht gemacht

[830] Die Rechtssprechung führt daher aus: „Ieder is zijn eigen maatman“ =Jeder ist sein eigner Maßmann vgl. CRvB 31.08.1989 in RSV 1990/85; vgl. *Noordam,* Sociale Zekerheidsrecht, S. 126 f.

[831] Dies ist und war in beiden Ländern der Hauptvorwurf, neben allgemeinen Konsolidierungsgedanken, an der Berufsunfähigkeitsrente; vgl. für die Niederlande, *Social security Supervisory Board,* The Dutch Disability Problem, April 1995 S. 7 und für Deutschland: BT-Drs 14/4230, S. 26 (zu § 43).

werden. Bei Ausübung einer beruflich höher qualifizierten Tätigkeit mit entsprechend höherem Arbeitseinkommen muss Invalidität bei den gleichen gesundheitlichen Beeinträchtigungen nicht zwangsweise früher vorliegen als bei einem Arbeitnehmer mit einem qualitativ niedrigeren beruflichen Status mit entsprechend niedrigerem Einkommen. Durch die Rechenformel des niederländischen Systems wird lediglich das Einkommen der Maßperson ins Verhältnis gesetzt zum Einkommen, welches diese Person noch mit einer anderen allgemein akzeptierten Tätigkeit erzielen kann. Ist nun das Ausgangseinkommen sehr hoch und sind nur noch Tätigkeiten auf einem niedrigen Lohnniveau möglich, kommt es zwar zu einem hohen Grad der Erwerbsminderung. Diese Folge ist aber über den Invaliditätsbegriff gedeckt; denn geschütztes Rechtsgut ist der Einkommensausfall. Dieser kann nur korrekt und konkret über eine Verhältnisrechnung, wie es das niederländische System vorsieht, ermittelt werden. Diese indirekte Berücksichtigung der beruflichen Stellung, verbietet sich daher nicht. Im Gegenteil, sie allein macht es erst möglich, den Eintritt des gesicherten Risikos zu ermitteln. Denn der Definition von Invalidität ist immanent, dass die Minderung des Erwerbseinkommens geschützt ist. In Deutschland wird diese Einkommenseinbuße nicht konkret bestimmt. Dies führt zu der ungenauen Hypothese, dass bei einem infolge einer Gesundheitsbeeinträchtigung eingeschränkten zeitlichen Leistungsvermögens für den allgemeinen Arbeitsmarkt eine Erwerbsminderung angenommen wird. Zwar mag dies in realiter so sein, die tatsächliche Erwerbsminderung wird damit aber nicht bestimmt. Dies führt auch zu einer Egalisierung, die im Grenzbereich zum Bezug einer Leistung ungerechtfertigt sein könnte.

ccc. sozio-ökonomische Kriterien

In beiden Ländern werden sozio-ökonomische Kriterien bei der Feststellung der Invalidität berücksichtigt. Bei diesen nicht medizinischen Kriterien kann es sich u.a. um die Berücksichtigung des Arbeitsmarktes und die Berücksichtigung regionaler Unterschiede, z.B. das Lohngefälle Stadt/Land, handeln.
Im Unterschied zu Deutschland setzt in den Niederlanden schon die Definition der Erwerbsunfähigkeit des WAO voraus, dass bei der Ermittlung der Erwerbsminderung Maßstab nur das ist, was eine gesunde Person mit gleicher Ausbildung und Erfahrung dort, wo er Arbeit verrichtet oder zuletzt verrichtet hat oder in der Umgebung davon, mit Arbeit gewöhnlich verdient. Der Sinn dieser Regelung ist, bei der konkreten Bestimmung des Einkommensausfalls, der letztlich den Grad der Erwerbsunfähigkeitsleistung bestimmt, nur ein vergleichbares Einkommen anzusetzen. Damit soll vermieden werden, dass es zu unterschiedlichen Behandlungen aufgrund volkswirtschaftlicher Lohngefälle z.B. Stadt-Land kommt. Dieses zusätzliche ökonomische Kriterium ist bei der konkreten, niederländischen Bestimmung des Einkommensausfalls auch von

Nöten. Andernfalls könnte es durch ungleiche Lohnpolitik zu ungerechtfertigten Graden der Erwerbsunfähigkeitsleistungen kommen.[832]

Auch die Berücksichtigung der Arbeitsmarktlage ist in beiden Ländern unterschiedlich. Maßstab für die Feststellung des Leistungsvermögens eines Versicherten ist gemäß der Arbeitshypothese des Invaliditätsbegriffs die Erwerbsfähigkeit auf dem allgemeinen Arbeitsmarkt. Der Begriff allgemeiner Arbeitsmarkt ist in beiden Ländern nicht definiert. Jedoch wird unter diesem übereinstimmend der alle Erwerbstätigkeiten zusammenfassende Wirtschaftsbereich von Angebot und Nachfrage bezüglich Arbeitsplätzen verstanden.

Bis 1987 wurde in den Niederlanden bei der Feststellung der Resterwerbsfähigkeit auch die Arbeitsmarktsituation berücksichtigt. Dies führte dazu, dass innerhalb der Prüfung für einen Anspruch auf Invaliditätsrente auch die fehlenden oder schlechten Reintegrationschancen aufgrund einer schlechten Arbeitsmarktlage zu berücksichtigen waren. Die Folge war eine Leistungsexplosion der Invalidenrenten aufgrund der schlechten Arbeitsmarktlage. Diese sog. Diskontierung der Arbeitsmarktsituation[833] wurde durch das wet TBA abgeschafft. Nunmehr durfte die Arbeitsmarktsituation bei der rein fiktiven Überprüfung, ob ein Versicherter noch zu einer Tätigkeit in der Lage ist, nicht mehr berücksichtigt werden. Bei der Neuregelung wurden allerdings die Leistungsempfänger, die älter als 35 Jahre waren, herausgenommen. Für sie galten die alten Regelungen im Sinne einer Vertrauensschutzregelung weiter. Der Gesetzgeber war der Auffassung, dass die Chance eines über 35-Jährigen mit einem eingeschränkten Leistungsvermögen, noch einen Arbeitsplatz zu erhalten, so gering sei, dass er davon absah, Reintegrationsbemühungen für ihn aufzuwenden. Die Folge ist, dass dieser Personenkreis weiterhin auch bei einer relativen Erwerbsunfähigkeit als absolut erwerbsunfähig angesehen wurde, wenn er wegen seiner Erwerbsunfähigkeit keinen ihm zumutbaren Arbeitsplatz für seine Resterwerbsmöglichkeit fand. Finanziell traf das Arbeitsmarktrisiko somit den Rentenversicherungsträger. Diese Argumentation der fehlenden Reintegrationschancen wurde nicht zuletzt auch wegen der finanziellen Auswirkungen bei der Reform durch das wet TBA als nicht mehr tragfähig angesehen. Im geltenden Recht sieht das WAO ausdrücklich vor, dass bei der Bestimmung des Erwerbsunfähigkeitsgrades nicht berücksichtigt werden darf, ob der Antragsteller eine Tätigkeit, die seiner Resterwerbsfähigkeit

---

832 Das „Normal-Maß“ des Verdienstes gilt aber auch für den Versicherten als Maßperson, d.h. Überstunden und Zulagen, die der Versicherte bei seiner letzen Arbeitsstätte erwirtschaftet hat, aber auf die tarifvertraglich kein Anspruch besteht, müssen bei der Berechnung des Verdienstes als Vergleichsmaßstab außen vor bleiben.

833 „Verdiscontering van de arbeidsmarktsituatie“.

entspricht, erhalten kann.[834] Die Folge ist, dass nunmehr für den Fall, dass die Resterwerbsfähigkeit nicht in Arbeit umgesetzt werden kann, der Versicherte nicht als absolut erwerbsunfähig gilt, sondern als teilweise arbeitslos. Dies führt dazu, dass der Versicherte neben seinem Anspruch auf Erwerbsunfähigkeitsrente entsprechend dem Grad seiner Erwerbsminderung auch Anspruch auf eine ergänzende Arbeitslosenleistung hat. Fällt diese aufgrund ihrer gesetzlichen Begrenzung weg und erhält der Versicherte keine neue Arbeit entsprechend seiner Resterwerbsfähigkeit, greift ergänzend die Sozialhilfe ein, falls das Existenzminimum nicht durch die Leistung aus dem WAO gedeckt ist.

In Deutschland ist die Berücksichtigung des Arbeitsmarktes vor allem durch die Rechtsprechung geprägt. Ausgangspunkt der Überlegungen des BSG zur Berücksichtigung des Arbeitsmarktes war die in den einschlägigen Vorschriften der Berufs- und Erwerbsunfähigkeitsrente normierte Verpflichtung, verbleibendes Leistungsvermögen zum Erwerb des Lebensunterhaltes einzusetzen. Zwar kam es nach dem Wortlaut der Vorschriften nicht darauf an, ob es auf dem Arbeitsmarkt auch Nachfrage für das Restleistungsvermögen eines Versicherten gab. Eine solche abstrakte, von der Arbeitsmarktlage losgelöste Betrachtungsweise erschien der Rechtsprechung jedoch unbillig. Es sei nicht mit dem Tatbestand übereinstimmend, wenn der Versicherte zum Ausschluss einer Rente wegen einer Minderung der Erwerbs- oder Berufsfähigkeit auf Tätigkeiten verwiesen wird, für die es keine nennenswerten Arbeitsplätze, gleich ob frei oder besetzt, gibt. Daher sollten nach Auffassung des BSG[835] entsprechend der sog. konkreten Betrachtungsweise Erwerbsminderungsleistungen auch gewährt werden, wenn der Einkommensausfall arbeitsmarktbedingt und ein konkreter Arbeitsplatz nicht vorhanden ist. Bei dieser Prüfung der Verwertbarkeit der Resterwerbsfähigkeit unterschied das BSG jedoch danach, ob jemand noch vollschichtig oder nur noch halbschichtig tätig sein konnte. Dabei wurde die Fiktion, dass einem nur teilzeitarbeitsfähigen arbeitslosen Versicherten der Arbeitsmarkt praktisch verschlossen ist, die Fiktion gegenübergestellt, dass der Arbeitsmarkt für vollschichtig einsetzbare Versicherte offen ist. Das BSG hat an dieser Annahme der Verschlossenheit des Teilzeitarbeitsmarktes im Gegensatz zur Offenheit des Vollzeitarbeitsmarktes auch für den besonderen Kreis der leistungsgeminderten, aber noch vollschichtig einsetzbaren älteren Versicherten trotz kaum bestehender Vermitt-

[834] „Bij de vastelling van de Mate van arbeidsongeschiktheid wordt buiten beschouwing gelaten of de werknemer de arbeid feitelijk kann verkrijgen."

[835] Beschlüsse des großen Senats des BSG vom 11.12.1969 und 10.12.1976 in SozR Nr. 79 zu § 1246 RVO und SozR 2200 § 1246 Nr. 13.

lungschancen festgehalten.[836] Einer solchen Annahme war auch der Gesetzgeber 1996 mit dem Zweiten SGB VI-Änderungsgesetz[837] entgegengetreten.[838] Nun sah das Gesetz vor, dass nicht erwerbsunfähig ist, wer eine Tätigkeit vollschichtig ausüben könne ohne Berücksichtigung der jeweiligen Arbeitsmarktlage. Im Ergebnis bedeutete dies für die Deutsche Invaliditätsrente, dass ein Versicherter, wenn er für einen bestimmten Teilzeitmarkt berufsunfähig ist, gleichzeitig auch erwerbsunfähig sein kann. Dies war dann der Fall, wenn überdies auf dem allgemeinen Arbeitsmarkt keine vollschichtige Einsatzfähigkeit gegeben ist. Aufgrund arbeitsmarktbedingter Gesichtspunkte musste somit ein höherwertiger Leistungsfall, als dies dem körperlichem Befund entsprach, angenommen werden. Jedoch waren diese sog. Arbeitsmarktrenten zu befristen.[839]

Zudem kam es nach der Rechtsprechung des BSG, obwohl grundsätzlich davon auszugehen ist, dass es für Vollzeittätigkeiten in hinreichender Anzahl Arbeitsplätze gab, zur Berücksichtigung von sog Seltenheitsfällen. Ausnahmsweise konnte auch bei vollschichtiger Einsatzfähigkeit eines Versicherten der Arbeitsmarkt als verschlossen angesehen werden. Bei schweren spezifischen Leistungseinschränkungen oder der Summierung ungewöhnlicher Leistungseinschränkungen ging des BSG davon aus, dass es auf dem allgemeinen Arbeitsmarkt keine ausreichende Anzahl von Arbeitsplätzen gibt.[840] Dieser Berücksichtigung von Seltenheitsfällen kann man vorwerfen, dass sie eine Vermengung von medizinischen Kriterien mit solchen der Arbeitsmarktlage darstellt.

Zwar war das ursprüngliche Ziel der Rentenreform zur Neufassung der Erwerbsminderungsrente nach dem RRG 1999 die sachgerechte Zuordnung der von der Renten- und der Arbeitslosenversicherung zu tragenden Risiken. Denn nach den oben genannten Grundsätzen bekam ein Versicherter, der nach seinem Gesundheitszustand zwar noch einige Stunden erwerbstätig sein konnte, für den es aber keinen Teilarbeitsplatz gab, oder aber in den sogenannten

---

[836] Vgl. Vorlagebeschluss des 13. Senats des BSG an den Großen Senat vom 23.11.1994 Az. 13 RJ 71/93, SozSich 1995, S. 114. Der Senat hatte den Großen Senat zu Fragen der Verweisbarkeit und der Verschlossenheit des Arbeitsmarktes angerufen; vgl. *Heide,* Die Problematik der Frühverrentung in der gesetzlichen Rentenversicherung – Entwicklung, Ursachen, Auswirkungen und Lösungen, NZS 1997 S. 301, 307.

[837] Vom 02.05.1996, BGBl. I S. 659.

[838] Vgl. *Maier,* Stopp weiterer Rechtsfortbildung in Richtung „Arbeitsmarktrente“ durch die Rechtsprechung, SGb 1998 S. 1 und *Ruland,* Verschiebebahnhof. Der Anteil der Rentenversicherung an der Absicherung des Risikos der Arbeitslosigkeit, SozSich 1973, S. 178 ff.

[839] Vgl. § 102 Abs. 2 S.1 Nr. 2 SGB VI.

[840] Vgl. BSG vom 20.08.1997 - 13 RJ 39/96, SozR 3-2600 § 43 Nr. 17.

Seltenheitsfällen, Erwerbsunfähigkeitsleistungen, wenn auch zeitlich befristet, obwohl seine Leistungseinschränkung dieser Annahme nicht entsprach. Die Minderung der Erwerbsfähigkeit beruhte bei dieser Annahme zum einem auf der eingeschränkten gesundheitlichen Leistungsfähigkeit und zum anderen auf dem Fehlen eines geeigneten Arbeitsplatzes. Damit werden die Sicherungsrisiken der Invaliditätssicherung und zum anderen der Arbeitslosenversicherung vermengt.[841] Ursprünglich war die Reform daher so angelegt, dass es bei der Entscheidung über einen Rentenanspruch allein auf das gesundheitliche Leistungsvermögen des Versicherten in zeitlicher Hinsicht ankommen sollte (abstrakte Betrachtungsweise).[842] Die konkrete Betrachtungsweise sollte außen vor bleiben. Aufgrund politischer Bestrebungen[843] nach dem Regierungswechsel, sieht das EM-ReformG in seiner jetzigen Fassung jedoch die Fortführung der konkreten Betrachtungsweise vor. Nach Auslegung des Wortlautes der maßgeblichen Bestimmung kommt man zu dem Ergebnis, dass die Annahme einer Erwerbsminderung aufgrund eines verschlossenen Arbeitsmarktes bei einem noch 6-stündigen Leistungsvermögen nicht vom Gesetz gedeckt ist, jedoch im Umkehrschluss die Arbeitsmarktlage bei einem teilweise erwerbsgeminderten Versicherten zu beachten ist.[844] Danach erhalten Versicherte, die zwischen drei und sechs Stunden einsatzfähig sind und wegen Arbeitslosigkeit dieses Leistungsvermögen nicht in Erwerbseinkommen umsetzen können, anstatt einer teilweisen Erwerbsminderungsrente, die ihrem gesundheitlichen Befund entspräche, eine volle Erwerbsminderungsrente, wenn auch auf Zeit. Nunmehr muss allerdings unter dem allgemeinen Arbeitsmarkt nicht mehr nur der Bereich der ungelernten Tätigkeiten verstanden werden, sondern es muss jede, möglicherweise auch eine selbstständige Tätigkeit mit einbezogen werden. Die Anwendung der bislang verwendeten Definition würde ansonsten dazu führen, dass das abstrakt anhand der zeitlichen Einsatzfähigkeit festzustellenden Leistungsvermögen nach § 43 n.F. nur anhand ungelernter Tätigkeiten erfolgen würde und alle qualifizierten Tätigkeiten außen vorbleiben müssten.

---

841 Vgl. *Rademacker,* Das neue Recht und seine Auswirkungen, Soziale Sicherheit 3/2001 S. 74, 75, *Achenbach,* Die Reform der Renten wegen verminderter Erwerbsfähigkeit, DRV 2002 S 93.

842 Siehe amtliche Begründung zum EM-ReformG, BT-Drucks. 14/4230 S.25; vgl. *Mediger-Watermeier,* Das Gesetz zur Reform der Renten wegen verminderte Erwerbsfähigkeit, Kompass 2001, S. 23, 24.

843 Nach dem Regierungswechsel war das Inkrafttreten des Rentenreformgesetzes zunächst um ein Jahr verschoben worden, und es trat auch nur in geänderter Form in Kraft, vgl. Art. 1 des Gesetzes zu Korrekturen in der Sozialversicherung und zur Sicherung der Arbeitnehmerrechte vom 19.12.1998, BGBl. I S. 3843.

844 Diese Gesetzesauslegung deckt sich mit der Gesetzesbegründung (vgl. BT-Drucks.14/4320, S. 25) und entspricht auch den in zweiter Instanz vorliegenden Urteilen zu den Erwerbsminderungsrenten nach dem EM-Reform-Gesetz, eine höchstrichterliche Rechtsprechung liegt noch nicht vor (vgl. LSG NRW Az. L 14 RJ 97/03).

Unabhängig davon, wie nachvollziehbar die Annahme eines verschlossenen Teilzeitarbeitsmarktes im Verhältnis zur Annahme eines offenen Vollzeitarbeitsmarktes heute noch sein mag, handelt es sich bei der Berücksichtigung des Arbeitsmarktes generell nicht um einen von dem Risiko der Invalidität gedeckten Tatbestand. Zwar sind in beiden Ländern Interdependenzen zwischen den Risiken der Arbeitslosigkeit und der Invalidität zu erkennen. Diese Verflechtung führt in Deutschland auch noch weiterhin zur Berücksichtigung der Arbeitsmarktsituation und wirft in der Praxis große Schwierigkeiten auf.[845] Nach der zugrundeliegenden Definition bzw. der Arbeitshypothese der Invalidität dürfte es aber nicht zur Berücksichtigung des Arbeitsmarktes kommen. Einzig geschützt ist der Erwerbsausfall durch eine gesundheitliche Beeinträchtigung. Dabei muss dieser Erwerbsausfall konkret bestimmt werden, um zu einer akzeptablen Sicherung gegen Invalidität zu kommen. Dies geschieht, wie es in den Niederlanden zutreffend gemacht wird, durch eine Verhältnisrechnung, die das Resteinkommen in einer möglichen anderen Tätigkeit zu dem vorherigen Einkommen in Relation setzt. Das mögliche Resteinkommen des Antragstellers hängt maßgeblich davon ab, welche Einsatzmöglichkeiten auf dem Arbeitsmarkt dem Antragsteller noch gegeben sind. Es muss dafür geprüft werden, welche allgemein akzeptierte Arbeit der Versicherte noch fiktiv verrichten kann. Dabei ist es nötig, konkrete Tätigkeiten zu benennen und zu überprüfen. D.h. es muss sich um Tätigkeiten handeln, die auf dem allgemeinen Arbeitsmarkt noch vorhanden sind und nicht durch Weiterentwicklungen des Arbeitmarktes verschwunden sind. Dies geschieht in den Niederlanden auf der Grundlage des Schätzungsbeschlusses, der diese Vorgehensweise praktikabel macht. Danach müssen bei der Bestimmung der Verweisungstätigkeit folgende Grundsätze berücksichtigt werden: Zum einen muss Maßstab eine allgemein akzeptierte Arbeit sein, mit der der Rentenantragsteller den höchsten Verdienst hat.[846] Jedoch muss eine Funktion, für die es tatsächlich keine Arbeitsplätze (mehr) gibt, außer Acht bleiben.[847] Die in Betracht kommende Verweisungstätigkeit muss mit Hilfe von drei verschiedenen, in den Niederlanden ausgeübten Tätigkeiten, mit denen das höchste Einkommen pro Stunde erworben werden kann, konkretisiert werden.[848] Die-

---

845 Diese Schwierigkeiten treten nicht nur bei einem nur noch halbschichtig einsetzbaren Versicherten auf, sondern und vor allem auch bei der Prüfung von Verweisungstätigkeiten bei der Berufsunfähigkeitsrente. Ist der Arbeitsmarkt der Verweisungstätigkeit vollständig verschlossen, kann auf diese Tätigkeit zum Ausschluss der Berufsunfähigkeit nicht mehr verwiesen werden. Dies wird in Deutschland derzeit z.B. für angelernte Tätigkeiten in der Metallbranche angenommen; vgl. *Rademacker,* Das neue Recht und seine Auswirkungen, SozSich 2001, S. 74ff.

846 Vgl. Art. 3 Abs. 2 a Schätzungsbeschluss.

847 Vgl. Art. 3 Abs. 2 b Schätzungsbeschluss.

848 Vgl. Art. 4 Abs. 1 S. 2 Schätzungsbeschluss.

se Tätigkeiten sind über das CBBS-System erfasst.[849] Bei diesem handelt es sich um die computerunterstützte Erfassung der in Betracht kommenden Tätigkeiten. Der Berufskundler prüft aufgrund der vom Versicherungsarzt festgehaltenen Belastungsschablone, welche Tätigkeiten in Betracht kommen. Für die in Frage kommende Tätigkeit müssen mindesten 30 Arbeitsplätze bestehen, dies bedeutet aber nicht zur Verfügung stehende, d.h. freie Arbeitsplätze.[850] Folglich ist nur für die Bestimmung des Resteinkommens ein Blick auf die Arbeitswelt nötig, allerdings nur zur Bestimmung des Einkommensausfalls unter Lohngesichtspunkten, nicht aber bezüglich der Frage, ob ein Arbeitsplatz zur Verfügung steht. Es ist richtig, wenn völlig unberücksichtigt bleibt, ob der Versicherte eine Verweisungstätigkeit erhalten kann. Denn dies unterfällt dem geschützten Risiko der Arbeitslosenversicherung. Da es zu keinerlei Berücksichtigung dieses der Invalidität fremden Risikos kommen darf, kann auch kein Unterschied zwischen dem Teilzeitarbeitsmarkt und dem Vollzeitarbeitsmarkt gemacht werden.

b. Selbstständige

Die Definition der Invalidität nach dem WAZ entspricht dem des WAO. Dies bedeutet, dass in den Niederlanden auch bei einem Selbstständigen Voraussetzung ist, dass er 52 Wochen lang ununterbrochen arbeitsunfähig gewesen sein muss im krankenversicherungsrechtlichen Sinne und anschließend weiterhin arbeitsunfähig für andere zumutbare Tätigkeiten. Auch für das WAZ wird vom Gesetz auf den Schätzungsbeschluss zur Bestimmung des Grades der Erwerbsminderung zurückgegriffen. Im Gegensatz zum WAO muss der betroffene selbstständige Versicherte aber zumindest zu 25% erwerbsunfähig sein, damit es zu einer Leistung nach dem WAZ kommt. Diese Nichtberücksichtigung darunter liegender Erwerbsunfähigkeitsgrade entspricht den vorherigen Regelungen des AAW. Der niederländische Gesetzgeber geht davon aus, dass bei Selbstständigen ein unter 25% liegender Erwerbsunfähigkeitsgrad nicht messbar und daher nicht zu berücksichtigen ist. Mit Einführung des neuen Erwerbsunfähigkeitsbegriffs durch das wet TBA muss sich jeder Versicherte zum Ausschluss einer Invaliditätsleistung nach dem WAO auf jede allgemein akzeptierte Arbeit verweisen lassen. Dieser Erwerbsunfähigkeitsbegriff, bzw. die Aufgabe des Berufsschutzes führt dazu, dass auch ein Selbstständiger auf jede Tätigkeit des allgemeinen Arbeitsmarktes verweisbar ist. Er kann danach auch auf eine Tätigkeit als abhängig Beschäftigter verwiesen werden.

---

[849] Vgl. Im einzelnen die Ausführungen zum Feststellungsverfahren Teil 3. VII.

[850] Vgl. Art. 4 Abs. 1 S. 2 Schätzungsbeschluss.

Im Hinblick darauf, dass seit dem EM-ReformG 2001 auch weitere bestimmte Selbstständige in Deutschland einen Anspruch auf volle und teilweise Erwerbsminderungsrente haben können, müssen die für Arbeitnehmer geltenden Grundsätze der Bedeutung des Arbeitsmarktes auch für Selbstständige gelten. Die Definition des allgemeinen Arbeitsmarktes umfasst daher neben abhängigen Beschäftigungen auch selbstständige Tätigkeiten. So schließt die selbstständige Tätigkeit von wenigstens drei Stunden täglich die Annahme eines verschlossenen Arbeitsmarktes und damit den Anspruch auf eine volle Erwerbsminderungsrente aus.

c. Frühbehinderung

Auch im Wajong wird als Definition für den Erwerbsunfähigkeitsbegriff auf die Definition des WAO zurückgegriffen. Im Gegensatz zum WAO und zum WAZ wird aber nach Ablauf der ersten 52 Wochen nicht geprüft, ob der Antragsteller noch einer anderen Arbeit nachgehen kann, sondern nur, ob er im krankenversicherungsrechtlichen Sinne arbeitsunfähig ist. Denn die Verweisbarkeit auf eine allgemein akzeptierte Arbeit gilt nur für Personen, die schon einmal in das Arbeitsleben eingegliedert waren. Nur dann kann von einer Arbeitsunfähigkeit für die letzte Tätigkeit gesprochen werden. Für den über das Wajong aber vor allem geschützten Personenkreis, ist es noch nie zu einer Aufnahme einer Tätigkeit gekommen, da sie bereits vorher erwerbsunfähig geworden sind oder waren.

In Deutschland sind voll erwerbsgemindert auch Personen, die wegen Krankheit oder Behinderung außerstande sind, unter den üblichen Bedingungen des allgemeinen Arbeitsmarktes zumindest drei Stunden täglich erwerbstätig zu sein. Im Gegensatz zu den Niederlanden kommt es in Deutschland zu einer Berücksichtigung des Arbeitsmarktes. Der Unterschied ist dadurch zu erklären, dass das Wajong ein besonderes Gesetz für Frühbehinderte vor Aufnahme einer Arbeit darstellt und alle weiteren Behinderten durch Abführung von Beiträgen im WAO integriert sind, während in Deutschland über diese besonderen Normen auch Behinderte erfasst werden, die in irgendeiner Weise bereits arbeiteten. Eine besondere Berücksichtigung der Frühbehinderung kennt das deutsche System nicht.

4. Rehabilitation

Im Mittelpunkt der Invaliditätssicherung stehen die Geldleistungen zum Ausgleich der Erwerbseinbußen. Oft zu wenig beachtet werden die Leistungen der Prophylaxe und der Rehabilitation.[851] Rehabilitationsleistungen greifen schon im Vorfeld der Invalidität ein. Sie haben den Zweck, den Eintritt des Versicherungsfalles zu verhindern, und sind damit im eigentlichen Sinn keine Leistungen bei Invalidität, sondern Präventionsleistungen.

a. Vorrang der Rehabilitation

Aus diesem Grund gilt in beiden Ländern ein Vorrang der Rehabilitationsleistungen vor Leistungen aus der Invaliditätssicherung. In Deutschland wird dies über den Grundsatz „Rehabilitation vor Rente"[852] zum Ausdruck gebracht. Bei einem Antrag auf Rente wegen verminderter Erwerbsfähigkeit ist vor Entscheidung über den Rentenantrag zu prüfen, ob Leistungen zur Rehabilitation voraussichtlich erfolgreich sind. Befremdlich wirkt unter diesem Vorzeichen, wenn der Rentenversicherungsträger erst im Klageverfahren, insbesondere nach Abschluss der medizinischen Ermittlungen des Gerichts eine Rehabilitationsmaßnahme, beruflicher oder medizinischer Art, anbietet.[853] Dies vermittelt den Eindruck, dass bei den Sozialversicherungsträgern, insbesondere der Invaliditäts- und Arbeitslosenverwaltung, der Gedanke vorherrscht, eine Rehabilitation und vor allem eine berufliche Umschulung sei unökonomisch, da sie in den wenigsten Fällen zu einer Wiedereingliederung des Versicherten führen könne. Als Argument für diese in der Praxis vorherrschende Auffassung wird zum einen die schlechte Arbeitsmarktlage angeführt und zum anderen, dass oftmals schon vorhandene Rentnerbewusstsein eines Versicherten, der sich in keiner Weise Mühe gebe, beim Gelingen der Maßnahme mitzuhelfen.[854] So verbieten die internen Richtlinien zur beruflichen Teilhabe

---

851 Der Begriff der Rehabilitation wird übergreifend für Wiederherstellungs- und Erhaltungsmaßnahmen der Erwerbsfähigkeit für beide Länder und für berufliche wie medizinische Maßnahmen verwandt. Bei dieser Begrifflichkeit handelt es sich um den von der WHO länderübergreifend verwandten Begriff für den koordinierten Einsatz medizinischer, sozialer, beruflicher, technischer und pädagogischer Maßnahmen zur Funktionsverbesserung, Schulung und Umschulung sowie zur Anpassung des Betroffenen und seines Umfeldes im Hinblick auf die Wiedererlangung der bestmöglichen Funktionstüchtigkeiten und eines angemessenen Platzes in der Gesellschaft, vgl. *Weltgesundheitsorganisation* Regionalbüro für Europa 1999, Gesundheit 21, Schriftenreihe „Gesundheit für alle" Nr. 6. S. 23; vgl. auch *OECD,* Health DATA, 2003.

852 Oder wie es im SGB IX jetzt schriftlich manifestiert ist: Leistungen zur Teilhabe haben Vorrang vor Rentenleistungen, die bei erfolgreicher Leistung zur Teilhabe nicht oder voraussichtlich erst zu einem späteren Zeitpunkt zu erbringen wären. Dieser Grundsatz war zuvor schon im RehaAnglG manifestiert; vgl. *Fichte,* Der Vorrang der Rehabilitation im Sozialrechtsverhältnis, 1984, S. 7ff.

853 Diese Vorgehensweise ist in der Praxis in der Regel zu beobachten.

854 Vgl. *IVSS,* Projekt über Arbeitsunfähigkeit und Wiedereingliederung – Eine Studie in sechs Ländern über Maßnahmen zur Wiedereingliederung von Empfängern von Krankengeld und Invalidenrente in den Arbeitsmarkt, 2000 S. 12ff.

die Gewährung umfassender Maßnahmen an Personen, die das 40. Lebensjahr überschritten haben.[855] Dabei kommt viel zu kurz, dass ein solcher Mensch eigentlich noch 25 Jahre arbeiten müsste, bzw. bei einer Erhöhung des Rentenalters aufgrund des demografischen Faktors noch länger.

Bezüglich der in der Praxis negierenden Haltung zur Rehabilitation geht das niederländische System mittlerweile neue Wege. Das niederländische System hatte zunächst zum Abbau der finanziellen Last fast einer Million Erwerbsunfähiger die Invaliditätssicherung dahingehend umgebaut, dass mit Hilfe von Leistungskürzungen eine Begrenzung der Soziallasten erzielt werden sollten. Dies stellte sich schnell als ineffektiv und nutzlos dar. Erst mit dieser Erkenntnis folgten unter dem Schlagwort arbeid gaat boven inkomen (Arbeit geht über Einkommen) politische Programme, die die Reintegration in den Vordergrund stellten. Denn auch in den Niederlanden war die Reintegration zuvor ein selten angedachtes Mittel zum Ausschluss von Invaliditätsleistungen. Der entscheidenden Unterschied zu der deutschen Rehabilitationslandschaft ist dabei, dass allen Maßnahmen eine aktive Reintegrationspolitik zugrunde liegt, die über eine bloße Bereitstellung von Leistungen der beruflichen Rehabilitation hinausgeht und zudem auch gravierende Sanktionsmöglichkeiten eröffnet, die seit dem Jahre 2000 weiter verschärft worden sind.

Zunächst wurden dazu auf die Träger der Invaliditätssicherung Arbeitsvermittlungskompetenzen übertragen. Des weiteren ist die Hauptaufgabe des Versicherungsträgers nicht mehr nur eine ordnungsgemäße Ausführung der Leistungsgesetze und die Durchführung des Feststellungsverfahrens sowie eine korrekte Auszahlung der Leistungen, sondern die Reintegration. Daneben werden aber auch die Arbeitnehmer und die Arbeitgeber in die Verpflichtung genommen. Nun sollen krankheitsbedingte Arbeitsausfälle und die Reintegration erkrankter Arbeitnehmer bereits im Vorfeld vor dem Bezug von Erwerbsunfähigkeitsleistungen vermieden werden durch eine effektive Reintegration und die Beschränkung von Arbeitsausfall wegen Krankheit. Vor allem auch wegen der Verlängerung der Lohnfortzahlungsverpflichtung des Arbeitgebers auf 52 Wochen hat dieser nun ein großes finanzielles Interesse daran, dass der Arbeitnehmer die Arbeit wieder aufnimmt. Durch diesen finanziellen Druck vor allem für die Arbeitgeberseite soll dieses Konzept Erfolg haben. Nun erst scheint es in den Niederlanden auch in der Praxis einen Vorrang der Rehabilitationsleistungen, vor allem der beruflichen Reintegration, vor Rentenleistungen zu geben. Es stellt sich daher die Frage, ob nicht auch in Deutschland eine zwangsweise Überprüfung von Reintegrationsmaß-

---

[855] So z.B. in den Arbeitsanweisungen der Bundesknappschaft, Dezernat Rehabilitation, vgl. *VDR*, Richtlinien, Empfehlungen und Vereinbarungen zur Rehabilitation in der gesetzlichen Rentenversicherung, DRV 1999, Schriftenreihe Bd. 17.

nahmen im eigenen Betrieb und im zweiten Schritt in anderen Betrieben, dazu führen kann, dass der Zugang zur Rentenversicherung durch erfolgreiche Rehabilitationen eingedämmt werden kann. In den Niederlanden hat dieses Konzept jedenfalls mehr Erfolg gehabt, als mit Leistungskürzungen zu operieren.

b. Anspruchsnormen

aa. Deutschland

In Deutschland werden unter dem Begriff der Teilhabe, welcher den vorherigen und im allgemeinen Sprachgebrauch üblichen Begriff der Rehabilitation ersetzt, medizinische Wiederherstellungsmaßnahmen, Leistungen zur Teilhabe am Arbeitsleben (vormals berufliche Rehabilitationen) und ergänzende Leistungen verstanden. Bei den ergänzenden Leistungen ist der wichtigste Faktor die Eingliederungshilfe. Durch sie kann ein Arbeitgeber, der einen leistungseinsgeschränkten Arbeitnehmer dauerhaft anstellt, bis zu 80% des tariflichen Lohns ersetzt erhalten. Das Ziel ist bei allen Maßnahmen, die Beeinträchtigungen der Erwerbsfähigkeit des Versicherten oder sein vorzeitiges Ausscheiden aus dem Erwerbsleben zu verhindern bzw. den Versicherten dauerhaft in das Erwerbsleben wieder einzugliedern. Es handelt sich dabei durchweg um Sachleistungen.

Im Bewusstsein, dass Rehabilitationsleistungen nötig sind und oftmals zu kurz kommen, aber auch in der Erkenntnis, dass eine Kompetenznegation[856] der in Betracht kommenden Versicherungsträger besteht und der Versicherte oftmals nicht erkennen kann, wer zuständiger Leistungsträger ist, kam es zum SGB IX.[857] Anders als die bislang geltenden Vorschriften des RehaAnglG, das lediglich Grundsätze und Rahmenvorschriften formulierte und die Ausgestaltung und Einzelregelung dem Rehabilitationsträgern überließ, gelten die Vorschriften das SGB IX unmittelbar. Ziel ist weiterhin, dass für alle verschiedenen Rehabilitationsträger einheitliche Regelungen hinsichtlich Art, Umfang und Ausführung der Leistungen bereichsübergreifend festgeschrie-

---

[856] Dies zeigt sich an einem Beispielsfall aus der Praxis. Es steht medizinisch fest, dass der Kläger einen Anspruch auf Gewährung einer medizinischen Rehabilitationsmaßnahmen hat, jedoch können sich die beklagte Rentenversicherung und die beigeladene Krankenversicherung nicht einigen, ob es nun eine Maßnahme zur Abwendung der Arbeitsunfähigkeit oder der Erwerbsunfähigkeit ist.

[857] Zudem sollte sich ein Paradigmawechsel vollziehen. Der behinderte oder kranke Mensch wird nicht länger als Objekt der Fürsorge verstanden, sondern ein mit dem Recht auf Teilhabe an der Gemeinschaft ausgestattetes Subjekt der Rehabilitation, vgl. BT-Drs. VI / 3742, Begründung Teil A S. 41.

ben werden.[858] Ob dieses Ziel erreicht werden wird, muss bezweifelt werden, solange in den einzelnen Leistungsgesetzen und auch im Rentenversicherungsgesetz abweichende und spezielle Regelungen enthalten sind. Eine Harmonisierung der unterschiedlichen Regelungen der einzelnen Träger kann damit nicht erreicht werden.[859]

Die Problematik besteht im Gegensatz zu den Niederlanden auf der Ebene verschiedener Anspruchsgrundlagen. Ein Arbeitnehmer hat die Möglichkeit, bei verschiedenen Leistungsträger unterschiedliche Leistungen geltend zumachen, die sich jedenfalls auf der Anspruchsebene nicht gegenseitig ausschließen und die zudem von unterschiedlichen Anspruchsvoraussetzungen abhängig sind. So kann ein Versicherter bei Arbeitsunfähigkeit oder drohender Arbeitsunfähigkeit einen Antrag an die Krankenkasse auf Gewährung einer medizinischen Rehabilitationsmaßnahme stellen und zudem auch einen Antrag auf eine medizinische Rehabilitationsmaßnahme zu Lasten des Rentenversicherungsträgers. Ist nämlich zu befürchten, dass die Arbeitsunfähigkeit in eine Erwerbsunfähigkeit umschlägt, ist der Rentenversicherungsträger aus Präventionsgründen verpflichtet, die medizinische Maßnahme zu übernehmen. Im Zeitpunkt der notwendigen Entscheidung ist nur eine Prognoseentscheidung möglich. Auch diese bedingt, dass es häufig zu Kompetenzschwierigkeiten kommt.[860] Könnte es sich bei der Erkrankung des Versicherten auch um die Folgen eines Arbeitsunfalls oder einer Berufskrankheit handeln, besteht auch die Möglichkeit, dass der Unfallversicherungsträger zuständig ist. Begehrt ein Arbeitnehmer dagegen eine berufliche Maßnahme, so kann das Arbeitsamt zuständig sein oder aber, wenn es gilt, eine drohende Erwerbsminderung zu beseitigen, der Rentenversicherungsträger. Sollen berufliche Maßnahmen aufgrund eines unfallrechtlichen Schadensausgleiches erfolgen, ist wiederum der Unfallversicherungsträger zuständig.[861] Für den durchschnittlichen Versicherten bedeutete dies, dass ihm nicht klar ist, wer zuständiger Leistungserbringer ist. In diesem Zusammenhang sind zwar die strukturellen Änderungen begrüßenswert, so die Schaffung von Servicestellen als Anlaufstelle des Hilfesuchenden für alle Sozialversicherungsträger und die Ver-

---

858 Vgl. *Weber-Falkensammler, Neuderth,* Rehabilitation und Qualitätssicherung im europäischen Wettbewerb, DRV 2001, S. 215ff.

859 *Schwarzhaupt-Czech,* Das neue Sozialgesetzbuch SGB XI und seine Bedeutung für die Rentenversicherung, Nachr. LVA He 2001, S. 84.

860 Obwohl die Rehabilitationsrichtlinien vorsehen, dass der angegangene Rentenversicherungsträger vorrangig zu Leistungen verpflichtet ist.

861 Hier kann es zu einem Leistungsausschluss kommen, denn Leistungen zur Teilhabe werden nicht erbracht, wenn der jeweilige Versicherte gleichartige Leistungen eines anderen Rehabilitationsträgers enthalten könnte, z.B. in Folge eines Arbeitsunfalls, oder bereits eine Rente wegen Alters von wenigstens zwei Drittel der Vollrente bezieht oder beantragt hat.

pflichtung, das Rehabilitationsverfahren nahtlos und zügig zu führen sowie Abgrenzungsfragen einvernehmlich zu klären. Dies kann zu einer Verbesserung der Situation des Versicherten führen. Es kann damit vermieden werden, dass der Versicherte erst im Klageverfahren erfährt, wer zuständiger Leistungserbringer ist. Jedoch scheint sich in der Praxis noch nicht viel geändert zu haben.[862]

bb. Niederlande

Dem niederländischen allgemeinen Sprachgebrauch und den dortigen Gesetzen ist eine übergreifende Begrifflichkeit der Rehabilitation fremd. Dort unterscheidet der Gesetzgeber streng zwischen Maßnahmen zur Wiederherstellung des beruflichen Status und Maßnahmen zur Wiederherstellung oder Aufrechterhaltung eines körperlichen und geistigen Status. Bei den ersteren Maßnahmen handelt es sich um Reintegration und bei den letzteren um Revalidation. Diese strikte Trennung spiegelt sich wieder in den verschiedenen Anspruchsgrundlagen für Wiederherstellungsmaßnahmen. Im Gegensatz zu Deutschland gibt es daher keine Anspruchsgrundlagen für medizinische Maßnahmen aus den Leistungsgesetzen der Invaliditätssicherung. Dies wäre aus niederländischer Sicht systemfremd, da in den 52 Wochen Wartezeit, in denen die Lohnfortzahlung wegen Krankheit vom Arbeitgeber oder in besonderen Fällen von der Krankenversicherung erbracht wird, solche Maßnahmen aus den Gesetzen der medizinischen Vor- und Versorgung erfolgen müssten. Für die Versicherten bedeutet dies, dass zur Beseitigung einer Arbeitsunfähigkeit nur das Krankenversicherungsrecht und spezielle Leistungsgesetze als Anspruchsgrundlagen in Betracht kommen können. Diese sehen medizinische Rehabilitationen als Sachleistung vor. Darunter fallen stationäre und ambulante Maßnahmen zur körperlichen und auch psychischen Wiederherstellung. Da ein Versicherter zunächst der 52-wöchigen Arbeitsunfähigkeit zur Erfüllung der Wartezeit bedarf, geht es vorrangig darum, die Arbeitsunfähigkeit zu beseitigen. Für die gesundheitliche Seite kann daher im Gegensatz zu Deutschland keine Überschneidung mit dem Rentenversicherungsrecht eintreten.

Auch die beruflichen Rehabilitationsmaßnahmen werden in besonderen Gesetzen geregelt. Während das WAO bis zur Einführung des wet REA noch Anspruchsgrundlagen für berufliche Rehabilitationsmaßnahmen vorsah,

---

[862] Vgl. *Weber, Raspe,* Gelingt die Reintegration in das Erwerbsleben nach Langzeitarbeitsunfähigkeit, DRV 1999, S. 219ff.

nimmt nun das wet REA eine vornehmliche Stellung ein.[863] Jedoch gibt es Querverweise. Das wet REA wurde ab dem Zeitpunkt notwendig, als die Arbeitgeber stärker für die Kosten der Arbeitsunfähigkeit verantwortlich gemacht worden sind. Nach der Ausweitung der Lohnfortzahlungsverpflichtung musste einer Risikoselektion entgegengewirkt werden. So gibt das wet REA vorrangig finanzielle Anreize zur Einstellung und Weiterbeschäftigung von Menschen mit gesundheitlichen Problemen. Damit Reintegration an vorderster Stelle steht, sieht das wet REA einschneidende Sanktionsmöglichkeiten vor. Dieses Konzept ist auch gelungen, denn es konnte ein beträchtlicher Rückgang der Zahl der Erwerbsunfähigen verzeichnet werden, die nicht in die Arbeitslosigkeit abwanderten. Die in bereit gestellten Kontingenten erfolgenden Maßnahmen konnten scheinbar einerseits durch ihren aktiven Charakter als auch durch die Sanktionsmöglichkeiten und durch die finanzielle Lastenverteilung dazu führen, dass 38% der Maßnahmen in 2001 Erfolg hatten. Dabei muss bedacht werden, dass diese Zahl für ca. 20.000 Versicherte steht, die in diesem Jahr nicht dem Invaliditätssicherungssystem durch Rentenleistungen zur Last fielen. Das erstaunlichste ist aber, dass entgegen der ursprünglichen Prognosen tatsächlich keine oder nur geringe Kosten für eine Weiterbeschäftigung eines leistungseingeschränkten Arbeitnehmers entstanden waren. Aus diesem Grund konnten die finanziellen Anreize, einen Erwerbsunfähigen einzustellen, seit Januar 2002[864] gesenkt werden. Dies lässt eine aktive Reintegrationspolitik, wie sie in den Niederlanden erfolgt, auch unter Kostengesichtspunkten attraktiv erscheinen. Denn der Vorwurf, dass nur durch eine finanzielle Unterstützung ein Arbeitsmarkt geschaffen wird, der tatsächlich nicht vorliegt, um den Zugang zur Erwerbsunfähigkeitsrente zu bremsen, kann nicht greifen.[865] Im übrigen hat der Arbeitgeber eine Verpflichtung, überzahlten und nicht erforderlichen Zuschuss zurückzuzahlen.

Manche progressiv eingeschlagene Wege wurden auch wieder verlassen. Dabei ist es bedauernswert, dass die gute Idee der sog. Bonus-Malus-Regelung aufgrund von Protesten der Arbeitgeberseite, aber auch wegen des Verwaltungsaufwandes abgeschafft worden ist.

[863] Daneben gibt es an maßgeblichen Gesetzen das WVG (wet voorzieningen gehandicapten). Es sieht Leistungen zur Ermöglichung einer selbstständigen Lebensführung bei Behinderten vor. Und das WSG (wet sociale werkvoorziening), es sieht die Schaffung von angepassten Arbeitsmöglichkeiten für Personen vor, die nicht im Stande sind, unter betriebsüblichen Bedingungen zu arbeiten.

[864] *Centrale Bureau voor de statistics,* Statistik Lisv, März 2003.

[865] Typischer Vorwurf an aktivierende Wohlfahrtsstaaten. Die Aktivierungsmaßnahmen würden nur kurz und auf Kosten des Steuerzahlers einen künstlichen Arbeitsmarkt schaffen; vgl. *Einerhand, Erikson, Leuvensteijn,* Abhängigkeit von Sozialleistungen und Dynamik des Wohlfahrtstaates, IRSS 2001 S. 3, 5.

Das wet REA wurde im Jahr 2000 durch das WVP weiter verschärft, da man der Auffassung war, dass der Zugang zu den Invaliditätsversicherungen noch nicht ausreichend durch Reintegrationsbemühungen gestoppt wird. Dabei wurde vor allem eine weitreichende Justiziabilität geschaffen. Das WVP ist seit dem 01.01.2003 noch weiter ausgebaut worden. Der Arbeitgeber ist nun nicht nur zuständig, in seinem Betrieb einen geeigneten Arbeitsplatz dem arbeitsgehandicapten Arbeitnehmer zu beschaffen, sondern, falls dies nicht möglich ist, auch bei einem anderen Arbeitgeber.

Aufgrund der Tatsache, dass das niederländische Sozialversicherungsrecht keinen gesonderten Zweig der Unfallversicherung hat, bedurfte es eines gesonderten Gesetzes, das Regelungen über den betrieblichen Arbeitsschutz und Unfallverhütungsvorschriften enthält. Diese werden im Arbowet geregelt, während in Deutschland sowohl besondere Gesetze vorliegen als auch ein Großteil im Unfallversicherungsrecht geregelt wird.

c. Anspruchsvoraussetzungen

Bei den Anspruchsvoraussetzungen für Rehabilitationsmaßnahmen kommt der unterschiedliche Sicherungstyp der beiden Länder deutlich zum Ausdruck. Deutschland als Sozialversicherungssystem setzt nämlich besondere Anspruchsvoraussetzung voraus. Durch eine Beitragszahlung muss sich ein Versicherter erst das Recht erkaufen, auch in den Genuss einer Rehabilitationsleistung z.B. aus der Krankenversicherung oder der Rentenversicherung zu kommen. Dazu kommt, dass diese Anspruchsvoraussetzungen immer weiter verschärft worden sind. Erfüllt der Versicherte die jeweiligen versicherungsrechtlichen Voraussetzungen nicht, kann eine Maßnahme auch dann erbracht werden, wenn sie voraussichtlich die drohende Erwerbsminderung beseitigen würde. Da aber eine solche Prognoseentscheidung oftmals erst ex-post, z.B. in einem langwierigen Gerichtverfahren mit medizinischer Beweiserhebung überprüft werden kann, sind durchaus Fälle denkbar, in denen dringend eine Maßnahme zur Erhaltung der Erwerbsfähigkeit nötig wäre, diese aber an den versicherungsrechtlichen Voraussetzungen und an einer möglicherweise falschen Prognoseentscheidung scheitert. Ein solcher Versicherter hat durch Zeitablauf keine realistische Chance auf eine Reintegration mehr. Denn wie das niederländische Beispiel im Folgenden noch zeigt, ist Schnelligkeit das oberste Gebot.

Das niederländische Recht sieht keine expliziten versicherungsrechtlichen Voraussetzungen, insbesondere für die Frage der beruflichen Reintegration, vor. Zwar hat das WAO sozialversicherungsrechtliche Züge, bei den Regelungen der Reintegration sind diese aber nicht übernommen worden. Das niederländische Reintegrationskonzept ist daher eher ein Entschädigungskonzept. So kommen für die Förderung nach dem wet REA alle leistungseingeschränkten Personen in Betracht.[866] D.h. es bedarf noch nicht der Situation einer Arbeitsunfähigkeit oder gar einer Erwerbsunfähigkeit, sondern die Grenze wird weit vorher gezogen.

Damit wird das niederländische System dem Sinn und Zweck von Rehabilitationsmaßnahmen gerecht; nämlich schon im Vorfeld vor dem Zugang zu dauerhaften Leistungen der einzelnen Sozialversicherungsträger einen solchen Zugang zu vermeiden. Rehabilitationsmaßnahmen dürften schon gar nicht einem sozialversicherungsrechtlichen Prinzip unterliegen. Denn durch diese soll erst die Möglichkeit eines Status als Versicherter erreicht oder erhalten bleiben. So handelt es sich bei Rehabilitationsmaßnahmen einerseits um Entschädigungsmaßnahmen, anderseits aber um Hilfs- und Fürsorgemöglichkeiten.[867] Es ist nicht nachzuvollziehen, dass ein Anspruch auf Rehabilitationsleistungen im Deutschen Recht von der Erfüllung bestimmter versicherungsrechtlicher Voraussetzungen abhängig und zudem eine fortschreitende Verschärfung zu verzeichnen ist. Grund für diese Verschärfungen scheint der Gedanke zu sein, aus finanziellen Gründen Ansprüche auf Rehabilitationsleistungen zu minimieren. Dabei wird aber zuwenig bedacht, dass die mangels Rehabilitation oftmals folgende Rentenleistung bedeutend mehr kosten wird. Allein maßgeblich dürfte im Rahmen der Invaliditätsversicherung nur sein, ob der Versicherte in einem bestehenden Arbeitsverhältnis arbeitsunfähig wird und die Besorgnis besteht, dass dies auf Dauer anzunehmen sein wird. In den Niederlanden muss in dieser Situation bereits nach sechs Wochen Arbeitsunfähigkeit der erste Reintegrationsplan aufgestellt werden. Nur dann kann zügig genug die Möglichkeit einer Wiedereingliederung ergriffen werden. Durch die frühzeitige Meldung der Arbeitsunfähigkeit beim Rentenversicherungsträger und der Überwachung des Prozedere durch den Rentenverscherungsträger ist auch gewährleistet, dass Reintegrationsbemühungen verwirklicht werden können.

In beiden Ländern handelt es sich bei Rehabilitationsleistungen um Kann-Leistungen, die der Einschätzungsprärogative des Versicherungsträgers unterliegen. Der entscheidende Unterschied liegt dabei in der Praxis. Handelt es sich in Deutschland um einen arbeitsunfähigen Versicherten, der eine Leistung beantragt, so kann dies abgelehnt werden, weil sie keine Erfolgssaussichten bietet. So hat ein über 40jähriger Versicherter keinen Anspruch auf eine

[866] Personen, die das 65. Lebensjahr vollendet haben, sind ausgenommen, da sie einer Reintegration nicht mehr bedürfen. Hier greift die Altersrente, die eine auch juristische Grenze zieht, bis wann ein Versicherter sozialpolitisch gewollt noch arbeiten sollte.

[867] Vgl. 1. Teil II. 3., vgl. *Zacher*, Grundtypen des Sozialrechts, 1987, S. 571ff.

qualifizierte Umschulungsmaßnahme, da der Arbeitsmarkt einen solchen Umschüler nicht aufnehmen würde. Die beiden folgenden Möglichkeiten sind, dass eine Rente gewährt wird, da der Versicherte auch ein dementsprechend schlechtes Leistungsvermögen hat, oder aber die Rente wird versagt, da er noch in der Lage ist, eine Tätigkeit auf dem allgemeinem Arbeitsmarkt zu verrichten. Zieht ein Versicherter gegen die Ablehnung der Umschulungsmaßnahme und auch der Rente mit ungewissen Erfolgsaussichten ins Klageverfahren, nimmt dies in der Regel mindestens 1½ Jahre in Anspruch. Mittlerweile hat sein Arbeitgeber ihm gesundheitsbedingt gekündigt. Ergibt sich im Klageverfahren, dass er einen Anspruch auf Rente hätte, so kann der Grundsatz Reha vor Rente kaum noch erfolgreich realisiert werden, da nun der Versicherte bereits mindestens 1½ Jahre dem Arbeitsmarkt nicht zur Verfügung gestanden hat. Für den anderen Fall fällt der Versicherte der Arbeitslosenversicherung zur Last. Die Situation ist nicht befriedigend. In den Niederlanden kann zwar auch der Versicherungsträger eine Maßnahme ablehnen. Jedoch muss dann quasi schon feststehen, dass der Versicherte dauerhaft erwerbsunfähig ist. Denn andernfalls wäre es dem Arbeitgeber nicht zumutbar, 52 Wochen Krankengeld zahlen zu müssen und den Arbeitnehmer nicht kündigen zu dürfen. Die Ermessensausübung wird dadurch, dass bei einer Ablehnung sowohl Arbeitnehmer als auch Arbeitgeber mit ganz erheblichen finanziellen Interessen betroffen sind, quasi dahingehend eingeschränkt, dass es sich um eine gebundene Entscheidung handelt. Zudem kann es zumindest im ersten Jahr der Arbeitsunfähigkeit nicht zur Kündigung kommen, so dass für eine erfolgreiche Reintegration keine Tätigkeitslücke entsteht.

d. Rehabilitationsstrategien

Das Deutsche System der Rehabilitationslandschaft krankt daran, dass nicht frühzeitig genug gehandelt wird und der Versicherte ohne konkreten Plan und ohne Einbezug des Arbeitgebers alleine gelassen wird in der Phase einer langandauernden Krankheit. So verlaufen in der Praxis die Fälle oftmals nach folgendem Muster: Der Versicherte wird arbeitsunfähig, er erhält zunächst sechs Wochen Lohnfortzahlung vom Arbeitgeber. Obwohl der Arbeitgeber ein Interesse daran haben müsste, dass der Arbeitnehmer wieder die Arbeit aufnimmt, sind Hilfestellungen des Arbeitgebers zur Beseitigung der Arbeitsunfähigkeit unüblich.[868] Daran anschließend erhält der Versicherte Krankengeld von der Krankenkasse. Der Arbeitgeber hat keine Verpflichtung mehr. Es ist nicht zu beobachten, dass die Krankenkasse nun dafür Sorge trägt, dass Rehabilitationsmaßnahmen und auch Reintegrationsmaßnahmen zügig erfolgen, denn immerhin ist nun der Versicherte bereits seit sechs Wochen arbeits-

[868] Vgl. *Bloch, Prins,* Who returns to work an why, 2003, S. 7ff.

unfähig. Dafür sind zwar Untersuchungen des Versicherungsarztes vorgesehen, in der Praxis erfolgen diese aber verspätet und nur zur Kontrolle, ob tatsächlich von einer Arbeitsunfähigkeit auszugehen ist. Die Initiative müsste nun vom Versicherten ausgehen, sowohl bei der Krankenkasse als auch beim Rentenversicherungsträger einen Antrag auf medizinische Rehabilitation zu stellen und gleichzeitig bei zu erwartender dauerhafter Einschränkung des Leistungsvermögens eine berufliche Maßnahme der Teilhabe zu beantragen. Der größte Teil der Versicherten handelt aber uniformiert und ohne Unterstützung anders. Sie lassen erst das Krankengeld auslaufen, denn in dieser Zeit sind sie durch mindestens 70% des letzten Gehaltes abgesichert. Der Arbeitgeber wird in diesem Zeitraum die krankheitsbedingte Kündigung ausgesprochen haben. Sodann ist häufig zu beobachten, dass das Arbeitslosengeld ausgeschöpft wird und zuletzt ein Antrag auf Rente gestellt wird. Ein Antrag auf Rehabilitation wird im seltensten Fall selber vom Versicherten gestellt. Nach diesem langen Zeitraum macht es nun für den Versicherungsträger kaum noch Sinn, über Rehabilitationsmaßnahmen nachzudenken. Das Prinzip „Reha vor Renten" ist in Deutschland in der Praxis bloße Theorie.

In den Niederlanden ist dieses Problem erkannt worden und durch sinnvolle Lösungskonzepte angegangen worden. Zunächst trägt der Arbeitgeber ein Jahr lang das Krankengeld. Dies bedeutet, er hat ein großes Interesse daran, seine finanzielle Last zu minimieren. Sollte der Versicherte aber nach dem Jahr der Wartezeit eine Erwerbsunfähigkeitsleistung erhalten, so wirkt sich auch dies auf die finanzielle Situation des Arbeitgebers aus. Er trägt die Beiträge zur Invaliditätssicherung alleine. Abhängig von der Zahl der Invaliditätsfälle in seinem Betrieb steigt auch seine Beitragshöhe. Damit hat er auch ein finanzielles Interesse daran, die Zahl seiner Arbeitnehmer, die in die Invalidität abwandern, gering zu halten. Die Invaliditätsrente ist daher nicht Ventil des Arbeitsmarktes. Der „Prozessgang erstes Krankheitsjahr"[869] verschiebt die Verpflichtung der Reintegration vom Versicherungsträger auf die Tarifparteien. Die Idee dabei ist, dass Arbeitgeber und Arbeitnehmer dann, wenn finanzielle Folgen ausgelöst werden, zeitig genug selbst die notwendigen Reintegrationsmaßnahmen übernehmen. Ebenso wie der Arbeitgeber gegenüber dem Arbeitnehmer verpflichtet ist, hat er Verpflichtungen gegenüber dem Versicherungsträger. Dazu gehört die Meldung eines Krankheitsfalles binnen einer Woche an den Arbodienst; verpflichtende Anfrage an den Arbodienst für alle Krankheitsfälle, die länger als sechs Wochen dauern; Aufstellen eines Reintegrationsdossiers nach sechs Wochen; Einstellung eines Fallmanagers nach weiteren sechs Wochen (spätestens nach 13 Wochen); Erstellung des

[869] Regeling Processgang eerste ziektejaar; vgl. Beschluss vom 25.03.2002 Stcrt. 2002, Nr. 60.

Reintegrationsplans, den der Arbeitnehmer im Falle eines WAO-Antrages einreichen muss. Nach dem WVP hat der Arbeitgeber nunmehr seit dem 01.01.2003 nicht nur die Verpflichtung, den Arbeitnehmer in seinen Betrieb zu reintegrieren, sondern für den Fall, dass dies nicht gelingt, auch die Verpflichtung, seinen Arbeitnehmer bei einem anderen Arbeitgeber zu reintegrieren. Die Maßnahmen, die Arbeitgeber und Arbeitnehmer ergreifen, werden durch den Versicherungsträger überwacht. Die beiden Tarifparteien können diesen auch um ein Sachverständigenurteil bitten, damit bei Uneinigkeiten über Reintegrationsverfahren diese nicht direkt gerichtlich geklärt werden müssen. Demgegenüber hat auch der arbeitsunfähige Arbeitnehmer folgende Verpflichtungen: Er muss den durch den Arbeitgeber oder einen Sachverständigen aufgestellten Regeln des Reintegrationsplans folgen; er muss nach seinen Kräften mitwirken und er muss eine andere zumutbare Tätigkeit, die ihm angeboten wird akzeptieren. Mit diesem engmaschigen Konzept haben die Niederländer Erfolg. Der Zugang zur Invaliditätsrente wurde überraschend stark begrenzt. Gerade das frühzeitige planvolle Vorgehen und der Einbezug des Arbeitgebers scheinen zum gewünschten Erfolg zu führen. Geregelt ist auch der Fall der Kündigung des Beschäftigungsverhältnisses. Aus arbeitsvertraglichen Gründen ist zumeist eine Kündigung erst nach zwei Jahren möglich, wenn in dieser Zeit keine Reintegration gelang. Für diesen Fall geht die Verantwortlichkeit für die Reintegration auf den Rentenversicherungsträger über. In keinem Fall wird der Versicherte also alleine gelassen.

Zwar wurde auch in Deutschland erkannt, dass nur Schnelligkeit zu einer erfolgreichen Rehabilitation führen kann. Denn die oftmals langwierige Entscheidungsprozedur steht in keinem Verhältnis zu der in den meisten Fällen bestehenden Notwendigkeit zur schnellen Hilfe, um überhaupt noch helfen zu können. So normiert das SGB IX nun, dass über den Antrag eines Versicherten innerhalb von drei Wochen entschieden werden soll. Da jedoch ungeklärt ist, in welcher Form die Vorgaben justiziabel sind, wird man bezweifeln müssen, dass das SGB IX eine maßgeblich andere Situation als seine Vorläufervorschriften erbringt. Zumal schon jetzt zu beobachten ist, dass die kurzen Fristen des SGB IX von den Versicherungsträgern nicht eingehalten werden.

Interessanter weiterer Effekt der neuen Wege in den Niederlanden ist die Förderung der Marktkräfte sowohl bei der Reintegration als auch bei der Invaliditätssicherung. Sowohl öffentlich-rechtliche als auch private Auftraggeber (Arbeitgeber/UWV) müssen sich die Reintegrationsdienste erkaufen bei professionellen Anbietern auf dem freien Markt. Nur im Ansatz vergleichbare Regelungen kennt in Deutschland seit kurzem die Arbeitslosenverwaltung. Da diese Dienste zu einem belangreichen Teil wieder aus öffentlich-rechtlichen Mitteln vergütet und die Aufsicht und die Kontrolle dieses jungen Betätigungsfeld hohe Kosten verursacht, werden in beiden Ländern kritische Stimmen laut.[870]

e. Leistungen

Im deutschen System wendet sich die Rehabilitationsleistung in erster Linie an den Versicherten. So erhält er während einer Maßnahme unterhaltssichernde Leistungen vor allem in Form von Übergangsgeld. Der Berechnung des Übergangsgeldes sind 80 v.H. des Regelentgeltes, höchstens jedoch das entgangene regelmäßige Nettoarbeitsentgelt zugrunde zulegen. An Leistungen, die sich nicht an den Versicherten wenden, kennt das Deutsche Recht die Eingliederungshilfe. Mit dieser werden bis zu 80% des Tariflohnes an den Arbeitgeber gewährt, damit er einen leistungseingeschränkten Arbeitnehmer einstellt.

Die Palette der Leistungsmöglichkeiten in den Niederlanden ist bedeutend größer. Aufgrund der Inanspruchnahme des Arbeitgebers kann er auch Leistungen beanspruchen. Ursprünglichstes und wichtigstes Leistungsinstrument ist die Prämienkürzungsregelung,[871] d.h. die Beiträge zur WAO-Versicherung werden dem Arbeitgeber verringert. Auch Ausgleichszahlungen im Sinne von Lohnsubvention und Lohndispensation sind üblich. Bei allen Leistungen ist aber bei Nichterfolg eine Rückforderung möglich. Zudem bedurfte es der Schaffung von Subventionsmöglichkeiten für die Reintegration eines Arbeitnehmer bei einem anderen Unternehmen, da der Arbeitgeber diese Kosten nicht alleine tragen kann. Eine solche Subvention ist ebenfalls an eine erfolgreiche Reintegration gebunden. Gelingt die Reintegration nicht, muss der Arbeitgeber die Hälfte der angefallenen Kosten selber tragen. Dabei ist es sinnvoll, diese Subvention aufzuteilen, und die Leistungen einmal als Basisleistung zur Auszahlung zu bringen und die andere Hälfte von der Einstellung abhängig zu machen. Sogar der Fall, dass der Arbeitnehmer sich selbstständig gemacht hat, wird bei den Subventionsregelungen berücksichtigt.

Die Gewährung zahlreicher Hilfsmittel sowie Kraftfahrzeughilfen, Sicherheitsmaßnahmen, die Herrichtung des Arbeitsplatzes, Schulungsmaßnahmen und Probearbeitsplätze sind sowohl in den Niederlanden als auch in Deutsch-

---

[870] *Eichenhofer,* Beschäftigungspolitik und Arbeitsförderung im europäischen Vergleich, vgl. ZESAR 2003, S. 50, 53 f.

[871] Vgl. 3. Teil Finanzierung. Geregelt in Art. 79 b und 82 WAO. Möglich ist eine Kürzung, die so aussieht, dass der Arbeitgeber für die WAO-Prämie als auch für die WW-Prämie bis zu 2.042 € im Jahr erhält. Diese Kürzung erfolgt für die ersten drei Jahre des Beschäftigungsverhältnisses. Bei vorzeitiger Beendigung des Beschäftigungsverhältnisses endet auch diese Subvention.

land möglich und gebräuchlich. Jedoch erfolgen sie aus unterschiedlichen Leistungsgesetzen, was letztlich ohne Bedeutung ist.

Abweichend von der Deutschen Regelung kann einem Versicherten zu Lasten des Trägers der Invaliditätssicherung auch ein personengebundenes Reintegrationsbudget bewilligt werden. Der Arbeitnehmer schließt in diesen Fällen selber einen Reintegrationsplan mit einem Reintegrationsbetrieb ab. Einem Versicherten wird mit dieser Möglichkeit nicht nur ein Vertrauensvorschuss gewährt, sondern die finanzielle Unterstützung, sich selbst zu integrieren. Sicherlich gibt es dafür auch geeignete Versicherte, so dass es sich um ein bedenkenswertes Modell für das Deutsche System handelt.

f. Sanktionsmöglichkeiten

Damit das niederländische System funktioniert, bedurfte es der Einführung von umfangreichen Sanktionsmöglichkeiten und der Möglichkeit einer gerichtlichen Kontrolle. An fehlenden Sanktionsmöglichkeiten krankten die ersten Versuche, die Reintegration auf die Tarifvertragsparteien zu übertragen. In zweiter Linie war die Justiziabilität bis vor kurzem starker Kritik ausgesetzt.

Der Versicherungsträger muss beurteilen, ob Arbeitgeber und Arbeitnehmer den Reintegrationsbemühungen redlich nachgekommen sind. Innerhalb dieser Kompetenz hat der Versicherungsträger die Möglichkeit, die grundsätzliche Lohnfortzahlungsverpflichtung des Arbeitgebers von 52 Wochen auf bis zu ein weiteres Jahr zu verlängern. Dies ist eine der einscheidendsten Sanktionen mit starken finanziellen Folgen. Aus diesem Grund ist der Beschluss des Versicherungsträgers zur Lohnfortzahlung gerichtlich angreifbar.

Sollte der Arbeitnehmer seinen Verpflichtungen nicht nachkommen, ist die primäre Sanktion die Einstellung der Lohnfortzahlung. Zudem gilt bei einer unberechtigten Weigerung des Arbeitnehmers, einen bestimmten ihm zumutbaren Arbeitsplatz anzunehmen, das generelle arbeitsrechtliche Kündigungsverbot für kranke Arbeitnehmer nicht länger. Da sich die Rehabilitationsmaßnahmen vor allem an die Tarifvertragsparteien richten, sind daher auch Sanktionsmöglichkeiten erforderlich und vorhanden, die aus dem Kern des Arbeitsverhältnisses entstammen. Jedoch hat der Arbeitnehmer gegenüber dem Versicherungsträger Verpflichtungen. Kommt er diesen Verpflichtungen nicht nach, kann der Versicherungsträger eine WAO-Leistung kürzen. Problematisch ist, dass die Rechtswege für den Versicherten in dieser Konstellation getrennt sind. Wendet er sich gegen den Arbeitgeber, so muss er den bürgerlich-rechtlichen Rechtsweg bestreiten, andernfalls den öffentlich-rechtlichen.

In Deutschland gibt es mangels umfangreicher Reintegrationsstrategien auch keinen umfangreichen Sanktionskatalog. Das einzige und stärkste Mittel ist, wenn ein Versicherter angebotene Maßnahmen ohne zureichenden Grund ablehnt, über die Verletzung der rentenrechtlichen Mitwirkungspflicht einen Leistungsausschluss der Rentenzahlung vorzunehmen.

5. Rentenleistungen[872]

Die Leistungen bei Invalidität sollen das primäre und das sekundäre Einkommensrisiko berücksichtigen. Deshalb geht es einerseits um Einkommensersatzleistungen, andererseits stellt sich die Frage, ob weiterer sozialer Schutz z.B. für die Risiken Krankheit, Pflege und Alter erhalten bzw. aufgebaut werden können und Zugang zu den entsprechenden Versicherungszweigen besteht.

a. Primärer Schutz

In beiden Ländern stellen die Invaliditätsrenten Geldleistungen zur Kompensation des aufgrund der Erwerbsminderung ausfallenden Erwerbseinkommens das Kernstück der sozialen Absicherung bei Invalidität dar.[873]

In Deutschland erfolgen die Leistungen aus der einheitlichen gesetzlichen Rentenversicherung in Form der Rente wegen teilweiser und voller Erwerbsminderung. Zudem kann die Rente wegen teilweiser Erwerbsminderung für die Zeit einer Übergangsregelung auch als Berufsunfähigkeitsrente gezahlt werden. Als besondere Form der Rentenleistung gibt es noch die Rente wegen voller Erwerbsminderung nach einer Wartezeit von 20 Jahren, und nunmehr haben auch Selbstständige die Möglichkeit, eine Erwerbsminderungsrente zu erhalten.[874]

---

[872] Dargestellt werden vorrangig die aktuellen Situationen. Insbesondere für Personen, die in den Niederlanden vor dem 01.08.1993 Anspruch auf eine dauerhafte Invaliditätsleistung haben, ergeben sich abweichende, d.h. großzügigere Verhältnisse, vgl. *Kaufmann, Köhler,* Invalidensicherung in den Ländern der EG, DAngVers 1993, S. 105ff.

[873] Vgl. *OECD,* Pensions Glossary, 2003.

[874] Tatsächlich bezieht der Großteil der Invaliden noch die Rente wegen Erwerbsunfähigkeit oder Berufsunfähigkeit. Für diese beiden verschiedenen Rentenarten sind zudem noch nicht rechtskräftige (abgeschlossene) Gerichtsverfahren anhängig.

In den Niederlanden erfolgen die Leistungen aus den spezialgesetzlich geregelten Normen des WAO, des WAZ und des Wajong. Diese Leistungen haben übereinstimmend den Zweck, den Versicherten, der infolge gesundheitlicher Einschränkungen einen Ausfall an Erwerbseinkommen erleidet, so zu stellen, dass er auch nach dem Eintritt des Versicherungsfalles seinen Lebensstandard aufrechterhalten kann. Der wirtschaftliche und soziale Status soll aufrechterhalten werden.

aa. Leistungshöhe

Die Höhe der Leistung in Deutschland wird maßgeblich bestimmt durch die während der gesamten Versicherungszeit abgeführten Beiträge vom versicherten Arbeitsentgelt. Dieser Berechnungsfaktor entspricht dem Entgeltfaktor, da er das über den gesamten Versicherungsverlauf erzielte Arbeitsentgelt zugrundelegt.

In den Niederlanden muss unterschieden werden zwischen den Leistungen nach dem WAO, dem WAZ und dem Wajong. Während im WAZ und im Wajong ein festgesetzter Betrag, der aus dem gesetzlichen Mindestlohn abgeleitet wird, maßgeblich ist, muss bei den Leistungen nach dem WAO differenziert werden. Die anfängliche Leistung nach dem WAO ist abhängig von dem Alter des Versicherten und dem letzten Arbeitseinkommen, und die fortgesetzte Leistung besteht aus einem pauschalen Grundbetrag, der in Abhängigkeit zum gesetzlichen Mindestlohn steht, und einem altersabhängigen Betrag, der in Abhängigkeit zum letzten Arbeitsentgelt steht.

aaa. Berechnung der Rentenleistungen

Die Berechnung der Rentenleistung in Deutschland ergibt sich als Produkt von drei Faktoren: Der Summe der persönlichen Entgeltpunkte, dem Rentenartfaktor und dem aktuellen Rentenwert. Bei der Berechnung der Rente werden diese drei Faktoren miteinander multipliziert. Schon anhand dieser Faktoren wird deutlich, dass das Sicherungsniveau in der deutschen Rentenformel vor allem vom „früheren, versicherten“[875] Arbeitsentgelt und von der Versicherungsdauer abhängt, in die auch die sozialpolitische Bewertung von Versicherungslücken einfließt.[876]

[875] Gemeint ist mit dem Ausdruck „versicherten“ Arbeitsentgelt, dass Lohn oberhalb der Bemessungsgrenze außen vor bleibt und auch bestimmte Formen von Arbeitsentgelt nicht sozialversicherungspflichtig sind.
[876] Dazu zählen die fiktiven Beitragzeiten (Ersatzzeiten, Anrechnungszeiten, Zurechnungszeiten und Berücksichtigungszeiten).

Das folgende Beispiel verdeutlicht das tatsächliche Sicherungsniveau der Erwerbsminderungsrenten im Fall des Durchschnittsversicherten (West), dabei werden 39 anrechnungsfähige Versicherungsjahre[877] und ein Eintritt der Erwerbsminderung im Juli 2003 zugrundegelegt:

Geht man von einem Arbeitsentgelt entsprechend dem Durchschnittsverdienst für alle Versicherungsjahre aus, ergibt sich ein Entgeltpunkt 1 für jedes Versicherungsjahr, der Versicherte weist somit 39 Entgeltpunkte auf. Diese werden mit dem Rentenartfaktor multipliziert. Für die Renten wegen voller Erwerbsminderung bedeutet dies einen Multiplikator von 1,0 und für die Rente wegen teilweiser Erwerbsminderung von 0,5.[878] Dieses Produkt wird wiederum mit dem aktuellen monatlichen Rentenwert multipliziert, der im Jahre 2003 bei 25,80 €[879] lag. Daraus ergibt sich, dass der durchschnittliche Versicherte, der eine volle Erwerbsminderungsrente zu erkannt bekommt, 975 € erhält und der durchschnittliche Versicherte bei einer teilweisen Erwerbsminderungsrente 487,50 € erhält.

Der durchschnittliche Bruttoverdienst im letzen Kalenderjahr vor Eintritt des oben angenommenen Versicherungsfalles betrug 28.140 €.[880] Setzt man das Bruttoeinkommen in Relation zur Einkommensersatzquote der Erwerbsminderungsrenten, so beträgt die Einkommensersatzquote bei der vollen Erwerbsminderungsrente 41,57% und bei der teilweisen Erwerbsminderungsrente 20,78%.[881]

Setzt man die Einkommensersatzleistungen in Relation zum Nettoeinkommen von ca. 65% (= 18.291 €) des Bruttoverdienstes bei einer steuerrechtlich alleinstehenden Person bzw. bei einer Familie (zwei Kinderfreibeträge) von

---

[877] 39 Versicherungsjahre stellen einen realistischen Beispielsfall dar, wenn man unterstellt, dass die Anrechnung von Versicherungsjahren mit dem 16. Lebensjahr beginnt und das Versicherungsleben mit dem 55. Lebensjahr endet. Tatsächlich lag der durchschnittliche Zugang zur Erwerbsunfähigkeits- und Berufsunfähigkeitsrente darunter. 2001 lag das durchschnittliche Zugangsalter bei Männer und Frauen aller Versicherungszweige bei 50,8 Jahren. (Bei dieser Berechnung ist die Rente für Bergleute wegen verminderter bergmännischer Berufsfähigkeit nicht berücksichtigt.) vgl. *VDR*-Info 4/2002.

[878] Die vorherige Berufsunfähigkeitsrente sah noch einen Rentenartfaktor von 0,667 vor. Höhere Rentenartfaktoren kennt nur die knappschaftliche Versicherung.

[879] Vgl. *Bundesamt für Statistik* (Destatis), Sozialdaten 2003.

[880] Vgl. *Bundesamt für Statistik* (Destatis), Sozialdaten 2003.

[881] Bei der teilweisen Erwerbsminderungsrente ist zu berücksichtigen, dass die andere Hälfte bis zur Erreichung der angestrebten Lebensstandardsicherung über einen Hinzuverdienst erzielt werden soll.

76,9% (21.639,66 €),[882] ergibt sich eine Einkommensersatzquote bei der vollen Erwerbsminderungsrente bei einer steuerrechtlich alleinstehenden Person von 63% und bei einer Familie von 54%. Bei der teilweisen Erwerbsminderungsrente wird jeweils prozentual nur die Hälfte von 63 bzw. 54% erzielt. Der Unterschied zwischen einer steuerrechtlichen Familie und einer alleinstehenden Person beruht allein auf der unterschiedlichen Besteuerung. Für eine Familie sind die Werte ungünstiger, weil aufgrund der geringeren Steuerbelastung ein höheres Nettoeinkommen zur Verfügung steht.

Lag im Gegensatz zum Beispielfall das Einkommen über der Beitragsbemessungsgrenze, so ist das Einkommensniveau durch die Invaliditätsrente noch ungünstiger. Denn die Einkommensersatzquote sinkt umso so stärker, je höher das erzielte Arbeitsentgelt die Beitragsbemessungsgrenze übersteigt. Jedoch ist hierbei zu berücksichtigen, dass dieser Versicherte auch nicht auf sein gesamtes Arbeitsentgelt Beiträge zahlen musste, sondern nur für den Teil unterhalb der Beitragsbemessungsgrenze.

Nach dieser Berechnung muss festgehalten werden, dass sowohl in den Fällen durchschnittlich als auch höher verdienender Versicherter bei einem Eintritt der Invalidität in der Zeit bis zur Vollendung des 55. Lebensjahres nicht von einer Lebensstandardsicherung durch die Erwerbsminderungsrente[883] ausgegangen werden kann. An diesem Ergebnis ändert sich auch nichts durch die im Beispielsfall schon berücksichtigte Anrechnung von Zurechnungszeiten. Mit diesen wird lediglich einer noch geringerer Rente vorgebeugt, indem die Zeitdifferenz zwischen dem Eintritt des Versicherungsfalles und der Vollendung des 55. Lebensjahres zur Vermeidung von Niedrigstrenten bei frühem Eintritt der Invalidität fiktiv aufgewertet wird.[884] Zudem muss nach der letzen Rentenänderung berücksichtigt werden, dass die Zurechnungszeiten wieder gravierend durch Abschläge für eine vorzeitige Renteninanspruchnahme ab-

---

[882] Diese Besteuerungszahlen ergeben sich aus einer Statistik der OECD (*OECD* Tax/Benefit Position) für alle OECD-Staaten von 2000. Diese Statistik wird aufgrund der Vergleichbarkeit mit den Niederlanden verwendet.

[883] Dieses Ergebnis lässt sich auf die vormalige Erwerbs- und Berufsunfähigkeitsversicherung übertragen. Jedoch ist der Unterschied bei der Berufsunfähigkeitsrente nicht so gravierend, da sie einen höheren Rentenartfaktor vorsieht als die teilweise Erwerbsminderungsrente. Vgl. auch *Pflüger-Demann,* Soziale Sicherung bei Invalidität in rechtsvergleichender und europarechtlicher Sicht, 1991 S. 112ff.

[884] Zur Berücksichtigung einer Zurechnungszeit kommt es nur, wenn die 36 Monate Pflichtbeiträge innerhalb der Wartezeit von 60 Monaten erfüllt sind (Belegungsdichte) oder aber eine Halbbelegung gegeben ist. Übergangsrechtliche Streckungstatbestände werden im Gegensatz zur Anspruchsbegründung nicht berücksichtigt. Die Folge ist, dass Personen, die großen Lücken im Versicherungsverlauf aufweisen, auch nicht in den Genuss von Zurechnungszeiten kommen, vgl. BSGE 27, S. 230, 232.

gewertet werden.[885] Solche Abschläge mögen bei der vorzeitigen Inanspruchnahme einer Altersrente (sog. privilegierte Altersrente z.B. die Renten wegen Schwerbehinderung) auch im Hinblick auf die demografische Entwicklung gerechtfertigt sein.[886] Bei der Invaliditätssicherung sind sie jedoch fehl am Platz. Denn dem Wesen der Invalidität ist es eigen, dass der Versicherte vor Erfüllung des 65. Lebensjahrs die Sicherungsleistung in Anspruch nehmen muss.

Deutlich wird an dem aufgezeigten Beispiel, dass die Höhe der Leistungen aus der Invaliditätsversicherung deutlich niedriger ist als das vor Eintritt der Invalidität erzielte Arbeitsentgelt und auch sichtlich niedriger als das vom Gesetzgeber angestrebte Sicherungsniveau von 67% des letzten Nettoverdienstes. Der zu deckende Lebensstandard orientiert sich aber am Einkommen der letzten Jahre der Berufstätigkeit, denn die Bedürfnisse und Ausgaben steigen in der Regel proportional mit den zur Verfügung stehenden Einnahmen.[887] Das Ziel, durch die Invaliditätsrenten den erreichten wirtschaftlichen Status zu sichern, wird durch die errechneten typischen Beispielsfälle nicht erreicht. Vielmehr klafft eine Lücke zwischen den Leistungen der Rentenversicherung und dem vor Eintritt des Versicherungsfalles erzielten Arbeitsentgelt. Der Grund für diese Lücke liegt darin, dass bei der Berechnung der Rentenleistung der Zeitfaktor eine bedeutende Rolle spielt. Dadurch fließen auch Zeiten ein, in denen ein geringeres Arbeitseinkommen bezogen wurde. Entsprechend der beruflichen Entwicklung war das Einkommen in den frühen Erwerbstätigkeitsjahren geringer. Daher ist es zweifelhaft, ob die vom Gesetz vorgesehene Berechnung der Erwerbsminderungsrenten dem Charakter des versicherten Risikos entspricht.[888] Invalidität ist ein Risiko, dessen Eintritt – im Gegensatz zum im gleichen Versicherungszweig geregelten Versicherungsfall „Alter" nicht voraussehbar ist. Es handelt sich daher um eine echte „Risikoversicherung". Anders als bei der Alterssicherung, bei der der Eintritt des Versicherungsfalles sehr wahrscheinlich ist, ist eine Berechnung, die eine Zunahme der Rentenanwartschaften mit steigender Beitragsleistung und Versicherungsdauer vorsieht, nicht gerechtfertigt. Nur bei der Altersvorsorge kann durch diese rechnerische Methode eine adäquate Vorsorge für einen bestimmten, voraussehbaren Lebensabschnitt aufgebaut werden. Dagegen stellt sich die

---

[885] Durch diese Abschläge ist die vormalige Erwerbsunfähigkeitsrente immer deutlich höher als die volle Erwerbsminderungsrente trotz gleichen Rentenartfaktors.

[886] Vgl. *Riester,* Die Rentenversicherung an der Schwelle zum neuen Jahrhundert, DRV 2000 S. 1ff und *Ruland,* Die Rentenversicherung in Deutschland im Zeichen der Jahrhundertwende, DRV 2000 S. 23ff.

[887] So auch eine empirische Erhebung der *EG-Kommission,* Soziale Sicherheit in den Mitgliedstaaten der Gemeinschaft 2002, S. 50.

[888] Vgl. Zum Charakter des versicherten Risikos 1. Teil II. 2.

Situation bei Invalidität gerade anders dar. Der Versicherte weiß nicht, ob und wann der Versicherungsfall eintritt. Der Zweck der Invaliditätssicherung muss daher sein, die durch den Eintritt des Versicherungsfalles entstehenden Erwerbseinbußen zu kompensieren. Dies wird nur erreicht, wenn ein zeitnaher Bezugsrahmen für den Einkommensverlust gewährt wird. Es müsste auf das Arbeitsentgelt im letzen oder nicht sehr großen Zeitraum vor Eintritt der Invalidität abgestellt werden, um das sozialpolitisch erwünschte Sicherungsniveau zu erzielen.[889] Ähnlich der deutschen Unfallversicherung könnte eine Verletztenrente sich allein auf das Jahr vor dem Unfall beziehen und trotzdem könnten sozialpolitisch erwünschte Ausgleiche (Ersatz-, Anrechnungs- und Zurechnungszeiten) erfolgen. Es wird daher insbesondere bei der Berechnung der Leistungen deutlich, dass es nicht gerechtfertigt ist, die Invaliditätssicherung als Annex der Alterssicherung vorzusehen.

In den Niederlanden geht man bei der Berechnung der Invaliditätsleistung völlig anders vor. Die WAO-Leistung berechnet sich in der ersten Phase aus zwei Elementen: Dem Grad der Erwerbsunfähigkeit, der einem vom Gesetzgeber bestimmten Prozentsatz entspricht, und dem zuletzt bezogenen Lohn (Tagelohn oder Folgetagelohn) und überdies in der nächsten Phase nach dem Alter des Versicherten. Der Tagelohn stellt den Lohn[890] dar, den der anspruchsberechtigte Erwerbsunfähige in seinem vorherigen Beruf bei einer Fünftagewoche pro Tag durchschnittlich hätte verdienen können, wenn er nicht erwerbsunfähig geworden wäre. Maßgeblicher Zeitraum für die Bestimmung dieses Tagelohns ist das letzte Jahr vor dem Beginn der Leistungen.

Ein Beispiel soll die aus der Berechnung resultierenden Ergebnisse bei einem durchschnittlichen Versicherten verdeutlichen:

Der durchschnittliche Versicherte in den Niederlanden hatte 2003 einen durchschnittlichen Tagelohn (Fünf-Tage-Woche) von 120 €. Dividiert man diesen mit dem Faktor 100/108 (um das Urlaubsgeld, welches auch beim Arbeitsentgelt in den Niederlanden eine feste Größe darstellt, zu berücksichtigen) kommt man auf einen Wert von 129 €. Multipliziert man diesen nun mit dem, dem Grad der Erwerbsunfähigkeit zugewiesenen Leistungsprozentsatz, erhält man bei der ersten Invaliditätsstufe (14%) eine monatliche Leistung von 379,26 € und bei der höchsten Stufe (70%) eine monatliche Leistung von 1.896,30 €. In den Stufen unterhalb der höchsten Stufe soll der mit der

[889] *Schäfer,* Einkommenssicherung bei Invalidität, schlägt einen 5-Jahreszeitraum vor, um einerseits Aktualisierungen der Rentenbemessungsgrundlage und andererseits die Ausschaltung von Zufallswerten zu erreichen, 1979 S. 149, so auch *Schmäl,* 1977, S. 32.

[890] Einheitlicher Lohnbegriff für alle Arbeitnehmerversicherungen nach dem Coördinatiewet Sociale Verzekering (Kordinationsgesetz für alle Sozialversicherungen).

verbleibenden Resterwerbsfähigkeit zu erzielende Hinzuverdienst den Lebensstandard sichern. 1.895,30 € entspricht auch gleichzeitig 70% des durchschnittlichen Verdienstes eines niederländischen Arbeitnehmers. Setzt man diese Leistungen in Relation zum Verdienst eines Versicherten, so handelt es sich immer um den gesetzgeberisch gewünschten Leistungssatz in Bezug auf den ursprünglichen Verdienst. Zu einer Verschiebung des gewünschten Sicherungsniveaus kann es nicht kommen, da direkt angeknüpft wird an den Verdienst vor dem Leistungsfall. Anders als in Deutschland kann es auch nicht aufgrund steuerrechtlicher Unterschiede zu Leistungsverschiebungen kommen. Denn sowohl das Arbeitsentgelt als auch die Leistungen der Invaliditätssicherung unterliegen der Sozialversicherungspflicht und der Steuerpflicht, so dass es sich bei den obengenannten Werten um Bruttowerte handelt.[891] Errechnet man die Nettoleistungen der Invaliditätssicherung in der höchsten Stufe, so erhält man einen Wert von 1.232,59 €, der damit deutlich über dem Wert der vollen Erwerbsminderungsrente beim durchschnittlichen Versicherten in Deutschland liegt.

Abhängig vom Alter eines Versicherten schließt sich an die erste Phase die Phase der Leistungen nach dem fortgesetzten Tageslohn an, bzw. bei Versicherten bis 32 Jahren kommt es nicht zur Gewährung der Leistungen nach der ersten Phase. Maßgeblich für die Bestimmung der Folgeleistung im Anschluss oder bei ausgeschlossener Phase ist der Folgetagelohn, der sich wie folgt berechnet: Für jedes Jahr, um das das Alter von 15 Jahren im Leistungsfall nach dem WAO überschritten wird, werden 2% Differenz zwischen dem früheren Tagelohn und dem Mindestlohn einschließlich Urlaubsgeld zu diesem Mindestlohn hinzugerechnet. Wenn jemand zum Beispiel im Zeitpunkt des Leistungsfalls 45 Jahre ist, also 30 Jahre älter als 15 Jahre, geht es um (30x2%=) 60% des Unterschieds. Dieser Betrag hinzuaddiert zum Mindestlohn ist der Folgetagelohn und bildet die weitere Basis für die Leistung nach dem WAO. Bei dem Mindestlohn handelte es sich ab Juli 2003 um 63,05 € einschließlich 8% Urlaubsgeld.

Nimmt man das oben aufgeführte Beispiel des Durchschnittsverdieners mit 120 € täglich und dem beispielhaften Alter 45 Jahre, so ergibt sich folgende Leistungshöhe: 120 € Tagelohn abzüglich 63,05 € = 56,95 € davon 60% = 34,17 €. Dieser Betrag addiert zum Mindestlohn ergibt 97,22 €. Die höchste

---

[891] Von der WAO-Leistung sind Beiträge nach dem Gesetz über Leistungen bei Arbeitslosigkeit (WW), dem Hinterbliebenengesetz (Anw), dem Gesetz über außergewöhnliche Krankheitskosten (AWBZ) und zur allgemeinen Altersrente (AOW) und in bestimmten Fällen zur Krankenversicherung (ZFW) zu entrichten. Auch von der WAZ- und Wajong-Leistung müssen an die obengenannten weiteren Sozialversicherungen Beiträge abgeführt werden.

Stufe der Erwerbsunfähigkeitsleistung (70%) würde sodann 1.543,46 € betragen. Errechnet man hiervon die Nettoleistungen ergibt sich eine Leistungshöhe von 1003,25 €. Auch die niederländische Folgeleistung ist höher als die durchschnittlichen Leistungen bei einer vollen deutschen Erwerbsminderungsrente, zumal im Rechenbeispiel zur Ermittlung des Unterschiedsbetrag von einem 45-jährigen Versicherten ausgegangen worden ist und beim deutschen Beispiel ein 55-Jähriger zugrunde lag.

Grund für die unterschiedlichen Höhen und Leistungsphasen in Abhängigkeit zum Alter der Invaliditätsleistungen in den Niederlanden ist die Auffassung und Entscheidung des Gesetzgebers, dass es bei zunehmenden Alter zum einem schwieriger wird, wieder integriert zu werden, und es zum anderen auch einer höheren Leistung bedarf. Es handelt sich damit um Vorsorge- und Entschädigungskonzeptionen.

Zu berücksichtigen ist, dass es auch in den Niederlanden eine Bemessungsgrenze gibt. Diese setzt jedoch nicht schon bei der Beitragspflicht (die nur den Arbeitgeber in den Niederlanden trifft) an, sondern durch diese wird der maßgebliche Tageslohn noch oben begrenzt. Dies soll unerwünschte Leistungsspitzen ausschließen. Gleichzeitig gibt es aber auch Vorkehrungen für eine unerwünscht niedrige Rente. Anders als das Instrument Zurechnungszeiten sieht das niederländische Recht konkret, leicht überprüfbar und mit geringem Verwaltungsaufwand die Festlegung eines Mindestlohnes vor, der sich an dem alle Sozialversicherungszweige beeinflussenden Minimumlohn orientiert. Ausnahmsweise wird danach auch der Folgetagelohn für den Fall, dass der Tagelohn geringer war als der gesetzliche Mindestlohn, in Höhe des Tagelohnes festgestellt.

Durch die niederländische Berechnungsmethode wird damit gewährleistet, dass das gesetzgeberische Sicherungsziel von bis zu 70% abhängig vom jeweiligen vorherigen Verdienst auch tatsächlich erreicht wird. Das Risiko der Invalidität kann durch die direkte Anknüpfung an das letzte Gehalt aufgefangen werden. Zudem handelt es sich im Gegensatz zu Deutschland für den Versicherten auch um eine nachvollziehbare und überschaubare Leistungsberechnung.

bbb. Unterschiede der Rentenberechnung

Die Unterschiede in der Rentenberechnung der beiden Länder sind erheblich. Während in Deutschland die Rente aufgrund des Zeitfaktors mit zunehmender Dauer der Zugehörigkeit zur Versichertengemeinschaft steigt, ist diese Dauer in den Niederlanden unerheblich. Maßgeblich ist dort nur die Erfüllung der Wartezeit; dies aber aus Sicht der versicherungsrechtlichen Voraussetzungen und nicht aus der Sicht der Leistungshöhe. In den Niederlanden wird daher zurecht bei der besonderen Sicherungssituation Invalidität ausschließlich an das entgangene Arbeitsentgelt angeknüpft. Dies ist in allen anderen Sozialversicherungszweigen auch in Deutschland der Fall (Krankenversicherung, Arbeitslosenversicherung).

Von Vorteil ist das Fehlen eines Zeitfaktors, wie in den Niederlanden, bei jungen Versicherten, die noch nicht lange der Versichertengemeinschaft angehörten. Tritt bei ihnen der Leistungsfall ein, so können sie rein theoretisch eine ebenso hohe Leistung erhalten wie ein Versicherter, der schon längere Zeit der Versichertengemeinschaft angehört. Entscheidend ist bei Fehlen eines Zeitfaktors für die Bestimmung der Leistungshöhe nur das vorherige Arbeitsentgelt und die Stufe der Invalidität. Aber auch hier wirkt sich in der Praxis eine Frühinvalidität auf die Höhe der Leistung aus, da man davon ausgehen muss, dass das Arbeitsentgelt des jungen Versicherten geringer ist als am Ende der beruflichen Karriere. In diesem Fall wird eine fiktive Fortentwicklung, wie in Deutschland durch Zurechnungszeiten, nicht berücksichtigt. Dabei ist bei der Anwendung der Zurechnungszeiten zu berücksichtigen, dass bei Versicherten mit größeren Lücken im Versicherungsverlauf diese nicht zur Anwendung kommen. Zudem werden diese Zurechnungszeiten deutlich entwertet durch den neu eingeführten Zugangsfaktor.

Bei einem älteren Versicherten ist die verdienstbezogene Berechnung in den Niederlanden vorteilhafter, da nicht die gesamten Versicherungsjahre berücksichtigt werden, sondern nur das Jahr vor dem Eintritt des Sicherungsfalls. Dagegen wird in Deutschland der gesamte Versicherungsverlauf und des Einkommen der Versicherten im Verhältnis zum Durchschnittseinkommen aller Versicherten in den einzelnen Kalenderjahren einbezogen. Die Leistungen bei Invalidität spiegeln sich daher in Deutschland über einen langjährigen Versicherungsverlauf wieder, der beitrags- und zeitbezogen ist, bzw. die Langjährigkeit im Hinblick auf den Beitrags- und Zeitbezug fingiert wird. In den Niederlanden ist nur das versicherte Arbeitseinkommen maßgeblich, damit besteht ein konkreter Verdienstbezug.

Maßgeblich sollte bei dem Risiko der Invalidität vor allem der letzte Verdienst sein. Ein Mensch, der zumeist unvorhergesehen durch Invalidität aus seinem Arbeitsumfeld herausgerissen wird, bedarf einer Sicherung seiner akuten finanziellen Situation. Im Gegensatz zum Alter kann er sich nicht auf die geänderte finanzielle Situation einstellen. Dies nimmt der deutsche Gesetzgeber bei den anderen plötzlich eintretenden Risiken Krankheit und Arbeitslosigkeit scheinbar auch an. Ähnlich der deutschen Unfallversicherung müsste auch die Invaliditätssicherung verdienstbezogen sein, um dem versicherten Risiko gerecht zu werden. Offensichtlich kam es zu einer solchen Entwicklung der Berechnung der Invaliditätsleistung nicht, da die Invaliditätsabsicherung nicht getrennt betrachtet wird von der Sicherung gegen Alter, sondern unter ihrem Annex-Charakter zur gesetzlichen Alterssicherung leidet. Besonderheiten der Invaliditätssicherung werden daher zu wenig beachtet.

Durch die unterschiedliche Berechnung in den beiden Ländern werden auch gravierende Unterschiede im Sicherungsniveau deutlich. In Deutschland muss bei der Beurteilung des Sicherungsniveaus zwischen dem steuerrechtlichen Brutto- und Nettoeinkommen als jeweiligem Bezugspunkt der Invaliditätsleistung unterschieden werden.[892] Das Steuerrecht beeinflusst stark das zur Verfügung stehende Nettoeinkommen. Das Nettoarbeitseinkommen von Familien ist aufgrund der steuerrechtlichen Privilegierung höher als bei einer alleinstehenden Person. Diese Auswirkungen scheint der deutsche Gesetzgeber bei der Formulierung des Sicherungsniveaus der Invalidität außer Betracht zu lassen. Denn bei gleicher Höhe der Invaliditätsleistung ist das Einkommensersatzniveau aufgrund des früheren höheren Nettoeinkommens bei einem Versicherten, der eine Familie hat, niedriger. Den Beziehern von Invaliditätsleistungen kommt die unterschiedliche Besteuerung nicht mehr zugute, da auf die Invaliditätsleistungen zumeist keine Einkommenssteuer zu zahlen ist. Bei dem im Beispiel errechneten Sicherungsniveau kann insbesondere im Fall einer Familie nicht mehr von einer Lebensstandardsicherung ausgegangen werden.

Diese Problematik stellt sich im niederländischen Recht nicht. Es kommt nicht zu steuerrechtlichen Verschiebungen, da die Rentenberechnung sich am Bruttotagelohn orientiert und sowohl die Sozialleistungen als auch das Einkommen aus Arbeit der Besteuerung und auch der Abgabe von Sozialversicherungsbeiträgen unterliegt. Verbleibt Deutschland bei der jetzigen Berechnungssituation der Erwerbsminderungsrenten, sollte daher über einen steuerrechtlichen Familienlastenausgleich oder eine familienspezifische Zusatzleistung bei der Erwerbsminderungsrente nachgedacht werden.

ccc. Entwicklungen des Arbeitseinkommens

In beiden Ländern werden die Entwicklungen des Arbeitseinkommens bei der Berechnung der Invaliditätsleistung berücksichtigt. Dadurch wird verhindert, dass das Sicherungsniveau im Hinblick auf steigende Lebenshaltungskosten

---

[892] Vgl. *Pflüger-Demann*, Soziale Sicherung bei Invalidität in rechtsvergleichender und europarechtlicher Sicht, 1991 S. 84ff.

nach Rentenbeginn sinkt. In der Regel wird damit zumindest über die tarifliche Entwicklung ein Inflationsausgleich stattfinden. In Deutschland wird die persönliche Bemessungsgrundlage aus der im Jahr des Eintritts des Versicherungsfalls geltenden allgemeinen Bemessungsgrundlage errechnet. Diese wird unter Berücksichtigung der Entwicklung der Bruttoarbeitsentgelte jedes Jahr neu festgesetzt. Bei der Neufeststellung eines Versicherungsfalles ist daher immer der jeweils neue jährliche Rentenwert maßgeblich. Die einmal festgestellte Rente wird dagegen über die Rentenleistungsanpassung erhöht.

In den Niederlanden ist der durchschnittliche Tagelohn als Koeffizient für die Berechnung maßgeblich. Dieses Durchschnittseinkommen steht in direkter Relation zur Entwicklung des Lohnniveaus, so dass dadurch die Entwicklung des Arbeitseinkommens Berücksichtigung findet.

bb. Mindest und Höchstbeträge

Ausdrückliche Mindest- bzw. Höchstbeträge für Invaliditätsleistungen gibt es in beiden Ländern nicht. Dies würde auch der Konzeption beider Gesetzgebungen widersprechen, nämlich, dass die Renten wegen Invalidität Lohnersatzcharakter haben und individuell, entweder anhand des früheren Arbeitseinkommens oder aus den aus dem Arbeitseinkommen stammenden Beitragszahlungen in Verbindungen mit einem Zeitfaktor, bemessen werden.

Jedoch erfolgen in beiden Ländern indirekte Begrenzungen der Höhe der Rentenleistungen. Dies erfolgt in Deutschland mittelbar durch die Berechnungsmodalitäten. Denn die Beitragsbemessungsgrenze begrenzt die Höhe der Renten. Durch den Ausschluss einer Beitragspflicht ab einer bestimmten Höhe bleibt dieses Arbeitseinkommen außen vor. In den Niederlanden wird der Höchstbetrag einer Invaliditätsleistung nicht auf der Beitragsseite begrenzt, sondern durch die Festsetzung eines Höchsttagelohns. Oberhalb dessen Grenze wird kein Tagelohn bei der Berechnung des Arbeitseinkommens berücksichtigt.

Über die Festsetzung eines Mindesttagelohns, der wiederum in Abhängigkeit zum gesetzlichen Mindestlohn in den Niederlanden steht, sieht das niederländische System auch eine Begrenzung der Invaliditätsleistungen nach unten vor. Insofern kennt das niederländische Recht eine indirekte Mindestrente.[893] Das deutsche System kennt dagegen keine Begrenzung der Leistung nach unten. Zwar wird die Rente durch bestimmte an sich beitragsfreie Zeiten wie

---

893 Vgl. *Hinrichs,* Armutsfeste Grundsicherung im Alter. Ausländische Modelle und die jüngste Rentenreform in Deutschland, SozSich 2000 S. 21ff.

Anrechnungszeiten, Ersatzzeiten oder Kindererziehungszeiten aufgewertet, jedoch führt dies nicht zwangsläufig zu einer Mindestrente. Die Abdeckung eventuell auftretender Lücken erfolgt bei einer vollen Erwerbsminderungsrente erst durch die Einführung der Grundsicherung, zuvor musste ergänzende Sozialhilfe in Anspruch genommen werden.[894]

cc. Anpassung

In beiden Ländern erfolgen Anpassungen der Rentenleistungen wegen Invalidität. Dadurch sollen die Leistungen von der allgemeinen wirtschaftlichen Entwicklung partizipieren. Während in den Niederlanden die Leistungsbemessungsgrenze und auch die Höhe des Urlaubsgeldes jeweils zum 1.Januar und zum 1. Juli eines jeden Jahres dem allgemeinen Lohnindex angepasst wird[895], erfolgt in Deutschland eine Anpassung über den aktuellen Rentenwert. Der aktuelle Rentenwert wird zum 1. Juli eines jeden Jahres durch die Bundesregierung durch Rechtsverordnung mit Zustimmung des Bundesrates neu festgelegt und ist damit der Faktor, mit dessen Hilfe die Dynamisierung der Rente bewirkt wird.[896]

dd. Zusammenfassung

Das gesetzgeberische, sozialpolitische Ziel einer „angemessenen" Absicherung bei Invalidität wird im Detail in den zu untersuchenden Ländern anders definiert und durch andere Berechnungsmodalitäten angestrebt. Während in den Niederlanden das Ziel bei der maximalen Invaliditätsleistung von 70% des letzten durchschnittlichen Arbeitseinkommen durch die konkrete Anbindung an den letzen Verdienst tatsächlich erreicht wird, wird dies in Deutschland durch die Anbindung der Invaliditätsleistung an die Alterssicherung nicht erreicht. Zudem unterscheiden sich die Sicherungszeile bereits um 3%. In Deutschland wird lediglich eine Absicherung von 67% des letzen Nettoverdienstes angestrebt.

Zwar sind die theoretischen Einkommensersatzquoten in Bezug auf das vorherige Bruttoeinkommen der Versicherten noch annähernd gleich hoch. Stark differiert jedoch das Sicherungsniveau der Invaliditätsleistungen beim Nettoeinkommen. Dies geht soweit, dass in Deutschland schon nicht mehr von ei-

894 Vgl. *Der Tagesspiegel,* Die Grundrente, 01.12.2002.

895 Tatsächlich ist der gesetzliche Mindestlohn aber zumindest zwei Jahre (2002, 2003) hintereinander nicht erhöht worden.

896 Abweichend von § 68 SGB VI änderte sich der aktuelle Rentenwert zum 01.07.2000 durch gesetzliche Vorgabe nur entsprechend der Inflationsrate und wird auch bis 2010 auf insgesamt 4% begrenzt, um die Beitragshöhe stabil zu halten.

ner angemessenen Sicherung gesprochen werden kann. Der Grund dafür liegt zum einen bei der steuerrechtlichen Behandlung, zum anderen an der Anknüpfung an einen Zeitfaktor anstatt an der alleinigen Anbindung an den Verdienstfaktors.

b. Zusätzliche Leistungen

Neben der eigentlichen Invaliditätsleistung kennt das niederländische Recht noch eine zusätzliche Leistung aus dem WAO. Wenn der Invalide so hilfebedürftig ist, dass eine regelmäßige Anwesenheit und Pflege nötig ist, kann die Leistung der Invalidität bis auf 100% des Betrages angehoben werden.[897] Diese Möglichkeit der Berücksichtigung eines besonderen Bedarfs kennt das deutsche System nicht. Dieser zusätzlichen Leistung bedarf es in Deutschland aber auch nicht, da diese Fälle durch die Pflegeversicherung aufgefangen werden.

Wenn die WAO-Leistung und das übrige Familieneinkommen zusammen niedriger als der gesetzliche Mindestlohn sind, kann in den Niederlanden ein Ausgleich nach dem Zulagengesetz (TW) beantragt werden.[898] Durch diese zusätzliche Leistung wird das Familieneinkommen auf den Mindestregelsatz angehoben. In Deutschland kannte man eine solche Schutzfunktion bis vor kurzem nicht. Auffangtatbestand war nur die allgemeine Sozialhilfe. Durch die Einführung der Grundsicherung gibt es nun auch eine einer Bedürftigkeitsprüfung unterliegende Leistung.

Zudem sieht das niederländische Recht ein sog. Sterbegeld vor. Wenn der Versicherte stirbt, haben die Hinterbliebenen einen Anspruch auf eine zeitlich begrenzte Leistung nach dem WAO. Dies bewirkt in den Niederlanden eine zusätzliche Leistung, da in beiden Ländern bei Tod des Versicherten ohnehin eine Sicherung der Witwen und Waisen über die Hinterbliebenenrente erfolgt.

c. Sekundärer Schutz

Bei gesundheitsbedingter Erwerbsminderung besteht neben dem Bedürfnis nach Einkommensersatz das Bedürfnis, die mit der Behandlung der Gesundheitsstörung zusammenhängenden Kosten abzusichern. Zudem muss dafür

---

[897] Dies gilt nicht, wenn der Betroffene in einer Pflegeeinrichtung lebt und die Kosten dafür von einer Versicherung getragen werden.

[898] Für einen besonderen Personenkreis kommt zudem eine Leistung nach dem IOAW bzw. dem IOAZ in Betracht. Es handelt sich um eine Einkommenshilfe für ältere Versicherte. Die Leistungen sind höher als die zusätzliche Leistung nach dem TW.

Sorge getragen werden, dass eine Altersrente trotz Invalidität weiter aufgebaut werden kann.

In beiden Ländern wird berücksichtigt, dass der Einkommensverlust aufgrund des Eintritts des Versicherungsfalls nicht nur ein direktes Einkommensdefizit hervorruft, sondern weitergehende Sicherungsprobleme hervorruft.

In Deutschland gewährleistet die Krankenversicherung der Rentner, dass diese Personengruppe auch im Bereich der Kosten für krankheitsbedingte Sach- und Dienstleistungen abgesichert ist.[899] Ab dem Zeitpunkt der Rentenantragstellung ist ein Versicherter ggf. mit seiner Familie krankenversichert. Zu den Krankenversicherungsbeiträgen zahlt der Rentenversicherungsträger die Hälfte. Der Invalide ist zudem auch gegen das Risiko einer notwendigen Pflege versichert, dadurch dass er Pflichtmitglied in der gesetzlichen Pflegeversicherung ist. Bis zur Rentenänderung 2004 wurden auch die Beiträge zur Pflegeversicherung zur Hälfte vom Rentenversicherungsträger übernommen. Inzwischen muss nun der Rentner diese Beiträge vollständig selber tragen.[900]

Da Zeiten des Bezugs einer Erwerbsminderungsrente im Rahmen der Alterssicherung als Zurechnungszeit gewertet werden, kann in Deutschland auch eine adäquate Sicherung gegen das Alter aufgebaut werden. Sollte aber tatsächlich die Altersrente gegenüber der Erwerbsminderungsrente geringer sein, wird mindestens der monatliche Zahlbetrag der bisherigen Invalidenrente gezahlt. Dies folgt aus einer Besitzschutzregelung. Solche Konstellationen können sich durch Änderungen in der Berechnung der Renten ergeben.[901]

Auch in den Niederlanden ist der Leistungsbezieher einer Invaliditätsleistung krankenversichert. Für diese Krankenversicherung führt er den jeweiligen Beitragsatz ab. Unterschiedlich zur Deutschen Vorgehensweise erfolgt die Sicherung gegen das Risiko Alter. Der Leistungsbezieher einer Invaliditäts-

[899] Von dieser Pflichtmitgliedschaft gibt es bedeutende Ausnahmen, die vorhersehen, dass man bei Nichterfüllung der sogenannten 3/5 Belegung, d.h. einer im maßgeblichen Zeitraum vor Eintritt des Leistungsfalles zeitlich nicht ausreichenden Pflichtmitgliedschaft in der gesetzlichen Kranken- und Pflegeversicherung, auch nicht durch den Eintritt des Leistungsfalls Pflichtmitglied wird. Dazu kann es zum Ausschluss vorher freiwillig und privat Versicherter kommen. Für diesen Fall verbleibt es bei einer freiwilligen oder privaten Versicherung. Der Versicherungsträger gewährt jedoch einen Zuschuss zu dieser Versicherung.

[900] *Die Tageszeitung,* 278 Seiten für der neue Systeme, 29.08.2003.

[901] In der Praxis treten Diskrepanzen in der Höhe der Altersrente im Verhältnis zur Erwerbsminderungsrente z.B. durch die gekürzte Anrechnung von Ausbildungszeiten, durch die unterschiedliche Bewertung von Zeiten nach dem Fremdrentenrecht und nun neuerdings durch die Auswirkungen des Zugangsfaktors auf.

rente muss weiterhin die Beiträge zur Volksversicherung für das Risiko Alter erbringen. D.h. er bleibt Pflichtversicherter und Anspruchsberechtigter der Alterssicherung. Eine zu geringe Altersrente wird über Zuschläge aus der AOW und über das Zulagengesetz verhindert. Besondere Berücksichtigung bedarf die Tatsache, dass die Volksversicherung AOW eine nicht einkommensbezogene, sondern an den gesetzlichen Mindestlohn gekoppelte Alterssicherung bietet. Die einkommensbezogene und deutlich höhere Sicherung im Alter erfolgt über die betriebliche Sicherung. Nicht alle betrieblichen Sicherungen sehen aber Vorkehrungen für den Fall der Invalidität im Hinblick auf die Leistungen zur Alterssicherung vor.

Ein großer Unterschied ist in den Vorkehrungen für das Risiko der Arbeitslosigkeit in den zu vergleichenden Ländern zu erkennen. In Deutschland erfolgt keine Sicherung gegen eine auf die Invalidität folgende Arbeitslosigkeit. Es besteht nur die Möglichkeit, dass der vorherige Arbeitslosengeldanspruch wieder auflebt, wenn ein Versicherter nicht mehr erwerbsgemindert sein sollte. In den Niederlanden dagegen muss der Versicherte auch verpflichtend Vorkehrungen gegen eine Arbeitslosigkeit treffen. Dies erfolgt über eine weitere Beitragspflicht. Seinen Sinn hat diese Vorkehrungen in der rechtlichen Prämisse, dass die Arbeitsmarktlage bei der Bewertung der Erwerbsminderung keine Berücksichtigung finden darf. Im Gegensatz zu Deutschland wird eine teilweise Erwerbsminderungsrente nicht aufgrund der Situation der Arbeitsmarktlage zu einer voller Erwerbsminderungsrente. So muss eine Sicherung dafür erfolgen, dass ein Versicherter nicht im höchsten Grad erwerbsunfähig ist, d.h. nur eine teilweise Leistung erhält. Kann er sein verbleibendes Restleistungsvermögen nicht auf dem Arbeitsmarkt verwerten, so ist er gleichzeitig teilweise arbeitslos und hat einen dementsprechenden Leistungsanspruch. Zudem sind in den Niederlanden grundsätzlich alle Erwerbsunfähigkeitsleistungen zeitlich befristet. Nach Ablauf der Frist bedarf es in der Regel einer erneuten Überprüfung. Durch diese könnte sich herausstellen, dass der Versicherte nicht mehr oder nur noch zu einem geringeren Grad erwerbsunfähig ist. Für diesen Fall bedarf es dann zumindest zunächst einer Leistung wegen Arbeitslosigkeit.

Nach Umkehrung des Regel-Ausnahme-Prinzips für die Befristung von Rentenleistung wegen Invalidität und der zufordernden Nichtberücksichtigung der Arbeitsmarktsituation müsste auch in Deutschland über eine Pflichtversicherung gegen Arbeitslosigkeit bei Invaliden nachgedacht werden. Zumal aufgrund der Berücksichtigung der Arbeitsmarktlage innerhalb der Rentenversicherung und der Folge von Rentenleistungen statt Arbeitslosenleistungen bereits ein finanzieller Ausgleich der Träger untereinander stattfindet.

d. Zusammentreffen von Leistungen

aa. Ausschluss der Übersicherung

In beiden Ländern wird durch Antikumulierungsbestimmungen eine Übersicherung durch den Bezug mehrerer Sozialleistungen aufgrund derselben sozialen Defizitsituation verhindert.

Treffen in Deutschland zwei Rentenansprüche aufeinander, wird nur die höchste Rente geleistet. Treffen Renten wegen verminderter Erwerbsfähigkeit mit Einkommen zusammen, werden die Renten nur bei Nichteinhaltung bestimmter Hinzuverdienstgrenzen geleistet. Diese Kumulationsregelungen gelten auch bei Lohnersatzleistungen, wie z.B. Krankengeld oder Arbeitslosengeld. Abhängig vom erzielten Hinzuverdienst wird danach eine Rente wegen teilweiser Erwerbsminderung in voller Höhe oder in Höhe der Hälfte geleistet, und eine Rente wegen voller Erwerbsminderung in voller Höhe, in Höhe von drei Vierteln, in Höhe der Hälfte oder in Höhe eines Viertels. Beim Zusammentreffen einer Rente wegen verminderter Erwerbsfähigkeit mit Arbeitsentgelt ohne Arbeitsleistung (Entgeltfortzahlung) ist die monatliche Nettozahlung von der monatlichen Bruttorente abzuziehen.

Auch in den Niederlanden führt der gleichzeitige Bezug von WAO-Leistungen und Einkommen aus einer Erwerbstätigkeit zu einer Leistungsminderung. Anders als in Deutschland wird diese Problematik nicht über Hinzuverdienstgrenzen gehandhabt, sondern aufgrund der unterschiedlichen Berechnungsmethoden erfolgt ein Vergleich des erzielbaren Einkommens und/oder tatsächlich erzielten Einkommens aus Arbeit mit dem vorherigen Verdienst. Dies kann dazu führen, dass es schon nicht zur Annahme eines Erwerbsunfähigkeitsgrades kommt oder aber zu einem geringeren Grad. Der Ansatz, bei einem Einkommen aus Arbeit auch die Erwerbsminderung an sich zu hinterfragen, ist der richtige Weg. Denn für diesen Fall ist das gesicherte Risiko nicht eingetreten. Mit dem Weg über Hinzuverdienstgrenzen erzielt man zwar denselben Effekt, aber über einen Umweg, der in der Praxis zu vielen Rechtsstreitigkeiten führt.

Der Bezug von Krankengeld und Leistungen wegen Invalidität ist in den Niederlanden technisch unmöglich. Zunächst bezieht der Versicherte im Normalfall ein Jahr Krankengeld oder Lohnfortzahlung vom Arbeitgeber, erst danach (Wartezeit) hat er überhaupt erst die Möglichkeit, eine Rentenzahlung zu beantragen. Diese ist dann wiederum ausgeschlossen, wenn es wegen nicht ausreichender Reintegrationsbemühungen des Arbeitgebers zu einer Verlängerung des Entgeltfortzahlungszeitraumes kommt. Auch eine Kumulation von Arbeitslosengeld und Rentenleistungen wegen Erwerbsunfähigkeit ist in den Niederlanden nicht möglich. Entsprechend dem Grad der Erwerbsunfähigkeit hat der Versicherte einen Anspruch auf Leistungen aus dem WAO oder/und dem WW.

Es bleibt festzuhalten, dass in den Niederlanden schon auf Tatbestandsebene eine Kumulation ausgeschlossen ist, während in Deutschland erst ein Ausschluss auf der Anspruchsebene über Hinzuverdienstgrenzen erfolgt. Beides hat den gleichen Erfolg, scheint in der Praxis aber dazuzuführen, dass vermehrt Rechtstreitigkeiten für die deutsche Rechtslage auftreten.

bb. Unfallversicherung

Ein Doppel-Bezug von Leistungen aus der Unfallversicherung und Leistungen aus der Rentenversicherung wegen Invalidität kann in den Niederlanden nicht eintreten, weil es kein gesondertes Sicherungssystem Unfallversicherung gibt.[902]

Trifft eine Erwerbsminderungsrente mit einer Verletztenrente aus der gesetzlichen Unfallversicherung in Deutschland zusammen,[903] wird die Rente aus der gesetzlichen Rentenversicherung insoweit nicht geleistet, als die Summe der zusammentreffenden Rentenbeträge einen jeweiligen Grenzbetrag über

[902] *Stalfort,* Der Schutz von Unfallopfern durch die Sozialversicherung in Deutschland und in den Niederlanden, 1994, S. 32ff.

[903] Vgl. Teil 2. I. 3. c. bb. zur Unfallversicherung; vgl. Statistiken Deutschland, Tabelle Nr.16 und 17. Dabei ist zu berücksichtigen, bezieht jemand eine Invalidenrente und eine Unfallrente, kommt es in jedem Fall zur Anrechung der Unfallrenten. Nur einige besondere Berufskrankheiten sind ausgenommen. Die Tabelle stellt aber nur allein die Fälle dar, der Bezieher einer Alters oder Invalidenrente, die einer Anrechnung unterliegen. Bei diesen sind dann auch diejenigen erfasst, die grundsätzlich keinen Anspruch auf eine Leistung aus der Unfallversicherung haben.

steigt.[904] Die Anrechnungsregelungen und die rückwirkende Änderung bzw. Erweiterung der Anrechnungsregelungen durch das Wachstums- und Beschäftigungsförderungsgesetz haben in der Praxis zu vielfachen Rechtsstreitigkeiten geführt, die sich sowohl mit der Frage der grundsätzlichen Anrechenbarkeit als auch dem Vertrauensschutzgedanken für den Fall einer rückwirkenden Anrechnung befassten.

Sowohl aufgrund dieser Anrechnungsvorschriften als auch aufgrund des Sinn und Zwecks der Unfallversicherung stellt sich die Frage, ob es der gesonderter Sicherungsform einer Unfallversicherung in Deutschland bedarf. Sollte nicht dem Weg der Niederländer gefolgt werden und die Unfallversicherung in die gesetzliche Erwerbsminderungsrente integriert werden?

Die Unfallversicherung stellt für den besonderen Fall einer beruflich verursachten Invalidität eine Sicherungsform dar. Aus dem besonderen Charakter des Arbeitsverhältnisses heraus sehen die bürgerlichrechtlichen bzw. arbeitsrechtlichen Normen fast aller OECD-Ländern vor, dass der Arbeitgeber für einen während bzw. aufgrund der beruflichen Tätigkeit entstandenen Schaden verantwortlich ist. Dieses enorme Haftungsrisiko wurde schon sehr früh im Rahmen der Industrialisierung durch Unfallversicherungen ersetzt. Beachtenswert ist, dass im Zeitpunkt der Einführungen dieser Unfallversicherungen noch kein Land eine Sicherungsform gegen das Risiko der allgemeinen Invalidität kannte.

---

904 Der Grenzbetrag beträgt 70 v.H. eines Zwölftes des Jahresarbeitsverdienstes, der der Berechnung der Verletztenrente zugrunde liegt, vervielfältigt mit dem jeweiligen Rentenartfaktor für persönliche Entgeltpunkte aus der gesetzlichen Rentenversicherung. Die Anrechnungsvorschriften werden nur dann nicht angewendet, wenn die Rente aus der Unfallversicherung für einen Arbeitsunfall geleistet wird, der sich nach Rentenbeginn oder nach Eintritt der für die Rente maßgebende Minderung der Erwerbsfähigkeit ereignet hat (§ 93 Abs. 5 S. 1 SGB VI). Dieser maßgebliche Zeitpunkt ist bei Berufskrankheiten der letzte Tag, an dem der Versicherte Tätigkeiten verrichtet hat, die ihrer Art nach geeignet waren, die Berufskrankheit zu verursachen (§ 93 Abs. 5 S. 2 SGB VI) Für Berufskrankheiten stellt sich damit die Situation wie folgt dar: Im Regelfall gibt der Versicherte zunächst seine Tätigkeit auf und erst dann erhält er Rente aus der gesetzlichen Rentenversicherung. Damit liegt in den weitaus meisten Fälle eine Anrechnungssituation vor. Zudem gilt § 93 Abs. 5 S. 1 SGB VI nicht für den Fall einer Hinterbliebenenrente. Bezüglich der Kumulation der Hinterbliebenenrente aus der Unfallversicherung wegen einer Berufskrankheit und der Rentenversicherung bedeutet dies, dass bei einer Hinterbliebenenrente zwangläufig eine Anrechnung erfolgt, da der Verstorbene nur zu Lebzeiten eine Entschädigungssituation aus der Unfallversicherung erzielen kann und der Rentenbeginn der Hinterbliebenenrente später ist. Vgl. *Skorzik,* Die Auswirkungen bei Zusammentreffen von Renten der Rentenversicherung mit Renten der gesetzlichen Unfallversicherung, Kompass 1990 S. 584ff.

Diese Haftungsersetzung durch die Unfallversicherung führt dazu, dass der Arbeitgeber nicht mehr selber haftet für die betrieblich bedingte Invalidität, sondern die Unfallversicherung den Versicherten entschädigt. Der Arbeitgeber haftete nur noch für vorsätzlich und grob fahrlässige Schädigungen aufgrund seiner arbeitsvertraglichen Verpflichtungen.

Jedoch ist zu beachten, dass es durch die Haftungsersetzung der deutschen Unfallversicherung zu einer Verringerung der Haftung kommt, die der Gesetzgeber bewusst und gewollt akzeptierte. Die ursprüngliche arbeitsrechtliche Haftung bedingt eine Sicherung von 100%. Wäre es bei der arbeitsrechtlichen Haftung verblieben, hätte jeder Schaden ersetzt werden müssen. Die Haftungsersetzung durch die Unfallversicherung lässt das Haftungsniveau der Sicherung auf ca. 80% sinken.[905] Dies ergibt sich dadurch, dass es zur Auszahlung einer Verletztenrente erst kommt, wenn eine Minderung der Erwerbsfähigkeit von 20 v.H. vorliegt.[906] Das Haftungsniveau der Erwerbsminderungsrenten, auch der vorherigen Berufs- und Erwerbsunfähigkeitsrenten, beginnt dagegen erst bei 50%. Erst wenn die Erwerbsminderung um 50% im Vergleich zu nicht erwerbsgeminderten Versicherten gesunken ist, kommt es zur Gewährung einer teilweisen Erwerbsminderungsrente. Würde man in dieser Situation eine Unfallversicherung abschaffen, würde jegliche Invalidität nur noch über die Erwerbsminderungsrente erfasst. Dies würde zu einer unzureichenden Haftung wegen betrieblicher Schädigung führen und keine akzeptable Haftungsersetzung für die arbeitsrechtlichen Verpflichtungen mehr bieten. Eine solch geringe Haftung stünde nicht im Einklang mit den internationalen Normen der ILO, wie sie z. B. im Übereinkommen Nr. 102 und Nr. 121 normiert sind.

In den Niederlanden beginnt das Haftungsniveau der gesetzlichen Invalidensicherung bereits bei 15%. D.h. jegliche Invalidität, aber auch die betriebliche Invalidität, kommt bereits bei einer Invalidität von 15% zur Entschädigung. Dieses Niveau liegt unterhalb der Grenze, welches die deutsche gesetzliche Unfallversicherung bietet.

---

905 Gemeint ist diesbezüglich die Leistung von Verletztenrenten. In jedem Fall gewährt die Unfallversicherung bei einem betrieblichen Unfall Krankengeld, welches die Zahlungen aus der Krankenversicherung wegen Spezialität verdrängt.

906 Dabei ist der Fall denkbar, dass die Minderung der Erwerbsfähigkeit aus einem Versicherungsfall 20 v.H. beträgt, möglich ist aber auch, dass aus einem weiteren Versicherungsfall eine sog. Stützrente von 10 v.H. vorliegt, dann kommt es zur Entschädigung, wenn die Versicherungsfälle jeweils eine Minderung der Erwerbsfähigkeit von mindestens 10 v.H. bedingen.

Dies bedeutet: Bietet die generelle gesetzliche Invaliditätssicherung ein genügend niedriges Haftungsniveau, kann auch das allgemeine System ohne eine zusätzliche Sicherungsform für betriebliche Schädigungen, die Entschädigung dieser mit übernehmen. Es bedürfte keines gesonderten Systems, denn die Haftungsersetzung des Arbeitgebers könnte auch in das allgemeine System integriert werden. In den Niederlanden ist eine solche Integration vorgenommen worden, und die Haftungsersetzung liegt mit 15% unter der Grenze der deutschen Unfallversicherung.

Gegen eine Integration spricht auch nicht die Notwendigkeit eines kausal determinierten Entschädigungssystems. Der schützende Gedanke, dass der Arbeitgeber für den verunfallten Arbeitnehmer haften muss, hatte seine Berechtigung, als im Zuge der Industrialisierung Arbeitsunfälle auftraten, die den Arbeitnehmer außerstande setzten, sein letztes Einkommen zu verdienen. Nach Einführung einer allgemeinen Invaliditätsrente bedarf es dieser gesonderten Sicherungsform nicht mehr. Rentenleistungen wegen Invalidität sollten daher ohne Differenzierung, wie es zu der Minderung der Leistungsfähigkeit gekommen ist, erbracht werden. Denn das gesicherte Risiko der allgemeinen Invalidität unterscheidet nicht nach einer kausal determinierten Erwerbseinbuße oder einer allgemeinen.

Der unfallversicherungsrechtliche Schutz, den die deutsche Unfallversicherung gewährt, ist auch aus finanzieller Sicht für den betroffenen Versicherten nicht erforderlich. Denn beim Zusammentreffen von Renten aus der Unfallversicherung und Renten aus der gesetzlichen Rentenversicherung wird das Nettoeinkommen des betroffenen Versicherten immer höher sein, als es vor Eintritt der Minderung der Erwerbsfähigkeit war. Durch die Arbeitnehmeranteile zur Sozialversicherung und durch die Besteuerung sinkt das Nettoeinkommen eines Arbeitnehmers auf ca. 63% seines Bruttoeinkommens (bei einer Familie sogar noch geringer). Ein Erwerbsunfähiger kann dagegen beim Zusammentreffen einer vollen Erwerbsminderungsrente mit einer Unfallrente ab einer MdE von 20 v.H. ein verfügbares Einkommen aus Sozialleistungen von weit mehr als 70% haben; erhält er eine höhere MdE steigt dieser Prozentsatz. Noch größere finanzielle Auswirkungen hat die Gewährung einer Leistung aus der Unfallversicherung, die nicht mit einer Rente zusammentrifft, sondern mit Arbeitseinkommen. Nur für den Fall einer arbeitsvertraglichen Verringerung des Gehaltes, z.B. weil der Versicherte seiner letzten Tätigkeit aufgrund der Unfallfolgen nicht mehr gewachsen ist, kann eine Kumulation von Einkommen aus Arbeit und Leistungen aus der Unfallversicherung berechtigt sein. Verbleibt es aber beim ursprünglichen Einkommen, tritt auch in diesem Fall durch die Leistungen der Unfallversicherung eine Übersicherung ein.

Gewünschtes Sicherungsziel einer Sicherung gegen Invalidität ist aber in keinem Fall eine Leistung, die das ursprüngliche Einkommen übersteigt. Denn nur diese Einkommenseinbuße ist geschütztes Rechtsgut bei der Sicherung gegen Invalidität. Im Hinblick auf diese Konstellationen einer möglichen Übersicherung[907] wurden Anrechnungsvorschriften eingeführt, die zu einer Begrenzung der Leistungen führen sollen.

Bezüglich dieser Vorgehensweise ist zum einen auffällig, dass der Weg über einen Umweg genommen werden soll, zum anderen, dass trotzdem eine nicht gewollte Übersicherung eintreten kann. Insbesondere bei sehr hohen Unfallrenten führt die Begrenzung der Anrechnung weiterhin zu Bezügen über dem vorherigen Nettoeinkommen.

Es ist nicht einzusehen, dass es zu einer derartigen Zergliederung der sozialen Sicherungssystem kommt. Denn trotz vorhergehender hoher Verwaltungskosten, die zur Feststellung der Ansprüche aus der Unfallversicherung und auch der Rentenversicherung erforderlich werden, gelangt aufgrund der Anrechnungsvorschriften die Leistung der Rentenversicherung bei Bezug einer Unfallrente nicht bzw. nur gekürzt zur Auszahlung. Der Versicherungszweig der Unfallversicherung wird damit auch zu Gunsten der Rentenversicherung ausgehöhlt. Denn der Träger der Unfallversicherung erstattet dem Träger der Rentenversicherung die Leistungen. Im Falle einer Anrechnung sind die mit erheblichem Aufwand verbundene Feststellung des schädigenden Ereignisses, die Feststellung der Verletztenrente, die Möglichkeit gerichtlichen Rechtsschutzes und die Überwachung der Auszahlung und der Anrechnung ein Kostenfaktor, der nicht zu rechtfertigen ist.

Es sollte umgedacht werden und die Invalidenrente so ausgestaltet werden, dass sie sowohl für kausal determinierte Invaliditäten als auch für die allgemeine Invalidität ein einheitliches Sicherungssystem bietet. Für diesen Fall bedürfte es der Einführung eines niedrigen Sicherungsniveaus innerhalb der Invaliditätssicherung aus der gesetzlichen Rentenversicherung. Bestenfalls würde man diese erste Entschädigungsstufe für allen Fälle einer Invalidität vorsehen, dann würde man sich die arbeitsintensive Feststellung der Herkunft der Invalidität und die juristisch schwierige Aufgabe der Kausalprüfung ersparen. Andernfalls würde man eine niedrige Entschädigungsstufe innerhalb einer einheitlichen Invaliditätssicherung nur für Fälle einer beruflich beding-

---

[907] Der eigentliche Hintergrund bestand aber vor allem in Konsolidierungen. Vgl. Gesetzesbegründung zum Wachstums und Beschäftigungsförderungs-Gesetz vom 25.09.1996, BGBl. I, 1806.

ten Invalidität vorsehen.[908] Damit ginge auch der gesonderte Zweig der Rehabilitationsleistungen aus der Unfallversicherung in dem Gesetz zur allgemeinen Invalidität auf. Auch hier käme es nicht mehr zu Anspruchskonkurrenzen. Bei einer Vereinheitlichung der Unfallversicherung und der Rentenversicherung für den Fall der Invalidität muss bezüglich des gesicherten Personenkreis beachtet werden, dass eine besondere Problematik in Konstellationen eintritt, in denen der Versicherte beruflich bedingte Schädigung geltend machen will, aber zu diesem Zeitpunkt nicht mehr zum gesicherten Personenkreis zählt: Beispielhaft sei genannt eine Berufskrankheit, die aufgrund eines schleichenden Krankheitsprozesses zu einem Zeitpunkt auftreten kann, in dem der Betroffene nicht mehr zum geschützten Kreis der Versicherten gehört, weil er sich selbstständig gemacht hat. Diese Problematik muss derzeit in Deutschland juristisch aufgrund der dem Unfallrecht zugrundeliegenden Kausalitätslehre gelöst werden. Dies bedeutet, es trifft den Versicherten die schwierige Situation, die Verursachung seiner Erkrankung aufgrund und durch die berufliche Tätigkeit beweisen zu müssen. Erst dann kann er in den Genuss einer Unfallrente kommen. So sind im derzeitigen deutschen Unfallrecht Fälle denkbar, in denen der Versicherte Folgeschäden aus einem Arbeitsunfall oder den Eintritt einer Berufskrankheit Jahre nach dem Eintritt des schädigenden Ereignisses nicht mehr beweisen kann. Hat ein solcher Versicherter aufgrund des Maßes seiner verbleibenden Erwerbsunfähigkeit noch keinen Anspruch auf eine zumindest teilweise Erwerbsminderungsrente ist das Resultat, dass er keinerlei Leistungen wegen einer beruflich bedingten Schädigung erhält. In einem einheitlichen System der Invalidität fiele die Frage der Kausalität weg. Der Versicherte hätte aufgrund der unstreitig bestehenden Erwerbsminderung einen Anspruch auf Leistung aus einem einheitlichen Invaliditätssystem. Der verwaltungsintensiven und für den Versicherten oftmals nicht mehr nachweisbare Kausalitätsfrage bedürfte es nicht mehr. Ähnliche Probleme ergeben sich für Fälle möglicherweise beruflich bedingten Erwerbsminderung, die aber noch keine anerkannte Berufskrankheit darstellt. Der sehr komplizierte Anerkennungsprozess einer Berufskrankheit und die häufig mit dem Anerkennungsprozess verbundene Einführung einer Stichtagsregelung führt dazu, dass geschädigte Versicherte keine Entschädigung aus der deutschen Unfall

---

908 Letztlich ist diese eine finanzielle Frage: Senkt man bei einer einheitlichen Sicherung für den Fall der Invalidität insgesamt das Sicherungsniveau durch eine niedrige erste Stufe einer möglichen Invaliditätsleistung, werden bedeutend mehr Versicherte eine Invaliditätsleistung erhalten als vorher. Dies könnte den Einspareffekt einer getrennten Unfallversicherung vernichten.

versicherung erhalten. [909] Gerade diese Fälle sind in besonders hoher Zahl Rechtsstreitigkeiten ausgesetzt. Bei einer Vereinheitlichung der Systeme kann eine solche Problematik nicht eintreten. Ebenfalls problematisch sind Berufskrankheiten, die sich aufgrund ihrer medizinischen Eigenart kaum oder jedenfalls medizinisch schwer verifizierbar von Erkrankungen der Allgemeinheit unterscheiden. Auch hier trifft den Versicherte die Beweislast. In den meisten Fällen wird er nicht beweisen können, dass er sich seine Erkrankung aufgrund überwiegend beruflicher Gründe zugezogen hat.[910]

Für den Fall der Integration einer Unfallversicherung in das allgemeine System der Invaliditätssicherung bedarf es auch einer Änderung der Finanzierung des allgemeinen Invaliditätssystems. In den Niederlanden zahlt der Arbeitsgeber aus verschiedenen Gründen die Beiträge zum WAO. Ein Grund ist, dass der Arbeitgeber damit seine Haftungsersetzung erzielt, die ihn freistellt von seiner arbeitsrechtlichen Verpflichtung. Auch die deutsche Unfallversiche

---

[909] Beispielhaft genannt sei die Problematik der Berufskrankheit chronische Bronchitis-Lungenemphysem (CBE) Nr. 4111 der Berufskrankheitenverordnung (BKV). Das Anerkennungsverfahren, d.h. die medizinische Seite der Prüfung, dass sich diese Erkrankung von Erkrankungen der Allgemeinheit in der Häufigkeit bei einer bestimmten Berufsgruppe derart unterschiedet, dass es sich um eine typische Berufskrankheit handelt und auch das juristische Anerkennungsverfahren und die Schaffung der Verordnung nahm einen Zeitraum bis 1997 in Anspruch. Gleichzeitig mit endgültiger Einführung in die Verordnung wurde diese Berufskrankheit (dabei handelt es sich nicht um einen Einzelfall) mit einer Stichtagsregelung versehen. Nur Versicherte mit einem Leistungsfall (MdE von 20 v.H.) vor dem 01.01.1993, der letzen Änderung der BKV erhalten eine Entschädigung. Die Begründung für den Zeitpunkt der Stichtagsregelung lautet, dass zu diesem Zeitpunkt die BK 4111 nach keine anerkannte Berufskrankheit war. Nur wenn zu diesem Zeitpunkt schon genügend medizinische Erkenntnisse vorgelegen hätten, von einer Berufskrankheit auszugehen, wäre ein Anspruch der Erkrankten berechtigt. Im Ergebnis sind durch diese Stichtagsregelung viele, zum Teil stark an CBE erkrankte Versicherte von einer Entschädigung ausgeschlossen. In NRW wurde die Sozialgerichtsbarkeit zu der Problematik der CBE mit ca. 3.500 Klageverfahren belastet. Die Entscheidung über eine Stichtagsregelung und auch der Problematik ihrer vorgreiflichen Anwendung liegt derzeit bereits dem BVerfG vor AZ 1 BvR 235/00.

[910] Beispielhaft genannt sei die Berufskrankheit BK 2108 (Lendenwirbelsäulenschädigung in Folge schweren Heben und Tragen oder extremer Rumpfbeugehaltung). Lendenwirbelsäulenbeschwerden treffen eine Vielzahl der Bevölkerung. Dass bestimmte Lendenwirbelsäulenbeschwerden beruflich bedingt sein können und andere wiederum die Allgemeinbevölkerung betreffen und damit nicht zu einer Entschädigung führen, ist den Versicherten nur schwer begreiflich zu machen. Die Folge ist wiederum eine Vielzahl von Klagen. Von denen wiederum lediglich 1% aus Sicht des Versicherten erfolgreich waren. Statistik, *Hauptverband der Berufsgenossenschaften Bonn.*

rung wird allein durch die Arbeitgeber finanziert,[911] der Arbeitnehmer zahlt keine Beiträge. Dabei wird sowohl beim WAO als auch in der deutschen Unfallversicherung berücksichtigt, dass die Beiträge abhängig vom Invaliditätsrisiko eines jeden Betriebes unterschiedlich sind. Es muss daher zumindest finanziell zu einer weiter gleichbleibenden Belastung der Arbeitgeber bei Zahlungen in ein integriertes System kommen. Bedenkenswert ist hierbei auch, dass die Entschädigung der deutschen Unfallversicherung, sowie es allgemein auch bei der Invaliditätsrente wünschenswert wäre, eine Entschädigung mit dem Maßstab des letzten Jahresarbeitsverdienstes berechnet. Damit erfolgt im Unfallrecht im Gegensatz zu den Leistungen aus der allgemeinen Rentenversicherung eine dem niederländischen System vergleichbare Entschädigung wegen Invalidität. Gerade dieser Maßstab ist auch der richtige Ansatz eine Invalidität sozialpolitisch auszugleichen. Anders als bei der Altersrente muss Maßstab das letzte Einkommen sein und nicht eine über das gesamte Arbeitsleben bemessene, wenn auch durch Zurechnungszeiten hoch gerechnete, Leistung.

Die derzeit neben den Regelungen zum eigentlichen Unfallrecht im gleichen Gesetzwerk enthaltenen Regelungen zur Prävention könnten in einem gesonderten Gesetz enthalten werden. Hierzu gibt es derzeit in Deutschland auch schon genügend andere Arbeitsschutzbestimmungen, die ebenfalls in bestimmten ausgegliederten Normen enthalten sind.

Im Vergleich mit den Niederlanden wird deutlich, einer Unfallversicherung bedarf es in Deutschland bei einem geeigneten System für die Sicherung der allgemeinen Invalidität nicht. Schwer nachzuvollziehende Anrechnungsvorschriften, die letztlich das Leistungsniveau auf ein kaum höheres Maß als die Leistungen aus dem allgemeinen System begrenzen, entfielen. Diese Zusammenführung könnte in hohem Maße Kosten der Sozialversicherungen einsparen. Ein daraus entstehender Gewinn könnte insgesamt die Rentenversicherung aufbessern.

Der Gedanke, das Kumulierungsvorschriften erst zu einer Begrenzung auf der Tatbestandsebene anstatt auf der Anspruchsebene führen und dadurch unnötige Verwaltungskosten auftreten, kann auf viele andere Sozialleistungen übertragen werden. Auch bei den Kumulationsvorschriften zum Zusammentreffen von Arbeitsentgelt und Renten wegen Erwerbsminderung, sollte umgedacht werden.

---

[911] Dies gilt nicht mehr für den Bereich der unechten Unfallversicherung, die auch Schädigungen der Allgemeinheit abdeckt. Dieser Bereich wird über Steuereinnahmen finanziert.

6. Beginn, Ausschluss, Wegfall und Entziehung von Renten

Die Renten wegen Erwerbsminderung werden in beiden Ländern von dem Zeitpunkt an gewährt, in dem die Voraussetzungen des Versicherungsfalles der Invalidität eingetreten sind. In beiden Ländern setzten die Leistungsgesetze einen Antrag des Versicherten voraus.

a. Beginn

In den Niederlanden beginnt die Rentenleistung bei entsprechender medizinischer Diagnose regelmäßig nach einem Jahr Wartezeit. Bis zu diesem Zeitpunkt ist der Versicherte durch die Zahlung von Entgeltfortzahlung des Arbeitgebers abgesichert, bei vorheriger Arbeitslosigkeit durch die Zahlung von Krankengeld. Eine Straffung und Überwachung schon im Zeitpunkt der ersten Arbeitsunfähigkeitszeit dient zur Vermeidung von relativ ungeplanten Lebenssituationen. In Deutschland können Situationen eintreten, in denen der Versicherte das soziale Sicherungsnetz verlassen hat. Liegen bei einem Versicherten die erforderlichen versicherungsrechtlichen Voraussetzungen nicht vor (erforderliche Belegungsdichte), können Situationen eintreten, in denen der Versicherte zu einem bestimmten (meist früheren) Zeitpunkt die medizinischen Voraussetzungen erfüllt, jedoch zu genau diesem Zeitpunkt die versicherungsrechtlichen Voraussetzungen nicht erfüllt sind. Die Rechtsfolge ist, dass der Versicherte keinen Anspruch auf Leistungen aus der gesetzlichen Rentenversicherung hat. Dies liegt auch und vor allem an dem Antragserfordernis für den Versicherten. Hätte er zu einem Zeitpunkt den Rentenantrag gestellt, in dem die versicherungsrechtlichen Voraussetzungen vorlagen, und hätte sich dann herausgestellt, dass er auch medizinisch den Tatbestand erfüllt, wäre es zur Leistungsgewährung gekommen. Im Ergebnis bedeutet dies: Schon bei einer Krankmeldung, müsste auch der Rentenversicherungsträger informiert werden und der Versicherte zu einem Antrag gedrängt werden. Dies geschieht in Deutschland entweder gar nicht oder erst nach einem langandauernden Bezug von Krankengeld. Dies wiederum erfolgt nicht aus dem Grund, den Versicherten weitere alternative Sozialleistung zu ermöglichen, sondern, weil die Krankenkassen die weitere Krankengeldzahlung vermeiden wollen.

b. Wegfall

aa. Altersgrenze

Mittlerweile gleich gehandhabt wird in beiden Ländern das Erreichen der Altersgrenze des Versicherten. In den Niederlanden endet die WAO-Leistung gesetzlich normiert mit dem Beginn des Monats, in dem der Erwerbsunfähige sein 65. Lebensjahr erreicht oder aber verstirbt. Auch in Deutschland endet mit Versterben des Versicherten oder Vollendung des 65. Lebensjahres der Anspruch auf Renten wegen teilweiser Erwerbsminderung. Ab dem 65. Lebensjahr besteht ein Anspruch auf Regelaltersrente, auf deren Antragspflicht der Rentenversicherungsträger zuvor den Versicherten aufmerksam machen sollte. Jedoch gilt diese Beendigung kraft Gesetzes in Deutschland nicht bei den derzeit noch am häufigsten auszuzahlenden Leistungen der Erwerbs- und Berufsunfähigkeitsrenten. Bei diesen tritt nicht automatisch mit Erreichen der Altersgrenze ein Ende des Leistungsbezuges ein. Aufgrund des Charakters der Bewilligung der Leistung als Verwaltungsakt bedarf es einer Aufhebung des maßgeblichen Bescheides. Dies geschieht in der Regel durch die Behörde, wenn der Versicherte einen Antrag auf Gewährung der Altersrente stellt. Stellt der Versicherte diesen Antrag jedoch nicht, verbleibt es bei der Gewährung einer Erwerb- oder Berufsunfähigkeitsrente. Die Behörde weist in diesen Fällen den Versicherten aber meist auf die Möglichkeit einer Antragstellung hin.[912]

bb. Befristung

Unterschiedlich gehandhabt wird auch die Befristung von Rentenleistungen. In den Niederlanden sind die Leistungen nach dem WAO grundsätzlich befristet. Dies ist nicht zu verwechseln mit der Befristung der zunächst altersabhängig erfolgten Zahlung entsprechend dem durchschnittlichen Tagelohn und der daran anschließenden Leistungen entsprechend dem Folgetagelohn. Auch die letztere der beiden Leistungen wird von Gesetzes wegen auf einen Zeitraum von drei Jahren befristet. Schließt sich aufgrund eines neuen Antrages ein neuer Leistungszeitraum an, kann entsprechend des Alters des Versicherten (über 58 Jahre) weiterhin ein Anspruch auf die höhere Leistung bestehen. Der Zeitraum von drei Jahren wird in der Praxis regelmäßig überschritten, da für die Bearbeitung der erforderlichen Neuanträge mit der notwendigen Neu-

---

[912] Die Fälle, dass der Versicherte eine erneute Rentenantragstellung scheut, weil er denkt, ihm stünden aufgrund Rentenrechtsänderungen zu Lasten der Versicherten nur geringere Leistungen zu, was durchaus möglich ist, werden über Vertrauensschutznormen gelöst (§ 89 SBG VI). Hiernach erhält der Versicherte zumindest die Summe der vorherigen Leistung ausgezahlt. Einzelne Entgeltpunkte sind dagegen nicht geschützt.

untersuchung die Verwaltungskapazitäten nicht ausreichen. Tatsächlich werden die Leistungen regelmäßig auf fünf Jahre befristet. Nach diesem Zeitraum endet die Leistung automatisch.

In Deutschland hat sich durch das EM-Reformgesetz 2001 eine gravierende Änderung hinsichtlich der Befristung der Rentenleistungen ergeben. Die Erwerbs- und Berufsunfähigkeitsrente waren zu befristen, wenn eine Besserung wahrscheinlich war. In der Praxis führte dies dazu, dass im Regelfall eine Dauerrente gewährt wurde.[913] Bei den nunmehrigen Renten wegen Erwerbsminderung ist die Zahlung einer unbefristeten Rente nur möglich, wenn es unwahrscheinlich ist, dass die Leistungsminderung behoben wird. In der Praxis scheint aber durch diese Formulierung der gesetzgeberische Zweck, in der Regel eine Befristung vorzunehmen nicht erreicht zu werden. Zwar ist die Anzahl der Befristungen gestiegen, es handelt sich aber noch nicht um den Regelfall.[914] Bei beiden Formulierungen muss zudem beachtet werden, dass mit der erforderlichen Prüfung einer Wahrscheinlichkeit einer Besserungsaussicht in der Regel die Entscheidung über eine Befristung in die Hände der Mediziner gegeben wird.

Im Unterschied zu den Niederlanden sieht das deutsche Gesetz bei einer befristeten Rente einen um sieben Monate verschobenen Beginn der Leistung vor. Dies erscheint wenig gerechtfertigt, denn der medizinische Versicherungsfall ist bereits eingetreten. Damit liegt ein schützenswertes Risiko vor. Der Versicherte bedarf in dieser Situation Leistungen. Es ist daher nicht einzusehen, warum der Leistungsfall (Erfüllung der medizinischen und versicherungsrechtlichen Voraussetzungen) noch nicht entschädigt werden soll. Möglicherweise hat der Versicherte in den ersten sechs Monaten zwar einen Anspruch auf Krankengeld. Letztlich ist aber mit dem Eintritt des Leistungsfalls einer Erwerbsminderung ausdrücklich ein Arbeitsunfähigkeit beendet und eine Erwerbsunfähigkeit eingetreten. Die ansonst für die Differenzierung maßgebliche prognostizierte Dauer der Unfähigkeit zur Arbeit soll dann nicht mehr entscheidend sein?

In allen Fällen, in denen die Rentenversicherungsträger die Erwerbsminderungsrente lediglich als Zeitrente bewilligen, haben damit die Krankenkassen das Krankengeld, falls der Versicherte überhaupt noch einen Anspruch auf Krankengeld haben sollte, bis zum Ende des sechsten Kalendermonats weiter zu zahlen, ohne für diese Zeit - wie bei der Bewilligung einer unbefristeten

913 Vgl. *Majerski-Pahlen,* Die Neuregelung der Renten wegen Erwerbsminderung: Probleme der Rechtsanwendung, NZS 2002 S. 475ff.
914 Vgl. Statistik, Deutschland Nr. 14.

Rente - einen Erstattungsanspruch geltend machen zu können (§ 103 SGB X i.V.m. § 50 Abs. 1 S. 1 Nr. 1 SGB V).

Wegen der von Gesetzes wegen vorgesehenen grundsätzlichen Befristung befürchteten die Spitzenverbände der gesetzlichen Krankenkasse deutliche Mehrbelastungen, die in dieser gravierenden Form derzeit aber ausgeblieben sind, da Zeitrenten immer noch nicht der Regelfall sind. Jedoch wurde festgelegt, dass die über 125.000 € hinausgehenden Belastungen der Krankenversicherungen für die jeweils kommenden Jahre von der Rentenversicherung zu erstatten sind. Eine entsprechende Regelung ist im Gesetz zur Reform der gesetzlichen Rentenversicherung und zur Förderung eines kapitalgedeckten Altersvermögens (Art. 32 Altersvermögensgesetz -AvmG-)[915] enthalten. Dies wäre nicht erforderlich, wenn man wie in der Niederlanden zwar eine grundsätzliche Befristung der Leistungen vorsehen würde, jedoch den Leistungsfall und den Zeitpunkt des Eintritts der Erwerbsminderung nicht auseinanderziehen würde.

Grundsätzlich zu begrüßen ist die Regel einer generellen Befristung. Man kann einer Befristung bei einer Invalidität vorwerfen, dass sie dem einzelnen Versicherten keine dauerhafte Sicherheit bietet und die psychische Situation eines Versicherten darunter leidet. Jedoch muss der Gedanke einer immer wieder zu prüfenden Reintegration in die Arbeitswelt oder auch die Möglichkeit der Verbesserung eines Gesundheitszustandes Vorrang haben. Erfolgen diesbezüglich Änderungen liegt das gesicherte Risiko nicht mehr vor, einer Sicherung bedarf es nicht mehr. Einer möglichen Reintegration stünde aber zudem sicherlich die Einstellung eines Versicherten entgegen, der sich auf eine Dauerleistung einstellt.[916]

Bei den sogenannten „Arbeitsmarktrenten“, dies sind die Renten, bei denen aufgrund der Rechtsprechung zur Verschlossenheit des Teilzeitarbeitsmarktes bei medizinisch vorliegender teilweiser Erwerbsminderungsrente eine volle Erwerbsminderungsrente auf Zeit zu zahlen ist, erfolgt grundsätzlich von Gesetzes wegen eine Befristung. Diese Regelung ist begrüßenswert, wenn man schon nicht eine Abschaffung dieser Arbeitsmarktrenten fordert. Im Gegensatz, zu den allgemeinen befristeten Renten, die nach einer Gesamtdauer von

---

[915] Vom 26.06.2001 (BGBl. 1 S. 1310).

[916] Dies kann auch summarisch aus den zwei verschiedenen *ISSA*-Studien entnommen werden, vgl. Neue Herausforderungen – Neue Antworten, Weltweite Entwicklungstendenzen in der eine Sozialen Sicherheit, Genf 1993 und Projekt über Arbeitunfähigkeit und Wiedereingliederung - eine Studie in sechs Ländern über Maßnahmen zur Wiedereingliederung von Empfängern von Krankengeld und Invalidenrente in den Arbeitsmarkt, Genf 2000.

neun Jahren nicht wiederholt werden dürfen, sondern zwingend zu einer Dauerrente werden, gilt diese Höchstdauer bei Arbeitsmarktrenten für die Befristung nicht. Dies aber weniger in der Hoffnung, den einzelnen Versicherten noch reintegrieren zu können, sondern weil immer noch auf eine Regeneration des Arbeitsmarktes gehofft wird.

c. Ausschluss

aa. Absichtliche Herbeiführung des Leistungsfalls

In beiden Ländern haben Versicherte keinen Anspruch auf Rentenleistungen wegen Invalidität, wenn sie die für die Rentenleistung erforderliche Gesundheitsbeeinträchtigung absichtlich herbeigeführt haben.

bb. Mitwirkungspflichten

Eng verknüpft mit einer absichtlichen Herbeiführung ist die Problematik, dass ein Versicherter angedachte Maßnahmen zur Abwendung des Leistungsfalls nicht oder nur unzureichend befolgt. In beiden Ländern gibt es dafür die Möglichkeit, bei unterlassener Mitwirkung Sanktionen vorzusehen, z.B. in Form eines Rentenausschlusses. In Deutschland hat der Versicherte aufgrund des Prinzips „Reha vor Rente“ zunächst aktiv an angebotenen Rehabilitationsmaßnahmen medizinischer oder beruflicher Art teilzunehmen. In den Niederlanden gehen die Mitwirkungsverpflichtungen noch weiter. Aufgrund des Reintegrationsplans des ersten Krankheitsjahres und der Verpflichtung für den Arbeitgeber zu prüfen, ob der Versicherte im Betrieb des Arbeitgebers oder in einem anderen Betrieb eine zumutbare Beschäftigung finden kann. Dort muss der Versicherte eine solche Beschäftigung auch annehmen. Kommt er dieser Verpflichtung unberechtigterweise nicht nach, trifft ihn ein Rentenausschluss.

cc. Freiheitsentzug

In den Niederlanden endet für den Fall, dass ein Leistungsempfänger, aufgrund strafrechtlicher Vorschriften einem mehr als vierwöchigen Freiheitsentzug unterliegt, der Anspruch auf eine WAO-Leistung. Ist die Maßnahme beendet bzw. der Versicherte nicht mehr in seiner Freiheit beschränkt, lebt der Anspruch wieder auf. Eine solche Regelung kennt das Deutsche Recht aufgrund des sozialversicherungsrechtlichen Prinzips der Erwirtschaftung von Ansprüchen nicht.

d. Entziehung von Renten

Die Entziehung einer Rente wegen Veränderung der Verhältnisse ist in beiden Ländern möglich. Während in Deutschland die Entziehung einen gesonderten Verwaltungsakt voraussetzt, der den verfahrensrechtlichen Erfordernissen der Anhörung und der Begründung bedarf, endet in den Niederlanden die WAO-Leistung kraft Gesetzes, falls nicht mehr der Grad einer Erwerbsunfähigkeit von 15% vorliegt.[917] Problematisch ist in beiden Ländern die Entziehung und damit auch die möglicherweise verbundene Rückzahlungsverpflichtung der empfangenen Leistung einer ursprünglich rechtswidrigen Zubilligung der Rente; auch für den Fall, dass zu Unrecht eine höhere Leistungseinschränkung angenommen wurde, als tatsächlich vorlag. Hier sind in beiden Ländern Vertrauensschutzgedanken zu beachten, die das allgemeine Verwaltungsverfahrensrecht vorgibt.

7. Feststellungsverfahren

Sozialleistungsansprüche bedürfen zu ihrer Realisierung der Überprüfung in einem Feststellungsverfahren. Es gilt für beide Länder im Feststellungsverfahren der Untersuchungsgrundsatz nach dem der Sachverhalt vom Versicherungsträger von Amts wegen ermittelt werden muss.[918]

Das komplexe Invaliditätsrisiko hat auch ein komplexes Feststellungsverfahren zur Folge. Der Umfang der Begutachtung und der Feststellung der Invalidität korrespondiert mit den Anforderungen im tatbestandlichen Bereich der Definitionen des Invaliditätsrisikos sowie mit der Ausgestaltung durch die individuellen und sozioökonomischen Faktoren.

Die Art und die Dauer des Feststellungsverfahrens ist für den betroffenen Versicherten sehr bedeutend. Es muss dabei berücksichtigt werden, dass das Risiko der Invalidität plötzlich eintreten kann und der Versicherte im Umgang mit Behörden unerfahren ist. Dies bedeutet auch, dass der Versicherte meist keine Vorstellung davon hat, welche Verpflichtungen ihn treffen und welche gesetzlichen Voraussetzungen er zur Erlangung einer Leistung beachten muss.

---

[917] Ausnahmsweise bei gleichzeitig gewährten Schulungsmaßnahmen, welche zu einer Beendigung des Zahlungsanspruchs führten, da sie erfolgreich den Erwerbsunfähigen wieder an allgemein akzeptierte Arbeit heranführten, wird die Erwerbsunfähigkeitsleistung bis zum Abschluss der Schulungsmaßnahme erbracht.

[918] Vgl. *Bloch,* Invaliditätsfeststellung. Eine Untersuchung über die Bearbeitung von Invalidenrentenanträgen und das Rechtsmittelverfahren in sechs Ländern, IRRS 1994 S. 17ff.

aa. Antragserfordernis

In beiden Ländern werden die Leistungen wegen Invalidität nur auf Antrag erbracht. Während es in Deutschland dem Versicherten obliegt, wann und ob er einen Antrag stellt,[919] gibt es in den Niederlanden insbesondere seit den maßgeblichen Änderungen des WVP einen festen Fahrplan für die Situation des ersten Krankheitsjahres. Jedem Versicherten wird schon nach Ablauf von 8 Monaten Arbeitsunfähigkeitszeit automatisch ein Vordruck für die Beantragung der WAO-Leistung übersandt.

In beiden Ländern muss auch bei Auslaufen der befristeten Leistung, d.h. in den Niederlanden in allen Fällen, ein Antrag auf (Weiter-)Bewilligung der Leistung gestellt werden. Ein erneutes Feststellungsverfahren wird in Gang gesetzt. In den Niederlanden muss der Versicherungsträger auf die erneute Antragsvoraussetzung von Gesetz wegen hinweisen, in Deutschland gibt es eine solche Verpflichtung nicht.[920]

bb. Verfahren vor dem Beginn des Feststellungsverfahrens

In Deutschland beginnt das Feststellungsverfahren und die Zuständigkeit des Versicherungsträgers erst mit dem Antrag. Zuvor ist der Versicherte zumeist bis auf seine Versicherungsnummer und sein Rentenbeitragskonto unbekannt.[921] In den Niederlanden dagegen wird vor allem aufgrund des WVP bereits in dem Zeitraum der Wartezeit, d.h. vor der Antragstellung ein fester Verfahrensgang normiert. Das Ziel dieser straffen Führung und Kontrolle bei Eintritt einer Arbeitunfähigkeit ist eine Reintegration des Versicherten, bevor es zu einer Invalidität kommt. Bereits bei Beginn der Arbeitsunfähigkeit richten sich vielfache Verpflichtungen im Hinblick auf dieses Ziel an den Versicherten, an den Arbeitgeber und an den Arbodienst. Bereits nach 13 Wochen Krankheit wird der Invalidenversicherungsträger UWV involviert. Zu diesen

---

[919] Bei längerem Krankengeldbezug kann die Krankenkasse den Versicherten auffordern einen Antrag auf Erwerbsminderungsrente zu stellen § 51 Abs. 4 SGB VI.

[920] Gerade das Antragserfordernis ist für viele Versicherte ein Stolperstein. Aus diesem Grund gibt es vor allem in neuerer Zeit eine immer weiterreichender Rechtsprechung zur Beratungsverpflichtung, die aus § 115 Abs. 5 und 6 SGB VI resultiert. Dieser normiert Beratungsverpflichtung des Versicherungsträgers, die bei einer Nichteinhaltung zu einem Herstellungsanspruch führen können. Nach dem sozialrechtlichen Herstellungsanspruch ist der Versicherte so zu stellen, als sei er richtig beraten worden. Dies hat zu Folge, dass er einen Antrag gestellt hätte und ohne einen Schaden dastünde.

[921] Ausnahmen können z.B. durch einen nach Scheidung erforderlichen Versorgungsausgleich eintreten. Für diesen Fall muss das Konto des Versicherten bereits voll errechnet werden und dem ausgleichsberechtigten Ehepartner der entsprechende Anteil übertragen werden.

Zeitpunkt liegt bereits ein verpflichtend zu erstellender Reintegrationsplan vor. Bei andauernder Krankheit erhält der Arbeitnehmer in der 35. Woche automatisch ein Rentenantragsformular. Gleichzeitig wird die zunächst aufgestellte Analyse erneut beurteilt. Denn es können sich entscheidende neue Gesichtspunkte aufgetan haben. Innerhalb eines Monats sollte der Versicherte dann seinen Rentenantrag stellen. Diesem Rentenantrag muss aber seit dem WVP ein Reintegrationsvorschlag beiliegen, der durch den Arbeitgeber in Zusammenarbeit mit dem Arbeitnehmer aufgestellt worden ist. Im Gegensatz zu der Situation in Deutschland, bei der die betriebliche Ausgangslage oder auch eine Wiedereinführung in die letzte Tätigkeit völlig unberücksichtigt bleibt und auch der Arbeitgeber in keiner Weise bei einer Rentenantragstellung einbezogen wird, liegt mit dieser Vorgehensweise eine effektive Möglichkeit vor, bei drohender Invalidität verpflichtend vorweg zu prüfen, ob es die Möglichkeit einer Reintegration, vor allem im eigenen Betrieb, aber neuerdings auch bei einem anderen Arbeitgeber gibt.

Der Versicherungsträger überprüft im Feststellungsverfahren dann nicht nur, ob der Leistungsfall einer Invaliditätsleistung eingetreten ist, sondern auch, ob die Reintegrationsbemühungen der Beteiligten ausreichend waren. Dies ist für den Versicherungsträger eine völlig neue und präventive Aufgabe. Das konservative Bild der Aufgaben des Versicherungsträgers in Deutschland müsste für diese sinnvolle Weiterentwicklung aufgegeben werden und auch für die Beurteilung von vorherigen Reintegrationsbemühungen eine Fachkompetenz aufgebaut werden. Die Kompetenz des niederländischen Versicherungsträgers geht aber noch weiter. Mit dem unbedingten Ziel eine Invaliditätsleistung zu vermeiden, hat der Versicherungsträger Sanktionsmöglichkeiten für den Fall, dass er die Reintegrationsbemühungen für ungenügend hält. Wird der Arbeitgeber verpflichtet, länger als 52 Wochen seiner Lohnfortzahlungsverpflichtung nachzukommen, kommt es vorerst auch nicht zur Gewährung einer WAO-Leistung. Beim Versicherten tritt das versicherte Risiko (Einkommensausfall) in diesem Fall auch nicht ein, denn er erhält weiterhin Leistungen vom Arbeitgeber. Erst nach der Beurteilung der Reintegrationsbemühungen beginnt das eigentliche Feststellungsverfahren.

Alles in allem handelt es sich um ein ausgefeiltes System von Bemühungen, den Versicherten schon frühzeitig wieder in die Arbeit zurückzuführen. Dabei werden alle Beteiligten in die Verantwortung genommen. Die Situation, wie sie in Deutschland auftreten kann, dass der Versicherte erst nach Auslaufen anderer Sozialleistungen (Krankengeld, Arbeitslosengeld) sich an den Versicherungsträger wendet, kann in den Niederlanden nicht eintreten. Gleichzeitig ist gewährleistet, dass aufgrund der zeitlichen Nähe zur aktiven Arbeit Reintegrationsbemühungen noch Sinn machen.

Da es in Deutschland kein straffes Verfahren vor der eigentlichen Antragsstellung auf Rentenleistungen mit einer Überwachung durch den Versicherungsträger gibt, können Konstellationen eintreten, dass der Versicherte einen Rehabilitationsantrag stellt, tatsächlich aber schon die Situation einer Erwerbsminderungsrente vorliegt. Für diesen Fall sieht das Gesetz eine Fiktion vor. Der Rehabilitationsantrag gilt als Rentenantrag.

cc. Medizinische Untersuchungen

In beiden Ländern bedient sich der Versicherungsträger zur Feststellung der gesundheitlichen Beeinträchtigung Fachkundiger. Dazu gibt es sowohl in den Niederlanden als auch in Deutschland eingerichtete Untersuchungsstellen.[922] Während in Deutschland dazu organisatorisch unabhängige Institutionen wie z.B. der MdK (Medizinscher Dienst der Krankenkassen) vorhanden sind, stehen in den Niederlanden die Sachverständigen in den Diensten des Leistungsträgers.[923] Dies muss jedoch eine sachliche Unabhängigkeit nicht ausschließen. Gegebenenfalls können zur Beurteilung auch andere Gutachter herangezogen werden. Sowohl in den Niederlanden als auch in Deutschland erfolgt die formale Einbindung der Sachverständigen dergestalt, dass die getroffene Entscheidung als eine solche der Institution und nicht des Sachverständigen erscheint. Nach außen bliebt die einheitliche Verantwortung des Versicherungsträgers für die Feststellung des Tatbestandsmerkmals Invalidität erhalten.

Vob erheblicher Relevanz ist, wie der abstrakt definierte Begriff der Invalidität im Feststellungsverfahren konkret auf sein Vorliegen überprüft wird. Während in Deutschland kaum zusätzliche nachrangige Normwerke vorliegen,

---

922 Zu beachten ist, dass es in den Niederlanden den Facharzttitel des Versicherungsarztes gibt. Zwar ist in Deutschland der Sozialmediziner bekannt. Es handelt sich dabei aber nicht um einen Facharzttitel, sondern um eine Schwerpunktbezeichnung. Vgl. für die Niederlande *Water, van de*, Het medisch objectiveren van Arbeidsongeschiktheid, Sociaal Recht 2003, S. 73ff.; für Deutschland *VDR*, Sozialmedizinische Begutachtung in der gesetzlichen Rentenversicherung, 1995 S. 11ff.

923 Bis 1995 gab es auch in den Niederlanden eine vergleichbare Institution bei den Sozialversicherungsträgern, den sog. Gemeinsamen Medizinischen Dienst (Gemeenschappelijke Medische Dienst -GMD). Er unterlag aber fortwährender Kritik, z.B. dass durch dessen Dominanz lediglich eine Selbstkontrolle der Verwaltung, nicht aber eine Fremdkontrolle erfolgte. Der zweite Kritikpunkt betraf die Aufgabenverteilung zwischen dem GMD und den Betriebsvereinigungen bei der Durchführung der in Betracht kommenden Invaliditätsversicherungen. Nur der GMD beurteilte den Grad der Erwerbsunfähigkeit. Den Betriebsvereinigungen blieben nur noch die reinen Verwaltungsaufgaben, wie z.B. Feststellung und Auszahlung der Leistung. Vgl. *Emanuel,* Ursachen für die Zunahme der Empfänger von Invalidenleistungen in den Niederlanden, IRSS 1980 S. 46ff.

werden die gesetzlichen Vorgaben in den Niederlanden durch explizit untergesetzliche Kriterien konkretisiert.

Die ärztlichen Gutachter müssen nicht nur den Gesundheitszustand nach körperlichen/geistigen Befunden feststellen, sondern vor allem Angaben zur Belastbarkeit, zur zumutbaren Arbeitszeit und zu den zumutbaren Arbeitsbedingungen treffen. Um eine gleichmäßige Praxis zu erzielen, arbeiten die Ärzte mit Formularen, in denen der Gesundheitszustand und auch die Belastbarkeit standardisiert überprüft wird. Gerade in den Niederlanden wird eine konkrete Belastungsschablone erstellt, die dann dem Berufskundler bzw. dem Versicherungsträger weitergegeben wird. Eine solche Belastungsschablone ist in Deutschland unüblich. Hier ist es durchaus denkbar, dass auch ein freies Gutachten der Beurteilung dient. Die Standardisierung bedeutet nicht, dass die individuelle Beurteilung zu kurz kommt. Es soll nur verhindert werden, dass letztlich die subjektive Einstellung des jeweiligen Arztes über das Vorliegen einer Invalidität entscheidet. Durch den Schätzungsbeschluss normiert gibt es in den Niederlanden auch bestimmte Erkrankungen, bei denen der Versicherungsarzt direkt ohne weitere Prüfung die Erwerbsunfähigkeit feststellen kann. Dies ist in den Niederlanden aufgrund der aufwändigeren Prüfung der Erwerbsunfähigkeit unter starkem Einfluss der beruflichen Seite und der finanziellen Auswirkungen sinnvoll. In Deutschland bedarf es einer solchen weitergehenden Normierung nicht, da das medizinische Leistungsbild allein einen viel größeren Entscheidungseinfluss hat. Entscheidend ist in Deutschland nach der Einführung der Erwerbsminderungsrenten nur noch die zeitliche Dauer der Leistungsfähigkeit.

Nur für die über die Übergangsregelung erhaltene Berufsunfähigkeitsrente bedarf es neben der Feststellung der körperlichen Leistungsfähigkeit der Feststellung weitere sozio-ökonomischer Gesichtspunkte. Im Bereich der Feststellung von Invalidität bei der Rente wegen voller und teilweiser Invalidität stellen sich diese sozio-ökonomischen Probleme so gut wie nicht mehr, da es nur noch darauf ankommt, wie viele Stunden die Leistungsfähigkeit des Versicherten auf dem allgemeinen Arbeitsmarkt beträgt.[924] Nur in den Fällen einer ungewöhnlichen Summierung von Leistungseinschränkungen oder bei schweren spezifischen Leistungsbehinderungen und bei der Problematik der Verweisung auf einen Teilzeitarbeitsmarkt kommt es auf arbeitsmarktpolitische Probleme an.

---

924 Vgl. *Ruland*, Die Schwerpunkte der Rentenreformen in Deutschland, NJW 2001 S. 3505ff und *Wollschläger*, Gesetz zur Reform der Renten wegen verminderter Erwerbsfähigkeit, DRV 2001 S. 276ff.

Die Komplexität und Schwierigkeit der ärztlichen Untersuchung liegt naturgemäß darin begründet, dass der Sachverständige eine Reihe von Zukunftsprognosen abgeben muss, die Unwägbarkeiten mit sich bringen. Dies führt gerade in Deutschland dazu, dass in weiten Bereichen sich auch schon bei den Renten wegen Berufs- und Erwerbsunfähigkeit eine faktische Bindung der Verwaltung an die Ergebnisse der Sachverständigengutachten herausgebildet hat. Dies wird zukünftig noch gravierender sein, da der Verschaffung eines eigenen Kenntnisstandes durch die Behördenmitarbeiter bei der Frage, wie viele Stunden ein Versicherter noch auf dem allgemeinen Arbeitsmarkt arbeiten kann, naturgemäß Grenzen gesetzt sind. So wird es darauf herauslaufen, dass der einzelne Verwaltungsbeamte im „Durchschnittsfall“ die „Entscheidung“, die der Gutachter im tatsächlichen, medizinischen Bereich getroffen hat, nur noch rechtlich umsetzt, ohne auf den Inhalt der Entscheidung Einfluss nehmen zu können. Im Ergebnis kommt es damit zu einer faktischen Verlagerung der Entscheidungskompetenz vom Juristen auf den Mediziner. Dies birgt weitere Probleme in der Zusammenarbeit der Mediziner mit den Juristen. Zum einen werden Beweisfragen nicht präzise genug gestellt oder aber juristisch definierte Worten z.B. Leistungsfähigkeit mit der alltäglichen Bedeutung dieses Wortes verwendet. Demgegenüber zeigen Sachverständige die Grenzen ihrer Erkenntnismöglichkeiten nicht deutlich genug auf. Gutachtenergebnisse werden aus diesem Grund als sicherer hingestellt, als sie es tatsächlich sind. In unklaren Beweissituationen werden die Mediziner von den Juristen gedrängt, eine scheinbar sichere, aber wohlmöglich wissenschaftlich nicht beweisbare Antwort zu geben. Den Sachverständigen ist insoweit vorzuwerfen, dass sie diese Entwicklung zulassen.

Diese Situation ist in den Niederlanden durchaus auch vorhanden und scheinbar bei der Prüfung der Voraussetzungen der Invalidität nicht zu umgehen. Jedoch ist die Feststellung der Invalidität in den Niederlanden von verschiedenen weiteren Faktoren abhängig, insbesondere von der noch vorhandenen Verdienstmöglichkeit im Verhältnis zum letzten Einkommen. Durch diese weiteren Faktoren verringert sich der Einfluss der rein medizinischen Entscheidung.

dd. Berufskunde

In Deutschland ist es im wesentlichen nur noch die Berufsunfähigkeitsrente, die die Beurteilung sozio-ökonomischer Kriterien, die über die medizinische Frage hinausgehen, erforderlich macht. In diesem Fall ist sowohl die Prüfung des maßgeblichen Hauptberufs als auch möglicher Verweisungstätigkeiten erforderlich. Dies wird grundsätzlich in die Hand des einzelnen Sachbearbeiters gelegt. In schwierigen Fällen kann der Versicherungsträger ein berufskundliches Gutachten einholen.

In den Niederlanden dagegen handelt es sich bei erforderlichen berufskundlichen Überprüfung zur Feststellung des Erwerbsunfähigkeitsgrades um ein kompliziertes und aufwendiges Verfahren. Dies steht aber in Relation zu der, dem geschützten Risiko gerecht werdenden Bestimmung des Maßes der Invalidität. Nur wenn der tatsächliche Einkommensausfall ermittelt wird und nicht bei einer bestimmten zeitlichen Erwerbsminderung ein Einkommensausfall fingiert wird, bestimmt man das geschützte Risiko korrekt. Damit eine solche Prüfung verwaltungstechnisch möglich ist, haben die Niederländer eine laufend aktualisierte computererfasste Tätigkeitsschablone. Der Berufskundler selektiert mittels des Computerbestandes, mit welchen drei Tätigkeiten der Versicherte unter Zugrundelegung seiner Belastbarkeitsschablone, den meisten Lohn erzielen kann. Auf der Basis der drei meist entlohntesten Tätigkeiten, von mindestens dreißig Arbeitsplätzen, wird das rechnerische Mittel festgestellt. Dieses rechnerische Mittelmaß stellt die Restverdienstkapazität dar.

cc. Versicherungsrechtliche Voraussetzung

Die versicherungsrechtlichen Leistungsvoraussetzungen und auch Ausschlussgründe beurteilt der Versicherungsträger. Dies bedeutet in Deutschland, dass der Sachbearbeiter zunächst vor jedweder anderer Prüfung feststellen muss, ob der Versicherte die erforderliche Wartezeit und Belegungsdichte erfüllt. Erst danach kann geprüft werden, ob im Zeitpunkt des Vorliegens der versicherungsrechtlichen Voraussetzungen auch die weiteren Prüfungsschritte erfüllt sind. Mit dem einmal festgestellten Beitragskonto kann sodann auch die Höhe der Leistungen unter Zugrundelegung der gemeldeten Beiträge und Ermittlung der Werte für andere Zeiten als Beitragszeiten festgelegt werden. Dieses Verfahren ist in den Niederlanden nicht erforderlich, da besondere versicherungsrechtliche Voraussetzungen nicht erforderlich sind. Das Fehlen dieses komplizierten Erfordernis der versicherungsrechtlichen Voraussetzungen macht das Verfahren einfacher und versetzt auch einen Laien in die Lage zu beurteilen, ob er einen Anspruch haben könnte oder nicht. Einem Versicherten in Deutschland ist es gerade bei unterbrochenen Versicherungsverläufen nicht möglich selbst einen Überblick zu haben, ob er überhaupt anspruchsberechtigt ist.

dd. Ergebnis des Verfahrens

Das Feststellungsverfahren endet in beiden Ländern mit der Erteilung und Bekanntgabe eines Rechtsaktes i.S. eines Bescheides. Sofern sich der Versicherte beschwert fühlt, ist gegen diesen Rechtsakt der Gerichtsweg offen.

ee. Kontrollen

In den Niederlanden wird grundsätzlich ein Jahr nach der erstmaligen Bewilligung einer Erwerbsunfähigkeitsleistung der Grad der Erwerbsunfähigkeit nochmals überprüft. Von dieser gesetzlichen Vorgabe kann jedoch in begründeten Ausnahmen abgesehen werden. Eine solche engmaschige Kontrolle insbesondere unter Berücksichtigung, dass die Invaliditätsleistungen in den Niederlanden befristet sind, so dass es sowieso zu einer erneuten Überprüfung beim nächsten Leistungsantrag kommt, kennt das Deutsche Recht nicht. Abhängig von den internen Vorgaben des einzelnen Versicherungsträgers gibt es verwaltungsinterne Kontrollen, die jedoch nicht gesetzlich normiert sind.[925] Überprüfungen finden in der Regel nur bei Anlass statt.

8. Finanzierung

Im Ergebnis weicht die Art und Weise der Finanzierung der Sozialleistungen in beiden Ländern stark von einander ab. Diese Unterschiede lagen in dieser gravierenden Form nicht immer vor. Erst durch die letzten Änderungen im niederländischen System ist eine völlig neue Art der Finanzierung aufgebaut worden.

a. Deutschland

Charakteristisch und prägend ist für die in Deutschland anzutreffende Art der Finanzierung das grundlegende System einer Sozialversicherung. Damit verbunden ist auch die Finanzierung im Umlageverfahren. Die Leistungen der Invalidität werden dementsprechend größtenteils durch die Beiträge finanziert. Neben den Einnahmen aus Beiträgen, die ca. 70% ausmachen, erfolgt aber auch ein Bundeszuschuss, der notwendig wird, um einen Ausgleich für die der Rentenversicherung übertragenen „versicherungsfremden Leistungen“ z.B. Kindererziehungszeiten finanziell ab zu decken. Die Höhe der Beiträge werden durch die Beitragsbemessungsgrenze limitiert. Die Beiträge werden

---

[925] Jedoch kann eine Aufnahme einer versicherten Beschäftigung eines Beziehers eine Invaliditätsleistung über die EDV des zuständigen Versicherungsträgers abgefragt werden. In diesem Fall wird eine konkrete Kontrolle ausgelöst.

paritätisch zwischen Arbeitgebern und Arbeitnehmern aufgeteilt. Auch bei der Finanzierung ist zu berücksichtigen, dass es sich in Deutschland um eine einheitliche Rentenversicherung handelt. Alter, Hinterbliebenenschaft und Invalidität werden in einem System zusammengefasst. Auch bezüglich der Beitragslast erfolgt keine Trennung.

b. Niederlande

Seit dem 01.01.1998 werden die Leistungen des WAO nur noch von den Arbeitgebern finanziert. Gleichzeitig mit dieser gravierenden Änderung wurde zwischen zwei verschiedenen Beiträgen mit unterschiedlicher Zweckbestimmung unterschieden. Hervorzuheben bei der niederländischen Mittelaufbringung ist, dass seit der Abschaffung der zusätzlichen Volksversicherung für den Fall der Invalidität die jetzige Invaliditätssicherung ausschließlich beitragsfinanziert ist und keinerlei Staatszuschüsse erhält.

Die vom Arbeitgeber zu zahlenden Beiträge werden aufgeteilt zwischen dem Basisbeitrag und dem variablen Beitrag. Der Basisbeitrag fließt dem Erwerbsunfähigkeitsfonds zu und ist für alle Arbeitgeber gleich hoch. Aus diesem werden die Leistungen an die Versicherte gezahlt, die länger als fünf Jahre erwerbsunfähig sind, (Folgeleistungen)[926] und sie sollen zudem die Verwaltungsausgaben decken. Der variable Beitrag fließt der Erwerbsunfähigkeitskasse zu. Aus dieser werden die finanziell höheren und zunächst zahlbaren Lohnersatzleistungen, die sich am zuletzt verdienten Durchschnittslohn orientieren und nicht am Folgelohn, gedeckt. Die Beitragshöhe des variablen Beitrags hängt vom Erwerbsunfähigkeitsrisiko des jeweiligen Unternehmens und von dessen Größe ab. Durch die Ermittlung des unternehmensspezifischen Betrages, d.h. mit einem von der Anzahl der Erwerbsunfähigkeitsleistungen beziehenden ehemaligen Arbeitnehmer eines Unternehmens abhängigen Beitrages, soll ein Anreiz zu präventiven Maßnahmen der Arbeitgeber gesetzt werden. Während der Arbeitgeber auf den Bestand an Langzeiterwerbsunfähigen kaum einen Einfluss hat und sich hier regelmäßig auch keine großen Veränderungen ergeben, soll der Arbeitgeber die Anzahl der neuen Invaliditätsfälle begrenzen. Dies wird gleichzeitig durch die Regelungen des wet Pemba und des wet REA gefördert. Zum einen sollen bestmögliche Arbeitsbedingungen geschaffen werden (Prävention), zum anderen ist es auch das die Finanzierung übergreifende Ziel, arbeitsunfähige Versicherte in Beschäftigung zu halten sowie erwerbsunfähige Personen einzustellen (Reintegration). Bei dem unternehmensspezifischen Betrag wird den unterschiedlichen wirtschaftlichen Gegebenheiten von Groß- und Kleinunternehmen Rechnung ge-

[926] Vgl. 3. Teil, Ausführungen zu Rentenleistungen.

tragen. Um eine Risikoselektion bei der Einstellung der Arbeitgeber zu verhindern, wurden gleichzeitig mit dem wet REA und wet op de medische Keuringen Vorkehrungen dafür getroffen, dass der Arbeitgeber diese neuen Finanzierungsmodelle nicht unterläuft.

Wichtige weitere Neuerung der niederländischen Gesetzgebung ist die Möglichkeit des opting-out. Während die Zahlung des WAO-Grundbeitrages für jeden Arbeitgeber obligatorisch ist, ist die Zahlung des differenzierten Beitrages freiwillig, d.h. die Arbeitgeber können das WAO-Risiko in den ersten fünf Jahren auch selbst übernehmen. Das opting-out ermöglicht für den begrenzten Bereich des unternehmensspezifischen Beitrages ein Verlassen des grundsätzlich vorliegenden Umlageverfahren. Mit der Möglichkeit, das Risiko der Erwerbsunfähigkeit selber zu tragen bzw. bei einem privaten Versicherungsunternehmen rückzuversichern, wird im gesetzlichen System eine Finanzierung im Kapitaldeckungsverfahren eröffnet. Da das Vertrauen des Gesetzgebers in die Solvenz der Arbeitgeber aber nicht grenzenlos ist, wird ein opting-out staatlich überwacht und es werden Garantien verlangt.

Mit dem opting-out hat sich in den Niederlanden ein institutioneller Paradigmenwechsel vollzogen, mit dem ein Mischsystem durch eine Kombination des staatlichen Umlageverfahrens mit einer kapitalgedeckten Finanzierung möglich geworden ist.

Für die beiden Sonderformen der Invaliditätssicherung WAZ und Wajong gelten entsprechend ihrem Charakter besondere Finanzierungsformen. Im WAZ zahlt der Selbstständige aus seinem Durchschnittseinkommen der letzten drei Jahren seinen Beitrag. Auch hier erfolgt kein Staatszuschuss. Dagegen handelt es sich beim Wajong um ein rein steuerfinanziertes System.

c. Bewertung

aa. Umlageverfahren versus Kapitaldeckungsverfahren

Ziel des niederländischen Gesetzgebers war, durch die Einführung des opting-outs auch innerhalb der verpflichtenden gesetzlichen Invaliditätssicherung und nicht nur bei betrieblicher und privater Zusatzsicherung Marktkräfte wirksam werden zu lassen. Zum einen soll vom Wettbewerb zwischen privaten Versicherungsunternehmen profitiert werden, zum anderen soll eine Gewinnmitnahme der teilweise hohen Gewinne der privaten Märkte erfolgen.[927]

---

[927] Vgl. *Adviescommissie arbeidsongeschiktheid* 2001 (Commisie Donner). Dieser Gedanke resultiert noch aus den Erwartungen in die Börsengewinne der 90-erJahre.

Unabhängig davon, dass nur ausgesprochen wenige Unternehmen in den Niederlanden die Möglichkeit eines opting-outs ergriffen haben, stellt sich die Frage, ob das Verlassen des Umlageverfahrens, auch nur teilweise, eine Berechtigung hat.
Für die Sozialversicherung in Deutschland stellt die Ablösung der Finanzierung durch ein privatwirtschaftlich organisiertes, kapitalgedecktes System keine ernsthafte Reformalternative dar.[928] Zwar fordert die Weltbank[929] dauerhaft den Übergang der gesetzlichen Rentensysteme in private Trägerschaft, damit ein Rentensystem durch die Teilnahme am Wettbewerb und durch die Unabhängigkeit politisch motivierter Eingriffe effizienter arbeiten kann.

Dagegen muss jedoch eingewandt werden, dass der Schutz der Versicherten auch nach einer (Teil-)Privatisierung eine beherrschende Rolle des Staates vor allem bei der Garantie der privatrechtlich erworbenen Ansprüche und bei der Versicherungsaufsicht erfordert. Am Beispiel der Niederlande wird dies auch deutlich.[930] Es ist für die Möglichkeit des opting-outs eine staatliche Kontrolle erforderlich und gewährleistet. Zudem wird die finanzielle Seite durch Garantieerklärungen und Bürgschaften abgesichert. Deren Vorliegen wird ebenfalls vom Rentenversicherungsträger kontrolliert. Dies verdeutlicht, dass sich der Staat ohnehin nicht aus der Sicherung gegen Risiken wie Alter oder Invalidität zurückziehen kann.

Hinzu kommt, dass die ersten Erfahrungswerte zeigen, dass die Verwaltungskosten der privaten Sparsysteme gegenüber den öffentlichen Verfahren deutlich höher sind.[931] Dies mag auch seinen Grund darin haben, dass miteinander konkurrierende Sparsysteme um einzelne Kunden werben müssen und sich die Aufwendungen für Werbung und Akquisition in entsprechend hohen Verwaltungskosten niederschlagen. Denkt man aber über Restriktionen für den Bereich der Werbung nach, würde man gleichzeitig den erwünschten Wettbewerb einschränken. Tatsächlich haben sich in den Niederlanden ohne-

---

[928] Vgl. auch *Fasshauer,* Grundfragen der Finanzierung der Alterssicherung: Umlageverfahren vs. Kapitaldeckungsverfahren, DRV 2001 S. 631.

[929] *World Bank (1994)* Averting the old age crisis: Policies to protect the old and promote growth; *Handelsblatt,* Weltbank stellt Grundpfeiler des Rentensystems in Europa in Frage, 09.05.2003.

[930] Ähnliches gilt für Chile, dabei handelt es sich um das erste und einzige OECD-Land in dem ein staatliches Rentensystem vollständig durch eine privates, kapitalgedecktes Verfahren ersetzt wurde. Untersuchungen über das in Großbritannien mögliche contracting-out haben ergeben , dass Beschäftigte, die 40 Jahre lang Beiträge zahlen, durch Verwaltungs- und Transfer-Kosten durchschnittlich 40% des Wertes ihres Kontos einbüßen, vgl. europäische Regionaltagung der *IVSS* vom 19- 21. Mai 1999 in Luxemburg, Typoskript.

[931] Vgl. Tabelle Allgemeines Nr. 9; *Hermans,* - Vom Allheilmittel zur Giftpille- Der niederländische Paradigmawechsel, SozSich 2001 S. 143ff.

hin nur zwei Großbanken, die marktführend im Versicherungsgewerbe sind, als Anbieter herauskristallisiert.

Für die deutsche gesetzliche Rentenversicherung wäre ein Systemwechsel aus beschäftigungspolitischen, ordnungspolitischen und technischen Gründen gar nicht möglich. Eine vollständige Kapitaldeckung bestehender Anwartschaften in der gesetzlichen Rentenversicherung scheidet schon deshalb aus, weil nach den vorliegenden Schätzungen ein Kapitalstock in Höhe von bis zu 7,5 Milliarden € erforderlich wäre.[932] Damit wird eine Größenordnung erreicht, die dem Dreifachen des gesparten Geldvermögens aller privater Haushalte entspricht. Ein solcher Kapitalstock könnte weder angespart, angelegt noch im Leistungsfall ausgezahlt werden. Hinzu käme ein langwieriger und mit starken finanziellen Zusatzbelastungen verbundener Übergangsprozess, in dem die Generation, die den Kapitalstock für ihre eigene Vorsorge aufbaut, gleichzeitig die im Umlageverfahren erworbenen Ansprüche finanzieren müsste. Zudem erfordert der Aufbau eines Kapitalstocks sichere und rentable Anlagemöglichkeiten. Ein steigendes Kapitalangebot führt tendenziell jedoch zu sinkenden Zinsen und damit zu einer verminderten Rentabilität der Kapitalanlagen.

Zugunsten kapitalfundierter Systeme wird angeführt, dass die Kapitalbildung das Sparaufkommen erhöht, die Investitionskraft von Unternehmen stärkt und damit zum Wirtschaftswachstum beiträgt. Die wachstumsfördernde Wirkung eines Kapitaldeckungsverfahrens ist jedoch nicht zwangsläufig. Denn damit die obengenannten Effekte eintreten, muss tatsächlich mehr gespart werden. Ansonsten kommt es nur zu einer Verlagerung zwischen den verschiedenen Sparformen. Zudem erhöht sich Wirtschaftswachstum nur, wenn das Kapital in inländisches Produktivvermögen umgewandelt wird. Müssten die in der Übergangsphase auftretenden Zusatzbelastungen über eine höhere Staatsverschuldung gemindert werden, würde die Ersparnis lediglich in die Finanzierung der Staatsverschuldung führen.

Auch die Argumentation, dass mit einem kapitalgedeckten Rentenverfahren höhere Renditen zu erzielen seien, lässt unberücksichtigt, dass es sich bei einem solchen Kapitalaufbau um ein Ansparen ohne Risikoabsicherung handelt. Denn es lässt die Risiken Invalidität, Tod, Langlebigkeit und die Inflation au-

[932] Vgl. *Standfest*, Zur aktuellen Lage der Rentenversicherung, DRV 2003. S. 646, 647.

ßen vor. Auch die erheblichen Wertschwankungen, die zu beträchtlichen Renditeeinbußen führen können, bleiben unberücksichtigt.[933] Auch der Vorwurf, dass das Umlageverfahren im Gegensatz zum kapitalgedeckten Verfahren anfälliger gegen demographische Belastungen sei, kann nicht überzeugen. Denn auch kapitalgedeckte Systeme müssen der steigenden Lebenserwartung durch höhere Beiträge, reduzierte Leistungen oder einen späteren Renteneintritt Rechnung tragen.[934] Für die Beibehaltung der Umlagefinanzierung spricht auch, dass das Umlageverfahren flexible Anpassungen an veränderte politische Rahmenbedingungen erlaubt. Nur im Umlageverfahren war die Einbeziehung der Rentner in den neuen Bundesländern möglich. Eine Kapitalstock wäre dafür nicht ausreichend gewesen.[935]

Die gegen eine vollständige Kapitaldeckung sprechenden Argumente gelten im Prinzip auch für eine Teilkapitaldeckung, auch für die in den Niederlanden vorliegende Variante. Ein solches Mischsystem ist vor allem der Gefahr ausgesetzt, einer höheren Beitragsbelastung zu unterliegen als ein rein umlagefinanziertes Verfahren.[936] Ob der Übergang der Niederlande zu einem opting-out tatsächlich zu den behaupteten wirtschaftlichen Effekten führt, ist nicht nachprüfbar, denn empirische Beweise fehlen.

Gleichwohl sind einzelne Finanzierungsaspekte einer breiten Kapitalmarktfinanzierung überdenkenswert.[937] Damit aber die vorgetragenen Nachteile und Risiken, insbesondere höhere Verwaltungskosten nicht auftreten, sollte der Versicherungsträger selber das im Umlageverfahren erzielte Vermögen auf dem Kapitalmarkt anlegen.

bb. Beitragsverpflichteter

Fraglich ist, ob mit der jeweils hälftigen Beitragspflicht von Arbeitgeber und Arbeitnehmer für den Fall der Invalidität dem geschützten Risiko Rechnung getragen wird. Diese Frage stellt sich insbesondere im Hinblick auf das nie-

---

933 Dies zeigt sich in der Praxis an der Renditeentwicklung in der dritten Säule. Lebensversicherer müssen seit Beginn der 2000er Jahre ihre Gewinnprognosen widerrufen, und der Aktienmarkt war von Verlustmeldungen gekennzeichnet. Vgl. Die *Welt*, Rente wird zum Minusgeschäft, 07.06.2004.

934 Vgl. *Die Zeit,* Gespräch Borchert, Börsch-Supan, die Kapitaldeckung ist in Deutschland bereits zweimal gescheitert, 30.10.2003.

935 *Schmäl,* Auf dem Weg ins neue Jahrhundert -Weichenstellung für die Alterssicherung in Deutschland, Betriebliche Altersversorgung 1999, S. 126,134.

936 Vgl. *Hermans,* Privatisierung – Vom Allheilmittel zur Giftpille – Der niederländische Paradigmawechsel, SozSich 2001 S. 143ff.

937 Vgl. *Palme,* Grundlagen und Garantien der Ansprüche auf soziale Sicherheit zu Beginn des 21. Jahrhunderts, 2003, S. 2f.

derländische System und dem Gedanken einer Integrierung der Unfallversicherung.

aaa. Verantwortung des Arbeitgebers

Betrachtet man das neue Konzept der Niederländer, so muss man feststellen, dass die Verantwortlichkeit der Arbeitgeber für die Re- und Integration von arbeitsunfähigen oder erwerbsunfähigen Arbeitnehmern nur durch eine finanzielle Umverteilung erhöht werden konnte. Dass die Verantwortung zwischen Staat und Gesellschaft und zwischen Arbeitnehmer und Arbeitgeber geändert wurde, entspricht aber auch, ebenso wie die Priorität der Arbeitsmarktintegration, dem geschützten Risiko der Invalidität. Invalidität tritt erst dann ein, wenn eine Defizitsituation vorliegt. Diese Defizitsituation ergibt sich nur dann, wenn das Leistungsvermögen sinkt und dadurch die letzte Tätigkeit nicht mehr ausgeübt werden kann, so dass Arbeitseinkommen wegfällt. Der Arbeitgeber in Deutschland übernimmt für eine langandauernde Leistungseinbusse bis auf die sechswöchige Entgeltfortzahlung keinerlei Verantwortung. Dabei hat auch er aus seinem arbeitsvertraglichen Verhältnis resultierende Verantwortlichkeiten, die sich letztlich bei dem Prozedere einer krankheitsbedingten Kündigung niederschlagen. Es muss daher für den Arbeitgeber eine Obliegenheit geben, dem Eintritt der Defizitsituation vorzubeugen. Eine solche Obliegenheit kann für die Arbeitgeberseite nur durchgesetzt werden, wenn sie mit spürbaren, d.h. finanziellen Konsequenzen verbunden ist. Wird die Finanzierungslast auf den Arbeitgeber übertragen und genießt er Vorteile für den Fall, dass die Defizitsituation des Arbeitnehmers durch innerbetriebliche oder außerbetriebliche Versetzung oder andere Reintegrationsmittel nicht eintritt, wird, wie in den Niederlanden ersichtlich, der Zugang zur Invaliditätssicherung spürbar gebremst. Dadurch wird deutlich, dass Invalidität im Gegensatz zur Alterssicherung eine echte Risikosicherung darstellt, bei der der plötzliche Eintritt des Risikos nur dann eine Defizitsituation auslöst, wenn es keinen geeigneten Arbeitsplatz gibt. Für dieses erwerbsarbeitsbezogene Risiko ist zumindest auch der Arbeitgeber verantwortlich. Denn letztlich entscheidet er, ob es noch einen Arbeitsplatz für den Versicherten gibt oder nicht. Für diesen Fall würde das Risiko erst eintreten, wenn tatsächlich kein zumutbarer Arbeitsplatz mehr vorliegt. Eine Umverteilung der Verantwortlichkeit ist daher dringend angezeigt.

bbb. Trennung von der Alterssicherung

Eine solche Übertragung der Finanzierung auf den Arbeitgeber kann aber nur dann sinnvoll und praktikabel sein, wenn die Finanzierung der Alters- und Invaliditätssicherung bzw. diese beiden Systeme insgesamt von einander getrennt werden. Beide Risiken sind allein schon wegen ihrer stark unterschiedlichen zielpolitischen Sicherungswünsche von einander zu trennen.[938] Zudem muss bei der Finanzierung beachtet werden, dass bei der Invalidität im Gegensatz zur Vorsorge gegen das Alter keine hohe intergenerationelle Umverteilung stattfindet, sondern eine hohe interpersonelle Umverteilung. Auch belastet der demographische Faktor die Invaliditätssicherung im Gegensatz zur Alterssicherung lediglich sehr gering.[939]

Gerechtfertigt ist es auch, nur die Beitraglast der Invalidität auf den Arbeitgeber zu übertragen wegen ihrer deutlich erwerbsbezogenen Risikosituationen, nicht aber bei der Altersvorsorge. Alter ist ein so gut wie jeden Versicherten treffendes Risiko, und es ist bezüglich des Leistungseintritts überschaubar. Es hängt nicht von der Situation des Arbeitsmarktes bzw. der betrieblichen Situation im Hinblick auf einen möglichen Arbeitsplatz ab, der auch mit dem jeweiligen körperlich eingeschränkten Leistungsvermögen zu verrichten ist.

ccc. Aufgabe der Unfallversicherung

Der Gedanke, die Mittelaufbringung einer von der Alterssicherung eigenständigen Invaliditätssicherung auf die Arbeitgeber zu übertragen, wird vervollständigt durch die Zielvorstellung der Abschaffung bzw. Integration der Unfallversicherung in eine eigenständige Invaliditätssicherung.

Für die deutsche Unfallversicherung bringen die Arbeitgeber allein die Mittel auf.[940] Eine eigenständige Berechtigung der Unfallversicherung ist aber insbesondere aufgrund der bestehenden Antikumulierungsvorschriften und der Auszahlungsbegrenzung fraglich. Sie ist dann nicht mehr berechtigt, wenn die erforderliche Haftungsersetzung für den arbeitsvertraglichen Schutz in ein eigenständiges Invaliditätssystem übertragen würde, in dem allein oder vor allem die Arbeitgeber die Mittel aufbringen. Für diesen Fall wird der Haftungsersetzung genüge getan und zudem könnten erhebliche Konsolidierungsvorteile entstehen.

---

938 So ist bei den Invaliditätsfällen das Operieren mit Zurechnungszeiten nötig, während Abschläge für den vorzeitigen Zugang zur Versicherung zwar bei vorzeitigen Altersrenten Sinn machen, nicht aber im Fall der Invalidität. Denn ein Leistungsfall vor Erreichen der Altergrenze ist das Charakteristikum der Invalidität. Aufgrund der derzeit in Deutschland zusammenhängenden Leistungsbewertung und Finanzierung können solche in Wechselwirkung stehenden Faktoren nicht ausreichend berücksichtigt werden.

939 Vgl. Prognos-Gutachten 2000, Auswirkungen veränderter ökonomischer und rechtlicher Rahmenbedingungen auf die gesetzliche Rentenversicherung.

940 Jedenfalls zu dem überwiegenden Teil der echten Unfallversicherung. Die aus staatspolitischer Sicht erfolgenden Leistungen der unechten Unfallversicherung werden aus Steuermitteln finanziert.

Wird eine Unfallleistung bei der Invaliditätsleistung angerechnet,[941] so werden die Leistungen aus der Unfallversicherung ausgezahlt, während die Leistungen aus der Rentenversicherung ruhen. Nutznießer der Anrechnungsvorschriften ist damit der gesetzliche Rentenversicherungsträger. Zugespitzt formuliert bedeutet dies, schon jetzt zahlt der Arbeitgeber bereits Leistungen der derzeitigen gesetzlichen Rentenversicherung. Trotzdem werden aber zwei getrennte Versicherungszweige aufrechterhalten, deren Verwaltungskosten doppelt anfallen. Bei einer Integration der Unfallversicherung in eine eigenständige Invaliditätssicherung fielen die Kosten für zwei getrennte Verwaltungszweige weg.[942]

Dabei könnte bei einer Aufgabe der Unfallversicherung auch deren Prinzip der betriebsrisikobezogenen Beitragshöhe auf eine eigenständige Invaliditätssicherung übertragen werden. Genau dieses Prinzip, dass die Höhe der Beiträge davon abhängig gemacht wird, in welchem Maße der jeweilige zahlungspflichtige Betrieb dazu neigt, die Gefahr einer Invalidität zu setzen, wird in den Niederlanden bei der Finanzierung des WAO angewandt. Wenn man davon ausgeht, dass das Risiko der Invalidität vor allem arbeitsbezogen ist und einen starken Zusammenhang mit dem arbeitsvertraglichen Kontrakt hat, dann muss man auch unterscheiden, zwischen den einzelnen Betrieben und der jeweiligen Gefahr, die sie im Hinblick auf das versicherte Risiko setzen. Dafür bietet das niederländische System eine praktikable mit der deutschen Unfallversicherung zu vergleichende Finanzierung, die Vorbild für eine eigenständige Invaliditätssicherung getrennt von einer Alterssicherung unter Integration einer Unfallversicherung sein könnte.[943]

cc. Sozialpolitischer Widerstand?

Sicherlich würde eine Finanzierung einer eigenständigen Invaliditätsversicherung durch die Arbeitgeber auf Widerstand in Deutschland stoßen. Um so verwunderlicher ist, dass diese gesellschaftspolitischen Umverteilungsprozesse in den Niederlanden ohne hörbaren Protest erfolgten. Der Protest der Arbeitgeber mag aber begrenzt werden dadurch, dass de facto für die Arbeitgeber die finanzielle Mehrbelastung gering gehalten wird, denn ihre Beitrags-

---

941 Diese Ausführungen gelten auch für die Situation einer Anrechnung der Unfallrente auf die Altersrente.

942 Vgl. bereits *Schäfer*, Einkommenssicherung bei Invalidität. Modell zur Vereinheitlichung von Rentenleistungen bei verminderter Erwerbsfähigkeit, 1979, S. 97ff.

943 Aus der deutschen Unfallversicherung werden zudem Präventionsleistungen wie z.B. medizinische und berufliche Rehabilitationen erbracht. Da auch diesbezüglich eine Konkurrenz zur Invaliditätsversicherung eintreten kann, könnte auch hier durch Integration ein Spareffekt eintreten.

verpflichtung zur Unfallversicherung wird übergeleitet in eine Invaliditätssicherung. Zudem wird eine starke Kostenersparnis aufgrund Verwaltungseinsparungen eintreten, die sich in der Finanzierungshöhe niederschlagen. Nur so ist es zu erklären, dass die Niederländer für das WAO-System nicht auf Zuschüsse des Staates angewiesen sind, sondern sich das System in sich trägt. Dabei ist zu berücksichtigen, dass die Höhe der Leistungen in den Niederlanden nach oben von der Deutschen durchschnittlichen Leistungshöhe abweicht, jedoch die Beitragshöhe bzw. der Anteil an Ausgaben für den sozialen Schutz gemessen am Bruttoinlandsprodukt in den Niederlande geringer ist.[944] Hierbei ist auch zu berücksichtigen, dass normalerweise, je wohlhabender und finanzkräftiger ein Land ist, tendenziell mehr für soziale Sicherheit ausgegeben und gleichzeitig in Form von Sozialtransfers umverteilt wird. Obwohl aber das Bruttoinlandsprodukt der Niederländer in den letzen Jahren höher war als das Deutschlands, hat diese sonst anzutreffende These keine Gültigkeit für die Niederlande, denn ihre Ausgaben für sozialen Schutz waren insgesamt niedriger.[945]

Bei einer Auseinandersetzung mit der Beitragsverpflichtung darf nicht übersehen werden, dass eine Entlastung der Arbeitnehmer zu einer Erhöhung der Leistungsfähigkeit des marktwirtschaftlichen Systems durch Kaufkrafterhöhung führen könnte. Der derzeitige Trend der Arbeitgeberentlastung konnte eine Erhöhung des Bruttoinlandsprodukts bislang nicht verzeichnen.

9. Organisation

In Deutschland ist die derzeitige Organisation durch eine breite Auffächerung und Verzweigung gekennzeichnet. So wird immer noch innerhalb der Organisation zwischen Angestellten, Arbeitern und den Arbeitnehmern des Bergbaus unterschieden. Zudem ist die Arbeiterversicherung noch durch die historisch gewachsene örtliche Aufteilung der LVAs geprägt. Diese kostenintensive Trennung soll nach jahrzehntelanger Diskussion nunmehr nach einem neuen Konzept, auf das sich Bund und Länder einigen konnten, beendet werden. Zumindest der Referentenentwurf des zustimmungspflichtigen Gesetzes liegt vor. Danach soll die längst überfällige Unterscheidung nach Arbeitern und Angestellten aufgeben werden. Nunmehr fusioniert der Verband Deutscher Rentenversicherungsträger mit der BFA zum Bundesträger mit integriertem Dachverband. Zudem wird es eine sog. Sonderanstalt geben. Diese wird durch die Fusion von Bundesknappschaft, Bahnversicherungsanstalt und Seekasse gebildet. Sie ist der zweite Träger auf Bundesebene neben dem Bundesträger.

---

944 Deutschland (11,8 %); Niederlande (7,9 %), Vgl. Statistiken Allgemein Nr. 5.
945 Vgl. *Bolkovac,* Sozialpolitik in internationalen Vergleich, 2003, S. 5ff.

Die Konzentration der Spitzenfunktion bei der bisherigen BFA als neuem Bundesträger ist die Konsequenz des Scheiterns der Bemühungen der Länder, eine deutliche Verkleinerung der BFA durchzusetzen. Dies soll aber nicht bedeuten, dass die BFA nun die Steuerung der gesetzlichen Rentenversicherung übernommen hätte. Wäre es so, hätte die Reform ihr Ziel verfehlt.

Eine solche Vereinheitlichung der Organisation haben die Niederlande bereits seit den 1980er Jahren angestrebt. Seit Mitte der 1990er Jahre kam es zu gravierenden Änderungen, die unter anderem die Einführung eines unabhängigen Aufsichtsorgans vorsahen und zunehmende Zusammenschlüsse einzelner Verwaltungseinheiten vornahmen. Der Grund war die Kostenminimierung und die Effizienz.

Seit 2002 gibt es in den Niederlanden für alle Arbeitnehmerversicherungen nur noch eine Dachorganisation die UWV. Auch dies stellt einen Zusammenschluss zur Kostenminimierung und zur Intensitätssteigerung dar. Der Versicherte beantragt daher nunmehr die Leistungen des ZW, des WAO, des WW, des WAZ, des Wajong, des TW und des Gesetzes Arbeit und Hilfe bei der UWV. Die UWV integriert damit auch das CWI als Ausführungsbehörde der Arbeitslosenversicherung. Die UWV strebt nach Klarheit für den Kunden (den Versicherten), Effizienz und strikte Ausführung. Da in die Niederlanden dieser Prozess der Vereinheitlichung der Zuständigkeiten, d.h. zunächst von einer breitgefächerten Zuständigkeit auch innerhalb der Invaliditätssicherung bis hin zu einer Vereinheitlichung aller Arbeitnehmerversicherungen erfolgt ist; bedarf es vieler auch zeitintensiver Umstellungen. Aus diesem Grund verbleibt es, solange die UWV noch nicht vollständig alles übernehmen kann; bei einer Übergangssituation, in der die vorherigen, getrennten Ausführungsbehörden die bearbeitenden Organe bleiben. Dies bedeutet, in den Niederlanden hat man nicht nur die Ausführungsbehörden der Invaliditätssicherung innerhalb eines Dachverbandes vereinheitlicht, sondern man geht weitere Schritte, um effizient und kostensparend zu arbeiten. Der Ansatz ist aus Sicht des Versicherten sicherlich zu befürworten. Er wendet sich mit allen sozialversicherungsrechtlichen Anliegen an einen Träger, der von Amts wegen den richtigen Weg für den Versicherten ebnet. Zu einer Situation, bei der der Versicherte zwischen den Stühlen von Krankenversicherung, Arbeitslosenversicherung und Rentenversicherung steht, die in der Praxis in Deutschland oftmals zu beobachten ist, kann es in den Niederlanden nicht kommen. Insbesondere für den Bereich einer frühzeitigen Reintegration, die nicht nur in den Niederlanden oberstes Ziel sein sollte, kann die UWV bereichsübergreifend arbeiten. Da sie auch die Trägerin der Arbeitslosenversicherung ist, hat sie zwingend die Fachkenntnisse des Arbeitsmarktes, die dazu führen können, Wiedereingliederungen erfolgreich vornehmen zu können. So kann sie den zur Reintegration verpflichteten Arbeitgeber unterstützen bei der Suche nach einer geeigneten Tätigkeit des Versicherten.

Auch in die Deutschland wäre eine Vereinheitlichung anzustreben.[946] Jedoch ist man erst bei einer Vorstufe angelangt. Bei dieser Vereinheitlichung der Rentenversicherungsträger bleibt abzuwarten, ob das Ziel des maßgeblichen Gesetzes zur Organisationsreform in der gesetzlichen Rentenversicherung, nämlich die Einsparung von Verwaltungs- und Verfahrenskosten auch tatsächlich erreicht wird.

10. Rechtsschutz

In beiden Ländern gibt es für die mit der Invalidität zusammenhängenden Fragen einen umfassenden Rechtsschutz, der in beiden Länder zunächst auch eine verwaltungsinterne Kontrolle vorsieht.

a. Vorverfahren

Das sog. Vorverfahren oder Widerspruchsverfahren stellt in beiden Ländern eine sinnvolle Selbstkontrollmöglichkeit der Verwaltung dar. In beiden Ländern gab es dieses Vorverfahren nicht immer. In den 1980er Jahren gab es in Deutschland ein solches Vorverfahren nicht, und in den Niederlanden wurde es für die Streitigkeiten aus dem WAO (WAZ/Wajong) sowie dem AAW erst 1997 eingeführt.

Ein interessanter Unterschied zum Deutschen Widerspruchsverfahren gibt es in den Niederlanden durch ein mündliches Anhörungsverfahren bereits im Vorverfahren. Außer in Fällen, in denen die Rechtslage eindeutig anhand der Aktenlage ist, sieht das niederländische Vorverfahren zwingend eine Anhörung des Versicherten oder auch des betroffenen Arbeitgebers vor. Diese erfolgt in einem zeitlich nach sechs Wochen zu erfolgenden Termin bei der ausführenden Behörde. Bevollmächtigte und Rechtsanwälte können diesen Termin ebenfalls wahrnehmen. Das Ergebnis der Anhörung wird protokolliert. Nach Einführung dieser Möglichkeit zum Gespräch, verringerte sich die Zahl der Klagen deutlich.[947]

---

[946] Vgl. Nationaler Strategiebericht, Länderbericht Deutschland im Rahmen der Anwendung der offenen Methode der Koordinierung im Bereich der Alterssicherung für den Europäischen Rat, 2002.

[947] Vgl. CTSV Informationen, 1996, Reduzierung um 22%.

Eine solche Möglichkeit gibt es in Deutschland lediglich im gerichtlichen Verfahren durch einen sog. Erörterungstermin. Die Praxis zeigt, dass in vielen Fällen der Erörterungstermin zu einer Beendigung oder zumindest zu einer Vereinfachung des Rechtsstreites führen kann. Dabei muss berücksichtigt werden, dass Unvertretene oftmals nicht in der Lage sind, ihr Anliegen schriftlich zu formulieren. Zudem verstehen die Versicherten auch nicht die juristischen Ausführungen im Bescheid und bedürfen einer laienverständlichen Erklärung. Darüber hinaus macht gerade bei Fällen der Invalidität, in denen der medizinisch-körperliche Aspekt und die plötzlich eintretende Änderung der Lebensumstände, ein Gespräch mit dem Versicherten erforderlich. Auch in Deutschland sollte über ein mündliches Anhörungsverfahren bereits im Vorverfahren nachgedacht werden.

In beiden Ländern ist das Vorverfahren an Fristen gebunden. Die Rechtsfolgen bei Nicht-Einhaltung der Fristen sind jedoch unterschiedlich. In Deutschland kann nach einer dreimonatigen Frist[948] eine Untätigkeitsklage erhoben werden. Diese zielt darauf, die Tätigkeit der Behörde zu erzwingen und einen rechtsmittelfähigen Bescheid zu erhalten. Die einzelnen Ermittlungsschritte sind nicht mit Fristen versehen. In den Niederlanden dagegen ist bereits der Zeitraum bis zum Anhörungstermin und auch die Frist zur Erteilung eines Widerspruchsbescheides zwingend geregelt. Die Behörde kann nur eine einmalige Verlängerung nach Ablauf der 13-Wochenfrist von vier Wochen geltend machen. Liegt dann kein abschließender (besluit) Beschluss vor, ist der direkte Klageweg offen.

Schade ist, wenn das Vorverfahren, vielleicht auch wegen der geringeren Rechtsanwaltsgebühren, als rein zwingende Durchlaufstation betrachtet wird, in der außer der Widerspruchseinlegung kein Sachvortrag erfolgt.[949] Der Behörde wird somit die Möglichkeit einer echten Überprüfung ihrer Entscheidung aufgrund des Vortrages des Widerspruchsführers genommen. Dieser Gefahr wird in den Niederlanden auch mit der persönlichen Anwesenheitsverpflichtung des Widerspruchsführers in der mündlichen Anhörung begegnet. Auch möglich wäre die Einführung einer zwingenden Begründungsverpflichtung des Widerspruchs.

---

[948] In krankenversicherungsrechtlichen Streitigkeiten beträgt die Frist zur Erteilung des Erstbescheides ein Monat.

[949] Diese Vorgehensweise ist leider in Deutschland in einigen Fällen zu beobachten.

b. Gerichtliches Verfahren

aa. Vereinheitlichung der Gerichtszweige

Während es in Deutschland noch eine besondere Sozialgerichtsbarkeit gibt, haben die Niederländer eine eigenständige Gerichtsbarkeit für die Streitigkeiten in Angelegenheiten der sozialen Sicherheit abgeschafft. Auch unter dem Gedanken der Effizienz und der Kostenminimierung ist dieser besondere Rechtsweg in die Verwaltungsgerichtsbarkeit integriert worden. Damit werden die Niederländer aber auch der Situation bei Rechtsstreitigkeiten über die Beiträge für die soziale Sicherheit gerecht. Da diese mit der Lohnsteuer zusammengezahlt werden und die allgemeinen Rechtsbanken für alle hoheitlichen und administriellen Fragen, so auch für steuerrechtliche zuständig sind, wäre bei der zu vielen Rechtsstreitigkeiten führenden Frage der Höhe der Beiträge zum WAO eine Aufspaltung des Rechtsweges eingetreten. Um der Besonderheit der Rechtsfragen der sozialen Sicherheit bzw. der Sozialversicherung gerecht zu werden, sind nun innerhalb der Verwaltungsgerichtsbarkeit spezielle Kammern zuständig.

Auch in Deutschland wird immer mehr der Vorschlag[950] lauter, zum einen die Verfahrensordnungen der drei Verwaltungsgerichtsbarkeiten - allgemeine Verwaltungsgerichtsbarkeit, Sozialgerichtsbarkeit, Finanzgerichtsbarkeit - zu vereinheitlichen und in einem Gesetz, der Verwaltungsprozessordnung (VwPO), zusammenzufassen und sogar die eigenständigen Gerichtsbarkeiten abzuschaffen und in einen großen Gerichtszweig aufgehen zu lassen.[951] Diesem Gerichtszweig stünde dann auch ein vereinheitlichter bürgerlichrechtlicher Gerichtszweig gegenüber. In diesem gingen die Arbeitsgerichtsbarkeit, die Zivilgerichtsbarkeit und die Strafgerichtsbarkeit auf.

In den Niederlanden ist trotz anfänglicher Proteste die Zusammenlegung gut aufgenommen worden. Die Niederländer empfinden die Vereinheitlichung für

[950] Bundesjustizministerin Zypries ist Vorreiterin dieser Pläne. Sie stößt jedoch auf den Widerstand der Justizminister der Länder und auf den Widerstand der Vertreter der Sozial- und Verwaltungsgerichtsbarkeiten, vgl. dazu beispielhaft *Jäger*, Stuttgarter Zeitung, 03.05.2004. Für die Abschaffung der verschiedenen Gerichtszweige ist auch zu beachten, dass dies eine Grundgesetzänderung vorsehen würde. Ob die erforderlichen Mehrheiten zustände kämen muss bezweifelt werden.

[951] Vorerst kommt es auch nicht zu einer Zusammenlegung von Sozialgerichtsbarkeit und Verwaltungsgerichtsbarkeit. Im Gegenteil die Sozialgerichte sollen ab 2005 auch für die Sozialhilfe zuständig sein.

den Bereich der Rechtenbanken auch als bürgerfreundlicher.[952] Für jedes Anliegen des Bürgers gegen die hoheitliche Rechtsetzungsbefugnis ist er bei den Rechtenbanken richtig. Jedoch darf nicht verkannt werden, dass aufgrund der Breite der Rechtsmaterie es eines spezialisierten Wissens bedarf, welches nur bei einer Trennung der Rechtsgebiete erhalten bleiben kann. Nur so kann der Rechtssuchende auch mit einer zeitlich schnellstmöglichen Entscheidung rechnen. Reibungsverluste sind durch eine Spezialisierung zu vermeiden.

Gleichzeitig mit der Abschaffung der verschiedenen Gerichtsbarkeiten in den Niederlanden und damit der Aufgabe einer besonderen Gerichtsbarkeit für Angelegenheiten der sozialen Sicherheit wurde auch die Besetzung mit zwei Laienrichtern neben dem Berufsrichter als Repräsentanten der Sozialpartner aufgegeben. Nunmehr entscheidet der Berufsrichter im Regelfall allein. In der deutschen Sozialgerichtsbarkeit arbeiten bei den Entscheidungen immer zwei Repräsentanten der Sozialpartner als ehrenamtliche Richter mit. Die Auffassung über ihren Nutzen sind unterschiedlich. In Fällen mit berufsbezogenen Aspekten, so z.B. bezüglich Unfallhergänge oder bestimmter Verweisungstätigkeiten, können sie durchaus Fachwissen vermitteln.[953]

bb. Verfahrensablauf

Im Prinzip sind die gerichtlichen Verfahren beider Länder durchaus vergleichbar. Dies bezieht sich auf die Frage der Fristen für ein Klageverfahren, der sonstigen Zulässigkeit und des Verfahrensablaufs sowie der freien Beweiswürdigung durch den Richter. Herauszuheben in beiden Ländern ist, dass das Gericht den Sachverhalt von Amts wegen ermittelt und der Richter in allen Verfahrenszüge eine aktive Rolle zur Führung des Prozesses und bei den Ermittlungen hat. Gleich ist auch, dass das Entscheidungsverfahren in beiden Ländern sowohl zeitlich als auch inhaltlich von der Einholung medizinischer

---

[952] So der Präsident der Rechtbanken in Roermond in einem persönlichen Gespräch mit der Verfasserin im November 2003. Gleichzeitig erklärte er, dass er persönlich und seines Wissens nach auch seine Kollegenschaft es schätzen würde, nicht nur in einem Rechtsgebiet tätig zu sein. Obwohl es de facto innerhalb der Gerichtsbarkeit zu einer besonderen Kammerbildung kommt, die letztlich auch eine Spezialisierung gewährleistet. Fast ausschließlich anzutreffen ist in der Rechtbanken Roermond aber die Zuständigkeit einer Kammer für mindestens drei unterschiedliche Fachgebiete. So gibt es Kammern, die z.B. Asylrecht, Baurecht und Arbeitslosenversicherung bearbeiten. Bei dieser vielfältigen Rechtsmaterie muss beachtet werden, dass der niederländische Richter zumindest zwei ihm dauerhaft zuarbeitende Juristen hat. Diese sind nicht zu vergleichen mit Referendaren in der Deutschen Juristenausbildung, sondern es handelt sich um fertigausgebildete Juristen, denen lediglich noch keine Richterstelle zugewiesen worden ist.

[953] In den Niederlanden gibt es aber weder eine gesonderte Unfallversicherung noch gibt es die Problematik bestimmter Verweisungstätigkeiten, so dass tatsächlich kaum noch Raum für eine Mithilfe von Laienrichtern besteht.

Sachverständigengutachten abhängig ist. Dies ist eine der Invalidität eigene Problematik. In kaum einem anderen Rechtsgebiet ist der Jurist auf die Hilfe von medizinischem Sachverstand so stark angewiesen. Dies wird in Deutschland noch deutlicher als in den Niederlanden. Denn in den Niederlanden ist durch eine Vielzahl von Standardisierungen in Form von Richtlinien wie z.B. dem Schätzungsbeschluss eine Verringerung der rein medizinischen Klagen eingetreten. Gleichzeitig vereinfacht sich die richterliche Aufgabe der Beweiserhebung in medizinischen Fragen. Der niederländische Richter überprüft Auffälligkeiten und Abweichungen der medizinischen Feststellungen zu den Vorgaben im Schätzungsbeschluss, und bei konkretem Vortrag steigt er in neue Ermittlungen ein. Dagegen ist ein großes Klagefeld die Feststellung des Grades der Erwerbsunfähigkeit im Hinblick auf den konkreten Lohnausfall. Hier bedarf es einer gesonderten Überprüfung des finanziellen Defizits unter Berücksichtigung der drei Präferenztätigkeiten. Daneben sind in den Niederlanden auch eine deutliche Anzahl von Rechtsstreitigkeiten zur Höhe der allein vom Arbeitgeber zu tragenden Beiträge und vor allem zur Einstufung des Risikos eines Betriebes anhängig. Denn aufgrund der auf den Arbeitgeber übertragenen Beitragslast ist er selber klagbefugt.[954]

Im Unterschied zum deutschen Erörterungstermin, dessen Anberaumung im Ermessen des Richters steht, gibt es in den Niederlanden nach einer medizinischen Beweiserhebung einen verpflichtenden Gerichtstermin. In diesem ist in Abweichung zur Deutschen Situation der Teil, der sich auf medizinische Aspekte eines Betroffenen bezieht, der Öffentlichkeit verschlossen. Dies wäre auch im Deutschen Recht eine überlegenswerte Maßnahmen. Es fällt manchem Versicherten schwer, über seine persönliche, finanzielle und gesundheitliche Situation zu sprechen.

Einen Unterschied stellt die Möglichkeit des deutschen Klägers dar, auf seinen Antrag hin ein Gutachten vom Arzt seines Vertrauens einholen zu lassen (§ 109 SGG). Diese Möglichkeit kennt das niederländische Recht nicht. Dort hat der Kläger lediglich das Recht, auf einer Vernehmung seines behandelnden Arztes zu bestehen. Im Prinzip kann das Ergebnis einer solchen Beweisaufnahme auf das Gleiche hinauslaufen. In beiden Fällen hat der Versicherte nämlich die Gelegenheit, ihn beratenden und vielleicht sogar unterstützenden ärztlichen Sachverstand in den Prozess mit einzubringen. Jedoch ist die Begutachtung im deutschen Recht zwingend mit mehr Kosten verbunden, die der Kläger oftmals selber zu tragen hat. Teilweise scheint der angeforderte

[954] Diese Rechtsstreitigkeiten sind in Deutschland in der Unfallversicherung anzutreffen.

Kostenvorschuss[955] für das Gutachten des Arztes des Vertrauens des Klägers, diesen abzuschrecken, einen solchen Antrag zu stellen. Insofern ist eine Vernehmung des behandelnden Arztes des Klägers überdenkenswert. Dabei ist zu berücksichtigen, dass sich in der deutschen sozialgerichtlichen Prozesslandschaft ein sog. Gutachtermarkt für den Bereich der Gutachten nach § 109 SGG herauskristallisiert, bei dem der entsprechende Gutachter sich zwar seinen Namen mit wohlwollenden Gutachten gemacht hat, den Kläger aber oftmals noch nicht einmal kennt.

Die Beweislastverteilung ist in beiden Ländern die gleiche. Der Versicherte muss seine körperliche Defizitsituation und überdies in den Niederlanden auch seine finanzielle Defizitsituation beweisen.

Im Gegensatz zu den Verfahren vor den Deutschen Sozialgerichten, bei denen zumindest für den privilegierten Kreis der Versicherten bisher keine Gerichtsgebühren entstehen, kennen die Niederländer diese Kostenfreiheit nicht. Bei ihnen wird eine geringe Gebühr fällig, die notfalls das Sozialamt vorstreckt. Auch in Deutschland gibt es immer wieder die Forderung nach Gerichtsgebühren, damit unsinnige Streitigkeiten um Kleinstbeträge oder Prinzipienstreitigkeiten nicht die Gerichte belasten.[956]

Sowohl im deutschen Sozialgerichtsgesetz[957] als auch im niederländischen Recht ist die Möglichkeit einer einstweiligen Anordnung vorhanden. Im Bereich der Invalidität ist jedoch nicht zu beobachten, dass von diesem Rechtsmittel häufig Gebrauch gemacht wird. Dies liegt scheinbar darin begründet, dass die Erfolgssaussichten einstweiliger Anordnungen für den Bereich der Invalidität in beiden Länder sichtlich gering sein dürften. Denn der glaubhaft zu machende Vortrag, dass besonders zügig ein Leistungsanspruch zu überprüfen sei, kann nur mit einer drohenden Existenznot begründet werden. Da beide Länder aber eine Sozialhilfe vorsehen,.wenn kein anderes System sozialer Sicherheit leistet, sind die Versicherten auf die Sozialhilfe verweisbar. Zudem ist eine Erwerbsminderung nur selten im Rahmen einer summarischen

---

[955] Ein Kostenvorschuss für ein Gutachten nach § 109 SGG liegt zwischen 800 und 1250 €. Der Kostenvorschuss wird in Zukunft noch höher, da eine Gebührenerhöhung der Ärzte geplant ist.

[956] Die Einführung von geringen Gerichtsgebühren ist genau aus diesem Grund nunmehr politisch beabsichtigt.

[957] Bereits vor Einführung des einstweiligen Rechtsschutzes im SGG im Jahre 2001 gab es die grundsätzliche Möglichkeit von einstweiligem Rechtsschutz im Sozialrecht. Aufgrund eines Urteils des Bundesverfassungsgerichts wurden die Normen der VwGO entsprechend angewandt.

Prüfung, die lediglich im Rahmen einer einstweiligen Anordnung vorgenommen wird, feststellbar.

cc. Rechtsmittel

Beide Länder sehen eine Berufungsmöglichkeit vor. Während es in den Niederlanden für das ganze Land nur ein Berufungsgericht gibt, hat in Deutschland jedes Bundesland ein solches Berufungsgericht. Dies mag mit der Zahl der Einwohner und der damit erforderlichen Gerichtspräsenz zu tun haben, nicht aber mit der Stellung des Berufungsgerichts. In beiden Ländern kann neues Beweismaterial in der zweiten Instanz eingeführt werden. Zusätzlich kann das Gericht auch noch in der Berufungsinstanz eine unabhängige Begutachtung veranlassen.

Für Rechtsfragen ist darüber hinaus ebenfalls in beiden Ländern eine weitere Instanz vorgesehen. Während jedoch die Revision in den Deutschland bereits zu zulassen ist, wenn die Rechtssache grundsätzliche Bedeutung hat, das Urteil von einer Entscheidung des Bundessozialgerichts abweicht oder ein Verfahrensmangel geltend gemacht wird, auf dem die Entscheidung beruhen kann, darf der Hoge Raad nur in Ausnahmefällen angerufen werden. Ein solcher Ausnahmefall liegt z.B. vor, wenn es um die Problematik einer einheitlichen Begriffsauslegung im Sozialrecht und im Steuerrecht geht.

dd. Probleme der gerichtlichen Arbeit mit der Invalidität

Problemfeld der gerichtlichen Arbeit im Zusammenhang mit der Invaliditätsrente ist die oftmals für den Juristen und Nichtmediziner schwierige und langwierige Sachverhaltsermittlung. Dies gilt für beide Länder. Wobei zu beobachten ist, dass in den Niederlanden die Verfahrensdauer kürzer ist. Dies mag daran liegen, dass nicht ein gesondertes und zeitintensives Gutachten nach § 109 SGG eingeholt wird, sondern der behandelnde Arzt vorgeladen wird und als Zeuge seine präsenten Ausführungen macht. Zudem scheint auch die Arbeit mit Richtlinien und Schätzungsbeschlüssen, auch wenn man diesen eine dem Risiko der Invalidität nicht gerecht werdende Tendenz zur Egalisierung vorwerfen kann, zu einer Verkürzung der Verfahren zu führen. Dabei ist zu beachten, dass die Verkürzung der Verfahrensdauer gerade aus Sicht der Versicherten oberste Priorität haben dürfte. Für die Dauer des Verfahrens ist der Kläger beherrscht von dem Gedanken, invalide zu sein. Eine Reintegration oder gar eigene Bemühungen, sich wieder in den Arbeitsprozess zu integrieren, sind selten erkennbar. Sollte sich auch in letzter Instanz herausstellen, dass der Kläger nicht invalide ist, ist ein Reintegrationsbemühen sinnlos.

Nach Ablauf von mindestens drei Jahren, wird es nicht mehr gelingen, den Kläger zu integrieren.

Weiteres Problem bei der Feststellung von Invalidität in beiden Ländern ist die große Breite von Kasuistik. Es ist verständlich, dass gerade bei der Invalidität mit dem bei jedem Kläger abweichenden Leistungszustand und auch dem nie vorliegendem status idem eine große Anzahl von Einzelfallentscheidungen eine systematische und klare Handhabung der Invaliditätstatbestände unmöglich macht. So scheint sich hier der Satz summum ius summa iniuria zu bewahrheiten. Dies ist aber der Preis für eine diffizile Sachverhaltsaufklärung und Berücksichtigung der Vorgaben des Gesetzes bzw. des geschützten Risikos.

11. Reformbestrebungen

In beiden Ländern ist es nach den einscheidenden und gravierenden Änderungen der jeweiligen Regelungen zur Invalidität ruhig um diese geworden. Dies bedeutete nicht, dass noch kleinere Änderungen vorgenommen werden und die Entwicklung der Invaliditätsregelungen beäugt wird. In beiden Ländern ist es weiterhin Ziel, den Zugang zu den Renten wegen Invalidität zu begrenzen. So ist auch in beiden Ländern erkannt worden, dass die Leistung wegen Invalidität nicht Ventil des Arbeitsmarktes sein darf.

a. Deutschland

Nach der Neuregelung der Invaliditätsrenten durch die Ablösung der Erwerbsunfähigkeitsrente hin zur Erwerbsminderungsrente liegen zur Invaliditätsrente im engeren Sinn keine konkreten Reformvorschläge vor. Zunächst soll scheinbar abgewartet werden, wie sich die Erwerbsminderungsrente entwickelt. Jedoch liegen für die gesetzliche Rentenversicherung insgesamt unterschiedliche Reformbestrebungen vor. Diese ergreifen direkt oder indirekt auch die Regelungen zur Erwerbsminderungsrente, da es sich um ein gesetzgeberisches Gesamtwerk handelt.

Maßgebliche und erkannte Problematik ist die Demografie. Zum Ausgleich der demografischen Entwicklung ist der wichtigste und zugleich in allen anderen OECD-Ländern geforderte Schritt, die Erhöhung der Regelaltersrentengrenze. Für die Erwerbsminderungsrente bedeutet dies, dass bestimmte Regelungen jedenfalls theoretisch vermeiden müssen, dass eine Ausweichreaktion auf diese stattfindet. Konkrete Lösungen wurden jedoch nicht vorgeschlagen.

Zudem soll die Rentenanpassungsformel nach dem SGB VI durch einen Nachhaltigkeitsfaktor geändert werden. Eine solche Änderung ergreift dann auch die Rentenanpassung bezüglich der Invalidität. Mit diesem Nachhaltigkeitsfaktor soll das Verhältnis zwischen den Zahlen der Rentner (Bezugsjahren) und den Zahlen der Beitragszahler (Finanzierungsjahren) in Relation gesetzt werden soll. Entwickelt sich das Verhältnis zugunsten der Rentner, soll der Nachhaltigkeitsfaktor die jährliche Rentenanpassung dämpfen. Wie genau diese Formel aussehen soll, steht allerdings nicht fest. Mit Sicherheit zeichnet sich auch ein Übergang auf die nachgelagerte Besteuerung der Renten ab.

In Deutschland wird aufgrund der einheitlichen Finanzierung der gesetzlichen Rentenversicherung übersehen, dass die Demografie bei der Invalidität eine untergeordnete Rolle spielt. Die Leistungen wegen Invalidität erfolgen nur bis zur Vollendung der Regelaltersgrenze. So ist es nicht zu erwarten, dass aus Gründen der Demografie die Zahl der Invaliditätsrentenbezieher ansteigt. Denn die Dauer der maximalen Leistungen kann sich nur durch eine Erhöhung des Regelrentenzugangsalters verlängern. Dies würde nämlich gleichzeitig bedeuten, dass eine Erwerbsminderungsrente nicht mehr nur bis zur Vollendung des 65. Lebensjahres gezahlt werden müsste, sondern bis beispielhaft zur Vollendung des 67. Lebensjahres. D.h. bei den Invaliditätsrente wird sich zwar die Länge der zu erwartenden Laufzeiten um maximal zwei Jahre erhöhen, aber dies ist im Verhältnis zu einer unbegrenzten Altersrente bei zunehmender Lebenserwartung eine geringe finanzielle Mehrbelastung. Zudem wird auch die Anzahl der Invaliditätsrenten nicht zunehmen, sondern abnehmen. Aufgrund der begrenzten Laufzeit und dem Rückgang der Geburten, wird die Demografie bei den Invaliditätsrenten dafür sorgen, dass diese abnehmen werden. Da die Laufzeit der Invaliditätsrente somit innerhalb einer Kohorte begrenzt ist, kommt es zu einer hohen interpersonellen Umverteilung und nicht -wie bei der Altersrente- zu einer starken intergenerationellen Umverteilung. Dies muss bei der Finanzierung der Leistung und auch bei der Forderung nach einer getrennten und eigenständigen Handhabung beider Risiken berücksichtig werden.

b. Niederlande

Die Niederländer haben Erfolg gehabt mit ihren raumgreifenden Änderungen der Invaliditätssicherung. Dies zeigt sich vor allem an den Zahlen der gelungenen Integrationen und des gesunkenen Zugangs zu WAO-Leistungen. Gleichzeitig ist kein gravierender Anstieg der Arbeitslosenzahlen zu ersehen.[958] So das man nur von einer Verlagerung der Problematik sprechen könnte.

Trotzdem sehen die Niederländer noch weiteren Reformbedarf. Aufgrund der scheinbar gelungenen Übertragung eines großen Teils der Verantwortung auf den Arbeitgeber durch die Lohfortzahlungsverpflichtung und die Erforderlichkeit, den Arbeitnehmer innerhalb dieser Lohnfortzahlungszeit zu integrieren, soll diese Lohnfortzahlungsverpflichtung um ein weiteres Jahr verlängert werden. Dabei ist einerseits problematisch, ob sich dies ohne weiteres von den Arbeitgebern finanzieren lässt. Zudem stellt sich die Frage, ob dieser lange Zeitraum im Regelfall berechtigt ist. Bei einer Umschulungsmaßnahme, die sicherlich zwei Jahre in Anspruch nimmt, mag dieser Zeitraum berechtigt sein. In anderen Fällen ist aber davon auszugehen, dass nach einem Jahr erfolgloser Reintegrationsbemühungen eine solche auch nicht mehr in einem weiteren Jahr gelingen wird. Dabei muss berücksichtigt werden, dass bei ungenügenden Reintegrationsbemühungen bereits jetzt schon eine Verlängerung der Lohnfortzahlungsverpflichtung als Sanktion möglich war.

Eine weitere Verschärfung nimmt das niederländische Recht durch die vorgesehene Abschaffung einer teilweisen Erwerbsunfähigkeitsleistung vor. Es wird für diesen Fall zu einer Problematik bei der Entschädigung von Berufskrankheiten und Arbeitsunfällen kommen. Denn für diese Fälle der kausal determinierten Invalidität bedarf es einer Entschädigung schon unterhalb der Grenze einer vollen Erwerbsunfähigkeit. Andernfalls kann nicht mehr von einem haftungsersetzenden System gesprochen werden und der Arbeitgeber ist der Gefahr ausgesetzt, selber zu haften aufgrund seiner arbeitsvertraglichen Verpflichtungen. Zudem haben es die Niederlande -im Gegensatz zu den Regelungen in Deutschland versäumt- einen expliziten Haftungsausschluss vorzusehen. Dies wiegt in den Niederlanden aufgrund fehlender eigenständiger Unfallversicherung besonders schwer.[959] Anstatt nun aber eine private Unfallversicherung aufzubauen, sollten die Niederländer darüber nachdenken, einen Haftungsausschluss im BW vorzusehen und die Schädigungen aufgrund Arbeitsunfall und Berufskrankheit auch unterhalb der Grenze der vollen Erwerbsunfähigkeit (möglicherweise bei einer 20% Erwerbsunfähigkeit) über das allgemeine System der Invaliditätssicherung zu entschädigen.

---

[958] Vgl. Statistik .Niederlande

[959] *Stalfort,* Der Schutz von Unfallopfern durch die Sozialversicherung in Deutschland und den Niederlanden, S. 73 ff.

12. Betriebliche und private Sicherung

Die Häufigkeit weiterer Sicherungsmaßnahmen neben der gesetzlichen Sicherung für das Risiko der Invalidität weicht in den beiden zu vergleichenden Ländern stark von einander ab. Während die Niederlande geradezu ein Vorzeigeland für die betriebliche Sicherung sind, ist diese in Deutschland schlecht ausgebildet. Der privaten Sicherung kommt in beiden Ländern eine ähnlich starke Ausprägung zu. Wenn man aber bei den Niederlanden die betriebliche Sicherung lobend hervorhebt, muss verdeutlicht werden, dass nicht selten nur eine betriebliche Sicherung für das Alter in den Niederlanden vorliegt und nicht auch für den Fall der Invalidität. Dies hat seine Ursache in dem unterschiedlichen Niveau, welches beide gesetzlichen Leistungen vorsehen. Während die staatliche Altersvorsorge lediglich eine Grundversorgung bietet, gewährt die Invaliditätsleistung eine an das letzte Einkommen angeknüpfte Leistung. In Deutschland hat die private Sicherung eine besondere Bedeutung bei Selbstständigen, die nicht zum Kreis der Versicherungspflichtigen gehören und auch nicht auf Antrag Mitglied der gesetzlichen Rentenversicherung werden. Eine solche private Sicherung ist neben der gesetzlichen Sicherung für den Fall der Invalidität aufgrund des WAZ in den Niederlanden nicht nötig. Für das Alter ist der Selbstständige dagegen in der Volksversicherung AOW abgesichert. Da diese lediglich eine Grundsicherung gewährt, kann hier wiederum eine zusätzliche private Sicherung eine Rolle spielen.

E. 5. Teil: Resümee

I. Reform der Invaliditätssicherung

1. Änderung der Invaliditätssicherung

Als Ergebnis bleibt festzuhalten: in Deutschland sollte über eine umfassende Änderung der Sicherung gegen Invalidität nachgedacht werden. Und es sollte wegen der nach wie vor angespannten Lage der Leistungssysteme als auch immanenter Sicherungslücken Änderungen zügig umgesetzt werden. Mit den zuletzt erfolgten Änderungen wird auf Dauer kein befriedigendes Ergebnis erzielt werden.

Änderungsbedarf besteht an mehreren Stellen. Er beginnt bei dem gesicherten Personenkreis, dem die Versicherungspflicht gegenüber steht, und endet bei der Finanzierung und der Organisation.

Allein die Definition der körperlichen Einschränkungen als Voraussetzung für eine Invalidität mag überzeugen, jedoch sind bei der Bestimmung der Erwerbsminderung und dem Verfahren deutliche Änderungen, sowohl aufgrund des Verwaltungsaufwandes als auch des Sicherungsziels der Invalidität angebracht. Auch der Bereich der Rehabilitation ist vordergründig überdenkens- und ändernswert.

Zu fordern wäre die Ausgliederung der Regelungen zur Invalidität in einem gesonderten Gesetz und nicht mehr im Zusammenhang mit der Altersrente, jedenfalls was die Finanzierung und Leistungsseite betrifft. Dies könnte Einhergehen mit der Abschaffung einer gesonderten Unfallversicherung. Man würde dann eine einheitliche Invaliditätssicherung schaffen, in der die kausal bedingte Invalidität mitentschädigt würde.

Diese Forderung stellt sich um so mehr, als dass mit dem RentenreformG außer einer gravierenden Leistungskürzung insbesondere für die Jahrgänge ab 1961 kaum etwas erzielt wird. Der Veraltungsaufwand - ein Ziel der Rentenreform - ist jedenfalls für die nächsten 25 Jahre nicht verringert worden. Auch sind weiterhin die Arbeitsmarktlage und in bestimmten Fällen das Erfordernis, eine konkrete Verweisungstätigkeit zu benennen; nicht beseitigt worden. Mit dem Ergebnis der Kürzung der Leistungen bei der vollen Erwerbsminderung im Gegensatz zur Erwerbsunfähigkeit durch einen geänderten Zugangsfaktor, der sich als Abschlag für eine vorzeitige Inanspruchnahme auswirkt, und bei der teilweisen Erwerbsminderung durch einen Rentenartfaktor von lediglich 0,5 im Gegensatz zur Berufsunfähigkeitsrente mit einem Rentenartfaktor von 0,667 kann es vor allem bei unterhaltspflichtigen Personen vermehrt und sicherlich nicht nur im Einzelfall zu der Situation einer ergänzenden Sozialhilfebedürftigkeit bzw. zu dem Erfordernis eines Einspringens der Grundsicherung kommen. Dies kann nicht Sinn und Zwecke einer Sicherung für den Fall der Invalidität sein. Zumindest der durchschnittlich verdienende Versicherte bedarf einer Sicherung, ohne weitere Sozialleistungen in Anspruch nehmen zu müssen. Dies ist nicht mehr gewährleistet.

Auch muss die Praxis berücksichtigt werden. Durch das RentenreformG sollte der Zugang zur Erwerbsminderungsrente begrenzt werden. Ein Rückgang der Antragstellung ist nur sehr gering zu verzeichnen und der Anteil der Bewilligungen ist sogar geringfügig gestiegen.[960] Nach der Abschaffung der Arbeitslosenhilfe[961] ist zudem zu erwarten, dass viele Versicherte versuchen werden, eine Rente wegen Erwerbsminderung zu erhalten. Dies bedeutet, dass ein massiver Verwaltungsmehraufwand und möglicherweise auch erhöhter Zugang zu den Erwerbsminderungsrenten, trotz Verschärfung der Leistungsvoraussetzungen, stattfinden wird.

Bei der Forderung nach einem nahezu vollständigen Umbau der Invaliditätsrente sollte man nicht die oftmals gegen gravierende Änderungsabsichten ins Feld geführte, allen staatlichen Sicherungssystemen immanente Schwierigkeit, der institutionellen Kontinuität, nach der das einmal eingeschlagenen System nicht verlassen werden will, scheuen. Denn es ist im Hinblick auf das Sicherungsniveau, den falschen Ansätzen der Leistungsberechung, der Finanzierung und auch dem Nichtfunktionieren des Prinzips „Reha vor Rente" dringend Handlungsbedarf gegeben. Die letzte maßgebliche Reform ist lediglich im Pfad verblieben und wird zukünftig die eigentlichen Probleme verschärfen.

Deutschland sollte auch Abkehren von dem in bekannten Sozialleistungsprinzipien gegliederten traditionellen Sozialleistungsstaat[962] und einen aktivierenden Wohlfahrtsstaat anstreben. Zu berücksichtigen bei dieser Forderung ist das Ziel einer insgesamt ausgeglichenen Situation der Wirtschaftsgesellschaft, die von der Zahl der Bezieher von Sozialleistungen abhängt und eine Eigendynamik im Wohlfahrtsstaat entwickelt. Langzeitabhängigkeit von Sozialleistung führt für die Person selber zu sozialer Ausgrenzung, denn sie beeinträch-

---

[960] Vgl. Statistiken, Deutschland, Tabelle Nr. 8.
[961] Ersetzung durch ALG II ab 01.05.2005.
[962] Vgl. für die Begrifflichkeit *Bolkovac,* Sozialpolitik im internationalen Vergleich, 2003 S. 12ff, S. 17f.

tigt die Teilnahme an der Gesellschaft. Je länger eine Person Sozialleistungen bezieht, desto ernster sind auch die Probleme für die ganze Gesellschaft. Die Folge ist eine Abnahme des zur Verfügung stehenden Humankapitals infolge zunehmender Abhängigkeit von Sozialleistungen. Daraus resultiert ein ineffizientes System der sozialen Sicherheit, was wiederum zu vermehrten Sozial- und Wirtschaftsproblemen beiträgt, mithin ein Kreislauf. Dabei betrifft diese Marginalisierung[963] nicht nur die Arbeitnehmer, sondern die gesamte Gesellschaft und auch die Arbeitgeber. In Bezug auf die Wirtschaft und die öffentlichen Finanzen stellt eine Bevölkerungsgruppe, die vom Arbeitsmarkt auf Dauer ausgeschlossen ist, ein Problem dar. Ressourcen werden nicht genutzt und die Nachfrage nach Arbeitskräften konzentriert sich auf eine Gruppe leistungspotenter Arbeitnehmer. Dies beeinflusst Lohnbildungsprozesse und das allgemeine Problem der Arbeitslosigkeit. Beständig hohe soziale Transferkosten verdrängen zudem andere wichtige Sozialausgaben z.B. für Erziehung, Gesundheit und Sozialfürsorge. Die Dynamik und die Mobilität von Personen zwischen Sozialleistungen und Beschäftigung ist von Relevanz, denn sie zeigen an, ob die Chancen für einen Zugang zu Beschäftigung unter den Menschen und im Zeitverlauf mehr oder weniger gleich verteilt sind. Große makroökonomische Ungleichheiten bei Beschäftigungs- und Einkommensmöglichkeiten unter den Menschen können zweierlei bedeuten: Entweder wird ein kleiner Teil der Bevölkerung für eine sehr lange Zeit betroffen oder ein größerer Teil der Bevölkerung für eine kurze Zeit. Im ersten Fall ergibt sich eine überaus ungleiche Verteilung des Lebenseinkommens, während der zweite zu einer gleicheren Verteilung führt. Die Dynamik des gesetzlichen Regelwerkes und die Mobilität der Betroffenen, nämlich Versicherter, Versicherungsträgers und Arbeitgeber, beeinflusst somit die Makroökonomie.

Zu fordern ist unter dieser Erkenntnis die Abkehr vom traditionellen Sozialleistungssystem, in dem ein status idem für die Betroffenen erzielt wird, hin zu einem aktivierenden Wohlfahrtssystem, dass die Dynamik und die Mobilität der Betroffenen fördert. Sozialleistungen, jedenfalls in Form einer Invaliditätsleistung, dürfen keinesfalls ein Auffangbecken ohne Rückkehr in den Arbeitsmarkt sein, sondern sie sollten dauerhaft dem Ziel unterliegen auf den Arbeitsmarkt zurückzuführen.[964]

---

963 *Atkinson, Hill,* Exclusion, employment and opportunity (case paper No. 4) London school of economics, Centre for Analysis of social exclusion, S. 54 ff.

964 Vgl. *OECD,* 1999, Poverty dynamics in four countries, economic Department Working Papers, Nr. 122.

2. Reformvorschlag

a. Gesicherter Personenkreis

Eine stark unterschiedliche Behandlung erfährt in der Invaliditätssicherung der Kreis der Selbstständigen. Bei allen Selbstständigen liegt aber grundsätzlich eine Vorsorgefähigkeit und eine Vorsorgebedürftigkeit vor. In diesem Zusammenhang lässt sich die Nichtberücksichtigung von freiwilligen Zeiten im Rahmen der Invaliditätssicherung in Deutschland nicht durch die sozialpolitische Bewertung von Zeiten einer Nichterwerbstätigkeit erklären.

Die Einbeziehung von Selbständigen bei einem Einkommen unter der Bemessungsgrenze in die Versicherungspflicht ist ein Erfordernis, dass scheinbar immer mehr gesehen wird. Es muss Schutzgedanke bei der Invaliditätssicherung sein, jeglichen Einkommensausfall durch Invalidität zu ersetzen, und nicht nur den, der durch abhängige Beschäftigung entsteht. Auch könnte darüber nachgedacht werden, bei einem festen Beitragssatz auf der Leistungsseite, eine Mindestsicherung für alle Selbständigen, ähnlich dem niederländischen System zu gewähren.

Dabei sollte eine umfassende Sicherung für Selbständige in das bestehende System integriert werden, es bedarf anders als in den Niederlanden keiner ausgekoppelten eigenständigen Sicherung.

b. Versicherungsrechtliche Voraussetzungen

Durch den relativ langen Referenzzeitraum in Deutschland fallen viele besonders schützenswerte Personen, insbesondere Jungerwerbstätige und Personen, die ihre Pflichtversicherung unterbrechen, aus der Sicherung gegen Invalidität heraus. Es liegen zwar Härtefallregelungen vor; mangels Sondersystemen wie in den Niederlanden und dem Festhalten an bestimmten Beitragsfaktoren sowie dem Erfordernis von Pflichtbeiträgen wird der Fünf-Jahreszeitraum um Ersatz-, Anrechnungs- und Berücksichtigungszeiten verlängert. Dies schließt im Einzelfall aber nicht das Auftreten von immanenten Sicherungslücken aus. Zudem führen die komplizierten Regelungen der versicherungsrechtlichen Voraussetzungen - auch und vor allem die Vertrauensschutzregelungen - zu einer Unübersichtlichkeit, die es dem einzelnen Versicherten unmöglich macht, selbst zu überblicken, ob er einen Anspruch auf Invaliditätsrente hätte. Aufgrund der langen Wartezeit sind auch derzeit besondere Regelungen für Härtefälle erforderlich, die unnötig wären, wenn eine deutlich verkürzte Wartezeit Sicherungslücken verhindern würde.

Sinnvoll wäre es, den erforderlichen Zeitfaktor mit einem Beitragsfaktor anstatt mit einem Tatbestandsfaktor zu verknüpfen. Dieser Tatbestandsfaktor sollte das Erfordernis einer über einen bestimmten Zeitraum z.B. 52 Wochen andauernden Krankheit sein. Denn bei der Invalidität ist es bedeutend effektiver, an einen Tatbestandsfaktor, der schon die körperlich erforderliche Einschränkung als Voraussetzung vorsieht, anzuknüpfen, als an einen reinen Zeitfaktor. Damit ist gleichzeitig die Gewissheit eines Leistungsbezuges durch ein anderes Sicherungssystem gegeben, in dessen Rahmen kontrollierte Reintegrationsbemühungen möglich sind, wie auch der Ausschluss von kurzfristigen bzw. nicht gravierenden Leistungseinbußen. Die Wartezeit ist dann nicht nur ein rein zeitlicher Abschnitt, wie es z.B. für den Bezug einer vorgezogenen Altersrente Sinn macht, sondern durch das zusätzliche Erfordernis der Krankheit wird schon während dieser Zeit ein Prüfungsschritt der medizinischen Seite einer Invaliditätsleistung zur Voraussetzung.

c. Leistungsfall einer Invaliditätsrente

aa. Tatbestandliche Voraussetzungen

Der Leistungsfall einer Invaliditätsrente sollte bei Erfüllung der versicherungsrechtlichen Voraussetzungen gegeben sein, wenn die Merkmale Beeinträchtigung des Gesundheitszustandes, Minderung der Erwerbsfähigkeit und Einkommensausfall vorliegen.

Zutreffend wird im § 43 SGB VI eine Beeinträchtigung des Gesundheitszustandes gefordert. Erwägenswert wäre, eine konkrete gesetzliche Definition des Vorliegens einer Krankheit oder einer Behinderung in den Tatbestand des Gesetzes aufzunehmen. Damit könnte noch deutlicher werden, dass eine aus anderen als aus gesundheitlichen Gründen eingetretene Minderung der Erwerbsmöglichkeit oder eine Arbeitslosigkeit nicht von der Sicherung gegen Invalidität gedeckt sein sollen. Bereits an diesem Punkt sollte eine klare Trennung zur Sicherung gegen die Folgen des Alters erfolgen. Denn lediglich eine Funktionsbeeinträchtigung, die die für die jeweilige Altersgruppe medizinische Norm überschreitet, kann zu einer Invaliditätsleistung führen. Davon geht § 43 SGB VI zwar bereits aus, da aber vor allem aus Finanzierungsgesichtspunkten eine Trennung des einheitlichen gesetzlichen Regelwerkes der Rentenversicherung zu fordern wäre, könnte auch bezüglich der Abgrenzung zum Alter eine klare Trennung gezogen werden. Einer klaren Trennung steht auch der sozialpolitische Zwitter der vorgezogenen Altersrente wegen

Schwerbehinderung im Wege. Diese Rentenart sollte vollständig wegfallen.[965] Ihre Sicherungsfunktion muss über die Rente wegen teilweiser oder voller Erwerbsminderung aufgefangen werden. Durch diese besonderen Altersrenten darf die Heraufsetzung der Altersgrenze bei der Altersrente nicht unterlaufen werden. Dabei genügt es nicht, diese nur mit Abschlägen zu versehen.

bb. Bestimmung der Erwerbsminderung

Wichtiger und dringend änderungsbedürftiger Punkt ist die Bestimmung der Erwerbsminderung. Einziger Maßstab hierfür sollte die Feststellung der dem Versicherten verbliebenen Erwerbsfähigkeit in jeder denkbaren Tätigkeit, die es auf dem allgemeinen Arbeitsmarkt gibt, sein.

Bei der Bestimmung der Erwerbsfähigkeit der übergangsweise in Deutschland beibehaltenen Berufsunfähigkeitsrente im Rahmen einer Rente wegen teilweiser Erwerbsminderung ist Schutzgut nicht nur die Erwerbsfähigkeit, sondern auch der Status des Berufes. Ein solcher direkter Schutz der Qualität der letzten Erwerbsfähigkeit bedarf es aber bei der Sicherung gegen Invalidität nicht. Denn maßgeblich darf einzig und allein der Einkommensausfall sein, nicht aber eine Zumutbarkeitsprüfung von gesellschaftspolitischen Klassenbildern, die sich am innegehabten Beruf orientierten. Insofern ist richtigerweise die Berufsunfähigkeitsrente abgeschafft worden. Denn in der Praxis kam es zu Auswirkungen, die unter Gleichheitsgesichtpunkten fragwürdig waren. Der Weg, den ehemaligen Schutz der Berufsunfähigkeitsrente über eine Übergangsregelung noch für ca. 25 Jahre beizubehalten, ist dagegen äußerst fragwürdig. Er mag zwar gesellschaftspolitisch zu einer Absicherung eines Personenkreises führen, der andernfalls nicht mehr ausreichend über eine privat aufgebaute Sicherung verfügen könnte.[966] Jedoch bedürfte es einer solchen Übergangsregelung nicht, wenn mit einer grundlegenden Reform nicht nur über abstrakte Maßstäbe eine Invalidität bestimmt wird, sondern die Erwerbsminderung konkret im Sinne des tatsächlich nicht mehr aufgrund Krankheit erzielbaren Einkommens bestimmt wird.

---

[965] Bisherige Bestrebungen zur Abschaffung scheitern an den Gewerkschaftsoffensiven und der Befürwortung eines Vertrauensschutzes. *Buschmann, Künzler,* Zur Reform der Renten wegen verminderter Erwerbsfähigkeit, Kompass 1994 S. 483 ff; *Heide,* Die Problematik der Frühverrentung in der gesetzlichen Rentenversicherung – Entwicklung, Ursachen, Auswirkungen und Lösungen, NZS 1997, S. 301 ff.

[966] Damit wird nicht nur der politischen Forderung der Gewerkschaften Rechnung getragen, sondern auch einer Rechtsprechung, die davon ausgeht, dass zumindest ab Vollendung des 55. Lebensjahres nicht nur eine Anwartschaft, sondern ein Anwartschaftsrecht auf eine bestimmte Rentenleistung besteht, in das nicht ohne weiteres Eingegriffen werden darf. Vgl. BSG 4. Senat vom 21.04.2002.

Mit der neuen Situation der Erwerbsminderungsrenten wird noch mehr als zuvor lediglich eine Erwerbsminderung, der zentrale Punkt und auch das maßgebliche Entschädigungskriterium, über eine reine Fiktion entschädigt. Nun wird angenommen, dass mit einer Einsatzfähigkeit auf dem allgemeinen Arbeitsmarkt von unter sechs Stunden eine relative Erwerbsminderung vorliege und mit einer lediglich unter dreistündigen Einsatzfähigkeit eine absolute Erwerbsminderung. Völlig unberücksichtig bleibt, welchen Einkommensausfall der Versicherte durch seine eingeschränkte Erwerbsfähigkeit tatsächlich hat. Der jeweiligen absoluten oder relativen Erwerbsminderung ist ein Leistungssatz zugewiesen (Rentenartfakor), der dann in Verbindung mit dem Entgeltpunkten maßgeblich die Höhe der Leistung bestimmt. Diese sehr grobe und rein fiktive Bemessung der Erwerbsminderungsleistung wird zu einer massiven Ungerechtigkeit führen, die nicht in Relation zu dem von jedem Versicherten erbrachten Beitragszahlungen steht. Zudem widerspricht sie der Bestimmung des Schadens, der bei der Invalidität konkret eintritt. Sie wäre nur gerechtfertigt, wenn nur die abstrakte Bestimmung möglich wäre, dies ist aber gerade nicht der Fall, wie das Beispiel der Niederlanden zeigt.

Diese abstrakte Bestimmung der Erwerbsminderung in Deutschland muss noch mehr verwundern, wenn man vergleicht, dass die Sozialleistungen Arbeitslosigkeit und Krankengeld, die ebenfalls eine Sicherungsfunktion für Einkommensausfall aus unterschiedlichen Gründen haben, einen konkreten Maßstab anlegen und damit zu einem bestimmten Prozentsatz Einkommensersatz gewähren.[967] Auch in der Unfallversicherung wird, mit dem einzigen Unterschied, dass es sich um die Sicherung der kausalen Invalidität handelt, auf einen konkreten Maßstab, nämlich dem Jahresarbeitsverdienst vor dem Eintritt des schädigenden Ereignisses abgestellt. Der Vorteil dieser Vorgehensweise ist nicht nur, dass der Versicherte weiß, mit welcher Leistung er rechnen kann,[968] sondern auch das befriedigende Ergebnis, das gesicherte Risiko konkret zu bestimmen und dementsprechend zu entschädigen. Scheinbar einziger Grund für die abstrakte Bestimmung des Schadens bei der allgemeinen Invalidität ist ein historischer. Die Invalidität war schon immer mit der Altersrente über das sozialversicherungsrechtliche Prinzip verknüpft und nicht über ein Entschädigungsprinzip, bei welchem der Schaden konkret zu bestimmen gewesen wäre.

---

[967] Maßstab ist jeweils die sog. Bemessungsgrundlage, die wiederum aus dem Verdienst des letzten Jahres zuzüglich Einmalzahlungen, aber ohne besondere Zuschläge ermittelt wird.

[968] Dies ist aber nicht nur ein Problem der konkreten oder abstrakten Bestimmung der Erwerbsminderung, sondern auch ein Resultat der sozialversicherungsrechtlichen Beitragsabhängigkeit; vgl. 3.Teil, Finanzierung.

cc. Vorschlag zur Änderung

Folgendermaßen sollte vorgegangen werden zur Bestimmung der Erwerbsminderung: Bei der Feststellung des einkommensbezogenen Umfangs der Erwerbsminderung sollte auf das Einkommen einer in Ausbildung und im ausgeübten Beruf vergleichbaren Person zurückgegriffen werden. Zur Bestimmung muss auf eine Vergleichsperson zurückgegriffen werden, die dieselbe Funktion, d.h. eine bestimmte Arbeit in einer spezifischen Arbeitsumgebung, erfüllt, die der Versicherte vor Eintritt seiner Arbeitsunfähigkeit verrichtete. Ist eine solche Vergleichsperson nicht vorhanden, ist zur Bestimmung des Einkommens der Versicherte selber heranzuziehen. Dabei darf nur das durchschnittliche Einkommen eines bestimmten Relevanzzeitraumes maßgeblich sein und nicht etwa der Durchschnittsverdienst mehrerer Jahre oder gar des ganzen Berufslebens. Denn der Schaden der Invalidität tritt immer nur gemessen an dem Bedarf ein. Der Mensch benötigt immer nur Ersatz für das, was er konkret verloren hat. Eine einzige Ausnahme ist vorzusehen für ein Einkommen, das unterhalb des Existenzminimums läge. Für diesen Fall, müsste das Einkommen auf ein akzeptables[969] Maß angehoben werden.

Ähnlich der Unfallversicherung wäre es mithin bei jeglicher Invaliditätsleistung gerechtfertigt, den Verdienst des letzten Beschäftigungsjahres anzusetzen. Mit einer Verhältnisrechnung setzt man dann in Relation, welches Einkommen der Versicherte mit seinem Restleistungsvermögen noch erwirtschaften kann. Dies erfolgt durch Feststellung des zuvor vorhandenen Verdienstes im Vergleich zu der Verdienstmöglichkeit, die der Versicherte aktuell noch hat. Um diese noch vorhandene Verdienstmöglichkeit zu bestimmen, muss geprüft werden, mit welchen auf dem Arbeitsmarkt vorhandenen Tätigkeiten, d.h. tarifvertraglich erfassten Tätigkeiten, der Versicherte noch einen höchstmöglichen Verdienst erzielen kann und gleichzeitig, ob er nach seinem körperlichen Restleistungsvermögen zur Verrichtung dieser Tätigkeiten noch in der Lage wäre.

---

[969] Dies bedeutet, dass es einer Einkommensfestlegung über dem Sozialhilfesatz bedarf, andernfalls wäre immer eine ergänzende Sozialhilfe notwendig. Diese Systematik würde die neu eingeführte Grundsicherung bei Erwerbsminderung obsolet werden lassen. Dies würde ebenfalls zu einer Kosteneinsparung im Hinblick auf die Verwaltungskosten führen; vgl. *Handelsblatt,* Studien zur Einführung einer Grundrente vom 21.06.2003

Über die systematische Erfassung[970] aller tarifvertraglicher Arbeitsplätze mit einem konkreten Anforderungsprofil könnte relativ einfach abgeglichen werden, zu welchen Tätigkeiten der Versicherten mit welchem Verdienst noch in der Lage ist. Die Differenz zwischen dem ehemaligen Verdienst und der jetzigen Verdienstmöglichkeit ergibt die tatsächliche Erwerbsminderung. Diese Erwerbsminderung muss dann einem bestimmten Grad der Leistungshöhe zugeordnet werden.

Die Grade der Leistungshöhe sollten deutlich mehr Stufen erfassen, als dies im jetzigen System der Erwerbsminderungsrente der Fall ist. Derzeit gibt es die teilweise Erwerbsminderung und die volle Erwerbsminderungsrente. Diese Zweistufigkeit hat nichts mit der Realität zu tun. In diese sehr große Spanne lassen sich die mannigfachen verschiedenen Auswirkungen von Erwerbsminderung kaum zufriedenstellend lösen. Viel zu oft kann ein Versicherter die Hürde zur teilweisen Erwerbsminderung oder aber auch zur absoluten Erwerbsminderung nicht erklimmen. Tatsächlich hat er aber Gesundheitseinschränkungen, die Berücksichtigung finden müssten. Viel zu oft erklärt sich der Versicherungsträger vergleichsweise bereit, einen Leistungsfall anzunehmen, der nicht juristisch sauber der jeweiligen Erwerbsminderung entspricht, aber aufgrund geringen Handlungsspielraums die einzige Lösungsalternative ist. Mit fünf verschiedenen Leistungsstufen könnten man den vielschichtigen gesundheitlichen Einbußen und den daraus resultierenden Erwerbsminderungen bedeutend besser gerecht werden. Dabei muss berücksichtigt werden, dass die niedrigste Stufe bereits bei höchstens 20% beginnen muss. Dieses Erfordernis ergibt sich aus der Integration der bislang über die Unfallversicherung geschützten kausalen Invalidität. Andernfalls könnte bei fehlender anderweitiger Arbeitgeberhaftung ein Konflikt zu den ILO-Konventionen entstehen.

20%, 35%, 50%, 65%, 80% könnten die jeweiligen Erwerbsminderungsstufen sein. Diese stünden dann auf der Leistungsseite einer bestimmten Leistung gegenüber.[971] Bei den Stufen 20% - 65% würde es sich um die Berücksichtigung einer relativen Erwerbsminderung handeln. Die Differenz zum notwenig erachteten Sicherungsniveau soll durch Einkommen oder andere Sozialleistungen (Arbeitslosengeld) gedeckt werden. Erst die letzte Stufe gewährt mit

---

[970] Liegt derzeit schon in den Datenbanken der Bundesagentur für Arbeit vor, zudem gibt es Sammelwerke wie z.B. GABI und auch derzeit haben die Rentenversicherungsträger vor allem bei der Berufsunfähigkeitsrente und der bei dieser erforderlichen Bestimmung eines Haupt- und Verweisungsberufes die Aufgabe Lohnhöhen zur Bestimmung der gesetzlichen Lohnhälfte zu ermitteln.

[971] Diese Stufen bedeuten sowohl in ihrer Anzahl als auch im Bezug auf die niedrigste Stufe eine deutliche Abweichung zu dem System in den Niederlanden.

einem Erwerbsminderungsgrad von 80% und mehr den vollen Leistungsumfang einer Invalidenrente und stellt damit einen Fall der absoluten Erwerbsminderung dar.

Bei dieser konkreten Bestimmung des Einkommensausfalls wirken sich Ausbildung und Beruf nur indirekt auf die Beurteilung der Invalidität aus. Denn bei der Feststellung des einkommensbezogenen Umfangs der Erwerbsminderung wird auf das Einkommen einer in Ausbildung und im ausgeübten Beruf vergleichbaren Person zurückgegriffen. Die indirekte Berücksichtigung der beruflichen Stellung verbietet sich allerdings nicht. Im Gegenteil, sie allein macht es erst möglich, den Eintritt des gesicherten Risikos zu ermitteln. Denn der Definition von Invalidität ist immanent, dass die Erwerbsminderung geschützt ist.

Zusätzlicher Faktor, der bei der konkreten Ermittlung der Erwerbsminderung beachtet werden muss, ist, dass Maßstab nur das sein kann, was eine gesunde Person mit gleicher Ausbildung und Erfahrung dort, wo sie Arbeit verrichtet oder zuletzt verrichtet hat oder in der Umgebung davon, mit Arbeit gewöhnlich verdient. Damit ein vergleichbares Einkommen angesetzt wird, müssen volkswirtschaftliche Lohngefälle z.B. Stadt-Land ausgeschaltet werden. Damit handelt es sich um ein zusätzliches ökonomisches Kriterium. Andernfalls könnte es durch ungleiche Lohnpolitik zu ungerechtfertigten Graden der Erwerbsunfähigkeitsleistungen kommen.

Maßstab für die Feststellung des Leistungsvermögens eines Versicherten ist gemäß der Arbeitshypothese des Invaliditätsbegriffs die Erwerbsfähigkeit auf dem allgemeinen Arbeitsmarkt. Anders als derzeit darf der Arbeitsmarkt keine Rolle bei der Zubilligung einer Erwerbsminderungsrente haben. Zudem muss richtigerweise bei der Bestimmung der Möglichkeit der Resterwerbsfähigkeit auf sämtliche Arbeiten des allgemeinen Arbeitsmarktes abgestellt werden. Zum anderen darf es nicht über eine konkrete Betrachtungsweise dazu kommen, dass bei einem untervollschichtigen Leistungsvermögen eine Verschlossenheit des Arbeitsmarktes angenommen wird, die dazu führt, dass eine höhere Leistung als der tatsächlichen Leistungseinbuße entsprechend gezahlt wird.

Eine Neuregelung der Invaliditätsrente müsste ausdrücklich vorsehen, dass bei der Bestimmung des Erwerbsunfähigkeitsgrades nicht berücksichtigt werden darf, ob der Antragsteller eine Tätigkeit, die seiner Resterwerbsfähigkeit entspricht, erhalten kann. Die Folge wäre, dass für den Fall, dass die Resterwerbsfähigkeit nicht in Arbeit umgesetzt werden kann, der Versicherte nicht als absolut erwerbsunfähig gilt, sondern als teilweise arbeitslos. Dies führt dazu, dass der Versicherte neben seinem Anspruch auf Invaliditätsrente entsprechend dem Grad seiner Erwerbsminderung auch Anspruch auf eine ergänzende Arbeitslosenleistung hat. Fällt diese aufgrund ihrer gesetzlichen Begrenzung weg und der Versicherte erhält keine neue Arbeit entsprechend seiner Resterwerbsfähigkeit, kann ergänzend nur die Sozialhilfe eingreifen, falls das Existenzminimum nicht durch die bereits erfolgenden Leistung gedeckt ist. Dieses Ergebnis muss überzeugen, denn unabhängig davon, wie nachvollziehbar die Annahme eines verschlossenen Teilzeitarbeitsmarktes im Verhältnis zur Annahme eines offenen Vollzeitarbeitsmarktes sein mag, handelt es sich bei der Berücksichtigung des Arbeitsmarktes generell nicht um einen von dem Risiko der Invalidität gedeckten Tatbestand. Zwar sind Interdependenzen zwischen den Risiken der Arbeitslosigkeit und der Invalidität zu erkennen. Nach der zugrundeliegenden Definition bzw. der Arbeitshypothese der Invalidität dürfte es aber nicht zur Berücksichtigung des Arbeitsmarktes kommen. Einzig geschützt ist der Erwerbsausfall durch eine gesundheitliche Beeinträchtigung, nicht der Erwerbsausfall durch arbeitsmarktpolitische Faktoren.[972]

Außer acht bleiben muss bei der Prüfung der Erwerbsminderung anhand der Möglichkeit mit seinem Restleistungsvermögen bestimmte andere Tätigkeiten bzw. zumindest eine andere Tätigkeit verrichten zu können, eine Tätigkeit, für die es tatsächlich keine Arbeitsplätze (mehr) gibt. Die Vermeidung der Berücksichtigung von „ausgestorbenen" Tätigkeiten ergibt sich aber daraus, dass man sich nur tarifvertraglich erfasster Tätigkeiten bedienen darf. Folglich ist nur für die Bestimmung des Resteinkommens ein Blick auf die Arbeitswelt nötig, allerdings nur zur Bestimmung des Einkommensausfalls unter Lohngesichtspunkten, nicht aber bezüglich der Frage, ob ein Arbeitsplatz zur Verfügung steht.

d. Vorrang der Rehabilitation

Viel zu wenig beachtet werden in Deutschland bisher die Leistungen der Prophylaxe und der Rehabilitation. Rehabilitationsleistungen müssen bereits im Vorfeld der Invalidität eingreifen und den Eintritt des Versicherungsfalles verhindern.[973] Mit einem neuen geänderten Schwergewicht dürfte dies auch gelingen.

---

[972] Vgl. *Majerski-Pahlen,*, Die Neuregelung der Renten wegen Erwerbsminderung: Probleme der Rechtsanwendung, NZS 2002, S. 475.

[973] So auch das Ergebnis der Studie der *Internationalen Vereinigung für Soziale Sicherung,* Projekt über Arbeitsunfähigkeit und Wiedereingliederung – Eine Studie in sechs Ländern über Maßnahmen zur Wiedereingliederung von Empfängern von Krankengeld und Invalidenrente in den Arbeitsmarkt S. 12 ff, 78 ff.

Damit kommt man zu einem der gravierendsten Änderungspunkten, die notwendig werden, um den Zugang zur Invaliditätsrente zu bremsen und mehr noch die Anzahl der Leistungsbezieher zu reduzieren. Der Arbeitgeber muss mehr in die Verantwortung genommen werden, um langfristige Arbeitsunfähigkeit und daraus resultierende Erwerbsunfähigkeit abzubauen und zu vermeiden.[974] Es kann nicht angehen, dass der Arbeitgeber in keiner Weise dazu angehalten wird, schon im sehr frühen Stadium einer Arbeitsunfähigkeit, die droht, sich zu einer Erwerbsunfähigkeit auszuweiten, auch aus seinen arbeitsvertraglichen Verpflichtungen heraus, Verpflichtungen zu übernehmen, die die Erwerbsunfähigkeit abwenden sollen. Das Beispiel der Niederlande zeigt, dass nur dieses Konzept und nicht Leistungskürzungen den Zugang zur Invaliditätsrente erheblich verringert hat. So muss das „Humankapital" als weiterer Produktionsfaktor, neben den bekannten anderen Produktionsfaktoren, zu einer weiteren finanziellen Verpflichtung des Arbeitgebers im Falle der Arbeitsunfähigkeit des Arbeitnehmers führen.

Die weitergehende Inpflichtnahme der Arbeitgeber bedeutet, dass die Lohnfortzahlungsverpflichtung[975] der Arbeitgeber deutlich ausgebaut werden und daran gekoppelt werden muss, dass der Arbeitgeber deutliche Bemühungen unternimmt, den Arbeitnehmer, sei es auch mit einer bleibenden Beeinträchtigung, an seinem oder aber an einem veränderten Arbeitsplatz zu integrieren. Damit dieses Konzept Erfolg haben kann, bedarf es Kontrollmöglichkeiten, ein frühes Eingreifen aller Beteiligten und Sanktionsmöglichkeiten durch den Rentenversicherungsträger.

Folgendes Konzept könnte zugrundegelegt werden: Der Arbeitgeber ist verpflichtet, die Lohnfortzahlung für bis zu einem Jahr zu übernehmen. In diesem Jahr erhält der Arbeitnehmer Krankengeld vom Arbeitgeber. Damit würde die derzeitige Lohnfortzahlungsmöglichkeit von anderthalb Jahren, die von den Krankenversicherungen gezahlt wird und über den Sozialversicherungsbeitrag paritätisch finanziert wird um ein halbes Jahr gekürzt. Die bisher bestehende sechswöchige Lohnfortzahlungsverpflichtung des Arbeitgebers würde deutlich erweitert. Dem Arbeitgeber bliebe es überlassen, sich für diese zusätzliche Last rückzuversichern. Möglich wäre auch eine erhöhte Beitragszahlung zur Krankenversicherung. Unter dieser Vorgabe wird der Arbeitgeber alles daran setzen, einem Versicherten eine ihm mögliche Tätigkeit im eigenen Betrieb oder auch bei einem anderen Arbeitgeber zu vermitteln. Nur so kann er eine langwierige Krankengeldzahlung vermeiden. Dabei kann unter

[974] Vgl. *Die Zeit,* Leben auf eigene Rechnung, 17.12.2003; vgl. *Hutsebaut,* Soziale Sicherung in Europa eine Gewerkschaftsperspektive, IRSS 2003, S. 65, 68 ff.
[975] Derzeit sechs Wochen mit 70% des Nettolohngehaltes, vgl. EFZG; teilweise tarifvertraglich vereinbarte höhere Zahlung.

Zugrundelegung des medizinischen Urteils des Rentenversicherungsträgers verknüpft mit dessen Urteil über eine Zumutbarkeit in finanzieller Sicht als auch im Hinblick auf das Anforderungsprofil nach einer neuen Tätigkeit gesucht werden. Gerade an dieser Stelle werden alle erdenklichen Rehabilitationsstrategien erforderlich. Ebenso wie der Arbeitgeber gegenüber dem Arbeitnehmer verpflichtet ist, hat er Verpflichtungen gegenüber dem Versicherungsträger. Dazu gehört die Meldung eines Krankheitsfalles nach vier Wochen Arbeitsunfähigkeit,[976] Aufstellen eines Reintegrationsdossiers nach sechs Wochen, und nach ca. 12 bis 20 Wochen Erstellung eines Reintegrationsplans unter Zuhilfenahme des Rentenversicherungsträgers.[977] Die Maßnahmen, die Arbeitgeber und Arbeitnehmer ergreifen, werden durch den Versicherungsträger überwacht. Die beiden Tarifparteien können diesen auch um ein Sachverständigenurteil bitten, damit bei Uneinigkeiten über Reintegrationsverfahren diese nicht direkt gerichtlich geklärt werden müssen.

Somit wird spätestens nach einer vierwöchig anhaltenden Arbeitsunfähigkeit, integriert in den Verfahrensablauf vor Antragstellung, der Rentenversicherungsträger eingeschaltet, der bei der jetzigen Gesetzeslage im normalen Fall noch keine Kenntnis von einer länger andauernden Arbeitsunfähigkeit hat. Auf den Rentenversicherungsträger werden im neuen Konzept Arbeitsvermittlungskompetenzen zur Weiterbeschäftigung übertragen. Zudem neu ist der Gedanke der teilweisen Arbeitsunfähigkeit, nach dem eine Weiterarbeit auch mit Einschränkungen möglich sein dürfte. Der Arbeitgeber muss in dieser Situation versuchen, den Arbeitnehmer unter Zuhilfenahme jeglichen Rehabilitationspotential des Rentenversicherungsträgers wieder einzusetzen. Bei dem Arbeitnehmer bedeutet dies die Verpflichtung z.B. bei einer Arbeitsunfähigkeit, die ihn nur partiell arbeitsunfähig macht, die Arbeit wiederaufzunehmen.

Der Vorteil für die Arbeitgeber wird auf lange Sicht die Kürzung der Sozialversicherungsbeiträge und die Vermeidung von schwierigen Kündigungsprozessen wegen Krankheit sein. Dabei ist ein Umdenken angezeigt dahingehend, dass die Realität nicht nur den Olympioniken als Arbeitnehmer bereithält, sondern auch leistungsgeminderte Arbeitnehmer. [978]

---

[976] Nach dieser Zeitspanne dürfte absehbar sein, dass es sich nicht nur um eine kurzfristige Arbeitsunfähigkeit ohne bleibende Einbussen handelt.

[977] Fristen und Prozedere weichen ab von den Vorgaben in den Niederlanden. Die Frist zur Meldung einer Arbeitsunfähigkeit bedarf es nicht vor Ablauf von vier Wochen, da dies typischerweise noch eine Arbeitsunfähigkeit im krankenversicherungsrechtlichen Sinne darstellen kann, während danach die Fristen kürzer gesteckt sein sollten.

[978] vgl. *Preis,* Bekämpfung der Arbeitslosigkeit –Eine Herausforderung für Arbeits- und Sozialrecht?, NJW 2000, S. 2304, 2312.

Aus der Sicht der Versicherten hat diese Regelung den Vorteil, dass es zu einem festen Geleit in der Situation der Arbeitsunfähigkeit mit drohender Erwerbsunfähigkeit kommt und es durch angedachte Reintegrationsmöglichkeiten sicherlich eher zu einer Wiederaufnahme der alten oder einer anderen zumutbaren Arbeit kommt. In der Phase der maximal einjährigen Krankengeldfortzahlung ist der Arbeitnehmer abgesichert und die Kontrolle über seine zur Verfügung stehende Erwerbskraft wird nicht verloren. Es kommt nicht zu einem Durchlaufen aller Sozialleistungsstationen ohne Perspektive und mit dem Ende der Nicht-Rehabilitierbarkeit.[979] Kommt es zur Stellung eines Rentenantrages, ist der Versicherte für den Rentenversicherungsträger auch kein unbeschriebenes Blatt, sondern die Probleme des Einzelfalls sind hinlänglich bekannt.

Sollte sich der Versicherte allerdings unberechtigterweise weigern, angedachte Rehabilitationsmaßnahmen anzugehen oder eine andere angebotene Tätigkeit ausschlagen, so bedeutet dies im Rahmen der Mitwirkungspflichten des Versicherten ein Leistungsausschluss. Auch der Versicherte muss daher umdenken, etwaige Prestigegedanken dürfen keine Berücksichtigung finden, bei der Prüfung, zu welcher Tätigkeit der Versicherte noch in der Lage ist. Maßgeblich darf allein sein, dass der Versicherte nicht weniger als ein bestimmtes Niveau verdient und körperlich zu einer neuen Tätigkeit in der Lage ist. Hierbei könnte an eine zumutbare Grenze des Einkommensdefizits von bis zu 20% gedacht werden. Denn bei einer Einbuße von 20% greift bereits die erste Stufe der neu angedachten Invaliditätsrente. Sollte der Versicherte sich weigern, bestimmte angedachte Maßnahmen zu erfüllen, können sowohl Arbeitgeber als auch Arbeitnehmer ein justiziables Urteil des Rentenversicherungsträgers einholen. Im Endeffekt ist daher nicht mehr die Ausführung der Leistungsgesetze der Invaliditätssicherung die Hauptaufgabe des Versicherungsträgers, sondern die Rehabilitation. Dies wäre ein Schritt vom klassischen Sozialversicherungsstaat, bei dem es sich in Deutschland derzeit mit einigen neuen Tendenzen handelt, hin zu einem liberalen, sozialstaatlich lenkenden Wohlfahrtsstaat, der vor allem die Selbsthilfe der Beteiligten in den Vordergrund stellt. Für die Invalidität würde dies bedeuten, nicht mehr das Prinzip „welfare without work"[980] würde akzeptiert. Mit diesem verbliebe in letzter Konsequenz eine neue Unterklasse nicht beschäftigter, gering qualifizierter und gehandicapter Menschen, die auf Dauer in irgendeiner Form auf Wohlfahrtsleistungen angewiesen sind und sich nie mehr in den normalen Arbeits-

---

979 Gerade dies ist das Manko, welches sich auch aus der Studie der Internationalen Vereinigung für Soziale Sicherheit ergibt, vgl. Projekt über Arbeitsunfähigkeit und Wiedereingliederung – Eine Studie in sechs Ländern über Maßnahmen zur Wiedereingliederung von Empfängern von Krankengeld und Invalidenrente in den Arbeitsmarkt, 2000 S. 37ff.

980 *Esping-Anderson,* The three worlds of welfare capitalism, 1990 S. 34ff.

markt integrieren würden. Sondern eine aktive Reintegrationspolitik der Beteiligten wäre erforderlich, die durch eine neue Zumutbarkeitsgrenze der Arbeit dem Prinzip „Arbeit über Einkommen" Platz machen würde. Mit der Ausweitung der Zumutbarkeit für Erwerbsarbeit würde sich sodann ein Wandel im Verständnis von Solidarität vollziehen. Statt der Sicherung der erworbenen Rechte aus einer Sozialversicherung, stünde die Verpflichtung zur Aktivierung der Selbsthilfe im Vordergrund.[981] Dieser aktivierende Sozialstaat bedarf zur Verwirklichung insbesondere eines Wandels der Reintegrationslandschaft.[982]

Bei diesem Änderungsvorschlag wird auch deutlich, dass es einer Vereinheitlichung des Rehabilitationswesen bedarf. Zunächst bedarf es keiner Rehabilitation aus der Unfallversicherung, da diese unter oben dargelegten Prämissen in der allgemeinen Invaliditätssicherung aufgehen würde. Auch hier wäre sie überflüssig und kontraproduktiv. Zudem kann für den Fall der aus einem Arbeitsverhältnis heraus auftretenden Erwerbseinschränkung die Rehabilitationskompetenz des Arbeitsamtes ausgeschlossen werden, denn der Versicherte kann in dieser Zeit der einjährigen Wartezeit nicht arbeitslos werden. In dieser Zeit muss ein Kündigungsverbot wegen Krankheit bestehen. Sodann bedarf es auch nicht der Rehabilitationskompetenz der Krankenversicherungen, denn diese Aufgabe übernimmt direkt der Rentenversicherungsträger. Dies führt für alle Beteiligten zu der erfreulichen Situation, dass es zu keiner Kompetenznegation aller in Frage kommender Versicherungsträger kommt. Letztlich werden dadurch Kosten und Zeit so wie lästige Doppeluntersuchung erspart.

Auch dürfen keine besonderen versicherungsrechtlichen Voraussetzungen den Zugang zu Rehabilitationsmaßnahmen erschweren. Rehabilitationsmaßnahmen dürften nicht dem sozialversicherungsrechtlichen Prinzip unterliegen. Denn durch diese soll die Möglichkeit eines Status als Versicherter erreicht oder erhalten bleiben. So handelt es sich bei Rehabilitationsmaßnahmen einerseits um Entschädigungsmaßnahmen, anderseits aber um Hilfs- und Fürsorgemöglichkeiten.[983] Es ist nicht nachzuvollziehen, dass ein Anspruch auf Rehabilitationsleistungen im Deutschen Recht von der Erfüllung bestimmter versicherungsrechtlicher Voraussetzungen abhängig ist. Für eine medizinische oder berufliche Rehabilitation müssen alle leistungseingeschränkten Per-

---

[981] *Haartog*, The Netherlands: so what so special with the dutch modell? 1999 S. 66.
[982] Daneben bedarf es auch der Flexibilisierung der Arbeitswelt, vgl. *Eichenhofer*, Beschäftigungspolitik und Arbeitsförderung im europäischen Vergleich, ZESAR 2003, S. 50, 57.
[983] Vgl. 1. Teil II. 3.

sonen in Betracht kommen.[984] D.h. es bedarf noch nicht der Situation einer Arbeitsunfähigkeit oder gar einer Erwerbsunfähigkeit, sondern die Grenze ist weit vorher zu ziehen.

Nach der Ausweitung der Lohnfortzahlungsverpflichtung auf den Arbeitgeber muss auch einer Risikoselektion der Arbeitgeber entgegengewirkt werden. Es bedarf dafür des Verbotes von Einstellungsuntersuchungen.

Im Ergebnis könnten diese Vorschläge den Grundsatz „Reha vor Rente" Wirklichkeit werden lassen. Die Vorteile sind: ein enger Kontakt über das gesamte Jahr der Arbeitsunfähigkeit und die Begleitung bei allen Rehabilitationsmöglichkeiten über kurze Wege dadurch, dass der Rentenversicherungsträger jedem Arbeitgeber und Arbeitnehmer für den konkreten Fall einen Fallmanager mit Arbeitsvermittlungskompetenzen zur Verfügung stellt, der Hilfestellung zur Reintegration durch Umschulungen etc. erbringt. Erst wenn es in diesem Jahr nicht gelungen ist, den Versicherten zu reintegrieren, und auch absehbar ist, dass dies nicht gelingen wird, darf der Zugang zu Rentenversicherung eröffnet sein. Dabei genügt dann dieses Jahr der Krankheit als Wartezeit, denn nach dieser konkreten Prüfung von Rehabilitationsmöglichkeiten und der Gesundheitseinbuße steht fest, dass die Möglichkeit eines Erwerbsausfalls vorliegt, der eine mögliche Rentenberechtigung in sich trägt.[985]

e. Rentenleistungen

aa. Akzeptabler Ersatz des Erwerbseinkommens

Zunächst sollen Rentenleistungen den Zweck haben, den Versicherten, der infolge gesundheitlicher Einschränkungen einen Ausfall an Erwerbseinkommen erleidet, so zu stellen, dass er auch nach dem Eintritt des Versicherungsfalles seinen Lebensstandard aufrechterhalten kann. Der wirtschaftliche und soziale Status soll aufrechterhalten werden. Dass dem in Deutschland nur bedingt so ist, wurde bereits ausgeführt. Derzeit hängt das Sicherungsniveau in der deutschen Rentenformel vor allem vom früheren Arbeitsentgelt und von der Versicherungsdauer ab. Bei dieser sozialpolitischen Bewertung werden zwar Versicherungslücken beachtetet und durch Instrumente wie Anrech-

---

[984] Personen, die das 65.Lebensjahr vollendet haben, sind ausgenommen, da sie einer Reintegration nicht mehr bedürfen. Hier greift die Altersrente, die eine auch juristische Grenze zieht, bis wann ein Versicherter sozialpolitisch gewollt noch arbeiten sollte.

[985] Die Ausweitung auf ein weiteres Jahr, wie es die Niederlande derzeit für allen Fälle, d.h. nicht nur für den Fall von ungenügenden Reintegrationsbemühungen, beabsichtigen, erscheint dagegen als zu lang. Denn dann befindet man sich wiederum in der Verfestigung eines nicht mehr behebbaren Dauerzustandes unter anderen Vorzeichen.

nungs-, und Eratzzeiten geschlossen. Zudem wird dem Beitrags- und Zeitfaktor durch die Berücksichtigung von Zurechnungszeiten entgegengewirkt. Mit diesen Instrumenten wird aber lediglich einer noch geringeren Rente vorgebeugt, indem die Zeitdifferenz zwischen dem Eintritt des Versicherungsfalles und der Vollendung des 55. Lebensjahres zur Vermeidung von Niedrigstrenten bei frühem Eintritt der Invalidität fiktiv aufgewertet wird. Zudem muss nach der letzen Rentenrechtsänderung berücksichtigt werden, dass die Zurechnungszeiten wieder gravierend durch Abschläge für eine vorzeitige Renteninanspruchnahme abgewertet werden. Solche Abschläge mögen bei der vorzeitigen Inanspruchnahme einer Altersrente bei sog. privilegierten Altersrenten im Hinblick auf die demografische Entwicklung gerechtfertigt sein. Bei der Invaliditätssicherung sind sie jedoch fehl am Platz. Denn dem Wesen der Invalidität ist es eigen, dass der Versicherte vor Erfüllung des 65. Lebensjahrs die Sicherungsleistung in Anspruch nehmen muss.

Der maßgebliche, zu deckende Lebensstandard bei einer Invalidität muss sich aber im Einkommen der letzten Jahre der Berufstätigkeit wiederspiegeln und nicht, wie es bei der Alterssicherung möglicherweise gerechtfertigt wäre, bei einer angesparte Summe aus der Kombination von Beiträgen und Zeitfaktor. Denn die Bedürfnisse und Ausgaben steigen in der Regel proportional zu den zur Verfügung stehenden Einnahmen. Das Ziel einer akzeptablen wirtschaftlichen Statussicherung wird in Deutschland nicht erreicht. Vielmehr klafft eine Lücke zwischen den Leistungen der Rentenversicherung und dem vor Eintritt des Versicherungsfalles erzielten Arbeitsentgelt. Der Grund für diese Lücke liegt darin, dass bei der Berechnung der Rentenleistung ein Zeitfaktor eine bedeutende Rolle spielt. Dadurch fließen auch Zeiten ein, in denen ein geringeres Arbeitseinkommen bezogen wurde.

Anders als bei der Alterssicherung, bei der der Eintritt des Versicherungsfalles sehr wahrscheinlich ist und dadurch dem Versicherten eigene Vorkehrung möglich sind, ist eine Berechnung, die eine Zunahme der Rentenanwartschaften mit steigender Beitragsleistung und Versicherungsdauer vorsieht, für den Fall der Invalidität nicht gerechtfertigt. Invalidität ist ein Risiko, dessen Eintritt . im Gegensatz zum im gleichen Versicherungszweig geregelten Versicherungsfall „Alter“ - nicht voraussehbar ist. Es handelt sich daher um eine echte „Risikoversicherung“. Nur bei der Altersvorsorge kann durch diese rechnerische Methode eine adäquate Vorsorge für einen bestimmten, voraussehbaren Lebensabschnitt aufgebaut werden. Dagegen stellt sich die Situation bei Invalidität gerade anders dar. Der Versicherte weiß nicht, ob und wann der Versicherungsfall eintritt. Der Zweck der Invaliditätssicherung muss daher sein, die durch den Eintritt des Versicherungsfalles entstehenden Erwerbseinbußen zu kompensieren.[986]

aaa. Änderung hin zu einem kurzen Bezugszeitrahmen

Dies wird nur erreicht, wenn ein zeitnaher Bezugsrahmen für den Einkommensverlust gewährt wird. Es müsste auf das Arbeitsentgelt im letzen oder nicht sehr großen Zeitraum vor Eintritt der Invalidität abgestellt werden, um das sozialpolitische erwünschte Sicherungsniveau zu erzielen. Ähnlich der deutschen Unfallversicherung könnte eine Verletztenrente sich allein auf das Jahr vor dem Unfall beziehen, und trotzdem könnten sozialpolitisch erwünschte Ausgleiche (Ersatz-, Anrechnungs- und Zurechnungszeiten) erfolgen. Es wird daher insbesondere bei der Berechnung der Leistungen deutlich, dass es nicht gerechtfertigt ist, die Invaliditätssicherung als Annex der Alterssicherung zu sehen. Bei dem Vorschlag eines geänderten Bezugsrahmens muss auch eine durchaus wünschenswerte Bemessungsgrenze geändert werden. Begrenzt werden muss nun nicht mehr das mögliche, der Beitragspflicht unterliegende Arbeitseinkommen, sondern das berücksichtigungsfähige Jahreseinkommen.

bbb. Berechnungsvorschlag

Bei einer sinnvollen, geänderten Berechnung der Höhe der Rentenleistung bei Invalidität würde zunächst ein bestimmter maßgeblicher Lohn ermittelt. Man könnte dazu den letzten Jahresarbeitsverdienst vor Beginn der Arbeitsunfähigkeit als Maßstab nehmen. Eine solche Ermittlung würde keine Schwierigkeiten tatsächlicher Art mit sich bringen, wenn man zur Bestimmung auf die steuerrechtlichen Feststellungen zurückgreift.[987]

Sodann würde auf den ermittelten Grad der Erwerbsminderung zurückgegriffen, der wiederum einem bestimmten Faktor zur Festlegung des gewünschten Sicherungszieles entgegengestellt wird. Für den Faktor des gewünschten Sicherungszieles muss aus derzeitiger sozialpolitischer Sicht folgendes geltend. Das maximale Sicherungsziel ist 67% des Nettoeinkommens. Folglich ist der höchste Faktor 67%. Abgestaffelt in fünf gleich großen Schritten könnten so Faktoren als Multiplikatoren entwickelt werden.

---

[986] *Schmäl,* Alterssicherung und Einkommensverteilung, 1977, S. 27f.

[987] Dies geschieht derzeit bereits z.B. für die Feststellung von Hinzuverdienstgrenzen.

Der niedrigste Faktor wäre 13,4%, sodann 26,8%, sodann 40,2%, 53,6%.[988]

Beispiel:

Bei einem Versicherten, bei dem eine absolute Erwerbsminderung aus medizinischer Sicht vorliegt, müsste auf den höchsten Faktor 67% zurückgegriffen werden. Dieser Faktor würde sodann mit dem ermittelten Jahresarbeitsverdienst (beispielsweise 20.000 € netto) multipliziert.

67 x 20.000 : 100 = 13.400 : 12 (Monate) = 1.116,67

1.116,67 € monatlich wäre damit die absolute Erwerbsminderungsrente eines Versicherten, der im Jahr vor der Erwerbsminderung einen Nettoverdienst von 20.000 € jährlich bzw. 1.666.67 € monatlich hatte. Diese Bewertung entspricht ausgehend von Durchschnittssätzen, da die Berechnung anderweitig nicht vergleichbar ist, einer durchschnittlichen[989] derzeitigen Invaliditätsleistung. Dabei ist zu berücksichtigen, dass es sich bei dieser Berechnung um einen um ca. 200 € höheren Betrag handelt als die durchschnittliche Rentenleistung. Dabei ist aber zu berücksichtigen, dass sich bei dieser Berechnungsmethode eine höhere Leistung ergibt, als durch eine beitragsbezogene Berechnung, da die oftmals geringen Verdienste der ersten Berufsjahre oder auch typische Zeiten der Arbeitslosigkeit die gesamte Rentenleistung zu Unrecht verringern. Andererseits aber auch bei einem geringen Jahresarbeitsverdienst diesen, auf dessen Einnahmesituation der Versicherte sich schließlich auch eingestellt hat, konkret berücksichtigen. Sie hat den gravierenden Vorteil, dass der Versicherte weiß, was ihn erwartet. So ist zu beobachten, dass viele Versicherte erst in der Situation der mündlichen Verhandlung eines Klageverfahrens mit dem Begehr einer Invaliditätsrente durch eingeholte Probeberechnungen erfahren, was sie bei einer Rentenleistung wegen Invalidität zu erwarten hätten. Nicht selten erscheint den Versicherten die Leistung derart gering, dass sie das Verfahren beenden und scheinbar zunächst versuchen, nochmals in das Erwerbsleben einzusteigen, um die Rentenleistung zu erhöhen, oder

---

988 Anders als in den Niederlanden, kann das gewünschte Sicherungsziel bereits den Multiplikator darstellen. Es bedarf nicht des Umweges, dass die Erwerbsminderung bestimmten Graden zugewiesen wird, die dann multipliziert mit bestimmten Faktoren die Leistung, die wiederum einem Sicherungsziel entspricht, ergibt. Ebenso bedarf es keiner unübersichtlichen Staffelung in mehr als fünf Ebenen, die Staffelung der Niederlande mit sieben Stufen ist zu kleinschrittig um eine effiziente Verwaltungs- und Begutachtungspraxis zu gewährleisten. Die Abstände werden zu gering, um sie juristisch und medizinisch sauber zu trennen.

989 Vgl. Statistiken, Deutschland Tabelle Nr. 1 und Nr. 3. Bei den Durchschnittswerten ist zu berücksichtigen, dass auch die teilweise sehr niedrigen Rentenleitungen an Frauen enthalten sind, die den Durchschnittswert insgesamt verringern.

aber ein Umweg über den Bezug von anderen, teilweise höheren Sozialleistungen wie z.B. Krankengeld oder Arbeitslosengeld gewählt wird; mit dem Vorteil, dass auch von diesen Sozialleistungen Rentenbeiträge entrichtet werden. Dies führt aber das System einer Invaliditätssicherung ad absurdum. Berechnet man aber die Invaliditätsleistung ebenso wie Krankengeld und Arbeitslosengeld, nämlich anhand des Jahresarbeitseinkommens, kann es zu Unterschieden in der Höhe der Leistung nicht kommen.

Der Wert 1.116, 67 € entspricht 67% des monatlichen Nettoeinkommens des Beispielsversicherten. Ähnlich wie bei der Berechnung des Krankengeldes oder des Arbeitslosengeldes hat der Versicherte eine bekannte Basis. In den Stufen unterhalb der höchsten Stufe soll der mit der verbleibenden Resterwerbsfähigkeit zu erzielende Hinzuverdienst den Lebensstandard sichern.
Setzt man die Leistungen in Relation zum Verdienst eines Versicherten, so handelt es sich immer um den gesetzgeberisch gewünschten Leistungssatz in Bezug auf den ursprünglichen Verdienst. Zu einer Verschiebung des gewünschten Sicherungsniveaus kann es nicht kommen, da direkt angeknüpft wird an den Verdienst.

ccc. Vorkehrungen für unerwünscht niedrige Renten

Gleichzeitig muss bei einem Maßstab des letzten Jahresarbeitsverdienstes beachtet werden, dass es Versicherte gibt, die in dem Jahr vor der Erwerbsminderung oder auch in ihrer gesamten Versichertenkarriere einen Lohn hatten, der bei der oben dargestellten Berechnung zu ergänzender Sozialhilfe führen würde. Für diesen Fall muss man einen Schutzmechanismus einbauen, der den maßgeblichen Lohn auf einen Minimumlohn festlegt. Diese Vorgehensweise würde die neu eingeführte Grundsicherung bei Erwerbsminderung überflüssig machen und wichtige Verwaltungskosten sparen. Dabei darf es letztlich keinen Unterschied machen, aus welchem Topf die unterschiedlichen Sicherungen gezahlt werden. Im Gegenteil, ein Institut der sozialen Sicherung gegen Invalidität muss aus sich heraus die erforderlichen Leistungen erbringen können, ohne Rückgriff auf steuerlich finanzierte Auffangbecken.

Zudem bedürfte es bei einer Festlegung eines Minimumlohnes auch nicht des Instruments der Zurechnungszeiten. Der letzte Lohn ist der Maßstab. Ist dieser zu gering, den Lebensunterhalt aufrechtzuerhalten, wird er aufgebessert. Durch Zurechungszeiten entstehende Verzerrungen werden vermieden. Als Beispiel sei genannt. Eine junge, im Berufsleben stehende Frau bekommt zwei Kinder nachdem sie erwerbsgemindert worden ist. Wäre sie nicht zuvor erwerbsgemindert geworden, wäre sie nach ihrer persönlicher Planung jeweils drei Jahre in Erziehungsurlaub gegangen und danach hätte sie lediglich eine Teilzeitbeschäftigung aufgenommen. Ihr Versicherungsverlauf hätte bis auf die Berücksichtigung der Kindererziehungszeiten deutlich geringere Beitragsleistungen aufgewiesen. Da sie vor Geburt der Kinder aber erwerbsgemindert geworden ist, d.h. noch eine volle Stelle eine Beitragspflicht auslöst, wird bei den Zurechnungszeiten fiktiv diese volle Beitragspflicht hinzugerechnet, obwohl es tatsächlich aufgrund der Reduzierung auf einer Halbtagsstelle dazu nie gekommen wäre.

ddd. Steuerliche Behandlung

In Deutschland kommt es aufgrund der steuerrechtlichen Situation zu deutlichen Verzerrungen des erwünschten Sicherungsniveaus einer Invaliditätsleistung.[990] Im Zuge insgesamt anstehender steuerrechtlicher Änderungen sollte grundsätzlich daran gedacht werden, dass die Leistungen der Invaliditätssicherung der Sozialversicherungspflicht im Hinblick auf einen sekundären Schutz und der Steuerpflicht unterliegen sollten.

Folglich sollte bei dem oben aufgezeigten Beispiel grundsätzlich mit Bruttowerten operiert werden. Nur so kann man Verzerrungen aufgrund gewünschter steuerrechtlicher Privilegierungen unterbinden. Denn derzeit beeinflusst das Steuerrecht stark das zur Verfügung stehende Nettoeinkommen. Das Nettoarbeitseinkommen von Familien ist aufgrund der steuerrechtlichen Privilegierung höher als bei einer alleinstehenden Person, so dass bei gleicher Höhe der Invaliditätsleistung das Einkommensersatzniveau aufgrund des früheren höheren Nettoeinkommens bei einem Versicherten, der eine Familie hat, niedriger ist. Den Beziehern von Invaliditätsleistungen kommt die unterschiedliche Besteuerung nicht mehr zugute, da auf die Invaliditätsleistungen keine Einkommenssteuer zu zahlen ist.

eee. Anpassungen

Rentenanpassungen würden sich bei einer geänderten Rentenberechnung nicht mehr über einen Index des aktuellen Rentenwertes ergeben, sondern über die von den Tarifvertragspartnern ausgehandelten Lohnhöhen bei der Erstfeststellung und bei den feststehenden Rentenleistungen anhand der zu übertragenden statistischen Erhöhung der Löhne. So hätte man einen direkten Bezug zu den gezahlten Löhnen. In der Regel wird damit zumindest ein Inflationsausgleich über die tarifliche Entwicklung stattfinden.

---

[990] Vgl. 3. Teil, III. 2. Leistungshöhe.

bb. Sekundärer Schutz

Der sekundäre Schutz gegen die Kosten von Krankheit und Pflege sowie auch der Aufbau der Altersrente könnte trotz Veränderungen der Invaliditätssicherung in den herkömmlichen Gegebenheiten verbleiben. Dabei sollte an dieser Stelle auch nicht diskutiert werden, wer die Beitragslast für die Kranken- und Pflegeversicherungsbeiträge zu tragen hat. Fordert man nämlich eine Tragung der Beiträge zur Invaliditätssicherung vorwiegend von den Arbeitgebern und eine Auszahlung der Rentenleistungen im Bruttoprinzip, so wäre es die Aufgabe der Versicherten, von der Rente ihre Sozialversicherungsabgaben für einen sekundären Schutz zu entrichten.

Der Schutz gegen das Alter setzt weiterhin voraus, dass Zeiten des Bezugs einer Erwerbsminderungsrente im Rahmen der Alterssicherung als Zurechnungszeit gewertet werden. Würde man insgesamt ein Bruttoprinzip der Invaliditätsrente bevorzugen, bedürfte es auch dieser fiktiven Zurechnungszeiten nicht, da dann der Leistungsbezieher weiterhin von seiner jeweiligen Invaliditätsrente Beiträge zur Alterssicherung abführen würde. Für diesen Fall muss entgegen des obigen Beispiels natürlich mit dem Bruttolohn als Lohnmaßstab operiert werden und nicht mit dem Nettolohn.

Der Bezugspunkt Bruttolohn und damit eine der Steuer- und Sozialversicherungspflicht unterliegenden Invaliditätsrente würde auch einer weitergehenden maßgeblichen Änderung gerecht, nämlich dem Arbeitslosigkeitsrisiko. Berücksichtigung finden muss, dass der Invaliditätsrentenbezieher, bei Außerachtlassung der konkreten Betrachtungsweise und bei einem befristeten Leistungsbezug arbeitslos werden kann. Dies wird derzeit viel zu wenig beachtet. Wenn der Versicherte aber die Sozialleistung Arbeitslosengeld empfängt,[991] bedarf es einer Beitragspflicht des Versicherten. Derzeit ist dies nicht der Fall. Im schlimmsten Fall kann daher nach mehrjährigem befristeten Rentenbezug die Möglichkeit bestehen, dass der Versicherte keinen Anspruch auf Arbeitslosengeld mehr hat. Eine Pflichtversicherung gegen Arbeitslosigkeit bei Invaliden würde auch berücksichtigen, dass derzeit aufgrund der Berücksichtigung der Arbeitsmarktlage bei einem untervollschichtigen Leistungsbild mit der Folge der Zahlung von Rentenleistungen statt Arbeitslosenleistungen bereits ein finanzieller Ausgleich der Träger untereinander stattfindet.

---

[991] Bzw. auch weitergehende Leistungen wie Arbeitslosenhilfe bzw. Leistungen nach dem SGB II (AlG II).

cc. Leistungsdauer

Damit kommt man zu einem weiteren wichtigen Änderungspunkt der Invaliditätsrente. Die Invaliditätsrente sollte grundsätzlich nicht mehr auf Dauer gewährt werden. Diese Forderung beinhaltet zwar schon das EM-ReformGesetz. Jedoch unter einem anderen Ansatz, der aus zweierlei Hinsicht Bedenken aufwirft. Zum einem ist das gesetzgeberische Ziel, in der Regel eine Befristung vorzunehmen, in der Praxis nicht erreicht worden.[992] Zudem ist nicht nachvollziehbar, dass die Leistungszahlung bei einer befristeten Rente um sieben Monate verschoben wird. Dies erscheint wenig gerechtfertigt, denn der medizinische Versicherungsfall ist bereits eingetreten. Damit liegt ein schützenswertes Risiko vor. Der Versicherte bedarf in dieser Situation Leistungen.

Die in diesen ersten sechs Monaten erforderlichen Krankengeldzahlungen führen zu unberechtigten Verschiebungen der Belastungen zwischen den Krankenkassen und den Rentenversicherungsträgern. Ausgleichsleistungen unter den Sozialleistungsträgern wären nicht erforderlich, wenn man eine grundsätzliche Befristung der Leistungen vorsehen würde, jedoch den Leistungsfall und den Zeitpunkt des Eintritts der Erwerbsminderung nicht auseinanderziehen würde.

Grundsätzlich zu begrüßen ist die Regel einer generellen Befristung. Man kann einer Befristung bei einer Invalidität vorwerfen, dass sie dem einzelnen Versicherten keine dauerhafte Sicherheit bietet und die psychische Situation eines Versicherten darunter leidet. Jedoch muss der Gedanke einer immer wieder zu prüfenden Reintegration in die Arbeitswelt oder auch die Möglichkeit der Verbesserung eines Gesundheitszustandes Vorrang haben. Dabei könnte an einen Zeitraum zwischen drei und fünf Jahren gedacht werden. Ein berücksichtigungsfähiger Punkt bei der Dauer der Befristung könnte auch das Alter des Versicherten sein. Mit zunehmenden Alter wird eine Reintegrationsmöglichkeit und eine Verbesserung des Gesundheitszustandes des Versicherten zunehmend unwahrscheinlicher.

d. Zusammentreffen von Leistungen

aa. Kein Zusammentreffen von Krankengeld und/oder Arbeitslosengeld

Dem oben unterbreiteten Vorschlag entsprechend kann es nicht gleichzeitig zum Bezug von Krankengeld oder auch Arbeitslosengeld und Leistungen we-

[992] Vgl. Statistiken, Deutschland, Tabelle Nr.14.

gen Invalidität kommen. Zunächst bezöge der Versicherte im Normalfall ein Jahr Krankengeld oder Lohnfortzahlung vom Arbeitgeber, erst danach (Wartezeit) hätte er überhaupt erst die Möglichkeit, eine Rentenzahlung zu beantragen. Die Rente wäre dann wiederum ausgeschlossen, wenn es wegen nicht ausreichender Reintegrationsbemühungen des Arbeitgebers zu einer Verlängerung des Entgeltfortzahlungszeitraumes kommt.

Auch eine Kumulation von Arbeitslosengeld und Rentenleistungen wäre unmöglich. Entsprechend dem Grad der Erwerbsminderung hätte der Versicherte einen Anspruch auf Leistungen wegen Invalidität und daneben als Quasi-Hinzuverdienst für den Fall der Arbeitslosigkeit Anspruch auf Leistungen aus der Arbeitslosenversicherung. Wobei es hier zur Berücksichtigung einer teilweisen Arbeitslosigkeit, die derzeit noch nicht normiert ist, kommen müsste. Damit wird schon auf Tatbestandsebene eine Kumulation ausgeschlossen ist.

bb. Ausschluss der Übersicherung

Die derzeitige Regelung zum Entgegenwirken des Bezuges mehrerer Leistungen sei es Arbeitsentgelt oder Arbeitseinkommen über Hinzuverdienstgrenzen ist arbeitsintensiv, streitträchtig und systemwidrig. Bei der Invaliditätsrente bedarf es keiner Sicherung, wenn kein Einkommensausfall vorliegt. Mit der vorgeschlagenen Änderung der Berechnungsmethode einer Invaliditätsleistung könnte genau dieses Zusammentreffen unterschiedlicher Leistungen schon im Zeitpunkt des Entstehens eines Anspruchs auf Invaliditätsleistung berücksichtigt werden.

Zur Verdeutlichung: Hat ein Versicherter Arbeitseinkommen trotz gesundheitlicher Leistungseinbussen, so führt dieses bei der Berechung des Lohnausfalls zu einem geringeren Grad der Erwerbsminderung oder einem Ausschluss des Leistungsanspruchs. Somit wird auf der Tatbestandsebene der Anspruch ausgeschlossen. Bei dieser Vorkehrung ist es gleichgültig mit welcher Art von Arbeit, sei sie einem Versicherten auch im Rahmen der Verweisbarkeitsprüfung der Berufsunfähigkeitsrente unzumutbar, erzielt wird.

cc. Unfallversicherung

Die Unfallversicherung sollte in das generelle System der Invaliditätssicherung integriert werden. Damit würde eine mögliche Übersicherung unterbunden, welcher derzeit schon durch Antikumulierungsbestimmungen entgegengewirkt wird. Wie bereits erwähnt, werden durch eine Vereinheitlichung der Systeme vor allem auch Verwaltungskosten und Doppeluntersuchung gespart.

Notwendig bei einer Integration wäre aber weiterhin die Berücksichtung des Haftungsersetzungsprinzips, welches die Unfallversicherung gewährleistet. Durch die Senkung des Haftungs- bzw. Entschädigungsniveaus der allgemeinen Invaliditätssicherung könnte es bei dieser arbeitsrechtlichen Privilegierung verbleiben. So wäre bei den oben bereits vorgeschlagenen Graden der Erwerbsminderung des Haftungsniveau 20%. Dies entspricht genau dem Haftungsniveau, das die gesetzliche Unfallversicherung bietet. Damit stünde der Vorschlag im Einklang mit den internationalen Normen der ILO, wie sie z.B. im Übereinkommen Nr. 102 und Nr. 121 normiert sind. Rentenleistungen wegen Invalidität sollten daher ohne Differenzierung, wie es zu der Minderung der Leistungsfähigkeit gekommen ist, erbracht werden. Denn das gesicherte Risiko der allgemeinen Invalidität unterscheidet nicht nach einer kausal determinierten Erwerbseinbuße oder einer allgemeinen. Damit das Prinzip der Haftungsersetzung für den Arbeitgeber bei Integration in das allgemeine System aufrechterhalten bleiben kann, bedarf es einer Änderung der Finanzierung des allgemeinen Invaliditätssystems. Der Arbeitgeber hat die Beiträge zur Invaliditätsversicherung allein auf zu bringen.

e. Feststellungsverfahren

Auch in Deutschland sollte über ein bedeutend gestraffteres Feststellungsverfahren mit geänderten Prioritäten nachgedacht werden.

Oberste Maxime auch beim Feststellungsverfahren sollte der Grundsatz „Reha vor Rente“ sein. Einhergehend mit dieser Prioritätenänderung muss gerade beim Verfahren vor dem eigentlichen Rentenfeststellungsverfahren eine neue Kompetenz- und Aufgabenverteilung herbeigeführt werden. Der Sozialversicherungsträger ist nicht länger mehr nur Feststeller oder Ablehner einer Rentenleistung, sondern muss bereits im Vorfeld dafür Sorge tragen, den Versicherten zu begleiten. Weg von der Rente, hin zur Reintegration. Dazu müssen dem Sozialversicherungsträger für die Invalidität Arbeitsvermittlungskompetenzen übertragen werden, und es muss gesichert sein, dass er sich aktiv am Verfahren vor der eigentlichen Rentenantragstellung beteiligt. Ebenfalls beim Verfahren, insbesondere beim Verfahren vor der Antragstellung wird deutlich, dass auch beim Arbeitgeber eine andere Priorität und vor allem eine weitreichende Verantwortlichkeit vorliegen muss.

Der Arbeitgeber sollte, wie oben bereits dargestellt, aus seiner arbeitsvertraglichen Fürsorge heraus verpflichtet sein, bis zu einem Jahr Krankengeld zu zahlen. Innerhalb dieses Jahres haben alle Beteiligten -Arbeitnehmer, Arbeitgeber und Sozialversicherungsträger- die Aufgabe, unter Berücksichtigung von Rehabilitationsstrategien eine Wiederaufnahme einer Arbeit zu erzielen.[993] Erst wenn dies nicht gelungen ist, kann der Arbeitnehmer nach Ablauf des Jahres einen Rentenantrag stellen. Dabei sollte ein fester Fahrplan eingehalten werden, der so aussieht, dass der Rentenversicherungsträger mit einem Vorlauf von drei Monaten, dem Versicherten das Antragsformular zur Antragsstellung zuschickt, um so die derzeitige deutsche Situation der oftmals anzutreffenden Planlosigkeit und des Durchlaufens aller Sozialleistungen mit dem derzeitigen Auffangbecken Arbeitslosenhilfe zu vermeiden. Das Antragserfordernis mit einer vom Versicherungsträger zu übernehmenden Zusendung (Erinnerung) sollte auch für den Wegfall nach einer Befristung beibehalten werden.

aa. Verfahren vor dem Beginn des Feststellungsverfahrens

Der Beginn des Feststellungsverfahrens sollte gekennzeichnet sein durch straffe Führung und Kontrolle bei Eintritt einer Arbeitunfähigkeit. Bereits nach einer vierwöchigen Krankheit sollten sowohl der Arbeitgeber als auch der Arbeitnehmer die Verpflichtung haben, die Arbeitsunfähigkeit dem Versicherungsträger zu melden. Direkt daran anschließend sollte, notfalls durch medizinische Untersuchungen, geklärt werden, ob von einer nicht mehr behebbaren Leistungseinschränkung auszugehen ist, also ob ein Dauerzustand zu befürchten ist, oder aber eine Rückkehr an den alten Arbeitsplatz erwartet werden kann. Nach ca. 14 Wochen bedarf es durch Mitarbeit aller Beteiligten der Ausarbeitung eines Reintegrationsplans. Dieser wird erstellt durch Mithilfe eines Fallmanagers des Versicherungsträgers, der über Kenntnisse des Arbeitsmarktes verfügt.[994] Erfolgt keine Reintegration durch Rückkehr an den alten Arbeitsplatz oder Eingliederung an einen neuen Arbeitsplatz auch z.B. bei einem neuen Arbeitgeber, sollte nach einem halben Jahr der Reintegrationsplan geprüft und geändert werden, ebenso nach Ablauf von weiteren drei Monaten.

In diesem Zeitpunkt kann dann der verpflichtend einzureichende Antrag auf Rentenleistungen wegen Invalidität geprüft werden. Trotzdem bedarf es weiterer Prüfungen der Reintegrationsfähigkeit bis zum Ablauf des Wartezeitjahres. Nach Ablauf dieses Jahr dürfte der Versicherte aus krankheitsbedingten Gründen kündbar sein. Gleichzeitig wird sich diese fiktive Situation wie folgt darstellen. War keine Reintegration möglich, wird die Erwerbsminderung

[993] Anders sieht es auch aus, wenn eine langfristige Umschulungsmaßnahme begonnen wurde. Dann wird der Arbeitgeber durch die Zahlung von Übergangsgeld direkt vom Sozialversicherungsträger entlastet.

[994] Derzeit setzt der Versicherungsträger bereits Reha-Fachleute zur Prüfung von Eingliederungshilfe und beruflichen Rehabilitationen (Teilhabe am Arbeitsleben) ein.

oder die Erwerbsminderung in Kombination mit eingebrachten Leiden so stark sein, dass von einem tatsächlichen Rentenanspruch auszugehen sein wird. Konnte ein Arbeitsplatz gefunden werden, der aber finanziell keinen hinreichenden Ausgleich bietet, kommt es zur Gewährung einer entsprechenden relativen Erwerbsminderungsrente. Konnte kein Arbeitsplatz beschafft werden, ist der Versicherte aber nach medizinischer Prüfung noch in der Lage, bestimmten Tätigkeiten nachzugehen, ist es allein ein Problem des Arbeitsmarktes, dass dieser Versicherte nicht integriert werden konnte. Für dieses Problem ist dann aber die Arbeitslosenverwaltung zuständig und nicht der Rentenversicherungsträger.

Unter dieser Prämisse überprüft der Versicherungsträger im Feststellungsverfahren nicht nur, ob der Leistungsfall einer Invaliditätsleistung eingetreten ist, sondern auch, ob die Reintegrationsbemühungen der Beteiligten ausreichend waren. Dies ist für den Versicherungsträger eine völlig neue und präventive Aufgabe. Mit dem unbedingten Ziel, von einer Invaliditätsleistung abzuhalten, hat der Versicherungsträger Sanktionsmöglichkeiten für den Fall, dass er die Reintegrationsbemühungen für ungenügend hält. Er kann den Arbeitgeber verpflichten, länger als 52 Wochen seiner Lohnfortzahlungsverpflichtung nachzukommen. Gleichzeitig schließt dies die Gewährung einer Rentenleistung aus, da kein Leistungsfall eintritt. Hierbei ist zu berücksichtigen, dass entgegen der Situation in den Niederlanden eine Verlängerung von einem weiteren Jahr der Fortzahlung des Krankengeldes kaum Sinn machen wird. Ist in einem Zeitraum von einem Jahr, maximal anderthalb Jahren trotz intensiver Reintegrationsbemühungen eine Wiedereingliederung nicht gelungen, wird in den wenigsten Fallen danach eine Wiedereingliederung gelingen. Nach der Ergebnissen der Studie der Internationalen Vereinigung für Soziale Sicherheit[995] zeigt sich, dass mit einer gelungenen Wiedereingliederung nur in den ersten anderthalb Jahren zu rechen ist.

bb. Verfahren nach Antragstellung

Das medizinische Prüfverfahren zur Feststellung einer Erwerbsminderung bliebe trotz geänderter Vorzeichen im wesentlichen das Gleiche. Auch die verfahrensrechtliche Seite der Berufskunde würde nicht ausgeweitet werden, sie würde sich nun aber gezielt auf die Frage der Bestimmung des Maßes der Invalidität beziehen. Es bedürfte nun der tatsächlichen Ermittlung des Einkommensausfalls, nicht der Fiktion, dass bei einer bestimmten zeitlichen Er-

---

995 Vgl. *IVSS*, Projekt über Arbeitsunfähigkeit und Wiedereingliederung – Eine Studie in sechs Ländern über Maßnahmen zur Wiedereingliederung von Empfängern von Krankengeld und Invalidenrente in den Arbeitsmarkt, 2000 S. 37ff.

werbsminderung ein Einkommensausfall eintritt. Damit eine solche Prüfung verwaltungstechnisch möglich ist, bedarf es der Erstellung einer laufend aktualisierten Tätigkeitsschablone. Mit dieser müsste z.B. über die Erfassung der Lohn- und Gehaltstarifverträge durch den Versicherungsträger zumindest eine Tätigkeit[996] selektiert werden, zu der der Versicherte unter Zugrundelegung seiner körperlichen und geistigen Belastbarkeit einsetzbar wäre und den meisten Lohn erzielen könnte. Auf der Basis dieser höchst entlohnten Tätigkeiten, die tatsächlich auf dem Arbeitsmarkt noch vorhanden sein muss, kann bestimmt werden, welche Restverdienstkapazität der Versicherte noch hat. Die Differenz zwischen dieser Restverdienstkapazität und dem ursprünglichen Lohn stellt den Grad der Erwerbsminderung dar.

cc. Versicherungsrechtliche Voraussetzung

Würde man das sozialversicherungsrechtliche System für die Invaliditätssicherung verlassen und die oben angedachte Kombination hin zu einem Entschädigungssystem annehmen, stellt sich die vielfache Problematik der versicherungsrechtlichen Voraussetzungen nicht mehr. Allein das Vorliegen der erforderlichen Wartezeit wäre Prüfungspunkt. Dies würde zu einer großen Verwaltungsvereinfachungen führen.

dd. Beginn und Wegfall von Renten

Mit Erteilung des Bescheides als Abschluss des Feststellungsverfahrens würde die Rente beginnen. Sie wäre grundsätzlich auf einen Zeitraum zwischen drei und fünf Jahren befristet und fiele dann automatisch weg. Es bedürfte dann eines neuen Feststellungsverfahrens. Ebenfalls automatisch, weil gesetzlich normiert, fiele die Invaliditätsleistung mit Erreichen des Lebensalters für den Bezug der Regelaltersrente weg.

g. Finanzierung

aa. Übertragung der Beitragslast auf die Arbeitgeber

Bei Beibehaltung eines Umlageverfahrens sollten die Leistungen für Invalidität allein vom Arbeitgeber finanziert werden. Denn nur so wird es gelingen zu

---

[996] In den Niederlanden dagegen wird als Prüfungsmaßstab die Möglichkeit der Verrichtung von drei Tätigkeit vorgesehen. Es genügt aber für eine solch hypothetische Verweisung bereits das Vorliegen einer Tätigkeit, damit der Leistungsfall nicht eintritt. Andernfalls würde man Gefahr laufen den Arbeitsmarkt unzulässig zu berücksichtigen. Reformbestrebungen in den Niederladen haben dies scheinbar erkannt.

einer Dynamik und Aktivierung, weg von einem traditionellen Sozialleistungssystem hin zu einem aktivierenden Wohlfahrtsstaat zu kommen. Durch die geänderte Finanzierung soll der Arbeitgeber ein Interesse daran entwickeln, das Invaliditätsrisiko in seinem Betrieb für jeden seiner Arbeitnehmer möglichst gering zu halten. Auch dies ist ein Schritt in die Richtung Prävention. Bei dieser Forderung, die sicherlich auf Unverständnis stößt, ist zu beachten, dass die bislang vorliegende Belastung für die Arbeitgeber aus der Unfallversicherung gänzlich wegfallen würde und nun in der allgemeinen Invaliditätsrente aufgehen würde. Zudem würde das Gesamtkonzept dazu führen, dass der Zugang zur Invaliditätsrente sicherlich begrenzt würde und auch andere Sozialleistung nicht so stark wie bisher in Anspruch genommen würden. Dadurch käme es insgesamt zu einem Abschmelzen der erforderlichen Sozialversicherungsbeiträge auf lange Sicht. In diesem Zusammenhang muss die Debatte über eine Kürzung der Sozialversicherungsbeiträge, explizit für die Seite der Arbeitgeber, und welche Rolle Sozialschutzausgaben für das Wirtschaftwachstum spielen, angesprochen werden. Nach wie vor sollte hier der Kompromiss zwischen Gerechtigkeit und Effizienz gelten.[997] Bisweilen wird argumentiert, das ein hoher Standard an sozialer Sicherheit einhergehend mit hohen Beiträgen zu den Systemen der sozialen Sicherheit dem Wirtschaftswachstum schade. Weite Teile der volkswirtschaftlichen Literatur bieten wenig Einblick in die ursächliche Beziehung, denen zufolge die Ausgaben für die soziale Sicherheit angeblich Auswirkungen auf das Wirtschaftswachstum hat.[998] Zudem muss beachtet werden, dass die üblichen Analysen nur den öffentlichen Teil der sozialen Sicherheit analysieren und vergessen, dass die private Sicherung Lücken in der öffentlichen Bereitstellung von sozialer Sicherheit ausgleicht. Des weiteren lässt die gewöhnliche Analyse zu Unrecht das Steuerrecht und dadurch bedingte Verschiebungen außen vor. Insbesondere aufgrund der Erfahrungen in den Niederlanden, als auch aufgrund von Erfahrungen in Schweden und in Großbritannien muss vielmehr davon ausgegangen werden, dass Wachstum ein bestimmtes Maß an Sozialleistungen, korrelierend mit einer zumindest paritätischen Verteilung der Kosten der Sozialleistungen voraussetzt. Wichtigstes Verteilungskriterium darf daher nicht die Frage der Kosten an sich sein, sondern der hintergründige Gedanke, was soll mit einer Tragen der Kosten für soziale Lasten bezweckt werden. Hier rückt dann wieder der Gedanke des aktivierende Wohlfahrtsstaates in den Vordergrund. Mag es für die Altersversicherung auch anders sein, bei der Invaliditätsversicherung hat der Arbeitgeber entscheidenden Einfluss auf eine

---

997 *Okun,* Equalitiy and efficiency, The big trade off, 1975 S. 7 ff.

998 Vgl. *Walwei,* Hoher Beschäftigungstand und soziale Sicherheit: Vision oder Illusion in einer globalisierten Welt, Projekt-Papier Arbeitsbereich, Langfristige Vorausschau und internationale Analysen, S. 21 ff; Vgl. auch *Luxemburger income study working paper* Series Nr. 130, IWF-Konferenz 1995 „Income distribution and sustainable growth".

Invalidität eines Arbeitnehmers. Er hat sowohl Einfluss auf die Arbeitsbedingungen als auch auf die Möglichkeit einer Reintegration, des weiteren auch auf die Anzahl von Versicherten die aus seinem Betrieb Invaliditätsleistungen bezieht. Folglich kann aktive Arbeitsmarktpolitik im Falle einer gesundheitsbedingten Problematik nur durch eine Übertragung der alleinigen Kostenlast erzielt werden. Nach erfolgreicher Aktivierung wird auch das Wirtschaftswachstum durch eine zunehmend geringere Anzahl von Beziehern von Sozialleistungen nicht auf sich warten lassen.

bb. Unterschiedliche Beiträge

Im Einzelnen könnte zwischen zwei Beitragsarten unterschieden werden. Zum einen müsste jeder Arbeitgeber einen Basisbeitrag und einen variablen Beitrag bezahlen. Aus dem Basisbeitrag werden die laufenden Invaliditätsleistungen bezahlt, aus dem variablen Beitrag die Verwaltungsausgaben und die sicherlich steigenden Ausgaben für Rehabilitation.

Der Basisbeitrag wäre für alle Arbeitgeber für jeden Versicherten gleich hoch. Er müsste ermitteltet werden durch Subtraktion der im einheitlichen System der Rentenversicherung gezahlten Beiträge in Relation zu den Ausgaben für Invalidität und Alter. Dabei wird sich anhand der Statistiken herausstellen, dass die Leistungen für das Alter höher sind als für die Invalidität. Die Beitragshöhe des variablen Beitrags hängt vom Erwerbsunfähigkeitsrisiko des jeweiligen Unternehmens und von dessen Größe ab. Durch die Ermittlung des unternehmensspezifischen Betrages, d.h. mit einer von der Anzahl der Erwerbsunfähigkeitsleistungen beziehenden ehemaligen Arbeitnehmer eines Unternehmens abhängigen Beiträge, soll ein Anreiz zu präventiven Maßnahmen der Arbeitgeber gesetzt werden. Dieses System der von der Gefahr abhängigen Beiträge liegt derzeit in der gesetzlichen Unfallversicherung bereits vor und könnte integriert bzw. kopiert werden. Denn schon jetzt zahlt der Arbeitgeber bereits Leistungen der derzeitigen gesetzlichen Rentenversicherung, dadurch dass die Leistungen der gesetzlichen Rentenversicherung ruhen, wenn gleichzeitig ein Anspruch aus der gesetzlichen Unfallversicherung besteht. Trotzdem werden aber zwei getrennte Versicherungszweige aufrechterhalten, deren Verwaltungskosten doppelt anfallen. Bei einer zufordernden Integration der Unfallversicherung in eine eigenständige Invaliditätssicherung fielen die Kosten für zwei getrennte Verwaltungszweige weg. Mit der Folge, dass sich auch hier eine Kürzung der Sozialversicherungsbeiträge ergeben würde.

h. Organisation

Bezüglich der Organisation setzt das erarbeitete Konzept eine vollständige Eingliederung der Unfallversicherung in die Invaliditätssicherung voraus. Dadurch kommt es sicherlich zu gravierenden Änderungen und auch Kostenersparnissen. Entgegen der Forderungen die Invalidität und die Alterssicherung vom gesetzlichen Regelwerk, den Voraussetzungen und der Finanzierung zu trennen, bedarf es bei der Organisation nicht zwingend einer Trennung. Im Zuge ohnehin umgreifender Fusionen wäre es kontraproduktiv und zudem auch nicht erforderlich.

i. Rechtsschutz

Für den Rechtsschutz aller Beteiligter muss gewährleistet sein, dass insbesondere die neue Aufgabenübertragung und Inpflichtnahme im Jahr der Wartzeit einer gerichtlichen Kontrolle unterworfen werden sein muss. Gleichsam bedarf es dieser Justiziabilität auch bei der Beitragsproblematik. Diese ist aber aufgrund der vergleichbaren Problematik bei der Unfallversicherung bereits jetzt schon eine bekannte Rechtsproblematik. Das neue Konzept wird zwar die Verwaltung und auch die Justiz fordern. Letztlich aber keineswegs unmachbar sein. Vielleicht dient es auch zur Reduzierung der Streitigkeiten.

F. 6. Teil: Schlusswort

Bei einem Vergleich von Sozialleistungssystemen verschiedener Länder kommt es zu einem „Blick über den Tellerrand". Zu Recht formulierte daher Ernst Rabel, einer der Begründer der Rechtsvergleichung in Deutschland, das Ziel der Rechtsvergleichung: „Darüber ist kein Zweifel: genügend entwickelt wäre die Rechtsvergleichung das A und O, Grundlage und mit der juristischen Philosophie zusammen, Krönung der gesamten Rechtswissenschaft. Denn der Stoff des Nachdenkens über die Probleme des Rechts muss das Recht der gesamten Erde sein."[999]

Betrachtet man mit einer nicht immanenten Haltung das Sozialversicherungssystem Deutschlands fällt unschwer auf, dass die Politik und auch die Sozialpartner auf die sich seit Jahrzehnten verschärfenden Herausforderungen nur mit marginalen Änderungen reagieren und offenbar immer mit dem als Allheilmittel angesehenen Instrument der Leistungskürzungen operieren.

Inzwischen kann man ein Wirrwarr von Kompetenzen, Leistungen und Transferzahlungen zwischen Leistungsträgern untereinander und öffentlichen Haushalten feststellen. Dies führt zu enormen Reibungsverlusten, Unübersichtlichkeit sowie zu nicht rechtfertigender Unter- und Überversorgung einzelner Versicherter.

Die Niederlande, die diesen Schritt bereits ohne Erfolg hinter sich haben, konnten jedenfalls beträchtliche Erfolge erst mit einer grundlegenden Änderung des Systems erzielen.

Not tut eine unvoreingenommene Analyse, die sich die Zeit lassen muss, dass Ziel der jeweiligen Sozialleistung herauszuarbeiten, die Sozialleistungen ihrem jeweiligen Ziel anzupassen und Instrumente zu entwickeln, einer Überbelastung der Sozialkassen bzw. der öffentlichen Haushalte entgegenzuwirken. Diese Arbeit hat dazu hoffentlich einen Beitrag leisten können.

---

[999] Rabel, Aufgabe und Notwendigkeit der Rechtsvergleichung in Zweigert, Puttfarken, Rechtsvergleichung 1978, S. 85, 87 und Zweigert, Puttfarken, Zum Nationalismus der Rechtsvergleichung – Ein Essay, 1982 S. 593ff.

Statistiken und empirische Informationen

1. Allgemein

Tabelle Nr. 1:
Mit meiner gesetzlichen Rente für den Fall der Invalidität werde ich auskommen....

D	17% mit sehr großen Schwierigkeiten	44 % mit Schwierigkeiten	36 % weiß nicht	3 % leicht
NL	21 % mit sehr großen Schwierigkeiten	40 % mit Schwierigkeiten	20 % weiß nicht	19 % leicht
EU 15	18 % mit sehr großen Schwierigkeiten	42 % mit Schwierigkeiten	25 % weiß nicht	15 % leicht

Quelle: Eurobarometer Nov. 2001; Ergebnisse der Ermittlung der EG-Kommission „Entwicklung des Sozialschutzes in Langzeitperspektive" (KOM 2000) 622)

Tabelle Nr. 2:
Zugang zur privaten Rentenvorsorge

Deutschland 2000	28 % der Arbeitnehmer im Handel und 64 % in der Industrie waren abgedeckt (in der ehemaligen DDR 16 % respektive 20 %). Es beziehen ca. 50 % der zuletzt in der Privatwirtschaft beschäftigen männlichen Arbeitnehmer eine betriebliche Altersrente Bei Beschäftigten im öffentlichen Dienst beziehen 87 % der Männer und 53 % der Frauen, die zuletzt im öffentlichen Dienst beschäftigt waren, eine Zusatzrente. Es gelten tarifvertragliche Zusatzrentenregelungen. 7 % des Gesamtrenteneinkommens stammt aus der 2. Säule 10 % des Ruhestandseinkommen entfällt auf die 3. Säule
Niederlande 2000	91 % aller Arbeitnehmer sind Mitglieder eines Systems der 2. Säule 83 % der Rentnerhaushalte beziehen eine Zusatzrente

Quelle: ECHP-UDB, Eurostat, Dez. 2002

Tabelle Nr. 3

Armutsrisiko von Invaliden

bei 50 % des Medianeinkommens

Frauen	Männer	gesamt	Frauen	Männer	gesamt	Frauen	Männer	gesamt
7 %	5 %	6 %	5 %	3 %	4 %	10 %	8 %	9 %
	D			NL			Eu 15	

bei 60 % des Medianeinkommens

Frauen	Männer	gesamt	Frauen	Männer	gesamt	Frauen	Männer	gesamt
13%	9 %	11,5%	7 %	7 %	7 %	18 %	15 %	16,5 %
	D			NL			Eu 15	

Quelle : ECHP-UDB, Eurostat Dez. 2002.

Tabelle Nr. 4

Beschäftigungsquoten und durchschnittliches Erwerbsaustrittsalter

2003 vorläufig	Beschäftigungsquoten					Durchschnittliches Erwerbsaustrittsalter		
	50-54	55-59	60-64	65-69	70 +	Frauen	Männer	gesamt
D	81,6 %	66,7 %	22,7 %	5,3 %	1,6 %	58,4 %	58,7 %	58,6 %
NL	74,9 %	58,2 %	46,0 %	28,4 %	14,8 %	61,0 %	61,9 %	61,5 %
Eur 15	75, 1 %	57,1 %	24,7 %	6,8 %	1,8 %	61,2 %	62,1 %	61,7 %

Quelle: Eurostat, Arbeitskräfteerhebung

Tabelle Nr. 5

Staatliche Rentenausgaben gemessen in % am BIP

Projektionen basieren auf den in 2001 geltenden Gesetzen

	2001	2010	2020	2030	2040	2050	Zuwachs
D	11, 8	11,9	12,6	15,5	16,6	16,9	5,0 %
NL	7,9	9,1	11,1,	13,1	14,1	13,6	6,2 %
Eur 15	10,4	10,4	11,5	13,0	13,6	13,3	3,2 %

Quelle: Ausschuss für Wirtschaftspolitik 2002, Budgetary challenges posed by ageing populations. The impact on public spending on pensions, health and long-term care for the elderly and possible indicators of the long-term sustainability of public finances.

Tabelle Nr. 6

Anstieg der Sozialschutzausgaben

	Pro Kopf-ausgaben in 2002 KKS[1] Eur=100	Ausgaben pro Einwohner (jährliche Veränderung 1992-2002 in %)	Anteil der Sozialschutzausgaben am BIP in %		
			1992	1996	2002
D	117	1,9	28,9	29,9	29,9
NL	113	0,9	31,9	30,1	27,1
Eur 15	100	1,9	27,7	28,5	27,8

Quelle : Bericht über die Entwicklung des Sozialschutzes in Europa, 23.04.2004, Eurostat

Tabelle Nr. 7

Aufgliederung der Sozialleistungen im Jahre 2002 nach Funktionsgruppen in %

Hinweis: Die Ausgaben und Einnahmen des Sozialschutzes werden nach der Methodik des ESSOS-Handbuchs 1996 berechnet.

	Alter und Hinterbliebene	Krankheit und Gesundheitsvorsorge	Familie und Kinder	Invalidität	Arbeitslosigkeit	Wohnen und Sozialhilfe
D	42,4	26,8	9,2	8,8	9,9	2,9
NL	41,8	30,4	11,6	4,4	5,8	6,0
Eur 15	46,0	28,2	8,0	8,0	6,2	3,6

Quelle : Eurostat kurz gefasst Themenkreis 3 6/2004

[1] KKS= Kaufkraftstandard ist eine Kunstwährung, die Preisniveauunterscheide zwischen den Ländern berücksichtigt.

Tabelle Nr. 8

Arbeitslosenquoten im März 2004 = NL = 4,7 % D = 9,3 % Eur-Zone 8,8 %

Arbeitslosenquoten im März 2003 = NL =3,5 % D = 9,3 % Eur-Zone 9,0 %

Tabelle Nr. 9

Verwaltungskosten

Nur wenige Mitglieder der OECD präsentieren Daten über die Kosten der Rentensystemverwaltung. Aufgrund von Größeneinsparungen und des relativ einfachen Anlagenmanagements sind die Verwaltungskosten in umlagefinanzierten Rentensystemen signifikant niedriger als in privaten kapitalfundierten Systemen. Laut OECD-Schätzungen verschlingen die Verwaltungskosten privater Rentensysteme zwischen 10 % und 35 % des Beitragsaufkommens. In Belgien machten in 2001 die Verwaltungsgebühren für Altersrenten und Hinterbliebenenrenten 1 % der Gesamtausgaben aus, während die Verwaltungsgebühren bei der Altersversorgung der 2. und 3. Säule etwa 4 % der Gesamtausgaben erreichten. In Finnland betrugen die Gesamtverwaltungskosten des Rentenversicherungssystems 2,7 % des Prämieneinkommens in 2000, einschließlich der Verwaltungskosten der gesetzlichen einkommensbezogenen Rentenversicherung. Die staatlichen Renten und die Lebensversicherungskomponente lagen bei etwa 4,9 % der Einnahmen. In Irland machten die Verwaltungskosten der gesamten beitragsabhängigen Sozialaltersrenten etwa 1,5 % bis 2 % der Gesamtleistungen aus, während die Verwaltungskosten der betrieblichen Systeme 1994 5 % der Beiträge erreichten. In Frankreich betragen die Verwaltungskosten des freiwilligen ergänzenden Systems 4 % der Gesamtausgaben. Im UK werden die Verwaltungskosten der „Stakeholder Pensions" per Gesetz auf 1 % des Fondsvermögens pro Jahr begrenzt. In den staatlichen Systemen besteht noch Spielraum für Rationalisierungseinsparungen (z.B. Zusammenschluss der Rentenversicherungsträger). In Österreich, wo die Verwaltungsausgaben gegenwärtig 18 % der Rentenausgaben betragen, sollen weitere Kosten eingespart werden durch Schaffung einer gemeinsamen Datenverarbeitung für alle Sozialversicherungsanstalten. In Deutschland ist der Anteil der Verwaltungskosten in den letzten drei Jahrzehnten kontinuierlich gesunken.

2. Deutschland (Quelle VDR-Statistik; eigene Berechnungen)

Tabelle Nr. 1:

Werte der Rentenversicherung 2004

Bezugsgröße	Alte Länder	Neue Länder
Durchschnittsentgelt (vorläufig)	2.415,00 € mon. 28.980,00 € p. a.	2.030,00 € mon. 24.360,00 € p.a.
Endgültiges Durchschnittsentgelt 2002	2.452,33 € mon. 29.428 € p. a.	2.058,71 € mon. 24.704,50 € p.a.
Beitragsbemessungsgrenze	5.150,00 € 61.800,00 €	4.350,00 € 52.200,00 €
Aktueller Rentenwert	26,13 €	22,97 €
Beitragssatz	19,5 %	19,5 %
Mindestbeitrag für freiwillig Versicherte	78 €	78 €
Höchstbeitrag für Pflichtversicherte	1004,25 €	848,25 €
Regelbeitrag für Selbstständige und Handwerker	470,93 €	400,00 €
Verdienstgrenze für geringfügig Beschäftigte	400,00 €	400,00 €
Hinzuverdienstgrenze bei Altersrente vor Vollendung des 65. Lebensjahres und bei voller Erwerbsminderungsrente	345,00 €	345,00 €
Kindererziehungsleistung je Kind	26,13 €	22,97 €

Quelle: Bericht der Bundesregierung 2003

Tabelle Nr.2 :

Gesetzliche Rentenversicherung

	Einheit	2000	2001	2002
Versicherte in der Arbeiter-Rentenversicherung	1000	20199	*1)*	*1)*
Rentenbestand am 01.07. *2)*	1000	13130	13235	13296
Einnahmen	Mill. Eur	112262	114955	116992
Ausgaben	Mill. Eur	112211	114773	117641
Versicherte in der Angestellten-Rentenversicherung	1000	22529	*1)*	*1)*
Rentenbestand am 01.07. *2)*	1000	8830	9035	9216
Einnahmen	Mill. Eur	105914	110044	111819
Ausgaben	Mill. Eur	105385	110135	115231
Versicherte in der Knappschaft	1000	371	*1*	*1*
Rentenbestand am 01.07. *2)*	1000	997	991	980
Einnahmen	Mill. Eur	14390	14362	14553
Ausgaben	Mill. Eur	14390	14362	14584

1) Diese Erhebung wurde für 2001 bis einschließlich 2004 nicht getrennt nach Versichertenarten erhoben.
2) Ohne ruhende Renten. Die Statistik greift nur auf die Auszahlungsfälle durch Postrentendienst zurück. Dies ist ein Manko der statistischen Erhebung. Nun gibt es eine (unveröffentlichte) Erhebung auch zu den ruhenden Renten vgl. Statistik Nr. 16.

Quelle: Bericht der Bundesregierung 2003

Tabelle Nr. 3:
Zahlbeträge

Durchschnittliche Rentenzahlbeträge	Einheit	2001	2002	2003
Arbeiter	Eur	591	602	606
Angestellte	Eur	804	817	822
Knappschaft	Eur	284	306	1298

Hinweis: nach Abzug des Beitrags zur Kranken- und Pflegeversicherung.

Quelle: Bundesministerium für Gesundheit und Soziale Sicherung, Bonn

Tabelle Nr. 4:

Höhe der EM-Rente 2002 im Vergleich zur Regelaltersrente

Männer Erwerbsminderungsrente 920 € / Männer Alter 1020 € im Durchschnitt
Frauen Erwerbsminderungsrente 650 € / Frauen Alter 710 € im Durchschnitt

Quelle: VDR Statistik 2003

Tabelle Nr. 5:

Rentenzahlungen zum 31.12.2002

Altersrenten 71,4 %, Erwerbsminderungsrenten 7,02 %, Renten wegen Todes 21,24 %.

Am Bestand der Erwerbsminderungsrente war die Rente wegen teilweiser Erwerbsminderung mit 5,27 % beteiligt, d.h. 95 % sind Renten wegen voller Erwerbsminderung. Der Rentenbestand der Erwerbsminderungsrente umfasst die Gewährung der vormaligen Erwerbs- und Berufsunfähigkeitsrente. Rentenbestand ist die Anzahl der Rentenzahlfälle des Rentenservice der Deutschen Post AG. Darin nicht enthalten sind Renten, die vollständig ruhen, z.B. aufgrund von Anrechnungsvorschriften. Bei diesen Zahlen muss beachtet werden, dass die finanzielle Belastung der Erwerbsminderungsrenten größer ist, als ihr prozentualer Anteil. Der Grund liegt darin, dass vor Erreichen der Regelaltersrenten Leistungen ausgekehrt werden müssen, dies bedeutet, die Rentenlaufzeit ist länger und es erfolgen zu einem früheren Zeitpunkt keine Beitragszahlungen der Versicherten mehr. Für den Fall einer getrennten Rentenvorsorge Invalidität und Alter fiele diese Problematik weg.

Quelle: VDR Statistik 2003

Tabelle Nr. 6:

Rentenbestand jeweils zum 31.12. am Beispiel der BFA-Daten

	2000	2001	2002
Erwerbsminderungsrenten	648.419	650.525	642.979
Restliche Rentenarten	8.124.865	8.337.973	8.516.567
Erwerbsminderungsrenten in %	7,39	7,24	7,02
Summe Rentenbestand	8.773.284	8.988.498	9.159.546

Der Aufwand der EM-Rente in der Sachbearbeitung ist ungleich höher als die, der anderen Rentenarten, da die Bearbeitung der Anträge ein hohes Maß an medizinsicher und erwerbsbiografischer Sachaufklärung nötig macht.

Quelle: VDR Statistik 2003

Tabelle Nr. 7:

Rentenanträge

	2000	2001	2002
Erwerbsminderungs-renten	149960	131577	121209
Restliche Rentenar-ten	566099	564991	558428
Summe der Renten-neuanträge	716059	696568	679637
Erwerbsminderungs-renten in %	20,94	18,89	17,83

Werden nur die Neuanträge auf Versichertenrenten, d.h. Rentenneuanträge ohne die Anträge auf Hinterbliebenenrente, im Jahr 2002 als Basis zugrunde gelegt, war fast jeder dritte Rentenantrag ein Antrag auf Rente wegen Erwerbsminderung (30,02 %)

Quelle: VDR Statistik 2003

Tabelle Nr. 8:

Bewilligung von Erwerbsminderungsrenten

	2000	2001	2002
Summe der Neuanträge auf EM-Rente	149.960	131.557	121.209
Bewilligungen	65.329	64.027	56.441
Bewilligungen in %	43,56 %	48,66%	46,57%

Noch vor den Krankheiten des Muskel-Skelettsystems und des Bindegewebes sind psychische Krankheiten die häufigsten Ursachen für die Berentung, vgl. Geschäftsbericht der BfA von 2001 S. 24, 98.

Quelle: VDR Statistik 2003

Ursache für hohe Antragsquote und niedrige Bewilligungsquote

Das Missverhältnis zwischen Anträgen und Bewilligungen liegt in den die Antragstellung auslösenden Ursachen. Vordergründig sind, wie in den gesetzlichen Vorschriften gefordert, Krankheit und Behinderung die maßgebenden Anlässe. Aber besonders in Zeiten hoher Arbeitslosigkeit und unsicherer beruflicher Perspektiven kommt den Leistungen der gesetzlichen Sozialversicherung, v.a. den vorzeitigen Renten, eine besondere Bedeutung zu. Unter den oben dargestellten Zahlen der Anträge sind vor allem Anträge von Versicherten, die, wenn sie arbeitslos werden, eine Problemgruppe auf dem Arbeitsmarkt darstellen (ältere Menschen, Geringqualifizierte). Sind diese Versicherte noch zu jung für eine Altersrente, wird versucht, eine Erwerbsminderungsrente als soziale Sicherung zu erzielen. Bei vielen ist die Voraussetzung einer hinreichenden körperlichen Einschränkung aber nicht gegeben. Die Bearbeitung der letztlich aussichtlosen Rentenanträge stellt einen großen Kostenfaktor dar.

(vgl. Moll/Stichnoth Die quantitative Entwicklung der Renten wegen verminderter Erwerbsfähigkeit, DAngVers 2003, S. 419, 421).

Tabelle Nr. 9:

Durchschnittliche Bearbeitungszeiten der Rentenneuanträge in Kalendertagen

	2000		2001		2002	
	Alte Bundesländer	Neue Bundesländer	Alte Bundesländer	Neue Bundesländer	Alte Bundesländer	Neue Bundesländer
Renten insgesamt	70	78	71	78	63	69
BU-Renten	105	103	-	-	-	-
Eu-Renten	105	114	-	-	-	-
Teilweise EM	-	-	143	152	144	152
Volle EM	-	-	103	98	101	103

Quelle: VDR Statistik 2003

Tabelle Nr. 10:

Ablehnungen von Erwerbsminderungsrenten im Verwaltungsverfahren

Für die Diskrepanz der Anträge zu den Ablehnungen gilt das zu der Diskrepanz Bewilligung/Anträge ausgeführte.

	2000	2001	2002
Summe Neuanträge Erwerbsminderungsrente	149.960	131.577	121.209
Ablehnungen	59.607	61.503	46.761
Ablehnungen in %	39,75 %	46,74 %	38,58 %

Quelle: VDR Statistik 2003

Tabelle Nr. 11:

Ablehnungen bei den restlichen Rentenarten

	2000	2001	2002
Summe Neuanträge ohne Erwerbsminderungsrente	566099	564.991	558428
Ablehnungen	27.539	23.460	20.389
Ablehnungen in %	4,86	4,15	3,65

Quelle: VDR Statistik 2003

Tabelle Nr. 12:

Widersprüche

	2000	2001	2002
Bescheiderteilungen (Bewilligungen und Ablehnungen)	124.936	125.530	103.202
Anzahl der Widersprüche	37.988	41.609	34.345
Widersprüche in %	30,41	33,15	33,28

Quelle: VDR Statistik 2003

Tabelle Nr. 13:

Abhilfe von Widersprüchen bei Erwerbsminderungsrenten

	2000	2001	2002
Anzahl der Widersprüche	37.988	41.609	34.345
Vollständige Abhilfen	11.863	13.747	12.751
Vollständige Abhilfen in %	31,23	33,04	37,12
Teilweise Abhilfen	286	379	498
Teilweise Abhilfen in %	0,75	0.91	1,45

Quelle: VDR Statistik 2003

Tabelle Nr. 14:

Zahl der Zeitrenten

20.560=29 %	22.721=33%	23.412=39%
2000	2001	2002

Der Anstieg ist die Konsequenz aus der Umkehrung des Regel-Ausnahme-Prinzips. Der erwartete Erfolg, dass die Zeitrente der Regelfall sein soll, ist nicht eingetreten.

Quelle: VDR Statistik 2003

Tabelle Nr. 15:

Arbeitsmarktrenten

Bei den Bewilligungen haben die Bewilligungen von Zeitrenten und Arbeitsmarktrente eine besondere Bedeutung. Unter Arbeitsmarktrenten sind die Renten zu verstehen, die nicht allein wegen des Gesundheitszustandes, sondern auch aufgrund der Verschlossenheit des Arbeitsmarktes gewährt werden. Dies ist die Konsequenz der konkreten Betrachtungsweise beim Vollzeitarbeitsmarkt.

	2000	2001	2002
Bewilligte Erwerbsminderungsrenten	65.329	64.027	56.441
Davon Arbeitsmarktrenten	23.642	13.983	5.889
Arbeitsmarktrenten in %	36,19	21,84	10,43

Primäre Ursache für den Rückgang dürfte die geänderte rechtliche Lage sein. Durch die Verschiebung der Zeitschiene (nach altem Recht halb- bis untervollschichtig/ nach neuem Recht drei bis unter sechs Stunden) werden viele Versicherte scheinbar so beurteilt, dass ihnen noch ein sechsstündiger Einsatz möglich ist. Zudem sind die Berufsunfähigkeitsrenten weggefallen, die auch als Arbeitsmarktrente gewährt wurden, wenn ein halbschichtiges Leistungsvermögen vorlag. Die Gruppe der vormals mit zwei Stunden bis unterhalbschichtig zu beurteilenden Versicherten wird nach neuem Recht vermehrt der Kategorie der unter drei Stunden Einsetzbaren zugeordnet. Damit kommt es zu einer Verschiebung der Arbeitsmarktrenten (Zeitrente) zur Gewährung einer vollen Erwerbsminderungsrente auf Dauer. Gerade dies war nicht Sinn und Zweck der Reform.

Quelle: VDR Statistik 2003

Tabelle Nr. 16:

Zusammentreffen von Renten aus der gesetzlichen Rentenversicherung mit Unfallrenten (§ 93 SGB VI)

Rentenart/Gebiet	Kein Zusammentreffen von Renten und Einkommen	Zusammentreffen von Renten aus der Rentenversicherung mit Renten aus der Unfallversicherung				
		insgesamt		ohne Auswirkung	mit Auswirkung	
	Anzahl	Anzahl	Anteil an Spalte 1	Anzahl	Anzahl	Nichtleistungsbetrag in €
Teilw.EM-Rente	98.434	8.526	8,66%	5.564	2.962	163,60
Volle EM-Rente	1.444.837	55.881	3,87%	36.572	19.309	218,73
Altersrenten	14.354.173	351.726	2,45%	221.835	129.891	167,60
Renten / Todes	4.945.629	103.483	2,09%	4.764	98.719	464,38
Renten Insgesamt	20.843.073	519.616	2,49%	268.735	250.881	288,26

Hinweis: Die Angaben der teilweisen Erwerbsminderungsrenten beinhalten die Renten wegen teilweiser Erwerbsminderung bei Berufsunfähigkeit. Rentenbestand am 31.12.2003 Statistiken über die Anrechnungsfälle der Renten wegen Erwerbsunfähigkeit und Berufsunfähigkeit mit der Unfallversicherung liegen nicht vor. Aufgrund der höheren Anzahl dieser derzeit noch zu gewährenden Renten liegt auch ein höheres Anrechnungsvolumen auf Dauer vor. Zu berücksichtigen hinsichtlich des Ergebnisses der Anrechnungsfälle der Unfallversicherung auf eine Erwerbsminderungsrente ist das Verhältnis der Anzahl von Leistungsfällen aus der Unfallversicherung. Dies bedeutet, bekommt ein Versicherter eine Unfallrente, so ist diese in jedem Fall der Anrechnung ausgesetzt. Jedoch ist nur eine geringe Anzahl von Rentner aus der gesetzlichen Rentenversicherung gleichzeitig auch Anspruchsberechtigter der kausalen Rente aus der Unfallversicherung.

Quelle: Sonderauswertung der VDR-Statistik Rentenbestand am 31.12.2003 (nichtveröffentlicht) vorläufiges Ergebnis.

Tabellen Nr. 17:
Anzahl, durchschnittlicher Anrechnungsbetrag in Fällen des Zusammentreffen von Renten und von einkommen nach Rentenarten

Rentenarten	Kein Zusammentreffen von Renten und Einkommen	Zusammentreffen von Renten und Einkommen						
		Rente aus der Unfallversicherung			Anrechnung von Arbeitslosengeld, Arbeitsentgelt und Vorruhestandsgeld		Mehrere Anrechnungsgründe	
		Mit Auswirkung	Mit Auswirkung: Durchschnittlicher Nichtleistungsbetrag	Ohne Auswirkung	Durchschnittlicher Rentenzahlbetrag	Durchschnittlicher Anrechnungsbetrag	Durchschnittlicher Rentenzahlbetrag	Durchschnittlicher Anrechnungsbetrag
	Anzahl	Anzahl	v. H.	Anzahl	Eur	v. H.	Eur	v. H
	1	2	3	4	5	6	7	8
Renten wegen verminderter Erwerbsfähigkeit	1.543.461	22.273	21,39	42.144	512,82	17,15	Nicht ermittelt	
Renten wegen Todes	4.945.629	98.719	68,35	4.784	Kann nicht eintreten	Kann nicht eintreten	128,58	79,69
Renten wegen Alters	14.384.173	129.881	12,91	221.835	Kann nicht eintreten	Kann nicht eintreten	Nicht ermittelt	
insgesamt	20.843.253	250883	35,48	258.743	512,82	17,15	128,58	79,69

Quelle: Sonderauswertung der VDR-Statistik Rentenbestand am 31.12.2003 (nichtveröffentlicht) vorläufiges Ergebnis.

3. Niederlande

Tabelle Nr. 1:

Allgemeine Zahlen

Kernindikatoren	Ziffer	Periode
Anzahl der Einwohner	16.273.089	Juli 2004
Bruttoinlandsprodukt	1.0 %	2. Quartal 2004
Arbeitslose	6,4 %	Mai-Juli 2004
Konsumentenvertrauen	-19 %	August 2004
Kriminalitätsopfer	25,6 %	2003
Gesunde Bevölkerung	80,5 %	2003
Inflation	1,1 %	August 2004

Quelle : Bureau voor de statistiek Aug. 2004

Tabelle Nr.2:

Bruttoinlandsprodukt

O,1	4,2	2,8	1,4	-0,2	0,3	1,0
1993	1996	2000	2001	2002	2003	2004 1. Hälfte

Quelle : Bureau voor de statistiek Aug. 2004

Tabelle Nr. 3:

Auszahlungsempfänger nach persönlichen Merkmalen

	Personen mit Sozialleistung	Personen mit WAO/ Wajong/ WAZ	Maß der Erwerbsunfähigkeit		Grund der Erwerbsunfähigkeit		
			Voll erwerbsunfähig	Teilweise erwerbsunfähig	Psyche	Knochen und Muskulatur	Andere Gründe
1999	1.509,5	891,8	645,8	236,5	293,8	257,6	340,5
2000	1.479,2	923,3	673,3	249,5	310,2	265,5	347,6
2001	1.469,7	984,4	673,3	261,6	333,7	275,4	339,3
2002	1511,1	960,6	684,6	275,5	280,6	280,6	331,9

Quelle : Bureau voor de statistiek Aug. 2004

Tabelle Nr. 4:

Historische Entwicklung in Tausend

Werkloos-wet	2000	2001	2002	2003
Neue Auszah-lungen	274,6	251,6	324,8	418,7
Beendete Auszahlungen	302,1	277,9	287,4	343,0
Gemittelter Anteil Aus-zahlungen	201,9	171,9	181,9	248,0
Anzahl der Personen	178,8	156,4	194,7	268,0

Quelle : Bureau voor de statistiek Aug. 2004

WAO	2000	2001	2002	2003
Neue Auszah-lungen	100,2	104,1	92,4	66,3
Beendete Auszahlungen	75,5	80,8	82,0	83,2
Gemittelter Anteil Aus-zahlungen	758,1	783,9	799,9	795,4
Anzahl der Personen	768,3	791,3	801,5	784,8

Quelle : Bureau voor de statistiek Aug. 2004

WAZ	2000	2001	2002	2003
Neue Auszahlungen	6,9	6,8	7,8	6,9
Beendete Auszahlungen	7,2	7,6	7,4	7,2
Gemittelter Anteil Auszahlungen	56,7	56,3	56,4	56,4
Anzahl der Personen	56,5	55,8	56,4	55,7

Wajong	2000	2001	2002	2003
Neue Auszahlungen	274,6	251,6	324,8	418,7
Beendete Auszahlungen	302.1	277,9	287,4	343,0
Gemittelter Anteil Auszahlungen	20,1,9	171,9	181,9	248,0
Anzahl der Personen	178,8	156,4	194,7	268,0

Ziekte-wet	2000	2001	2002	2003
Neue Auszahlungen	664,6	618,6	495,5	423,0
Beendete Auszahlungen	640,6	593,8	453,8	393,2
Gemittelter Anteil Auszahlungen	106,8	105,2	78,5,	65,4

Quelle : Bureau voor de statistiek Aug. 2004

Tabelle Nr. 5:

Auszahlungsempfänger aller Sozialleistungen pro Tausend

	Bevölkerung zwischen 15 und 65*	Personen mit Sozialleistung	Personen mit WAO/ Wajong/ WAZ	Personen mit ABW-Leistung	Personen mit WW-Leistung	Personen mit IOAW/ IOAZ-Leistung
1999	10.766,0	1.509,5	891,8	420,3	205,0	42,7
2000	10.835,0	1.479,2	923,3	390,5	174,9	38,4
2001	10.908,3	1.469,7	984,4	375,2	155,6	37,6
2002	10.962,0	1511,1	960,6	372,5	192,8	35,9

Quelle : Bureau voor de statistiek Aug. 2004

Tabelle Nr. 6:

Auszahlungsempfänger aller Sozialleistungen in Prozent

	Personen mit Sozialleistung	Personen mit WAO/ Wajong/ WAZ	Personen mit ABW-Leistung	Personen mit WW-Leistung	Personen mit IOAW/ IOAZ-Leistung
1999	14,0	8,3	3,9	1,9	0,4
2000	13,7	8,5	3,5	1,9	0,4
2001	13,5	8,7	3,2	1,6	0,3
2002	13,8	8,8	3,5	1,8	0,3

Quelle : Bureau voor de statistiek Aug. 2004

Tabelle Nr. 7:

Basisprämie und differenzierte Prämie 1998-2002

	Basisprämie	Differenzierte Prämie			
		Kleinbetriebe Min. und Max.		Großbetriebe Min. und Max.	
1998	7,55 %	0,22 %	0,84 %	0.09 %	1,12 %
1999	6,95 %	0,77 %	2,34 %	0,25 %	3,24 %
2000	6,30%	1,24 %	4,17 %	0,67 %	5,56 %
2001	6,10 %	0,98 %	4,77 %	0,41 %	6,36 %
2002	5,85 %	1,24 %	6,06 %	0,45 %	8,08 %

Quelle : Bureau voor de statistiek Aug. 2004

Tabelle Nr. 8:

Risikoklassen Einteilung

2002 2001	Risiko 0%	Risiko 0-<2	Risiko 2-<4	Risiko 4-<6	Risiko 6-<8	Risiko 8-<10	Risiko 10-<50	Risiko >=50	Risiko total
Risiko 0 %	244,548 81,6 %	4.340 1,4 %	1.823 0,6 %	965 0,3 %	586 0,2 %	392 0,1 %	1.589 0,5 %	209 0,1 %	254.452 84,9 %
Risiko 0-<2	2.553 0,9 %	10.946 3,7 %	2.935 1,0 %	672 0,2 %	231 0,1 %	96 0,0 %	147 0,0 %	2 0,0%	17.582 5,9 %
Risiko 2-<4	730 0,2 %	2.096 0,7 %	5.298 1,8 %	1.418 0,5 %	394 0,1 %	169 0,1 %	261 0,1 %	8 0,0 %	10.374 3,5 %
Risiko 4-<6	373 0,1%	387 0,1 %	1.125% 0,4 %	1.908 0,6 %	657 0,2 %	216 0,1 %	328 0,1 %	6 0,0 %	5.000 1,7 %
Risiko 6-<8	277 0,1 %	169 0,1 %	239 0,1 %	619 0,2 %	878 0,3 %	334 0,1 %	379 0,1 %	5 0,0%	2.847 0,9 %
Risiko 8-<10	170 0,1 %	74 0,0 %	93 0,0 %	191 0,1 %	387 0,1 %	522 0,2 %	490 0,2 %	13 0,0 %	1.940 6,6 %
Risiko 10-<50	568 0,2 %	173 0,1 %	155 0,1 %	217 0,1 %	267 0,1 %	484 0,2 %	4.448 1,5 %	294 0,1%	6.606 2.2 %
Risiko >=50	77 0,0 %	6 0,0 %	5 0,0 %	5 0,0 %	5 0,0 %	10 0,0 %	184 0,2	626 0,2 %	918 0,3 %
Risiko total	249.246 83,2 %	18.191 6,1 %	11.673 3,9 %	5.995 2,0 %	3.405 1,1%	2.223 0,7 %	7.823 2,6 %	1.163 0,4 %	299.719 100 %

89,8 % der Arbeitgeber hatten in 2002 die gleiche Risiko-Klasse wie in 2001
3,9 % der Arbeitgeber hatten in 2002 eine kleinere Risiko-Klasse als in 2001
6,3 % der Arbeitgeber hatten in 2002 eine höhere Risiko-Klasse als in 2001

Quelle : Bureau voor de statistiek Aug. 2004

Tabelle Nr. 9:

Verhältnis der Arbeitgeber (Umlagebeteiligt und Eigen-Risikoträger)

	Arbeitgeber gesamt	Umlage-beteiligte	Eigen-Risiko-Träger	Umlagebe-teiligte in %	Eigen-Risiko-Träger in %
1998	364.522	364.498	24	99,9 %	0,1%
1999	362.679	360.496	2.183	99,4 %	0,6%
2000	364.123	361.714	2.409	99,3 %	0,7 %
2001	375.412	373.007	2.405	99,4 %	0,6 %
2002	371.308	369.023	2.285	99,6 %	0,4 %

Quelle : Bureau voor de statistiek Aug. 2004

Tabelle Nr. 10:

Entwicklung der Prämien

WAO	1999		2000		2001		2002	
Basis-Prämie	6,95%		6,30 %		6,10 %		5,85 %	
differenzierte Prämie kleine Arbeitgeber	Min. 0,77 %	Max. 2,43 %	Min. 1,24 %	Max. 4,17 %	Min. 0,98 %	Max. 4,77 %	Min. 1,24 %	Max. 6,06 %
differenzierte Prämie große Arbeitgeber	0,25 %	3,24 %	0,67 %	5,56 %	0,41 %	6,36 %	0,45 %	8,08 %
Durchschnitt differenzierte Prämie	0,85 %		1,54 %		1,66 %		2,11 %	

WAZ	1999	2000	2001	2002
	8,42 %	8,80 %	8,80 %	8,80 %

Quelle : Bureau voor de statistiek Aug. 2004

Tabelle Nr. 11:

Entwicklung WAO-Zahlungen/Verhältnis zur berufstätigen Bevölkerung

Hinweis: 1993 kehrten die Niederlande sowohl von der Berücksichtigung des Berufsschutzes als auch von der Berücksichtigung des Arbeitsmarktes ab. Der Anstieg der WAO-Auszahlungen im Verhältnis zur berufstätigen Bevölkerung ist 1998 durch den Einbezug der Beamten entstanden. 2003 betrug die Anzahl der Personen, die eine WAO-Zahlung erhielten, 784.600 Versicherte. Dabei ist zu berücksichtigen, dass damit alle Personen gemeint sind, die Anspruch auf eine Auszahlung hätten. Tatsächlich ist die Anzahl geringer, da es Versicherte gibt, die trotz Anspruch auf Auszahlung weiter arbeiten und damit ihre Ansprüche nicht verwirklichen. Zudem ist die Zahl der eigenrisikotragenden Arbeitgeber nicht herausgerechnet.

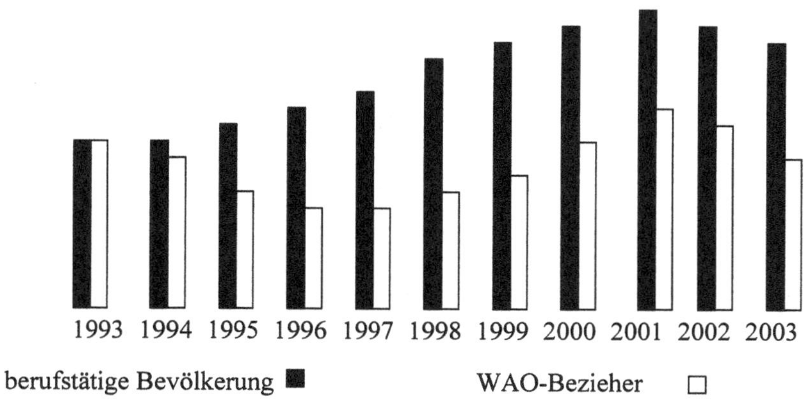

Maßnahmen der Bundesregierung

-Stabilisierung des Beitragssatzes 2003 auf 19,5 % durch kurzfristige Einsparmaßnahmen. =

-Aussetzung der Rentenanpassung 2004-11-01
-weitere Senkung der Schwankungsreserve auf eine Untergrenze von 0,2 Monatsausgaben
-vollständige Übernahme des Pflegeversicherungsbeitrages durch die Rentner
-Verschiebung des Rentenzahlungstermins vom Monatsanfang auf das Monatsende für Rentenneuzugänge

-Einführung eines Nachhaltigkeitsfaktors ab 2005 und Anhebung des Renteneintrittsalters zwischen 2006 und 2008 auf 63 Jahre
-Entscheidung über Anhebung der Regelaltersrente auf 67 Jahre frühestens ab 2010
-Wegfall der schulischen Ausbildungszeiten als bewertete Anrechnungszeiten
-Übergang zur nachgelagerten Besteuerung
-Vereinfachung der Riesterrente
-Reduzierung der Verwaltungskosten durch Organisationsreform

Eckpunkte zur Rentenbesteuerung (entsprechend Rürup-Bericht)

-Abzug der Rentenversicherungsbeiträge nicht als Werbungskosten, sondern als Sonderausgaben
-Begrenzung der Abziehbarkeit auf Höchstbeitrag zur gesetzlichen Rentenversicherung
-Stufenplan zum Übergang auf die nachgelagerte Besteuerung

Zusammenführung von Arbeitslosenhilfe und Sozialhilfe

Arbeitslosengeld II (SGB II) =
für erwerbsfähige und hilfebedürftige Personen von 18 bis 65 Jahren

Beiträge für die Rentenversicherung =
Bisher: 2,0 MRD. Euro aus Arbeitslosenhilfe
Neu: 2,3 MRD Euro aus Arbeitslosengeld II

Aber: 1,3 Mio. weitere Berechtigte, dies bedeutet, mehr Reha- Ansprüche, mehr Erwerbsminderungsrenten mit Zurechungszeit ohne ausreichende Beitragsdeckung.

Übersicht über das System der sozialen Sicherung in den Niederlanden

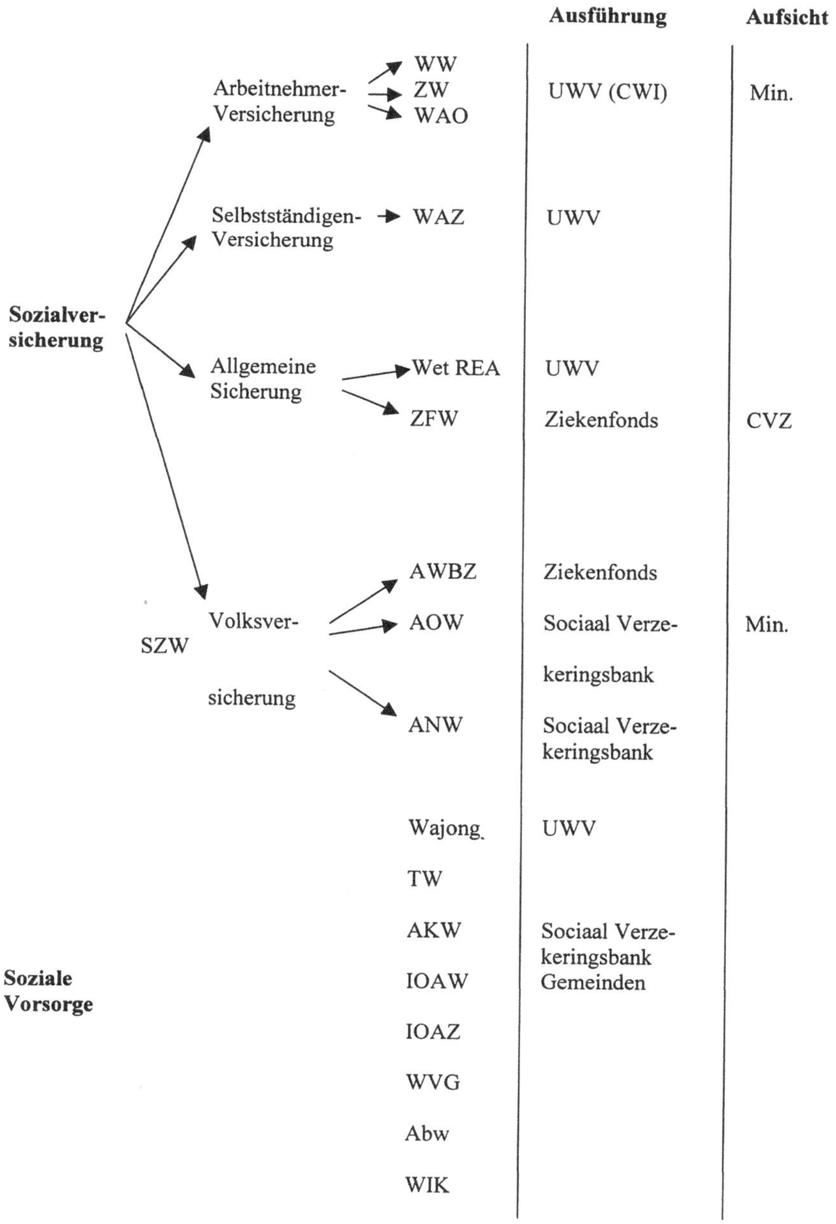

Versicherungsnummer: | | | | | | | | | | | | | |

Blatt 1

Bundesversicherungsanstalt für Angestellte, Landesversicherungsanstalten, Bundesknappschaft, Bahnversicherungsanstalt und Seekasse im Verband Deutscher Rentenversicherungsträger

ÄRZTLICHES GUTACHTEN FÜR DIE GESETZLICHE RENTENVERSICHERUNG

Angaben zum Begutachtungsanlass (Zutreffendes ankreuzen):

- ☐ Antrag auf Leistungen zur medizinischen Rehabilitation
- ☐ Antrag auf Leistungen zur beruflichen Rehabilitation
- ☐ Antrag nach § 51 SGB V
- ☐ Antrag nach § 125 SGB III
- ☐ Antrag auf Rente wegen verminderter Erwerbsfähigkeit
- ☐ Nachuntersuchung
- ☐ ______________________

Name, Vorname, Geburtsname, Geburtsdatum:

Anschrift:

Die Angaben zur Person wurden überprüft

durch: ☐ Personalausweis/Reisepass ☐ Sonstiges ______________________

Besteht Arbeitsunfähigkeit?

☐ ja Seit wann? ____________ Aufgrund welcher Erkrankungen?

☐ nein

Behandelnde Ärzte/Fachrichtung:

Gutachterin/Gutachter:

(Stempel) Tag der Untersuchung: Uhrzeit:

Das Gutachten ist **entsprechend „Gliederung und Anforderungsprofil des ärztlichen Gutachtens für die gesetzliche Rentenversicherung“** abzufassen, d.h.

1. Anamnese
2. Untersuchungsbefunde
3. Diagnosen
4. Epikrise
5. Sozialmedizinische Leistungsbeurteilung

Versicherungsnummer:

Ärztliches Gutachten Schlussblatt Teil 1

Sozialmedizinische Leistungsbeurteilung

A. **Letzte berufliche Tätigkeit**

Bezeichnung der Tätigkeit

Beurteilung des zeitlichen Umfanges, in dem die letzte berufliche Tätigkeit ausgeübt werden kann:	☐ vollschichtig	☐ halb- bis unter vollschichtig	☐ 2 Stunden bis unter halbschichtig	☐ unter 2 Std.

B. **Positives und negatives Leistungsbild** (allgemeiner Arbeitsmarkt) Zutreffendes ankreuzen (X), Mehrfachnennungen möglich

1. **Positives Leistungsbild** Folgende Arbeiten können verrichtet werden:

Körperliche Arbeitsschwere ☐ schwere Arbeiten ☐ mittelschwere ☐ leichte bis mittelschwere ☐ leichte

Arbeitshaltung

im Stehen	im Gehen	im Sitzen
☐ ständig ☐ überwiegend ☐ zeitweise	☐ ständig ☐ überwiegend ☐ zeitweise	☐ ständig ☐ überwiegend ☐ zeitweise

Arbeitsorganisation

☐ Tagesschicht ☐ Früh-/Spätschicht ☐ Nachtschicht

☐ **Keine wesentlichen Einschränkungen**

2. **Negatives Leistungsbild**
Einschränkungen beziehen sich auf (Art/Ausmaß müssen **differenziert unter Ziff. 3 beschrieben** werden):

☐ **geistige/psychische Belastbarkeit**
(Zu beachten sind insbesondere Konzentrations-/Reaktionsvermögen, Umstellungs-, Anpassungsvermögen, Verantwortung für Personen und Maschinen, Publikumsverkehr, Überwachung, Steuerung komplexer Arbeitsvorgänge).

☐ **Sinnesorgane**
(Zu beachten sind insbesondere Seh-, Hör-, Sprach-, Sprech-, Tast- und Riechvermögen).

☐ **Bewegungs-/Haltungsapparat**
(Zu beachten sind insbesondere Gebrauchsfähigkeit der Hände, häufiges Bücken, Ersteigen von Treppen, Leitern und Gerüsten, Heben, Tragen und Bewegen von Lasten, Gang- und Standsicherheit, Zwangshaltungen).

☐ **Gefährdungs- und Belastungsfaktoren**
(Zu beachten sind insbesondere Nässe, Zugluft, extrem schwankende Temperaturen, inhalative Belastungen, Allergene, Lärm, Erschütterungen, Vibrationen, Tätigkeiten mit erhöhter Unfallgefahr, häufig wechselnde Arbeitszeiten).

3. **Beschreibung des Leistungsbildes** (insbesondere der unter Ziffer 2 genannten Einschränkungen).

4. Beurteilung des zeitlichen Umfanges, in dem eine Tätigkeit entsprechend dem positiven und negativen Leistungsbild ausgeübt werden kann:	☐ vollschichtig	☐ halb- bis unter vollschichtig	☐ 2 Stunden bis unter halbschichtig	☐ unter 2 Std.

➲ Bitte alle Blätter ausfüllen und jeweils mit Seitenzahl und Versicherungsnummer kennzeichnen!

Versicherungsnummer: | | | | | | | | | | |

Ärztliches Gutachten **Schlussblatt Teil 2**

Diagnosen

Diagnosenschlüssel ICD-10 **-zusatz** **-sicherheit**

Diagnosen	Diagnosenschlüssel ICD-10	-zusatz	-sicherheit
1.			
2.			
3.			

5. Die getroffenen Feststellungen gelten **seit** ____________________ (Tag, Monat, Jahr)
   - ☐ vorübergehend bis ____________________.
   - ☐ dauernd.

   (Begründung in der Epikrise)

6. **Gesundheitsschäden/Leistungsminderung** (vermutlich) verursacht **durch**
   - ☐ Arbeitsunfall
   - ☐ Wehrdienstbeschädigung
   - ☐ Berufskrankheit
   - ☐ Fremdverschulden (z.B. Unfall, gem. Opferentschädigungsgesetz)

7. Werden **Rehabilitationsleistungen** zur Besserung einer erheblich gefährdeten oder geminderten Leistungsfähigkeit vorgeschlagen?
   - **Medizinische Rehabilitation** ☐ Nein ☐ Ja
   - **Berufliche Rehabilitation** ☐ Nein ☐ Ja

   (Begründung in der Epikrise)

8. Kann bei Vorliegen einer psychischen Krankheit oder einer geistigen oder seelischen Behinderung die Versicherte/der Versicherte ihre/seine Angelegenheiten selbst besorgen?
   ☐ Nein ☐ Ja

9. Wurden wesentliche, bisher unbekannte Erkrankungen oder Krankheitskomplikationen festgestellt?
   ☐ Nein ☐ Ja

   Am ________ (Datum) wurde ____________________ (Versicherte(r)) davon unterrichtet.

   Am ________ (Datum) wurde ____________________ (behandelnde Ärztin/behandelnder Arzt) davon unterrichtet.

10. Für die Fahrt zur Untersuchung war(en) erforderlich:
    - a) öffentliche Verkehrsmittel ☐ Nein ☐ Ja
    - b) PKW ☐ Nein ☐ Ja
    - c) eine Begleitperson ☐ Nein ☐ Ja

____
(Datum des Gutachtenabschlusses)

____________________ (Stempel der Gutachterin/des Gutachters)

____________________ (Unterschrift der Gutachterin/des Gutachters)

➲ Bitte alle Blätter ausfüllen und jeweils mit Seitenzahl und Versicherungsnummer kennzeichnen! ➲

Literaturverzeichnis

Achenbach, Klaus, Die Reform der Renten wegen verminderter Erwerbsfähigkeit, DRV 2002 S. 93.

Adviescommisie arbeidsongeschiktheid 2001, (Commisie Donner) Werk maken van arbeidsgeschiktheid, Den Haag 2001.

Andresen, Boy-Jürgen, Betriebliche Altersversorgung im 21. Jahrhundert, Festschrift für Wolfgang Förster, Köln 2001 S. 45.

Anderson, Karen, Wohlfahrtsstaat und Arbeitsmarkt in Schweden und den Niederlanden. Ergebnisse und Erfahrungen aktueller Reformen, IRSS 1999 S. 407.

Arbeitsgemeinschaft für betriebliche Altersversorgung, Modell Zweite Säule, Vorschläge zur Einführung international wettbewerbsfähiger Finanzierungsformen der betrieblichen Versorgung, Heidelberg 1998

Arbeitsgemeinschaft Rechtsanwälte im Medizinrecht e. V., Der medizinische Sachverständige, Frankfurt 1998.

Arbeitskreis "Betrieb-LichePensionsfonds, Im Auftrag des Forums Finanzplatz beim Bundesministerium der Finanzen BMF- Schriftenreihe Heft 64, Bonn 1998.

Asscher-Vonk, Inga, De zieke werknemer, 3. Aufl. Deventer 1997.

dies., Aspecten van ziekte en arbeidsongeschiktheid in het stelsel van sociale zekerheid, Deventer 1993.

Atkinson, Anton, Hill, John, Exclusion, employment and opportunity (case paper No. 4) London school of economics, Center for Analysis of social exclusion, London 1998.

Baldwin, Peter, Past Rise of Social security: Historical Trend and Patterns; in Reforming the Welfare State, London 1987 S. 6.

Barentsen, Bart, Arbeidsongeschiktheid, Deventer 2003.

Bayerlein, Peter, Das Gesetz zur Reform der Renten wegen verminderter Erwerbsfähigkeit, MittLVA Oberfranken 2001 S. 10.

Beattie, Roger, Hill, John, Eine Strategie voller Risiken: Reflektion über den Rentenvorschlag der Weltbank, IRSS 1996 S. 5.

Behrendt, Christina, Bieten private Renten eine gangbare Alternative? Ihre Verteilungswirkungen in einer vergleichenden Perspektive, IRSS 2000 S. 3.

Beljaars, Pim, Prins, Rienk, Disability programme reforms and labour market participation in the Netherlands (1990-2000): Principles, measures and outcomes in a decade of combating high disability rates, The year 2000 international Research Conference on Social Security, Helsinki 25.-27. September 2000.

Bereiter-Hahn, Hartmut, Gesetzliche Unfallversicherung, Loseblatthandkommentar, 5. Auflage, Berlin 1997, Stand Januar 2004, zit. Bereiter-Hahn(Mertens) §X RnX.

Berghman, Jos, Das Wiederaufleben der Armut und der Kampf gegen die Ausgrenzung: Eine neue Herausforderung für die soziale Sicherheit in Europa?, IRSS 1997 S. 3.

Beuster, Alexander, Das Sozialversicherungssystem der Niederlande, ZfS 2001 S. 129.

Beveridge, William, Social Insurance and Allied Services, London 1942, reprinted 1984.

Bieber, Ulrich, Henzel, Karin, Rentenversicherung im internationalen Vergleich - Niederlande- DRV 1999 S. 131.

Biedenkopf, Kurt, Von der Arbeitnehmerrente zur Bürgerrente. Das Konzept der Grundsicherung im Alter für alle Bürger und Bürgerinnen, Dresden 1997.

Bley, Helmar, Sozialrecht, 8. Aufl., Frankfurt 2001 (Mitbearbeiter, Ralf Kreikebohm)

Bloch, Frank, Invaliditätsfeststellung: Eine Untersuchung über die Bearbeitung von Invalidenrentenanträgen und das Rechtsmittelverfahren in sechs Ländern, IRSS 1994 S. 17.

Bloch, Frank, Prins, Riek, Who returns to work and why, a six country study incapacity and reintegration, 2003 Covent Garden.

Blumrath, Peter- Nikolaus, Die Entwicklungsmöglichkeiten des Drei-Säulen-Konzeptes der Alterssicherung, Karlsruhe 1987.

Böhm, Stefan, Regel- und Ergänzungssysteme der Alterssicherung im internationalen Vergleich, Frankfurt am Main 1997.

Börsch-Supan, Axel, Miegel, Meinhard, Gesetzliche Alterssicherung Reformerfahrungen im Ausland - Ein systematischer Vergleich aus sechs Ländern, Studie im Auftrag des Deutschen Institutes für Altersforschung, Köln 1999.

Bokeloh, Arne, Soziale Sicherung in den Niederlanden und in Schweden, Rechtslage, Reformen, Grundsätze, Kompass 1994 S. 485.

Bolkovac, Martin, Sozialpolitik im internationalen Vergleich, Österreichischer Gewerkschaftsbund, September 2003.

Bosch Frank, Petersen, Carl, Economie en arbeidsongeschiktheid, Analyse en beleid, Deventer 1993.

Bruno-Latocha, Gesa, Betriebliche und private Altersvorsorge in Deutschland: Empirische Befunde und Perspektiven, DRV 2000 S. 139.

Dies., Pensionsfonds in Deutschland und Europa, DRV 2001 S. 486.

Buhl, Wolfgang, Rabe, Brigitta, Die Empfehlungen der „Rürup-Kommission" für die gesetzliche Rentenversicherung, DAngVers 2003 S. 473.

Bundesministerium für Arbeit und Sozialordnung, Rentenreform 1992

Buschmann, Gerhard, Künzler Ingrid, Zur Reform der Renten wegen verminderter Erwerbsfähigkeit, Kompass 1994 S. 483.

Casmir, Bernd, Staatliche Rentenversicherungssysteme im internationalen Vergleich, Eine Studie über die Systeme in Großbritannien, den Niederlanden, der Schweiz, den Vereinigten Staaten von Amerika, Österreich und der Bundesrepublik Deutschland, Frankfurt 1989.

Centrale bureau voor de statistics, Sociale nota, 1983- 2004

Colllege van Toezicht sociale Verzekering (CTSV), Risicoselectie op de Nederlandse arbeidsmarkt, sociale Verzekering selectieve aanstelling of afv-loeing van personeel op grond van (vermeende) risico`s binnen den de ZW en de WAO, Zoetermeer 1995.

Constantinesco, Leontin-Jean, Rechtsvergleichung, Band I: Einführung in die Rechtsvergleichung, Köln 1971.

ders., Rechtsvergleichung, Band II: Die rechtsvergleichende Methode, Köln 1972.

ders., Rechtsvergleichung, Band III: Die rechtsvergleichende Wissenschaft - Die theoretischen Grundlagen, Köln 1983.

De grote almanak voor informatie en advies, Redaktion Baars Marga, Dekker Erik u.a. ZW-informatiecentrum, Deventer 2004.

De kleine Gids voor de nederlandes sociale Zekerheid, Klabbers, Gerd u.a. Hersg. ZW-informatiecentrum, Deventer 2004.

Dekkers, Gijs, Le régime de pension Neerlandais dans une perspective Belge, Revue Belge de Sécurite Sociale 1998.

Deutsche Bundesbank, „Die betriebliche Altersversorgung in Deutschland“ Monatsberichte der Deutschen Bundesbank, 2003.

Devetzi, Stamatia, Vergleich der Systeme, DRV 1999, S. 333.

Diamond, Peter, Social security Reform with a focus on the Netherlands, Tinbergen 2000.

Die Tageszeitung, Der Rentenbericht der Rürup-Kommission, 23. August 2003.

Dies., 278 Seiten für drei neue Systeme, 29. August 2003.

Die Welt, Rente wird zum Minus-Geschäft, 07. Juni 2004.

Die Zeit, Leben auf eigene Rechnung, 17. Dezember 2003.

Dies., Rente mit Fantasie – Es gibt sie, innovative Produkte für die Altersvorsorge. Sie werden jedoch nur selten angeboten. 30. Oktober 2003.

Dies., Gespräch mit Jürgen Borchert, Richter am Sozialgericht und Axel Börsch-Supan, Volkswirt, Die Kapitaldeckung ist in Deutschland bereits zweimal gescheitert., 30. Oktober 2003.

Dünn, Sylvia, Fasshauer, Stephan, Die Rentenreform 2000/2001 – Ein Rückblick. DRV 2001 S. 266.

Duden, Konrad, Die deutsche Rechtschreibung, 22. Aufl., München 2003.

Ders., Das Herkunftswörterbuch, 3. Aufl. München 2001.

EG-Kommission, Missoc-Bericht, Soziale Sicherheit in den Mitgliedstaaten der Gemeinschaft, Stand Juli 2002.

Dies., Mitteilungen der Kommission 2002, Modernisierung und Verbesserung des Sozialschutzes in der europäischen Union.

Eichendorfer, Eberhard, Reformen der gesetzlichen Rentenversicherung in anderen EU-Ländern, Mitteilungen der Landesversicherungsanstalt Oberfranken und Mittelfranken, 1999 S. 200.

Eichenhofer, Eberhard, Beschäftigungspolitik und Arbeitsförderung im europäischen Vergleich, ZESAR 2003 S. 50.

Ders., Einführung in die Sozialrechtsvergleichung, NZS 1997 S. 97.

Ders., Systeme sozialer Sicherung im internationalen Vergleich in Maydell, von, Bernd, Kanngießer, Hans, Handbuch Sozialpolitik, Pfullingen 1988.

Einerhand, Marcel, Erikson, Ingemar, Leuvenstein van, Michiel, Abhängigkeit von Sozialleistungen und Dynamik des Wohlfahrtstaates: ein Vergleich zwischen Schweden und den Niederlanden, IRSS 2001 S. 3.

Elftes Speyrer Sozialrechtsgespräch, Altersvorsorge in drei Säulen –Chancen und Risiken- anlässlich des am 05. und 06.04.2001 von der Landesversicherungsanstalt Rheinland Pfalz und der Deutschen Hochschule für Verwaltungswissenschaften in Speyer veranstalten Gesprächs, DAngVers. 2001 S. 209.

Emanuel, Han, Ursachen für die Zunahme der Empfänger von Invalidenleistungen in den Niederlanden, IRSS 1980, S. 46.

Emmes, Manfred, Reformen im System der sozialen Sicherheit der Niederlande, ZfSH 1996 S. 393.

Erlenkämper, Arnold, Fichte, Wolfgang, Sozialrecht, 5. Auflage Köln 2002.

Esping-Anderson, Gösta, The three worlds of welfare capitalism, Princeton 1990.

Eurostat, Statistical Office of the European Communities, Luxemburg 2004.

Fase, Wim Pieter, De wet loondoorbetaling bij ziekte, Deventer 1996.

Ders., Samenvatting van het rapport van de commissie Parlementaire Enquete Uitvorings-Organen Sociale Verzekering, PS 1993, S. 2013.

Fasshauer, Stephan, Grundfragen der Finanzierung der Alterssicherung: Umlageverfahren vs. Kapitaldeckungsverfahren, DRV 2001 S. 631.

Fenge, Robert, Gebauer, Andrea, u.a. Ifo-Beiträge zur Wirtschaftsforschung, Institut für Wirtschaftsforschung, München 2003.

Fenge, Robert, Alterssicherungssysteme im internationalen Vergleich: Finanzierung, Leistungen, Besteuerung, vergleichende Studie des Institutes für Wirtschaftsordnung im Auftrag des Finanzministeriums, München 2002.

Fichte, Wolfgang, Der Vorrang der Rehabilitation im Sozialrechtsverhältnis, Köln 1984 S. 7.

Fikentscher, Wolfgang, Methoden des Rechts in vergleichender Darstellung, Tübingen 1975.

Fluit, Piet, WAO-Claimbeoordeling: FIS es CBBS, Sociaal Recht 2003 S. 241.

Ders., Wao-Premiedifferentiatie kleine bedrijven voorlopig afgeschaft?, Sociaal Recht 2003 S. 132.

Ders., De verruiming van de werkgeversaansprakelijkheid voor bedrijfsongevallen en beroepsziekten, Sociaal Recht 2000 S. 43.

Gagel, Alexander, Erwerbsminderungsrenten: Entwicklung in Politik, Gesetzgebung und Rechtsprechung, Soziale Sicherheit 1997 S. 339.

Gebauer, Erika, Wechselwirkung zwischen Alter, Arbeitslosigkeit und Erwerbsminderung, Medsach 1994 S. 192.

Gitter, Wolfgang, Schmitt, Jochen, Sozialrecht, 5. Auflage, München 2001.

Gould, Raija, Background and Work History of Persons Applying for Disability Pensions, IRSS 1985 S. 50.

Haartog, Joop, The Netherlands: so what so special with the dutch modell? ILO Employment and Training Paper No. 54, Genf 1999.

Handelsblatt, Weltbank stellt Grundpfeiler des Rentensystems in Europa in Frage 09.05.2003.

Hauck, Karl, Noftz, Wolfgang, Sozialgesetzbuch SGB VI, Gesetzliche Rentenversicherung, Loseblattsammlung Berlin 1996, Stand Januar 2004 zit.: Hauck/Noftz(Bearbeiter) §X RnX.

Hausschild, Matthias, Die soziale Sicherheit Selbständiger in Europa, DRV 1999 S. 113.

Heide, von der, Dirk, Stahl, Helmut, Wollenschläger, Frank, Die Neuordnung der Erwerbsminderungsrente nach dem Rentenreformgesetz 1999, DRV 1998 S. 10

Heide, von der, Dirk, Die Problematik der Frühverrentung in der gesetzlichen Rentenversicherung – Entwicklung, Ursachen, Auswirkungen und Lösungen, NZS 1997 S. 301.

Heidel, Susanne, Die offenen Methode der Koordinierung – Strategien der Alterssicherung im europäischen Vergleich-, DAngVers 2003 S. 370.

Hermans, Dik, Privatisierung – Vom Allheilmittel zur Giftpille – Der niederländische Paradigmawechsel, Soziale Sicherheit 2001 S. 143.

Hinrichs, Karl, Armutsfeste Grundsicherung im Alter. Ausländische Modelle und die jüngste Rentereform in Deutschland, IRSS 2001 S. 223.

Hoogendijk, Bart, Betalingsverplichting gedurende het eerste ziektejaar, Gouda 1999.

Hutsebaut, Martin, Soziale Sicherung in Europa: Eine europäische Gewerkschaftsperspektive, IRSS 2003 S. 65.

Institut für empirische Soziologie, Frühinvalidität, München 1999.

Internationale Arbeitsorganisation (ILO), Introduction to social security, 3. Aufl. Genf 1984.

Internationale Vereinigung für Soziale Sicherung (IVSS), Projekt über Arbeitsunfähigkeit und Wiedereingliederung – Eine Studie in sechs Ländern über Maßnahmen zur Wiedereingliederung von Empfängern von Krankengeld und Invalidenrente in den Arbeitsmarkt, Genf 2000.

Dies., Neue Herausforderung – Neue Antworten. Weltweite Entwicklungstendenzen in der Sozialen Sicherheit, Bericht I, XXIV Generalversammlung der ISSA, Genf 1993.

Internationaler Währungsfond, Luxemburger income study working paper, Series Nr. 130, IWF-Konferenz 1995 „Income distributionand sustainable growth", Luxemburg 1995.

Jaeger, Renate, Wir brauchen motivierte Richter mit Bodenhaftung, weshalb die Sozialgerichtsbarkeit selbstständig bleiben soll, Stuttgarter Zeitung 03.05.2004.

Jahn, Kurt, Loseblattkommentar, Sozialgesetzbuch für die Praxis SGB VI, Rentenversicherung, Stand Mai 2004, Freiburg
Zit. JahnSGBVI(Bearbeiter), Rn X.

Joussen, Jacob, Die Rente wegen voller und teilweise Erwerbsminderung nach neuem Recht, NZS 2002 S. 294.

Kasseler Kommentar, Sozialversicherungsrecht, Loseblattsammlung, München 1998, 37. Ergänzungslieferung, August 2002 zit.: KassKomm(Bearbeiter), Rn. X.

Kaufmann, Otto, Köhler, Peter, Invalidensicherung in den Ländern der EG, DAngVers 1993 S. 105.

Keller, Christian, Die Zukunft der gesetzlichen Rentensysteme in der europäischen Union, Köln 2000.

Klerk, de, Jan, Forschung auf dem Gebiet der sozialen Sicherheit in den Niederlanden,; Bericht anlässlich einer von der IVSS organisierten Tagung in Krakau 1987, IRSS 1987 S. 27.

Klosse, Saskia, Bevordering van arbeidsparticipatie ofwel: werk boven „wig“ of „wig“ boven werk?, Over achtergronden, doelstelling en middelen tot bevordering van arbeidsparticipatie, Alphen aan den Rijn 1995.

Klosse, Saskia, Kötter Ute, Alter Wein in neuen Schläuchen? –Das „privatisierte“ System der Invaliditätsversicherung in den Niederlanden, DRV 1998 S. 507.

Kötter, Ute, Soziale Sicherheit in den Niederlanden - Ein Kaleidoskop von öffentlicher und privater Sicherungsformen -, Soziale Sicherheit 1998 S. 339.

Dies., Das niederländische Wohlfahrtsstaatmodell - kein Vorbild mehr?, Sozialer Fortschritt 1997, S. 12.

Kohl, Wolfgang, Neuorganisation der Rentenversicherung- Moderne Strukturen schaffen, SozSich 2003 S. 2.

Kronenburg-Willems, Els J., Dossier WAO, PS-Special 2003 S. 3.

Dies., SUWI en Poortwachter: meer reintegratie? Sociaal Recht 2003 S. 111.

Kronenburg-Willems, Els J., Most, van der, Hein, Wet structuur uitvoeringsorganisatie werk en inkomen, PS-Special 2004 S. 1.

Kronenburg-Willems, Els J. Vroom de, Jan Chris, TBA- Wet terugdringing beroep op de arbeidsongeschiktheidsregelingen, PS-Special 1993 S. 2139.

Landelijk Instituut voor claimbeoordeling, Claimbeoordeling WAO: het handelten van verzekeringsartsen in de praktijk, Amsterdam 2000.

Landelijk Instituut voor sociale verzekering (lisv), Kroniek van de sociale verezkering 1998, Wetgeving en volume-ontwikkeling in historisch perspectief, Amsterdam 1998.

Lewis, David, Rentenreform und die Alternative eines Kapitaldeckungsverfahrens, Ansätze in Argentinien, Tschechien, Frankreich, Ghana, Großbritannien, Japan, den Niederlanden und Uruguay, Beitrag zur 2. Tagung über Versicherungsmathematik in der Sozialen Sicherheit, Tokio, 20.-21. Mai 1998, ZIAS 1999 S. 349.

Loo, van Peter, Eine allgemeine Einführung in das Rentensystem der Niederlande, in Forschungsinstitut der Friedrich-Ebert-Stiftung, Rentenpolitik in Europa. Welches Modell wird zur Leitidee von Reformen?, Bonn 2000, S. 57.

Maier, Kurt, Stopp weiterer Rechtsfortbildung in Richtung „Arbeitsmarktrente" durch die Rechtsprechung, SGb 1998 S. 1.

Majerski-Pahlen, Monika, Die Neuregelung der Renten wegen Erwerbsminderung: Probleme der Rechtsanwendung, NZS 2002 S. 475.

Maydell, von, Bernd, Berufs- und Erwerbsunfähigkeit im Rechtsvergleich, DRV 1995, S. 537.

Ders., Die internationale Dimension des Sozialrechts, ZIAS 1987 S. 6.

Maydell, von, Bernd, Ruland, Franz Gemeinschaftskommentar SGB VI
zit.: Maydell, von, Ruland, Gemeinschaftskommentar SGB VI(Bearbeiter) § X Rn X.

Mediger-Watermeier, Vera-Eva, Das Gesetz zur Reform der Renten wegen verminderter Erwerbsfähigkeit, Kompass 2001 S. 23.

Meyers Handbuch Wirtschaft, 9. Auflage, Stuttgart.

Michaelis, Klaus, Acht Thesen zur künftigen Besteuerung von Alterseinkünften, SozSich 2003 S. 186.

Ders., Von der Invalidenrente zur Erwerbsminderung: der solidarische Schutz bei verminderter Erwerbsfähigkeit im Wandel der Zeit, Festschrift für Wolfgang Förster zum 60. Geburtstag, Betriebliche Altersversorgung im 21. Jahrhundert, 2001 S. 103.

Miegel, Meinhard, Wahl, Stefanie, Solidarische Grundsicherung, private Vorsorge –Der Weg aus der Rentenkrise-, Deutsches Institut für Altersvorsorge, Köln 1999.

Ministerium van sociale zaken en werkgelegenheid, Tussen sociale will en werkelijkheid – een geschiedenis van het beleid van het ministerie van sociale zaken, Gravenshage 1995.

Dass., Kurze Übersicht über die Soziale Sicherheit in den Niederlanden, Jahrgang 1996- 2003, Deutsche Ausgabe, Gravenshage 1995.

Dass., Sociale Zekerheid in Nederland, Gravenshage 1990.

Molitor, Franz, Atypische Beschäftigung in den Niederlanden, Wien 1999.

Moll, Torge, Stichnoth, Udo, Die quantitative Entwicklung der Renten wegen verminderter Erwerbsfähigkeit, DAngVers 2003, S. 419.

Nationaler Strategiebericht Deutschland, Länderbericht Deutschland im Rahmen der An-wendung der offenen Methode der Koordinierung im Bereich der Alterssicherung für den Europäischen Rat, 2002.

Neumann, Volker, Konsolidierungsmaßnahmen im Rentenver-sicherungsrecht contra Grundrechtsschutz? DRV 1999, S. 393.

Niemann, Peter, Die Kodifizierung des Behinderten- und Rehabilitationsrechts im SGB IX- Recht der Rehabilitation und Teilhabe behinderter Menschen, NZS 2001 S. 583.

Noordam, Franz Martin, Socialzekerheidsrecht, 6. Auflage, Deventer 2002.

Noordam Fanz Martin, Opheikens, Lee, Sociale Zekerheidswetgeving, 6. Auflage, Deventer 1991.

Nürnberger, Ingo, Kurzfristige Reparaturen, längerfristige Einschränkungen – Die geplanten Änderungen bei den Renten, SozSich 2003 S. 330.

OECD, Statistics, Paris 2004.

Dies., Health DATA, Paris 2003.

Dies., Pensions Glossary, Jean-Marc Salou, Paris, Februar 2003.

Dies., Reforms for an Ageing Society, Paris 2000.

Dies., Poverty dynamics in four countries, economic Department Working Papers, Nr. 122, Paris 1999.

Okun, Adam, Equalitiy and efficiency, The big trade off, Washington 1975.

Oorschot, van Wim, Nederland over sociale Zekerheid en Arbeid, Tilburg University, work and Organization Research Centre, WORC Report 96.12.007/2. Tilburg, 1996.

Oorschot, van Wim, Boos, Cees, Niederländische Rentenpolitik und das Altern der Bevölkerung, in Reinhard, Hans-Joachim, Demographischer Wandel und Altersicherung, Rentenpolitik in neun europäischen Ländern und den USA im Vergleich, Baden-Baden 2001.

Palme, Joakim, Grundlagen und Garantien der Ansprüche auf soziale Sicherheit zu Beginn des 21. Jahrhunderts, IRSS-Initiative, Forschungsergebnisse & Standpunkte, Konferenz Januar 2003.

Pennings, Frans, De WAO, 3. Aufl., Deventer 2002.

Pflüger-Demann, Angelika, Soziale Sicherung bei Invalidität in rechtsverglei- chender und europarechtlicher Sicht, Baden-Baden 1991.

Pieters, Danny, Niederlande in Zacher, Hans, Alterssicherung im Rechtsvergleich, Baden-Baden 1991.

Pöhler, Kay, Alterssicherung in den Niederlanden, Frankfurt a. M. 1997.

Preis, Ulrich, Bekämpfung der Arbeitslosigkeit- Eine Herausforderung für Arbeits- und Sozialrecht? NJW 2000 S. 2304.

Rademacker, Olaf, Das neue Recht und seine Auswirkungen, Soziale Sicherheit 2001 S. 74.

Rahn, Monika, Reform der gesetzlichen Rentenversicherung in Deutschland aus rechtsvergleichender Sicht, DRV 1999 S. 377.

Rees, van Kees, Die betriebliche Altersversorgung in den Niederlanden – Ein Vorbild für Deutschland?, BetrAV 1999 S. 141.

Reimann, Axel, Aktuelle Reformdiskussion in der gesetzlichen Rentenversicherung, Pressefachseminar am 19. und 20. Mai 2003 in Dessau, VDR 2003.

Rheinhard, Hans-Joachim Kruse, Jürgen, Maydell, von, Bernd, Invaliditätssicherung im Rechtsvergleich, Baden-Baden 1998.

Rheinstein, Max, Einführung in die Rechtsvergleichung, 2. Aufl. München 1974.

Riester, Walter, Die Rentenversicherung an der Schwelle zum neuen Jahrhundert, DRV 2000 S. 1.

Ritter, Gerhard, Der Sozialstaat - Entstehung und Entwicklung im internationalen Vergleich, Historische Zeitschrift 1988 Beiheft 11 S. 146.

Roerbroek, Joop, The „Silent" Revolution: Structure, Development and Future of the Dutch Pensions, Tilburg 1991.

Ders., The Imprisoned State, The Paradoxical Relationship between State and Society, Tilburg 1993.

Ruland, Franz, Eberhard Schaub, u.a., Systeme der Invaliditätsbemessung – Vergleichende Studie in 20 Industriestaaten im Auftrag der Internationalen Vereinigung für Soziale Sicherheit in (Genf), DRV 1996 S. 461.

Ruland, Franz, Die Rentenversicherung in Deutschland im Zeichen der Jahrhundertwende, DRV 2000 S. 23.

Ders., Schwerpunkte der Rentenreformen in Deutschland, NJW 2001 S. 3505.

Ders., Verschiebebahnhof. Der Anteil der Rentenver-sicherung an der Absicherung des Risikos der Arbeitslosigkeit, Soziale Sicherheit 1973 S. 178.

Schäfer, Dieter, Einkommenssicherung bei Invalidität. Modell zur Vereinheitlichung von Rentenleistungen bei verminderter Erwerbsfähigkeit, Sozialpolitische Schriften, Berlin 1979.

Schmäl, Winfried, Wem nutzt die Rentenreform? –Offene und versteckte Verteilungseffekte des Umstiegs zu mehr privater Altersvorsorge-, DAngVers 2003 S. 349.

Ders., Altersicherung in Deutschland an der Jahrtausendwende, Konzeptionen, Maßnahmen und Wirkungen, DRV 2000 S. 50.

Ders. Altersicherung und Einkommensverteilung, Tübingen 1977.

Schmeiduch, Dietmar, Stachura, Peter, Gesetz zur Reform der Renten wegen verminderter Erwerbsfähigkeit, Mitteilungen Landesversicherungsanstalt Westfalen 2001 S. 1.

Schmidt, Wolfgang Bericht aus der Hauptstadt, DAngVers 2003 S. 394.

Schulin, Bertram, Handbuch des Sozialversicherungsrecht, Band 3., München 1999.

Schwarzhaupt-Czech, Dörthe, Das neue Sozialgesetzbuch SGB XI und seine Bedeutung für die Rentenversicherung, Nachrichten Landesversicherungsanstalt Hessen 2001 S. 84.

Skipa Christoph, Egner Uwe, Die Rehabilitationsleistungen der BfA im Jahr 2002, DAngVers 2003 S. 380.

Skorzik, Karl-Heinz, Die Auswirkungen bei Zusammentreffen von Renten der Rentenversicherung mit Renten der gesetzlichen Unfallversicherung, Kompass 1990, S. 584.

Smitskam, Carl. J., Vos, de, Ellen, Reintegratieinstrumenten van arbeidsgehandicapten, PS-Special 1999 S. 23.

Sociale Verzekeringswetten, Loseblattkommentar, Deventer 1995, Stand Juli 2002 (zit. sociale verzekeringswetten(Bearbeiter) Rn. X).

Statistisches Bundesamt, (Destatis), Statistiken; Länderbericht Europäischer Wirtschaftsraum, Stuttgart 2004.

Stalfort, Gisbert, Der Schutz von Unfallopfern durch die Sozialversicherung in Deutschland und in den Niederlanden, Osnabrück 1994.

Standfest, Erich, Zur aktuellen Lage der Rentenversicherung, DRV 2003 S. 646.

Steinmeyer, Heinz-Dietrich, Reformpläne zur Altersicherung im internationalen Vergleich, DRV 1997 S. 474.

Stichnoth, Udo, Wiechmann, Thomas, Reform der Renten wegen verminderter Erwerbsfähigkeit, DAngVers 2001 S. 53.

Stillich, Klaus, Das Rentensystem in den Niederlanden – ein Vorbild für Deutschland? DAngVers 1999 S. 140.

Szw- niews, Nederlandse Rubriek sociale zekerheid.

Terwey, Franz, Bericht aus der Hauptstadt, DAngVers 2003 S. 394.

Thiede, Reinhold, Wandel in der Arbeitswelt –Anpassungsbedarf und Anpassungsmöglichkeiten der Alterssicherung, DRV 1999 S. 80.

Thompson, Lawrence, The implications of social security´s long-range financial projections, Washington 2001.

Twaalfhoven, Bart, Die Alterssicherung im internationalen Vergleich Landesbericht Niederlande, DRV 1998 S. 391.

Verband Deutscher Rentenversicherungsträger, Mitgliederversammlung, Terwey, Franz, Aktuelle Entwicklungen in der europäischen Sozialpolitik, 13.03. 2003, Stuttgart.

Ders., Das ärztliche Gutachten für die gesetzliche Rentenversicherung – Hinweise zur Begutachtung- DRV 2000 Schriftenreihe Bd. 21.

Ders., Prognos-Gutachten 2000, Auswirkungen veränderter ökonomischer und rechtlicher Rahmenbedingungen auf die gesetzliche Rentenversicherung, Frankfurt 2000.

Ders., Richtlinien, Empfehlungen und Vereinbarungen zur Rehabilitation in der gesetzlichen Rentenversicherung (Reha-Richtlinien), DRV 1999 Schriftenreihe Bd. 17.

Ders., Sozialmedizinische Begutachtung in der gesetzlichen Rentenversicherung, 5. Aufl., Stuttgart 1995.

Ders., Arbeitsgruppe des Fachausschusses für Versicherung und Rente des VDR 6/89.

Verbandskommentar, Loseblattkommentar zum Recht der gesetzlichen Rentenversicherung des Verbandes Deutscher Rentenversicherungsträger, Stand März 2004, Weinheim
(zit. Verbandskommentar Rn.X.).

Wagschal, Uwe, Obinger, Herbert, Der gezügelte Wohlfahrtsstaat. Sozialpolitik in reichen Industrienationen, New York 2000, S. 37.

Walwei, Ulrich, Hoher Beschäftigungstand und soziale Sicherheit: Vision oder Illusion in einer globalisierten Welt, Projekt-Papier Arbeitsbereich Langfristige Vorausschau und internationale Analysen, Institut für Arbeitsmarkt und Berufsforschung, Nürnberg 2001.

Wannagat, Georg, Lehrbuch des Sozialversicherungsrechts Bd. I, Tübingen 1965.

Water van de, Rick, Het medisch objectiveren van arbeidson-geschiktheid, Sociaal Recht 2003 S. 73.

Ders., Waarom de WAO niet werkt, Sociaal Recht 1999, S. 127.

Weber, Andreas, Raspe, Heiner, Gelingt die Reintegration in das Erwerbsleben nach Langzeitarbeitsunfähigkeit?, DRV 1999 S. 219.

Weber-Falkensammer, Hartmut, Neuderth, Silke, Rehabilitation und Qualitätssicherung im europäischen Wettbewerb, DRV 2001 S. 215.

Weltbank, Averting the old Age Crisis: Policies to protect the old and promote growth, Washington D. C. 1994.

Weltgesundheits-Organisation, Regionalbüro für Europa 2002, Gesundheit 21 – Das Rahmenkonzept „Gesundheit für alle" für die europäische Region der WHO, Brüssel 2002.

Dies., International Classification of Impairments, Disabilities and Handicaps (ICIDH – 1) Rom 1980, und ICIDH -2: Internationale Klassifikation der Funktionsfähigkeit und Behinderung, Beta-2-Entwurf, Frankfurt 2000.

Wollschläger, Frank, Gesetz zur Reform der Renten wegen verminderter Erwerbsfähigkeit, DRV 2001 S. 276.

Zacher, Hans, Grundtypen des Sozialrechts in Festschrift für Wolfgang Zeidler, Berlin 1987 S. 571.

Ders., Methodische Probleme des Sozialrechtsvergleichs, Schriftenreihe für internationales und vergleichendes Sozialrecht Bd. 1, Berlin 1977.

Zimmermann, Theo, Die neue Erwerbsminderungsrente in der Praxis, Broschüre Landesversicherungsanstalt Baden-Württemberg, 2002 S. 11.

Zweigert, Konrad, Puttfarken, Hans-Jürgen, Zum Nationalismus der Rechtsvergleichung - Ein Essay, Europäisches Rechtsdenken in Geschichte Gegenwart, Festschrift für Helmut Coing zum 70. Geburtstag, von Norbert Horn, Klaus Luig und Alfred Söllner, S. 593, München 1982.

Schriften zum Deutschen und Europäischen Arbeits- und Sozialrecht

Herausgegeben von Ulrich Preis

Band 1 Ulrich Preis / Felipe Temming: Die Urlaubs- und Lohnausgleichskasse im Kontext des Gemeinschaftsrechts. 2006.

Band 2 Einiko B. Franz: Der Abschluss eines Aufhebungsvertrags. Schutz des Arbeitnehmer-Verbrauchers und seine Grenzen. Insbesondere das Widerrufsrecht gem. §§ 312, 355 BGB. 2006.

Band 3 Klaus Tenbrock: Die betriebliche Altersversorgung im Betriebsübergang bei konkurrierenden Versorgungszusagen. 2006.

Band 4 Christoph Nießen: Fehlerhafte Betriebsratswahlen. Eine am Gang des Wahlverfahrens orientierte Untersuchung der Folgen von Rechtsverstößen bei der Betriebsratswahl unter besonderer Berücksichtigung deren Relevanz für die Gewährung von einstweiligem Rechtsschutz zur Verhinderung einer fehlerhaften Betriebsratswahl. 2006.

Band 5 Klaus Linde: Übertragung von Aufgaben des Betriebsrats auf Arbeitsgruppen gemäß § 28a BetrVG. 2006.

Band 6 Petra M. Knorr: Der Vergleich der Invaliditätsrenten in Deutschland und den Niederlanden. 2006.

www.peterlang.de

Jürgen Fenn

Verfassungsfragen der Beitragsgestaltung in der gewerblichen Unfallversicherung

Gefahrtarif und DDR-Altlasten als Gleichheitsproblem

Frankfurt am Main, Berlin, Bern, Bruxelles, New York, Oxford, Wien, 2006.
XXVIII, 201 S., zahlr. Tab. und Graf.
Frankfurter Abhandlungen zum Sozialrecht.
Herausgegeben von Ingwer Ebsen, Franz Ruland und Michael Stolleis. Bd. 9
ISBN 3-631-54536-3 · br. € 42.50*

Die Arbeit untersucht die verfassungsrechtlichen Grundlagen des Beitragsrechts der gewerblichen Unfallversicherung. Sowohl die Festsetzung des Gefahrtarifs als auch die Umlage der DDR-Altlasten wird als Gleichheitsproblem behandelt. Es wird eine Neuordnung des DDR-Lastenausgleichs vorgeschlagen. Bei dieser Arbeit handelt es sich um die erste monographische Bearbeitung des Themas „DDR-Altlasten in der Unfallversicherung" überhaupt.

Aus dem Inhalt: Streitfragen des Beitragsrechts · Gestaltungsspielraum der Vertreterversammlung bei Festsetzung des Gefahrtarifs · DDR-Rentenaltlasten und allgemeiner Gleichheitssatz

Kolibri 360 GmbH
Ferdinand-Jühlke-Straße 7
99095 Erfurt, Deutschland
produktsicherheit@kolibri360.de

Druck:
CPI Druckdienstleistungen GmbH
im Auftrag der
Kolibri 360 GmbH
Ferdinand-Jühlke-Str. 7
99095 Erfurt